新

マスター
英文法

中原道喜 著

MASTER
ENGLISH
GRAMMAR

金子書房

は　し　が　き

　英語を母国語としない人にとって、英語学習の根幹をなすべきは文法であることは、あらためて言うまでもない。読み・書き・会話などの正しい運用力は、正しい文法力を土台としてのみ養われる。

　言語には規則性と多様性があり、文法は一律に守るべき「きまり」と、文脈に応じて選べる表現形式の「典型」を、さまざまに体系化する。

　本書は、総合的な英語力の基となる文法に、読者が興味をもって親しみ、自分の必要と目的に応じて肝心なことがよくわかるように編まれている。具体的な特色などは別に記すが、「基本的な理解に基づき、要所を押さえ、問題点を確認しつつ、堅実に、効果的に英文法をマスターすることができるように」というのが、初版刊行当初からの主な配慮である。

　かつての「規範文法」（Prescriptive G.）は、書き言葉を本位として正用を規定した。今の「記述文法」（Descriptive G.）は、話し言葉の慣用を同様に重視し、「正式」、「略式」、「文語」、「口語」などを区別する。

　今回の改訂では、準拠すべき「きまり」をわかりやすく示すとともに、"Formal" と "Informal"〔⇨ p. 598〕に類した区別や、「米語」と「英語」〔⇨ p. 602〕の違い、また語法・構文〔たとえば「関係代名詞」⇨ p. 201〕から会話表現〔たとえば "How are you?" ⇨ p. 194〕などにわたる文体的区別や、語句のニュアンス〔たとえば "had better" ⇨ p. 407〕、区別〔たとえば「頻度の副詞」⇨ p. 277〕、使い分け〔たとえば "used to : would" ⇨ p. 656〕、訳し方〔たとえば "you" ⇨ p. 140、"as" ⇨ p. 626〕など、英語の多様な実相や、運用において注意すべき点を、適正に示すことにも意を用いた。

　本書は、発刊以来、幸い各方面の好評に支えられて版を重ねてきたが、今回、年月の経過に伴う、英語の変化、内外における新しい研究成果、英語教育や入試・各種テストなどの実態、寄せられた質問などを、綿密に検討あるいは参考にし、全面的に版を改めた。また、巻末に『関連重要事項要説』と題する編を設け、本編の内容と関連する注意すべき事項を特選し、場合に応じて、重点的に、一覧式に、詳しく、掘り下げて、解説した。

　「国際化」が時代の標語になって久しく、英語での自己表現や他者理解の必要が増し、英語学習の目的が多様化する傾向のなか、柔軟な英語力の拠り所になる文法の重要さが再認識されている。

　今回の改訂は、聖文新社の笹部邦雄氏の薦めと御好意により実現した。また、本書が今日あるのは、三十数年前の初版誕生の折りからずっと本書のためにご盡力くださった各務利徳氏のおかげである。著者の思いとこだわりを容れ、親身に御協力くださったすべての方々に、心から御礼申し上げます。

　　２００８年　春

中　原　道　喜

●今回の改訂に際してお世話になった文法書・辞書・および文法問題（大学入試・英検・TOEFL・TOEIC）の関連書のすべてを列記することはできないが、典拠として最も多く参照した幾冊かを、感謝の気持ちを込めて、ここに記す。

■文法書：

Biber, D. et al: *Longman Grammar of Spoken and Written English* (1999)

Huddleston, R. and G. K. Pullum: *The Cambridge Grammar of the English Language* (Cambridge University Press, 2002)

* Leech, G. et al: *An A-Z of English Grammar & Usage* (Longman, 2001)

* Leech, G. and J. Svartvic: *A Communicative Grammar of English* (Longman, 2002)

Quirk, R. et al: *A Comprehensive Grammar of the English Language* (Longman, 1985)

* Swan, Michael: *Practical English Usage* (Oxford University Press, 2005)

　　《注》＊は一般の利用に好適な実用書、他は本格的な学術書。

■辞書：

Cambridge Advanced Learner's Dictionary (2003)

Longman Dictionary of Contemporary English (2003)

Longman Dictionary of English Language and Culture (1998)

* *Longman Advanced American Dictionary* (2000)

* *Macmillan English Dictionary for Advanced Learners of American English* (2002)

Oxford Advanced Learner's Dictionary of Current English (2003)

　　《注》いずれも一般の使用に好適。＊は米語をベースとする。

本 書 の 構 成

■ **目的・構成** だれでも使える標準的な英文法書として、解釈・作文・会話など
にわたる英語力の基礎となる文法を、幅広い読者の多様な必要に応じて、効果的
に習得できるように編まれている。

　基本を確実に身につけ、必修・重要・頻出事項や誤りやすい点を知り、主な文
法問題に精通することもできる。場合に応じて、さらに進んだ段階まで理解を広
げ、また英語の微妙な味わいを区別する。

　全体と部分のバランスとつながりを大切にし、相互参照も綿密に示して、有機
的学習の効果があがるように、また、視覚的にも、読みやすく、理解しやすく、
記憶しやすいように工夫されている。

　文法を通しての英語の理解が、英語に対するいっそうの興味と愛好につながる
ように、との配慮もある。

■ **例文** 例文は、重要な語句・表現などを含む、典型的で使用度の高いものを選
んである。よく用いる「諺 (ことわざ)」も豊富にとり入れ、区別すべき「類似文」や、
表現の多様性になじむのに役立つ「書き換え文」も、必修例はすべて示した。

■ **MASTERY POINTS** 特に徹底して理解・習得しておかなければならない事
項については、それぞれの箇所に MASTERY POINTS の欄を設け、基本的・典
型的な問題を掲げてある。

■ **重要問題** 各章または各節の終わりには、本文の内容に即して修得度をため
し、要点を整理し、応用力を伸ばすことができる重要問題を掲げてある。長年の
入試や各種検定試験の実態を検討し、重要度・頻出度・応用度の高い問題を各形
式にわたって系統的に精選して収めてある。

■ **注記・脚注** 関連する注意すべき事項や、間違えやすい箇所、突っ込んだ疑問
の対象となる事項などについて、「＊」で注記し、「†」で脚注を施してある。

■ **関連重要事項要説** (p. 597 に示すように) 本編での記述に関連した注意すべ
き事項について、さらに理解を深めたり、知識を整理したりすることができるよ
うに、要点を解説し、わかりやすくまとめてある。

■ **索引** 英・和の重要語句・事項を網羅し、総合的な知識の整理・確認にも役立
つよう、「基礎必修事項」、「重要理解事項」、「誤りやすい語句」、「入試・各種テス
ト頻出語句」などを標示し、本書を「英文法事典」としても活用することができ
るよう完全を期した。

目　　　次

関連重要事項要説

第 1 章

文

§1. 文

　いくつかの語が集まって，あるまとまった内容を表わすものを**文**（Sentence）と呼ぶ。文は，その主題となる部分すなわち**主部**（Subject）と，この主題について述べる部分すなわち**述部**（Predicate）から成る：

　Time flies.（時は ― 飛ぶように過ぎ去る［光陰矢のごとし］）
　‿‿‿‿ ‿‿‿
　主部　述部

　Rome was not built in a day.（ローマは ― 1日にして成らず）
　‿‿‿ ‿‿‿‿‿‿‿‿‿‿‿
　主部　　　　述部

　主部がいくつかの語から成るとき，その中心となる語を**主語**（Subject Word）と呼ぶ。述部の中心をなすのは動詞で，これを**述語**または**述語動詞**（Predicate Verb）と呼ぶ。（上の二つの例においては主部はそれぞれ 1 語から成っているので，Time, Rome は主部でもあり主語でもある）

主　　部	述　　部
(a) A drowning **man** 　　　　　　（主語） 　（溺れる者は	will **catch** at a straw. 　（述語動詞） 　わらをもつかむ）
(b) **Theory** and **practice** 　（主語）　　　（主語） 　（理論と実際は	should **go** hand in hand. 　（述語動詞） 　相伴わなければならない）
(c) What is done 　（なされたことは	cannot be **undone**. 　　　　　　（述語動詞） 　もとどおりにできない）

　(a) では主部の中心となる名詞1語を主語として指摘することができるが，(b) では主部は and で結びつけられた複合主語（Compound Subject）の形をしているので主語は名詞二つになり，(c) では主部は名詞節の形をしているので中心をなす1語はなく，主語1語をあげることはできない。†

●書き言葉では，文は，一般的には，頭を大文字にした語で始まり，終止符（ . ），または疑問符（ ? ），感嘆符（ ! ）で終わる。　　　　　〔⇨ p. 610〕

「主語＋述語」の形式を備えない文

(1)　命令文は相手に対して言われる文であるから，その一般的な主語（You）は表わされないのがふつうである：　　　　　　　　　〔⇨ p. 64〕

　　Be kind to your neighbors.（隣人に親切にせよ）

　　Strike the iron while it is hot.（鉄は熱いうちに打て）

(2)　その他，間投詞的表現や，口語的な省略的表現，慣用表現，ことわざなどに「主語＋述語」の形式を備えないものが多い：　　　　〔⇨ p. 595〕

　　Congratulations!（おめでとう）

　　See?（わかったかい）

　　This way, please.（こちらへどうぞ）

　　How about a cup of coffee?（コーヒーを一杯いかが）

　　Out of sight, out of mind.（去る者，日々にうとし）

「主語＋述語」の順序にならない文

　ふつうの文は，主語のあとに述語が続くものが最も多いが，そのような順序にならない場合もある：

述　　部	主　　部	述　　部
(a) What is	this?	
(b) How pretty	these flowers	are!
(c) There are	some books	on the desk.
(d) Not a word did	the boy	speak.
(e) Long live	the Queen!	

---

†　「主語」という用語は，つねに「主部」と厳密に区別して用いられるとは限らず，「主部」をさして用いられることもある。英語の 'Subject' も「主部」「主語」の両方について用いられ，特に主部と区別して主語をさす場合にだけ 'Subject Word' を用いるのがふつうである。

（a）は疑問文〔⇨ p. 55〕において，（b）は感嘆文〔⇨ p. 65〕において，（c）は There で始まる文〔⇨ p. 8〕において，（d）（少年はひとこともしゃべらなかった）は強調の要素が文頭に出て，（e）（女王万歳）は祈願文〔⇨ p. 67〕において，それぞれ倒置〔⇨ p. 587〕がおこなわれ，述部の要素が主語に先行している。

§2.　語と品詞

文を構成する最小の単位は**語**（Word）であるが，語は，その文中における働き（機能）によって，ふつう，**八品詞**（Eight Parts of Speech）と呼ばれる次のような八つの種類に分類される：

(1)　名　詞（Noun）	(5)　副　詞（Adverb）
(2)　代名詞（Pronoun）	(6)　前置詞（Preposition）
(3)　形容詞（Adjective）	(7)　接続詞（Conjunction）
(4)　動　詞（Verb）	(8)　間投詞（Interjection）

＊　冠詞（Article）と助動詞（Auxiliary [ɔːɡzíliəri] Verb）は，独立した品詞として扱わず，それぞれ形容詞と動詞のなかに含めるのがふつうである。

《1》　**名　詞**（Noun）〔⇨ p. 77〕

人・動物・物・事がらなど，有形無形のいっさいのものの名を表わす語：

London is the **capital** of **England**.（ロンドンは英国の首府です）
Man is the **lord** of all **creation**.（人間は万物の霊長である）
Honesty is the best **policy**.（正直は最良の策）

《2》　**代名詞**（Pronoun [próunaun]）〔⇨ p. 135〕

名詞の代わりに用いられる語をいう：

Both **he** and **she** know **this**.（彼も彼女もこのことを知っている）
Heaven helps **those who** help **themselves**.（天は自ら助くる者を助く）
All is well **that** ends well.（終り良きことはすべて良し）

《3》　**形容詞**（Adjective [ǽdʒiktiv]）〔⇨ p. 247〕

名詞・代名詞を修飾する語をいう：

He is as **happy** as **any** man **alive**.（彼はこの上なく幸福だ）
Hard work is **the best** avenue to success.（勤勉は成功への最良の道）
A little learning is **a dangerous** thing.
　　　　　（少しばかりの知識は危険なものだ［生兵法は大けがのもと]）

《4》　**動　詞**（Verb）〔⇨ p. 331〕

　動作や状態を述べる語。文の述語動詞になるほか，準動詞（＝不定詞・分詞・動名詞）〔⇨ p. 410〕として動詞に準じる働きをする：

　　She **plays** the piano every day.　　　　　　　　　　〔述語動詞〕
　　　　（彼女は毎日ピアノをひく）

　　She likes **to play** the piano.　　　　　　　　　　　〔不 定 詞〕
　　　　（彼女はピアノをひくのが好きだ）

　　He watched her **playing** the piano.　　　　　　　　〔分　　　詞〕
　　　　（彼は彼女がピアノをひいているのを見守った）

　　Her hobby is **playing** the piano.　　　　　　　　　〔動 名 詞〕
　　　　（彼女の趣味はピアノをひくことです）

《5》　**副　詞**（Adverb〔ǽdvəːrb〕）〔⇨ p. 276〕

　動詞・形容詞および他の副詞を修飾する語。名詞・代名詞や句・節・文全体を修飾することがある：

　　He got up <u>**very**</u> **early**.（彼はとても早く起きた）　〔動詞・副詞を修飾〕

　　It was **rather** hot.（かなり暑かった）　　　　　　〔形容詞を修飾〕
　　Even a child knows it.（子供でもそれを知っている）　　〔名詞を修飾〕
　　Perhaps you are right.（たぶん君の言うとおりだろう）〔文全体を修飾〕

《6》　**前置詞**（Preposition）〔⇨ p. 490〕

　名詞・代名詞の前に置かれて，いろいろな関係を表わす。前置詞のあとにくる名詞・代名詞をその**前置詞の目的語**という。前置詞は句や節を目的語とすることもある：

　　Happiness consists **in** contentment.（幸福は満足にある）〔語が目的語〕
　　He came out **from** behind the tree.（木のうしろから）　〔句が目的語〕
　　Everything depends **on** whether he will consent or not.〔節が目的語〕
　　　　（すべては彼が同意するかいなかにかかっている）

●前置詞とその目的語が結び付いた句を**前置詞句**という。前置詞句は文中において形容詞の働きをする場合と，副詞の働きをする場合とがある。

前置詞句 ⎰ 形容詞句：The *book* **on the desk** is mine.　（机の上の本）
　　　　 ⎱ 副　詞　句：He *put* the book **on the desk**.　（机の上に置いた）

《7》 **接続詞** (Conjunction) 〔⇨ p. 519〕

　語・句・節を結び付ける語で，対等の関係で結び付けるものを等位接続詞，一方が他方に従属する関係で結び付けるものを従位接続詞と呼ぶ：

Time **and** tide wait for no man.（歳月人を待たず）　　〔等位接続詞〕
He is poor, **but** he is honest.（彼は貧しいが正直だ）　　〔等位接続詞〕
Though he is poor, he is honest.（　　〃　　）　　〔従位接続詞〕

《8》 **間投詞** (Interjection) 〔⇨ p. 544〕

　驚き・喜び・悲しみ，その他いろいろな感情を表わす語で，文の他の部分とは文法的関係なしに用いられる：

Oh, how happy I am!（ああ私はなんと幸福なんだ）
My father, **alas**, is dead.（ああ父は死んでしまった）

同じ語が異なった品詞に用いられる場合

　単語のなかには二つ以上の品詞に用いられるものが多いので，文中においてどの品詞で用いられているのか，正しく区別できなければならない：

He looks **well**.（彼は元気そうだ）　　　　　　〔形容詞 …… 補語(⇨ p. 10)〕
He sings **well**.（彼はじょうずに歌う）　　　　　〔副　詞 …… 動詞を修飾〕

The metal is **hard**.（その金属は固い）　　　　　　　　　　　〔形容詞〕
The boy works **hard**.（その少年は熱心に勉強する）　　　　　　〔副　詞〕

He is an **only** child.（彼はひとりっ子だ）　　　　　　　　　　〔形容詞〕
He is **only** a child.（彼はほんの子供にすぎない）　　　　　　　〔副　詞〕

There is **little** hope.（望みはほとんどない）　　　　　　　　　〔形容詞〕
I know **little** about it.（そのことをほとんど知らない）　　　　　〔代名詞〕
He speaks English a **little**.（彼は少しは英語を話す）　　　　　〔副　詞〕

He is the **last** man to tell a lie.（うそなどつく人でない）　　　〔形容詞〕
He arrived **last**.（彼は最後に着いた）　　　　　　　　　　　　〔副　詞〕
Hold on to the **last**.（最後までもちこたえよ）　　　　　　　　〔名　詞〕
The party **lasted** till midnight.（会は真夜中まで続いた）　　　〔動　詞〕

How **long** is the river?（その川の長さはどれくらいか）　　　　〔形容詞〕
How **long** will you stay?（どれくらい滞在しますか）　　　　　　〔副　詞〕
I won't be away for **long**.（すぐもどって来ます）　　　　　　　〔名　詞〕
We **long** for peace.（われわれは平和を切望する）　　　　　　　〔動　詞〕

He was **présent** at the party.（会に出席していた）　　　　〔形容詞〕

He presénted himself at the court.（法廷に出頭した）　　　〔動　詞〕†

He is at **présent** in London.（彼は現在ロンドンにいる）　　〔名　詞〕

He came **in** without knocking.（ノックしないで入って来た）〔副　詞〕

He stayed **in** the room all day.（終日部屋の中にいた）　　　〔前置詞〕

The boy came **down** the tree.（少年は木を降りてきた）　　　〔前置詞〕

The wind blew **down** the tree.（風は木を吹き倒した）　　　　〔副　詞〕††

The computer is **down**.（コンピューターが作動しない）　　〔形容詞〕

I left **before** sunrise.（私は日の出前に出立した）　　　　　〔前置詞〕

I left **before** he arrived.（彼が着く前に出かけた）　　　　　〔接続詞〕

I have seen her **before**.（彼女を以前に見たことがある）　　〔副　詞〕

He is **but** a child.（彼はほんの子供にすぎない）　　　　　　〔副　詞〕

He left **but** I stayed.（彼は出かけたが私は残った）　　　　　〔接続詞〕

All **but** him have failed.（彼以外は皆失敗した）　　　　　　　〔前置詞〕

There is no rule **but** has some exceptions.　　　　　　　　〔関係代名詞〕
　　（例外のない規則はない）

§3.　文の要素

文は主部と述部から成り，主部の中心をなす語が**主語**（Subject〔Word〕）

---

†　この **present** のように二音節語で，品詞によってアクセントが前後に移動する語がある。その場合，名詞または形容詞のときは**前**音節に，**動**詞のときは後音節にアクセントが置かれるものが多い。その主な例：

(1)　**移動するもの**（名詞・形容詞で前，動詞で後）：

absent　　　　conduct　　　contrast　　　export　　　import　　　increase
frequent　　　insult　　　　object　　　　progress　　　protest　　　record

(2)　**移動しないもの**：

cómment　　　consént　　　contról　　　debáte　　　excúse　　　repórt

††　この文は The wind blew the tree **down**. の語順をとりうることからも down が副詞であることがわかる。なお，目的語が代名詞の場合はかならず副詞をそのあとに置かなければならない：　　　　　　　　　　　　　　　　　　　　　　　　〔⇨ p. 291〕

The wind blew *it* **down**.〔正〕（風がそれを吹き倒した）

The wind blew **down** it.〔誤〕（　　　　〃　　　　）

次のような例においても off の品詞を区別しなければならない：

Take **off** your hat. / Take your hat **off**.（帽子をとれ）　　〔副　詞〕

Take that hat **off** your head.（頭からその帽子をとれ）　　〔前置詞〕

であり，述部の中心をなすのが**述語動詞**（Predicate Verb）であった。述部にはまた，述語動詞の種類によって**目的語**（Object）と**補語**（Complement）が含まれる。この四つ，すなわち主語・［述語］動詞・目的語・補語が文を構成する**主要素**であり，それぞれの主要素に付加される**修飾語［句］**（Modifier）は文の**従要素**と呼ばれる。〔⇨ p. 13「修飾語」〕

文の要素 { 主要素 { （主部）……　主語(S)
　　　　　　　　　　（述部）……　動詞(V)・目的語(O)・補語(C)
　　　　　　従要素 ……　修飾語(M)

Tastes differ. （趣味は異なる［蓼(たで)食う虫も好きずき］）
(S)　(V)

Love is blind. （恋は盲目）
(S) (V) (C)

Haste makes waste. （急ぎはむだを生む［せいては事を仕損ずる］）
(S)　(V)　(O)

これらの文はいずれも文の主要素だけから成る文の例であるが，たいていの文において，主要素に，従要素である修飾語句が付加されているのがふつうである。（次の例では，太字で示した主要素のほかはすべて従要素である）

Even **Homer** sometimes **nods**. 　（大詩人ホメロスでもうっかり間違え
　　　　(S)　　　　　　　　　(V)　　　　ることがある［弘法も筆の誤り］）

A **friend** in need **is** a **friend** indeed. （困ったときの友こそ真の友）
　　(S)　　　　　　　(V)　　(C)

Perhaps no young **man** can **see** immediately the **qualities** of a great
　　　　　　　　　(S)　　　 (V)　　　　　　　　　(O)

　book. （たぶん，若い人で，すぐれた書物の性質をただちに認めること
　　　　　ができる人はいないでしょう）

The faithful **doing** of any piece of work **brings** a **joy** to the worker.
　　　　　　(S)　　　　　　　　　　　　 (V)　　(O)

（どんな仕事でも忠実にすれば，それをする人に喜びがもたらされる）

§4. 主　語

　主語になるのは名詞・代名詞が最もふつうであるが，そのほか名詞の働きをする語句（＝名詞相当語句〔Noun Equivalent〕）が主語になる：

名　　詞： **Necessity** is the mother of invention. （必要は発明の母）

代 名 詞： **She** is far from happy. （彼女は決して幸福ではない）
形 容 詞： **The rich** are not always happy. （金持が幸福とは限らない）
不 定 詞： **To love** is to forgive. （愛することは許すこと）
動 名 詞： **Seeing** is believing. （百聞は一見にしかず）
名 詞 句： **How to read** is as important as what to read. （いかに読むかは何を読むかということと同様に大切だ）
名 詞 節： **What he says** is true. （彼の言うことはほんとうだ）
引用語句： "**Thank you**" was all he said. （彼は「ありがとう」と言っただけだった）

形式主語 〔⇨ p. 144〕

主語に it を立てて，そのあとにくる句や節の内容を受けることがあるが，このような it を**形式主語**（Formal Subject）と呼ぶ。形式主語の実際の内容を表わす**真主語**（Real Subject）になるのは，不定詞・動名詞・名詞節などである：

It is hard *to please all*. （すべての人を喜ばせるのはむずかしい）
It is no use *crying over spilt milk*. （覆水盆に返らず）
It is natural *that he should say so*. （彼がそう言うのは当然だ）

There ...... 構文の主語 〔⇨ p. 297, 611〕

「～がある」という存在の意味を表わす場合に there を文頭に置くことがあるが，この構文での there は形式的な語で，主語は動詞のあとにくる：

There is no royal **road** to learning. （学問に王道なし）
There are a lot of accidents on this road. （この道路は事故が多い）
Are **there** any letters for me today? — No, **there** aren't.
　　　（今日私に手紙が来ていますか。—いいえ，来ていません）
There is no one **there**. （そこにはだれもいない）

* 最後の例文で，文頭の there は形式的な語で「場所」の意味はなく[ðər]と弱く発音され，あとの there は副詞で「そこに」の意を表わし [ðeər] と強く発音される。〔⇨ p. 297〕
* 付加疑問でも，there が形式的な主語になる。〔⇨ p. 59〕
* ① 動詞の「数」（There *is / are* ～） については〔⇨ p. 547〕，② be 動詞以外に用いられる動詞，その他の注意すべき点については〔⇨ p. 611〕

§5.　述語動詞

　動詞は主語の動作・状態などを述べる語で，ある文は，それに用いられている述語動詞の種類によって，その文型〔⇨ p. 14〕がきまる。動詞は (a) 目的語をとるかいなか，(b) 補語を必要とするかいなか，によって大別される。目的語をとらない動詞は**自動詞** (Intransitive Verb)，目的語をとる動詞は**他動詞** (Transitive Verb)，補語を必要としないものは**完全動詞** (Complete Verb)，補語を必要とするものは**不完全動詞** (Incomplete Verb) と呼ばれる。

動詞
- 自動詞
  - 完全自動詞 (Complete Intransitive Verb)：
    The sun **rises** in the east.
  - 不完全自動詞 (Incomplete Intransitive Verb)：
    Time **is** money.
- 他動詞
  - 完全他動詞 (Complete Transitive Verb)：
    He **loves** his wife.
  - 不完全他動詞 (Incomplete Transitive Verb)：
    He **made** her happy.

§6.　目　的　語

　述語動詞の表わす動作・行為の対象を示す語が目的語であり，目的語になるのは，主語の場合と同じく，名詞・代名詞およびいろいろな名詞相当語句である。目的語には「～を」に当たる関係を表わす**直接目的語**と，「～に」の関係を表わす**間接目的語**とがある。

名　　詞：　The early bird catches the **worm**.
　　　　　　（早起きの鳥は虫を捕える［早起きは三文の得]）

代 名 詞：　Everybody knows **him**.（だれでも彼のことを知っている）

形 容 詞：　We must help **the poor** and **needy**.
　　　　　　（私たちは貧しく生活に困っている人々を助けなければ
　　　　　　ならない）〔⇨ p. 233〕

不 定 詞：　I don't want **to go**.（私は行きたくない）

動 名 詞：　He avoided **meeting** her.（彼は彼女に会うのを避けた）

名 詞 句：　He did not know **what to say**.
　　　　　　（彼は何と言っていいのかわからなかった）

名 詞 節：   We learned **that he was safe**.

　　　　　　　　（彼が無事であることを知った）

引用語句：   She said, "**Good morning**."（彼女は「おはよう」と言った）

形式目的語 〔⇨ p. 144〕

　目的語の位置に it をたて，その内容を表わす真目的語をあとに置くことがあり，そのような it を**形式目的語**（Formal Object）という。あと回しにされる**真目的語**（Real Object）は不定詞・動名詞・名詞節などである：

I found **it** difficult *to get along with him*.　　　　〔真目的語は不定詞〕

　　（彼と仲よくやっていくのはむずかしかった）

You must find **it** dull *being here all day by yourself*.〔真目的語は動名詞〕

　　（ここで一日中ひとりぼっちで暮らすのは退屈なことでしょうね）

We took **it** for granted *that you knew the truth*.　〔真目的語は名詞節〕

　　（君は当然真相を知っているものと思っていた）

再帰目的語 〔⇨ p. 151〕

　目的語は主語の行為を受ける対象を表わすので，主語とは別のものであるのがふつうであるが，その対象が主語自体であることがある。そのような場合には，その目的語は -self の形をした再帰代名詞〔⇨ p. 150〕によって表わされ，**再帰目的語**（Reflexive Object）と呼ばれる。

She killed **herself**.（彼女は自殺した）

Know **thyself**.（汝自身を知れ）〔thyself《古》= yourself〕

＊　次の例にみられるような，日本語に訳したとき，あるいは日本語的に考えて他動詞的な意味が感じられない場合に，再帰目的語を落としやすいので注意：

　　He *enjoyed* **himself** at the party.（彼はパーティで楽しく過ごした）

　　History *repeats* **itself**.（歴史は繰り返す）

■**同族目的語**　動詞と同形か同類の名詞が目的語になることがあり，これを同族目的語〔Cognate Object〕と呼ぶ。ふつう形容詞で修飾される。

　　dream a **dream**（夢を見る）　　　*sing* a **song**（歌を歌う）

　　smile a sweet **smile**（優しくほほえむ）

　　die a miserable **death**（みじめな死に方をする）

---

§7. 補　語

　主語または目的語についての叙述を補って，述部の意味を完成させる語を

補語（Complement）という。すなわち，「〈主語は〉～である」，「〈目的語を〉～にする」などの意味を表わす文において，[～]の部分を補わなければ文意は成立しないが，この [～]の要素になるものが補語である。

(a)　She is [a teacher / happy].

　　　　　（彼女は［教師 / 幸せ］だ）

(b)　He made her [a teacher / happy].

　　　　　（彼は彼女を［教師 / 幸せ］にした）

(a), (b) において，[ ] 内の語を補ってはじめて意味が完全なものになる。すなわち [ ] 内の語が補語である。(a) では「主語」について，(b) では「目的語」について，それが「何であるか」や「どんな状態にあるか」などといったことを示して文意を完成させるので，それぞれ (a) は「**主格補語**」（Subjective Complement），(b) は「**目的格補語**」（Objective Complement）と呼ばれる。

補語になるのは名詞・代名詞・形容詞，および名詞・形容詞相当語句である。

名　　詞：　Habit is [a] second **nature**.（習慣は第二の天性）

代 名 詞：　I thought it was **she** (*or* **her**). （それは彼女だと思った）†

　　　　　　I thought it **her**.　　　　　（　　〃　　）

形 容 詞：　Love makes all hearts **gentle**.

　　　　　　（恋はすべての心を優しくする）

不 定 詞：　To see her is **to love** her.（彼女を見ることは彼女を愛することだ［彼女を見れば愛さずにはいられない］）

分　　詞：　I saw her **picking** flowers.

　　　　　　（彼女が花をつんでいるのを見た）

　　　　　　He looks very **tired**.（彼はとても疲れているようだ）

動 名 詞：　His hobby is **collecting** stamps.

　　　　　　（彼の趣味は切手の収集です）

形容詞句：　We found the book **of no use**.

　　　　　　（その本は役にたたなかった）

名 詞 節：　He is not **what he used to be**.

　　　　　　（彼は以前のような人間ではない）

---

†　補語が代名詞である場合，主格補語であれば代名詞は主格が，目的格補語であれば代名詞は目的格が，それぞれ用いられる。ただし主格補語には（特に口語では）It's *me* (*him, her*). のように目的格をふつうに用いる。〔⇨ p. 137〕

補語と副詞の区別

$\begin{cases} \text{(a)} & \text{He sings [**well**]. (彼は[じょうずに]歌う)} \\ \text{(b)} & \text{He looks [**well**]. (彼は[元気]そうだ)} \end{cases}$

　(a) では［　］内の語がなくても文は成り立ち，well は動詞を付加的に修飾しているにすぎない。すなわち sings は完全自動詞で well は**副詞**である。(b) においては［　］内の語がなければ文意は完成せず，well は文を構成する必須の主要素である。すなわち looks は不完全自動詞，well は主格補語の**形容詞**である。

　次のような，同じ動詞についての副詞と補語を区別しなければならない：

$\begin{cases} \text{(a)} & \text{He **remained** } here. \text{ (彼はここにとどまった)} \qquad 〔副　詞〕 \\ \text{(b)} & \text{He **remained** } poor. \text{ (彼はずっと貧乏だった)} \qquad 〔主格補語〕 \end{cases}$

　remain は (a) では「残る」の意の完全自動詞であり，(b) では「～のままでいる」の意の不完全自動詞である。

$\begin{cases} \text{(a)} & \text{I **found** the book } easily. \text{ (その本はすぐ見つかった)} \quad 〔副　詞〕 \\ \text{(b)} & \text{I **found** the book } easy. \text{ (その本はやさしかった)} \quad 〔目的格補語〕 \end{cases}$

　find は (a) では「～を見つける」の意の完全他動詞であり，(b) では「～であることがわかる」の意の不完全他動詞，easy は目的格補語で「目的語＝補語〔the book is easy〕」の関係を述べている。

$\begin{cases} \text{(a)} & \text{He **left** home } early. \text{ (家を早く出かけた)} \qquad 〔副　詞〕 \\ \text{(b)} & \text{He **left** the door } open. \text{ (戸をあけはなしにしておいた)〔目的格補語〕} \end{cases}$

［主格］補語と目的語の区別

$\begin{cases} \text{(a)} & \text{The girl **became** } his \ wife. \text{ (その少女は彼の妻になった)} \\ \text{(b)} & \text{The dress **became** } his \ wife. \text{ (そのドレスは彼の妻に似合った)} \end{cases}$

　(a) では his wife は補語である。補語である場合は「主語＝補語 (the girl = his wife)」の関係が成り立ち，その最も明らかな例は be 動詞の場合である。†

　He *was* (*became, seemed to be, etc.*) a doctor. (he = a doctor)

---

†　このような不完全自動詞としての be 動詞は，主語と補語を結びつけるだけの働き（［主語］<u>は</u>［補語］<u>である</u>）しかしないので，**『繋辞』**または**『連結詞』**(Copula) と呼ばれることがある。

(b) では his wife は補語ではない。すなわち，主語の the dress とは別のものを表わしていて「the dress ≠ his wife」の関係にあるので，目的語である。

$\begin{cases} \text{(a)} & \text{The experiment \textbf{proved} a } \textit{success}.（実験は成功だった）\\ \text{(b)} & \text{The experiment \textbf{proved} the } \textit{theory}.（実験はその説を証明した）\end{cases}$

* (a) では prove は「(…してみた結果) ～であることがわかる，～となる」の意の不完全自動詞で a success は補語，(b) では prove は「～を証明する」の意の他動詞で the theory は目的語である。

［目的格］補語と目的語の区別

$\begin{cases} \text{(a)} & \text{He \textbf{made} his son a } \textit{doctor}.（彼は息子を医者にした）\\ \text{(b)} & \text{He \textbf{made} his son a } \textit{suit}.（彼は息子に服を作ってやった）\end{cases}$

(a) では「his son = a doctor」の関係が成り立つので doctor は目的格補語であり，(b) においては his son ≠ a suit で，his son は間接目的語，a suit は直接目的語である。〔⇨ p. 19, 21〕

$\begin{cases} \text{(a)} & \text{I \textbf{called} him a } \textit{liar}.（私は彼をうそつきと呼んだ）\quad〔目的格補語〕\\ \text{(b)} & \text{I \textbf{called} him a } \textit{taxi}.（私は彼にタクシーを呼んだ）\quad〔直接目的語〕\end{cases}$

§8. 修 飾 語

修飾語は，形容詞の働きをするものと，副詞の働きをするものと二通りある。**形容詞的修飾語**（Adjective Modifier）は名詞や代名詞を修飾し，形容詞のほか冠詞・分詞・動名詞・不定詞・形容詞句・形容詞節などが用いられる。**副詞的修飾語**（Adverbial Modifier）は動詞・形容詞および副詞などを修飾し，ふつうの副詞のほか不定詞・分詞構文・副詞句・副詞節などが用いられる。

● The young girl spoke English very fluently.

　　（その少女は英語をとても流ちょうにしゃべった）

主要素	**girl** (S)	**spoke** (V)	**English** (O)
従要素	(形・修) The (形・修) young	┌── fluently (副・修) (副・修) very ─┘	

$\begin{bmatrix} 形・修 = 形容詞的修飾語 \\ 副・修 = 副詞的修飾語 \end{bmatrix}$

● The flowers in the garden come into bloom in early spring.
　　（庭の花は早春に咲く）

flowers (S)   ‖   **come** (V)
（形・修）The ――┐ 　　　　　└― in garden（形・修） （形・修）the ――┘	┌― into bloom（副・修） 　　　　　　├― in spring（副・修） （形・修）early――┘

● All nations involved must take responsible actions regarding climate
change.（関係諸国はすべて，気候変動に関して責任ある行動をとらなければならない）

nations (S) ‖ **take** (V)	**actions** (O)
（形・修）All―┐ 　　　　└― involved 　　　　（形・修）	must　　　　　（形・修）responsible （助動詞）　　└―regarding change（副・修） 　　　　（形・修）climate―┘	

> ＊　regarding ～ は，「～に関する（責任ある行動［をとる］）」と解すれ
> ば，名詞（actions）を修飾する形容詞句になる。

● Yesterday a friend of mine who lives in the country came up to London with some of his friends to attend a meeting to be held on Monday.　　（きのういなかに住んでいる私の友人が，いく人かの友だちと月曜日に行われる会に出席するために，ロンドンにやってきた）

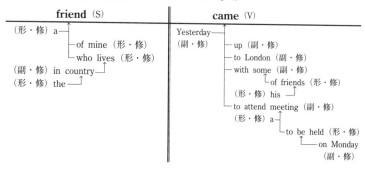

§9.　文　型

　英語の文は，主要素による構成という点から，次の五つの型，すなわち**文型**（Sentence Patterns）に分類することができる。

第 1 文型：	S + V	Trees grow.
第 2 文型：	S + V + C	He is rich.
第 3 文型：	S + V + O	She loves me.
第 4 文型：	S + V + O + O	I gave him a book.
第 5 文型：	S + V + O + C	We believe him honest.

　たとえどんなに多くの修飾語句の付いた複雑な文でも，ふつう，この五つ
の基本文型のいずれかに属する。

§10.　S + V 型

　この文型に用いる動詞は，目的語をとらないので自動詞，補語を必要とし
ないので完全動詞，すなわち**完全自動詞**（Complete Intransitive Verb）で
ある。

God is. （神は存在する）†

Money talks. （金がものをいう）

A journey of a thousand miles must begin with a single step.
　　S　　　　　　　　　　　　　　　　V

　（千里の道も一歩から始まる）

Away ran the girl. （少女は走り去った）
　　　V　　S

　　　〔倒置されて主語があとに置かれた文。⇨ p. 589〕

There is no place like home. （わが家にまさるところはない）
　　　V　　S

When in Rome do as the Romans do. （郷に入っては郷に従え）
　　　　　　V

　　　〔命令文であるから S は表わされない〕

---

†　be 動詞は「存在する」（= exist）の意味では完全自動詞で，「～である」の意で主
　語と補語を結びつけるだけの「繋辞」（Copula）として用いられる不完全自動詞の場
　合と区別しなければならない。
　　　I think; therefore I am. （われ思う，ゆえにわれ在（あ）り）
　　　Whatever is, is right. （存在するものはすべてよし）
　　　　　　〔前の is が完全自動詞で，あとの is は不完全自動詞〕
　　　{ His house is on a hill. （丘の上にある）〔SV。on a hill は副詞句〕
　　　{ His house is on fire.（燃えている）〔SVC。on fire は形容詞句〕〔⇨ p.494〕

§11. S+V+C 型

　この文型に用いられる動詞は，補語を必要とするので不完全動詞，目的語をとらないので自動詞，すなわち**不完全自動詞**（Incomplete Intransitive Verb）である。この文型の補語は**主格補語**（Subjective Complement）である。

おもな不完全自動詞

　不完全自動詞の代表は繋辞としての be 動詞であるが，その他，次のようなものがある。いずれの場合にも be で置き換えても意味が成り立ち，主語と補語を＝で結び付けうる関係にある。

1 「～である，～のままでいる，～の状態にある」など，「状態」の意味を表わす動詞。

> **be, remain** (⇨ p. 12), **keep, hold, stay, lie, sit, stand** (⇨ p. 19), **run** など。

Genius **is** patience. （天才とは忍耐力である）

He **remained** silent. （彼はだまっていた）

Keep still and quiet. （じっと静かにしていなさい）

The law still **holds** good. （その法律はまだ有効である）

The weather will **stay** fine. （好天は続くだろう）

He **lay** dead on the ground. （彼は地面に死んで横たわっていた）

He **sat** motionless beside her. （彼は彼女のそばに動かずに座っていた）

Still waters **run** deep. （静かな川は深い［浅瀬に仇浪］）

2 「～になる」という「状態の変化」を表わす動詞。〔⇨ p. 613〕

> **become** (⇨ p. 12), **grow** (⇨ p. 18), **get, turn** (⇨ p. 18), **come, go, fall, run, prove** (⇨ p. 13), など。

The boy **became** a great scientist. （少年は偉大な科学者になった）

　＊ become と come to (do) については ⇨ p. 348, 648。

He **fell** ill, but **got** well soon. （彼は病気になったが，すぐよくなった）

It is **growing** (*or* **getting**) dark. （暗くなってきた）

The milk has **turned** sour. （ミルクはすっぱくなった）

His dream **came** true at last. （彼の夢はついに実現した）

He **went** blind in one eye. （彼は片方の目が見えなくなった）

The food is **running** short.（食物が不足してきた）

The wound **proved** fatal.（その傷は命とりになった）†

3 「〜のように見える（思える，聞こえる，感じる）」など感覚に訴える意味を表わす動詞

$$\left[\begin{array}{l}\text{look （⇨ p. 18), seem, appear （⇨ p. 18), sound （⇨ p. 18)}\\ \text{feel （⇨ p. 31), smell （⇨ p. 18), taste （⇨ p. 378), など。}\end{array}\right]$$

He **looks** young for his age.（彼は年のわりに若く見える）

He **seems** (*or* **appears**) [to be] rich.（彼は金持ちらしい）

His story **sounds** true.（彼の話は本当らしい）

This cloth **feels** soft.（この布は手ざわりが柔らかい）

This orange **tastes** sour.（このみかんはすっぱい味がする）

■**主格補語に準じる表現**

　次のような文においては，上に述べたようなふつうの場合とやや異なるが，動詞のあとの語は一種の補語と考えることができる。

He married **young**.（彼は年若くして結婚した）

* marry は完全自動詞であるので，young はふつうの補語とは異なるが，*He was young* when he married. のような意味関係を表わしており，主語の状態について補述する一種の補語として扱われる。

Whom the gods love die **young**.

　　　　（神々に愛される者は若死する［才子多病，佳人薄命］）

This book reads **interesting**.（この本は読んでおもしろい）

He came home **drunk**.（彼は酔っぱらって帰宅した）

Let's part **friends**.（仲よく別れよう）〔= Let's part *as* friends.〕

He left a **beggar** and returned a **millionaire**.（彼はこじきとして出かけ，百万長者でもどってきた）

The child was born **dead**.（子供は死んで生まれた）

補語(＝形容詞)と副詞

　副詞は補語にならないので，補語の形容詞を用いるべき場合に，副詞を用いないように注意しなければならない。

---

† 　動詞句 turn out も，この prove と同じく「結局〜になる（〜であることがわかる）」の意でよく用いられる。〔⇨ p. 353, 417〕

This flower **smells** *sweetly*. (この花はよい香りがする)　　　〔誤〕

His voice **sounded** *strangely*. (彼の声は奇妙に聞こえた)　　〔誤〕

それぞれ **sweet, strange** という形容詞でなければならない。なお，次のような場合に注意する：

- (a)　She **looked** (*happy*, happily).
- (b)　She **looked** (happy, *happily*) at the gift.

(a) は「彼女は幸せそうに見えた」で，look は「～に見える」の意の不完全自動詞であるから補語の形容詞 happy が正しく，(b) は「彼女は幸せそうに贈物を見た」の意で look は「見る」の意の完全自動詞であるから副詞の happily が正しい。

同一動詞の文型の区別 (1)　〔⇨ p.31〕

動詞のなかには，自動詞・他動詞・完全動詞・不完全動詞の二つ以上に用いられるものが多いので，それぞれの文において，そのいずれに用いられているかを区別しなければならない。

- She **appeared** silently. (彼女は音もなく現われた)　　　　　〔SV〕
- She **appeared** friendly. (彼女は親しみやすそうに見えた)　　〔SVC〕

　　* -ly はふつう (上の silently のように) 副詞語尾であるが，friendly (友好的な) は形容詞。〔⇨ p.282〕

- This plant **grows** fast. (この植物は早く成長する)　　　　　〔SV〕
- He is **growing** thinner. (彼はだんだんやせてきた)　　　　　〔SVC〕
- He **grows** potatoes. (彼はじゃがいもを栽培している)　　　　〔SVO〕

- This fish **smells**. (この魚はにおう〔くさい〕)　　　　　　　〔SV〕
- This dish **smells** good. (この料理はよいにおいがする)　　　〔SVC〕
- She is **smelling** the flower. (彼女は花をかいでいる)　　　　〔SVO〕

　　* 同様に feel, taste などについても，自・他の相違による意味の区別を正しく行わなければならない。〔⇨ p.378〕

- He **turned** round the corner. (彼は角を曲がった)　　　　　〔SV〕
- He **turned** pale at the news. (その知らせにあおくなった)　　〔SVC〕
- He **turned** off the light. (彼はあかりを消した) †　　　　　　〔SVO〕

---

†　この文の off は前置詞ではなく副詞であるから turn the light *off* の語順もとる。〔⇨ p.291〕 He fell *off* the tree. (彼は木から落ちた)〔SV〕では off は前置詞で，He fell the tree *off*. とはならない。

> The boy **stood** up. （少年は立ちあがった）　　　　　　　　〔SV〕
> The door **stood** open. （戸は開いていた）　　　　　　　　　〔SVC〕
> I can't **stand** this. （こんなことはがまんできない）　　　　　〔SVO〕

§12. 　S＋V＋O 型

　この文型に用いられる動詞は，目的語をとるので他動詞，補語を必要としないので完全動詞，すなわち**完全他動詞**（Complete Transitive Verb）である。この文型の目的語は**直接目的語**（Direct Object）である。〔目的語になる語句の種類については ⇨ p. 9〕

Everyone **has** talent. （だれにでも才能はある）

We all **desire** peace. （われわれはみな平和を望む）

He who pursues two hares **catches** neither.
　　　　（二兎を追う者は一兎も得ず）

Only through effort does anyone **find** the joy of creation.
　　　　（努力によってのみ人は創造の喜びを見いだす）

MASTERY POINTS　　　　　（解答 p. 680）

〔**1**〕　次の各文の空所に「～になる」の意の適当な動詞を入れよ。

(1)　The doctor says he will (　　) well in a few days.

(2)　He (　　) deaf in his old age.

(3)　What will (　　) of us if the company goes bankrupt?

(4)　His advice (　　) of no use to me.

(5)　Leaves (　　) red in autumn.

(6)　He (　　) ill on the night before the examination.

(7)　She (　　) to know him during her stay in Paris.

〔**2**〕　次の各文のかっこ内の正しいほうを選べ。

(1)　Don't make a noise. Keep (quiet, quietly).

(2)　This dish smells (good, well).

(3)　She felt (proud, proudly) of having won the game.

(4)　Good medicine tastes (bitter, bitterly).

(5)　He looked (uneasy, uneasily) for a moment.

(6)　He looked (uneasy, uneasily) at the teacher.

日本語で「〜を」とならない目的語

　英語の目的語は日本語に訳す場合，ふつう「〜を」で表わされるが，「〜と」，「〜に」などとなるものもある。

　She **married** an artist.（彼女は芸術家と結婚した）

　He **answered** my question.（彼は私の問に答えた）

　He **entered** the room.（彼は部屋にはいった）

●このように目的語が「〜と」，「〜に」などと訳される場合に，動詞のあとに不要の前置詞を置きやすいので注意すること。〔⇨ p. 338〕

　He **resembles** ［× *with*］ his father.（彼はお父さんと似ている）

　You must **obey** ［× *to*］ your parents.（親に従わなければならない）

　He **climbed** ［× *on*］ the mountain.（彼はその山に登った）

　He **addressed** ［× *to*］ the audience.（彼は聴衆に話しかけた）

動詞句の文型

　自動詞が前置詞と結び付いて，一つの他動詞のような意味を表わす場合があるが，文型は，ふつう，動詞の自・他によって区別される：

$\begin{cases} \text{(a)} & \text{We cannot } \textbf{trust} \text{ him.（彼を信頼することはできない）} \\ \text{(b)} & \text{We cannot } \textbf{rely on} \text{ him.（\qquad\qquad\qquad）} \end{cases}$

　(a) では trust は他動詞であり，文型は「S＋V＋O」であることは明らかである。(b) では（rely on ＝ trust の関係から，これを他動詞句，him をその目的語とみなして文型を「S＋V＋O」とする，という考え方に対して）rely は自動詞であり，on him は副詞句，文型は「S＋V」とするのがふつうである。

$\begin{cases} \text{He } \textbf{reached} \text{ the station.} & \text{（彼は駅に着いた）} & \text{〔S＋V＋O〕} \\ \text{He } \textbf{arrived at} \text{ the station.} & \text{（\quad〃\quad）} & \text{〔S＋V〕} \\ \text{He } \textbf{got to} \text{ the station.} & \text{（\quad〃\quad）} & \text{〔S＋V〕} \end{cases}$

$\begin{cases} \text{I am } \textbf{awaiting} \text{ his arrival.（彼の到着を待っている）} & \text{〔S＋V＋O〕} \\ \text{I am } \textbf{waiting for} \text{ him.（彼を待っている）} & \text{〔S＋V〕} \end{cases}$

$\begin{cases} \text{I didn't } \textbf{answer} \text{ her letter.（彼女の手紙に返事} & \text{〔S＋V＋O〕} \\ \text{I didn't } \textbf{reply to} \text{ her letter.　を出さなかった）} & \text{〔S＋V〕} \end{cases}$

　このほか，次のような句も同様に考えることができる：

　account for ＝ explain（説明する）　　get over ＝ overcome（克服する）

ask for = demand（求める）	look into = investigate（調査する）
call on = visit（訪問する）	run after = chase（追いかける）
come across = meet（出くわす）	stand for = represent（表わす）

「自動詞＋前置詞」と「他動詞＋副詞」の区別

　前項で述べた例は，いずれも「自動詞＋前置詞」の動詞句であるが，これを「他動詞＋副詞」の動詞句と混同してはならない。〔⇨ p.350〕

$\begin{cases} \text{(a)} & \text{She } \textbf{turned down} \text{ his offer.（彼の申し出を拒絶した）〔S + V + O〕} \\ \text{(b)} & \text{She } \textbf{turned on} \text{ the light.（あかりをつけた）　　　　〔S + V + O〕} \\ \text{(c)} & \text{She } \textbf{turned to} \text{ his help.（彼の助けを求めた）　　　〔S + V〕} \end{cases}$

　(a)，(b) では「他動詞＋副詞」であるから，それぞれ目的語が代名詞であれば turn it *down*, turn it *on* の語順をとるが，(c) では to は前置詞であるから his help が it になっても turn it *to* となることはない。〔⇨ p.317〕

$\begin{cases} \text{(a)} & \text{He } \textbf{put on} \text{ his coat.（上着を着た）　　　　〔S + V + O〕} \\ \text{(b)} & \text{He } \textbf{got on} \text{ the train.（汽車に乗った）　　　〔S + V〕} \end{cases}$

$\begin{cases} \text{(a)} & \text{He } \textbf{gave up} \text{ his effort.（努力をやめた）　　〔S + V + O〕} \\ \text{(b)} & \text{He } \textbf{went up} \text{ the tree.（木にのぼった）　　〔S + V〕} \end{cases}$

　それぞれ (a) は「他動詞＋副詞」であり，(b) は「自動詞＋前置詞」である。すなわち，put his coat *on*, put it *on* とはなっても，got the train *on*, got it *on* となることはない。

●その他，次のような動詞句も「他動詞＋副詞」であって，そのあとにくるのは動詞の目的語であり，文型は「S + V + O」になる。

bring up = raise, rear（育てる）	put by = save（貯える）
call off = cancel（中止する）	put off = postpone（延期する）
find out = discover（発見する）	take off = remove（脱ぐ）
make out = understand（わかる）	turn off = extinguish（消す）

§13.　S + V + O + O 型

　この文型に用いられる動詞は，目的語を二つとる。前に置かれるのは「～に」の関係を表わす**間接目的語**（Indirect Object → IO）で，後に置かれるのは「～を」の関係を表わす**直接目的語**（Direct Object → DO）である。そしてこの二つを合わせて**二重目的語**（Double Object）と呼び，二重目的語をとる動詞を**授与動詞**（Dative Verb）と呼ぶ。

Experience **teaches** us many things.
　　　　（経験はわれわれに多くのことを教える）

Has he **paid** you the money? （彼はあなたに金を支払いましたか）

Please **pass** me the salt. （塩をまわしてください）

What did he **tell** you? （彼は君に何を話したのか）

　＊　直接目的語が疑問詞の場合の例である。

Who[m] did he **tell** the story? （彼はだれにその話をしたのか）

　＊　間接目的語が疑問詞の場合。Whom より Who がふつう。〔⇨ p. 187〕

二重目的語をとるおもな動詞

　この文型の文で，語順を変えて，間接目的語を直接目的語の後にもってい
くと，前置詞に to を用いるものと for を用いるもの，その他に大別できる。

1 **to を用いるおもな動詞：**

give（与える）	**hand**（手渡す）	**lend**（貸す）
offer（提供する）	**owe**（借りている）	**pass**（回す，手渡す）
pay（支払う）	**promise**（約束する）	**read**（読み聞かせる）
refuse（拒否する）	**sell**（売る）	**send**（送る）
show（示す）	**teach**（教える）	**tell**（話す）
throw（投げる）	**wish**（願う，祈る）	**write**（書く）

⎧ He **gave** his son a watch. （彼は息子に時計を与えた）
⎨
⎩ He **gave** a watch to his son. †

Will you **lend** me an umbrella? （傘を貸してもらえませんか）

They **offered** him a good job. （彼らは彼によい仕事を提供した）

I **owe** my brother $50. （僕は兄に 50 ドル借りている）

She **reads** them a story every night.

---

†　間接目的語を後にまわした場合は，to his son は副詞的修飾語（副詞句〔⇨ p. 36〕）
になり，文型は〈S＋V＋O〉になる：
　　She sent him a book. 〈S＋V＋O＋O〉
　　She sent a book to him. 〈S＋V＋O〉
●日本語に訳せば「～に…を」となっても英語では SVOO の形で用いない動詞に注意
する。〔⇨ p. 340〕　たとえば「彼は警察に事故を通報した」の場合：
　　〔誤〕He **reported** the police the accident.
　　　　→ He **reported** the accident to the police.

（彼女は毎晩彼らに物語を読み聞かせる）

The bank **refused** me the loan.（銀行は私に融資を断わった）

He **wrote** his wife a long letter.（彼は妻に長い手紙を書き送った）

I **wish** you good luck.（幸運を祈ります）

2　for を用いるおもな動詞:

buy（買う）	**call**（呼ぶ）（⇨ p. 13）	**choose**（選ぶ）（⇨ p. 30）
cook（料理する）	**do**（する）（⇨ p. 24）	**find**（見つける）（⇨ p. 26）
get（手に入れる）	**leave**（残す）（⇨ p. 24）	**make**（作る）（⇨ p. 13）
play（演奏する）	**sing**（歌う）	**spare**（割(さ)く，与える）

My mother **made** me a doll.（母は私［のため］に人形を作ってくれた）
My mother **made** a doll **for** me.

He **bought** his son a toy.（彼は息子におもちゃを買ってやった）

I **chose** her a book.（私は彼女に本を選んであげた）

Will you **do** me a favor?（お願いをきいてもらえますか）

He **found** her a good seat.（彼は彼女によい席を見つけてあげた）

Can I **get** you a drink?（飲み物をお持ちしましょうか）

Will you **play** me a tune?（私に一曲ひいてくれませんか）

Can you **spare** me a few minutes?（私に 2, 3 分さいてくれませんか）†

3　of, on を用いる動詞:

次のようなものに限られている。

She **asked** me a question.（彼女は私に質問をした）
She **asked** a question **of** me.〔堅い言い方で，まれ〕

May I **ask** you a favor?（お願いしたいことがあるのですが）
May I **ask** a favor **of** you?〔上の形と同様によく用いる〕

He **played** me a trick.（彼は私にいたずらをした）
He **played** a trick **on** me.

4　その他の動詞:

次のような例での動詞は，二つの目的語をとるが，ふつうの間接目的語・直接目的語とは意味関係が異なり，前置詞を用いて前の目的語を後まわしに

---

† この文で，a few minutes を for a few minutes と同じ副詞句と解すると文型は〈S＋V＋O〉になり，「2, 3 分のあいだ席をはずさせていただけますか」の意味になる。

することもめったにしない。

I **asked** him the way to the station.（私は彼に駅への道を尋ねた）

The work **took** him ten years.（その仕事に彼は10年かかった）

This watch **cost** me ten pounds.（この時計は10ポンドした）

We cannot **forgive** him his neglect.（彼の怠慢を許すことはできない）

I **envy** you your luck.（私は君の幸運がうらやましい）

This **saved** me a lot of trouble.（これで大いに手間が省けた）

She **kept** me company all day.（彼女は終日私につき合ってくれた）

This **lost** them the victory.（このために彼らは勝利を失った）

---

to, for のどちらも用いるが，異なる意味を表わすもの

　動詞によっては to, for のいずれも用いるものがあるが，その場合 to は「～（のところ）に」，for は「～（のため）に」の意味を表わす。

He **brought** the news **to** us.（私たち[のところ]に知らせをもたらした）
He **brought** some toys **for** us.（私たち[のため]におもちゃを持ってきた）

Please **fetch** it **to** me.（それを私に持ってきてください）
Shall I **fetch** your hat **for** you?（帽子を取ってきてあげましょうか）

She **left** her estate **to** her brother.（彼女は弟に財産を残した）
She **left** some food **for** her brother.（彼女は弟に食物を残しておいた）

She **wrote** a letter **to** him.（彼女は彼に手紙を書いた）
She **wrote** a letter **for** him.（彼女は彼の代筆をした）

It **did** a lot of good **to** me.（それは私にとって大いにためになった）
He **did** a lot of work **for** me.（彼は私のために大いに仕事をしてくれた）

間接目的語と直接目的語の語順

　この文型の文では，ふつう，「間接目的語＋直接目的語」の語順にするか，前置詞を用いて間接目的語を後に置くか，二通りが可能であり，どちらでも意味も同じで語順も任意の場合が多いが，語調・意味などの関係でどちらかの語順のほうが他よりも多く用いられる場合もある。すなわち，発音上は，短い軽いほうの目的語を前に，意味上は，比重の大きいほうの目的語を後に置く傾向がある。（一般に，強調される要素は文の終わりのほうに置かれる）

　❶　間接目的語が代名詞である場合は，これを動詞のすぐ後に置くほうが，語調からいっても，自然である。

He taught *us* a lot of useful things.

❷　反対に，間接目的語が修飾語などが付いて長い場合は，直接目的語を前に出すことが多い。

He told the story to *all the students of the class*.

❸　間接目的語も直接目的語も同じくらいの長さである場合は，どちらの語順もとるが，ふつう後に置かれる目的語のほうが強調される。

{ He bought his son a camera.
{ He bought a camera for his son.

{ He gave the girl an apple.
{ He gave the apple to the girl, not to the boy.

❹　直接目的語が代名詞で，間接目的語が名詞の場合は，間接目的語が後にくる。

He gave *it* to the girl. (He gave the girl *it*. とは言わない)

❺　両方の目的語が代名詞である場合は，「間接目的語＋直接目的語」の順でよいが，直接目的語が it のときは逆になることがある。

{ She gave *him it*.　〔主に《英》〕
{ She gave *it him*.　〔主に《英》〕
{ She gave *it* to *him*.　〔最も一般的。《米》ではふつうこの形だけ〕

MASTERY POINTS　　　　　　（解答 p. 680）

〔3〕　次の各文を，例のように書き換えた場合に用いられる前置詞を記せ。

〔例〕　{ She <u>told</u> the boys an interesting story.
　　　　{ She <u>told</u> an interesting story (to) the boys.

(1)　She <u>showed</u> her friend all her jewels.

(2)　I <u>bought</u> my wife a new hat.

(3)　He <u>sent</u> me a box of apples.

(4)　He <u>offered</u> her his seat.

(5)　The teacher <u>handed</u> the boy a book.

(6)　I will <u>get</u> you a better position.

(7)　I want to <u>ask</u> you a favor; will you <u>lend</u> me your car?

(8)　This medicine will <u>do</u> you no good.

(9)　His uncle <u>left</u> him a large fortune.

(10)　We had better <u>leave</u> our children some of the cake.

* 直接目的語が it の場合は，She gave *it to him*. の it と to の [t] の音が重なって to の音が it に吸収され（[it tə him → itəhim → it him]），She gave *it him*. の形になったと考えられる。なお it 以外の代名詞の場合は，たとえば She gave him *this*. / He showed them *some*. であって She gave *this* him. / He showed *some* them. とはならない。

§14.   S + V + O + C 型

この文型に用いられる動詞は，目的語をとるので他動詞，補語を必要とするので不完全動詞，すなわち**不完全他動詞**（Incomplete Transitive Verb）である。またこの文型における補語は目的語について補述するので**目的格補語**（Objective Complement）である。

目的格補語になるのは，①名詞，②形容詞，③分詞（現在分詞・過去分詞），④形容詞句，⑤名詞節などである。〔⇨ p. 11〕

① They **named** their daughter *Ann*.（彼らは娘をアンと名付けた）

② The heat **turned** the milk *sour*.（暑さで牛乳が腐ってしまった）

③ I **found** the book *interesting*.（その本はおもしろかった）

He **had** his wallet *stolen*.（彼は財布を盗まれた）   〔⇨ p. 342〕

④ Please **make** yourself *at home*.（楽になさってください）〔⇨ p. 494〕

⑤ He has **made** me *what I am*.

(彼が私を今のような人にした)   〔⇨ p. 211〕

おもな不完全他動詞   〔**2**〜**5**の文型については ⇨ p. 658〕

1 「〜を…（の状態）にする」の意を表わす動詞で，**make** がその代表語。† その主なもの：

---

† このグループの動詞を（ふつう**2**のグループの動詞と合わせて）『作為動詞』（Factitive Verb）と呼ぶことがある。『作為動詞』という言葉は，文法用語として，次の『知覚動詞』や『使役動詞』などのように一般的によく用いられることはないが，動詞の分類とその理解には役に立つ。〔⇨ p. 338〕

(a) 『作為動詞』は「〜を…にする」〈S + V + O + 名詞・形容詞〉

(b) 『使役動詞』は「〜に…させる」〈S + V + O + 動詞〉

(a) The movie **made** him *a star*.（その映画が彼をスターにした）

The news **made** everyone **happy**.（その知らせは皆を喜ばせた）

(b) This suit **makes** me **look** fat.（[この服は私を太って見えさせる→] この服を着ると私は太って見える）

(**a**)　（〜を…にする）：　**make**（⇨ p. 13, 30）, **get, set, turn; drive**〔ふ
　　つう, 好ましくない状態にならせる〕

(**b**)　（〜を…の状態のままにしておく）：　**keep, leave**（⇨ p. 31）

(**c**)　（〜を…に選ぶ, 〜を…と呼ぶ）：　**choose**（…に選ぶ）, **call**（…
　　と呼ぶ）, **name**（…と名付ける）, **elect**（…に選出する）, **appoint**
　　（…に任命する）, **declare**（…と宣言［宣告］する）

(**d**)　ある動作の結果生じる状態を表わす：　**bake**（焼く）, **boil**（ゆで
　　る）, **cut**（切る）, **dye**（染める）, **paint**（塗る）, **push**（押す）,
　　wash（洗う）, **wipe**（拭く）

(**a**)　His answer **made** her *angry*.（彼の返答は彼女を怒らせた）

　　　Will you **get** dinner *ready*?（食事の支度をしてくれませんか）

　　　He **set** the machine *going*.（彼は機械を始動させた）

　　　This noise is **driving** me *mad*.（この騒音はまったく頭にくる）

(**b**)　Don't **keep** her *waiting*.（彼女を待たせ［ておい］てはいけない）

　　　You had better **leave** him *alone*.（彼をそっとしておいたほうがよい）

(**c**)　We **chose**〔**elected, appointed**〕him *chairman*.

　　　　　　（われわれは彼を議長に選んだ［選出した, 指命した］）

　　　He **called** me *a coward*.（彼は僕を臆病者呼ばわりした）〔⇨ p. 13〕

(**d**)　Don't **boil** the egg *hard*.（卵を固くゆでないでね）

　　　She **cut** my hair *short*.（彼女は私の髪を短く刈った）

　　　He **pushed** the door *open*.（彼はドアを押し開けた）

　　　She **wiped** the plate *clean*.（彼女は皿をきれいに拭いた）

2　「〜が…であると思う（**信じる, わかる**）」などの意を表わす動詞。
think がその代表語。通例, 目的語と補語のあいだに〔to be〕を置くこ
とができる。〔⇨ p. 658〕

---

think（…だと思う）	**believe**（…だと信じる［思う］）
consider（…だと考える）	**find**（…だとわかる）〔⇨ p. 12, 30〕
hold（…と考える）	**judge**（…だと判断する）
know（…だと知っている）	**imagine**（…だと想像する）
prove（…だと証明する）	**suppose**（…だと思う）

I **believe** him〔*to be*〕*innocent*.（私は彼が無罪だと信じる）

I **consider** what he said [*to be*] *of no importance.*　〔⇨ p. 100〕
　　（私は彼の言ったことは重要でないと思う）
I don't **hold** myself [*to be*] *responsible* for it.（自分に責任があるとは
　　考えない）
Do you **think** it *proper* for him to do such a thing?　〔⇨ p. 144〕
　　（彼がこんなことをするのは正しいと思いますか）
I **know** him to be a reliable man.〔to be は省略しない〕
　　（彼は信頼できる人だということを私は知っている）

3　「〜が…するのを見る（聞く，感じる）」などの意味を表わす，**知覚動詞**
（Verb of Perception）と呼ばれる動詞で，補語になるのは不定詞（to の
付かない原形不定詞〔⇨ p. 428〕）・現在分詞・過去分詞である。

---

see（見える，目に入る），**watch**（見守る），**look at**（見る）
hear（聞こえる，耳に入る），**listen to**（聞く）（⇨ p. 377）
feel（感じる）（⇨ p. 31），**smell**（…するにおいがする）
notice, observe, perceive（気付く〔3語とも〕）

I **saw** him *enter* the room.（私は彼が部屋に入るのを見た）
I **heard** my name *called*.（自分の名前が呼ばれるのを聞いた）
He **felt** his heart *beat* violently.（心臓が激しく動悸を打つのを感じた）
I **smelled** something *burning*.（何かがこげるにおいがした）
Nobody **noticed** him *leave*.（だれも彼が立去るのに気付かなかった）

4　「〜に…させる」の意味を表わす，**使役動詞**（Causative Verb）と呼ば
れる動詞。† 不定詞や過去分詞を補語とする。「させる」は，具体的に
は，「（無理に / したいように / 仕向けて / 原因を作って）〜させる」な
どにわたる意味を表わす。〔⇨ p. 341, 644〕

(a)　to の付かない不定詞を補語とするもの：　**make, have, let**
(b)　to の付く不定詞を補語とするもの：　**get, cause**
(c)　過去分詞も補語とするもの：　**have, get**

What **makes** you *think* so?（君はどうしてそう考えるのか）

---

†　『使役動詞』には，**bid**（〜するように命じる），**help**（〜するのを助ける），**allow**
（〜するのを許す），**compel**（〜するように強いる）など，およびこれらに類した意
味を表わす，その他の語を含めることがある。

Why did you **have** him *go*? (なぜ彼に行かせたのか)

Let sleeping dogs *lie*. (眠っている犬は寝かせておけ [やぶ蛇は禁物])

Get a porter *to carry* my luggage. (赤帽に私の荷物を運ばせてくれ)

A noise **caused** me *to start*. (物音が私をはっと驚かせた)

I'll **have** (*or* **get**) my hair *cut* soon. (近いうちに髪を刈ってもらおう)

⑤ 「**～が…することを望む（命じる，許す，強いる）**」などの意味を表わす，to の付いた不定詞を補語とする動詞。††

---

want (望む), **wish** (願う), **like** (好む); **tell** (告げる), **ask** (頼む), **beg** (懇願する), **order**, **command** (命じる), **permit**, **allow** (許可する); **compel**, **force**, **oblige** (強制する); **enable** (可能にする); **teach** (教える), **persuade** [pərswéid] (説得する), など。

He **wanted** me *to go* with him. (彼は私が彼に同行することを欲した)

He didn't **allow** her *to go* out at night.

　　　(彼は彼女が夜外出することを許さなかった)

Bad weather **obliged** him *to stay* at home.

　　　(天気が悪かったので彼は家にいることを余儀なくされた)

The scholarship **enabled** her *to go* to college.

　　　(奨学金のおかげで彼女は大学へ行くことができた)

■目的格補語に準ずる表現

(a)　He dyed his hair **black**. (彼は髪を黒く染めた)

(b)　He drank his coffee **black**. (彼はコーヒーをブラックで飲んだ)

(a) は「O を～の**状態にする**」の意を表わす文でのふつうの目的格補語であるが，(b) は「O を～の**状態で**…する」で，意味関係は異なるが，目的語の状態を述べているので，ふつう，目的格補語に準じるものとして扱われる。

She ate the fish **raw**. (彼女はその魚を生で食べた)

I brought back the box **undamaged**. (箱を無傷で持ち帰った)

主格補語と目的格補語の関係

　⎰ (a)　I believe **him** [to be] **honest**.　　　　　〔S + V + O + C〕
　⎱ (b)　I believe that **he** is **honest**.　　　　　〔S + V + O〕

---

††　これらの語をこの形で用いた文は，『五文型』の中の第 5 文型として分類せずに，別格の「**S + V + O + to 不定詞**」という形の文として扱われることもある。〔⇨ p. 566〕

目的語と目的格補語とは「＝」で結べる関係〔⇨ p. 11〕，あるいは意味上の主語と述語の関係にあるので，(a) では him ＝ honest，すなわち he is honest の関係を表わし，(b) のような複文形式にしても同じことを述べることになる。

$$\begin{cases} \text{I consider } \textit{it wrong} \text{ to tell a lie.} & \text{〔S＋V＋O＋C〕} \\ \text{I consider that } \textit{it is wrong} \text{ to tell a lie.} & \text{〔S＋V＋O〕} \end{cases}$$
　　　　　（うそをつくことは悪いことだと思う）

$$\begin{cases} \text{I expect } \textit{him to succeed.} & \text{〔S＋V＋O＋C〕} \\ \text{I expect that } \textit{he will succeed.} & \text{〔S＋V＋O〕} \end{cases}$$
　　　　　（私は彼は成功すると思っている）

〈S＋V＋O＋O〉と〈S＋V＋O＋C〉の区別

第5文型において目的格補語が名詞のとき，第4文型と混同しやすい場合があるので，注意しなければならない。〔⇨ p. 13〕

$$\begin{cases} \text{(a) I \textbf{found} him a good job.} & \text{〔S＋V＋O＋O〕} \\ \text{(b) I \textbf{found} him a good boy.} & \text{〔S＋V＋O＋C〕} \end{cases}$$

(a) は「私は彼によい仕事を見つけてやった」(＝ I found a good job for him.) の意で第4文型，(b) は「彼はよい少年であることがわかった」(＝ I found that he was a good boy.) で，第5文型である。†

$$\begin{cases} \text{(a) We \textbf{chose} him a present.} & \text{〔S＋V＋O＋O〕} \\ \text{(b) We \textbf{chose} him president.} & \text{〔S＋V＋O＋C〕} \end{cases}$$

(a) は「私たちは彼に贈り物を選んだ」(＝ We chose a present for him.) の意で第4文型，(b) は「私たちは彼を会長に選んだ」で第5文型。

$$\begin{cases} \text{(a) The girl will \textbf{make} him a good wife.} & \text{〔S＋V＋O＋O〕} \\ \text{(b) Experiences will \textbf{make} him a good teacher.} & \text{〔S＋V＋O＋C〕} \end{cases}$$

(a) では him ≠ a good wife であるから a good wife は目的格補語ではなく目的語であり，「[その少女は彼によい奥さんをつくるだろう →] 少女は彼のよい奥さんになるだろう」の意。(b) では him ＝ a good teacher の関

---

†　次の文では find は授与動詞〔⇨ p. 21〕にも不完全他動詞〔⇨ p. 26〕にも解せられる：
　　I found him drinking water.〔S＋V＋O＋O ／ S＋V＋O＋C〕
　(a)「私は彼に飲み水を見つけてやった」の意味にとれば drinking は動名詞で〔⇨ p. 401〕，文型は〔S＋V＋O＋O〕，(b)「（私は彼が水を飲んでいるのを見つけた→）彼は水を飲んでいた」の意では drinking は現在分詞で，文型は〔S＋V＋O＋C〕である。

係が成り立つので a good teacher は目的格補語であり，「経験は彼をよい先生にするだろう［経験をつめば彼はよい先生になるだろう］」の意。†

同一動詞の文型の区別（2）　〔⇨ p. 18〕

　動詞の中には，意味・用法が多岐にわたるものが多いが，ある文における述語動詞がどの文型を構成しているかを正しく理解することが，解釈・作文などにおいてもまず大切なことである。

The dead cannot **feel**. （死人には感覚がない）　〔SV〕
He **felt** hungry. （彼は空腹を感じた）　〔SVC〕
He **felt** my pulse. （彼は私の脈をとった）　〔SVO〕
I **felt** the earth shake. （地面が揺れるのを感じた）　〔SVOC〕

Keep to the right. （右側を通りなさい）　〔SV〕
Keep quiet. （静かにしていなさい）　〔SVC〕
He **kept** silence. （彼は沈黙を保った）　〔SVO〕
　　　 cf. He kept *silent*. （彼は黙っていた）では SVC。
He **kept** it a secret. （それを秘密にしておいた）　〔SVOC〕

He **left** for London. （彼はロンドンに向かって出発した）　〔SV〕
He **left** London. （彼はロンドンを去った）　〔SVO〕
She **left** him some food. （彼に食べ物を残しておいた）　〔SVOO〕
He **left** it undone. （彼はそれをしないでおいた）　〔SVOC〕

He **made** for the door. （彼は戸口のほうへ進んだ）　〔SV〕
He will **make** a good doctor. （彼はよい医者になるだろう）†† 〔SVO〕
He **made** me coffee. （彼は私にコーヒーを入れてくれた）　〔SVOO〕
He **made** her go. （彼は彼女に行かせた）　〔SVOC〕

He **ran** a mile. （彼は1マイル走った）†††　〔SV〕
He **ran** a hotel. （彼はホテルを経営した）　〔SVO〕

---

†　次の文では make は授与動詞にも不完全他動詞にも解せられる：
　　He **made** her a model. 〔S + V + O + O ／ S + V + O + C〕
　(a)「彼は彼女に模型を作ってやった」の意味にとれば〔S + V + O + O〕の文型であり，(b)「彼は彼女をモデルにした」の意味では〔S + V + O + C〕の文型になる。
††　この文は意味上 make = become と考えて SVC の文型に分類されることもあるが，やはり make は他動詞，a doctor は目的語と考えるのが適当である。
†††　a mile は目的語ではなく副詞。〔⇨ p. 116「副詞的目的格」〕

重 要 問 題　　　　　　　　　（解答 p. 684）

1. 次の各組に，それぞれ文型の異なる文が一つある。その記号を記せ。

(1)　a)　He became ill.

　　b)　He worked hard.

　　c)　He ran fast.

(2)　a)　She smiled happily.

　　b)　She turned quickly.

　　c)　She looked lovely.

(3)　a)　They bought him a toy.

　　b)　They thought him a genius.

　　c)　They called him a liar.

2. (1)〜(5) の文と，〈a〉〜〈e〉 の文とをくらべ，文型の等しいものを組み合わせ，その文型を記せ。

(1)　They set the prisoners free.

(2)　We eat to live.

(3)　He remained poor all his life.

(4)　I made the girl a doll.

(5)　Children fear to go out in the dark.

　〈a〉　We understood what he said.

　〈b〉　The attempt proved a failure.

　〈c〉　Suddenly they felt the earth under their feet shake violently.

　〈d〉　I will buy each of you some nice thing.

　〈e〉　He waited a moment.

3. (1)〜(5) の文と，〈a〉〜〈e〉 の文とをくらべ，文型の等しいものを組み合わせ，その文型を記せ。

(1)　He cut his mother one or two pieces of bread.

(2)　What he meant by that nobody could tell.

(3)　Everyone thinks his own burden the heaviest.

(4)　Our dream will come true before long.

(5)　Not far from the shore was a boat with two men in it.

　〈a〉　Each thought the other a pleasant man.

　〈b〉　He looks every inch a gentleman.

⟨c⟩　Away ran the robber with the money in his hand.

⟨d⟩　Please send me by express the articles mentioned in my list.

⟨e⟩　Those who love nature she loves in return.

4．次の各文を訳し，その文型を記せ。

(1) ｛ (a)　He appeared early.
　　　(b)　He appeared rich.

(2) ｛ (a)　The book sells well.
　　　(b)　The baby got well.

(3) ｛ (a)　She found her stolen purse.
　　　(b)　She found her purse stolen.

(4) ｛ (a)　He found the book she had lent him very interesting.
　　　(b)　He found the book she had lent him on the table.

(5) ｛ (a)　She called to the child.
　　　(b)　She called in the child.

(6) ｛ (a)　I hear him sing every night.
　　　(b)　I hear he sings every night.

(7) ｛ (a)　She made herself some tea.
　　　(b)　She made some tea herself.

(8) ｛ (a)　I found her happy.
　　　(b)　I found her, happily.

5．次の各文を訳し，文型を記せ。

(1)　Happy is the man who loves flowers.

(2)　After a storm comes a calm.

(3)　In books, within reach of everyone, is all the wisdom of the world.

(4)　Success is going from failure to failure without losing enthusiasm.

(5)　What we learn with pleasure we never forget.

(6)　What's done to children, they will do to society.

(7)　On the ability of individuals to learn to live in harmony with others depends the future of mankind and the world.

第 2 章

語・句・節・文

§15. 語・句・節・文

　いくつかの語が集まって，ふつう，主部と述部から成り，あるまとまった内容を述べるものが**文**（Sentence）であり，文を構成する最小の単位が**語**（Word）であるが，文中においていくつかの語が集まって，まとまった意味を表わす単位に**句**（Phrase）と**節**（Clause）がある。

　　(a)　A **healthy** man can work hard.　　　　　〔語—形容詞〕
　　(b)　A man **in good health** can work hard.　　〔句—形容詞句〕
　　(c)　A man **who is in good health** can work hard.　〔節—形容詞節〕

　(a) では healthy は「**語**」で，品詞は形容詞，(b) では in good health，(c) では who is in good health という二つ以上の語がまとまって man という名詞を修飾する形容詞の働きをしているが，(b) と (c) の違いは，(c) ではその語群が「主語＋述語」の関係を備えているということである。このように，いくつかの語がまとまってある品詞の働きをする語群のうち，(b) のように「主語＋述語」の形を備えないものを「**句**」（Phrase），(c) のように備えているものを「**節**」（Clause）と呼ぶ。

　　(a)　This is an **important** matter.　　　　　　〔形 容 詞〕
　　(b)　This is a matter **of importance**.　　　　　〔形容詞句〕
　　(c)　This is a matter **which is important**.　　　〔形容詞節〕
　　(a)　He came to see me **yesterday**.　　　　　　〔副　　詞〕
　　(b)　He came to see me **in my absence**.（留守中に）〔副 詞 句〕
　　(c)　He came to see me **while I was away**.　　　〔副 詞 節〕
　　(a)　He feigned **innocence**.（何くわぬ顔をした）　〔名　　詞〕
　　(b)　This proved **his innocence**.（彼の無実を証明した）〔名 詞 句〕
　　(c)　This proved **that he was innocent**.　　　　〔名 詞 節〕

§16. 句

いくつかの語が集まって，まとまった意味の単位をなし，文中で，ある品詞の働きをするものを**句**（Phrase）という。句は，それがどの品詞の働きをするかによって，名詞句・形容詞句・副詞句などと呼ばれる。†

《1》 **名詞句**（Noun Phrase）

文中において，主語・補語・目的語になり，不定詞（⇨ p. 411）・動名詞〔⇨ p. 444〕などが多く用いられる：

Good health is above wealth. ††   〔主語〕
　　（健康は富にまさる）

Early to bed and early to rise makes a man healthy, wealthy and
　happy. （早寝早起きは人を健康に，金持に，幸福にする）　　〔主語〕

His chief concern is **how to make her happy.**   〔補語〕
　　　（彼の主な関心事はいかにして彼女を幸福にするかということだ）

I don't like **being asked to make a speech.**   〔目的語〕
　　（私はスピーチをするよう頼まれることを好まない）

He is in the habit of **taking a walk every morning.**
　　（彼は毎朝散歩するのが習慣だ）　　　　　　　〔前置詞の目的語〕
　　　　　　　　　　　　　　　　　　　　　　　　　　〔⇨ p. 444〕

It is my rule **to keep early hours.**   〔形式主語の真主語〕
　　〔= *It* is a rule with me *to keep early hours.*〕　　〔⇨ p. 144〕

I make *it* a rule **to keep early hours.**   〔形式目的語の真目的語〕
　　（私は早寝早起きすることにしている）

《2》 **形容詞句**（Adjective Phrase）

文中において，名詞要素を修飾する場合と，補語になる場合とがあり，不定詞（⇨ p. 414）・分詞（⇨ p. 430）・前置詞句（⇨ p. 493）などが用いられる：

---

†　ただし「**前置詞句**」は「前置詞が導く句」であって，「前置詞の働きをする句」〔これは「**句前置詞**（または**群前置詞**）」と呼ばれる〕ではないことに注意。〔⇨ p. 493,
　614「『句』の種類・区別」〕

††　この例のように，名詞に形容詞的修飾語句がついているだけのものは，特に「句」としてとり扱わないこともある。なお，このような語群において，修飾する語（この場合は good）に対して，修飾される語（この場合は health）は**主要語**（Head Word）と呼ばれる。

A thing **of beauty** is a joy forever.　　　　〔前置詞句が名詞を修飾〕
　　　　（美しいものは永遠に喜びである）

He is a man **of ability.**〔= He is an *able* man.〕〔　　　〃　　　　　〕
　　　　（彼は有能な人間だ）

　　cf. **of help** = helpful　　　**of great importance** = very important
　　　　of use = useful　　　　　　　　　　　　　　〔⇨ p. 100〕

Vows **made in storms** are forgotten in calms. 〔分詞句が名詞を修飾〕
　　　　（嵐のときの誓は凪(な)げば忘れる［のど元過ぎれば熱さを忘れる］）

I have no one **to rely on**.　　　　　　　〔不定詞句が代名詞を修飾〕
　　　　（私には頼れる人がいない）　　　　　　　　　　　〔⇨ p. 414〕

He seems **to be rich**.　　　　　　　　　　〔不定詞句が主格補語〕
　　　　（彼は金持ちらしい）　　　　　　　　　　　　　　〔⇨ p. 417〕

I found all his family **in good health**.　　〔前置詞句が目的格補語〕
　　　　（彼の家族は皆元気だった）　　　　　　　　　　〔⇨ p. 494〕

＊　次のように，形容詞句の修飾関係が二通りに解釈できる場合もある。
　　　　There is a man in the car **from Kansas**.
　　　　　⎧(a)　カンザスから来た車には男が一人乗っている。
　　　　　⎩(b)　車の中にはカンザスから来た男が乗っている。
　　　　　　〔(b) = There is a man *from Kansas* in the car.〕
　　　　(a) の解釈では from Kansas は the car を，(b) では a man を修飾する。

《3》　**副詞句** (Adverb Phrase)

　文中の動詞・形容詞・副詞あるいは文全体を修飾し，不定詞・分詞・前置詞句などが用いられ，場所・時・様態・原因・目的・結果その他の意味を表わす：

He left **for London** early **in the morning**.　〔場所・時—動詞を修飾〕
　　　　（彼は朝早くロンドンへ発った）

He did it **with ease.**〔= He did it *easily.*〕　　〔様態—動詞を修飾〕
　　　〔= He did it **without difficulty**.〕
　　　　（彼は楽々とそれをした）

　　cf. with care = carefully
　　　　by accident = accidentally
　　　　in a hurry = hurriedly 〔⇨ p. 100〕

The train was delayed **because of the snow**.　〔原因—動詞を修飾〕
　　　　（列車は雪のために遅延した）　　　　　　　　　　〔⇨ p. 494〕

We eat **to live** and not live **to eat**.　　　〔目的―動詞を修飾〕
　　（私たちは生きるために食べるのであって，食べるために生きるの
　　ではない）　　　　　　　　　　　　　　　　　　〔⇨ p. 418〕

This problem is easy **to solve**.　　　　　〔形容詞（easy）を修飾〕
　　（この問題は解きやすい）　　　　　　　　　　　〔⇨ p. 421〕

He is too young **to support himself**.　　　　〔副詞（too）を修飾〕
　　（彼は自活するには若すぎる）　　　　　　　　　〔⇨ p. 419〕

He sat on the grass **reading a book**. †　〔付帯事情―動詞を修飾〕
　　（彼は芝生にすわって本を読んでいた）　　　　　〔⇨ p. 438〕

Strictly speaking, he is not a scholar.　　　　〔文全体を修飾〕
　　（厳密に言って，彼は学者ではない）　　　　　　〔⇨ p. 441〕

To make the matter worse, my wife was taken ill. 〔文全体を修飾〕
　　（さらに困ったことに，妻が病気になった）　　　〔⇨ p. 422〕

《4》　**動詞句**（Verb Phrase）

　　動詞と前置詞・副詞などが結びついて一つの動詞のようなまとまった意味
を表わすものを動詞句または群動詞（Group Verb）という。††

They **gave up** the search.〔= abandon〕　　（彼らは捜索を断念した）
She **looked on** him as a friend.〔= regard〕　（彼を友達と見なした）
He **put off** the departure.〔= postpone〕　（彼は出発を延期した）
The rainy season has **set in**.〔= begin〕　（雨期が始まった）

---

† **分詞構文**〔⇨ p. 435〕は副詞句であるが，次のような文において，それぞれ分詞句
の用法を区別しなければならない：
　(a)　He watched her **playing** the piano.〈SVOC〉
　(b)　I know the girl **playing** the piano.〈SVO〉
　(c)　The girl sang **playing** the piano.〈SV〉
　(a) は「彼は彼女がピアノをひいているのを見守った」の意で，この分詞句は**目的
格補語で形容詞句**であり，(b) は「私はピアノをひいている少女を知っている」の意
で，この分詞は**名詞を修飾する形容詞句**であり，(c) は「その少女はピアノをひきな
がら歌った」の意で，分詞は**付帯事情を表わす副詞句**である。三つのなかでいわゆる
「分詞構文」と呼ばれるのは (c) の副詞の働きをする分詞句だけである。

††　{ (a)　He **came across** the field.（彼は野原を横切ってやって来た）
　　　{ (b)　He **came across** a friend.（彼は友人にでくわした）
　　(a) では come と across のそれぞれの意味をプラスしただけの意味しか表わさない
が，(b) では come と across が結びついて「でくわす（= meet）」という新しいま
とまった意味を表わしている。この (b) のような場合に**動詞句**と呼ばれる。

They **looked up to** him.〔= respect〕　　（彼らは彼を尊敬した）

The accident **took place** at night.〔= occur〕　　（事故は夜起こった）

He **took to** her immediately.〔= like〕
　　　　　（彼は彼女がたちまち好きになった）

His friend **turned up** late.〔= arrive〕　　（彼の友人は遅くやってきた）

《5》　**句前置詞**（Phrase〔Phrasal〕Preposition）

　いくつかの語が集まって前置詞の働きをするものを句前置詞または**群前置詞**（Group Preposition）という。†　　　　　　　　　〔⇨ p.491, p.498〕

Thoughts are expressed **by means of** words.
　　　　　（思想は言葉で表わされる）

Thanks to his help, I could succeed.
　　　　　（彼の助けのおかげで私は成功できた）

He went to Europe **by way of** America.
　　　　　（アメリカ経由でヨーロッパへ行った）

The plan failed **for want of** fund.（計画は資金不足のため失敗した）

《6》　**接続詞句**（Conjunction Phrase）

　いくつかの語が集まって接続詞の働きをするもので，**群接続詞**（Group Conjunction）ともいう。　　　　　　　　　　　　　　〔⇨ p.521〕

He is safe **as far as** I know.（私の知るかぎりでは彼は無事だ）

He talks **as if** he were a billionaire.（彼は億万長者のような口をきく）

No matter how（= However）hard you try, you cannot finish it in
　a day.（どんなに努力しても，それを1日で終えることはできない）

《7》　**間投詞句**（Interjection Phrase）

　いくつかの語が集まって間投詞の働きをするものをいう。　　〔⇨ p.544〕

Good god!　（これは大変）

Dear me!　（おやまあ）

---

†　句のなかで，「前置詞の働きをする句」だけは，ふつう，「前置詞句」とは呼ばないで「句〔群〕前置詞」と呼ぶ。「**前置詞句**」（Prepositional Phrase）という名称は「前置詞によって導かれる句」すなわち「前置詞＋目的語」のことをいうのであって，両者をはっきり区別しなければならない。　　　　　　　　　　〔⇨ p.4, 614〕

　　　　　　　━━━（前置詞句）━━━
He went out **in spite of** *the heavy rain.*
　　　　　（句〔群〕前置詞）
　　　（彼は大雨にもかかわらず出かけた）

形容詞句と副詞句の区別

　前置詞句は形容詞句と副詞句の働きをする場合があるので，文中において
いずれの働きをしているか正しく区別しなければならない。

　$\Big\{$ (a)　She read the letter **from her mother**.　　〔形容詞句〕
　　　(b)　She received a letter **from her mother**.　〔副　詞　句〕

　　(a) では from her mother は名詞を修飾し（お母さんからの手紙），
(b) では動詞を修飾（お母さんから受取った）している。

　$\Big\{$ (a)　She looked at the picture **on the wall**.　　〔形容詞句〕
　　　(b)　She hung a picture **on the wall**.　　　　〔副　詞　句〕

　　(a)「壁に掛かった絵を見た」名詞 picture を修飾。(b)「絵を壁に掛け
た」動詞 hung を修飾。

　$\Big\{$ (a)　There are some chairs **in the room**.　　〔副　詞　句〕
　　　(b)　Some chairs **in the room** are broken.　〔形容詞句〕

　$\Big\{$ (a)　This dish is not **to my taste**.　　　　　〔形容詞句〕
　　　(b)　Good medicine is bitter **to the taste**.　〔副　詞　句〕

　　(a)「この料理は私の好みに合わない」to my taste は補語の形容詞句。
　　(b)「良薬は口に苦し」to the taste は形容詞を修飾する副詞句。

　＊　ただし，次の文のように両方に解せられる場合もある：
　　　He talked to the girl **in the car**.
　　「車の中の少女と話した」の意にとれば形容詞句，「車の中でその少女と話し
　　た」の意にとれば副詞句となる。

MASTERY POINTS　　　（解答 p. 680）

〔**4**〕　次の各文の下線を施した句の種類を言い，それぞれ 1 語で言い換えよ。

　(1)　His effort <u>turned out</u> to be <u>of no use</u>.
　(2)　He is a man <u>of learning</u>.
　(3)　He is a man <u>of virtue</u>.
　(4)　The boy worked <u>with diligence</u>.
　(5)　The family lived <u>in comfort</u>.
　(6)　The old man lived <u>by himself</u>.
　(7)　<u>Of a sudden</u>, the boy dashed out of the room.
　(8)　He <u>called on</u> his uncle last night.

前置詞の付かない副詞句

　副詞句は前置詞句であることが多いが，前置詞をつけない名詞が副詞句の働きをすることがある。これは，場所・時間・距離・方向・程度・方法などに関する表現に多く，**副詞的目的格**と呼ばれる。　　　　　〔⇨ p. 116〕

　　(a)　It took him **three years** to finish the work.　　〔名詞句〕
　　(b)　He stayed **three years** in England to study English. 〔副詞句〕

　(a)（その仕事を終えるのに彼は 3 年かかった）では three years は動詞 take の目的語で名詞の働きをしている。

　(b)（彼は英語を勉強するため英国に 3 年滞在した）では three years は *for* three years の意で副詞の働きをしている。

　　(a)　He saved **a great deal**.　　〔名詞句〕〔S＋V＋O〕
　　(b)　He talked **a great deal**.　　〔副詞句〕〔S＋V〕

　(a)（彼はたくさん貯金した）では save は他動詞で a great deal は目的語の名詞である。

　(b)（彼はたくさんしゃべった）では talk は自動詞で a great deal は動詞を修飾する副詞で程度を表わす。

He went **this way**.（彼はこちらのほうへ行った）
　　　　cf. He went *in* this direction.

He walks **ten miles every day**.（彼は毎日 10 マイル歩く）
　　　〔ten miles ＝ *for* ten miles〕

Please wait **a few minutes**. 〔＝ *for* a few minutes〕
　　　（しばらくお待ちください）

He will arrive here **this evening**.
　　　（彼は今夕当地に着くだろう）†

He did it **this way**.（彼はそれをこのようにした）
　　　cf. *in* this fashion (*or* manner, way)（このように）

---

†　**this**, **next**, **last** などが前に付く「時」の表現では前置詞を用いない：
　　He left **this** *morning*.（けさ）*cf*. He left *in the morning*.（午前中に）
　　He will come **next** *Sunday*.
　　　　cf. He will come *on Sunday next*. / We have no school *on Sunday*.
　　He left Japan **last** *January*.
　　　　cf. He left Japan *in January last*.

§17.　節

　文の一部をなしていて，まとまった意味を表わし，それ自体のなかに「主語＋述語」の関係を含む単位を節（Clause）という。

(a)　He is rich. He is not happy.

(b)　In spite of his riches, he is not happy.

(c)　He is rich, but he is not happy.

(d)　Though he is rich, he is not happy.

　(**a**) においては，二つの文が並べられている。そしてそれぞれの文は節を含まない「**単文**」（Simple Sentence）である。　　　　　〔⇨ p. 68〕

　(**b**) では，In spite of his riches（[彼の豊かな富にもかかわらず→] 彼は裕福だ）という句を含んでいるが，句は「主語＋述語」の構造を含まず，文全体はやはり単文である。

　(**c**) では，he is rich と he is not happy という二つの節が but という接続詞〔⇨ p. 466〕で結び付けられているが，その場合，この二つの節は意味上対等である。このような節は「**等位節**」（Coordinate Clause）と呼ばれ，このように節を対等の関係で結び付ける接続詞は「**等位接続詞**」（Coordinate Conjunction）で，and, but, or, so, for などがある。等位接続詞で結び付けられた文全体は「**重文**」（Compound Sentence）と呼ばれる。　〔⇨ p. 68〕

　(**d**) では，he is not happy という節のほうが意味上主になっており，he is rich のほうはこれに though という接続詞で結び付けられている。このように二つの節が主従の関係で結び付けられているとき，主になっているほうの節を「**主節**」（Principal Clause）と呼び，接続詞によって結び付けられているほうの節を「**従節**」または「**従属節**」（Subordinate Clause）と呼ぶ。またこのように主従の関係で節を結び付ける接続詞を「**従位接続詞**」（Subordinate Conjunction）といい，主節と従節を含む文全体は「**複文**」（Complex Sentence）という。　　　　　　　　　　　　　　〔⇨ p. 69〕

(a)　　⌐（単文）¬　　⌐――（単文）――¬
　　　He is rich. 　　He is not happy.

(b)　⌐――――――――（単文）――――――――¬
　　　In spite of his riches, he is not happy.
　　　‿‿‿‿‿‿‿‿‿‿‿
　　　　（句―副詞句）

　　　　　　　　　　　　—（重文）—
(c)　He is rich, **but** he is not happy.
　　（等位節）（等位接続詞）（等位節）

　　　　　　　　　　—（複文）—
(d)　**Though** he is rich, he is not happy.
　（従位接続詞）

　　　　（従節—副詞節）　　　　（主節）

　なお (d) においては主節と従節の位置が逆になって He is not happy though he is rich. の順になることもある。従節の部分の意味は従節が前に置かれた場合のほうが強調される。

§18.　等 位 節

　等位節（Coordinate Clause）を結び付ける等位接続詞には and, but, or, nor, so, for, yet などがある。　　　　　　　　　　　〔⇨ p. 521〕

Spare the rod **and** spoil the child.（むちを惜しめば子供がだめになる
　　［可愛い子には旅させよ］）　　〔⇨ p. 65「命令文 ＋ and / or」〕

Speech is silver **but** silence is gold.（雄弁は銀だが沈黙は金）

The aim of life is work, **or** there is no aim at all.
　　　　　（人生の目的は仕事であり，さもなければ目的など全くない）

The tongue is not steel, **yet** it cuts.
　　　　　（舌は鋼鉄ではないが人を切る［寸鉄人を刺す］）

No one listened, **for** we all knew the story.（だれも耳を傾けなかっ
　　た，なぜなら皆その話を知っていたから）†

My knee started hurting, **so** I stopped running.
　　　　　（ひざが痛み始めたので，走るのをやめた）

§19.　従 節

　従節（Subordinate Clause）は文全体の中における働きによって，名詞節・形容詞節・副詞節の三つに分類される。　　〔⇨ p. 519「従位接続詞」〕

---

†　理由を表わす接続詞には because, as, since, for などがあるが，このなかで for だけが等位接続詞であって，他はいずれも従位接続詞である。したがって，because, as, since で導かれる節は主節に先行することはあるが，for の場合は *For* it was raining, we stayed at home. のように文頭に置かれることはない。

---

(1)　名詞節〔Noun Clause〕

文中において，主語・補語・目的語および同格語になり，接続詞・関係詞・疑問詞などによって導かれる。

(a)　**主　語**

What cannot be cured must be endured.　　　〔関係代名詞が導く〕
　　　（治せないものは我慢しなければならない）　　　　〔⇨ p. 211〕

That he will come is certain.　　　　　　　　〔接続詞が導く〕
　　　（彼が来ることは確かだ）　　　　　　　　　　　〔⇨ p. 526〕

Whether it is true or not is not important for us.　〔接続詞が導く〕
　　　（それが事実であるか否かはわれわれにとって重要ではない）

How he did it is a mystery.　　　　　　　　　〔疑問詞が導く〕
　　　（彼がそれをいかにしてしたかは謎だ）

(b)　**補　語**

This is **what he said**.　　　　　　〔関係代名詞が導く主格補語〕
　　　（これが彼の言ったことです）

The question is **who will bell the cat**.　　〔疑問詞が導く主格補語〕
　　　（問題はだれが猫に鈴をつける［難局に当る］かだ）

The trouble is **that I am short of money**.　〔接続詞が導く主格補語〕
　　　（困ったことは私に金が足りないことだ）

He has made me **what I am**.　　　〔関係代名詞が導く目的格補語〕
　　　（彼は私を今のようにしてくれた）

(c)　**目的語**

I know **that it is true**. †　　　　　　　　　　〔接続詞が導く〕

---

†　次のような that 節も名詞節と考えることができる。
　　I am **glad** *that you came.*
　　glad は形容詞であるから that 節はふつうの目的節とは異なり，二通りの解釈が行なわれる：
　　(a) I am glad of the fact that you came. （～を嬉しく思う）と解すれば名詞節，
　　(b) I am glad because you came. （～ので嬉しい）の意にとれば副詞節，と考えられる。しかし，glad 以外の **afraid** 〔**sure, certain, confident; sorry; aware; proud**〕などの形容詞のあとの that 節とともに目的語の意味関係（～を恐れる〔確信する；残念に思う；知っている；誇りに思う〕）を表わす名詞節と考えるのが自然である。

　　　　（私はそれが本当であることを知っている）

I believe **what he said**.　　　　　　　　　〔関係代名詞が導く〕
　　　　（私は彼が言ったことを信じる）

There is no knowing **what may happen in future**.　〔疑問詞が導く〕
　　　　（将来何が起こるかを知る由もない）

I think *it* strange **that he hasn't turned up yet**.〔形式目的語の内容〕
　　　　（彼がまだ姿を見せないことを不思議に思う）

I couldn't make head or tail of **what he said**.　　　〔前置詞の目的節〕
　　　　（彼の言ったことは私にはさっぱりわからなかった）

(d)　**同　格**

You must ignore the fact **that he is your boss**.
　　　　（君は彼が君の上役だという事実を無視しなくてはいけない）

The idea **that the train might be delayed** did not occur to me. †
　　　　（列車が遅れるかもしれないという考えは浮かばなかった）

（2）　形容詞節（Adjective Clause）

形容詞の働きをする節で，関係詞によって導かれる。　　　〔⇨ p.196〕

There is no art **that can make a fool wise**.　　〔関係代名詞が導く〕
　　　　（ばか者を賢くするすべはない〔ばかにつける薬はない〕）

The time will come **when you will repent this**.　〔関係副詞が導く〕
　　　　（君がこのことを後悔する時がやってくるだろう）　　〔⇨ p.218〕

I'll give you **what** little money **I have**.　　　〔関係形容詞が導く節〕
　　　　（わずかだがもっている金をすべてあげよう）　　　〔⇨ p.217〕

He is a man **we all despise**.　　　　　〔関係代名詞が省略された節〕
　　　　（彼はわれわれみんなが軽べつしている人です）　　〔⇨ p.200〕

---

† 　従節を導く次のような that の用法をそれぞれ区別しなければならない。
　(a)　I hope **that** *he will succeed*.　　　　　　　〔名詞節を導く接続詞〕
　　　　（彼が成功することを望む）　　　　　　　　　　　　〔⇨ p.526〕
　(b)　He works hard **that** *he may succeed*. 《文語》　〔副詞節を導く接続詞〕
　　　　（彼は成功するように精励する）　　　　　　　　　　〔⇨ p.536〕
　(c)　I was surprised at the news **that** *he succeeded*.〔同格の名詞節を導く接続
　　　　詞〕（彼が成功したという知らせに驚いた）　　　　　〔⇨ p.528〕
　(d)　I was surprised at the news **that** *he brought*.〔形容詞節を導く関係代名詞〕
　　　　（彼がもたらした知らせに驚いた）　　　　　　　　　〔⇨ p.208〕

The reason **he didn't come** is not known.　〔関係副詞（why）が省略
　　された節〕（彼が来なかった理由はわからない）　　　　〔⇨ p. 219〕

---

(3)　副詞節（Adverb Clause）

　文中で副詞の働きをする節で，時・場所・理由・条件・譲歩・目的・結
果・様態・程度・比較などの意味を表わす：　　　　　　　　〔⇨ p. 528〕

When the danger is past, God is forgotten.　　　　　　　〔時〕
　　　（危険が去れば神を忘れる［苦しいときの神頼み］）

Where there is a will, there is a way. †　　　　　　　　〔場所〕
　　　（意志ある所に道あり［精神一到何事か成らざらん］）

We fear **because we are ignorant**.　　　　　　　　　　　〔理由〕
　　　（われわれは無知であるために恐れる）

If you don't aim high, you will never hit high.　　　　　〔条件〕
　　　（高い目標をいだかなければ高い所に達することはできない）

Though we lose fortune, we should not lose patience.　　〔譲歩〕
　　　（財産を失おうとも忍耐を失ってはならない）

He spoke clearly **so that everyone could understand him**. 〔目的〕
　　　（彼はだれもが理解できるようにはっきりと話した）

He spoke so fast **that few could follow him**.　　　　　　〔結果〕
　　　（彼は非常に早口に話したので，理解できた者はほとんどいなかっ
　　　た）

Do to others **as you would have them do to you**.　　　　〔様態〕
　　　（人に自分がしてもらいたいように自分も人にしなさい）

It is not so difficult **as you think**.　　　　　　　　　　〔程度〕
　　　（それは君が考えるほどむずかしくはない）

---

†　従節を導く次のような where の用法をそれぞれ区別する。
　(a)　Do you know **where** *he found it* ?　　〔目的語の名詞節を導く疑問副詞〕
　　　　（彼がどこでそれを見つけたか知っていますか）
　(b)　Please take me **where** *he found it*.　　〔副詞節を導く接続詞〕〔⇨ p. 220〕
　　　　（彼がそれを見つけたところへ私を連れて行ってください）
　(c)　I know the place **where** *he found it*.　　〔形容詞節を導く関係副詞〕
　　　　（私は彼がそれを見つけた場所を知っている）
　(d)　This is **where** *he found it*.　　　　〔先行詞が省略された関係副詞
　　　　（これが彼がそれを見つけたところです）　　で，補語の名詞節を導く〕

Actions speak louder **than words** [do].　　　　　　　〔比較〕
(行為は言葉よりも雄弁だ [不言実行])

句と節の書き換え

　句も節も，文中において名詞・形容詞・副詞などの働きをするので，同じ
働きをする句と節を相互に書き換えられる場合が多い。それらのうち，ほぼ
きまった形式となっている重要なものの例を掲げる。

　この書き換えは，文としては「[句を含む] 単文」と「[節を含む] 複文」
との書き換えということになる。〔⇨ p. 71〕

1.　名詞節 ↔ [名詞] 句　　〔⇨ p. 72〕
---

1. $\begin{cases} \text{I doubt } that\ he\ is\ honest. & 〔複文〕 \\ \text{I doubt } his\ honesty.\ （彼の正直さを疑う） & 〔単文〕 \end{cases}$

2. $\begin{cases} \text{Do you happen to know } where\ he\ was\ born? \\ \text{Do you happen to know } his\ birthplace? \end{cases}$
　　　(ひょっとして彼がどこで生まれたかご存知ですか)

3. $\begin{cases} \text{He insists } that\ she\ is\ innocent. \\ \text{He insists } on\ her\ innocence.\ （彼は彼女の無罪を主張する）† \end{cases}$

4. $\begin{cases} \text{She is sure } that\ she\ will\ win\ the\ prize. \\ \text{She is sure } of\ winning\ the\ prize.\ （彼女は受賞を確信している） \end{cases}$

5. $\begin{cases} \text{I am thinking of } what\ I\ should\ do\ next. \\ \text{I am thinking of } what\ to\ do\ next.\ （次に何をすべきか考えている） \end{cases}$

6. $\begin{cases} \text{It is necessary } that\ he\ [should]\ get\ more\ exercise. \\ \text{It is necessary } for\ him\ to\ get\ more\ exercise. \end{cases}$
　　　(彼はもっと運動する必要がある)

2.　形容詞節 ↔ 形容詞句　　〔⇨ p. 72〕
---

1. $\begin{cases} \text{I have no friends } who[m]\ I\ can\ rely\ on. \\ \text{I have no friends } to\ rely\ on.\ （私には頼れる友達がいない） \end{cases}$

---

†　この例で，「名詞節」(that she is innocent) を言換えた部分は on her innocence
であり，これは「名詞句」ではなく「名詞を用いた句」である。以下，4. は**動名詞**を
〔⇨ p. 444〕，5., 6. は（名詞用法の）**不定詞**を〔⇨ p. 411〕用いて，句の形にした例
である。

2. {
This is a picture *which he painted himself*.
This is a picture *painted by himself*.
This is a picture *of his own painting*. 　（彼が自分でかいた絵です）
}

3. {
The people *who live in this building* are all kind.
The people *living in this building* are all kind.
}

4. {
The mountain *whose top is covered with snow* is Mt. Fuji.
The mountain *with its top covered with snow* is Mt. Fuji.
}
　　　（雪をいただいたその山は富士山です）

5. {
There is no reason *why he should refuse my offer*.
There is no reason *for his refusing my offer*.
}
　　　（彼が私の申し出を拒否する理由はない）

3.　副詞節 ↔ 副詞句　　〔⇨ p. 72〕

1. {
As soon as he arrived there, he sent me a telegram.　　　　　〔時〕
On arriving (or *On his arrival*) *there*, he sent me a telegram.
}
　　　（彼はそこへ着くとすぐ私に電報を打った）　　　　〔⇨ p. 455〕

2. {
While I was staying in Paris, I came to know him.　　　　　〔時〕
During my stay in Paris, I came to know him.　　　〔⇨ p. 529〕
}
　　　（私がパリに滞在しているあいだに，彼を知るようになった）

3. {
As time passed, he grew weaker.　　　　　　　　　　　〔時〕
With the passage of time, he grew weaker.　　　〔⇨ p. 529〕
}
　　　（時がたつにつれて，彼は衰弱していった）

4. {
After he had finished the work, he went home.　　　　　　〔時〕
After finishing (or *Having finished*) *the work*, he went home.
}
　　　（彼は仕事を終えてから帰宅した）　　　　　　〔⇨ p. 437〕

5. {
I stayed 〔at〕 home *because I was ill*.　　　　　　　　〔理由〕
I stayed 〔at〕 home *because of* (or *on account of, owing to*) *illness*.
}
　　　（病気のため家にいた）　　　　　　　　　　〔⇨ p. 498〕

6. {
As I don't know his address, I can't write to him.　　　〔理由〕
Not knowing his address, I cannot write to him.
}
　　　（彼の住所を知らないので手紙が書けない）　　　〔⇨ p. 441〕

7. {
I like him all the better *because he is shy*.　　　　　　〔理由〕
I like him all the better *for* (or *because of*) *his shyness*.
}

　　　　（彼は内気なのでなおさら彼が好きだ）　　　　　　　〔⇨ p. 321〕

8. ⎰ He was surprised *when he heard the news*.　　　　〔時・原因〕
　　⎱ He was surprised *at the news* (or *to hear the news*).
　　　　（彼はその知らせを聞いて驚いた）

9. ⎰ *If it had not been for you*, we would have lost the match.　〔条件〕
　　⎱ *But for* (or *Without*) *you*, we would have lost the match.
　　　　（あなたがいなかったら試合に負けていたでしょう）〔⇨ p. 471〕

10. ⎰ *If he had had a little more capital*, he would have succeeded.
　　　⎱ *With a little more capital*, he would have succeeded.　　〔条件〕
　　　　（もう少し資本があれば彼は成功していただろう）　〔⇨ p. 471〕

11. ⎰ *Though he made great efforts*, he couldn't complete it.　　〔譲歩〕
　　　⎱ *In spite of his great efforts*, he couldn't complete it.　〔⇨ p. 535〕
　　　　（多大の努力にもかかわらずそれを完成することができなかった）

12. ⎰ He works day and night *so that he can earn his living*.　　〔目的〕
　　　⎱ He works day and night [*so as* or *in order*] *to earn his living*.
　　　　（彼は生計を立てるために日夜働く）　　　　　　　　〔⇨ p. 536〕

13. ⎰ The problem is *so* easy *that everyone can solve it*.　〔結果・程度〕
　　　⎱ The problem is easy *enough for everyone to solve*.　〔⇨ p. 538〕
　　　　（その問題は やさしいのでだれにでも解ける）

14. ⎰ She is *so* proud *that she does not ask for my help*.　〔結果・程度〕
　　　⎱ She is *too* proud *to ask for my help*.　　　　　〔⇨ p. 419〕
　　　　（彼女は気位が高いので私の助けを求めたりしない）

15. ⎰ He behaved himself *as if he were a grown-up man*.　　　〔様態〕
　　　⎱ He behaved himself *like a grown-up man*.　　　　〔⇨ p. 539´〕
　　　　（彼はまるで大人のように振舞った）

　　　　　　　　　　重 要 問 題　　　　　　（解答 p. 685）

6. 下線を施した前置詞句について形容詞句と副詞句を区別せよ。

(1) You will find the answers <u>to these questions</u> <u>at the end</u> <u>of</u>
　　(1)　　　　　　　　　　　　　　　(2)　　　　(3)
　　<u>this book</u>.

(2) This school was founded <u>for young people</u> <u>with a passion</u> <u>for</u>
　　　　　　　　　　　　　　(1)　　　　　　　(2)　　　　(3)
　　<u>learning</u>.

(3) Yesterday afternoon, my sister went <u>to town</u> <u>with a friend</u> <u>of</u>
     (1)   (2)   (3)
<u>hers</u> to do some shopping <u>at a department store</u> <u>in the center</u>
                 (4)   (5)
<u>of the city</u>.
(6)

7．次の文中のイタリック体の句の種類をいい，一語で書き換えよ。

  (1) He is a man *of talent*.

  (2) He is a man *of* great *wealth*.

  (3) He passed the exam *with ease*.

  (4) He tried to persuade her *without success*.

  (5) You must try to write *with accuracy*.

8．次の文中のイタリック体の句の種類をいえ。

  (1) (a) The train *for Kyoto* starts at seven.
     (b) The boy left *for Kyoto* this morning.

  (2) (a) *Next Sunday* is my birthday.
     (b) I'll go to church *next Sunday*.

  (3) (a) A bird *in the hand* is worth two *in the bush*.
     (b) What is learned *in the cradle* is carried *to the grave*.

  (4) (a) He went out *with no coat on*.
     (b) Who is that man *with no coat on*?

  (5) (a) He spent *three years* on this book.
     (b) He studied *three years* in this college.

  (6) (a) He walked *ten miles* to the north.
     (b) He covered *ten miles* a day.

  (7) (a) *Living in the country*, he seldom goes to town.
     (b) He prefers *living in the country* to living in town.
     (c) People *living in the country* go to town once in a while.

  (8) (a) Books *read carelessly* are soon forgotten.
     (b) Some books, *read carelessly*, will do more harm than good.

9．次の文中のイタリック体の節の種類をいえ。

  (1) (a) I don't know *if he will come tomorrow*.
     (b) I won't go out *if he comes tomorrow*.

  (2) (a) The reason *why he was absent* was *that he was ill*.
     (b) Do you know *why he was absent yesterday*?

$(3) \begin{cases} \text{(a)} & \textit{Whether he will agree or not} \text{ is still doubtful.} \\ \text{(b)} & \textit{Whether he agrees or not}, \text{ I will carry out my plan.} \end{cases}$

$(4) \begin{cases} \text{(a)} & \textit{Whatever he does}, \text{ he succeeds in it.} \\ \text{(b)} & \text{He succeeds in } \textit{whatever he does}. \end{cases}$

$(5) \begin{cases} \text{(a)} & \text{I don't know the exact time } \textit{when he will come to see me}. \\ \text{(b)} & \text{I don't know exactly } \textit{when he will come to see me}. \\ \text{(c)} & \text{I don't know exactly what to do } \textit{when he comes to see me}. \end{cases}$

$(6) \begin{cases} \text{(a)} & \text{It is a fact } \textit{that everyone knows}. \\ \text{(b)} & \text{It is a fact } \textit{that everyone knows it}. \\ \text{(c)} & \text{You must admit the fact } \textit{that everyone knows it}. \end{cases}$

10．　次の各文の，**that** が導くイタリック体の節の種類をいい，句の形式に書き換えよ。

(1)　It is natural *that he should get angry*.

(2)　He has no house *that he can live in*.

(3)　I wished *that he would go instead of me*.

(4)　Is there any possibility *that he will win*?

(5)　He left so early *that he was in time for the first train*.

(6)　He left early *so that he would be in time for the first train*.

(7)　He insisted *that I should accept the offer*.

(8)　He was proud *that his son had passed the examination*.

(9)　The news *that the astronauts returned safe* delighted everyone.

(10)　The story *that he told the other day* was very amusing.

11．　次の各文のイタリック体の句の種類をいい，節の形式に書き換えよ。

(1)　I promise *not to do it again*.

(2)　He worked hard *to win the prize*.

(3)　I doubt *the truth of this report*.

(4)　Do you know *the writer of this book*?

(5)　*With all her beauty*, she is not a good actress.

(6)　*In spite of his recent failure*, he is still hopeful.

(7)　The mother wept *at the sight of her long-lost child*.

(8)　*Owing to poor health*, he could not work hard.

(9)　He is afraid to speak *for fear of making errors*.

(10)　*But for water*, no living thing could exist.

第 **3** 章

文の種類

文は肯定・否定，意味，構造などの点から次のように分類される。

A. 肯定・否定の分類

(1) **肯定文**（Affirmative Sentence）…… 否定詞（not, no, *etc*.）を含まない文。 Everybody came. / Are you hungry?

(2) **否定文**（Negative Sentence）…… 否定詞を含む文。
No one came. / Are you *not* hungry?

B. 意味上の分類

(1) **平叙文**（Declarative Sentence）…… ふつうの陳述の文。
Money ruins many.（金は多くの人を滅ぼす［金が敵(かたき)]）

(2) **疑問文**（Interrogative Sentence）…… 疑問を表わす文。
Is democracy dying?（民主主義は滅びつつあるか）

(3) **命令文**（Imperative Sentence）…… 命令を表わす文。
Laugh and grow fat.（笑って太れ［笑う門には福来たる]）

(4) **感嘆文**（Exclamatory Sentence）…… 感嘆の気持ちを表わす文。
How calm the sea is tonight!（今夜は海がなんと静かなことか）

(5) **祈願文**（Optative Sentence）…… 祈願，願望を表わす文。
May he rest in peace!（彼の霊よ安らかに眠りたまえ）

C. 構造上の分類

(1) **単　文**（Simple Sentence）…… 節を含まない文。〔⇨ p. 41〕
He went out in spite of the rain.

(2)　**重　文**（Compound Sentence）…… 等位節から成る文。

　　　It was raining **but** he went out.

(3)　**複　文**（Complex Sentence）…… 主節と従節を含む文。

　　　Though it was raining, he went out.

　　以上の三つに次の混文を加えることがある。

(4)　**混　文**（Mixed Sentence）…… 重文と複文の混ざった文。

　　　It was raining, **but** he went out **because** he had a date.

　次の種類という場合には，以上の A・B・C のいずれの分類による種類であるかを混同してはならない。すなわち，ある一つの文は，ふつう，上の三つの点から，三通りの分類ができることになる。

It is never too late to learn.　　　　┌ A 否定文　B 平叙文　C 単文 ┐†
　　　　　　　　　　　　　　　　　　└　　文型 = S + V + C 　　　┘

（学ぶのに遅すぎることはない［六十の手習い］）

Don't count your chickens before　　┌ A 否定文　B 命令文　C 複文 ┐
　　they are hatched.　　　　　　　　└　　文型 = S + V + O 　　　┘

（孵（かえ）らぬうちに雛（ひな）を数えるな［捕らぬ狸の皮算用］）

§20.　肯定文と否定文　〔否定文については ⇨ p. 577 「否定」〕

　肯定文とは否定詞を含まない文をいい，否定文とは否定詞を含む文をいう。否定文の代表的なものは not を用いて文の動詞（助動詞）を打ち消すものであるが，not 以外の否定詞を用いる文も多い。

┌ (a)　Everyone wishes to be happy.　　　　　　　　　〔肯定文〕
│ (b)　There is **no** one who doesn't wish to be happy.　〔否定文〕
└ (c)　Who does **not** wish to be happy?　　　　　　　〔否定文〕

　(a)（だれでも幸福になることを願う）は否定詞を含まない平叙文（= 肯定平叙文）であり，(b)（幸福になることを願わないものはない）は no という否定詞を含む平叙文（= 否定平叙文）であり，(c)（幸福になることを願わないものがいようか）は not という否定詞を含む疑問文（= 否定疑問文）であり，いずれも「万人幸福を願う」の意を，異なった種類の文で表わしたことになる。

---

†　一つの文の種類をいうとき，A と B の分類を合わせて，たとえば「否定平叙文」「肯定疑問文」「否定命令文」などのように呼ぶことがある。

(1)　not を用いる否定文

be 動詞，助動詞の場合はその後に not を置き，一般動詞の場合は do (does, did) not をその前に置く。

It is **not** necessary to teach a fish to swim. （魚に泳ぎ方を教える必要はない〔釈迦(しゃか)に説法〕）

Love and smoke can**not** be hidden. （恋と煙は隠すことができない〔思い内にあれば色外にあらわれる〕）

It **does not** pay to be short-tempered.
　　　（短気は得にならない〔短気は損気〕）

(2)　not 以外の否定詞を用いる否定文　〔⇨ p. 577〕

否定語句には，「～[で]ない，～[し]ない」というふつうの否定を表わすもののほか，never, not at all など「決して（全く）～ない」という**強い否定**を表わすものと，little, hardly, seldom など「ほとんど（めったに）～ない」といった**弱い否定**を表わすものがある。

品詞的には，**not** を代表として**副詞**の働きをするもののほか，**no** や **nothing** のように**形容詞**と**代名詞**の働きをするものがある。

(a)　否定の**副詞**： never, seldom, rarely, hardly, little, neither, *etc.*

(b)　否定の**形容詞**： no, little, few, neither, *etc.*

(c)　否定の**代名詞**： nothing, nobody, none, neither, little, *etc.*

(a′)　A barking dog **seldom** bites. （ほえる犬はめったに噛(か)まぬ）

(b′)　There is **no** smoke without fire. （火のないところに煙は立たぬ）†

*　$\begin{cases} \text{They have } \textbf{no} \text{ children.} （彼らには子供がいない） \\ \text{They don't have } \textbf{any} \text{ children.} \end{cases}$

no は形容詞で名詞を打ち消す形をとるが，**not** を用いて動詞を打ち消す形とほぼ同じ否定内容を表わす「文否定」である。〔⇨ p. 581〕

---

†　$\begin{cases} \text{(a)　} \textbf{No} \text{ news came.} & （何の知らせもなかった）　〔否定文〕 \\ \text{(b)　} \textbf{No} \text{ news is good news.} & （便りのないのは良い便り）　〔肯定文〕 \end{cases}$
　　(a) は主語を否定詞で打ち消したふつうの否定文であるが，(b) のことわざは，No news は「便りがないこと（= Receiving no news）」の意で，文自体は否定文ではなく肯定文である。たとえば To know *nothing* (= Ignorance) is a bliss. （「何も知らないことは幸いだ」）では主部に否定詞が含まれているが，文そのものは肯定文であるように。〔⇨ p. 585「否定詞を含む肯定文」〕

(c)　**Nothing** is easier than fault-finding.

　　　（他人のあら探しほど容易なものはない）†

---

not の注意すべき縮約形

　not は助動詞や be 動詞・have 動詞と結びついて，たとえば is not → isn't, have not → haven't, do not → don't ［dount］のように **n't** の形に縮約されるが，次のようなものについては，その綴りまたは発音に注意しなければならない。

　　　cannot　　 →　**can't** ［kænt, kɑːnt］（*cann't ではない）

　　　must not　 →　**mustn't** ［mʌsnt］（*［mʌstnt］ ではない）

　　　shall not　 →　**shan't** ［ʃænt, ʃɑːnt］（*shalln't ではない）

　　　will not　　→　**won't** ［wount］（*［wɔnt］ ではない）

　am not は amn't ではなく，aren't, ain't が用いられる。

I am your friend, $\begin{cases} \textbf{am } \text{I } \textbf{not}? \text{〔正式〕　（私はあなたの友達ですね）} \\ \textbf{aren't } \text{I?〔口語的〕　（僕は君の友達だよね）} \\ \textbf{ain't } \text{I?〔非標準的〕　（おれ，お前の友達だよな）} \end{cases}$

▐ §21.　平 叙 文

　ある事実や考えをそのまま述べる文で，原則として 〈S＋V〉 の語順をとる。書く場合は文尾に終止符（Period）「.」を置き，話す場合は下降調（Falling Intonation）（↘）で終わる。

Faith can move mountains.

　　　（信念は山をも動かす ［思う念力岩をも通す］）

A word is enough to the wise.

　　　（賢い人には一語で十分 ［一を聞いて十を知る］）

● There や Here で始まる文はふつう 〈V＋S〉 の順になる。〔⇨ p. 8〕

There are two sides to every question.

　　　（すべての問題には二つの面がある）

---

†　$\begin{cases} \text{(a)}　\textbf{Nothing} \text{ is more precious than time}　　　　〔否定文〕 \\ \text{(b)}　\text{Something is better than } \textbf{nothing}.　　　　〔肯定文〕 \end{cases}$
　　(a) は「時間より貴いものはない」の意でふつうの否定文，(b)は「何もないよりはいくらかでもあるほうがまし」の意で肯定文。

▎§ 22.▎ 疑 問 文

　疑問を表わす文で，大別して，疑問詞で始まるものと，そうでないものとがあり，語順は（疑問詞が主語である場合を除き）助動詞または動詞が主語に先行し，書く場合は文尾に疑問符（Interrogation Mark, Question Mark）「？」を置く。

(1) 一般疑問 (General Question)

　疑問詞を用いない疑問文で，be 動詞または助動詞の場合はそれを文頭に出し，一般動詞の場合は Do を文頭に用いて作る。文尾の音調は上昇調（Rising Intonation）になる。†　答えには Yes, No を用いる。

Do you watch TV a lot? — Yes〔, I do〕. / No〔, I don't〕.
　　（テレビはたくさん見ますか — はい / いいえ）

Is supper ready? — Yes〔, it is〕. / No〔, it isn't〕. / No〔, not yet〕.
　　（夕食の準備はできてるの？ — ええ / いいえ / 〔いいえ〕まだよ）

Do you have (*or* **Have** you〔got〕) any money with you? ††
　　（お金の持ち合わせがありますか）

Can you tell a sheep from a goat?
　　（君はヒツジとヤギの区別がつくかね）

Would you like another cup?（もう一杯いかがですか）

Did anybody help you with your work?
　　（だれか君の仕事を手伝ったか）

否定疑問文

　否定の形をした疑問文は否定疑問文（Negative Question）と呼ばれ，次のように (a), (b) 二つの語順をとる。(a) は正式，(b) は口語的・一般的な形である。

　肯定疑問文：　Are you tired?（疲れていますか）

---

†　平叙文のままの語順でも，上昇調に発音すれば疑問文になる。
　　You don't know her?（↗）（彼女を知らないのかね）
　　You are ready, then?（↗）（それじゃ用意できたね）
††　本動詞としての **have** は，《米》では一般の動詞と同じように "**do**" を用いて疑問文をつくる。《英》では（「所有」などの意味を表わす場合は）have が文頭に出る形を用いることがある。口語では **Have** you got ～? もよく用いる。〔⇨ p. 385〕

否定疑問文：$\begin{cases}\text{(a)} & \textbf{Are} \text{ you } \textbf{not} \text{ tired? （疲れていませんか）}† \\ \text{(b)} & \textbf{Aren't} \text{ you tired?}\end{cases}$

肯定疑問文：　**Did** he come yesterday? （きのう来ましたか）

否定疑問文：$\begin{cases}\text{(a)} & \textbf{Did} \text{ he } \textbf{not} \text{ come yesterday? （きのう来ませんで} \\ \text{(b)} & \textbf{Didn't} \text{ he come yesterday?} \qquad \text{したか）}\end{cases}$

(b) のように **not** が前に出た場合は，助動詞と結びついた縮約形をとる。

肯定疑問と否定疑問

$\begin{cases}(1) & \textbf{Do} \text{ you like to see it? （それを見たいですか）} \\ (2) & \textbf{Don't} \text{ you like to see it? （それを見たくありませんか）}\end{cases}$

(1) の肯定疑問は Yes, No のいずれか一方の答えを特に予想していないが，(2) の否定疑問では You like to see it, don't you? （見たいでしょうね）という付加疑問〔⇨ p. 58〕に通じる気持ちが強く，答えに Yes を予想している場合が多い。

Yes と No の用い方

日本語では「はい」「いいえ」は質問の形式に左右されるが，英語の Yes と No の使い方は肯定疑問・否定疑問など質問の形式にかかわりなく，答えの内容が肯定であれば Yes，否定であれば No を用いる。日本語の「はい」「いいえ」に置きかえて考えてはならない。〔⇨ p. 300〕

　　Didn't you go?　　　　　「行かなかったのか」
　　Yes, I did.　　　　　　「**いいえ**，行きました」
　　No, I didn't.　　　　　　「**はい**，行きませんでした」

日本語式の，No, I did. / Yes, I didn't. のような答えはありえない。

なお注意すべき場合として，**mind** を用いた疑問文に対しては，Yes を用いると mind（気にする）の意を肯定して拒否の答えになるので，承諾・同意を表わす場合は no で答えなければならない。

Do you **mind** if I open the window? —— **No**, not at all. / Of course **not**.

---

† 　一般疑問の形の文に感嘆符 (!) を付した**感嘆疑問文**が口語でよく用いられる。
　　　　　　　　　　　　　　　　　　　　　　　　　　　　　　　〔⇨ p. 618〕

　　　Isn't it cold? (↗)　　（寒くないですか）　　　〔ふつうの疑問文〕
　　$\begin{cases}\text{Isn't it cold! (↘)} & \text{（なんて寒いんだ）} & 〔感嘆疑問文〕 \\ \text{Is it cold! (↘)} & 〔\text{How cold it is! に近い}〕\end{cases}$

（窓を開けてもかまいませんか ― ええ，どうぞ）

(2)　特殊疑問 (Special Question)

疑問詞で始まる疑問文をいい，文尾は下降調になる。答えに Yes, No は
用いない。

What do you do?〔= **What's** your job?〕― I work in a bank.

　　（お仕事は何をしていますか ― 銀行に勤めています）〔⇨ p. 359〕

Who came to see me in my absence?（留守中だれが来ましたか）

　　〔Who *did come* to see me ... としないこと〕

Why do nice women marry dull men?（どうしてすてきな女がつまらな

　　い男と結婚するのだろう）〔Why ... ? に対しては Because ... で答え

　　る〕

How do you go to school? ― 〔I〕 usually 〔go to school〕 by bus.

　　（通学はどのようにしているの ― ふつうはバスで〔通っていま〕す）

What in the world (*or* on earth) do you mean?（いったい何のことを

　　言っているのか）〔in the world, on earth は強意〕

疑問詞の主語・補語の区別

{　(a)　**Who** is he? ― He is Mr. Smith.　　　　　　　　　　〔補語〕

{　(b)　**Who** is the principal? ― Mr. Smith is.　　　　　　　〔主語〕

　(a) は「彼はだれですか」だけが成り立ち「だれが彼ですか」ではあり得
ず，また答えも Mr. Smith is he. とはならないので Who が補語であること
は明らかである。(b) では「だれが校長ですか」も「校長はだれですか」も
成り立ち，Mr. Smith is the principal. も The principal is Mr. Smith. も同
様に一般的な表現であるが，ふつう，返事は Mr. Smith is. が用いられ，そ
の場合は Who は主語と考えられる。

{　(a)　**What** is your name? ― My name is Jack Smith.　　　〔補語〕

{　(b)　**What** is the capital of England? ― London is. /〔It's〕London.

　(a) では Jack Smith is my name. という特殊な強調形もあるが，上に示
した答えがふつうである。(b) London is the captal of England. とも The
capital of England is London. とも言うが，上の質問に対して London is. が
答えの場合は What は主語，It is London. の形ならば What は補語である。

Which is the highest of these mountains? ― Mt. Everest is.

What is the first day of the week? — Sunday is. / It is Sunday.

    cf. **What** are the spring months? — They are March, April and
    May.

（3）　選択疑問（Alternative Question）

AかBのどちらであるかを尋ねる疑問文で，音調はAが上昇調，Bが下
降調になる。答えはYes, Noでは答えられない。

Is he a musician（↗）or a painter（↘）? — [He's] a painter.

    （彼は音楽家ですか，それとも画家ですか — 画家です）

Shall we go by train（↗）or by bus（↘）? — By bus.

    （電車にしますか，バスにしますか — バスにしましょう）

Would you like coffee（↗）, tea（↗）, or cocoa（↘）? — Tea, please.

    （コーヒーと紅茶とココアのどれがいい？ — 紅茶がいいわ）

Which will you drink（↘）, beer（↗）or wine（↘）?

    （ビールかぶどう酒か，どちらにしますか）

●選択疑問の形をした文でも，音調と発音によって，選択疑問にはならない
場合がある。

    ⎰（a）Will you have tea（↗）or [ɔ:r] milk（↘）?　〔選択疑問〕
    ⎱（b）Will you have tea or [ər] milk（↗）?　　　〔一般疑問〕

  （a）は「紅茶を飲みますか，それともミルクにしますか」の意の，ふつう
の選択疑問文で，答えは，たとえば，I'll have tea.（紅茶にします）のように
Yes, Noを用いない。（b）のようにorを軽く，tea or milkをまとめて上昇
調で発音した場合は「紅茶かミルクでも飲みますか」の意になり，選択疑問
ではなく，答えは，たとえば，Yes, I'll have tea.（ええ，紅茶をいただき
ましょう）のようにYes, Noを用いる。

（4）　付加疑問（Tag Question）

口語において，文尾に「～ですね」の要素を付け加える言い方で，前が**肯
定文**であれば**否定**の形を，**否定文**であれば**肯定**の形を用いる。

たいていは，話者が事実とわかっていることについて，相手の同意を求め
たり念を押したりする程度に，下降調で発音されることが多い。しかし，不
確かなことについて実際に疑問の意味をこめて相手に尋ねる場合もあり，そ
のときは付加疑問は上昇調になる。

It's a nice day today, **isn't it**? (╲╱) (今日はいい天気ですね)†

　　〔このような会話の内容はお互いに明らかに事実と認められることで
　　　あるから，ふつう，疑問の意味は含まれず，下降調になる〕

You can drive a car, **can't you**? (君は運転できましたね)

　　〔相手が運転できることをよく知っている場合は下降調，確かでない
　　　場合は上昇調。以下同様〕

She doesn't smoke, **does she**? (彼女はタバコを吸わないよね)

You didn't tell anybody, **did you**? (だれにも話さなかったですね)

He'll be here soon, **won't he**? (彼はじきにここへ来るんだろうね)

You won't be home too late, **will you**?

　　(帰りはあまり遅くならないでしょうね)

We needn't wait for him, **need we**? (彼を待たなくてもいいね)

I am right, **aren't I**? (私の言うとおりでしょう)

　　〔*amn't* I ではない〔⇨ p. 54〕〕

There are a lot of problems, **aren't there**?

　　(いろいろ問題がありますね)

　　〔**There** ～ の構文〔⇨ p. 8〕では，付加疑問のほうも there を形式
　　　的に主語の位置に置く〕

We've met before, **haven't we**? (前にお会いしたことがありますね)

　　〔この **have** は完了形をつくる助動詞であるが，次の項の本動詞の場
　　　合を区別する〕

動詞が have の場合

have が本動詞の場合，他の動詞と同じく "do" を用いて付加疑問をつく
るが，(a) のように「所有」の意味を表わす場合，《英》では（　）の内の形を

---

† 付加疑問は，(A) ①「肯定—否定」，②「否定—肯定」の組み合わせがふつうであ
り，(B) ③「肯定—肯定」は特別な用法で，④「否定—否定」はふつう言わない。
　　(A) ①He **is** ill, **isn't he**?　　(B) ③He **is** ill, **is he**?
　　　②He **isn't** ill, **is he**?　　　　④He **isn't** ill, **isn't he**?
　③の形をとる場合は，㋑「非難」「皮肉」など，㋺「驚き」「興味」などを示し，
イントネーションは上昇調がふつうである。
　③　㋑So you **have** forgotten your homework again, **have you**?
　　　　(また宿題を忘れたんだな)
　　　㋺Mary **is** coming, **is she**?
　　　　([いま君に聞くまで知らなかったが] メアリーが来るんだって？)

とることもある。(b) のように「所有」を離れた意味では，すべて "do" を
用いた形をとる。〔⇨ p. 385〕

(a)　You **have** a lot of books, **don't you**（**haven't you**）?
　　　　　　（君は本をたくさん持ってますね）

　　　You **don't have**（You **haven't**）a car, **do you**（**have you**）?
　　　　　　（君は車を持っていませんね）

(b)　You **have** a bath every day, **don't you**?
　　　　　　（君は毎日風呂にはいりますね）

否定詞が not 以外の場合

　前の文が not 以外の否定詞（no, nothing, little, few, hardly, seldom,
etc.）を含む否定文の場合も，付加疑問は肯定形である。

There was *no* answer, **was there**?
　　　　　（返事がなかったんだね）

Nobody was watching me, **were they**?（だれも僕を見てなかったよね）
　　　　　　〔nobody を複数の they で受けることについては ⇨ p. 182〕

It's *hardly* fair, **is it**?（それは公平だとはとても言えないな）

We *seldom* see them nowadays, **do we**?
　　　　　（最近彼らにめったに会いませんね）

Let's のあとの付加疑問

　Let's で始まる文には shall we を付加する。

Let's go out for a walk, **shall we**?（散歩に出かけようじゃないか）
　　　　　　〔**Shall we** go out for a walk?（散歩に出かけませんか）に通じ
　　　　　　る〕

●Let's ～ と，命令文の **Let** ～ の付加疑問の区別：　　〔⇨ p. 65 †〕

　⎰Let's go with her, **shall** we?（彼女といっしょに行こうよ）
　⎱Let me go with you, **will** you?（私もいっしょに行かせてね）

命令文のあとの付加疑問

　命令文のあとに will you? や won't you? を上昇調で付加して，ぶっきら
ぼうな命令の語調を和らげたり，依頼・懇願の気持ちを表わしたり，念を押
したりすることがある。**肯定命令文には will you?** と **won't you?** を用い，
否定命令文には will you? だけを用いる。また **can't you?** を用いて叱責や
いらだたしい気持ちを，**would you?** を用いてていねいな気持ちを表わすこ
ともある：

Open the door, **will you** (*or* **won't you**)? (戸を開けてくれませんか)

〔*Will you* (or *Won't you*) open the window? に通じる〕

Don't tell anyone, **will you**? (だれにも言わないでね)

〔*Will you* (× *Won't you*) not tell anyone? に通じる〕

Use your common sense, **can't you**? (常識で考えたらどうだ)

Send me a card, **would you**? (葉書をくださいね)

● *will you*? が下降調で発音されると，依頼よりも命令の調子が強まり，ぶっきらぼうな表現になる。

Shut the door, **will you**! (↘) (戸を閉めて[くれ]よ)

---

(5) 修辞疑問 (**Rhetorical Question**)

疑問文の形をしているが，それに対して相手の答えを求めているのではなく反語的に自分の気持ちを強く述べる文をいう。したがって，肯定形の修辞疑問は否定の平叙文の，否定形の修辞疑問は肯定の平叙文の意味を表わす。音調は，ふつうの疑問文と同じく，(a) は下降調，(b) は上昇調になる。

(a) 特殊疑問の形をとる場合

Who knows? (だれが知ろうか)〔= Nobody knows.〕

Who doesn't know? (知らぬ者がいようか)〔= Everyone knows.〕

What is the use of asking him? (彼に頼んで何になる)

〔= It is no use asking him.〕

What difference does it make? (それで何の違いが生じるのか)

〔= It makes no difference.〕

How can this be true? (どうして本当でありえよう)

〔= This cannot be true.〕

(b) 一般疑問の形をとる場合

Can they ever forget your kindness?

(いやしくも彼らに君の親切を忘れることができようか)

〔= They can never forget your kindness.〕

Is there anyone so arrogant as he? (あいつほど傲慢(ごうまん)な人間がいようか)〔= There is no one so arrogant as he.〕

Does it matter? (かまうものか)〔= It does not matter.〕

Isn't it lovely today? (すばらしい天気じゃないですか)

Isn't that kind of him? (親切なことじゃありませんか)

●**疑問文の形をとりながら，文尾に感嘆符**（!）を置く場合がある。上の一般疑問の形をとる修辞疑問はふつう上昇調で終わるが，感嘆符で終わる文は，下降調になる。〔⇨ p. 618〕

　　　Wasn't it a terrific concert!（↘）

　　　　　（すばらしいコンサートだったね）

　　　　　〔= What a terrific concert it was!〕

---

(6)　間接疑問（Indirect Interrogative, Dependent Question）

　複文の従節をなす疑問文をいう。これに対して，独立した，じかの疑問文は**直接疑問**（Direct Interrogative）と呼ばれる。間接疑問文は，(a) 一般疑問の場合は接続詞 if, whether で導き，(b) 特殊疑問の場合は直接疑問のときの疑問詞をそのまま用いる。**語順**は，疑問詞が頭に置かれる点を除いて**平叙文**と同じである。〔⇨ p. 565〕

(a) { May I go out?（出かけてもいいですか）　　　　　　　　　〔直接疑問文〕
　　 { He asked **if**（*or* **whether**）*he might go out.*　　〔間接疑問文〕

　　　（彼は出かけてもいいかどうか尋ねた）

(b) { **Who** is he?（彼はだれですか）　　　　　　　　　　　　〔直接疑問文〕
　　 { Do you know **who** *he is*?（彼がだれか知っていますか）〔間接疑問文〕

間接疑問文の語順

　次のような場合の間接疑問文の語順を区別する。

(a) { What (C) is (V) this (S)?
　　 { Do you know ***what this is***?

(b) { What (S) is (V) the matter (C) with you?（どうしたのですか）
　　 { He asked me ***what was the matter with me.***

　(a) では what は補語であるから，語順は

　Do you know *what is this*? ではなく，

　(b) では what は主語であるから，語順は

　He asked me *what the matter was with me.* とはしないことに注意する。次のような独立した文からも，the matter が主語でないことがわかる。

　　Nothing is the matter with me.

　　　　　（私は別に何でもありません）

●ただし，次のようにどちらとも考えられる場合もある。

{ He asked me *what the reason was*. (理由は何か)〔what＝補語〕
{ He asked me *what was the reason*. (何が理由か)〔what＝主語〕

---

do you know ... ? / do you think ... ?

{ (a)　**Do you know** who he is? (彼がだれだか知っていますか)
{ (b)　Who **do you think** he is? (彼がだれだと思いますか)

(a) は一般疑問文で, Yes, No で答える。(b) は Who is he? という特殊疑問文に do you think が挿入された形で, 答えは I think he is Mr. Smith. のようになり, Yes, No は用いない。両者を混同して *Do you think* who he is? のような間違った語順の文を作らないこと。

(b) では think のほか **suppose, consider, believe, imagine** などを用いることもある。なお, 次のように同じ動詞を用いて二通りの語順をとる場合もある。

{ (a)　**Did he say** who had done it? (彼はだれがそれをしたか言ったか)
{ (b)　Who **did he say** had done it? (だれがそれをしたと彼は言ったか)
{ (a)　**Can you guess** who she is? (彼女がだれだかわかりますか)
{ (b)　Who **do you guess** she is? (彼女がだれだと思いますか)

MASTERY POINTS　　　　(解答 p. 680)

〔5〕　次の各文に続く適当な付加疑問の形を記せ。

(1)　We must hurry, _____?
(2)　He'll attend the meeting, _____?
(3)　His parents were both present, _____?
(4)　There won't be room for us, _____?
(5)　I'm late, _____?
(6)　You'd like some tea, _____?
(7)　She has three children, _____?
(8)　He always has lunch at one, _____?
(9)　You have never been to London, _____?
(10)　It's hardly rained at all this summer, _____?
(11)　Let's have a swim in the river, _____?
(12)　Bring me a chair, _____?

§23. 命 令 文

命令や指示・依頼・禁止・懇願・勧めなどを表わす文。ふつう，二人称である相手に対して言われるものであるから，その主語（You）を表わさず，文頭に**動詞の原形**を置く。音調は下降調である。

Do as you are told. （言われたとおりにしなさい）   〔命令〕

Be quick. （急げ）

Answer each question briefly. （各問に簡潔に答えよ）   〔指示〕

Pass me the salt, please. （塩を取ってください）   〔依頼〕

Spare me ― I'm innocent.   〔懇願〕

　　（お許しください ― 私は何もしていないのです）

Help yourself to anything you like.   〔勧め〕

　　（何でも好きなものを取って召しあがってください）

否定の命令文（Negative Imperative, Negative Command）

否定の命令文（禁止）には Don't または Never を文頭に用いる。

Don't be afraid of making mistakes. （間違いをするのを恐れるな）

Never do things by halves. （物事を中途半端にするな）

主語 You を示す場合

You が表わされるのは，(a) 否定文で命令を強める場合か，(b) 肯定文で対照を示したり，特に相手を指示したりする場合で，you は強く発音される。

Don't **you** ever do such a thing again. （2 度とこんなことをするなよ）

I'll watch here. **You** go in. （僕が見張っているから，君が中にはいれ）

強意の命令文

命令を強めるために Do が用いられることがある。この場合 Do は強勢がある。

Do come. （ぜひいらっしゃい）

Do be quiet. （頼むから静かにしてくれ）

一人称・三人称に対する命令

一人称・三人称に対する命令は Let を用いて表わす。

Let me introduce myself to you.

　　（私に自己紹介させてください）

Let him try. （彼にやらせてみなさい）

Let sleeping dogs lie.（眠っている犬は寝かせておけ［やぶ蛇は禁物］）

Let us stay with you.

　　　　（私たちをあなたといっしょにいさせてください）†

「命令文」以外の「命令」の表現

　　上述のような命令文以外の形で「命令」の意味が表わされることもある。

Will you listen to me?（僕の言うことをよく聞きなさい）

Nobody **is to** leave this room.（だれもこの部屋を出てはならない）

You **are going** shopping with me!（あなたは私と買物に行くのよ）

命令文 + **and / or**

命令文のあとに and, or が続いた場合は，「そうすれば」「さもなければ」の意を表わし，条件文に書きかえられる。〔⇨ p. 473〕

Talk of the devil, **and** he will appear.

　　　　（悪魔の話をすれば悪魔が現われるだろう［噂をすれば影がさす］）

　　　　〔= *If* you talk of the devil, he will appear.〕

Hold up, **or** you shall die.（手をあげなければ撃ち殺すぞ）

　　　　〔= *If* you do*n't* hold up［or *Unless* you hold up］, you shall die.〕

§24.　感 嘆 文

強い感嘆の気持ちを表わす文で，What か How で始まり，書く場合は感嘆符（Exclamation Mark）「！」を文尾に置く。音調は下降調になる。

(1)　How＋形容詞＋S＋V

　　　How lucky you are!（君はなんと運がいいだろう）

(2)　How＋形容詞＋a (an)＋名詞＋S＋V

　　　How brave a man he is!（彼はなんと勇気のある人だろう）

(3)　How＋副詞＋S＋V

　　　How quickly time passes!（時のたつのはなんて早いのだろう）

---

†　**Let us** ～ は二通りの意味に用いられる。

　　Let us go.　┌(a)「私たちに行かせてください」　　　〔許可〕
　　［lét əs góu］└(b)「行きましょう；行こうじゃないか」〔提案・勧誘〕

　　(b) の意味を表わす場合には Let's ［lets］という縮約形になることが多い。なお，Let's の否定形には **Let's not** ～ と **Don't let's** ～ があり，付加疑問は ～, **shall we?** である。(a) は命令文なので付加疑問は **will you?** である。〔⇨ p. 60〕

(4)　How＋S＋V

　　　How it blows!（なんというひどい風だろう）

(5)　What＋a（an）＋形容詞＋名詞＋S＋V †

　　　What a kind girl she is!（彼女はなんと親切な少女でしょう）

(6)　What＋a（an）＋名詞＋S＋V

　　　What a fool you are!（君はなんというおろか者だ）

●(5)，(6) において，名詞が不可算名詞または複数名詞のときは冠詞はもちろんなくなる。

　　　　　What [beautiful] hair she has!

　　　　　　　（なんという［美しい］髪だろう）

　　　　　What [terrible] fools they are!

　　　　　　　（なんという［ひどい］おろか者たちだろう）

感嘆文の語順

　感嘆文では 〈S＋V〉 の語順は平叙文と同じである。

　⎰How tall **he is**!（彼はなんと背が高いのだろう）　　　　〔感嘆文〕
　⎱How tall **is he**?（彼の身長はどれくらいだろう）　　　　〔疑問文〕

　しかし，場合によっては，語調などの関係で「V＋S」になることもあるが，これはやや古風な，文語的な形である。

　⎧How wonderful *are the sunsets* here!　　　　　　　　〔感嘆文〕
　⎪　　（ここの落日はなんとすばらしいことだろう）
　⎨
　⎪How wonderful *are the sunsets* here?　　　　　　　　〔疑問文〕
　⎩　　（ここの落日はどのくらいすばらしいだろうか）

　＊　語順が疑問文と同じで，文尾に感嘆符を用いた**感嘆疑問文**（例：Am I hungry!）が，特に《米口語》で，よく用いられる。〔⇨ p. 62, 618〕

───────────────────────────

†　(2) と (5) の冠詞の位置に注意する。

　⎰(a)　**What** *a* clever boy he is!
　⎱(b)　**How** clever *a* boy he is!

　表現としては (a) のほうが一般的である。この場合，名詞が不可算名詞・複数名詞であると冠詞がなくなり，語順の区別がつかなくなるが，(a) の What ... の形を用いる。

　⎰(a)　**What** lovely weather we are having! / **What** dull books he reads!
　⎱(b)　**How** lovely weather we are having! / **How** dull books he reads!

　ただし，名詞が many, much, few, little で修飾される場合は How …。

　　How much wine he drinks! / **How** few books he reads!

§25.　祈　願　文

　願望文ともいい，祈願・願望を表わす文で，書く場合は感嘆符をつけることもあり，音調は下降調である。形式としては (a) 仮定法現在を用いるものと，(b) may を文頭に置くものとの二通りがある。〔⇨ p. 463〕

(a)　God **bless** you!
　　　　　（神があなたを祝福してくださいますように）

　　　Long **live** the Queen!（女王万歳！）
　　　　　〔副詞が文頭に出て「V＋S」の倒置形になっている〕

(b)　*May* you be happy!
　　　　　（あなたがお幸せでありますように）

事実と反対の願望〔⇨ p. 466, 467〕

　ふつうに「祈願文」というのは上の形式のものであるが，そのほか，事実と反対の願望を述べる表現としては次のようなものがよく用いられる。

I wish she were here with me.
　　　　〔→ I am sorry she is not here with me.〕
　　　　（彼女がここにいっしょにいてくれたらなあ）

Would [to God] that he were alive.（彼が生きていたらなあ）

O that I were young again!（ああ，もう一度若くなれたらなあ）

If only you had been there!
　　　　（君がそこにいてくれさえすればよかったのだがなあ）

　以上の例からわかるように，「現在」の事実と反対の願望には仮定法過去を用い，「過去」の事実と反対の願望には仮定法過去完了を用いる。

祈願文と平叙文

　⎧(a)　God *save* the Queen!（神が女王を加護されんことを）
　⎩(b)　God *saves* the Queen.（神が女王を加護される）

　(a) は願望文であって save は仮定法現在である。これが (b) のように直接法現在の saves になると平叙文になる。

　⎧(c)　*May* God save the Queen!（上の (a) と同じ）
　⎩(d)　God *may* save the Queen.（神が女王を加護されよう）

　May が文頭に出た (c) は願望文であるが，may が文中に置かれた (d) は平叙文である。

§26. 単　文

　節〔⇨ p. 41〕を含まない文，言い換えれば〈S＋V〉の関係を一つしか含まない文をいう。主語と述語の 2 語だけから成る文から，修飾語句のついたかなりの語数から成る文まで，長さにかかわらず〈S＋V〉が一つしか含まれない文は単文である。

Speed kills.（スピードは人を殺す）

Adversity makes a man wise.

　　　（逆境は人を賢くする［艱難(なん)汝を玉にす]）

<u>Companionship</u>(S) with the wise and energetic never <u>fails</u>(V) to have
a most valuable influence on the formation of character.

　　　（賢明で活発な人々とのつき合いは，人格の形成にきわめて貴重な影
　　　響を与えないではおかない）

§27. 重　文

　二つ以上の等位節〔⇨ p. 42〕から成る文，言い換えれば〈S＋V〉の関係が二つ以上含まれていて，それが等位接続詞（and, but, or, for, so など）によって結びつけられている文をいう。　　　　　　　　〔⇨ p. 519〕

<u>You</u>(S) can <u>take</u>(V) a horse to the water, **but** <u>you</u>(S) can't <u>make</u>(V)
him drink.（馬を水際まで連れて行くことはできても，水を飲ませるこ
とはできない［匹夫も志を奪うべからず]）

I had a headache, **so** I went to bed.

　　　（頭痛がしたので，床についた）

単文か重文か

and, but, or などは語・句・節などを結びつけるので，これらの接続詞を含む文がすべて重文であるとはかぎらない。

　(a)　Tom **and** Mary stayed at home.

　(b)　Tom stayed at home **and** did his homework.

　(c)　Tom stayed at home **and** Mary went out shopping.

　(a) では and は主語の名詞を結びつけているだけで〈S＋V〉の関係は一つであるから単文である。(b) では and は動詞を結びつけているが，主語は 1 回しか表われていないので，単文とするのがふつうである。(c) では〈S＋V〉が二つ含まれているので重文である。

§28. 複　文

　主節と従節から成る文，言い換えれば〈S＋V〉の関係が二つ以上含まれていて，それが従位接続詞・関係詞・疑問詞などによって結びつけられている文である。

While there is life, there is hope.　　　　　　　　　〔従節は副詞節〕

　　　　従節　　　　　主節

　　　（命あるあいだは希望がある［命あっての物種］)

Everything comes to those *who wait.*　　　　　　　〔従節は形容詞節〕

　　　　（待つ者にはなんでもやって来る［果報は寝て待て］)

What the fool does at last, the wise man does at first.〔従節は名詞節〕

　　　　（愚者が最後にすることを知者は最初にする［下衆(げす)の後知恵］)

§29. 混　文

　重文と複文の混ざった文で，等位節がさらに従節を含む形である。

　┌───等位節───┐　┌──────────等位節──────────┐

　　　　　　　　　　　┌─────主節─────┐　┌──────従節──────┐

He went to bed, **but** he won't go to sleep **unless** you tell him a story.

　　　　　　　　等位接続詞　　　　　　　　　従位接続詞

　　　　（あの子は床に入ったが，お話をしてやらないと眠らないだろう)

It cannot be denied **that** *we owe many useful things to science,* **but** it is doubtful **whether** *more science will give us true happiness.*

　　　　（我々が多くの有用な物を科学に負うていることは否定できないが，科学のこれ以上の進歩が我々に真の幸福を与えるかどうかは疑わしい)

§30. 文の転換

　ある文は，その意味内容を変えないで，別の種類の文に書き換えられる場合が多いが，A. 肯定・否定の転換，B. 意味上の種類の転換，C. 構造上の種類の転換のそれぞれについて，その形式はほぼ定まっているので，代表的なものを熟知し，応用できなければならない。

A. 肯定文・否定文の転換

　否定文を肯定文に変えるということは，否定詞を含まない文に変えるとい

うことである。二重否定を肯定にするもの〔⇨ p. 582〕，否定形の修辞疑問文〔p. 61〕を肯定の平叙文にするもの，部分否定文〔⇨ p. 581〕を肯定文に変えるもの，反意語を用いるもの，などが主なものである。

{ There is *no* man who does *not* love his own country.　　　〔否定文〕
{ Everyone loves his own country.　　　　　　　　　　　　　〔肯定文〕
　　　（自分の国を愛さない者はいない → 誰でも愛する）

{ Who does *not* desire to promote the welfare of the society?　〔否定文〕
{ Everyone desires to promote the welfare of the society.　　　〔肯定文〕
　　　（社会の福祉を願わない者がいようか → 誰でも願う）

{ *Nobody* but a genius can do such a thing.　　　　　　　　〔否定文〕
{ Only a genius can do such a thing.　　　　　　　　　　　　〔肯定文〕
　　　（天才以外にこんなことは誰もできない → 天才だけがこんなことを
　　　　することができる）〔⇨ p. 584〕

{ *Not* all the guests were present.　　　　　　　　　　　　　〔否定文〕
{ Some of the guests were absent.　　　　　　　　　　　　　〔肯定文〕
　　　（すべての客が出席していたわけではない → 幾人かの客は欠席して
　　　　いた）

{ He was *not* blind to the faults of his own children.　　　　〔否定文〕
{ He was aware of the faults of his own children.　　　　　　〔肯定文〕
　　　（自分の子供の欠点がわからなくはなかった → 気付いていた）

B.　意味上の種類の転換

平叙文・疑問文・感嘆文・命令文・願望文の相互の転換である。

{ Everybody knows this.　　　　　　　　　　　　　　　　　〔平叙文〕
{ Who does not know this?　　　　　　　　　　　　　　　　〔疑問文〕
　　　（誰でもこれを知っている → 知らない者がいようか）

{ Who cares? / What do I care?　　　　　　　　　　　　　　〔疑問文〕
{ Nobody cares. / I don't care.　　　　　　　　　　　　　　〔平叙文〕
　　　（だれがかまうものか / 僕の知ったことか → だれも気にしない /
　　　　僕の知ったことではない）

{ I shall never forget your kindness.　　　　　　　　　　　　〔平叙文〕
{ Shall I ever forget your kindness?　　　　　　　　　　　　〔疑問文〕
　　　（あなたの御親切は決して忘れません → 忘れることがあろうか）

⎧ This is a very beautiful picture. 〔平叙文〕
⎨ What a beautiful picture this is! 〔感嘆文〕
⎩ Isn't this a beautiful picture! 〔⇨ p. 65〕 〔感嘆文〕
　　　（これはとても美しい絵だ → なんと美しい絵だろう）

⎧ It was very nice of you to help me. 〔平叙文〕
⎩ How nice of you [it was] to help me! 〔感嘆文〕
　　　（お手伝いくださってなんと御親切なことでしょう）

⎧ Unless you work hard, you will fail. 〔平叙文〕
⎩ Work hard, or you will fail. 〔命令文〕
　　　（しっかり勉強しないと失敗するだろう）

⎧ I am very sorry I made such a mistake. 〔平叙文〕
⎩ How I wish (*or* If only) I had not made such a mistake! 〔願望文〕
　　　（こんな間違いをしなければよかったのになあ）

* **if only** が「…しさえすればなあ」という強い「願望」を表わすのに対して，**only if** は「…する場合にのみ」という強い「条件」を表わす。

C.　構造上の種類の転換

　単文・重文・複文の相互の転換である。たとえば

　　　It rained heavily. I could not go out.

という二つの文の内容は，それぞれの構造で次のように表わせる。

⎧ I could not go out because of the heavy rain. 〔単文〕
⎪ The heavy rain prevented me from going out. 〔単文〕†
⎨ As it rained heavily, I could not go out. 〔複文〕
⎩ It rained heavily, **so** I could not go out. 〔重文〕

(1)　単文 ↔ 複文

　単文への転換は，不定詞・分詞・動名詞・分詞構文などを利用するものが多い。複文への転換には，従位接続詞・関係詞・疑問詞などを用いる。

　「単文↔複文」の転換は，内容的には，単文中の「句」と複文中の「節」とを書き換える「句↔節」の転換と共通する場合が多い。〔⇨ p. 46〕

---

† これは『無生物主語』〔⇨ p. 614〕を用いた文で，「大雨が私が外出するのを妨げた」が直訳で，人を主語にして「大雨のため私は外出できなかった」のように表わす文と，相互に書き換えられる。

(a) 「名詞句」↔「名詞節」になるもの〔⇨ p. 46〕

$\Big\lbrace$ *Your success* depends on your effort.　　　　　　　　　〔単文〕

Whether you succeed or not depends on your effort. †　　〔複文〕
　　　　（君が成功するか否かは君の努力にかかっている）

$\Big\lbrace$ This proved *his guilt*.　　　　　　　　　　　　　　　　　〔単文〕

This proved *that he was guilty*.　　　　　　　　　　　　〔複文〕
　　　　（これが彼の有罪を証明した）

$\Big\lbrace$ It is natural *for him to get angry*.　　　　　　　　　　〔単文〕

It is natural *that he should get angry*.　　　　　　　　〔複文〕
　　　　（彼が腹を立てるのは当然だ）

(b) 「形容詞句」↔「形容詞節」になるもの〔⇨ p. 46〕

$\Big\lbrace$ I have no friends *whom I can consult with about this*.　〔複文〕

I have no friends *to consult with about this*.　　　　　〔単文〕
　　　　（私にはこのことについて相談すべき友人がいない）

$\Big\lbrace$ This is a book *which our teacher wrote*.　　　　　　　　〔複文〕

This is a book *written by our teacher*.　　　　　　　　　〔単文〕
　　　　（これは私たちの先生が書かれた本です）

$\Big\lbrace$ The man *who is standing at the gate* is a detective.　〔複文〕

The man *standing at the gate* is a detective.　　　　　〔単文〕
　　　　（門のところに立っているのは刑事です）

(c) 「副詞句」↔「副詞節」になるもの〔⇨ p. 47〕

$\Big\lbrace$ *Though he is poor*, he is honest.　　　　　　　　　　　〔複文〕

In spite of his poverty, he is honest.　　　　　　　　　〔単文〕
　　　　（彼は貧しいけれど正直だ）

$\Big\lbrace$ *As*（or *Since*）*I was very tired*, I went to bed early.　〔複文〕

Being very tired, I went to bed early.　　　　　　　　　〔単文〕
　　　　（とても疲れていたので私は早く就寝した）

---

†　単文を複文に換えるとき，主節との関係を考えて従節中の動詞の時制を間違えない
　　ようにしなければならない。
　　　　　I *am* sure of his success. → I am sure that he *will succeed*.
　　　　　I *was* sure of his success. → I was sure that he *would succeed*.
　　　　　I *am* glad of his success. → I am glad that he [*has*] *succeeded*.
　　　　　I *was* glad of his success. → I was glad that he *had succeeded*.

$\begin{cases} \text{I was very glad } \textit{when I heard of your success.} \\ \text{I was very glad } \textit{to hear of your success.} \end{cases}$ 〔複文〕
〔単文〕

　　（君の成功を聞いて僕はとても嬉しかった）

(d)　その他

$\begin{cases} \text{He seemed to be ill.} \\ \text{It seemed that he was ill.（彼は病気らしかった）} \end{cases}$ 〔単文〕
〔複文〕

$\begin{cases} \text{It is said that the eyes are the windows of the soul.} \\ \text{The eyes are said to be the windows of the soul.} \end{cases}$ 〔複文〕
〔単文〕

　　　　（目は心の窓といわれている）

$\begin{cases} \text{I opened my eyes and found that I was still lying there.} \\ \text{I opened my eyes to find myself still lying there.} \end{cases}$ 〔複文〕
〔単文〕

　　　（目がさめてみたら私はまだそこに横たわっていた）

$\begin{cases} \text{He will probably succeed.} \\ \text{It is probable that he will succeed.}^{†} \end{cases}$ 〔単文〕
〔複文〕

　　　　（彼はたぶん成功するだろう）

$\begin{cases} \text{He was so fortunate as to succeed in it.} \\ \text{He was fortunate enough to succeed in it.} \\ \text{He was so fortunate that he succeeded in it.} \end{cases}$ 〔単文〕
〔単文〕
〔複文〕

　　　（彼は幸運にも成功した）

(2)　重文 ↔ 複文

$\begin{cases} \text{It was Sunday, } \textit{and} \text{ there was no school.} \\ \textit{As} \text{ it was Sunday, there was no school.} \end{cases}$ 〔重文〕
〔複文〕

　　　（日曜だったので学校はなかった）

$\begin{cases} \text{I was very tired, } \textit{so} \text{ I could not take another step.} \\ \text{I was } \textit{so} \text{ tired } \textit{that} \text{ I could not take another step.} \end{cases}$ 〔重文〕
〔複文〕

　　　（私はとても疲れていたのでそれ以上一歩も進めなかった）

---

†　次の二つの文を区別すること。
$\begin{cases} \text{(a)　He is sure } \textit{to succeed.} \\ \text{(b)　He is sure } \textit{of succeeding} \text{ (or } \textit{of success}\text{).} \end{cases}$
　　(a) は「彼はきっと成功する」〔＝ He will surely succeed.〕(b) は「彼は成功を確信している」の意で，それぞれ複文にすると次のようになる。
　　(a)　It is certain (*or* I am sure) that he will succeed.
　　(b)　He is sure that he will succeed.

⎰*If* you are faithful, they will rely on you.　　　　　　〔複文〕
⎱Be faithful, *and* they will rely on you.　　　　　　　　〔重文〕
　　　　（誠実であれば彼らはあなたを信頼するでしょう）

⎰*Unless* you hold your tongue, you will repent it.　　　　〔複文〕
⎱Hold your tongue, *or* you will repent it.　　　　　　　　〔重文〕
　　　　（黙らないと後悔するぞ）

(3)　重文 ↔ 単文

⎰She searched for the book, *but* she could not find it.　〔重文〕
⎱She searched for the book in vain.　　　　　　　　　　　〔単文〕
　　　　（彼女はその本を捜したが，見つからなかった）

⎰He tried his best *but* he failed again.　　　　　　　　　〔重文〕
⎱He tried his best only to fail again.　　　　　　　　　　〔単文〕
　　　　（彼は最善を尽くしたが再び失敗した）

⎰He hoped to succeed *but* he could not.　　　　　　　　　〔重文〕
⎱He had hoped to succeed.　　　　　　　　　　　　　　　〔単文〕
　　　　（彼は成功を望んだができなかった）

⎰He felt thirsty, *so* he drank some water.　　　　　　　　〔重文〕
⎱Feeling thirsty, he drank some water.　　　　　　　　　〔単文〕
　　　　（彼はのどがかわいたので水を飲んだ）

⎧He failed *and* we were greatly disappointed.　　　　　　〔重文〕
⎪To our great disappointment, he failed.　　　　　　　　〔単文〕
⎨His failure disappointed us greatly.　　　　　　　　　　〔単文〕
⎩We were greatly disappointed at his failure.　　　　　　〔単文〕
　　　　（彼が失敗し，私たちはとても失望した）

重 要 問 題　　　　　　　　　　（解答 p. 687）

12. 次の各組の文の相違を訳によって示せ。

(1)⎰(a)　May he succeed!
　⎱(b)　He may succeed.

(2)⎰(a)　What kind of man is he?
　⎱(b)　What a kind man he is!

(3)⎰(a)　How far is it from your house to the station?
　⎱(b)　How far it is from your house to the station!

(4) $\Big\{$ (a)　What's the matter with you?

　　　(b)　Is anything the matter with you?

(5) $\Big\{$ (a)　Let's go to see the movie.

　　　(b)　Let us go to see the movie.

13. 次の (1)～(10) の文に対する応答として最も適当なものを，下の (イ)～(ヌ) より選びその記号を記せ。

(1)　You don't like snakes, do you?

(2)　I don't like cats.

(3)　Do you mind if I sit here?

(4)　Can I help you to another cup of tea?

(5)　I am fond of apples.

(6)　You look very tired.

(7)　You are not an American, are you?

(8)　Are you an American or an Englishman?

(9)　The war will soon come to an end.

(10)　Who'd like to read next?

　　　(イ)　No, I'm not.

　　　(ロ)　No, I don't.

　　　(ハ)　Yes, certainly.

　　　(ニ)　Of course not.

　　　(ホ)　I would.

　　　(ヘ)　I hope so.

　　　(ト)　I am an American.

　　　(チ)　Neither do I.

　　　(リ)　So am I.

　　　(ヌ)　So I am.

14. 次の文が答えになるような疑問文を書け。

(1)　Fifty students were present at the meeting.

(2)　I've been waiting here for an hour.

(3)　It is two miles from here to the station.

(4)　I went to bed at ten last night.

(5)　I have been to Paris several times.

(6)　It (＝ The train) will leave in twenty minutes.

(7)　I like tea better than coffee.

(8)　I was absent from school because I was ill.

(9)　Yes, Mr. Smith gives us lessons in English.

(10)　No, it is not. It is the capital of England.

(11)　He is Mr. Smith.

(12)　He is an engineer.

(13)　I think he was born in Canada.

(14)　I talked with the manager.

15.　次の各文をかっこ内の文に結びつけて一文とせよ。

(1)　When will he come? (Do you know)

(2)　Where did she want to go? (Do you think)

(3)　Who is the boy? (Can you tell me)

(4)　What is the matter with him? (I don't know)

(5)　Which did he like better? (Did he say)

(6)　Is he alive or dead? (No one knows)

16.　次の各文をかっこ内に指示された種類の文に書き換えよ。

(1)　Who does not desire peace and happiness? (肯定文)

(2)　Who cares? (平叙文)

(3)　I would do anything to help you. (疑問文)

(4)　She will be very glad to see you again. (感嘆文)

(5)　If you hurry, you will catch the train. (命令文)

17.　次の各文をかっこ内に指示された種類の文に書き換えよ。

(1)　He is wealthy, but he is unhappy. (単文・複文)

(2)　As he was ill, he could not go out. (単文・重文)

(3)　The problem was so difficult that he could not solve it. (単文)

(4)　This story is so short that we can read it in a day. (単文)

(5)　Unless you start at once, you will miss the train. (重文)

(6)　I expect him to come tonight. (複文)

(7)　I am sure of his accomplishing the task by tomorrow. (複文)

(8)　She has been dead for five years. (複文)

(9)　It is said that she was beautiful when she was young. (単文)

(10)　His death at so young an age is greatly to be regretted. (複文)

第 4 章

名　詞

第1節　名詞の種類

　名詞 (Noun) は，人・動物・物・事がらなどの名称を表わす語で，ふつう次の五種に分類される。

1　普通名詞 (Common Noun) …… boy, dog, book, *etc*.　〔⇨ p. 78〕
2　集合名詞 (Collective Noun) …… family, class, team, *etc*.〔⇨ p. 80〕
3　固有名詞 (Proper Noun) …… Mary, London, Sunday, *etc*.〔⇨ p. 86〕
4　物質名詞 (Material Noun) …… water, gold, rice, *etc*.　〔⇨ p. 92〕
5　抽象名詞 (Abstract Noun) …… happiness, peace, love, *etc*.〔⇨ p. 95〕

可算名詞と不可算名詞

　名詞は，数えられるものと数えられないものとに大別されることもある。数えられる名詞は可算名詞 (Countable Noun)，数えられない名詞は不可算名詞 (Uncountable Noun) と呼ばれ，一般に次のようになる。

　　可算名詞 …… 普通名詞・(大部分の)集合名詞

　　不可算名詞 … 固有名詞・物質名詞・抽象名詞・(一部の)集合名詞

●同一の名詞でも，その意味によって，異なった種類に属し，可算・不可算の用法が異なるものも少なくない。

　　⎰ paper　　（紙）　── 物質名詞・不可算名詞
　　⎱ a paper　（新聞）── 普通名詞・可算名詞
　　⎰ a room　（部屋）── 普通名詞・可算名詞
　　⎱ room　　（余地）── 抽象名詞・不可算名詞
　　⎰ work　　（仕事）── 抽象名詞・不可算名詞〔*cf.* a job ⇨ p. 79〕
　　⎱ a work　（作品）── 普通名詞・可算名詞

$$
\left\{
\begin{array}{ll}
\text{life} & (\text{〔一般に〕生命・人生・生活}) \longrightarrow 抽象名詞・不可算名詞 \\
& \text{Where there is } \textit{life}, \text{ there is hope.}（命あれば希望あり） \\
\text{a life} & (\text{〔個々の〕命・生涯・生活；伝記}) \longrightarrow 普通名詞・可算名詞 \\
& \text{Many } \textit{lives} \text{ were lost.}（多くの命が失われた） \\
\text{life} & (\text{〔集合的に〕生物}) \longrightarrow 集合名詞・不可算名詞
\end{array}
\right.
$$

§31.　普通名詞

　同種のものがいくつもあり，数えることができる個体を表わす名詞を普通名詞という。名詞の中で最も数が多く，種類も多様であって，一定の形をもった個体ばかりでなく，具体的な形をもたないが数えられる区切りをもった事柄・動作・単位などを表わす名詞も含まれる。

　具体的な形のあるもの：box, boy, flower, house, book, *etc.*

　具体的な形のないもの：day, event, mile, promise, deed, *etc.*

　他の種類の名詞と比べていえば，普通名詞とは，(a) 一つだけしかない固有名詞に対して，同種のものがいくつもある名詞，(b) いくつかのものがまとまった集合名詞に対して，個々のものを表わす名詞，(c) 形や区切りがなく数えることができない物質名詞・抽象名詞に対して，一つ・二つと数えられる性質をもった名詞であるといえる。たとえば，次のような普通名詞と，これと意味上関係のある他の種類の名詞とを比較・区別すること。†

〔普通名詞〕	〔固有名詞〕
a girl（少女）	Jane（ジェーン）〔女子名〕
a city（都市）	Paris（パリ）
a weekday（週日）	Monday（月曜日）
a mountain（山）	Mount Everest（エベレスト山）
a language（言語）	English（英語）
a planet（惑星）	Mars（火星）
	〔集合名詞〕
a country（国）	a people, a nation（国民）
a person（人）	people（人々）
a policeman（警官）	the police（警察）

†　ここに掲げたのは「可算」と「不可算」を区別しなければならない重要な語を示すものでもある。不定冠詞をつけたのは可算名詞で，それ以外は不可算名詞である。普通名詞はもちろんすべて可算名詞である。

a soldier （軍人）　　　　　　an army （軍隊）

a gangster （ギャング〔一人〕）　a gang （ギャング〔一団〕）

a bag （かばん）　　　　　　baggage 《米》, luggage 《英》
　　　　　　　　　　　　　（手荷物）

a desk （机）　　　　　　　furniture （家具）〔⇨ p. 83〕

a jewel （宝石）　　　　　　jewelry （宝石類）

a scene （景色）　　　　　　scenery （風景）

a machine （機械）　　　　　machinery （機械類）

a leaf （葉）　　　　　　　foliage （葉〔全体〕）

a poem （詩）　　　　　　　poetry （詩歌）

a novel （小説）　　　　　　fiction （小説）

a letter （手紙）　　　　　　mail （郵便物）†

a cow （雌牛）, a bull （雄牛）　cattle （牛）

〔物質名詞〕

a shower （夕立）　　　　　rain （雨）

a coin （貨幣）, a bill （紙幣）　money （金）（⇨ p. 92 ††）,
　　　　　　　　　　　　　cash （現金）

a meal （食事）　　　　　　food （食物）

a dress （服）　　　　　　　cloth （布）

a log （丸太）　　　　　　　wood （材木）

〔抽象名詞〕

an hour （時間）　　　　　　time （時）

a song （歌）　　　　　　　music （音楽）〔⇨ p. 99〕

a job, a task （仕事）　　　　work （仕事）

an assignment （宿題）　　　homework （宿題）

a climate （気候）　　　　　weather （天候）〔⇨ p. 99 ††〕

an article （記事）　　　　　news （ニュース）

a report （報告）　　　　　information （情報）

a laugh （笑い）, a smile （微笑）　laughter （笑い）

an act （行動）　　　　　　conduct （行動）〔⇨ p. 99 †〕

---

† 　**mail** は不可算であるが，**e[-]mail** は可算語としても用いられる。
　{ ○ by mail （郵便で）　　　{ × a mail （→ a letter）
　{ ○ by e[-]mail （E メールで）　{ ○ an e[-]mail （E メール〔一通〕）

普通名詞の用法

　普通名詞は可算名詞であるから，単数・複数いずれの形ででも用いられるが，単数の場合に冠詞（またはそれに代わる my, this など）を付けずに単独に用いられるということはない。†

　　　1.　He keeps *a dog*. （彼は犬を飼っている）
　　　2.　He likes *dogs*. （彼は犬が好きだ）††
　　　3.　He likes *the dog*. （彼はその犬が好きだ）
　　　4.　He likes *the dogs*. （彼はそれらの犬が好きだ）
　　　×5.　He likes *dog*.

◉　普通名詞は，その名詞が表わす性質を示す形容詞のように用いられることがある。

　　She is more *wife* than *mother*. （彼女は母親らしさよりも人妻らしさを多く備えている）

　　He isn't *man* enough. （彼は男らしさが足りない）

◉　普通名詞に定冠詞がついて抽象名詞のような意味を表わすことがある。

　　The pen is mightier than *the sword*.
　　　　（ペン［文］は剣［武］より強し）

◉　「普通名詞 ＋ of a ～」＝ 形容詞 ～

　　a *mountain of a* wave （山のような波）＝ a mountainous wave
　　that *angel of a* boy （あの天使のような少年）＝ that angelic boy
　　an *oyster of a* man （無口な人）＝ a man like an oyster

§32.　集合名詞

　いくつかの同種の個体から成る集合体を表わす名詞を集合名詞という。
(a) ふつうの集合名詞は，まとまった一つの単位をなす**可算名詞**で，集合体が一つの場合は単数形で不定冠詞を付け，集合体が二つ以上の場合は複数形

---

†　ただし **man** は一般に「人」「人間」「人類（＝ humanity)」を意味する場合は無冠詞である。
　　Man is mortal. （人は死ぬが定め［生者必滅］）　　〔一般に「人」〕
　　A man is known by his company.　　　　　　　〔不定の「ある人」〕
　　　　（人はその友達を見ればわかる）
††　「犬」を総称する場合の，a dog, dogs, the dog については ⇨ p. 229。

になる。(b) また**不可算名詞**として，数えられる「まとまり」をなさない集合体を表わすものや，(c) the を冠して全体を総称するものがある。〔次の例において，可算の集合名詞には a を付けてある。また＊印を付けた語については ⇨ p. 85「注意すべき集合名詞」〕

(**a**) a family（家族）　　　a class（組）　　　a committee（委員会）
　a team（チーム）　　　a crew（乗組員）　　an audience（聴衆）
　a jury（陪審）　　　　an army（軍隊）　　a government（政府）
　a group（グループ）　　a crowd（群衆）　　a mob（暴徒）
　a nation（国民）　　　＊a people（国民）　　a club（クラブ）
　a party（一行）　　　　an association（協会）a staff（職員）
　a company（会社・一団）a population（人口）　a chorus（合唱隊）
　an orchestra（管弦楽団）a generation（世代）

(**b**) baggage（手荷物）　　equipment（設備）　furniture（家具）
　machinery（機械類）〔⇨ p. 83〕
＊hair（髪）　　　　　　＊fish（魚）　　　　cattle（牛）

(**c**)＊the police（警察）　the press（新聞）　＊the public（公衆）
　the management（経営者）

● 集合体を構成する個々の成員をいう場合は **a member of** a family (team, crew, party, *etc*.) のように表わすことができ，また語によって成員を表わす特定の語をもつものもある：

　⎰ the jury（陪審〔全体〕）
　⎱ a juror, a juryman（〔個々の〕陪審員）〔＝ a member of the jury〕

集合名詞が表わす集合体

　集合名詞は人・動物その他ある特定のものの集合体を表わすが，集合名詞とそれが表わす集合体の主要なものを次に示す。†

a **band** of musicians 　〔一団〕　a **bunch** of flowers (grapes)　〔束・房〕
a **collection** of stamps〔収集〕　a **crowd** of people (fans)　　〔群衆〕
a **flock** of sheep (birds)〔群れ〕　a **gang** of robbers (kids)　　〔集団〕
a **herd** of cattle (deer)〔群れ〕　a **school** of fish (whales)　　〔群れ〕
a **swarm** of bees (ants)〔大群〕　a **troop** of guests (monkeys)〔一団〕

---

†　集合体を表わす代表的な語は **group** で，いろいろな生物・無生物について用いられる： a *group* of people (animals, buildings, *etc*.)

集合名詞の用法

《A》　数えられる集合名詞

　たいていの集合名詞は可算名詞で，(1) 集合体が一つのときは単数形で不定冠詞（またはそれに代わる語）が付き単数扱い，(2) 集合体が二つ以上のときは複数形で複数扱いをうける。

　　a class ― many classes　　　　　　this club ― these clubs
　　another group ― more groups　　　neither team ― both teams
　　⎰Each **family** *has* a car.（各家族が車を 1 台持っている）
　　⎱Five **families** *live* on this floor.（この階には 5 家族住んでいる）

●集合名詞は (a) 全体としてまとまった一つの集合体として考えられるふつうの場合に対して，(b) 集合体を構成する複数の成員を考える場合がある。

● (a), (b) が区別されることのある典型的な例：
　　⎰(a)　His **family** *is* a large one.（彼の家族は大家族だ）
　　⎱(b)　His **family** *are* all well.（彼の家族は皆元気だ）
　　⎰(a)　The **jury** *consists* of twelve persons.（陪審は 12 人で構成される）
　　⎱(b)　The **jury** *are* divided in *their* opinions.（陪審員の意見は分れている）
　　(b) の場合は動詞ばかりでなく代名詞も複数で受ける。

●もちろん，この両者の区別がはっきりしないことも多いが，集合名詞が主語の場合，《米》ではこの区別にかかわりなく動詞はふつう単数で受け，《英》では単数・複数いずれも用いられる。

　　⎰《米》The committee **meets** every week.（委員会は毎週開かれる）
　　⎱《英》The committee **meets** (*or* **meet**) every week.
　　⎰《米》The government **has** resigned.（政府は辞職した）
　　⎱《英》The government **has** (*or* **have**) resigned.

●また，動詞は単数で受けていながら，あとに続く代名詞が複数になることもある。

　The **class** *does* good work on mathematics. **They** *like* it better than history.（この組は数学がよくできる。歴史より数学が好きだ）

《B》　数えられない集合名詞

(1)　多種のものを含む集合名詞

　集合名詞のなかには，まとまった一つの単位としての集合体をなさず，一

つ二つと数えられないものがある。これは，主として，その集合名詞が，同類ではあるが種々の異なったものを含む集合体を表わす語である場合に多い。たとえば：

　　　　furniture（家具）…… table＋chair＋desk＋sofa＋cabinet, *etc.*

　この種の集合名詞には次のようなものがある。（太字は特に重要）

scenery（風景）†　　　**machinery**（機械類）　　　**baggage**《米》（手荷物）

poetry（詩歌）　　　　　**fiction**（小説）　　　　　**luggage**《英》（手荷物）

equipment（設備）　　　traffic（交通）　　　　　merchandise（商品）

clothing（衣服）　　　　jewellery（宝石類）　　　food（食物）††

fruit（果物）††

　これらの語は，(1) 常に単数形で，(2) 単数扱いを受け，(3) a, an を直接付けることはなく，(4) 数を表わす語（many, few, *etc.*）を用いることはできず，量を表わす語（much, little, *etc.* および数・量ともに表わしうる a lot of, some, all, any, no, *etc.*）を用いることに注意する。

　個数を表わす場合は **a piece of, pieces of** などを用いる。

There *are many* **furnitures** in this room.　　　　　　〔誤〕
There *is a lot of*（＝ much）**furniture** in this room.〔正〕〔⇨ p. 251〕
There *are many pieces*（*items, articles*）*of* **furniture** in this room.〔正〕
　　　　（この部屋にはたくさん家具がある）

All our **baggages** *were* brought into the room.　　　　〔誤〕
All our **baggage** *was* brought into the room.　　　　　〔正〕
　　　　（我々の荷物はすべて部屋に運び込まれた）

(2)　全体を総称する集合名詞

　次のような集合名詞は，同種の集合体がいくつもあって数えられる単位をなすふつうの集合名詞とは異なり，全体を総称するのに用いられるもので，通例，the をつけて複数扱いにする。

　　　the clergy（聖職者）　　　　　　　　　**the aristocracy**（貴族）

---

†　**a scene**：scenery のように対応する可算語と不可算語については　⇨ p. 79。
††　**food** と **fruit** は，総称的に集合名詞として用いる場合は不可算（fresh *food*［*fruit*］新鮮な食物［果物］）で，物質名詞に分類されることもあるが，種類を表わしたりするときには a をつけ，複数形でも用いる（one of my favorite *foods* は僕の好きな食べ物の一つ）。

the peasantry（農民）   **the nobility**（貴族）†

〔the police, the public については　⇨ p. 85〕

集合体の大小と構成員の多少の区別

　前述の《A》の集合名詞で表わされている集合体に含まれている構成員の多少を述べる場合に many, few などを用いないことに注意する。たとえば **spectator**（見物人）〔普通名詞〕と **audience**（聴衆）〔集合名詞〕について比較してみる。

∫「多数の見物人」―― *many* spectators〔正〕
\ 「多数の聴衆」――　　 *many* audience 〔誤〕 → *a large* audience〔正〕
　　　　　　　　　　 many audiences〔誤〕

同様に，次のような普通名詞と集合名詞の場合を区別する。

∫*few* **inhabitants**（少数の住民）
\ *a small* **population**（少ない人口）〔⇨ p. 263〕

∫*many* **persons**（大勢の人）
\ *a large* **crowd**（大勢の群集）

集合名詞に many がつけば，集合体そのものがたくさんあることを示す。

∫*many* **families**（多くの家族）（*many family という言い方はない）
\ *a large* **family**（大家族）

普通名詞の集合名詞的用法

　本来は普通名詞である語が集合名詞的に用いられることがある。

All the **village** were surprised.（村中の人が驚いた）

The whole **table** were happy to hear it.

　　　　　（テーブルについている人たちは皆それを聞いて喜んだ）

　その他，**school**, **town**, **world** なども all, whole, half などに先行されて同様に用いられることがある。

---

†　**the English**（英国人），**the rich**（金持ち）などの「the＋形容詞」，**the press**（新聞），**the management**（経営者側）などの「the＋名詞」が全体を総称するものも，この部類に属すると考えられる。

● また，全体を総称するのでなく個人をいう場合は次のようになる。

　　a clergyman ― clergymen　　　　an aristocrat ― aristocrats

　　a peasant ― peasants　　　　　　a noble〔man〕― nobles, noblemen

　　an Englishman ― Englishmen

注意すべき集合名詞

people：(a)「(一般に) 人々 (= men, persons)」の意で，a を付けたり，複数形になったりすることはなく，複数扱い。特定の「人々」をさす場合は the が付く。(b)「(総称的に一国の) 人民，国民〔全体〕」の意で，常に the が付き，単数形で複数扱い。(c) 普通の集合名詞としての「国民 (= nation)」の意。この意味でのみ people は可算名詞で，a が付くこともあり，複数形になることもある。

(a)　There were many **people** at the meeting.
　　　The people there were all kind-hearted.
　　　　　(そこの人々は皆親切だった)

(b)　**The people** love their Queen. (国民は女王を愛している)
　　　government of **the people**, by **the people**, for **the people**
　　　　　(人民の，人民による，人民のための政治)

(c)　The Japanese are said to be *an* industrious **people**.
　　　　　(日本人は勤勉な国民といわれている)
　　　The peoples of the world must unite in the cause of freedom.
　　　　　(世界の諸国民は自由のために力を合わせねばならない)

　　　⎰(a)　English speaking **people** (英語を話す人々)
　　　⎱(c)　English speaking **peoples** (英語を話す諸国民)

police：常に定冠詞をつけ，単数形でのみ用い，複数扱いされる。
　　　The police *are* after the criminal. (警察が犯人を追っている)
　　　Send for **the police**. (警察を呼べ)
　　　　cf. Send for *a* **policeman**. (警官を呼べ)

public：総称的に「公衆，世間」の意を表わし，常に the を冠し，単数形で用い，単数・複数いずれにも扱われる。
　　　The public is (*or* **are**) not interested in this issue.
　　　　　(世間はこの問題に関心をいだいていない)

hair：(a)「頭髪〔全体〕」を表わす場合は不可算の集合名詞で，a も付かず複数形にもならず，単数扱いであるが，(b)「(一本一本の) 髪の毛」の意では可算の普通名詞で，a hair, hairs いずれの形もとる。

(a)　She has golden **hair**. (彼女は金髪だ)
(b)　I found **a hair** in the soup. (スープに髪の毛が一本はいっていた)

__fish__：(a)「(集合的に) 魚類，魚」の意味では不可算の集合名詞と考えら
れ，単数形で a を付けず，複数扱いを受け，(b)「(個々の) 魚」をいう場
合は可算の普通名詞で，単数を表わす場合は a fish，複数は fish または
(特に異なった種類の魚をいうとき) fishes の形をとる。(c)「魚肉」の意
では物質名詞であり，常に単数形で単数扱いである。

(a)　The sea around here abounds in **fish**. (この辺の海は魚が多い)

　　　Fish live in the sea. (魚は海に住む)

(b)　He caught **a** fine **fish** yesterday. (彼はきのう大きな魚を釣った)

　　　Let us examine the structures of these two **fishes**.

　　　　　(この二匹の魚の構造を調べてみよう)

(c)　I prefer meat to **fish**. (私は魚より肉が好きだ)

§33.　固有名詞

　ある一つ，またはある一人についてだけ用いる名前を固有名詞といい，大
文字で始める。不可算名詞であって，原則として，不定冠詞を付けず，複数
形にもしない。

　固有名詞は，その構成要素からは次の三種に分けられる。

(a)　単一固有名詞＝固有名一語から成る：

　　　　　　　　　Lincoln, Mexico, Tuesday

(b)　合成固有名詞＝二つ以上の固有名からなる：

　　　　　　　　　Abraham Lincoln, Edgar Allan Poe

(c)　複合固有名詞＝固有名以外の要素を含む：

　　　　　　　　　President Lincoln, *New* England, *the Bay of* Tokyo

　固有名詞はその性質からいって定冠詞を付けないのを原則とするが，付け
るものもある。固有名詞と定冠詞の要・不要はかなり複雑な問題であるが，
次のような場合をわきまえておけばよい。

《A》　定冠詞を付けない固有名詞

(1)　**人名**：Elizabeth, Jack, William Shakespeare, George Washington

(2)　**地名**

　　　大陸：　Europe, Asia, America, Africa

　　　国　：　France, Germany, Switzerland (スイス)

　　　州　：　California, Sussex, Ohio〔*cf. the* Ohio オハイオ川〕

　　　県・地方：　Kagoshima Prefecture, Shinano Province
　　　都市：　Rome, London, Kyoto〔例外：the Hague [heig] ハーグ〕
　　　山　：　Everest, Mount Fuji〔山脈は *the* Rockies〕
　　　湖　：　Lake Michigan, Lake Biwa
　　　島　：　Bali（バリ島）, Sado Island†〔群島は *the* British Isles
　　　　　　　〔⇨ p. 88〕〕
　　　岬・湾：　Cape Horn; Hudson Bay†〔ただし *the* Persian Gulf〕
　　　公園：　Hyde Park, Central Park, Ueno Park
　　　道路：　Oxford Street, Fifth Avenue, Broadway
　　　広場：　Times Square, Trafalgar Square, Piccadilly [pìkədíli]
　　　　　　　Circus
　　　駅・空港：　Ueno Station, Kennedy Airport
　　　橋　：　London Bridge, Westminster Bridge, Waterloo Bridge
(3)　**建造物**
　　　学校：　Oxford University, Eton College, Rugby School
　　　　　　　〔ただし *the* University *of* Oxford ⇨ p. 88〕
　　　教会・寺院：　Westminster Abbey, St. Paul's [Cathedral]
　　　城・宮殿：　Buckingham Palace, Windsor Castle
　　　　　　　〔ただし *the* Vatican, *the* Kremlin〕
(4)　**称号・敬称**：　King Arthur, Queen Victoria, President Wilson,
　　　　　　　　　　　Saint Paul, Sir Winston Churchill, Professor
　　　　　　　　　　　Jones, Captain Scott, Aunt Mary
(5)　**天体**：　Venus（金星）, Mercury（水星）, Mars（火星）, Jupiter
　　　　　　　（木星）〔ただし the sun, the moon, the earth は普通名詞
　　　　　　　的に小文字で始める〕
(6)　**月・曜日・祝祭日**：　January, Sunday, Christmas, Easter, New
　　　　　　　　　　　　　Year's Day〔summer, spring などの季節名
　　　　　　　　　　　　　は, 通例, 普通名詞扱いされる〕
(7)　**宗教名**：　Christianity, Buddhism（仏教）

---

†　ただし, of ～ を伴う形では the が付く。〔⇨ p. 88〕
　　the Isle [ail] of Man（マン島）, *the* Bay of Naples [néiplz]（ナポリ湾）, *the*
　　Gulf of Mexico（メキシコ湾）

《B》　定冠詞を付ける固有名詞

(1)　地名

川　：　the Thames [temz], the Rhine, the Nile †

海洋：　the Atlantic [Ocean], the Pacific [Ocean], the Mediterra-
nean [mèditəréiniən] [Sea]（地中海）

山脈：　the Andes, the Rocky Mountains (*or* the Rockies), the
Himalayas [hìməléiəz]

群島：　the West Indies, the Philippines

海峡：　the [English] Channel, the Straits of Dover

運河：　the Panama Canal [kənǽl], the Suez Canal

砂漠：　the Sahara [səhɑ́ːrə] [Desert]

半島：　the Malay Peninsula, the Izu Peninsula

(2)　船舶：　the Mayflower, the Queen Mary（メアリ女王号）
〔*cf.* Queen Mary メアリ女王〕

(3)　公共建築物

官公庁：　the Diet, the White House, the Foreign Office（外務省）

博物館・図書館：　the British Museum, the Ueno Library

劇場・ホテル：　the Globe Theater〔ただし Carnegie Hall〕, the
Imperial Hotel, the Kabukiza

神社・寺院：　the Meiji Shrine, the Horyuji Temple

会社・デパート・銀行：　the East India Company, the Mitsukoshi
[Department Store], the Bank of England

(4)　新聞・雑誌・辞書：　The Times, The Economist, The Concise
Oxford Dictionary〔雑誌・週刊誌は無冠詞も
多い：　Reader's Digest, Time〕

(5)　団体名　the Democratic Party（民主党）, the Liberals（自由党）

固有名詞と定冠詞

固有名詞と定冠詞の関係については次のような場合に注意する。

(1)　*of* 句の形の固有名詞

同一または同種の固有名詞でも，*of* 句によって限定される形をとる場合は

---

†　たとえば「隅田川」は the Sumida, the River Sumida, the Sumida River の三つ
の形式が用いられる。英国では the [River] Sumida の形式が，米国では the Sumi-
da [River] の形式が主に用いられる。

the が付く。

$$\begin{cases} \text{Oxford (Tokyo) University} \\ \textit{the} \text{ University of Oxford (Tokyo)}^\dagger \end{cases}$$

$$\begin{cases} \text{Tokyo Bay（東京湾）} \\ \textit{the} \text{ Bay of Tokyo} \end{cases}$$

$$\begin{cases} \text{Lake Biwa} \\ \textit{the} \text{ Lake of Constance} \end{cases}$$

$$\begin{cases} \text{Cape Cod（コッド岬）} \\ \textit{the} \text{ Cape of Good Hope} \\ \phantom{\textit{the} \text{ Cape of Good }}\text{（喜望峰）} \end{cases}$$

$$\begin{cases} \text{Mount Vernon} \\ \textit{the} \text{ Mount of Olives（かんらん山）} \end{cases}$$

$$\begin{cases} \text{Lake District（湖畔地方）} \\ \textit{the} \text{ District of Columbia} \end{cases}$$

(2)　複数形の固有名詞

複数形の固有名詞には the が付く。

$$\begin{cases} \text{Mount Everest} \\ \textit{the} \text{ Alps} \end{cases}$$

$$\begin{cases} \text{Wake Island} \\ \textit{the} \text{ Hawaiian Islands} \end{cases}$$

$$\begin{cases} \text{Holland（オランダ）} \\ \text{the Netherlands（〃）} \end{cases}$$

$$\begin{cases} \text{Lake Erie（エリー湖）} \\ \textit{the} \text{ Great Lakes（五大湖）} \end{cases}$$

(3)　国名・国語名・国民名

国名と国語名は無冠詞で，総称的な国民名には the が付く。〔国語名は形容詞と同じ。⇨ p. 248「固有形容詞」〕

国	国語	国民（総称）	国民（個々）（単数—複数）
England	English	the English	an Englishman — Englishmen
America	American	the Americans	an American — Americans
France	French	the French	a Frenchman — Frenchmen
Japan	Japanese	the Japanese	a Japanese — Japanese

　◉　普通名詞を含む国名は the が付く。

$$\begin{cases} \text{America} \\ \textit{the} \text{ United States} \end{cases}$$
$$\begin{cases} \text{England, Britain} \\ \textit{the} \text{ United Kingdom} \end{cases}$$

　◉　国語は language を用いて表わすときは the が付く。

$$\begin{cases} \text{English} \\ \textit{the} \text{ English language} \end{cases}$$

また，限定語句を伴う場合，あるいは意味上 word, original（原文）

---

†　人名に因んだ大学は the University of ～ の形は用いない。
　　Yale University, *Brown* University

が略されている場合は the が付く。

He is studying **the English** of the 16th century.

　　（彼は 16 世紀の英語を研究している）

What is **the English** for "bara"?

　　（「ばら」に対する英語［の単語］は何ですか）

This was translated from **the French**.

　　（この本はフランス語［の原文］から訳された）

(4)　限定語句のついた固有名詞

人名や国名などが形容詞などによって限定されると the が付く。†

the ambitious Caesar（野心満々のシーザー）

the young Edison（若い［ころの］エジソン）††

the late Mr. Brown（故ブラウン氏）

the Japan *of a hundred years ago*（百年前の日本）

the Miltons *of the world*（世界のミルトン［のような詩人］たち）

the Chicago *I like*（私の好きなシカゴ）

Osaka used to be called *the* Manchester *of Japan*.

　　（大阪はよく日本のマンチェスターと呼ばれた）

(5)　「the＋人名の複数形」

姓に the を付けて「〜家の人々」の意味を表わす。

the Stuarts（スチュアート家）　　　　the Tokugawas（徳川家）

　⎰Where's **Johnson**?（ジョンソンさんはどこか）

　⎱Where are **the Johnsons**?（ジョンソン家の人たち［〜夫妻］はど

　　　　　　こですか）

---

† 曜日を表わす固有名詞も，the の有無による次のような違いに注意する。

　She'll leave *on Sunday*.（［この］日曜日に出発する）

　She'll leave *next Sunday*.（今度の日曜日に出発する）

　She left *on the next Sunday*.（その次の日曜日に出発した）

　現在からみた「次の」には the は付かない。〔⇨ p. 40 †〕

†† ただし **poor, dear, little, great, good, sweet, old, young, honest** などの形容
詞が特に固有名詞を限定する意味をもたずに用いられる場合は the は付かない。

　Poor Mary !（かわいそうなメアリ）

　　　〔poor は Mary を限定しているのではなく話者の感情を表わしている〕

　cf. She is no longer **the poor Mary** that we used to know.

　　　（彼女は以前われわれが知っていた貧しいメアリではもはやない）

固有名詞と不定冠詞

　次のような場合に，固有名詞は普通名詞と同じように不定冠詞を付けたり，複数形で用いたりする。

(1)　「～という人」の意で，面識のない人について言う。

　　A Mr. Smith called in your absence.†

　　　（留守中にスミスさんとおっしゃる方がみえました）

(2)　「～家の人」の意を表わす場合。

　　His wife was **a Tokugawa**.（彼の妻は徳川家の出であった）

　　　　a Tokugawa = one of the Tokugawas

(3)　「～という名の人」の意で，同名者を表わす。

　　There are **three Georges** in this class.

　　　（このクラスにはジョージという名の生徒が3人いる）

(4)　「～のような人」の意を表わす。

　　a linguistic **Copernicus**（言語学界におけるコペルニクス［のような新学説の提唱者］）

　　He brought up **many Newtons**.（彼はニュートンのような科学者を数多く育てた）

　●不定冠詞を用いた場合と定冠詞を用いた場合の意味を区別する。

　　$\begin{cases} \text{(a)　He is **an** } \textit{Edison}.（彼はエジソンのような偉大な発明家だ）\\ \text{(b)　He is **the** } \textit{Edison} \text{ of Japan}.（彼は日本のエジソンだ）\end{cases}$

　　(a) では an Edison = a great inventor like Edison の意で，そのような人物は彼一人に限定されているわけではない。(b) では彼だけを日本において Edison にたとえうる人物と考えた表現で，of Japan のような限定句が必須である。

(5)　「～の作品（製品）」などの意を表わす。

　　He has bought **a new Ford**.（彼はフォードの新車を買った）

　　This is **a genuine Rodin**.（これは本物のロダン［の作品］だ）

　　Lend me your **Webster**.（君のウェブスター辞典を貸してくれ）

　　I haven't read much **Shakespeare**.

　　　（シェイクスピアはあまり読んでいない）

---

†　Mr., Miss などを付けないで A Smith とは言わない。A *certain* Mr. Smith というふうに certain を添えることもある。

普通名詞の固有名詞化

(1)　father, mother, uncle, aunt など家族・親類を表わす名詞が，特定の人を表わす場合に，my father, my aunt のように言わず Father, Aunt と固有名詞的に扱われ，大文字で書き始められることが多い。〔⇨ p.236〕

(2)　god, devil なども特定のもの（たとえばキリスト教の「神」）について用いられる場合は，固有名詞として大文字で書き始められる。

(3)　nature, fortune, death などが擬人化されて，固有名詞的に大文字で書き始められることがある。

§34.　物質名詞

　一定の形や区切りがない物質を表わす名詞を物質名詞という。物質名詞は不可算名詞であって，不定冠詞を付けたり，複数形で用いることはなく，「数」を表わす語（few, many, *etc.*）ではなく量を表わす語（little, much, *etc.*）によって修飾される。次のようなものが物質名詞の例である。

材料：　paper, wood, glass, stone, cloth, silk, brick, *etc.*†

金属・元素：　gold, iron, copper, aluminium, hydrogen（水素），*etc.*

液体・気体：　water, oil, ink, blood（血），wine, milk, coffee, beer, air, gas（気体），smoke, *etc.*

食料：　rice, wheat（小麦），corn, bread, flour（小麦粉），sugar, salt, butter, cheese, meat, fish, fruit, beef, chicken, *etc.*

天然現象：　rain, snow, frost, fog, *etc.*

その他：　chalk, mud（どろ），earth（土），grass, sand, fire, dust, skin, money, *etc.*††

物質名詞の用法

(1)　ある物質名詞を一般的に言う場合は単数・無冠詞で用いる。

　I like **tea** better than **coffee**.（僕はコーヒーより紅茶が好きだ）

　Gold is heavier than **silver**.（金は銀より重い）

　Blood is thicker than **water**.（血は水よりも濃し）

　Money isn't everything.（金がすべてではない）

---

†　後述のように，これらの単語のあるものは意味によっては不可算の物質名詞ではなく，可算の普通名詞になる。

††　**money** は抽象名詞に分類されることもある。

(2)　特定のものを指す場合は定冠詞を付ける。

The coffee I bought at the shop is excellent.

（その店で買ったコーヒーは上等だ）

The water in the bottle is not good to drink.

（そのびんの中の水は飲めない）

Pass me **the salt**, please.（塩をまわしてください）

The rain stopped suddenly.（雨が突然やんだ）

(3)　限定された量についていう場合は much, some, little などを用いる。

He drinks **a lot of coffee**.（彼はコーヒーをたくさん飲む）

We had **little rain** last month.（先月は雨がほとんど降らなかった）

物質名詞の量の表わし方

《A》　具体的な特定の量ではなく，ばく然とある量を示す場合は，some, any, much, [a] little, a lot of, plenty of などを用いる。〔⇨ p. 173, 250〕

Would you like **some** *milk*?（牛乳はいかがですか）

　＊ I don't like milk.（牛乳は好きじゃない）では，一般的に「牛乳」という ものを指すので，量を表わす語はつかない。

I bought **some** *cheese*, but I didn't buy **any** *butter*.

（チーズは買ったが，バターは買わなかった）

There was **little** *food* in the fridge.

（冷蔵庫に食物はほとんどなかった）

I drink **a lot of** *coffee,* but I don't drink **much** *tea*.

（コーヒーはたくさん飲むが，紅茶はあまり飲まない）

There wasn't **much** *snow* last year.

（去年はあまり雪が降らなかった）

《B》　具体的な量を表わす場合は，容器や単位を表わす語などを用いる。

　❶　**容器で表わす場合**

　a **cup** *of* coffee　　　　　*a* **bowl** *of* rice（一ぜんのごはん）

　a **glass** *of* milk　　　　　*a* **spoonful** *of* sugar（一さじの砂糖）

　a **bottle** *of* beer　　　　　*a* **bucketful** *of* water（バケツ一杯の水）

　a **jar** *of* jam（ジャム一びん）　*a* **handful** *of* sand（一握りの砂）

　❷　**形状を表わす語を用いる場合**

　a **piece** *of* chalk（paper, *etc*.）　*a* **lump** *of* sugar（角砂糖一個）

　a **sheet** *of* paper（cloth, *etc*.）　*a* **cake** *of* soap（石けん一個）

　　a **slice** *of* bread（パン一枚）　　*a* **bar** *of* chocolate（板チョコ一個）
　　a **loaf** *of* bread（パン一個）　　*a* **heap** *of* wood（一山のたきぎ）
　　a **drop** *of* water（水一滴）　　　*a* **pile** *of* rubbish（ごみの山）

❸　**単位**を表わす語を用いる場合

　　a **pound** *of* meat　　　　　　　*a* **gallon** *of* gasoline
　　an **ounce** *of* wool　　　　　　　*a* **yard** *of* silk
　　a **pint** *of* beer　　　　　　　　*a* **ton** *of* coal（一トンの石炭）

❹　**その他**

　　a **sum** *of* money（ある金額）　*a* **fill** *of* tobacco（タバコ一服）
　　an **item**（**article**）*of* clothing [furniture]（衣類［家具］一点）
　　a **puff** *of* wind（一陣の風）　*a* **fall** *of* snow（一回の降雪）

物質名詞の普通名詞化

　物質名詞は次のような場合に可算名詞として用いられる。

❶　**種類**を表わす場合

　This is **an** excellent **tea**.（これはとても上等の紅茶だ）
　Marble is **an** expensive **stone**.（大理石は高価な石だ）
　They sell various **wines** at that shop.
　　　　　（その店ではいろいろなぶどう酒を売っている）

❷　その物質から作られた**製品**を表わす場合

　⎰**rubber**（ゴム）　　　　　　　⎰**copper**（銅）
　⎱a rubber（消しゴム）　　　　　⎱a copper（銅貨）
　⎰**cloth**（布）　　　　　　　　⎰**tin**（すず，ブリキ）
　⎱a cloth（テーブル掛け）　　　　⎱a tin（ブリキかん，かんづめ）
　⎧**glass**（ガラス）　　　　　　⎰**iron**（鉄）
　⎨a glass（グラス）　　　　　　　⎱an iron（アイロン）
　⎩glasses（めがね）

❸　具体的な形や一定の区切りをもつ**個体・断片**をいう場合

　a coal（石炭）　　　　a brick（れんが）　　　　a bone（骨）
　⎰He threw **a stone** at the dog.（彼は石を犬に投げつけた）〔可算〕
　⎱This house is made of **stone**.（この家は石造りだ）　　〔不可算〕

❹　**飲物・料理**などを注文したりする場合

　Three **coffees** and two **teas**, please.〔= three cups of coffee and
　two cups of tea〕（コーヒーを三つと紅茶を二つください）

❺　その他，次のような語は意味によって物質名詞・普通名詞の両方に用いられる。

　　{ **wood**（木［材］）　　　　{ **fire**（火）
　　{ a wood（森）　　　　　　{ a fire（火事）

　　{ **air**（空気）　　　　　　{ **light**（光）
　　{ an air（様子・調べ）　　　{ a light（明り）

　　{ **paper**（紙）　　　　　　{ **lamb**（子羊の肉）
　　{ a paper（新聞）　　　　　{ a lamb（子羊）

　　{ He likes **chicken**.（彼は鶏肉が好きだ）
　　{ He raises **chickens**.（彼はひなを育てている）

§35.　抽象名詞

具体的な形をもたず，目で見たり手で触れたりすることのできない抽象的なものを表わす名詞，すなわち，性質・状態・動作・観念・感情・学問・主義・病気・運動などを表わす名詞を抽象名詞という。†

happiness（幸福）	courage（勇気）	cleverness（賢さ）
peace（平和）	health（健康）	wisdom（英知）
growth（成長）	homework（宿題）	shopping（買物）
time（時）	leisure（余暇）	fun（楽しみ）††
sorrow（悲しみ）	music（音楽）	science（科学）
literature（文学）	psychology（心理学）	beauty（美）
socialism（社会主義）	cancer（がん）	baseball（野球）
chess（チェス）		

抽象名詞は形容詞や動詞などから作られるものが多い。

❶　形容詞と関係あるもの

　　　　kind ─ kindness（親切）　　diligent ─ diligence（勤勉）
　　　　free ─ freedom（自由）　　violent ─ violence（暴力）

---

†　抽象名詞は，その一般的な意味では不可算名詞であるが，意味によって可算名詞に扱われるものも多い： **Time** is money.（時は金なり）/ He waited for **a** long **time**.（彼は長い間待った）/ He tried many **times**.（彼は何度もやってみた）

††　**fun** は本来は名詞であるが，形容詞としてもよく用いられる。
　　{ We had great **fun** at the party.〔名〕（パーティはとても楽しかった）
　　{ It was a very **fun** party.〔形〕（とても楽しいパーティだった）

deep — depth（深さ）　　　　just — justice（正義）
true — truth（真理）　　　　fluent — fluency（流ちょうさ）
safe — safety（安全）　　　　brave — bravery（勇敢さ）
difficult — difficulty（困難）　false — falsehood（虚偽）
〔形容詞と同形のもの〕
cold, red, right, evil, *etc.*

❷ **動詞**と関係あるもの

do — deed（行為）　　　　　discover — discovery（発見）
live — life（生命）　　　　　obey — obedience（従順）
die — death（死）　　　　　differ — difference（相違）
sell — sale（販売）　　　　　know — knowledge（知識）
speak — speech（ことば）　compare — comparison（比較）
feel — feeling（感情）　　　please — pleasure（愉快）
think — thought（思考）　　marry — marriage（結婚）
educate — education（教育）　succeed — success（成功）
decide — decision（決心）　　　　　　succession（継承）†
move — movement（動作）　fail — failure（失敗）
advise — advice（忠告）　　maintain — maintenance（維持）††
〔動詞と同形のもの〕
love, sleep, work, fear, care, play, change, hope, study, *etc.* †††

❸ **普通名詞**と関係あるもの

child — childhood（子供時代）　slave — slavery（奴隷制度）
king — kingdom（王国）　　　rival — rivalry（対抗）
friend — friendship（友情）　　hero — heroism（英雄的性格）

---

† 動詞から二つの抽象名詞がつくられる主なもの： **observe** — observation（観察），observance（遵守）；**receive** — receipt（受取り），reception（歓迎［会］）；**attend** — attention（注意），attendance（出席）；**admit** — admission（入場［入会，入学］），admittance（入場）；**affect** — affection（愛情），affectation（気取り）

†† 名詞の綴りの一部がもとの形容詞・動詞と異なる主要なもの：

pron*ou*nce — pron*u*nciation　　prof*ou*nd — prof*u*ndity
ab*ou*nd — ab*u*ndance　　　　cur*iou*s — cur*io*sity

††† 名詞と動詞とで発音が異なるもの：〔アクセントの異なるものは ⇨ p. 6〕

use（名）[juːs]（動）[juːz]　　**excuse**（名）[ikskjúːs]（動）[ikskjúːz]

❹　**複数形**の抽象名詞

economics（経済学）, physics（物理学）, phonetics（音声学）,
politics（政治学）, mathematics（数学）, *etc.*

| 抽象名詞の用法 |

(1)　抽象名詞は不可算名詞であり，物質名詞と同じく，一般的な意味では，
無冠詞・単数形で単数扱いである。

Knowledge in **youth** is **wisdom** in **age**.

　　（青年の知識は老年の知恵なり）

Peace is the fairest form of **happiness**.（平和は幸福の極致である）

Art is long; **life** is short.（芸術は長く，人生は短し）

Love makes all men equal.（恋に貧富貴賎なし）

(2)　限定語句によって特定化された場合は the がつく。†

He left for Europe without **the knowledge** of his friends.

　　（彼は友人に知らせ［知られ］ないで欧州にたった）

The love of money is the root of all evil.

　　（金を愛することがもろもろの悪の根である／金銭欲は諸悪の根源）

(3)　抽象名詞は「数」的に表わされず「量」的に表わされるので，a を付
けず，また many, few などではなく，much, little などによって修飾さ
れるのを原則とする。

A little knowledge is a dangerous thing.（生兵法は大けがのもと）

He has made **much progress** in English.

　　（彼は英語がだいぶ上達した）

The man has **great wealth**.（その人は大金持ちだ）

(4)　抽象名詞のなかには，種類を表わしたり，個別的な事例や行為を表わ
す場合に可算名詞として不定冠詞をつけたり複数形にしたりするものも
かなりある。

$\begin{cases} \textit{much} \text{ success（多大の成功）} \\ \textit{many} \text{ successes（幾多の成功）} \end{cases}$ $\begin{cases} \textit{little} \text{ chance（ほとんどない見込）} \\ \textit{a poor} \text{ chance（わずかな見込）} \end{cases}$

---

†　形容詞が抽象名詞の前に置かれた形では，ふつう，the は付かない。

　　She is studying $\begin{cases} \textit{European} \text{ history [\textbf{human} evolution]}. \\ \textbf{the} \text{ history } \textit{of Europe} \text{ [\textbf{the} evolution } \textit{of man}] \end{cases}$

　　　（彼女はヨーロッパの歴史［人間の進化］を研究している）

$\begin{cases} \textit{much} \text{ effort}（多くの努力）\\ \textit{every} \text{ effort}（あらゆる努力）\end{cases}$ $\begin{cases} \textit{much} \text{ time}（多くの時間）\\ \textit{a long} \text{ time}（長い時間）\end{cases}$

$\begin{cases} \text{The secret of \textbf{education} is love.}（教育の秘訣は愛情だ）\\ \text{She had \textbf{a} good \textbf{education}.}（彼女はりっぱな教育を受けた）\end{cases}$

$\begin{cases} \textbf{Opinion} \text{ rules the world.}（世論が世界を支配する）\\ \text{He has \textbf{a} different \textbf{opinion}.}（彼は違った意見をもっている）\end{cases}$

$\begin{cases} \textbf{Virtue} \text{ is the way to happiness.}（徳行は幸福への道である）\\ \text{Modesty is \textbf{a} \textbf{virtue}.}（謙譲は一つの美徳である）\end{cases}$

$\begin{cases} \text{God is \textbf{truth}.}（神は真なり）\\ \text{Bear these \textbf{truths} in mind.}（これらの真実を銘記せよ）\end{cases}$

$\begin{cases} \textbf{Experience} \text{ is the mother of wisdom.}（経験は英知の母である）\\ \text{I will relate my own \textbf{experiences}.}（私自身の経験談をしましょう）\end{cases}$

その他，このように（a を付けたり，複数形になったりして）可算名詞としても用いられる抽象名詞の主要な例に，次のようなものがある。

truth	life	death	sin（罪）	crime（犯罪）
thought	ability	difficulty	accident	color
noise	war	risk	service	examination
action	amusement	entertainment	hardship	weakness

　　＊　**knowledge** は **a** は付くが〔⇨ p. 99〕，knowledges と複数形にはならない。

MASTERY POINTS　　　　　　（解答 p. 680）

〔6〕　次の形容詞に対する抽象名詞を記せ。

　1 poor　　　2 wise　　　3 high　　　4 hot　　　5 young
　6 long　　　7 warm　　　8 wide　　　9 strong　　10 honest
　11 safe　　12 equal　　13 famous　　14 patient　　15 various

〔7〕　次の動詞に対する抽象名詞を記せ。

　1 see　　　2 choose　　3 try　　　4 believe　　5 serve
　6 lose　　　7 hate　　　8 omit　　　9 arrive　　10 destroy
　11 solve　　12 exist　　13 realize　　14 admire　　15 grieve
　16 defend　17 suspect　18 exceed　　19 err　　　20 appear

〔8〕　次の普通名詞に対する抽象名詞を記せ。

　1 boy　　　2 infant　　3 president　　4 scholar　　5 neighbor

注意すべき抽象名詞

次のような語は常に不可算名詞として用いられる抽象名詞のうち，特に可算語として（× *a* music などと）誤用されやすいものである。

advice（忠告）　　　　　news　　　　　information（情報）
progress（進歩）　　　　music
luck（運）　fun〔⇨ p. 95〕　nonsense　　behavior †　conduct †
weather ††　work　　　laughter †††　applause　　blame
permission（許可）　　　ignorance　　knowledge ††††

> ⎧ There *are many* **works** to do.　　　　〔誤〕
> ⎩ There *is a lot of*（= much）**work** to do.　〔正〕〔⇨ p. 251〕
> 　　（やらなければならない仕事がたくさんある）

> ⎧ We heard *some* good **musics**.　　　　〔誤〕
> ⎨ We heard *some* good **music**.　　　　〔正〕
> ⎩ We heard *some* good *pieces of* **music**.　〔正〕

●最後の例にみられるように，これらの語には不定冠詞を付けることはできないので a piece of, a bit of などを用いる。

an **item**（a **piece**）of news ［information］（一つのニュース［情報］）

a **piece** of friendly advice（親身な忠告）

> ＊　このように形容詞がついた形は a *friendly* **piece** of advice の語順をとることもある。

> ⎧ a **stroke**（**piece**）of *good* luck　　　　*cf.* ⎧ a cup of *hot* tea
> ⎩ a *good* **stroke**（**piece**）of luck　　　　　　 ⎩ = a *hot* cup of tea
> 　　（［一つの］幸運）　　　　　　　　　　　　　 （一杯の熱いお茶）

---

†　behavior, conduct はともに「行動，振舞い」の意を表わし，**conduct** は常に「不可算」であるが，**behavior** は「行動様式，習性」などの意味で複数形で用いることがある。〔ただし a を付けることはない〕

††　weather（天候）は不可算名詞であるが climate（天候）は可算名詞：
> ⎧ We have *little* hot **weather** here.（当地では暑い天候は少ない）
> ⎩ We have *a* mild **climate** here.（当地の気候は温暖です）

　　weather は in all *weathers*（どんな天気でも）という表現でのみ複数形をとる。

†††　**laughter**（笑い）は不可算名詞だが **laugh** は可算名詞である。

††††　**knowledge** は，特定の対象に関する場合や，形容詞に修飾されて種類を表わす場合に，不定冠詞が付くことがある。〔ただし，複数形にはならない〕

　　He has *a* good **knowledge** of London.（彼はロンドンをよく知っている）

抽象名詞の普通名詞化

　不可算の抽象名詞が，意味によって可算の普通名詞として用いられることがある。

$$\begin{cases} \text{beauty （美）} \\ \text{a beauty （美人）} \end{cases} \begin{cases} \text{sight （視力）} \\ \text{a sight （景色）} \end{cases} \begin{cases} \text{kindness （親切）} \\ \text{a kindness （親切な行為）} \end{cases}$$

$$\begin{cases} \text{speech （ことば）} \\ \text{a speech （演説）} \end{cases} \begin{cases} \text{work （仕事）} \\ \text{a work （作品）} \end{cases} \begin{cases} \text{power （力）} \\ \text{a power （強国）} \end{cases}$$

$$\begin{cases} \text{democracy （民主主義）} \\ \text{a democracy （民主国家）} \end{cases} \begin{cases} \text{government （政治）} \\ \text{a government （政府）} \end{cases}$$

$$\begin{cases} \text{grammar （文法）} \\ \text{a grammar （文法書）} \end{cases} \begin{cases} \text{acquaintance （面識）} \\ \text{an acquaintance （知人）} \end{cases}$$

　なお，抽象名詞が集合名詞に用いられることもある。

$$\begin{cases} \text{youth （若さ；青春）〔抽象名詞〕(\textit{cf.}\ childhood, age〔老齢〕)} \\ \text{a youth （若者）　　　〔普通名詞〕(= a young man)} \\ \text{youth （若者たち）　　〔集合名詞〕(= young people)} \end{cases}$$

抽象名詞の慣用的用法

(1) of ＋ 抽象名詞 ＝ 形容詞

　　a man *of ability* ＝ an *able* man（有能な人）

　　a book *of no use* ＝ a *useless* book（役に立たない本）

　　a man *of great learning* ＝ a very *learned* [lə́:nid] man（博識家）

　　a man *of wisdom* [*courage, talent, promise*]

　　　＝ a *wise* [*courageous, talented, promising*] man
　　　　　（賢明な［勇敢な，才能ある，有望な］人）

　　of importance ＝ important　　　of interest ＝ interesting

　　of value ＝ valuable（貴重な）

(2) 前置詞 ＋ 抽象名詞 ＝ 副詞

　前置詞は with が最も普通であるが，その他いろいろ用いる。

　　with ease ＝ easily（容易に）　　*with* success ＝ successfully

　　with care ＝ carefully　　　　　　　　　　　　　（首尾よく）

　　with diligence ＝ diligently　　*without* success ＝ unsuccessfully

　　with fluency ＝ fluently（流ちょうに）　　　（うまくいかないで）

　　in haste ＝ hastily（急いで）　　*in* comfort ＝ comfortably（安楽に）

in safety ＝ safely（安全に）　　*in* earnest ＝ earnestly（真剣に）

by good luck ＝ luckily　　　　*by* mistake ＝ mistakenly（誤って）

by accident ＝ accidentally（偶然に）

of necessity ＝ necessarily（必然的に）

on purpose ＝ purposely（故意に）

at length ＝ finally（ついに）

to excess ＝ excessively（過度に）

beyond recognition ＝ unrecognizably（見分けられないほど）

(3)　**all ＋ 抽象名詞，抽象名詞 ＋ itself ＝ very ＋ 形容詞**

He was **all attention**.（＝ very attentive）（全注意力を集中していた）

He was **all eagerness**（**impatience**）to go.

　　　　（彼は行きたくて行きたくてたまら［がまんでき］なかった）

She is **kindness itself**.（彼女は親切そのものです）

次のような「all＋複数名詞」も同じような意味を表わす。

She was **all smiles**.（彼女は満面に笑みを浮かべていた）

He was **all ears**.（彼は全身を耳にして傾聴した）

(4)　**have the ＋ 抽象名詞 to do ＝ be ＋ 形容詞 enough to do**

　┌ He **had the kindness to** help me.（彼は親切にも手伝ってくれた）

　│ ＝ He was *kind enough to* help me.

　└ ＝ He was *so* kind *as to* help me.

　　have the fortune（courage, impudence）to do ～（幸運にも［勇敢
　　にも，ずうずうしくも］～する）

　　　　　　　　重 要 問 題　　　　　　　　　（解答 p. 688）

18.　各文のかっこ内の正しいものを選べ。

(1)　His house is built of (stone, stones).

(2)　We had (good weather, a good weather) that day.

(3)　He's carrying a lot of (bags, baggages).

(4)　What (fun, a fun) it is to play in the snow!

(5)　Did you buy (fruit, fruits) in the market?

(6)　(Coal is, Coals are) found in many parts of the country.

(7)　There is (room, a room) for improvement in his work.

(8)　His family (is, are) very large.

(9)　He is called (Edison, an Edison, the Edison) of Japan.

(10)　He will be (Newton, a Newton, the Newton) in astronomy.

19.　各文中のイタリック体の名詞の種類を述べ，かつ各文の誤りを正せ。

(1)　There are many beautiful *sceneries* in Japan.

(2)　Let me give you an *advice*.

(3)　He had a *pencil* and a *chalk* in his *hand*.

(4)　She bought two *breads* at the *baker's*.

(5)　*Shakespeare* wrote a *number* of *poetry*.

(6)　The *team* are made up of ten *players*.

(7)　I have a useful *information* about the *matter*.

(8)　We have to do several *works* this *afternoon*.

(9)　Do you enjoy a *wine* with your *dinner*?

(10)　*English* is said to be practical *people*.

20.　各組の文が似た意味を表わすよう，下線を施した語と関係のある抽象名詞（および他に必要な語）を空所に入れよ。

(1)　⎰ She was too <u>proud</u> to ask for help.
　　⎱ Her (　　) did not (　　) her to ask for help.

(2)　⎰ The problem was one of how to <u>survive</u>.
　　⎱ The problem was one of (　　).

(3)　⎰ The child <u>behaved</u> very well.
　　⎱ The child's (　　) was very (　　).

(4)　⎰ Your English has somewhat <u>improved</u>.
　　⎱ There has been (　　) (　　) in your English.

(5)　⎰ He could not sleep because he was <u>anxious</u> about the result.
　　⎱ His (　　) about the result kept him (　　).

第2節　名詞の数

　英語の名詞には**数**（Number）の区別があり，数には，一つのものを表わす**単数**（Singular Number）と，二つ以上のものを表わす**複数**（Plural Number）とがある。

　複数変化には，単数形に -s または -es を付ける**規則複数**（Regular Plural）と，それ以外の変化をする**不規則複数**（Irregular Plural）とがある。

§36. 規則複数

(1) -[e]s の発音

次の三通りになる。†

(a) （[z] [ʒ] [dʒ] 以外の）**有声音で終る語は** [-z]： ††

cab*s*, card*s*, dog*s*, stove*s*, room*s*, pen*s*, song*s*, pencil*s*, car*s*, shoe*s*, ear*s*, *etc.*

(b) （[s] [ʃ] [tʃ] 以外の）**無声音で終る語は** [-s]：

cap*s*, cart*s*, book*s*, roof*s*, month*s*, *etc.*

(c) [s] [z] [ʃ] [ʒ] [tʃ] [dʒ] **で終る語は** [-iz]：

class*es*, rose*s*, dish*es*, garage*s* [gərɑ́ːʒiz], church*es*, judge*s*, *etc.*

* house [haus] — houses [háuziz] は，[-iz] が付加されるだけでなく，語の一部の音が変わる（[s] → [z]）特殊な語。

「-th + s」の発音：

(1) 「長母音・二重母音 + th」の語は ① [ðz] [θs] の両様に発音されるものが多いが，② [ðz] だけ，③ [θs] だけのものもある。

① tru*ths*, you*ths*, ba*ths*, pa*ths*, boo*ths*, oa*ths*（誓い）

② mou*ths* 〔(2) の months の場合と区別する〕

③ fai*ths* [feiθs], hea*ths* [hiːθs]

* 長母音・二重母音でも綴りに子音字を含むものは [θs]：
bir*ths* [bəːrθs], hear*ths* [hɑːrθs], four*ths* [fɔːrθs], grow*ths* [grouθs]

(2) 「短母音 + th・子音字 + th」の語は [θs]：

brea*ths*, dea*ths*; mon*ths*, nin*ths*, dep*ths*

(2) -es を付ける語

[s] [z] [ʃ] [ʒ] [tʃ] [dʒ] の音で終わり，語尾に -e のない語（すなわち綴りでいえば -s, -z, x, -sh, -ch, -tch などで終る語）には -es [-iz] を付ける。

---

† この複数の -[e]s の発音は，三人称単数現在 -[e]s，所有格の 's の発音と共通である。

†† 英語の有声音（Voiced Sounds）と無声音（Unvoiced Sounds）：

無声音： [p] [t] [k] [f] [θ] [s] [ʃ] [tʃ] [h]

有声音： [b] [d] [g] [v] [ð] [z] [ʒ] [dʒ] [m] [n] [ŋ] [l] [r] [w] [j] および**母音**全部。

bus*es*, glass*es*, quizz*es*, box*es*, brush*es*, bench*es* †, watch*es*, *etc.*

● ただし -e で終わる語は -s だけをつける：

ag*es*, voic*es*, bridg*es*, *etc.*

(3)　「子音字＋y」で終わる語。y を i に変えて -es［-z］を付ける。

body — bod*ies*　　　cry — cr*ies*　　　　　　family — famil*ies*

city — cit*ies*　　　enemy — enem*ies*（敵）　cherry — cherr*ies*

● 「母音字＋y」で終わる語は，そのまま -s［-z］を付ける。

boy*s*, monkey*s*, chimney*s*, valley*s*, *etc.*

(4)　**-f[e]で終わる語**。-ves［-vz］になるのがふつう。

knife — kni*ves*［naivz］,　　life — li*ves*,　　half — hal*ves*

　　その他：leaf（葉）, wife, wolf（おおかみ）, thief（泥棒）, calf（子牛）,

　　　　　　sheaf（束）, elf（妖精）

● ただし -s［-s］をそのまま付ける語も多い：

belief*s*, roof*s*, proof*s*（証拠）, grief*s*（悲しみ）, safe*s*（金庫）, beef*s*,

cliff*s*（がけ）, gulf*s*（湾）, reef*s*（礁）, mischief*s*（いたずら）, strife*s*

（争い）, dwarf*s*（小人）

● また，両方の形を用いる語もある：

handkerchief*s*, handkerchie*ves*; scarf*s*, scar*ves*; hoof*s*, hoo*ves*（ひづ

め）; staff*s*（スタッフ）, sta*ves*（杖）; wharf*s*, whar*ves*（波止場）

(5)　**-o で終わる語**

　(a)　「子音字＋o」で終わる語はふつう -es［-z］を付ける：

hero*es*（英雄）, echo*es*（こだま）, Negro*es*, potato*es*, tomato*es*, ve-

to*es*（拒否権）, torpedo*es*［tɔ́ːrpíːdouz］（魚雷）

　(b)　① 「母音字＋o」で終わる語，②外来語，③短縮語などは -s［-z］だ

け付けるものが多い：

　　①　radio*s*, bamboo*s*（竹）, studio*s*［stjúːdiou］（スタジオ）, trio*s*（三

　　　人組）

---

†　語尾の **-ch** が［-k］と発音される場合は -s［-s］が付加される。

　　monarch*s*［mɑ́nərks］（君主）　　　　stomach*s*［stʌ́məks］（胃）

　　epoch*s*［épək］（時代）　　　*cf.* arch*es*［ɑ́ːrtʃiz］（アーチ）

　　-che の場合も，その発音によって［-s］か［-iz］か異なる：

　　　⎰ moustache — moustach*es*［mʌ́stæʃiz］（口ひげ）

　　　⎱ headache — headach*es*［hédeiks］（頭痛）

② pianos, solo*s* [sóulou]（ソロ）

③ photo*s*（< photograph）（写真）, kilo*s*（< kilometer）, *etc.*

●ただし -s, -es の両方を用いる語も多い：

zero[e]s（ゼロ）, volcano[e]s（火山）, mosquito[e]s（蚊）, tobacco[e]s, cargo[e]s（積み荷）

§37. 不規則複数

(1)　-en で終わるもの

child — childr*en*,　　　　ox — ox*en*（*cf.* ax — ax*es*）

brother — brethr*en*（同胞）（*cf.* brothers 兄弟）

(2)　母音が変化するもの

foot — feet,　　　tooth — teeth,　　　goose — geese

mouse — mice,　　louse — lice（しらみ）

man — men,　　woman [wúmən] — women [wímin]

(3)　不変化複数（単数・複数同形語）

次のような語は同じ形で単数・複数の両方に用いられる。（a *sheep*, many *sheep*; this *means*, these *means*, *etc.*)

① 魚・動物：　sheep, deer（しか）, fish, salmon（さけ）, trout（ます）, swine（ぶた）（*cf.* pig — pig*s*）, vermin（害虫）

② 国　　民：　Japanese, Chinese, Swiss, Portuguese（ポルトガル人）

③ 数の単位：　dozen（12）, score（20）, hundred, thousand [⇨ p. 266]

④ そ の 他：　series（続き）, species（種(しゅ)）, means（手段）†
　　　　　　　offspring（子孫）, aircraft（航空機）; yen, percent

(4)　外来複数（Foreign Plural）

ギリシア語・ラテン語など英語からみた外国語に由来する名詞で，もとの外国語での複数形を保存しているものがある。次にその主な形と，よく用いられる語を示す。

ただし，①外来複数形とともに，英語の -[e]s を付ける複数形が用いられるものもあり（この場合，日常的には -[e]s を多く用いる傾向がある），ま

---

† **corps** [kɔ:r]（軍団）, **rendezvous** [rɑ́:ndeivu:]（ランデブー）のようなフランス語に由来する語は，単複同形であるが，発音は，単数では -s を発音せず，複数では -s [-z] を発音する。〔なお **corpse**（死体）は [kɔ́:rps]〕 **means** は ⇨〔p. 111〕

た，② -[e]s を付ける複数のみが用いられるものもある。

(a)　**-is** [-is] → **-es** [-iːz]

　　analysis — analyses（分析）　**diagnosis** — diagnoses（診断）

　　axis — axes（軸）†　　　　**hypothesis** — hypotheses（仮説）

　　basis — bases（基礎）†　　**oasis** — oases [ouéisiːz]（オアシス）

　　crisis [kráisis] — crises [kráisiːz]（危機）

　　thesis — theses [θíːsiːz]（論文）

(b)　**-on** [-ən] → **a** [ə]

　　phenomenon — phenomena [finámənə]（現象）

　　① **automaton** — -tons, -ta（自動機械，ロボット）

　　　criterion — -ria, -rions（基準）

　　② **electrons**（電子），**neutrons**（中性子），**protons**（陽子）

(c)　**-um** [-əm] → **-a** [-ə]

　　bacterium — **bacteria**（細菌）　**datum** — **data**（資料）††

　　① **curriculum** — -lums, -la（教科課程），**maximum** — -mums,

　　　-ma（最大値），**medium** — -dia, -diums（媒体）†††,

　　　memorandum — -dums, -da（覚書き），**referendum** — -dums,

　　　-da（国民投票），**stadium** — -diums, -dia（スタジアム）

　　② **albums**（アルバム），**forums**（公開討論会），**museums**（美術館）

(d)　**-us** [-əs] → **-i** [-ai]

　　alumnus — alumni（[男子] 卒業生），**stimulus** — stimuli（刺激）

　　① **focus** — -cuses, -ci（焦点），**nucleus** — -cleuses, -clei（核）

　　② **bonuses**（ボーナス），**campuses**（構内），**choruses**（合唱），

　　　circuses（サーカス），**viruses**（ウイルス）

(e)　**-a** [-ə] → **-ae** [-iː]

　　alumna — alumnae（[女子] 卒業生)

---

†　次の複数形は発音によって，もとの単数形が異なるので注意する:

　　axes $\begin{cases} ① [ǽksiz] < ax （おの) \\ ② [ǽksiːz] < axis \end{cases}$　　bases $\begin{cases} ① [béisiz] < base （土台) \\ ② [béisiːz] < basis \end{cases}$

††　単数形の **datum** は（特にコンピューター部門などでは）ほとんど用いられない。
data は複数形であるが，単数に扱われることも多い。

　　$\left.\begin{array}{l} Many \text{ of } these \text{ } \mathbf{data} \text{ } are \\ Much \text{ of } this \text{ } \mathbf{data} \text{ } is \end{array}\right\}$ reliable.

　　（こ [れら] のデータは信頼できる）

†††　**medium** の複数形は，「マスメディア，大量伝達の媒体」などでは mass *media* と
media の形をとるのがふつうである。

① **larva** — -vas, -vae（幼虫）
② **dilemmas**（ジレンマ），**diplomas**（卒業証書），**dramas**（劇）

(f)　その他

appendix — appendix**es**, appendi**ces** ［-disiːz］（付録，虫垂）
bureau — bureau**s**, bureau**x** ［bjúərouz］（たんす）
dogma — dogma**s**, dogma**ta**（教義）

● 意味によって外来複数・英語複数を使い分けるものもある：

antenna — antenna**s**（アンテナ），antenn**ae**（触角）
genius — geniu**ses**（天才），gen**ii** ［dʒíːniai］（守護神）
index — index**es**（索引），indi**ces** ［índisiːz］（指数）

§38.　複合名詞の複数

(a)　主な要素になっている名詞に -s を付ける：

①　editor**s**-in-chief（編集長），commander**s**-in-chief（最高司令官）
　　＊　father**s**-in-law（義父）は father-in-law**s** の形も用いられる。
②　looker**s**-on（見物人），passer**s**-by（通行人），listener**s**-in（盗聴者）
③　bystander**s**（傍観者），toothbrush**es**（歯ブラシ），housekeeper**s**（家政婦），girlfriend**s**（女友達），babysitter**s**（ベビーシッター）
④　court**s**-martial（軍法会議），poet**s**-laureate（桂冠詩人）
　　〔court-martial**s**, poet-laureate**s** の形も用いられる〕

(b)　名詞を含まない複合語には最後に -s を付ける：

forget-me-not**s**（忘れな草），have-not**s**（持たざる国），teach-in**s**（討論会），go-between**s**（仲人（_なこうど_）），merry-go-round**s**（回転木馬）

(c)　man, woman を含む場合は両方が複数形になる：

menservant**s**（召使）　　　　　　**women** doctors（女医）
_cf._ **maid**servant**s**（お手伝い）　　　_cf._ **lady** doctors（女医）

§39.　文字・数字・略語・単語の複数

これらには -'s または -s を付けるのがふつうである。〔⇨ p. 610〕

the three R'**s**（_or_ R**s**）
　　　（読み書きそろばん ＜ _R_eading, _W_riting, and _A_rithmetic）
dot one's i'**s** and cross one's t'**s**
　　　（i の点を打ち t の横棒を引く；細かい点に留意する）

Your 3's look like 8's. (君の 3 は 8 のように見える)

the 1970's (*or* 1970s) (nineteen-seventies) (1970 年代)

PTA's (*or* PTAs) (父母と先生の会)

No if's or but's. (「もしも」とか「でも」とかいうな)

* 固有名詞の複数形は -s を付ける：
    There are three Marys in this class. (この組にはメアリという名の生徒が三人いる)
* 略語で語尾の文字を残しているものは -s をつける：†
    Mt. — Mts.　　　　　Dr. — Drs.
* **Mr.** の複数形は **Messrs.** [mésərz] (< Messieurs) が, **Mrs.** は **Mmes.** [méidæm] (< Mesdames) が用いられる：
    Messrs. Smith and Brown 〔ただし, この形は形式ばった言い方で, 一般的・口語的には *Mr.* Smith and *Mr.* Brown という〕

§40.　単数形と異なる意味を持つ複数形

　名詞によっては, 複数形になると単数形にはない意味を表わすものがある。たとえば arms は「(複数の) 腕」という意味のほか「武器」という意味を表わす。このように単数と区別される意味を持つものは分化複数 (Differentiated Plural) と呼ばれることもある。

{ advice (忠告)
{ advices (通知)

{ air (空気)
{ airs (気取り)

{ ash (灰)
{ ashes (遺骨)

{ color (色)
{ colors (軍旗)

{ compass (羅針盤)
{ compasses (コンパス)

{ custom (習慣)
{ customs (関税)

{ force (力)
{ forces (軍隊)

{ good (善)
{ goods (商品)

{ green (緑)
{ greens (青物)

{ letter (文字)
{ letters (文学)

{ manner (方法)
{ manners (行儀)

{ pain (痛み)
{ pains (骨折り)

{ quarter (4 分の 1)
{ quarters (宿舎)

{ spectacle (光景)
{ spectacles (めがね)

{ spirit (精神)
{ spirits (元気)

{ work (仕事)
{ works (工場)

---

† 略語で文字を重ねて複数形を作るものもある：
    pp. (= pages)　　　　ll. (= lines)

§41. 意味の異なる二つの複数形を持つ語

　次のような名詞は二つの複数形があり，それぞれ異なった意味を表わす。これを二重複数（Double Plural）と呼ぶことがある。

brother $\begin{cases} \text{brothers （兄弟）} \\ \text{brethren （同胞，同信者）} \end{cases}$ **cloth** $\begin{cases} \text{cloths [klɔ(ː)θs, -ðz] （布）} \\ \text{clothes [klóuðz] （着物）} \end{cases}$

penny $\begin{cases} \text{pence〔金額を表わす〕…… five pence 5 ペンス} \\ \text{pennies〔銅貨数を表わす〕…… five pennies 1 ペニー銅貨 5 枚} \end{cases}$

　なお，外来複数と英語複数の二通りの複数形が異なった意味を表わすものとしては index, genius, antenna などがある。〔⇨ p. 107〕

§42. 常に複数形で用いられる語

　次のような語は常に（またはある特定の意味では常に）複数形で用いられる。このような複数は**絶対複数**と呼ばれることがある。[†]

(a) 対をなす二つのもの，または二つの部分から成るもの

shoes （靴）	pants《米》（ズボン）	glasses （めがね）
socks （短靴下）	trousers《英》（ズボン）	spectacles （めがね）
stockings （長靴下）	jeans （ジーパン）	scissors （はさみ）
gloves （手袋）	slacks （スラックス）	compasses （コンパス）
pajamas《米》（パジャマ）	tights （タイツ）	pliers （ペンチ）
pyjamas《英》（パジャマ）	shorts （半ズボン）	tongs （火ばし）

＊　これらの語は複数に扱われる。また，数える場合には **pair[s] of** を用いるが，この場合の数は pair の単・複に一致するのがふつうである：

　　My scissors *are* on the table. [††]
　　A pair of scissors *is* on the table.

[†]　**people** （人々），**police** （警察）〔⇨ p. 85〕，**cattle** （牛）〔bulls （雄牛），cows （雌牛）など「牛」の総称〕などは -s の形をとらないが常に複数を表わす複数語である。
　　Many cattle are suffering from a disease called BSE.
　　　（多くの牛が狂牛病と呼ばれる病気にかかっている）

[††]　my (these) scissors (trousers) といえば，はさみ 1 ちょう，ズボン 1 着を表わすか，2 ちょう，2 着以上を表わすか区別できないが，次のような文ではふつう「一つ」を表わす。
　　I've torn **my trousers**. （ズボンを破ってしまった）
　　These〔×This〕 **scissors are** rather blunt. （このはさみはあまりよくきれない）
　　〔= **This** *pair of* **scissors is** rather blunt.〕

(b) 遊戯・娯楽名

billiards（玉突き）	bowls（ボーリング）	ninepins（九柱戯）
cards（トランプ）	checkers（チェッカー）	marbles（おはじき）

(c) 学問・学科名

mathematics（数学）	economics（経済学）	politics（政治学）
physics（物理学）	ethics（倫理学）	phonetics（音声学）
statistics（統計学）†	athletics（体育）	gymnastics（体育）

〔ただし arithmetic（算数），logic（論理学），music, rhetoric（修辞学）〕

＊　これらの語は -s で終っているが，ふつう，単数扱いを受ける：

　　Mathematics *is* my favorite subject.（数学は私の好きな学科だ）

(d) 病名

measles（はしか）	mumps（おたふくかぜ）	blues（ふさぎ）

＊　これらは，ふつう，単数扱いを受ける。

(e) その他

〔ふつう**複数扱いの語**〕　　riches（富），thanks（感謝），clothes（着物），remains（残り物），victuals [vítlz]（食糧），proceeds（売り上げ），savings（貯金），earnings（かせぎ高），belongings（所有物），surroundings（環境）〔environment（環境）は単数語〕，outskirts（郊外）††，the tropics（熱帯地方）

　　Riches have wings.（金には翼がある）

〔ふつう**単数扱いの語**〕　　news, gallows（絞首台）

　　Ill *news travels* apace.（悪事千里を走る）

〔**単数または複数扱い**〕　　amends（償い），headquarters（本部），tidings（知らせ），oats（からす麦），alms（施し物）

---

†　　**statistics** は「統計学」の意では単数扱いだが，「統計」の意では複数扱いになる。

　　Statistics **is** not taught in this college.（統計学はこの大学では教えていない）

　　The *statistics* he quotes **are** accurate.（彼が引用している統計は正確だ）

　　同様に **politics** が「政治，政策」，**athletics** が「（各種の）運動競技」，**ethics** が「道徳律，倫理」などの意で使われる場合は，ふつう複数扱いを受ける。

††　**suburbs**（郊外）も，ふつう，複数形で用いられる。また **wages**（賃金），**brains**（頭脳），**bowels**（腸）なども通例複数形で，特に単数形の場合と意味の区別もしないで用いられる。**wood**（森）も，複数の「森」を表わさない場合でも，複数形で用いられることが多い：

　　She went for a walk in the *woods*.（彼女は森に散歩にでかけた）

The *tidings was*（or *were*）received with shouts of joy.
（その知らせは歓声で迎えられた）

複数形をした注意すべき語

　上に記した語は常に複数形で用いられる語のおもなもので，それぞれ注記したように形は複数形でも単数扱いを受けるものも少なくないが，直接に不定冠詞 a, an が付くことはない。しかし次のような語は -s で終る**単複同形語**であって，内容によって単・複いずれの扱いも受け，不定冠詞もつく。〔⇨ p. 105〕

　　means（手段）　**series**（一続き）　**species**［spíːʃiːz］（種 (ֱ))
　　works（工場）　**links**（ゴルフ場）

This means is effective.（この手段は有効だ）
These means are effective.（これらの手段は有効だ）
This is *an* effective *means* to our end.（これはわれわれの目的にとって有効な手段だ）

§43.　強意の複数形

　数量の多いこと，広がりの大きいこと，程度の強いことなどを表わすために，ふつうは複数形をつくらない物質名詞や抽象名詞が複数形をとることがある。これを**強意複数**（Intensive Plural）と呼ぶことがある。

　　sands（砂原，砂ばく）　　　　　**skies**（大空）
　　waters（海原，川）　　　　　　**heavens**（天）

Many **thanks** for your letter.（お手紙どうもありがとう）
Send her my best **wishes**.（彼女にくれぐれもよろしく）
It is a thousand **pities** that …（…は遺憾千万なことだ）
He is in great **difficulties**.（彼はたいへん困っている）

§44.　複数名詞が他の名詞を修飾する場合

　一般に「数詞＋名詞」が他の名詞を修飾する場合は，単数形になるのがふつうである。

　　a three-**year**-old boy（3歳の男の子）
　　　cf. a boy who is three **years** old
　　a five-**dollar** bill（5ドル紙幣）
　　a five-**year** plan（5か年計画）

a three-**act** play（三幕劇）

しかし，ふつう複数形で用いられる名詞が，他の名詞を修飾する場合は複数形のままで用いる。

a **goods** train（貨物列車）

a **savings** bank（貯蓄銀行）

a **glasses** case（めがね入れ）

a **customs** officer（税関職員）

the United **States** Government（米国政府）

§45.　複数形を用いる重要表現

次のようなものは複数形を用いる表現としてよく知っておかなければならない主要なものである。

change **trains**（**cars**, *etc*.）（電車［車，など］を乗り換える）

exchange **gifts**（**letters**, *etc*.）（贈り物［手紙，など］を交換する）

change（*or* exchange）**seats** with ～（～と席を交換する）

shake **hands** with ～（～と握手する）

She was in her **forties**.（彼女は 40 代だった）

Man reached the moon in the **sixties** of the 20th century.（60 年代）

I am（made）**friends** with him.（私は彼と友達だ［になった］）

I am on good **terms** with him.（私は彼と仲がいい）

He called me **names**.（彼は私の悪口を言った）

cf. $\begin{cases} \text{She had a } good \text{ look ［at it］.（彼女は［それを］よく見た）} \\ \text{She had } good \text{ looks.（彼女は美ぼうだった）} \end{cases}$

$\begin{cases} \text{He called } my \text{ name.（彼は私の名前を呼んだ）} \\ \text{He called } me \text{ names.（私の悪口を言った［私をののしった］）} \end{cases}$

重要問題

（解答 p. 689）

21. 次の各語の複数形を記せ。

(1) monkey	(2) enemy	(3) ox	(4) ax
(5) arch	(6) stomach	(7) proof	(8) leaf
(9) hero	(10) piano	(11) mouse	(12) crisis
(13) phenomenon	(14) Japanese	(15) passer-by	

22. 次の各語の語尾 -[e]s の発音を，1. [-z] 2. [-s] 3. [-iz] によって分類せよ。

(1) hopes 　　(2) bombs 　　(3) voices 　　(4) cards

(5) news 　　(6) bridges 　　(7) dishes 　　(8) clothes

(9) churches 　(10) epochs 　(11) months 　(12) mouths

(13) boughs 　(14) coughs 　(15) laughs

23. 次の各文のかっこ内の正しいほうを選べ。

(1) Every means (has, have) been tried.

(2) All possible means (has, have) been tried.

(3) Physics (is, are) a compulsory subject.

(4) The Japanese (is, are) an industrious people.

(5) The United States (is, are) a republic.

(6) I am glad that the news (is, are) good.

(7) This book cost only six (pence, pennies).

(8) This slot-machine takes only (pence, pennies).

24. 次の各文の誤リを正せ。

(1) You will see many deers, sheeps and goats in Richmond Park.

(2) There are five hundreds boys in our school.

(3) His trouser is worn out.

(4) He has five shoes.

(5) She is still in her teen.

(6) We shook hand and parted.

(7) I am on bad term with her.

(8) He will soon make friend with you.

25. 次の各組の下線を施した語に注意して訳せ。

(1) 　a) He has a lot of <u>letters</u> to answer.
　　　b) He knows a lot of men of <u>letters</u>.

Notes：22. (13)〜(15) いずれも -gh で終っているが発音が一様ではないので，-s の発音も異なる。(13) bough [bau] (大枝) (14) cough [kɔ(ː)f] (せき) (15) laugh [læf / lɑːf] (笑い) **23.** (3)「物理は必修科目だ」(4)「日本人は勤勉な国民だ」Japanese は単複同形であるが，国民を総称する場合は，たとえば「アメリカ人」では the Americans となることを考え合わせる。なお，この文は次と区別する： Japan is an industrial nation. (日本は工業国だ) (8)「この自動販売機にはペニー硬貨しか使えません」

(2) $\begin{cases} \text{a) He had five \underline{glasses} of wine.} \\ \text{b) He had no \underline{glasses} on.} \end{cases}$

(3) $\begin{cases} \text{a) He had a bad \underline{pain} in the back.} \\ \text{b) He took great \underline{pains} with the work.} \end{cases}$

(4) $\begin{cases} \text{a) He is always in high \underline{spirits}.} \\ \text{b) He is a man of noble \underline{spirit}.} \end{cases}$

第3節　名詞の格

　名詞または代名詞が文中の他の語句に対する関係を示す語形を格 (Case) といい，英語では次の三つが認められている。

(1)　主　格 (Subjective Case, Nominative Case)
(2)　目的格 (Objective Case)
(3)　所有格 (Possessive Case, Genitive Case)

　代名詞の場合は，三つの格はそれぞれ異なった形で示されるが，名詞の場合は主格と目的格は語形は同じで，そのいずれであるかは文中における語順や前後関係によって決定される。所有格は名詞の語尾に -'s を付けて作るのを原則とする。

(1)　**主　格：**	**George** is an honest boy.	〔主語〕
	That boy is **George**.	〔主格補語〕
	Come along, **George**.	〔呼びかけ〕
	We both went, **George and I**.	〔主語と同格〕†
	This is my son **George**.	〔主格補語と同格〕
(2)　**目的格：**	I like **George**.	〔動詞の目的語〕
	He named the boy **George**.	〔目的格補語〕
	He went with **George**.	〔前置詞の目的語〕
	He invited us both, **George and me**.	〔目的語と同格〕††
(3)　**所有格：**	This is **George's** book.	

---

† 「私たち ── ジョージと私 ── は二人とも行った」〔「同格」については ⇨ p. 617，「同格の代名詞の格」については ⇨ p. 137〕

†† 「彼は私たち ── ジョージと私 ── を二人とも招いてくれた」

§46. 主 格

主格は，主語・主格補語・呼びかけ，およびこれらの同格語などを表わす格である。

(a) 主語

Dead **men** tell no tales.（死者は話をしない［死人に口なし］）

Even a **worm** will turn.

（虫でさえも向き直る［一寸の虫にも五分の魂］）

(b) 主格補語

Nature is the best **physician**.（自然は最良の医者）

His attempt turned out a **failure**.（彼の企ては失敗に終わった）

(c) 呼びかけ

Tom, dinner's ready.（トム，ごはんですよ）

Boys, be ambitious.（少年よ，大志を抱け）

Frailty, thy name is woman.（弱き者よ，なんじの名は女なり）

(d) 同格（主語・主格補語・呼びかけの）

Huxley the **novelist** is the grandson of Huxley the biologist.

（小説家ハックスリーは生物学者ハックスリーの孫です）

She is Susan, my best **friend**.

（彼女は私の親友のスーザンです）

Come here, George my **boy**.（おいで，ジョージや）

§47. 目 的 格

目的格は動詞と前置詞の目的語・目的格補語，およびこれらの同格語などを表わす格である。

(a) 目的語

Walls have **ears**.（壁に耳あり）

Pride will have a **fall**.（高慢には没落があるものだ［おごる者久しからず］）

(b) 目的格補語

Conscience makes a man a **coward**.（良心は人を臆病者にする）

(c) 前置詞の目的語

Necessity is the mother of **invention**.（必要は発明の母）

(d)　同格（目的語・目的格補語・前置詞の目的語の）

We all know Tolstoy, the great Russian **novelist**.

（われわれはみな偉大なロシアの小説家トルストイを知っている）

I thought him to be Mr. Smith, the **president** of the company.

（私は彼がその会社の社長のスミス氏だと思った）

I called on my advisor, Dr. **Smith**.

（私は顧問のスミス博士を訪れた）

§48.　副詞的目的格

(a) He did it **in this way**.（彼はそれをこのようにしてやった）

(b) He did it **this way**.（　〃　）

(b) の this way という名詞表現は名詞の働きをしているのではなく、(a) の前置詞句 in this way と同じように副詞句の働きをしている。このように名詞が副詞的に用いられる場合、その名詞の格は目的格と考えられ、**副詞的目的格**（Adverbial Objective）と呼ばれる。副詞的目的格は時間・距離・方向・数量・程度・様態などを表わす表現に用いられることが多い。〔⇨ p.40「前置詞の付かない副詞句」〕

〔**時間**〕

Wait **a moment**.（ちょっと待ってください）〔= *for* a moment〕

What time do you get up?（何時に起きますか）〔= *At* what time〕

He arrived here **this morning**.（彼はここにけさ着いた）†

I met him **several times**.（私は彼に数度会った）〔cf. I met him on several occasions.〕

* その他、one day（〔過去または未来の〕ある日）, some day（いつか）, all night（一晩中）, the day after tomorrow（明後日）なども副詞的目的格である。

---

†　**this, last, next** その他 all, every, that などを用いる「時」を表わす表現では前置詞を用いない。

this morning　　　　*last* night　　　　*all*（every）day
cf. *in* the morning　cf. *at* night　　　cf. *on* a weekday

ただし、月・曜日について last（この前の）を後に置いた形では前置詞を用いる。

on Sunday[s]　　　*in* April
last Sunday　　　　*last* April
on Sunday *last*　　*in* April *last*

〔距離・方向・場所〕

He walked **ten miles**. (彼は 10 マイル歩いた)〔= *for* ten miles〕

He lives **a long way** from here. (彼はここから遠いところに住んでいる)
　　　　〔*cf. at* a long distance〕

He went **this way**. (彼はこちらのほうへ行った) †

He lives **next door**. (彼は隣に住んでいる)

〔数量・程度〕

He is **five years** older than I. (彼は私より五つ年上だ)
　　　　〔= He is older than I *by* five years.〕

The pond is **ten feet** deep. (この池は深さが 10 フィートある)

I don't care **a bit**. (少しもかまわない)

He talks **a great deal**. (彼はとてもよくしゃべる)〔⇨ p. 40〕

I couldn't sleep **a wink**. (私は一睡もできなかった)

〔その他〕

He traveled **first-class**. (彼は一等で旅行した)

This watch loses five minutes **a day**. (この時計は 1 日に 5 分遅れる)

Her hands were **marble** cold. (彼女の手は大理石のように冷たかった)

It rained **cats and dogs**. (雨がどしゃ降りに降った)

* このほか **hand and foot** (手足もろとも), **heart and soul** (身も心も), **day after day** (くる日もくる日も) など, 名詞を二つ用いた熟語表現で副詞的目的格用法のものも多い。

§ 49. 記述的目的格

　　{ (a) They are **of the same age**. (彼らは同じ年です)
　　{ (b) They are **the same age**. (　　〃　　)

　(b) の the same age という名詞表現は, (a) の of を用いた前置詞句と同じように形容詞句の働きをするもので, このような名詞は本来 of を伴った目的格であると考えられ, **記述的目的格** (Objective of Description) と呼ばれることがある。形状・大きさ・色彩・年令・価格などを表わす名詞が用いられ, (a) 補語として用いられる場合と (b) 限定形容詞〔⇨ p. 254〕と

---

† **this way** は (a)「このようにして」(= in this manner)〔様態〕の意味では in this way ともいうが, (b)「こちらのほうへ」(= in this direction)〔方向〕の意味では in は用いない。

して名詞のあとに置かれる場合とがある。

（a）　補語として

The earth is *the* **shape** of an orange.
　　　　　（地球はオレンジの形をしている）

This is *the same* **size** as that. （これはあれと同じ大きさだ）

What **color** was the man's suit? （その男の背広は何色でしたか）

（b）　限定形容詞として

He picked up a stone *the* **size** of an apple. （彼はリンゴほどの大き
　　　さの石をひろった）〔= a stone *of* the size of an apple〕

He was a boy *about your* **age**. （彼は君と同じ年頃の少年だった）

He bought a watch *twice the* **price** of mine. （彼は私の時計の2倍の
　　　値段もする時計を買った）

§50.　所　有　格

　名詞が「～の」の意味を表わす形で，原則として名詞に -'s を付加してつ
くる。また，of を用いて同じ意味を表わすことができ，これを『**of 所有格**』
(*of*-Genitive) と呼ぶことがある。

$$\begin{cases} \text{his father's house} \\ \text{the house } \textbf{of} \text{ his father} \end{cases} \qquad \begin{cases} \text{everyone's happiness} \\ \text{the happiness } \textbf{of} \text{ everyone} \end{cases}$$

　　　　〔この二つの形の用い方については ⇨ p. 120〕

1　**-'s の発音**（この所有格の -'s の発音は，名詞の複数形の -[e]s，動詞の
　　三人称単数現在の -[e]s の発音と同じである）†　　　　〔⇨ p. 103, 358〕

（1）　（[z] [ʒ] [dʒ] 以外の）**有声音**で終わる語は [-z]：

　　John**'s** car, a dog**'s** tail （犬の尾）, the boy**'s** book

（2）　（[s] [ʃ] [tʃ] 以外の）**無声音**で終わる語は [-s]：

　　Jack**'s** car, a cat**'s** paw （ねこの足；手先）, the merchant**'s** house

---

†　　したがって次の三つの場合の発音が同じになるので，混同しないように注意しなけ
　ればならない：
　①　複数形の名詞：　　　　ladies　[léidiz], waitresses　[wéitrisiz]
　②　単数名詞の所有格：　　lady's　[　〃　], waitress's　[　〃　]
　③　複数名詞の所有格：　　ladies'　[　〃　], waitresses'　[　〃　]
$$\begin{cases} ① & \text{the } \textit{girls} \text{ （その少女たち）} \\ ② & \text{the } \textit{girl's} \text{ mother （その少女の母親）} \\ ③ & \text{the } \textit{girls'} \text{ mother （その少女たちの母親）} \end{cases}$$

(3)　[s] [z] [ʃ] [ʒ] [tʃ] [dʒ] で終わる語は [-iz]：

George's car, a horse's mouth（馬の口）, the waitress's dress

2　複数名詞の所有格

(a)　-s で終わっている規則複数名詞には（'）だけ付ける：

a boys' school（男子校）, ladies' hats（婦人用の帽子）, birds' nests（鳥の巣）

(b)　-s 以外で終わる不規則複数名詞には 's を付ける：

children's book（子供の本）, women's magazines（女性雑誌）, mice's paws（ねずみの足）

3　（'）だけをつける場合

上の -s で終わる複数名詞のほか, 語尾が -s で終わる名詞には（'）だけを付けて所有格をつくるものがある。

(a)　人名を表わす名詞

James' [dʒeimz]（*or* **James's** [dʒéimziz]）car（ジェイムズの車）

Dickens' [díkinz]（*or* **Dickens's** [díkinziz]）novels（ディケンズの小説）

Burns' [bəːrnz]（*or* **Burns's** [bə́ːrnziz]）poetry（バーンズの詩）†

上のような人名では「-'」または「-'s」の両方の形が用いられるが, ① 古典的な人名の場合, ② 's を付けると似た音が重なって発音がしにくくなる場合などは（'）だけを付ける形が用いられる。

Socrates' [sɔ́krətiːz] wife（ソクラテスの妻）, **Jesus'** [dʒíːzəs] life（キリストの生涯）, **Moses'** [móuziz] law（モーゼの十戒）, **Robert Bridges'** [brídʒiz] poetry（ロバート・ブリッジズの詩）

(b)　for ～ sake の形の慣用表現で, sake の前にくる名詞が [-s] で終わる場合

for **goodness'** sake（お願いだから）

　　cf. for heaven'*s* sake（後生だから）

for **convenience'** sake（便宜上）

for **appearance'** sake（体裁上）

---

†　次のような場合, 混同しやすい。

Mr. *Jones'* house [dʒounz] 　　　⎫
Mr. *Jones's* house [dʒóunziz] 　　⎬ ジョーンズ氏の家
the *Joneses'* house [dʒóunziz] — ジョーンズ家の家

4　複合名詞の所有格

複合名詞や語群はその終りの語に 's を付けて所有格をつくる。この形式を**群所有格**（Group Genitive）と呼ぶことがある。

> *my father-in-law*'s house（私の義理の父の家）†
>
> *someone else*'s book（だれかほかの人の本）
>
> *the King of England*'s eldest son（英国王の長男）††
>
> *Henry the Seventh*'s reign（ヘンリー 7 世の治世）
>
> *the brother and sister*'s parents（そのきょうだいの両親）

* 次の二つを区別すること：
  {(a) *John and Mary*'s bicycle is new.
  {(b) *John*'s and *Mary*'s bicycles are new.
  (a) は John と Mary の共有の 1 台の自転車をいう。
  (b) は John と Mary がそれぞれ所有する合わせて 2 台の自転車（John's bicycle＋Mary's bicycle）をいい動詞も複数になる。

5　's を付ける場合と，of を用いる場合

〔**A**〕 's を付けた形をふつうに用いるのは，おもに，①人名，②人を表わす名詞，③動物を表わす名詞，④（人の集合体を表わす）集合名詞〔⇨ p. 122《(c)》〕などである。〔これらのうち①以外は，たいてい，of を用いた形で表わすこともできる。⇨ p. 126〕

① Ann's car, Tom's hat, Mr. Smith's wife †††

② the lady's car（その婦人の車），my son's wife（息子の妻）

---

† これは複合名詞が複数形の場合も同じである。
{*my son-in-law*'s friends（私の義理の息子の友人）
{*my sons-in-law*'s friends（私の義理の息子たちの友人）

†† 次の (b) における群所有格を (a) と区別すること。
{(a) one of *my friend*'s *parents*（私の友人の両親の一人）
{(b) one of *my friends*' parents（私の友人の一人の両親）
ただし (b) は区切り方によって (a) と同様の関係（私の[幾人かの]友人の両親の一人）も成り立つ。

††† 人名の固有名詞に 's を付けた形が「所有」の意味を表わす場合は，of を用いた形に言い換えることはできない。
{**Ann's** car [son]（アンの車 [息子]）
{〔誤〕the car [son] **of Ann**

● 「所有」関係以外の意味を表わす次のような場合は正しい。
{**Nelson's** death（ネルソンの死）〔「主語」関係 ⇨ p. 122〕
{〔正〕the death **of Nelson**

③ a cat's tail（猫の尾），the dog's head（犬の頭）

④ the family's car, the club's member（クラブの会員）

〔**B**〕　無生物の多くは，ふつう of を用いる。

- the **house's** windows〔まれ〕
- the windows **of the house**

- this **coat's** color〔まれ〕
- the color **of this coat**

　　　同様に：the weight **of the box**（その箱の重さ）

　　　　　　　the progress **of science**（科学の進歩）

●ただし，無生物名詞で -'s の形をふつうに用いるものもある。

- the **book's** title（書名）
- the title **of the book**

- the **car's** owner（車の所有者）
- the owner **of the car**

●報道や新聞の見出しなどでは表現が簡略化されることが多いので，ふつうは，of を用いる無生物語でも -'s の形を用いることがある。〔この簡略化は一般に及ぶ傾向が認められる〕

- the **chemical's** effect（その化学薬品の効果）
- the effect **of the chemical**〔ふつうの形〕

⑥　**無生物に 's を付ける場合**

次のような場合は，慣用的に，無生物を表わす名詞でも -'s の形を用いる。

《a》　時間・距離・金額・重量などを表わす名詞

today's paper（今日の新聞），this **month's** new books（今月の新刊書），last **year's** model（昨年の型），New **Year's** Day（元旦），half an **hour's** sleep（半時間の睡眠），[a] five **minutes'** walk（5分間の歩行）†，a **month's** income（1か月の収入），five **years'** experience（5年の経験），at a **yard's** distance（1ヤード離れたところに），three **dollars'** worth of sugar（3ドル分の砂糖），a **pound's** weight（1ポンドの目方）

次のような距離や長さを表わす慣用表現もこの用法に属する：

　by a **boat's**（**horse's**）length（1艇〔馬〕身の差で）

　by a **hair's** breadth（間一髪のところで）

　within a **stone's** throw of ～（～からすぐ近くに）

---

†　次のような，所有格を用いない形も用いられる。〔⇨ p. 111〕
　　a two-*hour* walk（2時間の歩行），a three-*day* trip（3日間の旅行），a five-*year* course（5年の課程），a three-*cent* stamp（3セント切手）

《(b)》　擬人化された名詞

　　Fortune's smile（幸運の［女神の］微笑），**time's** flight（時の早い経
　　過），**truth's** triumph（真理の勝利），the **ocean's** roar（海の怒号），
　　duty's call（義務の命令）

《(c)》　集合体・都市・国などを表わす名詞

　　the **jury's** verdict（陪審の評決），the **government's** policy（政府の
　　政策），the **city's** noise（都市の騒音），**London's** history（ロンドン
　　の歴史），**England's** victory（英国の勝利），the **world's** greatest ship

《(d)》　慣用表現

　　art for **art's** sake（芸術のための芸術），at one's **finger**['s] ends（そ
　　らんじて，精通して），out of **harm's** way（害の及ばない所に），to
　　one's **heart's** content（心ゆくまで），for **mercy's** sake（お慈悲に，
　　後生だから），within a **stone's** throw of ～（～のすぐ近くに），at
　　one's **wit's**（*or* wits'）end（途方にくれて）

《(e)》　その他

　　the **earth's** surface（地球の表面），the **sun's** rays（太陽の光線），the
　　water's edge（水ぎわ），the **mind's** eye（心の目），a **needle's** eye
　　（針のめど），one's **journey's** end（旅路のはて）

所有格の意味・用法

　　所有格は，日本語の「の」に相当し，広義の所有関係をはじめ次のような
主な意味関係を表わすが，このほかにもいろいろな意味を表わす。

《1》　**所有関係**。　広義の所有・所属関係を表わす。

　　his **son's** watch（彼の息子の時計），**John's** parents（ジョンの両親），
　　Mary's boyfriends（メアリーの男友達）

《2》　**主語関係**。　所有格の名詞がそのあとにくる名詞が表わす動作・状態
の意味上の主語をなす場合で，これを**主語所有格**（Subjective Genitive）
と呼ぶことがある。

　　his **son's** death（彼の息子の死 —— 彼の息子が死ぬ［死んだ］こと）
　　the **doctor's** arrival（医者の到着）〔↔ the arrival *of the doctor*〕
　　a **mother's** love for her children（母親の子供に対する愛情）

　　＊　この関係を表わす所有格表現は，節の形式にすると，その所有格の名詞は主
　　　　語になる〔⇨ p. 46〕：

{ We were surprised at the news of **Tom's** *failure*. †
{ We were surprised at the news that **Tom** had failed.

《3》　**目的語関係。**　　所有格の名詞がそのあとにくる名詞が表わす動作の意味上の目的語をなす場合で，これを**目的語所有格** (Objective Genitive) と呼ぶことがある。††

　　his **son's** education（彼の息子の教育 —— 彼の息子**を**教育すること）

cf. { He took no interest in *his* **son's** *education*.
　　　{ He took no interest in *educating his* **son**.
　　　{ He took no interest in *the education of his* **son**.
　　　　　（彼は息子の教育に関心を持っていなかった）

　　Caesar's murderers（シーザーの殺害者 —— シーザー**を**殺害した者）

　　cf. those who *murdered* **Caesar**

　　the **king's** portrait（王の肖像画 —— 王**を**描いた肖像画）†††

　　＊　次の文における所有格の意味を区別する：
　　　{ (a) He needed *his* **friend's** *assistance*.（友達の助けが必要）
　　　{ (b) He went to *his* **friend's** *assistance*.（友達を助けに行く）
　　　　(a) は His **friend** *assists* him. の関係を表わす主語所有格,
　　　　(b) は He *assists* his **friend**. の関係を表わす目的語所有格。

《4》　**著者・作者・起源を表わす。**

　　his **son's** poem（彼の息子の詩）

　　Edison's gramophone（エジソンの発明した蓄音機）

　　Einstein's theory（アインシュタインの理論）

《5》　**対象・目的・用途を表わす。**

　　a **girls'** school（女学校）(= a school *for* girls)

　　ladies' hats（婦人帽）, the **passengers'** door（乗客用の戸口）

---

†　所有格が受動態の文における主語の関係を表わすこともある：
　　　the news of **Germany's** *defeat*（ドイツ敗北のニュース）
　　　　(= the news that **Germany** *was defeated*)
††　「主語関係」と「目的語関係」も，-'s と of を用いた両方の形で表わせるものが多いが〔⇨ p. 126〕，目的語関係には of を用いた形のほうが普通である場合もある。〔⇨ p. 127〕
†††　この所有格は目的語関係だけを表わすとはかぎらない。たとえば：
　　Mary's picture { ①メアリーが所有する写真 (= a picture of Mary's)
　　　　　　　　　　 { ②メアリーを写した写真 (= a picture of Mary)
　　　　　　　　　　 { ③メアリーが写した写真 (= a picture by Mary)

《6》　その他の記述関係

　　　a **summer's** day（夏の日），**women's** wit（女の機知）

　　　the **bachelor's** degree（学士号），a **ship's** doctor（船医）

　　　life's journey（人生の旅）

　　　＊　*life's* journey では**同格関係**（人生という旅）を表わしていると考えられる。

所有格表現の修飾関係

　　（a）*a* **lady's** room（ある婦人の部屋）

　　（b）*a* **ladies'** room（婦人用トイレ）

　　（c）*the* **lady's** room（その婦人の部屋）

　　（d）*the* **ladies'** room（〔特定の〕婦人用トイレ／その婦人たちの部屋）

　　（a）では a は lady を修飾している（＝ a room of *a lady*）が，

　　（b）では a は room を修飾している（＝ a room for *ladies*）。

　　（c）の the は（a）と同じく lady を修飾し（＝ the room of *the lady*），

　　（d）の the は room を修飾する関係（＝ *the* room for *ladies*）だけでなく，

ladies を修飾する関係（＝ the room of *the ladies*）も成り立つ。同様に：

　　（a）*this* **girl's** school（この少女の学校）〔＝ the school of *this girl*〕

　　（b）*this* **girls'** school（この女学校）〔＝ *this* school for *girls*〕

　　（c）*these* **girls'** school（この少女たちの学校）

　　　　　　〔＝ the school of *these girls*〕

　　（d）*these* **girls'** schools（これらの女学校／この少女たちの学校）

　　　　　　〔＝ *these* schools for *girls*／the schools of *these girls*〕

§51.　独立所有格

　　所有格が，あとに名詞を伴わないで用いられることがあるが，この用法を
独立所有格（Absolute Possessive, Independent Genitive）と呼ぶ。

《1》　名詞の反復を避けるため

　　I parked my car next to **John's**.　　　　　　　〔car が省略〕

　　　　　（私の車をジョンの車の隣に駐車させた）

　　Boys' clothes cost less than **girls'**.　　　〔clothes が省略〕

　　　　　（男の子の着物は女の子のより安くつく）

　　所有格が前に置かれることもある：

　　John's was a fine car.（ジョンのはすてきな車だった）

《2》 場所や建物を表わす名詞が省略される場合

　これは shop, store, house, home, church, office, hotel, restaurant, theater, department store などの名詞が，慣用的に，省略された名詞が自明である場合に省略される形である。

　　my **aunt's** ［house］（おばの家）

　　a bookseller's ［shop］（本屋）

　　a butcher's ［shop］（肉屋）

　　at the **barber's** ［shop］（床屋で）

　　at the **dentist's** ［《米》office,《英》surgery］（歯科医院で）

　　St. **Paul's** ［Cathedral］（セント・ポール寺院）

　　New **Year's** ［Eve］（おおみそか）

　　I bought the book at **Maruzen's**. （私はその本を丸善で買った）

　　I bought it at **Mr. Smith's**, the **stationer's**.

　　　　　　　　（私はそれをスミス文房具店で買った）

　＊　次のような場合に，人を表わす表現と場所を表わす表現を区別しなければならない。

　　　　⎧a baker （パン屋［人］）　　　　　⎧a barber （床屋［人］）
　　　　⎨a baker's （パン屋［店］）　　　　⎩a barber's （床屋［店］）
　　　　⎩a bakery （パン屋［店・製造所］）

　　　　⎧He went to see the **doctor**. （彼は医者に見てもらいに行った）
　　　　⎩He is at the **doctor's**. （彼は医者のところにいる）

　　　　⎧I am staying **with** my **uncle**. （私はおじのところに泊っている）
　　　　⎩I am staying **at** my **uncle's**. （　　〃　　）

　　　　cf. I am staying *at* the hotel *with* my uncle. （私はおじとホテルに泊っている）

§52. 二重所有格

　所有格は a, the, this, some などと同種の限定辞なので，これらの語と並べて名詞の前に置くことはできない。たとえば a this book などといえないように *John's this* book とはいえないので，所有格は名詞の後に置かれることになる。

　　this **John's** book〔誤〕→ this book *of* **John's**〔正〕

　これは所有格が名詞の後に置かれるので**後置所有格**（Post Genitive），または，of と所有格を併用するので**二重所有格**（Double Possessive）と呼ばれる。

a friend *of my* **father's** （私の父の友人）†　　　　　　〔⇨ p. 149 †〕

a work *of* **Milton's** （ミルトンの作品）††

that charming wife *of* **Smith's** （スミスのあの魅力的な奥さん）†††

It is *no* fault *of* your **brother's**.

　　　（それは君の弟さんの責任ではない）

＊　二重所有格の形になるのは「所有」「所属」「作者」「主格関係」などを表わす場合で，「目的格関係」などを表わす場合は所有格ではなく目的格の形を用いる。したがって次のような意味の違いが区別される：

{ a portrait *of* the **queen** （女王の肖像画）
{ a portrait *of* the **queen's** （女王が所有している肖像画）

{ this news *of* **John** （ジョンについてのこのニュース）
{ this news *of* **John's** （ジョンがもたらしたこのニュース）

{ the slaughter *of* the **King** （王の虐殺——王を虐殺すること）
{ the slaughter *of* the **King's** （王の虐殺——王が行なった虐殺）

所有格と *of* 句

　所有格は，「所有」以外にもいろいろな意味関係を表わす〔⇨ p. 122〕が，多くの場合に，'s を付けた形を *of* 句を用いて言い換えることができる。

{ **the girl's** mother 〔⇨ p. 120 ⑤〕
{ the mother **of the girl**

{ **England's** history
{ the history **of England**

{ **his parents'** consent （彼の両親の同意）
{ the consent **of his parents** （＝ Subjective 'of '〔主語の 'of '〕）

---

†　たとえば「ジョンの友人」をいう場合に，次の三つの形式が用いられるが，それぞれ用法が区別される。

　{ (a) John's friend （ジョンの友人）
　{ (b) a friend of John's (*or* John) （ジョンの友人）
　{ (c) one of John's friends （ジョンの友人の一人）

　(a) はある文脈のなかで特定の友人を表わし，(b) は不特定のある友人をいうとき，(c) は幾人か友人がいるなかの一人として表わす場合に用いる。(a) と (b) の違いは *the* friend と *a* friend の違いに似ている。〔⇨ p. 150〕

††　「作品」を表わす場合は常に二重所有格の形になるとはかぎらない。たとえば「シェイクスピアの劇」は次のいずれの形も用いられる：

　　　a play *of* Shakespeare / a play *of* Shakespeare's

†††　of の前の名詞には，a, this (these), that (those), some, any などが付くが the wife of Smih's のように the を用いることはない。

　　　some (**these**, × **the**) books of James's

$\begin{cases} \textbf{the boy's} \text{ punishment （その少年の処罰）} \\ \text{the punishment } \textbf{of the boy} \text{ （= Objective 'of '［目的語の 'of '］）} \end{cases}$

* 次の例では所有格が「主語」関係を，of が「目的語」関係を表わしている：
  a husband's desertion of his wife（夫が妻を見捨てること）

* 二つの形が異なる意味を表わすこともある：
  $\begin{cases} \textbf{the boy's} \text{ story （その少年の［＝\underline{が}話した］物語）〔主語関係〕} \\ \text{the story } \textbf{of the boy} \text{ （その少年の［＝についての］物語）} \end{cases}$
  $\begin{cases} \textbf{Livingstone's} \text{ discovery （リビングストーンの発見）} \\ \text{the discovery } \textbf{of Livingstone} \end{cases}$

  下の例のように，'s が「主語関係」（リビングストーンが発見したこと），of の形が「目的語関係」（〜を発見したこと）を表わすことがある。

● of 以外の前置詞によって所有格の意味関係を表わす場合もある：
  $\begin{cases} \textbf{Hardy's} \text{ novels （ハーディの小説）} \\ \text{novels } \textbf{by} \text{ （\textit{or} } \textbf{of}\text{） } \textbf{Hardy} \end{cases}$
  $\begin{cases} \textbf{children's} \text{ books （児童書）} \\ \text{books } \textbf{for children} \end{cases}$
  $\begin{cases} \textbf{tomorrow's} \text{ weather-forecast （明日の天気予報）} \\ \text{the weather-forecast } \textbf{for tomorrow} \end{cases}$
  $\begin{cases} \text{one of } \textbf{London's} \text{ finest shops （ロンドンの最もりっぱな店の一つ）} \\ \text{one of the finest shops } \textbf{in London} \end{cases}$

重 要 問 題

（解答 p. 689）

26. 次の各組の相違を述べよ。

(1) (a) the mother cat
    (b) the mother's cat

(2) (a) a lady's bicycle
    (b) a ladies' bicycle

(3) (a) a boyfriend
    (b) the boy's friend
    (c) the boys' friends

(4) (a) Jack and Henry's radio
    (b) Jack's and Henry's radios
    (c) Jack and Henry's radios

(5) (a) the refugee problem
    (b) the refugee's problem

(6) (a) a fair criticism of Karl
    (b) a fair criticism of Karl's

(7) (a) This dog is bigger than my mother.
    (b) This dog is bigger than my mother's.

27. 次の各文の所有格の用法を述べよ。

(1) He rejoiced at his *friend's* success.

(2) He hastened to his *friend's* rescue.

(3) The *teacher's* punishment of the pupil was mild.

(4) The *teacher's* punishment by the education board was mild.

(5) He was anxious about his *children's* safety.

(6) He put aside his *children's* toys.

(7) He was disappointed by his *children's* paintings.

(8) There are a lot of *children's* books in the library.

(9) There are a lot of books on *children's* education in the library.

28.　次の各文の誤りを正せ。

(1) There's a bird on the tree's top.

(2) They visited the house of Paula.

(3) Aunt Mary returned home after ten year's absence.

(4) There is no girl's school in this town.

(5) Lady's parasols are now on sale.

(6) Tom and Mary's shoes were stolen.

(7) I met my brother at the barber.

(8) This my father's overcoat is already worn out.

(9) His opinion differs from my father.

(10) The boy is staying at his uncle.

第4節　名詞の性

　自然界の性（Sex）は男性と女姓に分けられるが，文法上の性は Gender と呼ばれ，英語では男性・女性・通性・中性の四つが区別される。

(1) **男　性**（Masculine Gender）
男性を表わす。自然界の男性と一致する：boy, father, *etc.*

(2) **女　性**（Feminine Gender）
女性を表わす。自然界の女性と一致する：girl, mother, *etc.*

(3) **通　性**（Common Gender）
男性と女性とに共通して用いられる名詞：child, parent, *etc.*

(4) **中　性**（Neuter Gender）
男・女の区別のない無生物を表わす名詞；book, time, *etc.*

§53. 男性と女性

　男性と女性の区別を示すには，(1)全く別の語を用いる場合，(2)接尾辞などの語要素を添える場合，(3)性を示す語を前または後に置いた合成語または語群の形式を用いる場合，に大別することができる。

１ **別の語で表わす。**

―男　性―	―女　性―
man（男）†	woman（女）
father（父）	mother（母）
son（息子）	daughter（娘）
boy（少年）	girl（少女）
brother（兄弟）	sister（姉妹）
husband（夫）	wife（妻）
uncle（おじ）	aunt（おば）
nephew（おい）	niece（めい）
king（王）	queen（女王）
gentleman（紳士）	lady（淑女）††
sir（敬称）	madam（敬称）
bachelor（独身男）	spinster（独身女）
lad（若者）	lass（娘）
monk［mʌŋk］（修道僧）	nun（修道女）
wizard（魔法使い）	witch（魔女）
ox, bull（雄牛）	cow（雌牛）
	〔動物については ⇨ p. 620〕

２ **接尾辞などの語要素を付加する。**

　ふつうに用いられる単語では，少数のものを除いて，男性名詞に -ess を

---

† 　**man** (1)「男」の意味では **woman** に対する男性語であるが，(2)「人」「人間」の意では woman を含む通性語である。(2) の場合 (a)「（一般に）人間（というもの）」の意では無冠詞で用い，(b)「（ある不特定の）人」では不定冠詞が付く〔⇨ p. 80〕が，(1) の意味でも同様に無冠詞の場合と不定冠詞を用いる場合とある。
　　(a) **Woman** is physically weaker than **man**.（女は男より肉体的に弱い）
　　(b) **A man** is as old as he feels, and **a woman** is as old as she looks.
　　　　　（男の年は気持ちしだい，女の年は容貌しだい）
†† 　**lady** は「貴婦人」の意味では **lord**（貴族）に対する。

付けて女性名詞を作る。

《a》 男性名詞に -ess を付けて女性名詞を作る：

この場合　①そのまま -ess を付ける形のほか，②-er, -or などで終わる語は，たいていその e, o などがなくなり，③-e で終わる語には -ss だけを付け，④「短母音＋子音字」で終わる名詞はその子音を重ねる。また，⑤それ以外の形の変化をするものもある。

—男　性—	—女　性—
① host（〔guest に対して〕主人）	hostess（女主人）
steward（乗客係，スチュワード）	stewardess（スチュワーデス）
heir [eər]（相続人）	heiress [éəres]（女相続人）
count（伯爵）†	countess（伯爵夫人）
baron（男爵）	baroness（男爵夫人）
lion（〔雄〕ライオン）	lioness（雌ライオン）〔⇨ p. 620〕
② actor（俳優）	actress（女優）
cf. author（著者）— authoress（女の著者）††	
waiter（給仕）	waitress（女給）
tiger（〔雄〕とら）	tigress（雌とら）〔⇨ p. 620〕
③ prince（王子）	princess（王女）
④ god（神）	goddess（女神）
⑤ emperor（天皇，皇帝）	empress（皇后，女帝）
master（主人）	mistress（女主人）
duke（公爵）	duchess（公爵夫人）

《b》 -ess 以外の語尾によって区別する：

hero（英雄；主人公）	heroine（女主人公）
fiancé [fiːɑnséi]（婚約者）	fiancée [fiːɑnséi]（婚約者）
alumnus [əlʌ́mnəs]（男子卒業生）	alumna [əlʌ́mnə]（女子卒業生）

《c》 女性語に他の要素を加えて男性語を作る：

---

†　**count** は欧州で用いる語で，英国では「伯爵」は **earl** を用いるが，その女性語「伯爵夫人」は count に対すると同じく **countess** を用いる。

††　**author** — **authoress** のほか，**poet** — **poetess**（女流詩人），**sculptor** — **sculptress**（女流彫刻家）などの女性形は，実際にはあまり用いられず，ふつう男性形を男女に共通して用いる。なお **artist, architect, doctor, clerk, cook, judge, pianist** などは男・女両方に用いられる。

widower（男やもめ）　　　　　widow（未亡人）

bridegroom（花婿）　　　　　bride（花嫁）

3　性を表わす語を用いて合成語を作る。

manservant（召使）　　　　　**maid**servant（お手伝い）

business**man**（実業家）†　　　business**woman**（女実業家）

school**boy**（男生徒）　　　　　school**girl**（女生徒，女学生）

grand**father**（祖父）　　　　　grand**mother**（祖母）

land**lord**（〔旅館などの〕主人）　land**lady**（女主人，おかみ）

pea**cock**（雄くじゃく）　　　　pea**hen**（雌くじゃく）

§54.　通　　性

　人間や動物を表わす語には，男・女（雄・雌）両性に対して共通に用いられる語が多い。たとえば：

adult（大人）	artist	doctor	foreigner（外国人）
friend	guest（客）	inhabitant（住人）	neighbor（隣人）
novelist（小説家）	professor	scientist	servant
singer	student	teacher	writer
animal	bird	cat	mouse

　これらの通性語について，特に性を区別する場合は，一般的には male と female を用いるが，その他の語で示されるものもある。

　　a **male** cousin（男のいとこ）　a **boy**friend（男友達）

　　a **male** nurse（男の看護師）　a **girl**friend（女友達）

　　a **female** student（女子学生）　a **lady**（*or* **woman**）doctor（女医）

　　a **female** kitten（雌の子ねこ）a **woman** teacher（女教師）

通性語に対して，それに対応する男性語と女性語がある場合もあるが，その主なものを次に示す。

---

†　**chairman**（議長），**freshman**（新入生）などは，本来，男性に用いられた語であるが，現在では女性にも用いられる。前者には女性形 chairwoman もある。ただし，-man，-woman，-ess を付けた語などを“性差別語”として避け，男女共通語として **chairperson**（議長），**sporkesperson**（代弁者），**salesperson**（店員，外交員），**businessperson**（実業家），（police*man* →）**police officer**（警官），（mail*man* →）**mail carrier**（郵便配達員），（fire*man* →）**fire fighter**（消防隊員），（steward*ess* →）**flight attendant**（〔飛行機の〕乗務員），（house*wife* →）**homemaker**（主婦）などを用いる傾向がある。〔⇨ p. 604〕

—通　性—	—男　性—	—女　性—
parent（親）	father（父親）	mother（母親）
spouse（配偶者）	husband（夫）	wife（妻）
sibling（兄弟姉妹）	brother（兄弟）	sister（姉妹）
child（子供） baby（赤ん坊） infant（幼児）	{ boy（男の子） { son（息子）	{ girl（女の子） { daughter（娘）
person（人）	man（男）	woman（女）
cousin（いとこ） relative（親戚）	{ uncle（おじ） { nephew（おい）	{ aunt（おば） { niece（めい）
youth（青年）	lad（若者）	lass（娘［っ子］）
monarch（君主） sovereign（主権者） ruler（支配者）	{ king（王） { emperor（皇帝）	{ queen（女王） { empress（皇后）
horse（馬）	stallion（雄馬）	mare（雌馬）

〔動物については ⇨ p. 620〕

通性語と代名詞

(1)　**人を表わす通性語の場合は**，①個々の文脈で男女のいずれかを表わしている場合は，当然，それに応じて **he, she** のいずれかで受ける。②一般的に述べる文では，通性語を受ける代名詞は次の例②のような形をとる。

①　**The teacher** scolded **his**（*or* **her**）pupils.（先生は生徒を叱った）

　　＊　その先生が男であれば his, 女であれば her になる

②　**A teacher** should be fair to ㋑ **his**　㋺ **her**　㋩ **his or her**　㋥ **his／her**）students.（教師は学生に対して公平でなければならない）

　　＊　「教師」は男女共通語であるが，男と女のいずれかで代表させる場合は，従来㋑の男性の **his** が多い。

　　　　また，たとえば，「教師は女性に多い職業」といった意識が強い場合などには㋺の her も用いられる。

　　　　そして，性差を示す表現をなるべく避け，男女の平等を重んじる今日の傾向においては㋩の **his or her** が正式と認められている。

　　　　書く場合には㋥の **his／her** の形が用いられるが（読むときには his or her と読む），これはあまり一般的ではなく，主に堅い内容の著述などで用いられる。

(2)　**動物を表わす通性語の場合**は，①その動物の男女の性別がわからない
か，その性別を特に意識または強調しない場合は it で受けるのがふつう
である。また，②その動物の性別がわかっていてそれを明示する場合は，
その性別に応じて he または she を用いる。しかし，③その個々の動物
の性別にかかわらず，一般的に男性的な感じを与える動物には he を，
女性的な感じを与える動物には she を用いることが多い。たとえば dog
や horse は he で，cat や hare（野うさぎ）は she で受けることが多い。

　　The **cat** held the rat under **her** (*or* **its**) paws.

　　　　（猫はそのねずみを足で押えた）

　　The **dog** has lost **his** (*or* **its**) bone.（犬は骨をなくしてしまった）†

　　You can take a **horse** to the water but you can't make **him** drink.

　　　　（馬を水ぎわまで連れて行くことはできるが，水を飲ませるこ
　　　　とはできない）

(3)　**child, baby** は，一般的な記述や，性別がわからない場合，または性
別を特に問題にしない場合は it で受けることが多い。しかし，性別を
よく知っている身近な子供をさす場合は he, she で表わすのが自然であ
る。

　　A **child** learns to speak long before **it** starts school.

　　　　（子供は学校にあがるずっと前に話せるようになる）

　　The **baby** dropped **his** (*or* **her**, **its**) rattle. ††

　　　　（赤ちゃんががらがらを落としてしまった）

§ 55.　中　　性

　無生物を表わす名詞は，男性でも女性でもない中性語であり，代名詞は it
で受けるのがふつうである。しかし擬人的に男性または女性として扱い，he
または she で受けることがある。これを**擬人性**（Gender of Animation）と
いい，科学的・客観的な記述の文よりも，文学的・情緒的な文において多
い。

---

†　たとえば飼い犬についてならば，**Fido** has lost his bone. であって，its ではな
　　い。〔Fido [fáidou] は飼い犬によく用いられる名〕

††　たとえば家庭などでは，わかっている性別に応じて his または her を用いるのが自
　　然であるが，個人的に特定できない大勢の赤ん坊がいる産科病院などでは its が違和
　　感なく用いられる。

　一般的に力強さ・雄大さ・厳しさ・強烈さなどを感じさせるものは男性として，優美さ・柔しさ・温和さなどを感じさせるものは女性として扱われる。

〔**男性に扱われる語**〕：　the sun, summer, winter, day, mountain, ocean（大洋），river（川），thunder（雷），wind, death, war（戦争），love, anger（怒り），vice（悪徳），*etc.*

〔**女性に扱われる語**〕：　the moon, the earth, spring, night, nature（自然），charity（慈愛），mercy（慈悲），fortune（幸運），peace（平和），liberty（自由），virtue（美徳），country（国），ship（船），*etc.*

* 　国名は「国土」を表わす地理的な記述では it で受けるが，「国民・国家」を表わす政治的その他の記述においては **she** で受けることが多い。

　　France is larger than Spain and **it** is much more fertile.
　　　（フランスはスペインより大きく，はるかに肥沃である）
　　Japan should do **her** best to be a truly peace-loving country.
　　　（日本は真の平和愛好国になるよう最善を尽くさねばならない）

* 　**car, train, airplane**（飛行機）なども，ふつう it で受けるが，親しみ・愛情などの気持ちがこめられる場合は she で受けることもある。

* 　次のような通性語とそれを受ける性別を表わす語との関係に注意：

　　Necessity is the **mother** of invention.（必要は発明の母）
　　The Nile is called the **Father** of Rivers.
　　　（ナイル川は川の父と呼ばれる）
　　Spring is the **Daughter** of Heaven and Earth.（春は天と地の娘である）

重 要 問 題 　　　　　（解答 p. 690）

29.　次の語と反対の性を表わす語を記せ。

　(1) son　　　　(2) uncle　　　　(3) hero　　　　(4) ox
　(5) bride　　　(6) widow　　　(7) nephew　　　(8) master
　(9) lord　　　(10) nun

30.　次のうち，そのままの形に **-ess** を加えれば女性形になるものを四つ選び番号を記せ。

　(1) actor　　　(2) heir　　　　(3) emperor　　　(4) steward
　(5) god　　　　(6) lion　　　　(7) host　　　　 (8) prince
　(9) tiger　　　(10) waiter

第 **5** 章

代 名 詞

　名詞の代わりに用いる語を**代名詞**（Pronoun［próunaun］）という。「名詞の代わり」という場合，既出の名詞を繰り返して用いるのを避け，その代わりに用いることが多いが，そのような名詞をその代名詞の**先行詞**（Antecedent［æntisíːdnt］）という。しかし，代名詞は特定の語を先行詞としないで用いられることもあり，また名詞一語ではなく文の内容のある部分を指すこともある。

(**a**)　特定の名詞を先行詞とする場合：

　　Give the *boy* this *book* and tell **him** to take **it** to the *teacher* **who**
　　is in the *room* next to **ours**.

　　　（この本をその子に渡し，私たちの隣の部屋にいる先生のところにそ
　　　れを持って行くように言いなさい）

(**b**)　先行詞がなく，ばくぜんと不特定のものを指す場合：

　　They say **it** snows a great deal there.

　　　（その地方は雪が多いといわれている）

　　One (*or* **We, You**) must realize that **some** like what **others** do
　　not.

　　　（人によって好ききらいは異なることを悟らなければならない）

(**c**)　文の内容［のある部分］を指す場合：

　　He says *he did it himself,* but I don't believe **it**.

　　　（彼は自分でそれをしたというが，私はそれを信じない）

　　John has failed again. — I am sorry to hear **that**.

　　　（ジョンはまた失敗した — それは残念ですね）

　　Remember **this**: *Many a little makes a mickle.*

　　　（このことを銘記しなさい。塵（ちり）も積もれば山となる，ということを）

代名詞の種類

(1)　人称代名詞（Personal Pronoun）
　　　　　話者・相手・第三者を示す ―― I, you, he, it, *etc.*

(2)　指示代名詞（Demonstrative［dimánstrətiv］Pronoun）　〔⇨ p. 157〕
　　　　　特定の人・物・事を指し示す ―― this, that, such, *etc.*

(3)　不定代名詞（Indefinite［indéfənit］Pronoun）　〔⇨ p. 167〕
　　　　　不特定の人・物・事を表わす ―― one, some, any, *etc.*

(4)　疑問代名詞（Interrogative［intərágətiv］Pronoun）　〔⇨ p. 186〕
　　　　　疑問を表わす代名詞 ―― what, who, which, *etc.*

(5)　関係代名詞（Relative［rélətiv］Pronoun）　〔⇨ p. 196〕
　　　　　接続詞と代名詞の働きを兼ねる ―― who, that, which, *etc.*

第 1 節　人称代名詞

　人称を表わす代名詞を人称代名詞というが，**1 人称**（First Person）とは
「話し手」または「書き手」を指し，**2 人称**（Second Person）とは「聞き
手」または「読み手」を指し，**3 人称**（Third Person）とはそれ以外の人ま
たは事物を指す。人称代名詞には数・格・性の区別がある。

人称＼数・格	単数			複数		
	主　格	所有格	目的格	主　格	所有格	目的格
1 人称	I	my	me	we	our	us
2 人称	you	your	you	you	your	you
3 人称　男性	he	his	him			
3 人称　女性	she	her	her	they	their	them
3 人称　中性	it	its	it			
古い 2 人称	thou ［ðau］	thy ［ðai］	thee ［ði:］	ye ［ji:］	your	you

＊　古い 2 人称は，聖書からの引用や，限られた特定の宗派の人たちなどが用いるほか
　　は，現代の英語では用いられない。
　　　Dust **thou** art, and unto dust shalt **thou** return.（汝は塵（ちり）なれば塵に帰る
　　　べきなり）〔創世記：3：19〕

人称代名詞について注意すべき点

《1》　**語順**　　人称代名詞を二つ以上並べるときは，2人称を前に，1人称を後に置くのがふつうである。

Both **you** and **I** must go. (君もぼくも行かねばならない)

Both **you** and **he** must go. (君も彼も行かねばならない)

Either **he** or **I** must go. (彼か私かが行かねばならない)

All of us, **you,** your **brother** and **I,** must go.

　　　　(われわれみんな，君も君の弟も私も，行かねばならない)

《2》　**主格と目的格**　　主格補語になる代名詞は主格に，目的格補語になる代名詞は目的格になる。

$\begin{cases} \text{I thought [that] it was \textbf{he} (\textit{or} \textbf{him}).} & \text{(それは彼だと思った)} \\ \text{I thought it [to be] \textbf{him}.} & \text{(　　　〃　　　)} \end{cases}$

　　主格補語に主格を用いるのは形式ばった言い方で，口語的な表現においては，目的格を用いるのがふつうである。また，主語だけを示す省略的表現にも目的格を用いることがある。

①　Who is it? ― It's **me.** (だれ？ ― ぼくだよ)

②　It must have been **her.** (彼女だったにちがいない)

③　Who did that? ― **Me.** (だれがそれをしたんだ ― ぼくです)

　　①の It's *me.* は慣用が固まっていて，It's *I.* とするのは，型苦しく不自然とされる。② me 以外の目的格 her, him, us, them なども be のあとにふつうに用いられ，主格 she, he, we, they を用いるのは，やはり形式ばった(または古めかしい)言い方。③主格を用いるならば代動詞も添えて I did. となるのがふつうである。

　　＊　強調構文(It's was **she** / **her** who (that) …)の場合については ⇨ p. 621。

《3》　**前置詞の目的語の格**　　前置詞の目的語になる代名詞は，もちろん目的格でなければならない。〔⇨ p. 492〕

He's madly in love with **her.** (彼は彼女に首ったけだ)

$\begin{cases} \text{I trust no one but \textbf{he}.} & \text{〔誤〕} \\ \text{I trust no one but \textbf{him}.} & \text{〔正〕} \end{cases}$ (私は彼以外の人間はだれも信用しない)

　　＊　**but** = except (～を除いて)〔この文は I trust only **him.** と同意〕

《4》　**同格の代名詞の格**　　主語・主格補語と同格の代名詞は正式には主格，口語的には目的格になり，目的語と同格の代名詞は目的格となる。

Neither of us, my brother and **I** (*or* **me**), wanted to go.
　　（私たちは，兄も私も，行きたくなかった）

He invited both of us, my brother and **me**.
　　（彼は私たち，兄と私を二人とも招待してくれた）

《5》　比較表現における主格と目的格の区別

{ He likes beer as much as **me**.　〔口語的〕†
{ He likes beer as much as **I** [do].〔正式〕
　　（彼は私と同じくらいビールが好きだ）††

{ (a) He knows hér as well as **mé**.
{ (b) Hé knows her as well as **Í**.
　　（彼は私と同じくらい彼女をよく知っている）

　日本語の訳では区別はつかないが，(a) は「彼は，私と彼女を，同じく
らいによく知っている」(b) は「彼と私は彼女を同じくらいよく知ってい
る」の意味を表わし，比較関係が異なる。すなわち

{ (a) = He knows her as well as [he knows] me.
{ (b) = He knows her as well as I do (= know her).

《6》　代名詞が先行詞より前に表われる場合

　代名詞は，前に表われた名詞を受けて用いるのがふつうであるが，あと
に表われる名詞を指して用いることがある。

{ (a) **The plane** took off as soon as **it** refueled.　　〔正〕
{ (b) **It** took off as soon as **the plane** refueled.　　〔誤〕
{ (c) As soon as **the plane** refueled, **it** took off.　　〔正〕
{ (d) As soon as **it** refueled, **the plane** took off.　　〔正〕
　　（燃料を補給するとすぐ飛行機は離陸した）

〔上の各文で，下線を施した節が「主節」，他が「従節」である〕

　代名詞は，(a)，(c) のように，先行する名詞を受けるのがふつうであ
り，(b) のように（主節が前に出た文で）代名詞が後に表われる名詞を指
すことはない。しかし，(d) のように従節が前に出て，その中の代名詞が
後に続く主節の中の名詞を指す形をとることはある。

---

†　口語では，He is taller than I [am]. を He is taller than **me**., また She is as
　tall as **he** [is]. を She is as tall as **him**. と目的格を多く用いる。〔⇨ p. 313, 317〕
††　上の me を用いた文は，文脈により「彼はビールと私を同じくらいに好む」の意，
　すなわち He likes beer as much as [he likes] **me**. の関係を表わすこともありうる。

§56. 所有格の用法

代名詞の所有格は，名詞の場合と同様に〔⇨ p. 122〕，いわゆる「所有」関係のほか，主語関係・目的語関係などを表わす。†

her picture（彼女の写真）〔＝①彼女が所有している写真　②彼女を写した写真　③彼女が撮った写真〕　　　　　　　　　　〔⇨ p. 123 †††〕

To **my** disappointment, he failed.
　　　（私が失望したことに，彼は失敗した）

I hope you don't mind **my** asking this.　　　　　　　〔主語関係〕
　　　（このことを私がお尋ねしてもかまわないでしょうね）

The police went to **his** rescue.　　　　　　　　　　〔目的語関係〕
　　　（警察は彼の救助に向かった）〔彼を救助しに行った〕

*　所有格を用いるか，「of＋目的格」を用いるか，慣用が区別される場合がある。
　　⎧ I ran *for* **my** *life*.（私は命からがら逃げた）
　　⎨ I cannot *for the life* of me remember his name.（私はどうしても彼の
　　⎩　　名前が思い出せない）〔*cf.* for life（一生涯[の]，終身の）〕
　　⎧ Do not judge a man by **his** *looks*.（人を外観によって判断するな）
　　⎨ I don't like *the look* of him.（彼の様子が気に入らない）

所有格 + **own**

所有格を強めるために own を後に置くことがある。own はまた，後に名詞を伴わず，所有代名詞的に用いることもある。〔⇨ p. 149〕

He lives in **his own** house.（彼は自分の家に住んでいる）

He has no house of **his own**.（彼には自分の家がない）

This house is **his own**.（この家は彼自身のものです）

You must make what you read **your own**.（読んだことは自分のものとしなければならない；読んだことは自分の身につけよ）

---

†　他動詞の意味を含む名詞に所有格が付いた形が，二通りに解釈できる例。
　The police announced **his** arrest.（警察は彼の逮捕を発表した）〔①彼が逮捕されたこと（主語関係）　②彼を逮捕したこと（目的語関係）〕
　次のような例でも，文脈により二通りの意味が成り立つ。
　His *operation* was successful.（彼の手術は成功した）〔①彼が行なった手術（＜彼が手術する）　②彼が受けた手術（＜彼を手術する）〕
　Her *treatment* was fair.（彼女の待遇は公正だった）〔①彼女の人に対する待遇（＜彼女が待遇する）　②彼女が受けた待遇（＜彼女を待遇する）〕

§57. 総称人称

we, you, they は「われわれ」「あなた［がた］」「彼ら」の意で特定の
人々を指すのではなく，一般の人々を表わすことがあるが，そのように用い
られた場合，**総称人称**（Generic Person）と呼ばれることがある。[†]

このほか，不定代名詞の one も単数的に人一般を表わし〔⇨ p. 168〕，ま
た，he, they が関係代名詞を伴って一般の人を表わすこともある。

we は話し手を含めて広く一般を指し，you は二人称表現であるが，内容
的には相手だけでなく話し手・一般を含み，結局は we に置きかえても変わ
らないことが多い。they は people に近く，ふつう，話し手と聞き手はその
中に含まれていない。one は a person に相当し，口語では you が多く用い
られるのに対して，文語で多く用いられ，やや固い。[††]

We (*or* **You, One**) must be considerate of others.
　　　（他人に対して思いやりがなければならない）

We never meet without parting.（会うは別れの始め）　　　〔⇨ p. 456〕

You never know what **you** can do till **you** try.
　　　（自分になにができるかはやってみるまでわからない［物は試し]）

They say that **we**'ll have a lot of snow this year. [†††]
　　　（今年は雪が多いだろうと言われている）

All things come to **him** *who* waits.
　　　（待つものにはすべてが訪れる［待てば海路の日和かな]）

[†]　このような総称人称の代名詞は，訳文でもいちいち「われわれ」，「あなた［が
た]」，「彼ら」などとは表わさない。

 (a) **You** *never can tell* what may happen in future.

 (b) **There** *is no telling* what may happen in future.〔⇨ p. 454〕

 (c) **It** *is impossible to tell* what may happen in future.
　　　（将来何が起こるかわかったものではない）

　(a) の You は総称用法であるから，(b), (c) のような非人称構文で表わしても意
味は同じことで，訳文も「あなたは決して言えない」とはしない。次の例でも you
が4回でてくるが，「あなた」という訳語は全く表わす必要はない。

　You often find that just when **you** want something **you** haven't got it by
　　you.（ちょうど何か必要なときにそれが手もとにないことがよくある）

[††]　辞書などで，人称を区別せずに一般的に人を表わす場合は，ふつう one を用いる。
　　as best **one** can（精いっぱい，できるかぎり）do **one's** best（最善を尽くす）
　　by **oneself**（ひとりで）

They *that* know nothing fear nothing.

　　（何も知らないものは何も恐れない［盲蛇におじず］）

* 一般の人を表わす **he** *who*（or *that*）..., **they** *who*（or *that*）... の形式はほぼ
ことわざなどに限られており，ふつうは *a man* who ..., *those* who ... などを
用いる。

* なお，「アメリカでは英語を話す」という場合，次の関係を区別する。

　　　　(a) **We** speak English in America.
　　　　(b) **You** speak English in America.
　　　　(c) **They** speak English in America.

　(a) はアメリカ人である話者が，アメリカ人でない相手に対して，

　(b) はアメリカ人である相手に対して，アメリカ人でない話者が，

　(c) は話者も聞き手もアメリカ人でない場合に，ふつう行なう会話である。

§58.　we の特別用法

(1)　編集者の "we"（Editorial "we"）

　編集者・論説者・著者・講演者などが，自分個人を表に出すのを差し控え
たり，主観的な叙述を避けたり，筆者一個の考えではなく，編集部・論説部
を代表することを示したりするために，I ではなく we を用いることがある。

(2)　君主の "we"（Royal "we"）

　国王や君主が I の代わりに用いる we（朕(ちん)，余）をこのように呼ぶが，
今日ではこの用法は事実上廃れてしまっている。

We are not amused.（私は一向におもしろうない）

* Victoria 女王の言葉として有名。**be not amused**（おもしろくない）は人の言
動などに対する大きな不興・不快感を示す表現。

(3)　親心の "we"（Parental "we"）

　口語で you のかわりに we を用いることがある。これは，特に親などが子

---

††† 「一般的な人」を表わすといっても，それが包む範囲はそれぞれの文脈によって異
なった広がりを持つ。

　(a)　**They** say that honesty is the best policy.（正直は最善の策と言われる）

　(b)　**They** drink a lot of coffee in America.（米国ではコーヒーをよく飲む）

　(c)　**They** sell sugar at that store.（あの店では砂糖を売っている）

　(a) の They は「世間一般の人」を，(b) は「アメリカ人」を，(c) は「店の人」
を指し，次のように表わすこともできる。

　(a)′ People say（*or* It is said）that honesty is the best policy.

　(b)′ Americans（*or* People in America）drink a lot of coffee.

　(c)′ Sugar is sold at that store.

供に対して，あやしたり，やさしく表わしたりするのに用いるので，Paren-tal "we"（親心の "we"）と呼ばれる。また，医者や看護士などが患者に対してもよく用い，その場合は Medical "we"（医者の "we"）と呼ばれる。†

We won't lose **our mittens,** will **we?**

　　　　（手袋をなくさないようにしましょうね）

How are **we** feeling this morning?（今朝はご気分いかが）

Now it's time for **our** medicine.（さあ，お薬の時間ですよ）

§59. it の用法

1　**既出の名詞を受ける。**

　これが代名詞としてふつうの用法であるが，この場合，one の用法と区別する。it は可算・不可算いずれの名詞をも指し「the＋名詞」で置きかえられる場合，**one** は可算名詞だけを受け「a＋名詞」で置きかえられる場合である。すなわち it は特定，one は不特定のものを表わす。

　If you have a knife, will you lend **it** to me?〔it = *the* knife〕

　　　　（ナイフをお持ちでしたら貸していただけませんか）

　I need a knife. Will you lend **one** to me?〔one = *a* knife〕

　　　　（ナイフがいるんですが，貸していただけませんか）

2　**文の内容を受ける。**

　この場合，先行する文全体の内容を表わすこともあれば，ある一部を表わすこともある。（次の例ではイタリック体の部分を it が受ける）††

She is pretty, and she knows **it.**（彼女はきれいで，それを自覚している）

He tried *to move the stone,* but found **it** impossible.

　　　　（彼はその石を動かそうとしたが，できなかった）

A man who thinks himself in good health may *be ill* without knowing **it.**（元気だと思っている人が，自分では自覚しないが病気であることもある）

3　**人を指す場合**

it は中性名詞〔⇨ p. 133〕を表わすのがふつうで，また動物にも用いる

---

†　この用法は，ともに同じ立場に身を置こうとする共感の気持を表わすが，ときに大人を子供扱いするようなニュアンスを帯び，不快がられることもある。

††　次のような文では形容詞を受けている。

　　She's *intelligent,* but she doesn't look **it.**

　　　　（彼女は聡明だが，そのようには見えない）

が，人間の場合では child, baby を受けることがある〔⇨ p. 133〕。また，姿の見えない性別のわからない人を指したり，行為者がだれかを述べる文などで人を指すことがある。†

Someone is at the door. Go and see who **it** is. ††
　　　　　（戸口にだれかいる。だれだが見てらっしゃい）

If anyone needs help, **it's** George.
　　　　　（助けを必要とする者がいるとすれば，それはジョージだ）

4　**非人称の "it"** (Impersonal "it")

it は時・距離・天候・温度・明暗などを述べる文の主語として，形式的に文頭に置かれる。

What time is **it**? — **It** is 9. （何時ですか — 9時です）

It's three years since he died. （彼が死んで3年になる）〔⇨ p. 371〕

How far is **it** to the station? （駅までどれくらいありますか）†††

It's ten minutes' walk to the sea. （海まで歩いて10分です）

It'll be cloudy （windy） tomorrow. （明日は曇り〔風が強い〕だろう）

It's raining （snowing, blowing hard, thundering）. （雨が降って〔雪が降って，風が強く吹いて，雷がなって〕いる）

It's hot （cold, warm, cool, sultry〔蒸し暑い〕, chilly, *etc.*）

It's summer now. （今は夏です）

It's getting light （dark）. （明るく〔暗く〕なってきた）

5　**先行の "it"** (Anticipatory "it")

it が後続する語・句・節を代表して形式的に前に置かれる用法で，**予備の "it"** (Preparatory "it")，**導入の "it"** (Introductory "it") とも呼ばれる。この it が主語として用いられる場合を**形式主語** (Formal Subject)〔⇨ p. 8〕,

---

†　it は場合によっては複数の人間を指すこともある。
　　Who left just now? I thought **it** was *the Smiths*.
　　　　　（今出て行ったのはだれだろう。スミス夫妻だと思ったが）
††　次の場合を比較：
　　Who are **you**? （〔目の前にいる相手に〕あなたはだれですか）
　　Who is **it**? （〔姿の見えない人に〕だれですか）〔⇨ p. 186〕
　　Who is **this** （*or* **that**）? （〔電話で相手に〕どなたですか）
　　Who was **that**? （〔今のは，さっきのは〕だれだったかしら）
†††　「遠い」は疑問文・否定文では **far**，肯定文では **a long way** を用いる。
　　It's **a long way** from here to the staton. （ここから駅までは遠い）

目的語として用いられるものを**形式目的語**（Formal Object）〔⇨ p. 10〕といい，その実際の内容である後続する語・句・節を，それぞれ**真主語**（Real Subject）および**真目的語**（Real Object）という。

　真主語・真目的語になるのは不定詞・動名詞・名詞節などである。†

(a)　形式主語

> **It** is not wise *to make light*（or *little* ）*of one's health.*　　　〔不定詞〕
> 　　（健康を軽んじることは賢明でない）

> **It** takes two *to make a quarrel.*　　　　　　　　　　　　　　　　〔不定詞〕
> 　　（けんかをするには二人いる；一人ではけんかはできない）

> **It** is no use *crying over spilt milk.*　　　　　　　　　　　　　　〔動名詞〕
> 　　（こぼれたミルクについて泣いてもむだだ［覆水盆にかえらず］）

> **It** is fun *talking with them.*（彼らと話をするのは楽しい）　　　〔動名詞〕

> **It** is a pity *that he failed.*（彼が失敗したのは気の毒なことだ）〔名詞節〕

> **It** doesn't matter *what you say*［*whether you agree or not*］.　　〔名詞節〕
> 　　（君がなにを言おうと［同意しようがしまいが］問題ではない）

> **It** is none of your business *what I do.*　　　　　　　　　　　　〔名詞節〕
> 　　（僕が何をしようと君の知ったことではない）

(b)　形式目的語

> I think（consider, find, judge, hold, count）**it** necessary *to do so.*
> 　　（そうすることが必要だと思う）　　　　　　　　　　　　　　　〔不定詞〕

> I think **it** dangerous *her going there alone.*　　　　　　　　　　〔動名詞〕
> 　　（彼女がそこへひとりで行くことは危険だと思う）

> I think **it** a pity *that the project was canceled.*　　　　　　　　〔名詞節〕
> 　　（その計画が取り止めになったことを残念に思う）

形式主語を用いる重要表現

❶　**It** is natural **for** you **to** say so.（君がそう言うのは当然だ）
　　〔= *It* is natural *that* you *should* say so.〕〔⇨ p. 424, 667〕

---

†　形式主語・目的語が副詞節を表わすこともある。
> 　　**It** makes him unhappy *when people think him unfriendly.*
> 　　　　（人に薄情だと思われると彼はかなしく感じる）
> 　　I'd appreciate **it** *if you would do this at once.*
> 　　　　（これをすぐにしていただけるとありがたいのですが）

❷ **It** is kind **of** you **to** say so.（そう言ってくれてありがとう）
〔= *You* are kind to say so.〕〔⇨ p. 424, 667〕

❸ **It is no use** complain**ing**.（ぐちをこぼしてもはじまらない）
〔= *There is* no use〔*in*〕complaining. / It is *of* no use to complain.〕

❹ **It took** me a week **to** finish the work. *〔take =〔時間が〕かかる〕
（その仕事を終えるのに 1 週間かかった）

❺ **It cost** me ten dollars **to** have it repaired. *〔cost =〔費用が〕かかる〕
（それを修理してもらうのに 10 ドルかかった）

❻ **It seems**（*or* **appears**）**that** he was ill.（彼は病気だったらしい）
〔= *He* seems（*or* appears）*to have been* ill.〕

❼ **It happened that** he was not at home.
（たまたま彼は家にいなかった）
〔= *He* happened *not to be* at home.〕

❽ **It goes without saying that** health is above wealth.
（健康が富にまさることはいうまでもない）
〔= *It is needless to say that* health is above wealth.〕

❾ **It occurred to** me **that** there might be some fault on my part.
（自分のほうになにか落度があるのではないかと，ふと思った）

❿ **It makes no difference** to me **whether** he will come or not.
（彼が来ようが来まいが僕にとっては同じことだ）
〔= *It is all the same* to me *whether* he will come or not.〕

⓫ **It** does not **matter what** you say.（君が何と言おうと問題でない）
〔= It is of no importance〔*or* consequence〕*what* you say.〕

⓬ He does not know **what it is**〔**like**〕**to** be poor.
（彼は貧乏であることがどんなことか〔貧乏の味〕を知らない）

形式目的語を用いる重要表現

❶ I **make it a rule to** side with the weaker party.
（私は弱い方に味方することにしている）
〔= *It* is a rule *with* me *to* side with the weaker party.〕

❷ Good health **makes it possible for** him **to** work hard.
（彼は健康なのでよく仕事ができる）　　〔⇨ p. 614「無生物主語」〕

〔= Good health *enables* him *to* work hard. / *He can* work hard
　　 because he is in good health.〕

❸ I **took it for granted that** you would support me.
　　（僕は君が当然僕を支持してくれるものと思っていた）

❹ I'll **see to it that** she arrives there safely.
　　（彼女がかならず無事に着くようにいたしましょう）

❺ He **owes it** entirely **to** his wife **that** he has succeeded.
　　（彼が成功できたのは全く彼の奥さんのおかげです）
　　〔= He owes his success entirely to his wife.〕

❻ You may **depend on it that** he will help you in case of need.
　　（だいじょうぶ，きっと彼はあなたが困ったときに助けてくれますよ）

❼ The last war **brought it home to** us **that** there is no greater evil
　　than war.（今度の戦争は，戦争ほど大きな悪は存在しないことを，
　　われわれにしみじみと感じさせた）

❽ I cannot **find it in my heart to** say such a thing to her.
　　（私は彼女にこんなことを言う気にはなれない）

6 **強調用法の it**〔この構文の注意すべき点については ⇨ p. 621〕

　It is ～ that … の形式で，文のある要素を強調することがある。強調される要素が「人」のときはよく who も，「物」のときはまれに which も用いられ，that が省略されることもある。また，強調される要素は主語・目的語・補語などの名詞・代名詞のほか，句や節であることも多い。†

　It is *he* **who**（*or* **that**）is to blame.（悪いのは彼だ）　　　　〔代名詞〕

　It is not *the expense* I'm worried about.　　〔that が省略された例〕
　（私が気にしているのは費用ではない）

　It is *this hot weather* **that**（*or* **which**）makes her irritable.　〔名詞〕
　（彼女がおこりっぽいのはこの暑い天気のせいだ）

---

† 　たとえば I found this book in her room on Monday.（私は月曜日にこの本を彼
　女の部屋で見つけた）という文の各要素を強調すれば次のようになる。
　① **It** was *I* **that**（*or* **who**）found this book in her room on Monday.
　② **It** was *this book* **that**（*or* **which**）I found in her room on Monday.
　③ **It** was *in her room* **that** I found this book on Monday.
　④ **It** was *on Monday* **that** I found this book in her room.
　この①②のように「代」名詞を強調する場合は that は関係代名詞の働きをしていて，
　who, which も用いられるが，③④では接続詞と考えられ，that だけが用いられる。

It was *yesterday* **that** I mailed (*or* 《英》 posted) the letter. †　〔副詞〕
　　(その手紙を投函したのはきのうです)

It is *chiefly through books* **that** we get knowledge.　　　〔副詞句〕
　　(われわれの知識の供給源は主として書物だ)

It was *what he said* **that** worried me.　　　　　　　　〔名詞節〕
　　(私を心配させたのは彼の言ったことだった)

It is *not until* (or *only after*) *you lose your health* **that** you realize its
value. (健康を失ってはじめてその価値がわかる)　　　　　〔副詞節〕
　　　〔= You do not realize the value of your health until you lose
　　　it. / You realize the value of your health only after you lose
　　　it.〕

7　**状況の "it"** (Situation "it")

　it は, おもに口語的な慣用表現において, 文中の特定のものを指さない
で, ばく然とその場の状況を表わして用いられることがある。

It's all over with her. (彼女はもうおしまいだ)

How's **it** going (with you)? (調子はどうだい)

Take **it** easy, boy. (気楽にやれよ；こせこせするな)

We had a good time of **it**. (たのしかった)

When **it** comes to drinking, he is a superman.
　　(飲むことになると, 彼は超人的だ)

You will catch **it**, when your wife finds out.
　　(奥さんに知れるとひどい目にあうぞ)

その他：fight **it** out (とことんまで戦う)；make the best of **it** (せい
　　　　いっぱい努力する)；lord **it** over ～ (～に君臨する, 威張り散
　　　　らす)；if **it** were not for ～ (～がなかったならば)〔⇨ p.
　　　　476〕；as ill luck would have **it** (あいにくなことに)

---

it を主語とする非人称形容詞

[**im**]**possible, easy, difficult,** [**un**]**necessary, natural, important,**
convenient といった形容詞は「人が～するのが [不]可能 (容易, 困難,

---

†　主節と従節の時制はふつう一致するが, 従節が過去でも主節が現在のこともある。
　　It **was** (*or* **is**) here that it **happened**.
　　　(それが起こったのはここでした [ここです])

［不］必要，当然，重要，便利）」の意味では，人を主語としないで it を主語とする。

$\Big\{$ *He* is necessary to have an operation. 　　　〔誤〕〔⇨ p. 262, 667〕

　 It is necessary *for* him *to* have an operation. 〔正〕

　　　（彼は手術を受けなければならない）

$\Big\{$ Are *you* possible to come tonight? 　　　　　〔誤〕

　 Is it possible *for* you *to* come tonight? 　　　〔正〕

　　　（あなたは今夜来ることができますか）

$\Big\{$ Please come tomorrow if *you* are convenient. 　〔誤〕

　 Please come tomorrow if *it* is convenient for you. 〔正〕

　　　（御都合がよろしければ明日来てください）

＊　人を主語にした場合は意味関係が異なる。

　　$\Big\{$ (a)　**He** is difficult to understand.

　　　 (b)　**It** is difficult for **him** to understand it.

　　(a) は「彼を理解するのはむずかしい；あの人は理解しにくい」の意で，たとえば This problem is difficult to solve. （この問題は解くのがむずかしい）の場合と同様で，主語である「彼」は**不定詞の意味上の目的語**（彼を理解する）の関係にあるので，次のように表わせば「彼」は目的語になる。

　　(a)′ It is difficult to understand **him**.

　　(b) はこれに対して，「彼にとってそれを理解することはむずかしい」のであって，「彼」は**不定詞の意味上の主語**（彼が理解する）の関係にある。

　　$\Big\{$ (a)　**He** is not easy to catch. = (a)′ It is not easy to catch **him**.

　　　 (b)　**It** is not easy for **him** to catch it.

　　(a) は「彼をつかまえるのは容易でない；彼はたやすくつかまらない」，(b)は「彼がそれをつかまえることはたやすくない」†

§60. 所有代名詞

　「～のもの」の意を表わす代名詞は**所有代名詞**（Possessive Pronoun），または**独立所有格**（Absolute Possessive）と呼ばれ，次の形をとる。

---

†　形容詞の種類が異なれば，意味関係は異なる。

　　$\Big\{$ He is **easy** to please. （彼を喜ばせることは容易だ；彼は気げんがとりやすい）

　　　 He is **eager** to please. （彼は［人を］喜ばせることを切望している）

　　easy は非人称形容詞であるが，eager は人の性格や気持などを表わす形容詞の一つである。

　　なお：$\Big\{$ He is **hard** to hear. （彼の言うことは聞きとりにくい）

　　　　　 He is **hard** of hearing. （彼は耳が遠い）

数 \ 人称	単　　数		複　　数	
	所　有　格	所有代名詞	所　有　格	所有代名詞
1 人 称	my	mine	our	ours
2 人 称	your	yours	your	yours
3 人 称	his, her, its	his, hers, its	their	theirs

*　3人称単数中性の所有代名詞 its は今は実際にはほとんど用いられない。

所有代名詞の用法

《1》　所有格は「～の」の意で常に名詞を伴うが，所有代名詞は「～のもの」の意を表わし独立して用いられる。その場合，その前または後に表われる名詞を代表する。

> ⎰This is **my** *pencil*.（これは私の鉛筆です）
> ⎱This *pencil* is **mine**.（この鉛筆は私のです）〔mine = my pencil〕
> ⎰Which is **your** *car*?（どれがあなたの車ですか）
> ⎱Which *car* is **yours**?（どの車があなたのですか）
> ⎰**Our** *family* is a large one.（わが家は大家族です）
> ⎱**Ours** is a large *family*.（　　〃　　）〔後の名詞を指す場合〕
> 　　　　　　〔⇨ p. 124「名詞の独立所有格」〕

所有代名詞は単数名詞だけでなく，文脈により複数名詞も表わす。

> Where is your watch? **Mine** *is* here.　〔= My watch〕
> 　　（君の時計はどこですか。僕のはここにある）
>
> How are your children? **Mine** *are* in good health.〔= My children〕
> 　　（お子さんたちいかがですか。うちのは元気です）

《2》　二重所有格の形をとる場合

　所有格は，たとえば *my this* book, *a his* friend などのように，冠詞や指示形容詞などと並べて用いることはできないので，所有代名詞を用いて「a (this, that, some, any, no, which, *etc.*)＋名詞＋ of ＋所有代名詞」の語順によって表わす。〔⇨ p. 125〕

> a friend of **mine** (**yours, his, hers**)（僕［君，彼，彼女］の友達）†
> It's no business of **mine**.（それはぼくの知ったことではない）

---

†　名詞の場合は a friend of my **father's** という二重所有格の形とともに a friend of my **father** という形も用いるが，代名詞の場合は a friend of **mine** だけで，a friend of **me** とは言わない。

I'm a big fan of **yours**.（私はあなたの大ファンです）

That husband of **hers** is very stingy.（彼女のあの夫はとてもけちだ）

Some friends of **ours** are coming today.（私たちの幾人かの友達）

＊　次の所有格を用いた場合と二重所有格を用いた場合の意味を区別する。

$\left\{\begin{array}{l}\text{(a)}\end{array}\right.$ (a)　**My friend** came to see me.（私の友人が会いに来た）

(b)　**A friend of mine** came to see me.（私のある友人が会いに来た）

日本語の訳では (b) も「私の友人」として (a) と特に訳文上の区別をつけないで，それで自然である場合が多いが，(a) はある文脈において，相手にもそれとわかる，特定の友人を指し，(b) はある不特定の友人を指す。〔⇨ p. 126 †〕

《3》　所有代名詞を用いる慣用表現

Yours faithfully （truly, sincerely, *etc.*）（敬具〔手紙の結辞〕）

It is **ours** to help them.（彼らを助けるのはわれわれの務めだ）

〔ours = our duty〕

§61. 再帰代名詞

再帰代名詞 （Reflexive Pronoun）は，人称代名詞の所有格または目的格に -self, -selves の付いた形で，**複合人称代名詞** （Compound Personal Pronoun） とも呼ばれる。

人称＼数	単　　　　数	複　　　　数
1 人 称	myself	ourselves
2 人 称	yourself	yourselves
3 人 称	himself, herself, itself	themselves

＊　再帰代名詞の，人称を区別しない一般形には **oneself** が用いられる。

再帰代名詞は動詞の目的語・前置詞の目的語・補語などになる。

He criticized **himself**.（彼は自己批判した）　　　　　〔[直接] 目的語〕

He considers **himself** a scholar.　　　　　　　　　　〔[直接] 目的語〕
　　（彼は学者だと自任している）

He bought **himself** a suit.（自分に服を 1 着買った）〔[間接] 目的語〕

He came to **himself**.（彼は正気にもどった）　　　　〔前置詞の目的語〕

He isn't **himself** today.（彼は今日はどうかしている）　　〔主格補語〕

再帰代名詞の用法は，**再帰用法**と**強調用法**に区別できる。

■ 再帰用法

主語が自分自身を目的語とする場合で，次の例を比較してみる。

$\left\{\begin{array}{l}\textit{He} \text{ killed } \textbf{her.} （彼は彼女を殺した）\\ \textit{She} \text{ killed } \textbf{herself.} （彼女は自殺した）\end{array}\right.$ 〔目的語は主語と別人〕

〔目的語は主語と同じ〕

$\left\{\begin{array}{l}\textit{Everyone} \text{ supported } \textbf{him.} （だれも皆彼を支持した）\\ \textit{Everyone} \text{ supported } \textbf{himself.} （だれも皆自活した）\end{array}\right.$

$\left\{\begin{array}{l}\text{(a)} \quad \text{He needs } \textit{someone} \text{ to teach } \textbf{him.}\\ \text{(b)} \quad \textit{He} \text{ needs some books to teach } \textbf{himself.}\end{array}\right.$

(a) は「彼にはだれか彼を教える人が必要だ」で，彼を教えるのは別のだれかであり（to teach は形容詞用法の不定詞）〔⇨ p. 414〕，(b) は「彼は独学するために書物が必要だ」で，彼を教えるのは文の主語である彼自身である（to teach は目的を表わす副詞用法の不定詞）〔⇨ p. 418〕から，himself になる。†

再帰代名詞が動詞の目的語になっている場合，その動詞を**再帰動詞**（Reflexive Verb），その目的語を**再帰目的語**（Reflexive Object）と呼ぶ。

再帰目的語は，日本語的に考え，または日本語に訳す場合，(a) 目的語としての意味が比較的はっきり感じられて，訳にも「自分を」「身体を」「身を」「自〜」のように表わすのがふつうなものと，(b) 目的語としての意味が感じられず，訳も自動詞的に表わすのが自然なものとがある。（もちろん，その中間的な場合もある）††

(a) Heaven helps those who **help themselves.**

（天は自ら助くる者を助く）

Know thyself. （己れを知れ）〔thyself《古》 = yourself〕

You must **respect yourself.** （自尊心を持ちなさい）

---

†　代名詞が前置詞の目的格になる場合の，目的格と再帰目的語の用法を区別しなければならない。

(a) She was ashamed of **me.** （彼女は私を恥ずかしく思った）

(b) I was ashamed of **myself.** （私は自分を恥ずかしく思った）

(c) She made me ashamed of **myself.** （彼女は私に自分を恥じさせた）

††　英語の他動詞・自動詞の区別そのものが日本語の訳とそのまま照応しない場合も多いので，他動詞表現である再帰目的語の訳も，直訳的な不自然な日本語をつくりやすい。たとえば He **laid himself** on the grass. を「彼は芝生の上に彼自身を横たえた」とするのが最もまずい訳で，-self を訳に表わす場合でも，文中では himself も herself も「彼自身」「彼女自身」ではなく**「自分〔自身〕」**としなければならない。この文では「身を横たえた」とするのが自然であるし，さらに lay oneself = lie と考えて「彼は芝生の上に横になった」としてもよい。

その他：**blame** *oneself*（自分を責める），**defend** *oneself*（自衛する），
express *oneself*（自分の考えを表現する），**hang** *oneself*（首を
つる），**introduce** *oneself*（自己紹介する），**throw** *oneself*（身
を投げる），**wash** *oneself*（身体を洗う）

(**b**)　History **repeats itself.**（歴史は繰り返す）

Don't **absent yourself** from school without good reason. 《堅》
　　（正当な理由もなく学校を休んではいけない）

He **overslept** [**himself**] this morning.（彼はけさ寝過ごした）†

He **seated himself** at the table.（彼は食卓についた）††

その他：**hurt** *oneself*（けがをする〔= get hurt〕），**dress** [*oneself*]（服
を着る〔= get dressed〕），**excuse** *oneself*（弁解する；中座す
る），**avail** *oneself* of ～（～を利用する）

＊　**absent**（**present**）**oneself**, **pride oneself**, **avail oneself** などは堅い表現で
ある。

＊　次のような表現では，代名詞と再帰代名詞が同様に用いられる。
　　for someone like **me**（**myself**）（私のような人間にとっては）
　　As for **me**（**myself**），I don't mind what you decide to do.
　　　（私は［といえば］君がどうすることに決めようと気にしない）

再帰目的語を用いる重要表現

❶　Please **help yourself to** the cake.
　　　（ケーキを［自分で自由にとって］召し上がってください）

❷　I **enjoyed myself** at the party.（パーティは楽しかった）
　　　〔= I enjoyed the party.〕

❸　He **presented** [prizéntid] **himself** at the meeting. 《堅》
　　　（彼は会に出席した）〔*cf.* be present [préznt] at ～〕〔⇨ p. 513〕

---

†　**oversleep, overeat**（食べ過ぎる），**overwork**（働き過ぎる）などは本来再帰動
　詞で，oneself を伴ったが，今は oneself を用いない自動詞用法が多い。
††　**sit**（座る）が自動詞であるのに対し，**seat** は「座らせる」の意の他動詞であるか
　ら，自分が座る場合には必ず再帰目的語をとるか，受身形で用いられる。これに対し
　て，自動詞・他動詞両方の用法がある動詞で，再帰目的語を表わしても表わさなくて
　も意味が変らない場合もある。
　　I cannot **keep** [**myself**] cool.（僕は冷静にはしていられない）
　　You'd better **get** [**yourself**] ready at once.（すぐ準備したほうがよい）
　　He **hid** [**himself**] behind a tree.（木の陰に隠れた［身を隠した］）

❹ He **prides himself on** his learning.（彼は博識を自慢にしている）
　　　〔*cf.* be proud *of* 〜, take pride *in* 〜〕
❺ Please **make yourself at home**.（どうぞおくつろぎください）
　　　〔= Make yourself comfortable. / Put yourself at ease.〕
❻ He couldn't **make himself understood** in English.　〔⇨ p. 343〕
　　　（彼は英語で話を通じさせることができなかった）
❼ I awoke to **find myself** in jail.
　　　（目がさめてみると私は留置場の中にいた）
❽ I couldn't **bring myself to** blame her for it.
　　　（私はそのことで彼女を責める気になれなかった）
❾ The baby **cried itself to sleep**.（赤ん坊は泣き寝入りした）
　　　〔*cf.* read oneself to sleep 本を読んでいるうちに寝入る〕
❿ **Behave yourself.**（行儀よくしなさい）

2　前置詞＋再帰代名詞

　She looked *at* **herself** in the mirror.（彼女は鏡の中の自分の姿を見た）
　Please take good care *of* **yourself**.（どうぞお大事になさってください）
　上のように，前置詞の後にくる代名詞は，それが主語の行なう動詞の対象となる関係を表わす場合は再帰代名詞を用いるが，そうでない場合は主語と同一人物を表わしても代名詞の目的格を用いる。
〔He could not put up *with* **himself**.（彼は自分にがまんできなかった）
〔He took an umbrella *with* **him**.（彼はかさを持って行った）

「前置詞＋再帰代名詞」の重要表現

❶ **beside oneself**「（〜で）われを忘れて（*with* 〜），狂って（mad）」
　He was *beside himself with* joy [rage].（彼は狂喜［怒りで逆上］した）
❷ **by oneself**「ひとりで」〔「ひとりで」の意味内容は次の二通りある：
　　　(a)「独力で（unaided）」(b)「ひとりぼっちで（alone）」〕
　She did it all *by herself*.（彼女はただひとりでそれをした）
　She lives here all *by herself*.（彼女はただひとりここに住んでいる）
❸ **for oneself** (a)「自分で」(b)「自分のために」
　I shall not believe it until I see it *for myself*.
　　　（私は自分でたしかめるまでそれを信じないだろう）
　You must do your homework *for yourself*.（宿題は自分でやりなさい）

She saved it *for herself*. (彼女は自分のためにそれをとっておいた)

❹ **in oneself** 「(他と関係なく) それ自体, 本質的に, 本来」

Knowledge is of little value *in itself*.

　　　(知識それ自体はあまり価値がない)

Letters *in themselves* are not language. (文字そのものは言語ではない)

❺ **of oneself** 「(他に原因がなく) ひとりでに, 自然に」《まれ》

The door opened *of itself*. (戸はひとりでにあいた)

❻ **to oneself** 「自分に；自分だけに；ひとり占めして；秘密に」

He talked *to himself*. (彼はひとりごとを言った)

We left him *to himself*. (われわれは彼をひとりにしておいた)

He had the room *to himself*. (彼はその部屋をひとり占めにした)

Keep this fact *to yourself*. (このことは他言しないように)

* **talk to oneself** は「ひとりごとを言う」の意であるが〔*cf.* talk in one's sleep (ねごとを言う)〕, **say to oneself** は「自分に言いきかせる, 考える, 思う (think)」の意味がふつうで,「ひとりごとを言う」の意で用いられることはまれである。

❼ **Between ourselves**, he is a little selfish.

　　　(ここだけの話だが, 彼は少しわがままだ)

❽ He laughed out **in spite of himself**. (彼は思わず笑い出した)

3 **強調用法**

　再帰代名詞が, 主語・補語・目的語などの名詞・代名詞と同格的に用いられて, それを強調する用法である。原則として, 強調する語の直後に置かれるが, 短い文で意味関係が明らかな場合は, 主語を強調する再帰代名詞が文尾に置かれることもある。

MASTERY POINTS 　　(解答 p. 681)

〔9〕 次の各文の空所に適当な前置詞を入れよ。

(1) You must think and decide (　　) yourself.

(2) When I dine in a restaurant, I like a table (　　) myself.

(3) She was traveling (　　) herself.

(4) Pleasure (　　) itself is neither good nor bad.

(5) He was (　　) himself with anger.

(6) This box is too heavy for me to lift (　　) myself.

(7) He kept the secret (　　) himself.

I **myself** did it. / *I* did it **myself**.（私自身がそれをした）

He was the *president* **himself**.（彼は大統領その人であった）

He was *ambition* **itself**.（彼は野心の権化だった）　〔⇨ p. 101〕

He spoke to the *manager* **himself**.（彼は支配人自身に話した）†

- (a)　*John* asked Helen to come **himself**.
- (b)　John asked *Helen* to come **herself**.

（a）は「ジョンは自分でヘレンに来るように頼んだ」

（b）は「ジョンは，ヘレンに自分で来るように頼んだ」

再帰用法と強調用法の区別

次のような場合，再帰用法と強調用法を正しく区別しなければならない。

- (a)　She ordered **herself** a drink.　　〔再帰用法 — 間接目的語〕
- (b)　She ordered a drink **herself**.　　〔強調用法 — 主語を強調〕

（a）は「彼女は自分のために飲物を注文した」，（b）は「彼女は自分で飲物を注文した」の意。すなわち，それぞれ次のように表わせる。

- (a)′　She ordered a drink **for herself**.
- (b)′　She **herself** ordered a drink.

次も同様である。

- He taught **himself** Spanish.（彼はスペイン語を独習した）
- He taught Spanish **himself**.（彼は自らスペイン語を教えた）

重 要 問 題　　　　　　　　　　（解答 p. 690）

31.　次の各文のかっこ内の正しいものを選べ。

(1)　His opinion is different from (I, me, mine).

(2)　No one except (he, him) had the right answer.

(3)　I thought the winner to be (he, him).

(4)　It is not (I, me) that she wants to see.

(5)　This coat of (his, him) is already worn out.

(6)　My brother and (I, me, myself) had the room to (us, our-

---

†　この文は文脈によっては「彼は自ら支配人に話した」の意も成り立つ。

　　cf. She **herself** spoke to the manager. ⎱
　　　　She spoke to the manager **herself**. ⎰（彼女は自ら支配人に話した）

selves).

(7) Won't you have lunch with my brother and (I, me, myself)?

(8) I blame (me, myself) rather than (he, him, himself).

(9) Between you and (I, me), I don't like that uncle of (she, her, hers).

(10) Left to (him, her, it, itself, alone), the baby began to cry.

32. 次の各文の空所に適当な人称代名詞を入れよ。

(1) What language do (　　) speak in Australia?

(2) We enjoyed (　　) very much at the party.

(3) We had a very good time of (　　).

(4) Father was doing his work and Mother is doing (　　).

(5) We are apt to regard wealth as a precious end in (　　).

(6) I had no desk of (　　) own.

(7) She is kindness (　　).

(8) Most girls like to look at (　　) in the mirror.

(9) The meaning is so obvious that it almost explains (　　).

(10) She gave him her present, and he (　　).

33. 次の各文の誤りを正せ。

(1) She invited George and I to her birthday party.

(2) This his garden is very beautiful.

(3) His uncle's house is next to me.

(4) That is no business of you.

(5) A friend of me absented from school yesterday.

(6) You ought to be ashamed of you for behaving so rudely.

(7) He came into the room and seated at the table.

34. 次の各文を it を用いた文に書き換えよ。

(1) You are very kind to say so.

(2) He seems to be rich.

(3) He was believed to be honest.

(4) They have been married for five years.

(5) He will arrive here before long.

(6) There happened to be no one in the room.

(7) You had better not let him know the truth.

(8)　They found great difficulty in solving the problem.

35.　次の各文を訳せ。

(1)(a)　Everyone helped him.　(2)(a)　She made herself a dress.

　　(b)　Everyone helped himself.　　(b)　She made a dress herself.

第2節　指示代名詞

　「これ」「あれ」とその物を指し示したり，文中の語句・内容などを指し示す語を指示代名詞（Demonstrative Pronoun）と呼び，**this**（複数形 **these**），**that**（複数形 **those**）がその代表的なもので，そのほか **same**, **such**, **so** もこれに含める。this, that, same, such は形容詞としても用いられ，その場合は**指示形容詞**（Demonstrative Adjective）または**代名形容詞**（Pronominal Adjective）と呼ばれる。

> **This** is my book.（これは私の本です）　　　　〔指示代名詞〕
> **This** book is mine.（この本は私のです）　　　　〔指示形容詞〕

§62.　this, that の用法

《1》　空間的・時間的に this は近いもの，that は離れたものを指す。†

　This is my hat and **that** is yours.（これは僕の帽子であれは君のだ）

　This pencil here is longer than **that** over there.

　　（ここにあるこの鉛筆のほうがあそこにあるのより長い）

　I have been studying English **these** five years. ††

　　（私は，ここ5年間英語を勉強している）

> [in] **these** days（近ごろは）　　　　**this** summer（この夏）
> in **those** days（当時は）　　　　**that** summer（その夏）

---

†　this, that および it は日本語では，「これ」「あれ」「それ」となって用法の違いを感じさせないが，this, that は対象を指し示して，いきなり文中に用いることができるのに対し，it は文中にすでに表われた名詞を受けて用いるのであって，目の前の物をいきなり「それ」と指し示して用いることはできない。

††　これは次のように表わしても同じである。

　　I have been studying English **for**［**the last, the past**］five years.

　　〔these を用いた場合は for を付けないことにも注意する〕

* 「this, that + 名詞」が副詞句をつくる場合〔⇨ p. 116〕

  this morning（けさ）　　〔「今夜」は this night ではなく tonight〕
  that day（その日）　　　〔「今日」は this day ではなく today〕†
  this day week（来［先］週の今日）〔= today week〕

* **this** は「今起こった（言った）こと；これから言うこと」など過去・未来の両方に用いるが，**that** は「今起こった（言った）こと」など過去のことだけを表わす。

  Who told you **this**?（だれが君にこんなことを言ったのか）
  Please listen to **this**.（これから言うことをよく聞きなさい）
  What was **that**?（今のは何だろう）
  That's too bad.（それはお気の毒に）

《2》 既出の名詞を指す。††

単数名詞は that で，複数名詞は those で受ける。

His *dress* is **that** of a gentleman, but his *speech* and *behavior* are **those** of a clown.（彼の身なりは紳士のそれだが，言葉遣いと振舞いはいなか者のそれだ）

* このような that が比較表現などで用いられる場合，その that を落とさないようにする。

  ┌ The population of New York is larger than Paris.　　　〔誤〕
  └ The population of New York is larger than **that** *of* Paris.　〔正〕
  　　（ニューヨークの人口はパリ［のそれ］よりも多い）

  比較されているのは両市の「人口」なのである。

《3》 this（these）〜 that（those）で「後者」「前者」を表わす場合

前出の名詞 A と B について，this は近いほう，すなわち後者 B を指し，that は遠いほう，すなわち前者 A を指す。

Health is more important than *wealth*; **this** does not give us so much happiness as **that**.（健康は富よりも大切である。富は健康ほどわれわ

---

† this day を用いるのは to this day（今日に至るまで）など。
†† 既出の名詞を受ける次のような that と one を区別する：

　┌ (a) His salary is higher than **that** of a prime minister.
　└ (b) Her attitude toward him was **one** of indifference.

　(a)（彼の給料は首相のよりも高い）that は「the + 名詞」に置きかえられる場合（*that* of a prime minister = *the salary* of a prime minister）であり，(b)（彼女の彼に対する態度は無関心なものであった）one は「a + 名詞」に置き換えられる場合（one of indifference = *an attitude* of indifference = **an** indifferent *attitude*）である。次のように言っても同じ：

　┌ (a)′ His salary is higher than a *prime minister's*.
　└ (b)′ Her attitude toward him was *an indifferent one*.

れに幸福を与えはしないからである）

〔this = the latter（= wealth）; that = the former（= health）〕

Dogs are more faithful animals than *cats*; **these** attach themselves to places, and **those** to persons.（犬は猫よりも忠実な動物である。猫は場所になじみ，犬は人になじむからである）

《4》 **this ～ that の相関的用法**

this or that または this and that の形で「あれやこれや」「あれこれの」の意味を表わす。

He is always quarreling with **this** man *or* **that**.

（彼はしょっちゅうだれかかれかとけんかしている）

He went to **this** doctor *and* **that**.（彼はあちこちの医者にみてもらった）

We talked about **this, that** *and* **the other**.

（私たちはあれやこれやいろいろなことについて話し合った）

《5》 **those が一般に「人々」を表わす場合**

形容詞〔句・節〕に伴われて people の意を表わす。

Those *who do not try* will never learn.（試みない者は学ばない）†

We are apt to be affected by **those** *around us*.

（われわれは周囲の人から影響を受けやすい）

Those *present* were all surprised at the news.

（出席者は皆そのニュースに驚いた）

《6》 **that which = what**

that which で「～のところのこと（もの）」という what〔⇨ p. 211〕と同じ意味を表わす。これは堅い言い方で，ふつうは what を用いる。

That *which* is bought cheap is the dearest.

（安く買ったものはいちばん高くつく）

That *which* a man likes is half done.

（好きなことはなかばなされたも同じ）

《7》 **this, that の副詞用法**

this, that は口語的に，「これ（それ）だけ」「これ（それ）ほど」などの

---

†　この場合の those を日本語で「それらの」と訳出しないこと：

　　Those who say such things are liars.

　　〔誤訳〕　そんなことを言うそれらの人々はうそつきだ。

　　〔正訳〕　そんなことを言う人はうそつきだ。

意で，thus, so と同じように用いられる。

I cannot walk **that** far. (ぼくはそんなに遠くまで歩けない)

I know **this** much for sure. (ぼくはこれだけは確かに知っている)

---

this，that を用いる重要表現

❶ Do it at once, **and that** immediately. (それをすぐにしなさい，それ
もすぐにだよ) 〔and that = そしてそれも，しかも〕

❷ **With this**, he left the room. (こう言って，彼は部屋を出て行った)
〔With this = So saying; Following this〕

❸ **At this**, he turned pale. (これを聞いて彼はまっさおになった)
〔At this = On hearing this; When he heard this〕

❹ The story sounds strange, but it's true **for all that**. (その話は奇妙
に聞こえるが，それでも本当なんだ) 〔for all that = in spite of
that〕

❺ The meeting will be held on June 11, **that is** 〔**to say**〕, next Mon-
day. (会は6月11日，すなわち次の月曜日に行なわれる)

§63.　such の用法　　〔⇨ p. 623〕

《1》 such は「そのようなもの（人）」の意を表わし，代名詞・形容詞の両
方に用いられる。as を伴うことが多い。単数にも複数にも用いる。

He claims to be a Christian, but he is not **such**.

(彼はクリスチャンだと称しているが，そんなものではない)

Such as have plenty of money will not want for friends. (金がたくさ
んある人は友人に不自由しない) 〔Such as = Those who〕〔⇨ p. 213〕

Read **such** books **as** will make you better and wiser. †

(自分を向上させ賢くするような本を読みなさい)

---

† such 〜 as と相関的に用いられる場合と，そうでない構文を区別する：

{ Avoid **such** people **as** flatter you to your face.
{ Avoid people **who** flatter you to your face.

(面と向かってお世辞を言うような人は敬遠しなさい)

{ You should not trust **such** a dishonest man **as** *he* 〔is〕.
{ You should not trust a dishonest man **like** *him*.

(彼のような不正直な人間を信用してはいけない)

＊　such が be 動詞の補語になるときは，通例これを文頭に置く。

　　It is bad luck, but **such** is life.
　　　　（運が悪いのだが，人生とはそういうものなのだ）
　　Such being the case, I cannot accept your offer.
　　　　（このような次第で，私はあなたの申し出を受けられない）

《2》　強意用法

「そんなに」という意味から「とても，非常に」の意味を表わすようになり，この場合 a) 他の形容詞を伴う場合と，b) 形容詞なしで単独に用いる場合とがある。

　a)　She is **such** a beautiful woman.（彼女はとても美しい婦人です）
　b)　She is **such** a beauty.（彼女はすばらしい美人です）
　　He is **such** a liar.（彼はひどいうそつきです）

＊　この場合，同じように用いられる so との語順の違いを区別する。such は形容詞でやはり形容詞の what と同じ語順をとり，so は副詞でやはり副詞の how や too と同じ語順をとる。

　　　He is **such an** honest boy that he doesn't tell a lie.
　　　He is **so** honest **a** boy that he doesn't tell a lie.
　　　He is **too** honest **a** boy to tell a lie.
　　　What an honest boy he is!
　　　How honest **a** boy he is!

《3》　as such

　as such は a)「そのようなものとして，その資格で」　b)「それだけでは，それ自体は〔= in itself〕の意味を表わす。

　a)　He is a gentleman and must be treated **as such**.
　　　（彼は紳士であるから，紳士として待遇されなければならない）
　b)　Wealth, **as such**, doesn't matter much.
　　　（富は，それ自体，大して重要ではない）

《4》　such as ～

　such as ～は「たとえば～」と具体的に例示・列挙するのに用いる。これは such ... as ～の形で表わすことができる場合もある。

　I don't like strong drinks, **such as** gin and vodka.
　　　（僕は強い酒，たとえばジンやウォッカなどは好まない）
　I don't like **such** strong drinks **as** gin and vodka.
　　　（僕はジンやウォッカといった強い酒は好まない）

《5》　**such as it is**

　「こんな（つまらない，そまつな）ものですが」「たいしたものではありませんが」の意を表わす。

　You may use my room, **such as it is**.

　　　　　（こんな部屋ですが，私の部屋をお使いください）

§64.　so の用法

《1》　so は「そう」の意味を表わし，代名詞および副詞として用いられる。前出の名詞・形容詞あるいは動詞部分の内容などを受ける。

　He was always *a poor player* and will always remain **so**.

　　　　　（彼はいつも大根役者だったし，今後もずっとそうだろう）

　He is *intelligent* ── much more **so** than I am.

　　　　　（彼は頭がいい ── ぼくよりもずっと）

　He told me to *stay* and I did **so**.〔did so = stayed〕

　　　　　（彼は私にとどまるようにと言ったので，私はそうした）

《2》　動詞の目的語として前文の内容を受ける。

　say, tell など「言う」の意の動詞，think, suppose, guess, hope, trust, believe, expect, imagine, understand, fancy, fear, be afraid など「…と思う」の意を表わす動詞，その他 hear（…だと聞いている）などの動詞のあとで，前出の文の内容を受ける目的語の働きをする。〔⇨ p. 593〕

　I didn't trust him and I told him **so**.〔so = that I didn't trust him〕

　　　　　（私は彼を信用していなかったし，彼にもそう言ってやった）

　Will he come? ── I think (believe, expect, hope, am afraid, *etc*.) **so**. †

　　　　　（彼は来るだろうか ── 来るだろう）〔so = that he will come〕

---

†　これらの動詞が so を目的語とするのは「…だと思う」の意味においてであって，たとえば **expect** が「たぶん…だと思う」ではなく「予想する」の意で，**believe** が「きっと…だと思う」ではなく「信じる」の意で用いられた場合を比較してみる。その場合には it が前述の内容を受ける。

　　Has he passed the examination? ── I expect (believe) **so**.

　　　　　（彼は試験に合格したか ── たぶん［きっと］したと思う）

　　I was surprised　 ｝｛because I hadn't expected **it**.
　　 when he failed, ｝｛and I couldn't believe **it**.

　　（彼が失敗したとき ｝｛そんなことは予想していなかったので。 ｝
　　　 僕は驚いた　　 ｝｛そしてそれを信じることはできなかった。｝

* この場合,「来ないと思う」という否定内容には次の二つの形式を用いる。
  ① Will he come? — I think (believe, expect, am afraid, *etc.*) **not**.
  ② Will he come? — I do**n't** think (believe, expect, *etc.*) **so**.
  ただし②の形式は hope, hear, be afraid などでは用いない。
* 次のように so が文頭に出ることもある。
  Is he coming? — **So** he says. / **So** I hear.
  　　（彼は来るのか — そう彼は言って［私は聞いて］いる）

《3》 強意用法

such と同じように so は「そんなに」の意から「とても (very)」,「非常に (very much)」の意を表わす。〔ただし such は形容詞, so は副詞である〕

I'm **so** glad (tired). （とても嬉しい［疲れた］）

The problem was **so** difficult. （その問題はとてもむずかしかった）

　　〔*cf*. It was *such* a difficult problem.〕

Don't hurry **so**. （そんなに急ぐなよ）〔*cf*. Don't be in *such* a hurry.〕

So do I. と So I do.

So do I. の形は「私も〜だ」で also, too の意味を表わし, **So I do.** の語順は「そのとおり」「たしかに」の意味を表わす。前文の形式に応じて, do のかわりに be 動詞や助動詞を用い, 時制も前文に合わせる。

- (a) I like apples. — **So** *do* I. 〔= I like them, *too*.〕
- (b) I hear you like apples. — **So** I *do*. 〔= I like them *indeed*.〕
  (a) 「僕はりんごが好きだ」—「僕もだ」
  (b) 「君はりんごが好きだってね」—「そのとおり」
* (a) の応答 (So do I.) は《口》で **Me too.** ともいう。

- (a) You look tired. — **So** *do* you. 〔= You *also* look tired.〕
- (b) You look tired. — **So** I *am*. 〔= I am indeed tired.〕
  (a) 「君は疲れているようにみえる」—「君だってそうだ」
  (b) 「君は疲れているようにみえる」—「実際疲れているんだ」

He arrived late and **so** *did* you. （彼も遅刻したし君もそうだ）

Look, it is raining! — **So** it *is*! （ほら雨が降っている — ほんとだ）

* 前の文が否定文であり, それに対して「〜も〜でない」の意を表わす場合は so ではなく **nor** または **neither** を用いる。〔⇨ p. 179〕
  I don't like potatoes. — **Nor** (*or* **Neither**) *do* I.
  　　　　　　　　〔=《口》**Me neither.** または **Me either.**〕
  （僕はじゃがいもは好きじゃない — 僕もだ）

---
so 〜 as to ... と such 〜 as to ...

「…するほど〜だ」の意味を表わす。so は**副詞**，such は**形容詞**として用いられるが，名詞を伴わない場合もある。〔so 〜 as to ... については ⇨ p.420〕

$\Big\{$ He is not **so** foolish **as to** believe that.
He is not **such** a fool **as to** believe that.
　　　　（彼はそんなことを信じるほどばかじゃない）

Your stupidity is **such as to** fill me with despair.
　　　　（君のおろかさ加減には僕は絶望を感じるよ）

---
so 〜 that ... と such 〜 that ...

「非常に〜なので…だ」の意を表わし，that は結果の副詞節を導く。so は副詞で形容詞・副詞を修飾し，such は形容詞として名詞を修飾するか，代名詞として単独に用いられる。

　たとえば「彼はとても勤勉だったので，たやすく試験に合格した」といった内容は次のように表わせる。〔⇨ p.622〕

He worked **so** diligently **that** he easily passed the exam.

He was **so** diligent a worker **that** he easily passed the exam.

He was **such** a diligent worker **that** he easily passed the exam.

He worked with **such** diligence **that** he easily passed the exam.

His diligence was **such that** he easily passed the exam.

Such was his diligence **that** he easily passed the exam.

●次のような語順をとることもある。

$\Big\{$ He was speechless, **so** surprised was he.
He was speechless, **such** was his surprise.
　　　　（彼は口がきけなかった，それほど驚いたのです）

　　cf. He was **so** surprised **that** he was speechless.

§65.　same の用法

《1》　ふつう the を冠し〔a を冠することはない〕，「同じ〔こと〕」という意味を表わす。代名詞用法と形容詞用法があり，as と相関的に用いることが多い。

Whatever she did, the baby tried to do **the same**.

　　(彼女が何をしても，赤ん坊は同じことをしようとした)

His wife is **the same** age **as** he. (彼の奥さんは彼と同じ年だ)

He looks **much the same** as〔he did〕five years ago.

　　(彼は 5 年前とほとんど変っていない)

It is **all the same** to me whether she is rich or not.

　　(彼女に金があろうとなかろうと僕にとっては同じことだ)

　　〔= It makes no difference to me whether she is rich or not.〕

Merry Christmas! ― **The same** to you!

　　(クリスマスおめでとう ― おめでとう)

　　〔= I wish you a Merry Christmas! ― I wish you *the same*.〕

《2》 **副詞用法**

　Teachers want security **the same** as everyone else.

　　(先生も，他のすべての人と同じく，身分の保証を欲する)

　She is not rich, but I like her **all the same**.〔= none the less〕

　　(彼女に金はないが，僕が彼女が好きなことに変わりない)

---

the same ～ as と the same ～ that

　先行詞が same (および such, as, so など) によって修飾される場合は，続く関係代名詞は，as を用いるのがふつうであるが，that を用いることもある。as を用いる場合は，動詞が省略されることが多い。

　⎰He uses **the same** dictionary **as** you〔do〕.
　⎱He uses **the same** dictionary **that** you do.

　　(彼は君と同じ辞書を使っている)

◈　「同じ」の内容を (a)「同種」「同型」と (b)「同一」に区別するときは，(a) には as，(b) には that を用いる，とされることがある。

　　(a)　This is **the same** watch **as** I lost.

　　　　(これは私がなくしたのと同じ[型の]時計だ)

　　(b)　This is **the same** watch **that** I lost.

　　　　(これは私がなくした[その]時計だ)

　　＊　(b) の場合，same がなくても「なくした時計そのもの」を表わすことに変わりなく，また「同一性」を強めるには very を用いることもあり，that が (目的格であるから) 省略されることもある。

This is $\begin{cases} \text{the watch, the } \textit{same} \text{ watch} \\ \text{the } \textit{very} \text{ watch, the } \textit{very same} \text{ watch} \end{cases}$ [that] I lost.

◈　しかし，実際には，「同じ」についてこのような区別が常に意識的に行われるわけではなく，節形式を整える必要がないという手軽さもあって，「同一」にも「同種」にも as が用いられることが多い。

He goes to **the same** school **as** you.

（彼は君と同じ学校に行っている）

She has on **the same** dress **as** you.

（彼女はあなたと同じ服を着ている）

上は，「同一」，下は「同種」を表わすが，意識的にそのような区別は特に行なわれず，両方とも as で自然であり，また that も用いられる。

He is wearing **the same** shirt $\begin{cases} \textbf{as} \text{ [he had on] yesterday.} \\ \text{[that] he had on yesterday.} \end{cases}$

（彼はきのうと同じシャツを着ている）

重要問題　　　　　　　　（解答 p. 691）

36. 各文の空所に，**this, that, these, those** のうち適当なものを入れよ。

(1) I will visit Paris one of (　　) days.

(2) He makes mistakes, and (　　) very often.

(3) His speech left a deep impression on (　　) present.

(4) Hello, may I speak to Jim? (　　) is Taro speaking.

(5) What I want to say is (　　): he was always your faithful friend.

37. 各文の空所に適当な語を入れよ。

(1) The climate of this country is milder than (　　) of Alaska.

(2) I like books on literature better than (　　) on science.

(3) His condition is about the (　　) this morning as last night.

(4) (　　) books as these will do you more harm than good.

(5) Work and play are both necessary to health; (　　) gives us rest, and (　　) gives us energy.

(6) His behavior was (　　) that everyone disliked him.

(7) Heaven helps (　　) who help themselves.

⑻　I am a student, and expect to be treated as （　　）.

⑼　I like this book. — （　　） do I.

⑽　I don't like this book. — （　　） do I.

38. 各文の誤りを訂正せよ。

⑴　The voice of a woman is softer than a man.

⑵　Though she looks like an angel, her actions are that of a devil.

⑶　You should not believe such a dishonest man like him.

⑷　I didn't attend the party. — Neither was I.

39. 次の文を訳せ。

⑴　(a)　You must go. — So must you.

　　(b)　You must go. — So I must.

⑵　(a)　I'm afraid I am late. — So am I.

　　(b)　I'm afraid I am late. — So you are.

第3節　不定代名詞

　不特定のものや人を表わしたり，一定しない数量を表わしたりするのに用いられる語を不定代名詞（Indefinite Pronoun）という。不定代名詞には次のようなものがある。

　　one, other, another, some, any, all, every, both, each, either, neither, no, none

これらのうち，**every** と **no** は形容詞としてのみ用いられるのに対して，**none** には代名詞としての用法しかなく，その他は代名詞・形容詞のいずれにも用いられる。

　また，不定代名詞には，これらの語のあるものが -thing, -body, -one と結びついた次のような複合形のものも含められる。

　　something, anything, nothing, everything; somebody, anybody, nobody, everybody; someone, anyone, no one, everyone †

---

†　**everyone, anyone** などは男女両性に共通して用いる「通性語」〔⇨ p. 131〕であり，それを受ける代名詞としては **he or she**〔正式〕，**he, she, they** などが場合に応じて用いられる。〔⇨ p. 551〕

§66. one の用法

《1》 一般に「人」を表わす。

we や you の総称人称と同じように，一般に「人」を表わす。〔⇨ p. 140〕

One should not interfere in lovers' quarrels. (恋人同志のけんかに口を入れてはならない［夫婦げんかは犬も食わぬ］)

One often fails to see **one's** own mistakes. (自分の誤ちはわからないことが多い)

* この **one** は堅く，一般的には **you** などを用いる。〔⇨ p. 140〕
  このように一度 **one** を用いたら，これを受けるのは，one, one's, oneself で一貫するのが文法的とされるが，ふつうは（《英》よりも《米》においてより多く）... see **his** own mistakes のように **he**（**his**）で受ける。〔⇨ p. 551〕

《2》 前出の名詞を受ける。

I have no *piano*. Do you have **one**?

　　　(私はピアノを持っていません。あなたは持っていますか)

one は不特定のものすなわち「a＋名詞」を表わす場合に用い，特定の「the（his, *etc.*）＋名詞」で表わされるものを指す場合は it を用いる。†

┌ I've lost my *watch*. I think I'll have to buy **one**.〔＝ *a watch*〕
└ My *watch* doesn't move. I think I must have **it** repaired.〔＝ *the watch*〕

* 不可算名詞には one を用いることはできない。
  ┌ If you need *a knife*, I will lend you **one**.
  └ If you need *money*, I will lend you **some**.
  ┌ I prefer green tea to black **one**. 〔誤〕
  └ I prefer green tea to black ［tea］. 〔正〕
  　　　(僕は紅茶よりも緑茶が好きだ)

* 所有格のあとには one を用いない。
  ┌ This is my hat and that is my brother's **one**.〔誤〕
  └ This is my hat and that is my brother's.　　〔正〕

◉ one には修飾語が付く場合もある。この場合，単数名詞を表わすときは **a** ～ **one**，複数名詞を表わすときは ～ **ones** が用いられる。

　I keep three dogs, **a** black **one** and two white **ones**.

---

† 次のような文における代名詞の用法を区別する。
　He has a car and I want to have **one**, too.　〔不特定〕
　He has a car and wants to sell **it**.　〔特定〕
　He has a car and wants to buy **another**.　〔不特定［もう一つ］〕

（僕は 3 匹の犬 — 黒を 1 匹と白を 2 匹 — 飼っている）

These shoes are too expensive. Show me less expensive **ones**.

（この靴は高すぎるので，もう少し安いのを見せてください）

* ones は修飾語なしに単独で用いることはできない。

$\begin{cases} \text{Do you want } an\ apple? — \text{Yes, I want one.〔正〕} \\ \text{Do you like } apples? — \text{Yes, I like ones.　〔誤〕〔→ them〕} \end{cases}$

◉ one に修飾語が付く場合で，それによって限定された特定のものを表わすときは単数では **the ～ one**，複数では **the ～ ones** になる。

$\begin{cases} \text{He wants to sell his car and buy } \textbf{a new one.}　〔不特定〕 \\ \text{He wants to buy a new car and sell } \textbf{the old one.}〔特定〕 \end{cases}$

This *boy* is **the one** I saw yesterday.

（この少年はきのう僕が見た少年だ）

These *boys* are **the ones** who did it. （それをした少年たちだ）

* the one と that, the ones と those は，どちらを用いてもよい場合もあるが, *of* 句を伴うときは that, those を用いる。

$\left.\begin{array}{l} \text{This one here is} \\ \text{These ones here are} \end{array}\right\}$ better than $\begin{cases} that,\ the\ one \\ those,\ the\ ones \end{cases}$ over there.

My typewriter is better than $\begin{cases} that\ of \text{ my brother.} \\ those\ of \text{ my friends.} \end{cases}$

《3》　形容詞として「ある～」の意

One man's meat is another man's poison.

（ある人の食物が別の人の毒になる［甲の薬は乙の毒]）

One Mr. Brown called this morning. 〔= A [*certain*] Mr. Brown]

（ブラウンさんとおっしゃる方がけさみえました）

$\begin{cases} \textbf{one} \text{ day （［過去の］ある日，［未来の］いつか）} \\ \textbf{some} \text{ day （［将来の］いつか） } cf. \text{ the } \textbf{other} \text{ day （先日）} \end{cases}$

cf. I'll call on you **one** of these days. （いずれ近いうちにお伺いします）

§67. other と another の用法

《1》　一般的用法

① 両方とも，代名詞としても形容詞としても用いられる。

② **other** は「他の［もの，人]」の意で複数形 **others** があり，**another** は「an＋other」としてできた語で「もう一つ（一人）［の]」の意味で常に単数を表わし，複数形はない。

③　other〔s〕は「不特定の他のもの」を表わす場合には the が付かず，「特定の他のもの」を表わす場合は the が付く。**another** は常に「不特定のもう一つのもの」を表わす。

	代　名　詞		形　容　詞	
	単　数	複　数	単　数	複　数
特　定	the other	the others	the other（man）	the other（men）
不特定	another	others	another（man）	other（men）

＊　**other** が代名詞として the を付けないで単数に用いられることはない。

＊　**others** が some などを付けないで単独に用いられる場合は「（一般に）他人」の意。

＊　形容詞の **other** は some, any, no などが付かずに単数の可算名詞に用いることはない。

> I have（○ **other**，○ *some* other）work to do.
> Is there（× **other**，○ *any* other）job you'd like to do?
> 〔work は不可算語，job は可算語。〔⇨ p.79〕〕

たとえば，ある品を見せてもらい，それが気に入らなくてほかのを見せてもらう場合，次の四つが区別される。

I don't like this one.
- ①　Show me **another**. →
- ②　Show me **the other**. →
- ③　Show me **some others**. →
- ④　Show me **the others**. →

（this one）

①　ほかにいくつかあるなかから「ある任意の一つ」を見せてもらう場合。

②　品物二つのうち，今見せてもらったのに対し「もう一つのほう」。

③　ほかにいくつかあるなかから，「任意の幾つか」を見せてもらう場合。

④　特定数の品のうち，今見せてもらった以外の「他の品物すべて」。

《2》　one ～ the other / the one ～ the other

one ～ the other は二つのものについて「一方」と「他方」を表わす。

the one ～ the other は前に表われた二つの名詞について「前者」～「後者」の意味で用いられる。

One man was arrested, but **the other** got away.

　　（一方の男はつかまったが，もう一方は逃げた）

I cannot tell **one** from **the other**.

　　　　（どちらがどちらか区別がつかない）

　＊　I cannot tell **one** from **another**. ならば，三つ以上のものについて「どれが
　　　どれだか区別がつかない」

I have two dogs; **one** is black and **the other** is white.

　　　　（犬を 2 匹飼っているが，一方は黒でもう一方は白です）

I have a black dog and a white **one**; **the one** is larger than **the
other**. （黒犬と白犬を飼っているが，黒犬のほうが白犬より大きい）

　＊　the one 〜 the other は「前者」〜「後者」(the former 〜 the latter / that 〜
　　　this 〔⇨ p. 158〕) を表わすのがふつうであるが，場合によっては「後者」〜
　　　「前者」と照応することもある。

　　　　Reading is to the mind what *exercise* is to the body. As by **the one**
　　　health is preserved and strengthened, so by **the other** virtue is kept
　　　alive and cherished.

　　　　（読書と精神の関係は，運動と肉体のそれに等しい。運動によって健康が
　　　　維持され強められるように，読書によって徳性が保たれはぐくまれる）

　　　　〔A is to B what C is to D. については ⇨ p. 212〕

《3》　others / some 〜 others / the others

others が単独に用いられる場合は「(一般に) 他人」を表わす。

some 〜 others は限定されない数のなかで，不特定数の「ある幾つ（幾
人）か」と不特定数の「他の幾つ（幾人）か」を表わし，ふつう，「あるも
のは〜他のものは…」と訳すよりは「〜なものもあれば…なものもある」と
訳すほうが原意がよく表われる。

the others は限定された数のなかで，幾つかを除いた「他のもの［すべ
て］」を表わす。

Do to **others** as you would have them do to you.

　　　　（自分がしてもらいたいように他人にもしなさい）

Some students are diligent and **others** not.

　　　　（勤勉な学生もいればそうでない学生もいる）

I arrived on time but **the others** were all late.

　　　　（私は時間通りに着いたが，ほかの者はみんな遅れた）

One of his brothers is in America, but **the others** are in Japan.

　　　　（彼の兄弟のうち一人は米国にいるが，ほかのものは日本にいる）

　＊　これは彼の兄弟が三人以上いる場合で，もし二人ならば「一方は〜他方は…」
　　　すなわち，**the other** is in Japan となる。

---

other, another を含む重要表現

---

❶ **each other, one another**「お互い」の意味で用いられる。従来は原則的に each other は「二人」について，one another は「3人以上」について用いる，とされたが，現在は特に区別されない。

They were on good terms with *each other*.
　　（彼らはお互いに仲が良かった）

We must all try to understand *one another*.
　　（われわれはすべてお互いに理解し合うように努めなければならない）

❷ **one thing 〜 another**「A と B とは全く別のことがら」の意。

To know is *one thing*, to teach is quite *another*.
　　（知っていることと教えることとは全く別問題だ）
　　〔= Knowing is quite different from teaching. / To know and
　　　to teach are two quite different things.〕

❸ If I am a liar, you are **another**.（僕が嘘つきなら，君だってそうだ）
　　〔= If I am a liar, you are *a liar, too*.〕

❹ I will finish it in **another** ten minutes.（もう10分でそれを終える）
　　〔= I will finish it in *ten more* minutes.〕

❺ **other 〜 than ...**「…以外の〜」　other は than を伴うことに注意。
　〔I have *no* **other** friend **than** you.（君以外に友達はいない）
　〔I have *no* friend **but** you.

❻ **one 〜 another, some 〜 other, one 〜 the other** などの組み合わせを間違えないように注意すべきもの。
　〔The boys entered the room **one** after **another**.
　〔The boys entered the room **one** after **the other**.
　　（少年たちはつぎつぎと部屋にはいった）

　〔We must do it in **some** way or **other**.
　〔We must do it in **one** way or **another**.
　　（われわれはどうにかしてそれをしなければならない）

　　cf. **some** day or **other**（いつか）
　　　for **some** reason or **other**（何らかの理由で）

　We talked about **one** thing and **another**.（あれこれと話し合った）
　　〔= We talked about *this* and *that*.〕

§68.　some と any の用法

some も any も代名詞・形容詞の両方の用法があり，可算名詞にも不可算名詞にも用いられる。

《**1**》　**一般用法**

「いくらか，いくつか」の意で不定の数・量を表わし，強勢は置かれず（some は［səm, sm］と発音される），訳す場合もいちいち訳出しないほうが自然であることがある。原則として some は**肯定文**に，any は**疑問文・否定文・条件文**に用いられる。

I have **some** money (books).

Do you have **any** money (books)?

I don't have **any** money (books).

If you have **any** money (books), lend me **some**.

《**2**》　**強意用法**

any は「どんな〜でも」「どの〜でも」(no matter which) の意を表わし，**some** は「(全部［皆無］ではなくても) いくらかは，あるものは」，「(なに［どれ，だれ］かわからないが) ある〜」の意味を表わす。この場合 any も some も強勢が置かれ some は［sʌm］と発音される。またこの用法

MASTERY POINTS　　（解答 p. 681）

〔10〕　次の各文の空所に another, other, others, the other, the others, one, the one, ones, some のうち適当なものを入れよ。

(1)　Children should be taught how to get along with (　　).

(2)　(　　) of his two uncles is in New York, and (　　) is in Boston.

(3)　Here are four suitcases, but I can carry only two. Will you be good enough to carry (　　).

(4)　(　　) like apples, (　　) oranges.

(5)　He wrote to his mother every (　　) week.

(6)　He will arrive in (　　) five minutes.

(7)　Do little things first, and the big (　　) will begin to take care of themselves.

(8)　I don't like (　　) you showed me.

では any が**肯定文**で，some が**否定文**などでも用いられる。†

Any [of them] will do. （[それらのうち] どれでもよろしい）

It may begin to rain at **any** moment.

　　　　　　（いつなんどき降り出すかもしれない）

There must be **some** books in the library on this subject.

　　　　　　（この問題に関する本が図書館になにかあるにちがいない）

I don't need **some** of these.

　　　　　　（これらのうちあるものはいらない）

Some people don't like this kind of music.

　　　　　　（このような音楽を好まない人もいる）

　　＊　この **some** は others と相関的によく用いられる。〔⇨ p. 171〕

⎰You may come **any** day. （いつ来てもよろしい）
⎱May I call on you **some** day? （いつかお伺いしてもいいですか）

《3》　**some が疑問文などに用いられる場合**

　疑問文の形をしていても，勧誘・依頼を表わしたり，肯定の答えを予想し
ているような場合は，any ではなく some が用いられる。††

Won't you have **some** more wine? （ぶどう酒をもう少しいかがですか）

　　　〔これは「飲むか飲まないか」を尋ねるより勧める気持ちを表わすか
　　　ら，How about *some* more wine? などにおけると同様 some を用
　　　いる〕

Will you lend me **some** money? （お金をいくらか貸してくれませんか）

　　　〔Please lend me *some* money. の気持ちを表わす〕

Don't you have **some** money? （いくらか持ち合わせがありませんか）

　　　〔You have *some* money, don't you? の気持ちを表わす〕

---

†　次の文は (a) any のふつうの用法では「not ... any = no」で「私は学生にはだれ
　にも本を貸さない」の意になり，(b) 強意用法では「私は<u>どの</u>学生にでも本を貸すわ
　けではない」（一部のものにだけ貸す）の意になる。

　　I **don't** lend my books to **any** of the students.

††　次のような文では，ふつうの否定文ではないが，内容的に否定の意味が含まれてい
　るので，some ではなく any を用いる。

　　I was too tired to say **any** more.

　　　〔= I was so tired that I could *not* say *any* more.〕

　　It's almost a week since I had **anything** to eat.

　　　〔= I have had *nothing* to eat for almost a week.〕

● 条件文においても some を用いる場合がある。

$\begin{cases} \text{(a)} & \text{If you have \textbf{anything} to say, tell it to me.} \\ \text{(b)} & \text{If you have \textbf{something} to say, tell it to me.} \end{cases}$

(なにか言いたいことがあれば私に話しなさい)

(a) では「君に言いたいことがあるかないかしらないが, もしなんでもあれば私に話しなさい」の気持ちを表わし, (b) では「君にはなにか言いたいことがありそうだがそれなら私に話しなさい」の気持ちを表わす。

《4》 **some, any と単数・複数の扱い**

(**a**) **any** に伴う可算名詞は複数で表わすことが多いが, ふつう単数で存在するものの場合は, もちろん単数である。

Do you have **any** *children* (*books, etc.*)?

This house doesn't seem to have **any** *chimney*.

(この家には煙突がないようだ)

強調用法の any は単数がふつうである。

Any *child* knows this. (どんな子供だってこのことを知っている)

(**b**) **some** は意味によって単・複いずれの名詞をも伴う。

$\begin{cases} \text{Lend me \textbf{some} \textit{books}.} & \text{(本を幾冊か)〔不定の数冊の本〕} \\ \text{Lend me \textbf{some} \textit{book}.} & \text{(なにかある本)〔不定の一冊の本〕} \end{cases}$

(**c**) 単独に用いる場合は, **some** は複数, **any** は単数がふつう。

Some of them *are* useless. (それらのあるものは役に立たない)

Any of them *is* good enough. (それらのどれでもけっこう)

《5》 **any, some の副詞用法**

(**a**) **any** は比較級と用いて「いくらかでも」(疑問文・条件文), 「少しも」(否定文) の意味を表わす。

Is he **any** better today? (彼はきょうはいくらかでもいいですか)

I cannot walk **any** more. (もうこれ以上歩けない)

She is poor, but I don't love her **any** the less. (彼女は貧しいが, だからといって彼女を愛する気持ちは少しも少なくはならない → 彼女は貧しいが, 私はやはり彼女が好きだ)

〔= I love her none the less. / I love her all the same.〕

(**b**) **some** は数詞の前で about (およそ, 約) の意味を表わす。

Some fifty persons were present. (50 人ほどが出席していた)

§69.　all, every, both, each, either, neither

これらの語の用法を表示すれば次のようになる。neither は either の否定形であって，用法は either と同じである。

	代名詞用法	形容詞用法	可算語に用いる	不可算語に用いる	二つを表わす	三つ以上を表わす	単数扱い	複数扱い
all	○	○	○	○		○	○	○
every		○	○			○	○	
both	○	○	○		○			○
each	○	○	○			○	○	
either	○	○	○		○		○	

*　三つ以上のものについて all は複数扱い，every は単数扱い，二つのものについて both は複数扱い，either は単数扱いなので，次の関係が成り立つ。

　　all : every = both : either

§70.　all と every の用法

《1》　**all** は代名詞および形容詞として用いられ，全体をまとめて「すべて」「あらゆる［もの］」の意を表わす。可算語・不可算語の両方に用いられるので，動詞の一致に注意しなければならない場合がある。

every は形容詞としてのみ用いられ，可算語について，「すべての〜」「〜はだれ（どれ）でも」の意で，全体を個別的に表わし，常に単数扱いである。

　{ **All** *is* well that ends well.（終りよきことはすべて良し）
　{ **All** *are* not friends that speak us fair.

　　　　（巧言で接するものかならずしも友にあらず）

　{ **All** *was* silent.（すべてが静まりかえっていた）
　{ **All** *were* silent.（すべての者が黙っていた）

　All men are equal.（人はすべて平等である）

　Every man has *his* faults.（人はだれでも欠点がある）

*　every 〜 を受ける動詞は常に単数であるが，代名詞は複数で受けることもある。〔⇨ p. 551〕

There is **every** reason to believe it.（それを信じる十分な理由がある）

* 特定のものすべてを表わす場合，次の表現が可能である。
　　All of the boys were lazy. 　（その少年たちは皆なまけ者だった）〔代名詞〕
　　All the boys were lazy. 　〔形容詞。All boys なら一般に「少年はすべて」〕
　　The boys were **all** lazy. 　〔all は同格的（⇨ p. 617「同格」）または副詞的〕

《2》 **all の副詞用法**

all は副詞として「まったく」「すっかり」(entirely, wholly) の意を表わす。
He was **all** alone. （彼はまったく一人ぼっちだった）

　⌠ (a)　He did the work **all** by himself. （その仕事をまったくひとりでした）
　⌡ (b)　He did **all** the work by himself. （その仕事を全部ひとりでした）

　　(a) は副詞用法。読む場合はその前で区切り by himself を続けて読む。
　　(b) は形容詞用法。**all** of the work であれば代名詞用法。

---

all, every を含む重要表現

❶ He is **all but** dead. （彼は死んだも同然だ）〔= almost〕
　 I know **all but** him. （彼以外はすべて知っている）〔= all except〕
❷ **For all** (*or* **With all**) his wealth, he is not contented. 〔⇨ p. 536〕
　　 （あんなに金持ちなのに彼は満足していない）〔= In spite of〕
❸ He is **all** smiles. （彼は満面に笑みを浮かべている）
❹ It is **all over with** him. （彼はもうおしまいだ）
❺ **at all**〔否定文で〕「少しも (〜ない)」，〔疑問・条件・肯定文で〕「少しでも，いったい，そもそも，いやしくも，どうせ」
　 She does*n't* love me **at all**. （彼女は私を全然愛していない）
　 Do you love me **at all**? （いったい君は僕を愛しているのか）
❻ He visits her **every other** week. （彼は 1 週間おきに彼女を訪れる）
　 The Olympic Games are held **every** four years.
　　　（オリンピック大会は 4 年ごとに行われる）
　　　〔= every fourth year / once in every four years〕

§71. │ **each の用法**

each は二つまたは三つ以上のものについて，「それぞれ」「おのおの」と個別的に表わし，常に単数扱いを受ける。代名詞用法と形容詞用法とがある。

Each country has *its* own customs. （国にはそれぞれ独特の習慣がある）

Each of us has to do *his* best. †

　　　（私たちはおのおの最善を尽くさなければならない）

＊　同じ内容を表わすのに，次のような言い方が可能である。

　　　Each of the boys *was* given a present.　　　　　　　　〔代名詞〕
　　　Each boy *was* given a present.　　　　　　　　　　　　〔形容詞〕
　　　The boys *were* **each** given a present.　　　〔同格的または副詞的〕
　　　The boys *were* given a present **each**.　　　　　　　　　〔副　詞〕

§72.　both, either, neither の用法

いずれも二つのものについて，**both** は「両方とも」の意で常に複数，**either** は「どちら〔か，も〕」，**neither** は「どちらも～でない」の意で単数扱い。

You may take **both** [of them]. （[それらの] 二つとも取ってよい）

　　　〔三つ以上についていう all に対する：You may take **all** [of them].〕

You may take **either** [of them]. （[それらの] どちらか取ってよい）

　　　〔三つ以上にいう any に対する：You may take **any** [of them].〕

Is **either** of these pens yours? — No, **neither** is mine.

　　　（これらのペンのうちどちらかあなたのですか — いいえ，どちらも
　　　　僕のものではありません）

● **either** は形容詞用法で「どちらも」の意を表わすことがある。

　｛There are tall buildings on **either** *side* of the street.
　｛There are tall buildings on **both** *sides* of the street.

　　　（道路の両側に高い建物がある）

＊　both を用いて同じ内容を表わすのに，次の四つの言い方が可能である。

　　　Both of the sisters are happy. ††　　　　　　　　　　〔代名詞〕
　　　Both the sisters are happy. †††　　　　　　　　　　　〔形容詞〕
　　　Both sisters are happy.　　　　　　　　　　　　　　　〔形容詞〕
　　　The sisters are **both** happy.　　　　　　〔同格的または副詞的〕

---

†　この種の表現で，us が男性のみから成る場合は **his** best，女性だけの場合は **her** best，一般的に男女から成る場合は，厳密には **his or her** best とするが，従来は多く **his** で代表させ，現在は **their** best もよく用いる。**every** も同じ。〔⇨ p. 551〕

††　both of のあとにくる名詞は，the, these, his などで限定された名詞であり，both of *sisters* のような無限定の名詞がくることはない。

†††　both は他の限定詞の前に置かれ，*the* both sisters の語順は不可。both of のあとが代名詞の場合（both *of* them），of は省略できない。

---

both ～ and;　either ～ or;　neither ～ nor

both A *and* B は「A も B も」で動詞は複数, *either* A or B は「A か B か」で動詞は B に一致, *neither* A *nor* B は「A も B も～でない」で動詞は B に一致する。　　　　　　　　　　　　　　　　　　　　〔⇨ p. 548〕

Both you **and** I *are* to blame.（君にも僕にも責任がある）

Either you **or** I *am* to blame.（君か僕かどちらかが悪いのだ）

Neither you **nor** I *am* to blame.（君にも僕にも罪はない）

　これらの**相関詞**（Correlative）で結ばれる A, B は対等の要素であることを原則とする。

You can **either** walk **or** go by car.　〔正〕　　　　　〔動詞と動詞〕

You can go **either** on foot **or** by car.〔正〕　　　　〔副詞句と副詞句〕

You can **either** go on foot **or** by car.〔非文法的〕　　〔動詞と副詞句〕

　＊　ただし,〔非文法的〕な形が用いられることも多い。

「～も」の意味を表わす too, either, neither

前が肯定文であれば too を, 否定文であれば either, neither を用いる。

I can speak English. — I can speak it, **too**.（僕も話せる）

⎧ I can't speak English. — I can't speak it, **too**.〔誤〕

⎨ I can't speak English. — I can't speak it, **either**.（僕も話せない）

⎩ I can't speak English. — **Neither** (*or* **Nor**) can I.

　＊　くだけた口語では **Me neither.** または（時に《米》で）**Me either.** の形も用いられる。

部分否定と全体否定

not ～ all（**every**, **both**）は,「全部が全部（両方ともが）～だというわけではない」の意の**部分否定**（Partial Negation）を表わし, **not ～ any**（**either**）は「どれも（どちらも）～でない」という意の**全体否定**（Total Negation）を表わす。〔not ～ any = no, none / not ～ either = neither〕
　　　　　　　　　　　　　　　　　　　　　　　　　　　　〔⇨ p. 581〕

All is *not* gold that glitters.（光るもの必ずしも金ではない）

Not everyone was satisfied.（皆が満足したわけではない）

I can afford one, but **not both**.（一つは買えるが, 両方は買えない）

I do*n't* like **any** of them.（それらをどれも好まない）
　　〔= I like *none* of them.〕
I do*n't* like **all** of them.（それらが全部好きなわけではない）
　　〔= I dislike some of them.〕　　　　　　　　　　〔⇨ p. 625〕
　cf. I don't like **some** of them.（それらのあるものは好まない）

Neither of my parents is alive.（両親はどちらも生きていない）
　　〔= *Both* of my parents are *dead*.〕
Both of my parents are *not* alive.（両方ともは生きていない）†
　　〔= *One* of my parents is *dead*.〕

○ not 〜 any　　× any 〜 not

全体否定を表わす not 〜 any（= no, none）および not 〜 either（= neither）では，それぞれ not が any, either に先行し，any 〜 not, either 〜 not とはならない。

Any of them did *not* come.　　　　　　　　　　　〔誤〕
→ **None** of them came.（だれも来なかった）　　　　　〔正〕
Either of them can*not* swim.　　　　　　　　　　〔誤〕
→ **Neither** of them can swim.（どちらも泳げない）　〔正〕

§73.　**no, none の用法**

《1》 no, none は可算・不可算いずれの名詞にも用いられるが，no は形容詞として，none は代名詞として用いられる。no のあとにくる可算名詞は単数形・複数形のいずれの場合もあり††，可算名詞について用いる none は単数・複数のいずれにも扱われるが，人を表わす場合など複数に扱われる傾向

---

†　ただし，この形は全体否定の意味（両方とも生きていない）に解されることもあり〔⇨ p. 582〕，あいまいさを伴うので，部分否定なら〔　〕内に示したような文で，全体否定なら上の Neither を主語にした文でいえば，正確に伝えることができる。
††　no のあとにくる名詞が単数になるか複数になるかは，その語により自然なほうが選ばれる。
　　I have no friend*s*（child*ren*, book*s*, pencil*s*, *etc.*）.
　　I have no wife（father, house, car, *etc.*）.
　所有の対象として書物は複数がふつうであり，家は単数が自然である。もし，一夫多妻がふつうの国であれば I have no *wives*. と言うであろうし，車を 2 台以上所有するのがふつうの状態であれば I have no *cars*. も自然である。

が強い。なお none に対して **no one**（= nobody）は可算名詞にのみ用いる代名詞で, 常に単数扱いである。

No time *is* to be wasted.（時間を浪費してはならない）

No students *are* expected today.（今日は学生はだれも来ないだろう）

No meeting *is* expected today.（今日は会合はなにもないだろう）

None of the money *was* spent.（その金は全然使われなかった）

None of the books *were*（or *was*）read.（本はどれも読まれなかった）

No one *is* content with his lot.（自分の境遇に満足している者はない）

It is **none** of your business.（それは君の知ったことではない）

　　　　〔= It is *no* business of yours. / Mind your own business.〕

It is **no** wonder that he should get angry.（彼が怒るのも当然だ）

　　　　〔= It is only natural that he should get angry.〕

《2》 **no, none** の副詞用法

比較級などと用い,「少しも」（not at all）の意味を表わす。†

He is **no** *bigger than* a child.〔=〔almost〕as small as〕

　　　　（彼は子供よりも少しも大きくない；子供同然にちっぽけだ）

He is **no** *better* than a beast.（彼はけだものも同然だ）〔⇨ p. 321〕

He is **none** *the better for* their treatment.

　　　　（彼は彼らの治療を受けて少しもよくなっていない）

I like him **none** *the less for* his faults.（彼の欠点のためにそれだけ彼が好きである程度が少なくなることはまったくない → 彼に欠点があってもやはり彼が好きだ）

§74. 複合不定代名詞の用法

《1》 複合形の不定代名詞すなわち something, anything, nothing, every-thing; somebody, anybody, nobody, everybody; someone, anyone, no one, everyone などは, 以上の some, any, no, every の用法に準じる。いずれも単数に扱われ, somebody's などの所有格をつくる。

Give me **something** to eat. **Anything** will do.

　　　　（何か食べ物をください。何でもけっこうです）

---

† **no** と **not** の区別については ⇨ p. 580。

no（**not**）**more**（**less**）**than** ～ については ⇨ p. 322。

This leaves **nothing** to be desired.（これは申し分がない）

I do*n't* want **anything**. = I want **nothing**.（僕は何も欲しくない）

* **not ~ anything = nothing / not ~ anybody = nobody** の関係が成り立つが，anything（anybody）~ not の順では用いない。〔⇨ p. 180〕

  Anything did not happen.〔誤〕→ **Nothing** happened.〔正〕

  Anybody did*n't* speak to him.〔誤〕→ **Nobody** spoke to him.〔正〕

  （だれも彼に話しかけなかった）

* ただし any ~ が「どんな~であろうと」の意を表わす場合は，any ~ not の語順が成り立つ。（形容詞句［節］で修飾されることが多い）

  Anyone [*who is*] *keen on modern jazz* should **not** miss this opportunity.（モダンジャズを愛好する人はだれで［あろうと］もこの機会を逸すべきではない）〔anyone who = whoever ⇨ p. 222〕

Everyone（*or* **Everybody**）desires peace.（だれでも平和を望む）

Is there **anyone**（*or* **anybody**）who does not desire peace?

　　（平和を望まない者がいるだろうか）

　　〔= There is **no one**（*or* **nobody**）who does not desire peace.〕†

Everybody's business is **nobody's** business.（共同責任は無責任）

Anything（**Something**）is better than **nothing**.

　　（全然ないよりは少しでも［いくらか］あるほうがましだ）

《2》　名詞用法

He thinks himself [a] **somebody**, but he is a mere **nobody**.

　　（自分ではひとかどの人物だと思っているが，とるに足らない人間だ）

Those to whom money is **everything** should be despised.

　　（金が万事であるような人間は軽べつされるべきだ）

---

†　**no one** は常に離して綴る。**anyone, everyone** は **any one, every one** と離して綴ることもあるが，その形では (a) anyone, everyone と同じ意味で用いる場合と，(b)「人」に限らず「どれ（だれ）でも」「どれ（だれ）もすべて」の意で用いられる場合がある。この意味では of ~ を伴うことが多い。

　　You may take **any one** of them.

　　（君はそれらのどれ［彼ら］のだれ］を選んでもよろしい）

　　I like **every one** of them.（僕はそれら［彼ら］すべてが好きだ）

● 不定代名詞に隣接する動詞は単数であるが，離れて後に続く動詞（および代名詞）が複数になることがある。〔⇨ p. 551〕

　　Nobody was killed in the accident, **were they**?〔⇨ p. 60〕

　　（その事故で死者はいませんでしたね）

複合不定代名詞を含む重要表現

---

❶ He is **nothing but** a fool.〔= He is *only* a fool.〕
　　(彼はばか以外の何物でもない → 彼はばか者にすぎない)

❷ He is **anything but** a fool.
　　(彼はばか以外の何ででもある → 彼はほかの何であろうとばかで
　　だけはない → 彼は決してばかではない)
　　〔= He is **far from** a fool. / He is **by no means** a fool. / He
　　　is **not at all** a fool.〕

❸ He **does nothing but** read all day.
　　(彼は一日中本を読んでばかりいる)

❹ He is, **if anything**, a little better today. †
　　(彼は，どちらかといえば，きょうは少しよい)

　True greatness has little, **if anything**, to do with rank and power.
　　(真の偉大さは，地位や権力と，かりにあるとしても，ほとんど関
　　係はない)

❺ He **has something** (**nothing**) **to do with** the matter.
　　(彼はそのことといくらか関係がある [全く関係はない])

❻ He is **something of a** scholar.
　　(彼はちょっとした学者だ)

　　cf. He is not *much of a* scholar. (彼は大した学者ではない)

❼ **There is nothing for it but to** obey him.　〔⇨ p. 429〕
　　(彼の言うとおりにするほかはない)
　　〔= We *have no choice but to* obey him.〕

❽ I would not do it **for anything**. ([どんなものと交換でも，どうあっ
　　ても] そんなことは絶対にしない)

---

†　**if any** は (a)「もしあれば」(b)〔**little** (**few**), **if any** の形で〕「かりにあるとし
　ても」の意を表わす。anything が代名詞であるのに対して，any は形容詞で省略され
　ている名詞を補って考えることができる。
　　(a)　Correct errors, **if any**.〔= *if* there are *any* errors〕
　　　　　(間違いを，もしあれば，訂正せよ)
　　(b)　There are few errors, **if any**. = There are few, **if any**, errors.
　　　　　(間違いは，かりにあるとしても，わずかしかない)

❾　He gave me the book **for nothing**.（彼はただでその本をくれた）

❿　He is **good for nothing**.（彼はろくでなしだ）

⓫　I could **make nothing of** what he said.

　　　（私は彼の言ったことがさっぱりわからなかった）

　　He **makes nothing of** offending others.

　　　（彼は他人を傷つけることを何とも思わない）

⓬　It is **nothing less than** (*or* **nothing short of**) madness.

　　　（それは狂気以外の何物でもない；まさに狂気のさただ）

重要問題 　　　　　　　　　　　　　　　（解答 p. 691）

40. 各文のかっこ内の正しいものを選べ。

(1)　Everyone should do (one's, his) best.

(2)　Each of us has (my, your, his) opinion.

(3)　I like history better than (any, any other, all other) subject.

(4)　The street was lined with spectators on (both, either) sides.

(5)　(All, Anybody, Everybody, None) but fools would believe it.

(6)　He asked her if (something, anything, nothing) was wrong.

(7)　The room was (anything, nothing) but comfortable.

(8)　Some came late, because (one, he, they) had missed the train.

41. 各文のかっこに適当な語を入れよ。

(1)　I want a car, but cannot afford to buy (　　).

(2)　So this is your car. When did you buy (　　)?

(3)　I have a car, but I want to buy (　　).

(4)　It is one thing to be rich, and (　　) to be happy.

(5)　Come at (　　) time you like.

(6)　She asked him for (　　) money, but he hadn't (　　).

(7)　He had a fork in one hand, and a knife in the (　　).

(8)　In (　　) two weeks, he will be home again.

42. 文末の和文の意味を表わすよう，空所に適当な語を入れよ。

(1)　Has he (　　) to do with the matter?（関係がある）

(2)　It is (　　) of your business.（余計なお世話だ）

(3)　There are few, if (　　), such men.（このような人はいてもわずか）

(4)　I got the ticket for（　　）.（ただで）

(5)　It is（　　）the less true.（それでもやはり事実だ）

(6)　If I am a fool, you are（　　）.（僕がばかならお前もそうだ）

(7)　（　　）we can do is［to］keep waiting for him.
　　　　　　（できるのはただ彼を待ち続けることだけ）

43.　各文の誤りを訂正せよ。

(1)　Do you want a pen? ― Yes, I want it.

(2)　Lend me a pen or a pencil; any will do.

(3)　She was smaller than either of her three sisters.

(4)　Your both hands are dirty.

(5)　If you don't go, I will not go, too.

(6)　Either of the statements are not true.

(7)　Anybody did not know the truth.

(8)　Even such a nice girl as she cannot please anybody.

44.　各組の文が同じような意味を表わすよう，空所に適当な語を入れよ。

(1) $\begin{cases} \text{He is only a coward.} \\ \text{He is（　　）but a coward.} \end{cases}$ (4) $\begin{cases} \text{I don't like any of them.} \\ \text{I like（　　）of them.} \end{cases}$

(2) $\begin{cases} \text{He is by no means a coward.} \\ \text{He is（　　）but a coward.} \end{cases}$ (5) $\begin{cases} \text{Not all were present.} \\ \text{（　　）were absent.} \end{cases}$

(3) $\begin{cases} \text{It is almost finished.} \\ \text{It is（　　）but finished.} \end{cases}$ (6) $\begin{cases} \text{Both were dead.} \\ \text{（　　）（　　）alive.} \end{cases}$

45.　各文を訳せ。

(1)　(a)　You may take *some* of these.

　　　(b)　You may take *any* of these.

(2)　(a)　The boy keeps some *bird* in his house.

　　　(b)　The boy keeps some *birds* in his house.

(3)　(a)　*Nothing* frightened her.

　　　(b)　*A nothing* frightened her.

　　　(c)　*Anything* frightened her.

(4)　(a)　*Neither* of them was dead.

　　　(b)　*Either* of them was dead.

　　　(c)　*Both* of them were dead.

第 **6** 章

疑 問 詞

疑問を表わす語を疑問詞（Interrogative ［ìntərágətiv]）といい，次の三種がある。

(1) 疑問代名詞（Interrogative Pronoun）…… who, what, which
(2) 疑問形容詞（Interrogative Adjective）…… what, which
(3) 疑問副詞　（Interrogative Adverb）…… when, where, why, how

* 疑問詞を用いた疑問文を**特殊疑問文**といい，疑問詞を用いない**一般疑問文**と区別する。〔⇨ p. 55〕

§75. 疑問代名詞

主　格	所有格	目的格	用　法
who	whose	whom（who）	だれ
what	—	what	なに
which	—	which	どれ，どちら

* who には「所有格」の whose（だれの）〔人称代名詞の場合の my, your などに相当〕と同形の「所有代名詞」の whose（だれのもの）〔人称代名詞の場合の mine, yours などに相当 ⇨ p. 148〕がある。

* いずれも，指す対象に応じて，単数・複数いずれも表わす。

《1》 **who の用法**

Who *is* this boy? — He is *Tom*.　　　　　　　　　〔Who は主格補語〕

Who *are* these boys? — They are *my brothers*.

Who *is*（**Who's**）this（《英》that）? — This is Mary.

　　（〔電話で〕どちらさまですか — メアリーです）

* Who is it? は㋑「〔ドア越しに〕どなたですか」〔= Who's there?（= Who's at the door?)〕と，㋺「〔電話で〕どちらさまですか」〔= Who's that?（= Who's speaking?)〕の両方の場合に用いる。

Who *is* coming with me? — *I am.*　　　　　　　〔Who は主語〕
　　（だれが私といっしょに来ますか ── 私が行きます）

Who *cares*? （だれがかまうものか）〔⇨ p. 61〕

* Who が主語の場合は，複数者が関係していることが考えられるときでも単数に
　扱われるのがふつうである。
　　　Who knows the answer to this question?
　　　　　（この問題に答えられる人はだれですか）
　　　Who's there? （〔ドア越しに〕だれ〔どなた〕ですか）〔= **Who** is it?〕
　　　　　〔複数の人の気配があっても Who *are* there? とはふつう言わない〕

Whose book is this? — It is (It's) mine.　　　　　〔Whose は所有格〕
　　（これはだれの本ですか）

Whose is this book? — It is (It's) mine.　　〔Whose は所有代名詞〕
　　（この本はだれのですか）

Who[m] did you invite? （だれを招待したの）　　〔Who[m] は目的語〕
I don't remember **who**[m] I met.　　　〔間接疑問文 (⇨ p. 62) で〕
　　（だれに会ったか覚えていない）

────────────
who : whom
────────────

目的格に whom を用いるのは文法的には正しいが，実際にはまれで，ふ
つうは who を用いる。

　　⎰**Whom** do you want to see?　　　〔正確だが，やや堅苦しい文〕†
　　⎱**Who** do you want to see?　　　〔口語的な，くだけた感じの文〕
　　（だれに会いたいのですか）

◈　前置詞の目的語になるときも，前置詞が文末に置かれると，口語では
　who になることが多い。

　　⎧① **To whom** did you write?　　〔正式で，堅く感じられる表現〕
　　⎨② **Whom** did you write **to**?　　〔ぎこちなく，あまり用いない〕
　　⎩③ **Who** did you write **to**?　　〔くだけた，自然な感じの表現〕†

　*　会話文などで，③の形に固定している表現も多い。
　　　Who is the letter **from**? （その手紙だれから来たの）
　　　Who are you looking **for**? （だれを探しているのですか）

────────────────────────────────

†　このような会話的な文では whom はほとんど用いられない。概して疑問代名詞
　Who[m] が直接疑問文〔⇨ p. 62〕で用いられるのはくだけた口語的な文脈が多いの
　で，文章語的な **whom** の使用は非常に限られ，（whom より発音もしやすい）**who**
　が多く用いられる。〔**関係代名詞**の who, whom については ⇨ p. 203〕

* **間接疑問文**でも同じことが言える。

$$I \text{ don't know} \begin{cases} \textbf{to whom} \text{ the car belongs.} （だれの車か知らない）\\ \textbf{who[m]} \text{ the car belongs to.} 〔who のほうがふつう〕 \end{cases}$$

cf. $\begin{cases} ⑦ \text{ I wonder } \textbf{who} \text{ he is talking } \textbf{to}. （彼はだれに話しているのかしら）\\ ⓘ \text{ It is hard to divine } \textbf{whom} \text{ the prime minister is addressing.}\\ \qquad （首相がだれに話しかけているのか推測しがたい） \end{cases}$

⑦は会話文で who が自然。ⓘは文章体の例（＝新聞記事）で，文語調の語も
含まれ，**whom** が自然。〔divine =《口》guess, address = speak to〕

《2》 <u>what の用法</u>

What happened? 〔[いったい] 何があったの〕   〔What は主語〕

What's your name? ― [My name is] Helen Brown.〔What は主格補語〕
（お名前は？ ― ヘレン・ブラウンです）

* ていねいには，May I have（ask）your name [, please]? （お名前は何と
おっしゃいますか）が一般的な言い方。

What is the capital of Japan?   〔What は主語または補語 ⇨ p. 57〕
（日本の首都はどこですか）

What do you want? （何がほしいのか）   〔What は目的語〕

What are you looking **for**? （何を捜しているのか）〔前置詞の目的語〕 †

* what の前に前置詞が置かれる形は，堅い文章体以外ではあまり用いない。
    To **what** do you attribute his lack of success?
    （彼が成功しないのは何のせいだと思いますか）

---

who : what

who はその人が「だれ」であるかを尋ね，これにはその人の名前や自分
との関係を示す語で答える。**what** はその人の職業・身分・資格などが「な
に」であるかを尋ねる。

$\begin{cases} (a) \quad \textbf{Who} \text{ is she? ― She is } \textit{our} \text{ teacher (Mrs. Smith, } \textit{my} \text{ nurse).}\\ (b) \quad \textbf{What} \text{ is she? ― She is } \textit{a} \text{ teacher (} \textit{a} \text{ pianist, } \textit{a} \text{ nurse).} \end{cases}$

---

† 省略的な疑問文では「who（what）＋前置詞」の形も用いられる。
  I went to the movie yesterday. ― **Who** *with*? 〔<*Who* did you go *with*?〕
      （きのう映画へ行ったよ ― だれと？）〔*With* who[m]? の形より口語的〕
  He is writing a letter. ― **Who** *to*? 〔<*Who* is he writing *to*?〕
      （彼は手紙を書いている ― だれに？）
  He cut the grass in the garden. ― **What** *with*? 〔<*What* did he cut it *with*?〕
      （彼は庭の草を刈ったよ ― 何で？）

(a) 「彼女はだれですか」—「私たちの先生（スミス夫人，私の世話を
　　してくれる看護婦さん）です」

(b) 「彼女はなにをしている人ですか」—「教師（ピアニスト，看護
　　婦）です」

our teacher と言う場合は，職業を述べるのではなく自分との関係を述
べることによって「だれ」であることを示し，*a* teacher は職業が「なに」
であるかを示す。*my* nurse, *a* nurse の違いも同じである。

《3》　**which の用法**

人にも物にも用い，単数・複数いずれをも表わす。二者について「どち
ら」，三者以上について「どれ」の意。

Which is larger, China or India? — China [is].　　　　　〔主語〕†

　　（中国とインドのどちらが大きいの — 中国だよ）〔⇨ p. 58〕

Which do you like best (↘), beer (↗), sake [sάːki](↗), or
wine (↘)? — [I like] wine [best].　　　　　　　　　〔目的語〕

　　（ビールと日本酒とワインのどれが一番好きですか — ワインです）

Which *is* your car? （君の車はどれだい）　　　　　　　　〔単数〕

Which *are* your parents in this photo?　　　　　　　　　〔複数〕

　　（この写真であなたのご両親はどれですか）

● Which が前置詞の目的語になる場合，前置詞はふつう文末に置かれる。

　　Which of the dictionaries are you looking **for**?

　　（どの辞書を捜しているのですか）

---

what（who）: which

which はある限定された範囲の対象についてそのうちの「どれ」「どち
ら」であり，**what** は選択範囲を限ることなく一般に「なに」である。

　⎧**What** are you buying? （なにを買いますか）

　⎩**Which** are you buying? （どれ［どちら］を買いますか）

---

† 「人」の場合には，「どちら」を問うときでも who を多く用いる。
　　Who is older, Ann or Beth? （アンとベスのどちらが年上なの）
　　Who won, Jack or Tom? （ジャックとトムのどちらが勝ったのか）
　　ただし，次のように of ～ を伴う形では，who を用いることはできない。
　　Which (× **Who**) **of you** told him that?
　　（君たちのどちら「だれ」が彼にそのことを話したのか）

$\begin{cases} \text{(a)} & \textbf{Who} \text{ is your favorite author?} \\ \text{(b)} & \textbf{Which} \text{ is your favorite author?} \end{cases}$

(a)「君の好きな作家はだれですか」

(b)「君が好きなのはどの［どちらの］作家ですか」

§76. 疑問形容詞

what, which はあとに名詞を伴うことがあり，この場合の what, which を疑問形容詞と呼ぶ。用法は疑問代名詞の場合に準じる。

What *day* of the week（month）is it today? — It's Monday（May 10）.

　　（今日は何曜［何日］ですか — 月曜［5月10日］です）（⇨ p. 271）

Which *team* do you support?（ど［ちら］のチームを応援しているの）

What *book*［s］would you like to read?　　（どんな本が読みたいか）

Which *book*［s］would you like to read?　　（どの本が読みたいか）

Can you tell me **what** *size* this dress is?　　　　　〔間接疑問で〕†

　　（この服のサイズはどれくらいかわかりますか）

Do you know **which** *way* he went?

　　（彼はどちらのほうへ行ったか御存じですか）

$\begin{cases} \text{(a)} & \textbf{What} \text{ languages are taught in this school?} \\ \text{(b)} & \textbf{Which} \text{ languages are taught in this school?} \end{cases}$

「この学校で教えられている言語」を問うのに，(a) は全くわくを考えない「どんな言語」であり，(b) では文脈において対象として考えられている言語の中の「どの言語」である。

§77. 疑問副詞

疑問副詞のおもなものは次の四つである。

　　when（時）= at what time（いつ）

　　where（場所）= at（in, to）what place（どこに，どこで，どこへ）

　　why（理由）= for what reason（なぜ）

---

†　次のような疑問形容詞と関係形容詞〔⇨ p. 218〕を区別する。

$\begin{cases} \text{(a)} & \text{She asked him } \textbf{what} \text{ books he had.} \quad 〔疑問形容詞〕 \\ \text{(b)} & \text{He gave her } \textbf{what} \text{ books he had.} \quad\quad 〔関係形容詞〕 \end{cases}$

　　　　(a)「彼女は彼にどんな本を持っているか尋ねた」

　　　　(b)「彼は彼女に持っているだけの本を与えた」

how（方法・様態・手段）= in what way（どのように），by what
means（どうして）

When did you arrive here?（あなたはここにいつ着きましたか）

＊ When が尋ねる「いつ」は，年・月・日・時刻などのいずれをも対象にすることができるが，特に「時刻」を尋ねる場合は What time を用いる。

Since when have you had a beard?（いつからひげをはやしているの）

＊ Since when ～ ? は疑問詞が前置詞の目的語になった形をとる頻出表現。

Where did you go yesterday?（あなたはきのうどこへ行きましたか）

＊ *go to* とはしない。ただし *Where* does the sound come *from*?（その音はどこから聞こえてくるのか）

Why were you absent? — *Because* I was ill.

（君はなぜ休んだか ── 病気だったからです）

＊ why は「why＋動詞の原形」の形で用いられることがある。
Why ask me?（なぜ僕に尋ねるのか）〔= Why do you ask me?〕

How did you go to the theater? — ［I went there］*by car*.

（劇場へはどのようにして行きましたか ── 車で行きました）

How did you do on your math test? — I flunked it.

（数学のテストどうだった ── しくじっちゃったよ）

● how はまた形容詞・副詞を伴い，「程度」（どれほど）を表わす。

How *far* is it from here to the station? — ［It's］about a mile.

（ここから駅までどれくらいありますか ── およそ1マイルです）

How *long* did he stay here? — ［He stayed］*for* two weeks.

（彼はここにどれくらい滞在しましたか ── 2週間です）

How *soon* will the train leave? — ［It will leave］*in* ten minutes.

（あとどれくらいで汽車は出ますか ── 10分です）

How *often* a month does she come here? — Twice.

（彼女はひと月に何度ここに来ますか ── 2度です）

その他：　How *old*（年齢），How *many* ～（数），How *tall*（背丈），
How *high*（高さ），How *fast*（速さ），How *wide*（幅），*etc.*

---
how : what

次のような表現において how と what を混同しないように注意する。

How do you *feel* today?（今日は御気分はいかがですか）

What do you *think* of it?（それをどう思いますか）〔How ... ではない〕

What do you call it in English?
　　　（それを英語でどう呼びますか）
How do you spell it?（それはどう綴りますか）
How do you *like* it?
　　　（それはいかがです［気に入りましたか］）
What（*or* **How**）do you mean?
　　　（どういう意味だ；どういうつもりだ）

　{ **How** is the weather?（天気はどうですか）
　{ **What** is the weather *like*?（　　〃　　）
　{ **How much** is this?（これはいくらですか）
　{ **What** is the price of this?（　　〃　　）
　{ **How much** do you weigh?（あなたの体重はどれくらいですか）
　{ **What** is your weight?（　　〃　　）

疑　問　の　強　調

　疑問詞に -ever の付いた複合形（whatever, whoever, wherever, *etc.*）や，on earth, in the world などが疑問や否定を強調して用いられることがある。

Whatever can he mean?（いったい彼はどういうつもりなんだ）
　　＊　whatever は副詞として否定・疑問の意味を強めることもある。
　　　I know nothing **whatever** about it.（そのことは全く何も知らない）
Whoever told you that?（いったいだれが君にそう言ったのか）
What *on earth* are you going to do?
　　　（いったい何をしようというのか）
Where *in the world* has he gone?
　　　（いったいどこへ行ってしまったのか）

疑問詞＋不定詞　　　　〔⇨ p. 411, 663〕

　疑問詞（疑問代名詞・疑問形容詞・疑問副詞）が不定詞と結びつく形で用いられることがあるが，この場合は「～すべき」の意味を表わす。

I don't know {
　what *to say*.（なんと言えばいいのかわからない）
　who［**m**］*to speak to*.（だれに話すべきかわからない）
　which［*one*］*to choose*.（どれを選べばいいのかわからない）

I'm wondering
$\begin{cases} \textbf{where}\ to\ put\ it.\ (それをどこに置けばいいのかなあ) \\ \textbf{when}\ to\ start.\ (いつ出発したらいいのだろう) \\ \textbf{how}\ to\ thank\ her.\ (彼女にどのように感謝しようかなあ) \end{cases}$

* ふつう，この形は should を用いて言い換えられる。

$\begin{cases} \text{I'm not sure } \textbf{what}\ to\ read.\ (なにを読めばいいのか分らない) \\ \text{I'm not sure } \textbf{what}\ I\ should\ read. \end{cases}$

* この形で疑問副詞 why を用いる例は少ない。

注意すべき語順

(1) 疑問詞が主語の場合は do (does)，did を用いない。

Who[m] *does* he want to see?　〔正〕（彼はだれに会いたいのか）

Who *does want* to see me?　〔誤〕（だれが僕に会いた

Who *wants* to see me?　〔正〕　　　　がっているのか）

(2) do you think (suppose, *etc.*) が挿入される場合〔⇨ p. 63〕

Where is he?　〔正〕（彼はどこにいますか）

Where do you think *is he*?　〔誤〕（彼はどこにいると

Where do you think *he is*?　〔正〕　　　　思いますか）

(3) 間接疑問文において

Who is he?　〔正〕（彼はだれですか）

Do you know **who** *is he*?　〔誤〕（彼はだれだか

Do you know **who** *he is*?　〔正〕　　　知っていますか）

* **do you know** は文頭で間接疑問文を導き，
do you think は文中に挿入される，という語順の違いにも注意。

疑問詞を含む重要表現

❶ **What about** [having] a cup of tea?（お茶を一杯いかがですか）

How about [having] a cup of tea?

What do you say to [having] a cup of tea?〔to *have* としない〕
いずれも勧誘的に相手の意向・気持ちを尋ねる。

❷ **What** do you want it **for**?（君は何のために［なぜ，どうして］それ
がほしいのか）〔= Why do you want it?〕

She is going to Paris. — **What for**?
（彼女パリへ行くんだって — なんのために［なぜ]）〔= Why?〕

❸　**What is** he **like**?（彼はどんな人ですか）　　　　〔外見・人柄〕

　　What does he **look like**?（彼はどんな人ですか）　　　〔外見〕

❹　She wondered **what it is** 〔**like**〕 **to** be really in love.

　　（彼女は本当に恋をするということはどんなことだろうと思った）

❺　**What** will **become of** us if the plan fails?

　　（もしその計画が失敗したらわれわれはどうなるだろう）

❻　**What happened to** your leg?

　　（脚をどうなさったんですか）

　　What〔**ever**〕 **happened to** your friend Mike?

　　（君の友人のマイクは〔いったい〕どうしちゃったのかね）

❼　**What if** it rains tomorrow?（明日雨が降ったらどうしよう）

　　　〔[主に好ましくないことについての] 仮定的予想〕　　〔⇨ p. 594〕

　　What if we move the sofa over here?

　　（ソファーをこちらへ移してみてはどうかしら）　　　〔提案〕

❽　**What would I not give to** see her?（彼女に会うためになら何を代

　　えても惜しくない）〔= I would do anything to see her.〕

❾　**Where do** you **come from**?（君はどこの出身ですか；あなたのおく

　　にはどちらですか）〔この意味では常に現在時制〕

　　　cf. Where *did* you come from?（君はどこから来ましたか）

❿　You should not see her. — **Why not**?

　　（君は彼女に会ってはいけない — どうして［いけないのか］）

　　〔= *Why* should I *not* see her?〕（I see no reason why I should

　　not see her. の気持ちを表わす）

　　Why not see her?（彼女にどうして会わないのか；会ったらいいじゃ

　　ないか）〔= *Why* do*n't* you see her?〕　　　〔⇨ p. 594〕

⓫　**How are you**? — ［I'm］ fine, thank you.

　　　　　　　　　　Very well, thank you. And you?

　　（［こんにちは］お元気ですか — ええ、ありがとう。あなたは？）

　●How are you? に類した，よりくだけた言い方の主なもの：

How are you getting on?		Just fine, thanks.
How are you doing?	—	Pretty good.
How's it going?		Not too bad.（まあまあ
How's everything?		So-so.　　　です）

⓬　**How do you do**? — How do you do?

　　（はじめまして — はじめまして）

　　●これは改まった感じの（やや古風になりつつある）初対面の挨拶。一般には "**Nice** (*or* **Glad**, **Good**) **to meet you**." などを多く用いる。

⓭　**How come** you're late?

　　《口》（[驚き・意外を表わして] いったいどうして遅れたんだ）

　　[= **How is it that** you are late? / **Why** are you late?]

重 要 問 題　　　　　　（解答 p. 692）

46.　次の各文の空所に適当な疑問詞を入れよ。

(1)　(　　) do you call this flower?

(2)　(　　) do you spell this word?

(3)　(　　) do you think of this novel?

(4)　(　　) is Mr. Smith? Is he your teacher?

(5)　(　　) is Mr. Smith? Is he a lawyer?

(6)　(　　) is this umbrella? Is it yours?

(7)　(　　) does that soup taste like?

(8)　(　　) do you want to go to the city for?

47.　次の各文の空所に適当な疑問詞を入れよ。

(1)　He doesn't know (　　) to drive a car.

(2)　He doesn't know (　　) to open it with.

(3)　I don't know (　　) she put her gloves.

(4)　I understand (　　) you feel about it.

(5)　Can you tell me (　　) way Mary went?

(6)　Can you tell me (　　) this bag is so heavy?

(7)　Can you tell me (　　) soon you can finish it?

(8)　The rich do not know (　　) it is [like] to be poor.

48.　次の各文を訳せ。

(1)　What did you carry in?

(2)　What did you carry in it?

(3)　What did you carry it in?

(4)　What did you carry it in for?

第 **7** 章

関　係　詞

　関係詞（Relative）には，**関係代名詞**（Relative Pronoun）と，**関係形容詞**（Relative Adjective），**関係副詞**（Relative Adverb）の三つがあり，接続詞と代名詞（形容詞・副詞）の働きを兼ねる語をいう。

第1節　関係代名詞

　関係代名詞は接続詞と代名詞の働きを兼ねる語をいう。

　　This is the girl. + She saved the child from drowning.
　　　　（主節）　　（関係[代名]詞節 = 従節 = 形容詞節）

　　This is the *girl* **who** saved the child from drowning.
　　　　　先行詞　関係代名詞（二つの節を結び付け，従節の主語として
　　　　　　　　　　　　　　　　　代名詞の働きをする）

　　　　（これがその子供が溺れるのを救った少女です）

　関係代名詞が受ける名詞をその関係代名詞の**先行詞**（Antecedent [ǽnti-sìːdnt]）といい，関係代名詞（および関係形容詞・関係副詞）が導く節を**関係詞節**（Relative Clause）と呼ぶ。関係代名詞はそれが導く関係詞節において代名詞が果す役割，すなわち主語・目的語・補語などの要素になる。

主格	所有格	目的格	先行詞	主な特徴・用法
who	whose	whom (who)	人	制限的・非制限的の両方に用いる。**目的格**の whom は正式・文語的，who は口語的・一般的。
which	whose of which	which	物・事	制限的・非制限的の両方に用いる。主節の（「語句」だけでなく）「内容」を先行詞とすることもある。

| that | — | that | 人，物・事 | **制限的用法のみ**。前置詞を前に置けない。who, which より**口語的**。 |
| what | — | what | （中に含む） | 「〜ところのこと（もの）」の意で先行詞を中に含み，**名詞節**を導く。 |

　関係詞に -ever がついた whoever, whatever などは**複合関係詞**と呼ばれ，**複合関係代名詞・複合関係形容詞・複合関係副詞**の三種がある。〔⇨ p. 221〕

　これらのほかに **as, but, than** も，接続詞と代名詞の働きを兼ねる用法において関係代名詞とみなされ，**擬似関係代名詞**（Pseudo ［sjúːdou］ Relative Pronoun）と呼ばれることがある。〔⇨ p. 213, 215, 216〕

§78. 制限的用法と非制限的用法

　関係代名詞は，先行詞を修飾・限定する場合と，先行詞について挿入的または追加的に説明を付加する場合とがある。前者を**制限的用法**（Restrictive Use），後者を**非制限的用法**（Non-restrictive Use）と呼ぶ。†

　非制限的用法では，書く場合はコンマで区切り，話す場合は休止（Pause）を置く。

　関係代名詞のうち，who, which（および as）は制限的・非制限的いずれにも用いられるが，that（および but, than）には制限的用法しかない。

　　$\begin{cases} \text{(a)} & \text{Journalists \textbf{who} distort the facts are not to be trusted.} \\ \text{(b)} & \text{Journalists, \textbf{who} distort the facts, are not to be trusted.} \end{cases}$

　　　(a)　「事実を曲げて伝えるジャーナリストは信用できない」

　　　(b)　「ジャーナリストは，事実を曲げて伝えるので，信用できない」

　(a) の who は**制限的**用法，(b) は**非制限的**用法であり，who が導く**関係[代名]詞節**は，(a) ではジャーナリストの中の特定の人たちに限定する**制限節**，(b) ではジャーナリストという人たち全体について説明を付加するだけの**非制限節**である。

　　*　日本語では (b) のような場合も (a) と同じように関係詞節の部分を先に訳して

---

†　非制限的用法の関係詞節は，概して重く堅い感じを伴い，会話文よりも書き言葉において，よりふつうに用いられる。
　●「[非]制限的」の代わりに「[非]限定的」（[Non-]defining）という用語が用いられることも多い。
　● 非制限的用法は ①「挿入的」と ②「追加的」な場合があるが，主に②の場合を「継続的用法」と呼ぶことがある。〔⇨ p. 200〕

「事実を曲げて伝えるジャーナリストは信用できない」と訳すこともあり, 訳順によって制限・非制限の区別がつかないこともあるが, 英語では制限・非制限の意味関係を区別し, コンマ (話す場合は休止) の有無によってこれを示さなければならない。

* 制限・非制限の関係は, 形容詞やその他の修飾語句についても区別される。

⎰ (a) **beautiful** women 〔制限的〕 〔= women *who* are beautiful〕
⎱ (b) **beautiful** Mary 〔非制限的〕 〔= Mary, *who* is beautiful〕

(a) では women 全体のなかで限定された「美しい女性たち」であり, (b) では Mary を「美しい」と修飾するだけで, 制限はしない。

⎰ (a) The girls **sitting in the back row** chatted noisily.   〔制限的〕
⎱ (b) The girls, **sitting in the back row**, chatted noisily.   〔非制限的〕

(a) は「うしろの席に座っていた少女たちは, にぎやかにおしゃべりした」の意で, 分詞句は girls を制限的に修飾する形容詞句で girls に続けて読み, (b) は「その少女たちは, うしろの席に座って, にぎやかにおしゃべりした」の意で, いわゆる分詞構文と呼ばれる副詞句で, 前後を区切って読む。〔⇨ p. 435〕

⎰ (a) The ring **which** he gave to her last year is in the safe. 〔制　限〕
⎱ (b) The ring, **which** he gave to her last year, is in the safe. 〔非制限〕

(a) 「去年彼が彼女にあげた指輪は金庫の中にある」

(b) 「その指輪は, 去年彼が彼女にあげたものだが, 金庫の中にある」

⎰ (a) There were few passengers **who** escaped without injury. 〔制　限〕
⎱ (b) There were few passengers, **who** escaped without injury. 〔非制限〕

(a) 「(ほかにもいた乗客の中で)けがをしなかった乗客は数少なかった」

(b) 「乗客は少なかったが, 彼らはけがをしないでのがれた」

⎰ (a) My sister **who** lives in Paris will be thirty next year.
⎱ (b) My sister, **who** lives in Paris, will be thirty next year.

(a) 「パリに住んでいる私の姉(妹)は来年 30 になる」

(b) 「私の姉(妹)は, パリに住んでいるが, 来年 30 になる」

* (a) は姉妹が二人以上いる場合で, その中の一人を特定し, (b) は姉妹が一人だけしかいない場合。

非制限的用法の関係詞の先行詞

非制限的な関係詞の先行詞になるのは, (関係詞節によって特定されるのではなく) それ自体が特定のものを表わす語句である。

■ 固有名詞の場合

⎰ (a) I met **the woman** [**who** lives next door].   〔制限的〕
⎱ (b) I met **Mrs. Brown** [, **who** lives next door].   〔非制限的〕

 (a) 「私は［隣りに住んでいる］女性に会った」

 (b) 「私は［隣りに住んでいる］ブラウンさんに会った」

 (a) 普通名詞（woman）が先行詞の場合は，［ ］内の節がどの女性であるかを特定しているので，これは制限的な関係代名詞節である。

 (b) 固有名詞（Mrs. Brown）が先行詞の場合は，それ自体が特定の人（もの）を表わし，［ ］内の節は説明的要素を加えるだけで，非制限的な関係代名詞節である。これは関係副詞節〔⇨ p. 218〕の場合も同じである。

  ⌈(a) He visited **the city** [**where** his uncle lived]. 〔制限的〕
  ⌊(b) He visited **Paris** [**, where** his uncle lived]. 〔非制限的〕

   (a) 「彼は［おじさんが住んでいる］都市を訪れた」

   (b) 「彼は［おじさんが住んでいる］パリを訪れた」

 ＊ (b) は「彼はパリを訪れたが，そこには彼のおじさんが住んでいた」のように訳し下げることも多く，訳し方は文により適宜選べばよい。

2 **普通名詞が所有格や指示形容詞などによって特定される場合**

I discussed it with **my father**, **who** is a lawyer. 〔非制限的〕
  （私はそのことを弁護士である父と相談した）

This watch, **which** he gave me last year, keeps good time.〔非制限的〕
  （この時計は，去年彼にもらったんだが，いつも正確だ）

「私の父」，「この時計」といえば，それだけで特定のものを表わす。

3 **場面や文脈によって，その名詞が指すものがすでに特定されている場合**

The speech, **which** bored everyone, went on and on. 〔非制限的〕
  （「その］スピーチは，皆を退屈させたが，いつまでも続いた）

The bride, **who** sat smiling, was also bored. 〔非制限的〕
  （花嫁も，微笑みながら座っていたが，やはり退屈した）

「スピーチ」や「花嫁」は文脈によってすでに特定されている。

4 **名詞が総称的に「〜というもの」の意で用いられる場合**

  ⌈(a) **Children who** learn easily should start school early.〔制限的〕
  ⌊(b) **Children, who** learn easily, should start school early.〔非制限〕

   (a) 「覚えの早い子供は早く学校にあがるべきだ」

   (b) 「子供は，覚えが早いので，早く学校にあがるべきだ」

 (a) は関係詞節によって特定の子供に限定し，(b) は「一般に子供というものは」と総称して，関係詞節は説明を加えるだけである。

 ◈ 非制限的用法の関係代名詞は，それぞれの文脈的な意味に応じて，「接

続詞＋代名詞」に置きかえてみることができる場合もある。

①関係詞節が**追加的**な場合

He lent me a book, **which** I found very interesting.

〔= *and* I found *it* very interesting〕

He lent me a book, **which** I found very dull.

〔= *but* I found *it* very dull〕

（彼は私に本を貸してくれたが、とてもおもしろか［退屈だ］った）

②関係詞節が**挿入的**な場合

The student, **who** was idle, passed the examination.

〔= *though he* was idle〕

The student, **who** was diligent, passed the examination.

〔= *as he* was diligent〕

（その学生は、怠け者だったが［勤勉だったので］、試験に合格した）

* 「非制限的用法」について「継続的用法」（Continuative Use）という名称を用いる場合、ふつう①の追加的用法を指すが、②の挿入的用法を含めることもある。

§79.　関係代名詞の省略

1　関係代名詞は**目的格の場合**（動詞および前置詞の目的語となる場合）に省略することができ、また、**口語では省略するのがふつう**である。†

He is not the man [**who**(**m**), **that**] I want to see.　〔動詞の目的語〕

（彼は私が会いたい人ではない）

This is not the book [**that**, **which**] I'm looking for.〔前置詞の目的語〕

（これは私の捜している本ではない）

* ただし、非制限的用法の関係代名詞は、目的格でも省略できない。

Our teacher, **whom** we dislike, is absent today.

（僕たちの先生は、僕たちは嫌いなんだけど、今日お休みだ）

2　主格でも補語の場合は省略されることがある。　　　〔⇨ p. 208〕

I am not the man [**that**] I was when you saw me first.

（私は、君がはじめて私に会ったときのような人間ではない）

---

† このように関係代名詞が省略された関係詞節を「**接触節**」（Contact Clause）と呼ぶことがある。接触節は、読むときに、先行詞とのあいだに休止を置かない。

口語文では、制限的用法の関係代名詞には that が多く用いられるが、**目的格の場合は、that を用いる形よりも、省略した接触節の形にするほうがはるかに一般的である**。〔⇨ p. 203〕

3 主語になる主格の関係代名詞でも **there is ..., It is ...** などで始まる**口語的な文**において省略されることがある。

There is a man at the door [**who**] wants to speak to you.
　　　　（あなたにお話ししたいという方が戸口におられます）

It is not every young lad [**that, who**] gets a chance like that.
　　　　（若者がだれでもそんな機会に恵まれるわけではない）

§ 80.　「前置詞＋関係代名詞」

　関係代名詞 whom, which は前置詞の目的語として**前置詞のあとに置く**ことができるが，**前置詞を関係代名詞と離して文のあとのほうに置く**形をとることもあり，その形では that を用いることもできる。次の例で，上のほうが堅い表現で，下のほうへ順次くだけた口語体となる。口語体では，関係代名詞を省略した形が非常に多く用いられる。〔省略は ∧ で示す〕

《先行詞が「物」の場合》

This is the house
{
of which I spoke the other day.
which I spoke **of** the other day.
that I spoke **of** the other day.
∧ I spoke **of** the other day.
}

　　　　（これが先日お話した家です）

《先行詞が「人」の場合》

Harris is the man
{
to whom we should speak.
whom we should speak **to**.
who we should speak **to**.
that we should speak **to**.
∧ we should speak **to**.
to whom *to* speak.　　　〔不定詞を用いた形〕
to speak *to*.
}

　　　　（ハリスこそわれわれの話すべき相手だ）

◆　非制限的用法でも，前置詞が関係代名詞の前に置かれる形と，関係代名詞と離して後のほうに置かれる形とが用いられるが，非制限節では that は用いられない。

　　Mr. Smith, **to whom** you spoke yesterday, is an artist.
　　　　（きのうあなたが話しかけたスミスさんは画家です）

The man, who[m] (×that) you speak ill of, is really a philanthro-pist. (その人は，あなたは悪く言うが，実は慈善家なのです)

* **speak ill of** (～の悪口を言う) など，まとまりの強い動詞句〔⇨ p.350〕では，前置詞だけを切り離した The man, of whom you **speak ill**, is ... のような形はふつう用いない不自然な形である。これは制限的用法でも同じである。

a man $\begin{cases} \text{**with whom** I cannot **put up**} & 〔ふつう用いない形〕 \\ \text{[**who(m)**] I cannot **put up with**} & 〔ふつうに用いる形〕 \end{cases}$
　　　　(私がまんできない人)

§81. who の用法

　先行詞が人の場合に用いられる。† ただし，ペットなどの動物や擬人化された名詞などでは，人以外にも用いる。

I know the girl **who** is going to marry him.　　　　　　　　〔主格〕
　　〔I know the girl + **she** is going to marry him〕
　　(彼と結婚することになっている女性を私は知っている)

I know the girl **who**[m] he is going to marry.　　　　　　　〔目的格〕
　　〔I know the girl + he is going to marry **her**〕
　　(彼が結婚することになっている女性を私は知っている)

There was a girl there **whose** name I've forgotten.　　　　　〔所有格〕
　　〔There was a girl there + I've forgotten **her** name〕
　　(私がその名前を忘れてしまった女性がそこにいた)

* **whose** は先行詞が「人」以外の場合にも用いる。
　　a country **whose** population is growing (人口が増えつつある国)
　　〔a country + **its** population is growing〕

◉ 主格の who の代わりに that も用いられるが，これは制限的用法の場合に限られる。〔that は非制限的に用いられることはない〕

　　He is the man **who** (*or* **that**) won the race.　　　　　　〔制限的〕
　　　　(彼がそのレースで優勝した人です)

---

† 人を表わす集合名詞は，(a) その構成員を表わす場合〔⇨ p.82〕には who を，(b) 集合体を表わす場合は which を用いる。
　$\begin{cases} \text{(a)　His *family,* **who** are early risers, are all in good health.} \\ \text{(b)　His *family,* **which** is an old one, is descended from a noble.} \end{cases}$
　　(a) 彼の家族は，早起きで，みな健康です。
　　(b) 彼の家は，古い家柄ですが，祖先は貴族です。

　　　I met Mary, **who**（×**that**）invited me to a party.　　〔非制限的〕
　　　　（メアリーに会ったら，パーティに招待してくれた）

＊　**目的格**の場合は（次項で記すように）whom の代わりに **that** を多く用いるが，
　　主格の場合は一般に（that よりも）**who** が広く用いられる。

◒　目的格の場合は，① whom を用いるのは正式な堅い言い方で，②くだ
けた文では who も用い，③口語的には that を広く用い，また，④関係代
名詞を省略した**接触節**〔⇨ p. 200†〕の形を用いることが非常に多い。
　　　〔「前置詞＋関係代名詞」の場合については ⇨ p. 201〕
　　① The girl **whom** you met yesterday is my cousin.
　　② The girl **who** you met yesterday is my cousin.
　　③ The girl **that** you met yesterday is my cousin.
　　④ The girl ∧ you met yesterday is my cousin.
　　　　（あなたが昨日会われた少女は私のいとこなのです / 君がきのう
　　　　会った女の子は僕のいとこなんだよ）

＊　この例のような**制限的**用法の場合ほど多くないが，**非制限的**用法においても目的
　　格に who を用いることがある。
　　　Catherine, **who**[m] he is going to marry, is a lawyer.
　　　　（彼が結婚することになっているキャサリンは弁護士です）
＊　《**目的格に用いる whom と who**〔疑問代名詞と関係代名詞〕**の比較**》
　　疑問代名詞の場合は（口語文で用いられることが多く）文法的に正しい whom
　　の代わりに **who を用いるのがふつう**である。〔⇨ p. 187〕
　　関係代名詞は文語的な文でも多く用いられるので，**文脈により正式の whom と
　　非正式の who が両方とも用いられる。**

◒　所有格の whose は of whom を用いた堅い形で表わされることもある。

　　　　　　　⎧ **whose** parents are dead　　　　⎫
　　A child ⎨ the parents **of whom** are dead ⎬ is called an orphan.
　　　　　　　⎩ **of whom** the parents are dead ⎭
　　（親が死んでしまった子はみなし子と呼ばれる）

●「whose ＋名詞」が前置詞の目的語になる場合，次の語順が可能である。
　　　　　　　　　　　⎧ **to whose** *son* I spoke yesterday.
　　This is the man ⎨
　　　　　　　　　　　⎩ **whose** *son* I spoke **to** yesterday.
　　（これが，きのうその息子と私が話した人です）

◒　次のような文で，㋺のように人称代名詞を先行詞とするのは，文語的ま
たは古風な言い方である。

⑦　*People* (*Those*) **who** live in glass houses should never throw
　　stones.（ガラスの家に住む人は石を投げてはならない / すねに
　　傷もつ者は人を非難してはならない）

㋺　*He* **who** tries to please everybody pleases nobody.
　　　　（すべての人を喜ばせようとする者はだれをも喜ばせない / 八
　　　　方美人はだれにも好かれず）

動物に who を用いる場合

　who は，ふつう，人間を先行詞とするが，（代名詞の場合に，動物に **it** で
はなく **he, she** を用いることがあるように〔⇨ p.133〕）人が親近感をいだ
く動物・名付けられた動物（典型的にはペット）などには who を用いるこ
とが多い。

　Morris is a cat **who** knows what he likes.
　　　（モリスは自分の好みがちゃんとわかっている猫だ）

先行詞のない場合

　ことわざなど古い表現では先行詞がなく「～する人」の意で用いられるこ
とがある。

　Who knows nothing doubts nothing.
　　　（何も知らない者は何も疑わない［知らぬが仏］）

　Whom the gods love die young.
　　　（神に愛される者は若死にする［才子多病，美人薄命］）

人に who を用いない場合

先行詞が「人」を表わす名詞でも，関係代名詞が補語である場合は，that
を用いる。

(a)　He is not the *boy* **who** came here this morning.

(b)① He is not the honest *boy* **that** he used to be.　　　〔主格補語〕

　　② He is not the honest *boy* **that** we think him [to be].〔目的格補語〕

　　(a)（彼はけさここに来た少年ではない）では多くの少年から特定の
　「どの少年」と限定する場合であるが，(b)（①彼は以前のような正直な少
　年ではない ②彼は私たちが考えているような正直な少年ではない）では
　同一の少年についてその**人柄・性質**を内容としている場合である。

●次のような例における非制限的用法の which も，上の制限的用法の that
に対応する用法である。

He is a *gentleman*, **which** his father is not.

　　　（彼は紳士だが, 彼のお父さんはそう（紳士）ではない）

He acted like a *fanatic* ― **which** he is.

　　　（彼は狂信者のように振舞った ― 事実彼はそう（狂信者）なのだ
　　　が）

<hr>

who : whom（連鎖関係詞節で）

関係詞節に I think（suppose, believe, *etc.*）などが挿入された形が用いら
れることがよくあり, これを「連鎖関係詞節」と呼ぶことがあるが, 次のよ
うな who と whom の格区別がなされなければならない。

$\begin{cases}\text{(a)} & \text{The man \textbf{who} \textit{I thought} was my friend betrayed me.} \\ \text{(b)} & \text{The man \textbf{whom} \textit{I thought} to be my friend betrayed me.}\end{cases}$

　両方とも「私が友人だと思っていた人が私を裏切った」の意であるが, そ
れぞれ次のように結合関係が異なる。　 (a) が連鎖関係詞節。

(a)　The man betrayed me. + *I thought* **he** was my friend.

(b)　The man betraved me. + *I thought* **him** to be my friend.

非制限的用法においても, 同じ区別がなされなければならない。

　　Her husband, **who**（×**whom**）*she thinks* is working late, is really
　　having an affair.（彼女の夫は, 遅くまで残業しているものと彼女は
　　　思っているが, 実は浮気をしているんだ）

<hr>

than who / whom

than の後では who ではなく whom を用いる。

　　My father, **than whom** no man deserved more praise, was a lova-
　　ble man.（私の父は ― この父以上に賞賛を受けるに値する人はだれ
　　　もいなかったのですが ― 魅力的な人間でした）

§82.　which の用法

1　which は先行詞が人以外の場合に用いる。that も事物を表わすが,
which と **that** の用法については次のような点に注意する。

　❶　that は軽く口語的で, which は重く, 堅く, 書く文章に多く用いら
　れる。

　❷　that は制限的用法だけ。which は制限・非制限両方に用いられ, また

　前文の内容を受けることがある。

❸　that の前に前置詞を置くことはできない。

A planet is a star **which** (*or* **that**) moves round the sun.
　　　　（惑星とは太陽のまわりを回る星である）　　　　　〔制限的〕
Radium, **which** (×**that**) is a rare element, is used in medicine.
　　　　（ラジウムは, 稀少な元素だが, 医学で用いられる）　〔非制限的〕

❷　which の所有格

whose と **of which** を用いる。

This is a word **whose** *meaning* people often misunderstand.
　　　　（これは, 人々がその意味をよく誤解する言葉です）　　〔制限的〕
We came in sight of Mt. Fuji, **whose** *summit* was still covered with snow.
　　　　（富士山が見えてきたが, その頂はまだ雪をかぶっていた）〔非制限的〕

◉　**whose** と **of which** は次のような形で用いられる。

The house $\left\{ \begin{array}{l} \textbf{whose } \textit{roof} \\ \textit{the roof} \textbf{ of which} \\ \textbf{of which } \textit{the roof} \end{array} \right\}$ was damaged has now been re-

　paired.
　（屋根が破損したその家は, もう修復された）

◉　〜 **of which** の「〜」に当たる名詞が, 離れて文末に置かれることがある。

　⎧　(a)　He joined a club, *the president* **of which** was his wife.
　⎪　　　　（彼はあるクラブに加入したが, その会長は彼の妻だった）
　⎨　(b)　He joined a club, **of which** his wife was *the president*.
　⎩　　　　（彼はあるクラブに加入したが, 彼の妻がその会長だった）

　それぞれ関係詞節の文型は SVC であるが, **the president** は (a) では**主語** (S) で, (b) では**補語** (C)。(b) では C が, of which と離れて, V の後に置かれる。

＊　《**whose** と **of which** の用法の主な区別》
　①　この (which の所有格としての) **whose** と **of which** は, 会話文ではともにまれである。
　②　一般に, **of which** を用いるのは堅苦しい形で (ときにぎこちなく感じられることも) あるが, 学術的な堅い文章などでは, **of which** が **whose** と同じくらいの頻度で用いられる。

3 前文の内容を受ける場合

非制限的用法の which は前文の内容を受けることがある。この場合，前文全体を表わすこともあれば，その一部・一語を表わすこともある。

He said she was beautiful, **which** pleased her enormously.

　　　（彼が彼女がきれいだと言ったら，彼女はとても喜んだ）

He said *he had no time*, **which** was not true.

　　　（彼は時間がないと言ったが，それは事実ではなかった）

They thought him *shy*, **which** he was, and *selfish*, **which** he was not.

　　　（彼らは彼が内気 ― 事実そうだったが ― で，わがまま ― 実際はそうではないが ― だと思っていた）

$\left\{\begin{array}{l}\text{(a)}\end{array}\right.$ (a)　He had to do a lot of work **which** he didn't like.
　(b)　He had to do a lot of work, **which** he didn't like.

　(a) work を先行詞とする制限的用法で「彼は好まない多くの仕事をしなければならなかった」(b) 前文の内容を受ける非制限的用法で「彼は多くの仕事をしなければならなかったが，そのことを彼は好まなかった」

「前置詞 ＋ which」

前置詞が動詞と強く結びつく場合（たとえば speak to〔⇨ p. 201〕，put up with〔⇨ p. 202〕）に対して，前置詞が名詞と結びついてまとまった意味を表わす場合は，「前置詞＋which」はその結びついたままの形をとり，前置詞を which と離して後のほうに置く形（たとえば This is the house 〔**which / that**〕 we wrote to you **about**. これがあなたに手紙で書いた家です）にはならない。

I was surprised at *the ease* **with which** he solved the problem.

　　　（私は〔彼がその問題を解いた容易さ→〕彼がいとも容易にその問題を解いたのに驚いた）

* he solved it with ease の，**with ease** という前置詞句がそのまま **with which** となって関係詞節を導く。

* **with ease = easily**（容易に）〔⇨ p. 36〕の関係から，この文は次のように言い換えることもできる。

　　$\left\{\begin{array}{l}\end{array}\right.$ I was surprised that he solved it **with ease**.
　　I was surprised **how easily** he solved it.

We often fail to realize *the extent* **to which** we depend on others.

　　　（われわれは〔われわれが他人に依存する程度→〕自分がどれほど他

人に依存しているかを悟らないことがよくある）

* we depend on others to this extent の下線部の前置詞句 to this extent が **to which** となり，to を which から離すことはできない。
* この文は次のように言い換えてみることができる。
  We often fail to realize **to what extent** we depend on others.
  （われわれが依存する程度→われわれがどの程度依存するか）

§83.　that の用法

that はすべての名詞を先行詞とすることができるが，次のような点に注意。〔**which** との比較は ⇨ p.205〕

1 「人」が先行詞の場合

① The boy **that** (*or* **who**) is playing the piano is my son.　　〔主語〕
　（ピアノをひいている少年は私の息子です）

② The boy [**that** (*or* **who**[**m**])] you met yesterday is my son.
　（あなたがきのう会った少年は私の息子です）　　　　　　〔目的語〕

③ He is not the trustworthy friend [**that** (×**who**)] he used to be.
　（彼は以前のような信頼すべき友人ではない）　　　　　　〔補語〕

先行詞が「人」の場合，①主格では who を，目的格では that を多く用いる傾向がある。③補語になる場合は who を用いない。〔⇨ p.204〕 ②，③ では，that はしばしば省略される。

2　制限的用法のみに用いられる。

Toys **that** (*or* **which**) are dangerous should not be given to young children.（危険なおもちゃは幼い子供に与えるべきではない）

Fireworks, **which** (×**that**) are dangerous in the wrong hands, should not be given to young children.（花火は，扱い方を誤ると危険なので，幼い子供に与えるべきではない）

3　**that** の前に前置詞を置くことはできないので，前置詞はあとに置く。

This is the book **to that** he referred the other day.　〔誤〕

This is the book [**that**] he referred **to** the other day.〔正〕

　（これが先日彼が言っていた本だ）

4　先行詞が**最上級**や **the very, the only, the first** (**last**) などの強い限定的な意味を持つ語，そのほか，**every, all, no, some, any, few, little, much, most** などによって修飾されている場合，または **everything, anything, nothing** などが先行詞の場合は **which, who** よりも

that を多く用いる。

He did *everything* **that** was possible to help her.　　　　〔主格〕
　　　(彼は彼女を助けるためにできるかぎりのことをした)

He is *the fastest* runner [**that**] I have ever seen.　　　　〔目的格〕
　　　(彼ほど早い走者は見たことがない)

There isn't *much* [**that**] I can do. (私にできることはあまりない)

All [**that**] I ask for is a little rest.　　　　〔前置詞の目的語〕
　　　([私が求めるすべては少しの休憩だ →] 私が欲しいのはただわず
　　　　かな休憩なのです)

* この that は**目的格**の場合は, [　] で示したように省略されることが非常に多い。
　　Is this *all* ∧ you have? (君が持っているのはこれだけか)
　　There's *nothing* ∧ I can do for you. (君にしてあげられることは何もない)

* 人が先行詞で, 関係代名詞が**主格**の場合は, 上のような語が先行しても, that で
　はなく who を用いることが多い。
　　⎰ He was *the only* man **who** (*or* that) came. (来たのは彼だけだった)〔主格〕
　　⎱ He was *the only* man [**that**] I met. (会ったのは彼だけだった)　　〔目的格〕

5　疑問詞のあとや, 強調構文の It is ... において, that を多く用いる。

Who **that** is sane can believe such a thing?
　　　(正気な人間にこんなことが信じられようか)
　　　〔Who *who* is ... では語調がよくない〕

* 先行詞が代名詞の that である場合は, that **that** ... とはならず, that **which** ...
　の形をとるが, これは文語的な表現であり, 関係代名詞 what 〔⇨ p. 211〕で言
　い換えられる。
　　That which (= **What**) is evil is soon learned.
　　　(悪いことは身につきやすい)

* 先行詞が he の場合, 関係代名詞は **who** または **that** を用いるが, これは文語的
　な表現で, ふつうは those who が用いられる。
　　⎰ **He who** (*or* that) hunts two hares loses both.
　　⎱ **Those who** hunt two hares lose both.
　　　(二兎(と)を追う者は両者を失う)

What is it **that** you want? (君がほしいのはなにかね)　　〔⇨ p. 621〕

It is this **that** I want to tell you. (君に言いたいのはこのことだ)

* この強調構文で, 人が先行詞で, 関係代名詞が**主格**の場合は, who も用いられ
　る。
　　⎰ It is *you* **who** (*or* that) are to blame. (悪いのは君だ)　　　〔主格〕
　　⎱ It is *you* **that** I need. (私が必要なのは君だ)　　　〔目的格〕

6　先行詞が「人」と「動物・物」の両方である場合は，who, which では受けられないので that を用いる。

The *courses* and *teachers* **that** have impressed me are few. 　〔物と人〕
　　　　（私に深い印象を与えた講義や先生は少ない）

The train ran over a *boy* and his *dog* **that** were crossing the track.
　　　　（列車は線路を渡っていた少年とその犬をひいた）　　　　〔人と動物〕

that の関係副詞的用法

that は関係副詞〔⇨ p. 218〕のように用いられることがあり，この場合も省略された形をとることが多い。

I haven't seen her since the day〔**that**〕she was born.
　　　　　　　　　　　　　　　　　〔= **when; on which**〕
　　　　（私は彼女が生まれた日から彼女に会っていない）

This is the hotel〔**that**〕I stayed last year.〔= **where; in which**〕
　　　　（これが私が昨年滞在したホテルです）

This is the reason〔**that**〕she resigned.〔= **why**; (**for which**)〕
　　　　（これが彼女が辞職した理由です）〔⇨ p. 627〕

That's the way〔**that**〕she spoke.〔= **in which**〕
　　　　〔= That's **how** she spoke.〕
　　　　（彼女はそんな風に話したのです）〔⇨ p. 219〕

二重制限の関係代名詞

二つの関係代名詞が（接続詞を用いないで）同じ先行詞を制限することがある。このような**二重制限**（Double Restriction）の関係詞節は，前のほうを先に訳すのを原則とする。また前のほうの関係代名詞は目的格の場合に省略されることもあり，くだけた会話文ではたいてい省略される。

Can you mention *anyone*〔**that**〕we know **who** is as talented as he?
　　　　（われわれの知っている人で，彼ほど才能のある人の名をあげることができますか）

There is *nothing*〔**that**〕anyone can teach a man **that**（*or* **which**）a man cannot learn by himself.（だれかが人に教えられることで，人が自分で学ぶことのできないものはなにもない）

That's *the first thing* he's said all week **that** makes sense.

（［あれが，この一週間に彼が言った，筋の通る最初のことだ→］こ
の一週間で彼がまともなことを言ったのはこれが初めてだ）

先行詞と動詞の一致

関係代名詞が主格の場合，その動詞は先行詞と一致しなければならない。

{ He is the greatest *man* **that** *has* ever lived.
{ He is one of the greatest *writers* **that** *have* ever lived.

{ (a)　He is one of my many *friends* **who** *support* me.
{ (b)　He is the only *one* of my many friends **who** *supports* me.

　(a) は「彼は私を支持してくれる数多くの友人の一人です」で先行詞は
friends であり，(b) は「彼は私の数多くの友人のなかで私を支持してくれ
る唯一の人です」の意で先行詞は one で，動詞は単数になる。〔⇨ p. 550〕

§84.　what の用法

1　what は「〜ところのもの（こと）」〔= that (those) which, the thing[s]
which〕の意で，**それ自体の中に先行詞を含んでいる**点で，他の関係代名
詞と異なる。what が導く関係詞節は名詞節であり，主語・補語・（動詞・
前置詞の）目的語になる。また**単数・複数いずれの内容も表わす**。

What *is done* cannot be undone.　　　　　　　　〔主語（単数内容）〕
　　　（一度してしまったことはもとどおりにならない）

What *she chose* were all excellent.　　　　　　　〔主語（複数内容）〕
　　　（彼女が選んだものはすべてすばらしいものばかりだった）

I am not **what** *I used to be*.　　　　　　　　　　　〔主格補語〕
　　　（私は［以前そうであったもの →］以前のような人間ではない）

He has made me **what** *I am*.　　　　　　　　　　　〔目的格補語〕
　　　（彼が私を今のような人間にしてくれた）

I owe **what** *I am* to him.　　　　　　　　　　　　　〔目的語〕
　　　（私が今日あるのは彼のおかげです）

A man's worth lies not so much *in* **what** *he has* as *in* **what** *he is*.
　　　（人の価値はその財産よりむしろ人物にある）〔前置詞の目的語〕

2　what が「〜ところのすべてのもの」〔= all that, anything that〕の意
味を含む場合がある。

I will do **what** *I can* for you.（私にできるだけのことをしてあげよう）

He saves **what** *he earns.*（彼はかせいだだけのものを貯金する）

---
what の関係代名詞と疑問詞の区別

$\left\{\begin{array}{l} \text{(a)} \quad \text{This is } \textbf{what } \textit{he said.} \\ \text{(b)} \quad \text{I wonder } \textbf{what } \textit{he said.} \\ \text{(c)} \quad \text{I don't remember } \textbf{what } \textit{he said.} \end{array}\right.$ 〔関係代名詞〕
〔疑問詞〕
〔疑問詞・関係代名詞〕

(a) は「これは彼の言った<u>こと</u>です」で what は関係代名詞，(b) は「彼は<u>何</u>と言ったのかしら」の意で疑問代名詞であることは明らかであるが，(c) は「僕は彼が<u>何</u>と言ったかおぼえていない」の意にとって疑問詞と解することもできるし，「僕は彼が言った<u>こと</u>をおぼえていない」の意味にとり関係代名詞と考えることもできる。

---
what を用いる重要表現
---

❶ **what is called 〜，what you（we, they）call 〜**「[〜と呼ばれているところのもの →] いわゆる」

He is *what you call* a bookworm.
　　（彼はいわゆる本の虫だ）

His notions were *what is called* advanced.
　　（彼の考えはいわゆる進歩的なものだった）

❷ **A is to B what C is to D**「A の B に対する関係は C の D に対する関係と同じである」†

Reading is to the mind **what**（*or* **as**）food is to the body.
　　= **What** food is to the body, reading is to the mind.
　　= **As** food is to the body, **so** reading is to the mind.
　　　（読書と精神の関係は食物と身体の関係と同じだ）

---

† これは A の B に対する関係を，C の D に対する関係を引き合いに出して述べる構文で，A is to B が主節，what C is to D がその補語になる名詞節で，[A は B にとって，C が D に対するところのものである] の意味関係を表わす。たとえば，
　　He（A）is [uncle] to me（B）.（彼は私にとって［おじ］にあたる）　この文で補語 uncle に当たるものが名詞節 what C is to D で表わされているわけである。
　　He（A）is to me（B）[what your father（C）is to you（D）].
　　　（彼は私にとって［君のおとうさんが君にとってそうであるようなもの→］父のようなものだ）

❸ **what is worse** (**better, more important**, *etc.*)「さらに悪い（よい，重要な）ことには」〔*cf.* to make matters worse〕〔➡ p. 422〕

He lost his way, and *what was worse,* it began to rain.
　　　（彼は道に迷い，さらに困ったことには，雨が降り出した）

These detergents are environmentally friendly; **what's more**, they are relatively cheap.（これらの洗剤は環境にやさしい，その上，値段も比較的安い）

❹ **what with ~ and** 〔**what with**〕 ...「〜やら…やらのため」

What with the wind *and* 〔*what with*〕 the rain, our picnic was spoiled.（風やら雨やらで，ピクニックは台なしだった）

§85.　as の用法

1 **as の制限的用法**

as は先行詞が **such, the same, as** などに修飾されているとき，これと相関的に用いられる。主格・目的格のいずれにも用いられる。

Such people **as** believe that are rather naive.〔➡ p. 160〕　　〔主格〕
　　　（そんなことを信じる人はいささか単純だ）
　　　　　〔= **Those** 〔people〕 **who** believe that are rather naive.〕

He used **such** power **as** he possessed for the benefit of mankind.
　　　（彼は持っているだけの力を人類の利益のために用いた）〔目的格〕

There has never been **such** a diligent man **as** he is. 〔主格・補語〕

He is **as** diligent a man **as** ever lived.
　　　（彼はいまだかつてないほど（この上なく）勤勉な男だ）
　　　　　〔この文は He is the most diligent man **who** (*or* **that**) ever lived. という最上級の文の意味に通じる。➡ p. 314〕

As many passengers **as** were in the bus were injured.
　　　（バスに乗っていただけの乗客（すべての乗客）がけがをした）
　　　　　〔= **All** the passengers **who** were in the bus were injured.〕

I want to buy **the same** dictionary **as** you have.
　　　（僕は君と同じ辞書を買いたい）

They speak **the same** language **as** we 〔do〕.
　　　（彼らはわれわれと同じことばを話す）
　　　　　〔the same ~ **as**, the same ~ **that** の区別については ➡ p. 166〕

---

such ～ as : such ～ that

$\Big\{$ (a) He is **such** a dishonest man │ **as** all his friends despise.

　　　　　　　　　　　　　　　　　│ **as** is despised by all his friends.

　　 (b) He is **such** a dishonest man │ **that** all his friends despise *him*.

　　　　　　　　　　　　　　　　　│ **that** *he* is despised by them.

　(a)（彼はすべての友人に軽べつされるような不正直な男だ）では，as はそれぞれ目的語・主語になっている関係代名詞である。

　(b)（彼は非常に不正直な男なのですべての友人に軽べつされている）では He is *so* dishonest a man *that* …… と同じ意味を表わし，that は結果の副詞節を導く接続詞である。〔⇨ p. 164〕

2 as の非制限的用法

　as が主節の内容を受けることがあるが，この場合は非制限的用法で，コンマで区切る。†

　　He was a southerner, **as** I could tell from his accent.

　　　　（彼のなまりからわかったのですが，彼は南部の人でした）

　　As is often the case with politicians, he failed to fulfill pledges.

　　　　（政治家にはよくあることだが，彼は公約を果さなかった）

---

which : what : as

---

which, what, as は文の内容を受けることがあるが，① **which は前文の内容**を，② **what はあとに続く文の内容**を受けるのがふつうで，③ **as は主節の内容**を先行詞として**文頭・文中・文尾**いずれの位置もとる。

❶ *He was late,* **which** displeased the teacher.

---

† 　次のような as の用法を区別する。

　$\Big\{$ (a) City life, **as you know,** is unnatural to man.

　　 (b) City life[,] **as you know it**[,] is unnatural to man.

　(a) は「都会生活は，〔そのことをあなた方は知っているが→〕御存知のように，人間にとって不自然なものです」の意で，as は City life is unnatural to man という**主節の内容を先行詞とする関係代名詞**〔as は know の目的語（＝ 代名詞）になり，また節を結びつける（接続詞の）働きをする〕であるが，(b) は「あなた方が知っているような都会生活は，人間にとって不自然なものです」の意で，as は様態・状態を表わす**接続詞**〔as は（know の目的語は it なので）代名詞の働きはせず，ただ節を結びつけるだけ〕である。

（彼は遅刻をし，そのことが先生を不愉快にさせた）

❷ He was late, and **what** displeased the teacher more, *fell asleep during the lesson.*（彼は遅刻をし，さらに先生を不愉快に思わせたことには，授業中に居眠りをした）

❸ **As** was usual with him, *he was late.*

He was, **as** was usual with him, *late for school.*

He was late, **as** was usual with him.

（彼は，よくあることだが，遅刻した）

⎧ They married young, **which** was thoughtless of them.
｜ 　　（彼らは早く結婚したが，それは浅はかなことだった）
⎨ They married young, **as** (*or* **which**) was the custom in those days.
｜ **As** was the custom in those days, they married young.
⎩ 　　（当時の慣習だったが，彼らは年若く結婚した）

＊ **which** は関係代名詞の継続的用法〔⇨ p. 200〕として訳し下げ，**as** 節は Comment Clause〔⇨ p. 626〕として，「〜だが」に類した形で軽く付加・挿入的に訳すのがふつうである。

§ 86. but の用法

but は that（who）〜 not の意味で，否定詞の付いた語を先行詞としたり，（否定の意味を表わす）修辞疑問文において用いる。文語的または古風な用法である。

There is *no* rule **but** has some exceptions.（例外のない規則はない）

= There is no rule *that* does *not* have some exceptions.

= There is no rule *without* some exceptions.

= Every rule has some exceptions.

There is *scarcely* a man **but** speaks ill of him.

　　（彼の悪口を言わない者はほとんどいない）

〔= There is scarcely a man *who* does *not* speak ill of him. / Almost everyone speaks ill of him.〕

Who is there **but** commits errors?

　　（過ちを犯さぬ者がいようか）

There is *no* one **but** commits errors.

　　（過ちを犯さぬ者はいない）

---

but の関係代名詞・接続詞用法の区別

---

but は that 〜 not の意味で，接続詞にも用いられるので，関係代名詞の用法と区別しなければならない。〔いずれも否定詞が先行し，また古風な英語〕

> There is no child **but** knows this.　　　　　　　　　〔関係代名詞〕
>
> 　　（このことを知らない子供はいない）
>
> He is not such a fool **but** *he* can see that.　　　　　　　〔接続詞〕
>
> 　　（彼はそれがわからないようなばかではない）

* この用法の接続詞の but は，次のように that を伴うこともある。《古・文》

　　No man is so old **but** [**that**] he may learn. (学べないほど年をとっている者はいない；どんなに年をとっても学ぶことはできる)

---

§87. than の用法

---

than は次のような文において関係代名詞の働きをしていると考えられる。†

There is *more* in this **than** appears on the surface.

　　　　（この問題には表面に表われている以上のことが含まれている）

There are *more* things in heaven and earth **than** are dreamt of in your philosophy.

　　　　（この世には君のいう哲学では想像もつかないことがあるのだ）

There are *more* problems **than** can be solved by them.

　　　　（彼らには［解決できる以上の →］解決しきれない問題がある）

cf. There are *many* problems *that* cannot be solved by them.

　　　　（彼らが解決できない問題がたくさんある）

---

† than が関係代名詞として扱われるのは，主としてそれが主語の働きをするときで，それ以外は接続詞として扱われるのがふつうである。

(a)　These children have *more* money **than** is necessary for them.

(b)　These children have *more* money **than** they need.

(c)　These children are *more* wasteful **than** their parents [are].

(a)（これらの子供たちは必要以上の金を持っている）では than は主語の働きをする関係代名詞と考えられ，(b) では need の目的語を表わす関係代名詞とも考えられるが，ふつう接続詞用法に含まれ，(c)（これらの子供たちは親よりも金づかいが荒い）では，代名詞の働きはしていないので明らかに接続詞である。

第2節 関係形容詞

接続詞と形容詞の働きを兼ねる語を関係形容詞（Relative Adjective）という。関係形容詞として用いられる語は，**which, what** およびその複合形の **whichever, whatever** である。〔複合形については ⇨ p. 221〕

§88. which の用法

- (a) He hates Mrs. Brown, **which** surprises me. 〔関係代名詞〕
    〔He hates Mrs. Brown + **this** surprises me〕
- (b) He hates Mrs. Brown, **which** *fact* surprises me. 〔関係形容詞〕
    〔He hates Mrs. Brown + **this** *fact* surprises me〕

(a)（彼はブラウン夫人を憎んでいるが，<u>このこと</u>は私を驚かせる）

(b)（彼はブラウン夫人を憎んでいるが，<u>この事実</u>は私を驚かせる）

(a) の **which** は，前文の内容を表わす**代名詞**と，二つの節を結びつける**接続詞**の働きを兼ねる。(b) の **which** は，前文の内容を指して fact を修飾する**形容詞**と，二つの節を結びつける**接続詞**の働きを兼ねる。

He stayed there for a week, during **which** time he visited his old friend.（彼はそこに 1 週間滞在し，その間に旧友を訪れた）

He may be too tired to go himself, in **which** case we must send someone in his place.（彼は疲れて自分で行けないかもしれないが，その場合はだれかを彼のかわりに行かせなければならない）

それぞれ during **this** time, in **this** case という**指示形容詞**〔⇨ p. 159〕を用いた表現に対応する**関係形容詞**の構文である。

whose : which

関係代名詞の所有格 whose と関係形容詞 which の用法を区別する。

- (a) It is written in German, **whose** grammar I don't know well.
- (b) It is written in German, **which** language I don't know well.

(a)（それはドイツ語で書かれているが，その文法を私はよく知らない）

whose は関係代名詞の所有格であるから書き換えるとすれば「接続詞＋**代名詞の所有格**」すなわち *but* its grammar になる。

(b)（それはドイツ語で書かれているが，この言語を私はよく知らない）

which は関係形容詞であるから書き換えるとすれば「接続詞＋**形容詞**」すなわち *but* **this** language になる。

$\begin{cases} \text{(a)} & \textbf{whose} \text{ grammar} < \textbf{its} \text{ grammar} & 〔それの〔＝ドイツ語の〕文法〕 \\ \text{(b)} & \textbf{which} \text{ language} < \textbf{this} \text{ language} & 〔この言語〔＝ドイツ語〕〕 \end{cases}$

§89.　what の用法

what はあとに名詞を伴い「…するすべての～」「…だけの～」「…どんな～」などの意味を表わす。しばしば little, few, small などを伴い「わずかだがすべての～」の意味を強める。

What money I have is at your disposal.

　　　　　〔＝ *All the* money *that* I have〕

　　　　　（私が持っているだけのお金は自由にお使いください）

Take **what** stamps you need.〔＝ *as many* stamps *as* you need〕

　　　　（必要なだけ切手をお取りなさい）

Take **what** measures you need.〔＝ *any* measures *that* you need〕

　　　　（必要などんな手段でも講じなさい）

I gave him **what** 〔*little*〕 money I had.

　　　　（私は〔わずかだけれど〕持っているだけの金を彼に与えた）

第 3 節　関係副詞

接続詞と副詞の働きを兼ねる語を関係副詞（Relative Adverb）という。†
where, when, why, how がそのおもなもので，**that** も同じ働きをすることがあり〔⇨ p. 210〕，-ever のついた複合関係副詞もある。〔⇨ p. 223〕

This is the house. ＋ I was born **there** (＝ *in it*).

　→ This is the house **where** (＝ *in which*) I was born.

　　　　　（これが私の生まれた家です）

where は二つの節を結びつけ，また副詞 there の働きをする関係副詞で，

---

†　次のような場合の関係代名詞と関係副詞の用法を区別する。

　　$\begin{cases} \text{This is the park } \textbf{which} \text{ I used to } \textit{visit} \text{ while young.} \\ \text{This is the park } \textbf{where} \text{ I used to } \textit{go} \text{ while young.} \end{cases}$

　　cf. $\begin{cases} \text{I used to visit } \textbf{the park} \text{ (＝ } \textbf{it}\text{) while young.} \\ \text{I used to go } \textbf{to the park} \text{ (＝ } \textbf{there}\text{) while young.} \end{cases}$

the house を**先行詞**としてこれを修飾する**形容詞節**を導く。上の例が示すように，関係副詞は「前置詞＋関係代名詞」によって置き換えることができる。すなわち **where** は in（at, to）which に，**when** は at（on, in）which に〔*cf.* the time *at* which, the day *on* which, the year *in* which〕，**why** は for which に，**how** は in which に置き換えられる。

> There are cases **where** this rule does not hold good.〔= in which〕
> （この規則が当てはまらない場合もある）

> I don't know the exact time **when** the train leaves.〔= at which〕
> （汽車が発車する正確な時間を知らない）

> We all know the reason **why** he failed.〔= for which〕　〔⇨ p. 627〕
> （われわれは皆彼が失敗した理由を知っている）

> I will show you［the way］**how** you can do it.〔= in which〕†
> （君にその仕方を教えてあげよう）

＊　関係副詞の代わりに「前置詞＋which」を用いるのは堅い言い方で，たとえば「彼が働く事務所」と「彼女が着いた日」はそれぞれ次のように表わせるが，①にくらべ，②は正式で堅く，③もやや堅く，④は口語的で，that を省くのが最もくだけた形である。

the office ⎰ ① **where** he works
⎱ ② **at which** he works
　③ **which** he works **at**
　④〔**that**〕he works **at**
（彼が働いている事務所）

the day ⎰ ① **when** she arrived
⎱ ② **on which** she arrived
　③ **which** she arrived **on**
　④〔**that**〕she arrived〔**on**〕
（彼女が到着した日）

§ 90. 関係副詞の先行詞の省略

why の先行詞は the reason ときまっているのでこの先行詞はよく省略され，また where, when もその先行詞が一般的な the place, the time である場合は省略されることが多い。この場合，関係副詞は名詞節を導くことになる。〔how については脚注参照〕

---

†　関係副詞 **how** は，現代英語では，その先行詞〔と見なされる〕**the way** と並べて用いることはなく，次のような言い方が行なわれる。〔ふつう言わない〕
　（This is *the way how* he did it.）　　　　　〔ふつう言わない〕
　This is **the way in which** he did it.　　　〔堅い言い方〕
　This is **the way that** he did it.　　　　　〔that の関係副詞用法〕
　This is **the way** he did it.　　　　　　　〔ふつうの口語的表現〕
　This is **how** he did it.　　　　　　　　　〔　　〃　　〕

This is [*the place*] **where** I found it.（ここがそれを見付けた場所です）

The post office is a long way from [*the place*] **where** I live.
　　　（郵便局は私の住んでいるところから遠い）

Now is [*the time*] **when** I need you most.
　　　（今こそ私があなたをいちばん必要とするときです）

That's [*the reason*] **why** he refused to come.
　　　（それが彼が来るのを拒んだ理由です）

◈　これに対して**関係副詞が省略される**こともある。

This is the place [**where**] I was born.
　　（ここが私の生まれたところです）

You were late *last time* [**when**] you came, so be careful not to be
late *next time* [**when**] you come.（君はこの前来たとき遅刻したか
　　　　ら，今度来るときは遅れないように注意しなさい）

*　[**the**] last time ～，[**the**] next time ～ は，このように関係副詞 **when** を
補って考えることもできるが，それぞれ「この前～したとき」，「今度～すると
き［は］」の意を表わす**接続詞**としての用法が一般化している。

Is that *the reason* [**why**] you failed to come?
　　（君が来られなかったのはそのためですか）

◈　また **that** が関係副詞として用いられることがある。〔⇨ p. 210〕

She left on the day [**that**] I arrived.（彼女は私が着いた日にたった）

◈　**副詞節を導く where, when**

次のような文では where, when は副詞節を導くが，この場合は，特に
when の場合，接続詞と考えられるのがふつうである。†

Put the book back **where** you found it.〔= at the place where〕
　　（その本を見つけたところにもどしておきなさい）

The mice will play **when** the cat's away.〔= at the time when〕
　　（ねこのいないときにねずみが遊ぶ［鬼の居ぬ間に洗濯］）

---

†　このように where, when などは，①形容詞節，②名詞節，③副詞節，を導く場合
があるので，それぞれを区別しなければならない。

　　①　We mustn't leave the place **where** *we are now*.〔= at which〕
　　②　We can see it from **where** *we are now*.〔= the place at which〕
　　③　We must stay **where** *we are now*.〔= at the place at which〕
　　　cf. I wonder **where** *we are now*.〔疑問副詞〕

§91.　関係副詞の非制限的用法

　関係副詞にも，関係代名詞と同じく，**非制限的用法**（Non-restrictive Use）または**継続的用法**（Continuative Use）があるが，この用法は when, where だけに限られ，how と why は制限的にのみ用いられる。

- (a)　The office **where** I work is close to the station.　　〔制限的〕
- (b)　This office, **where** I work, is close to the station.〔非制限的〕

　　(a)「私が働いている事務所は駅に近い」
　　(b)「この事務所は，私が働いているのですが，駅に近い」

- (a)　I was watching television **when** he came to see me.
- (b)　I watched television till noon, **when** he came to see me.

　(a) は「彼が私に会いに来たとき私はテレビを見ていた」の意で when は接続詞であり，(b) は「私が正午までテレビを見ていたら，彼が私に会いにやって来た」の意で，継続的用法の関係副詞である。

◈　継続的用法の関係副詞は「接続詞＋副詞」に置き換えられることもある。
　　We went to London, **where** we stayed for a week.〔= *and there*〕
　　Wait till Monday, **when** I will tell you everything.〔= *and then*〕
　　　（月曜まで待ちなさい。そのときすべてを話してあげよう）

第4節　複合関係詞

　who, what, which, when, where, how に **-ever** のついた形を複合関係詞（Compound Relative）と呼ぶ。

　意味上大別すれば「[…するところの] だれ（なに，どれ，いつ，どこ）でも…」の意を表わす場合と「たとえだれ（なに，どれ，いつ，どこ）であろうと…」の譲歩の意を表わす場合とあり，働きからは，(1) 関係代名詞 (2) 関係形容詞　(3) 関係副詞として用いられる場合に区別できる。

§92.　複合関係代名詞

　先行詞を中に含み，「[…するところの] だれ（なに，どれ [どちら]）でも」の意を表わし，（主語・目的語などになる）名詞節を導く。

　　whoever（= anyone who）　　**whatever**（= anything that）
　　whosever（= anyone whose）　**whichever**（= any [either] one that）

whomever（= anyone whom）

Whoever violates this law shall be punished.   〔主語〕
　（この法を犯すものはだれでも罰せられる）

She asked **whomever** she met.   〔目的語〕
　（彼女はだれでも会った人に尋ねた）

Whatever is worth doing is worth doing well.
　　　（いやしくもするだけの価値のあることは，りっぱにする価値がある）

Buy **whichever** pleases you better（best）.（どちらでも気に入ったほう
　　　を〔どれでもいちばん気に入ったの〕買いなさい）

---

whoever : whomever

次のような場合に関係代名詞の主格・目的格の用法を区別する。

{ (a) You may give it to（whoever, whomever）wants it.
{ (b) You may give it to（whoever, whomever）you like.

いずれも関係代名詞の前に to があるのでそれにひかれて whomever としやすいが，関係代名詞の格はそれが導く節の中での働き（主語，目的語，など）によってきまるので，(a) は主格の whoever，(b) は目的格の whomever と区別される。それぞれ次のように anyone ... の形に置き換えてみればわかりやすい。

{ (a) You may give it to *anyone* **who** wants it.
{ (b) You may give it to *anyone* **whom** you like.

　　　(a)「だれでもそれを望む人にあげてよい」
　　　(b)「だれでもあなたの好きな人にそれをあげてよい」

◈　ただし，正式な **whom** の代わりに口語的には **who** を用いることが多いように〔⇨ p. 203〕，この場合も，文法的な **whomever** よりも **whoever** のほうが一般によく用いられる。

You can marry { **whomever**〔正式〕 } you please.
You may invite { **whoever** 〔一般的〕 } you like.

　　　（だれでも気に入った人と結婚〔好きな人を招待〕していいよ）

　この複合関係代名詞の格は目的格（= **anyone** *whom*）であるが，このように言い換えた場合も，会話文では You may invite **anyone** **whom** *you like.* という正式の形ではなく，You may invite **anyone** *you like.* という簡略形のほうを多く用いる。〔⇨ p. 200〕

§93. 複合関係形容詞

whatever, whichever はそれぞれ any 〜 that ...（[…するところの] どんな〜でも」，any（either）〜 that ...（[…するところの] どれ（どちら）でも」の意で，関係形容詞として用いられる。

You may read **whatever** book you like.

　　　（君が読みたいどんな本を読んでもよろしい）

You may read **whichever** book you like.

　　　（君が読みたいどの [どちらの] 本でも読んでよろしい）

§94. 複合関係副詞

譲歩の副詞節を導き，「たとえだれ（なに，どれ，いつ，どこ，どう）であろうとも」の意を表わす。

　whoever（= no matter who）　　**wherever**（= no matter where）†

　whatever（= no matter what）　　**whenever**（= no matter when）

　whichever（= no matter which）　**however**（= no matter how）

Whoever else may object, I do not.

　　　（たとえ他のだれが反対しようと，私は反対しない）

＊　所有格の **whosever**（= no matter whose）も同じように用いられる。

　　Whosever idea this may be, I don't like it.

　　　　（これがだれの考えであっても，私は気に入らない）

Keep calm, **whatever** happens. 〔= *no matter what* happens〕

　　　（たとえ何が起ころうとも冷静でいなさい）

＊　whatever, whichever は形容詞としてあとに名詞を伴うこともある。

　　Whichever [*side*] wins, it is all the same to me.

　　　　（どちら [の側] が勝っても，私にとっては同じことだ）

Wherever she went, she wrote to me. 〔= *No matter where* she went〕

　　　（彼女はどこへ行っても私に手紙をよこした）

＊　wherever, whenever はまた「[…する] どこ（いつ）でも」の意を表わす。

　　Sit **wherever** you like. 〔= at any place where〕

　　　　（どこでも好きなところにすわりなさい）

---

†　**wherever**〔⇨ p. 531〕，**whenever**〔⇨ p. 529〕，**however** は，接続詞として扱われることが多いが，本書では（由来と用法において関連する）他の -ever 形の語と併せて，おもにここで，複合関係詞として扱い，接続詞の項にも入れてある。

However hard he tries, he will never succeed.

　　　（彼がどんなにいっしょうけんめいやっても成功しないだろう）

＊　however は形容詞・副詞を伴わないで単独に用いることもある。

　　　However you do it, the result will be the same.
　　　（君がそれをどんなふうにしても，結果は同じだろう）

複合関係詞の用法の区別

次のような文における複合関係詞の用法を区別する。

⎰ (a)　**Whoever** says so is a liar.　　　　　　　〔= Anyone who …〕
⎱ (b)　**Whoever** says so, it is a lie.　　　　　　〔= No matter who …〕

　(a) は「そう言う者はだれであろうとそうつきだ」の意で Whoever は先行詞を含む関係代名詞で名詞節を導き，(b) は「だれがそう言おうともそれはうそだ」の意で Whoever は譲歩の副詞節を導く。

⎰ (a)　Don't listen to **whatever** he may say.　　　　〔= anything that〕
⎱ (b)　Don't listen to him, **whatever** he may say.　〔= no matter what〕

　(a) は「彼の言うどんなことにも耳を貸すな」の意で，whatever は関係代名詞で名詞節を導き，(b) は「彼がたとえ何と言おうとも，耳を貸すな」の意で，whatever は譲歩の副詞節を導く。

⎰ (a)　**Wherever** you go, I will follow you.　　　〔= No matter where〕
⎱ (b)　I will follow you **wherever** you go.　　　〔= to any place where〕

　(a)「あなたがどこへ行こうと私はついて行きます」(b)「私はあなたの行くところどこへでもついて行きます」

　　　　重 要 問 題　　　　　　　　　　　　　（解答 p. 692）

49.　各文のかっこ内の正しいものを選べ。

(1)　There I saw a man (who, whom) I thought was my uncle.

(2)　Listen only to those (who, whom) you believe to be honest.

(3)　He told the story to (whoever, whomever) would listen.

(4)　He is no longer the strong man (what, that, which, who) he used to be.

(5)　This school is no longer (what, that, which) it used to be.

(6)　Africa is one of the places (which, where) I'd like to visit.

50. 各文の空所に，次の四つの関係詞から適当なものを選んで入れよ。

　　〔**as, but, that, what**〕

(1)　Men and horses （　　） were killed in the battle were innumerable.

(2)　（　　） money he earns he spends on drink.

(3)　There is no mother （　　） loves her children.

(4)　He is （　　） you call a fine gentleman.

(5)　I have the same watch （　　） you have.

(6)　He had made the school （　　） it is.

(7)　Who （　　） is alive doesn't seek happiness?

(8)　He gave her （　　） little money he had in his pocket.

(9)　You had better read such books （　　） you find interesting.

(10)　She is not the kind woman （　　） she used to be.

(11)　She is the kindest woman （　　） I have ever known.

(12)　This is just （　　） I wanted so long.

51. 各空所に適当な関係副詞（**where, when, why, how**）を入れよ。

(1)　Now is （　　） we must stop fighting.

(2)　That is （　　） she does not like him.

(3)　That is （　　） you are mistaken.

(4)　That is （　　） he solved the problem.

52. 各文の空所に適当な関係詞を入れよ。

(1)　I had to travel by train, （　　） I greatly disliked.

(2)　He was a Scotchman, （　　） I knew from his accent.

(3)　I was told to go there on foot, （　　） advice I followed.

(4)　She was selfish, and （　　） is worse, hysterical.

(5)　She had written a letter of thanks to him, （　　） letter she carried in her hand.

(6)　She was gazing into the pool, （　　） calm surface reflected her features like a mirror.

53. 各文の誤りを訂正せよ。

(1)　This is the same man whom I saw in the train.

(2)　This is the house which I lived in my early days.

⑶　I will tell you all what I know about the matter.

⑷　I saw the man whom you said was away on a trip.

⑸　This is one of the most important events that has happened this year.

⑹　Mt. Everest, that is the highest mountain in the world, was first climbed in 1952.

54.　各文の空所に適当な「前置詞＋関係代名詞」を入れよ。

⑴　There are many ways （　　）（　　） we can analyze a work of art.

⑵　She wears a dress （　　）（　　） he has not yet seen her.

⑶　I was surprised at the ease （　　）（　　） he solved the problem.

⑷　Consult the dictionary whenever you come across a word the meaning （　　）（　　） you are not sure about.

55.　関係詞を用いて結び付けよ。

⑴　The building is our church.
　　You can see its pointed roof over there.

⑵　She spoke in German.
　　I could not understand the language well.

⑶　He rapidly learned to speak Japanese.
　　They were all astonished at the rapidity.

⑷　Bring me the magazines. I have left them in the room.
　　We have been talking in the room.

56.　各文を訳せ。

⑴ ⒜　Unfortunately the camera which was valuable was stolen.
　　⒝　Unfortunately the camera, which was valuable, was stolen.

⑵ ⒜　He had three sons who became doctors.
　　⒝　He had three sons, who became doctors.

⑶ ⒜　I said nothing which displeased her.
　　⒝　I said nothing, which displeased her.

⑷ ⒜　Whatever he says she ignores.
　　⒝　Whatever he says, she ignores him.

第 **8** 章

冠　　詞

冠詞（Article）には次の二つがある。

(1) 不定冠詞（Indefinite Article）…… a, an

(2) 定 冠 詞（Definite Article）…… the

(1)　不定冠詞は one に由来する語で，単数の可算名詞にだけ用いられる。**a** は**子音**の前で，**an** は**母音**の前で用いられる。

*a b*ook, *a h*orse, *a k*ing, *a w*oman, *a y*outh, *etc.*

*an a*pple, *an e*gg, *an i*dea, *an o*range, *an u*mbrella, *etc.*

ふつう **a** は［ə］，**an** は［ən］と発音されるが，強勢が置かれると **a** は［ei］に，**an** は［æn］になる。（その場合，書くときはイタリック体にすることがある）

I said **a**［ei］man, not **the**［ðiː］man.

　　（私は「ある」男と言ったのであって「その」男と言ったのではない）

次のような場合に a と an の用法の区別に注意する。

❶　名詞の語頭が**文字**は母音字でも**発音**が子音の場合は a を用いる。

- {**a** *u*niversity / **an** *u*ncle
- {**a** *E*uropean / **an** *E*nglishman
- {**a** *o*ne-sided argument / **an** *o*nly child

　　その他：*a u*seful book, *a u*nion, *a u*nit, *etc.*

❷　語頭の h が発音されないで母音で始まる場合は an を用いる。†

- {**an** *h*our / **a** *h*ouse
- {**an** *h*eir［eər］（相続人）/ **a** *h*air［heər］（毛）
- {**an** *h*onor（名誉）/ **a** *h*oneymoon

---

†　《英》では，語頭の h がふつう発音される語でも，その音節にアクセントが置かれない語の前では an を用いることもある：a *h*otel［ə houtél］, **an** hotel［ən outél］（ただしこのような場合に an を用いる傾向はすたれつつある）

❸　**略語**の場合も，母音字でも子音に発音される文字の前には **a**，子音字でも発音が母音で始まる文字の前では **an** を用いることに注意する。

⎧ **a** UN〔jú: én〕spokesman（国連スポークスマン）
⎩ **an** SF〔és éf〕（科学小説），**an** MP〔ém pí〕（憲兵；〔英国の〕下院議員）

(2)　**定冠詞 the** は特定のものを表わすのに用いられ，単数・複数いずれの名詞にも用いられる。

　　子音で始まる語の前では〔ðə〕，母音で始まる語の前では〔ði〕，強意の場合は〔ðiː〕と発音される。

⎧ **the**〔ðə〕sky, **the**〔ðə〕USA（アメリカ合衆国）
⎩ **the**〔ði〕air, **the**〔ði〕FBI　　（連邦捜査局）

He is **the**〔ðiː〕man for the job.（彼こそまさにその仕事の適任者です）

§95.　不定冠詞の用法

❶　**不特定の単数名詞**を表わす。この揚合，その名詞が可算名詞で単数であることを示すだけで，特に「一つ」という数観念を強く表わすわけではないので，日本語には訳出しないのがふつうである。

He is **a** diligent boy.（彼は勤勉な少年です）

Do you have **a** watch?（時計をお持ちですか）

❷　「**一つ**」（= one）の意味を表わす。

Can you lend me **a** pound?（1 ポンド貸していただけますか）

Rome was not built in **a** day.（ローマは1日にして成らず）

He did not say **a** word.（彼はひとことも話さなかった）

❸　「**同じ**」（= the same）の意味を表わす。

Birds of **a** feather flock together.
　　　　（同じ羽毛の鳥は群れ集まる［類は友を呼ぶ］）

Two of **a** trade seldom agree.（同業者は合わぬもの）

They are all of **a** mind.（彼らは皆同じ考え［気持ち］だ）

＊　この意味の a は，… of *a* ～ の形の，限られた表現で用いられる。

❹　「**ある～**」（= a certain）の意味を表わす。

It is true in **a** sense.（それはある意味では本当です）

He sat there for **a** while.（彼はしばらくそこに座っていた）

A Miss Jones sang.（ジョーンズさんという人が歌った）〔⇨ p. 91〕

5　「～につき」（= per, each）の意味を表わす。

He writes home twice **a** month. （彼はひと月に 2 回家に手紙を書く）

An apple **a** day keeps the doctor away. （りんご 1 日 1 個で医者いらず）

This costs two dollars **a** pound. （これは 1 ポンドにつき 2 ドルする）

* この不定冠詞の用法と「単位」を表わす定冠詞の用法を区別する：

　　$\Big[$ He is paid 6 dollars **an** hour. （彼は 1 時間 6 ドルもらっている）
　　$\Big[$ He is paid **by** the hour. （彼は 1 時間いくらで支払われている）

6　「～というもの」（= any）の意で，その種属全体を表わす。この用法は**総称単数**（Generic Singular）または**代表単数**などと呼ばれ，定冠詞にもこの用法がある。

A gentleman is always kind to others. （紳士は常に他人に親切だ）

A cat has nine lives. （猫に九生あり〔なかなか死なない〕）

● 総称的な言い方には次の三つがある。†

　　(a)　**A dog** is a faithful animal. $\Big\}$ 総称単数
　　(b)　**The dog** is a faithful animal.

　　(c)　**Dogs** are faithful animals. …… 総称複数

　　いずれも「犬は忠実な動物です」の意であるが，(c) が最も口語的，一般的で，(b) はやや堅く，区別的な意味（猫という動物に対して犬という動物は，など）を伴う場合もある。

7　**慣用表現**で用いられる場合

He is in **a** hurry. （彼は急いでいる）〔ただし in haste では無冠詞〕

He was at **a** loss what to do. （彼はどうしていいか途方に暮れた）

All of **a** sudden the lights went out. （突然あかりが消えた）

---

† ただし (a) の不定冠詞の場合は「どの犬でも」（= any dog）の意を表わすので，次のような文では用いられない。

　　×(a)　**A tiger** is becoming almost extinct.　　　（トラはほとんど
　　○(b)　**The tiger** is $\Big]$ becoming almost extinct.　　絶滅しかかっている）
　　○(c)　**Tigers** are $\Big]$

● 「～はすべて」と総称的に述べるのに，一般的に広く使用が可能なのは (c) の〈無冠詞の複数形〉であって，たとえば「本は値段が高い」は **Books** are expensive. がふつうである。〔なお，**The books** と定冠詞がつけば，ふつう〈特定の複数の名詞〉（それらの本）を表わすことになる〕

　　The roses are very beautiful. （〔たとえばある庭園にいて〕バラがとても美しいですね）〔総称的に「バラは美しい」ではない〕

§96. 定冠詞の用法

1 「特定のもの」を表わす。

定冠詞は可算名詞・不可算名詞，あるいは単数・複数いずれの名詞にも用いて，特定のものを表わすが，次のような場合がある。

《1》 **既出の名詞を受けて**

> I bought **a** *book* and a *doll*. **The** *book* is for my son and **the** *doll* for my daughter. (私は本と人形を買った。本は息子のために，人形は娘のために買ったのです)

●既出の名詞を二度目に用いる場合でも，それが不特定のものを表わす場合や総称用法の場合には the ではなく a を用いる。

> He keeps *a dog*. **The** *dog* (= It) is called John.　　〔特定〕
> He keeps *a dog*. I want to keep **a** *dog* (= one), too.　〔不特定〕

> Last year we bought *a dog* and *a cat*. We've still got **the** *dog*, but **the** *cat* died in a few weeks.　　　　　　　　　〔特定〕
> *A dog* is more useful than *a cat*. **A** *dog* can be trained for many purposes, but it's not much use to train **a** *cat*.　〔総称〕
> 　　　（犬は猫より役に立つ。犬はいろいろな目的のために訓練できるが，猫は訓練してもほとんどむだだ）

《2》 **限定語句のつく名詞。**　　限定的な修飾句や関係詞節によって特定のものが示される場合。†

> He is **the** *only* friend *that I have*. (彼は私のただ一人の友人だ) ††

> He is **the** *tallest* boy in the class. (彼は組でいちばん背の高い少年です)

---

† 　関係詞節その他の修飾語句がついても，その名詞が特定のものに限定され定冠詞が用いられるとは限らない。

> **The** boy *who came here this morning* is my nephew.　　〔特定者〕
> **A** boy *who is not diligent* is unlikely to succeed.　　　〔不特定者〕
> 　（勤勉でない少年はたぶん成功しないだろう）

> I met **the** teacher *in charge of our class*. (担任の先生)　〔特定者〕
> I met **a** teacher *of our school*. (この学校の先生)　　　〔不特定者〕

†† **only** を用いた次の表現を区別する。

> He is *the only* child. (彼はただ一人の子供 ―― 子供は彼一人だ)
> He is *an only* child. (彼はひとりっ子だ)
> He is *only a* child. (彼はほんの子供にすぎない)

The capital *of England* is London.（英国の首府はロンドンです）

I don't like **the** music *in this film*.（この映画の音楽は好きじゃない）

I haven't got **the** time *to talk to you*.（君と話す時間はないんだよ）

《3》 **文脈上，特定のものが言及される場合。**　限定の語・句・節などが付かなくても，文脈・場面・情況からどれを指しているかがわかる場合。

Turn off **the** light and close **the** door.

　　　（［その時いる部屋の］電気を消して戸を閉めなさい）

How did you like **the** film?（［君が見た］映画はどうでしたか）

He hurried to **the** station, but missed **the** train.

　　　（駅へ急いだが，列車に乗り遅れた）

I wanted it but I didn't have **the** money.

　　　（それが欲しかったが［買うだけの］金がなかった）

　(a) Is there **a** hotel near here?（この近くにホテルはありますか）
　(b) **The** hotel was very nice.（［泊った］ホテルはとてもよかった）

　(a) We must send for a doctor at once.
　(b) We must send for **the** doctor at once.

　　　「すぐ医者を呼びにやらねばならない」の意であるが，(a) では不特定の医者を，(b) では特定の（かかりつけの）医者を表わす。

《4》 **特定唯一物を表わす名詞。**　それ一つしか存在せず，限定語句がつかなくともそれとわかるものを示す名詞に the がつく場合。

The *moon* travels round **the** *earth*.（月は地球のまわりをまわる）

There is not a cloud in **the** *sky*.（空には雲一つない）

　＊　ただし，唯一物の，ある一つの様相を示す場合は不定冠詞を用いる。
　　　I have never seen such **a** *blue* sky ［**a** *bright full* moon］.
　　　　　（こんなに青い空［明るい満月］を見たことがない）

The *world* is full of suffering.（この世は苦しみに満ちている）

　　　その他：　*the* sun, *the* universe（宇宙）; *the* east（west, north,
　　　south）; *the* right（右），*the* left（左）; *the* Emperor（天皇），
　　　the King, *the* Queen; *the* Bible（聖書），etc.

《5》 **強意用法。**　強意的に特定物（者）を指示し，「（～こそ）まさに，うってつけの」，「かの有名な」などの意を表わす。ふつう ［ði:］ と発音する。

This is **the** life.（これこそがまさに人生だ）

If you want to learn about grammar, this is **the** book to read.

（文法を学びたければ，これこそ必読の［うってつけの］本だ）

I had a letter from John Lennon — not **the** John Lennon, of course.
（ジョン・レノンから手紙をもらった — といっても，もちろん，
あのジョン・レノンじゃないがね）

《6》 固有名詞

固有名詞には the が付くものと付かないものとがあるが，海洋，川，
山脈，群島，船，公共建築物などには the が付く。〔詳しくは ⇨ p. 88〕

the Atlantic（大西洋），**the** Mississippi（ミシシッピー川），**the** Appa-
lachians（アパラチア山脈），**the** British Museum（大英博物館），*etc.*

⎰ Ohio（オハイオ州）　　　　　　⎰ Queen Elizabeth（女王）
⎱ **the** Ohio（オハイオ川）　　　　⎱ **the** Queen Elizabeth（船名）

◉　「**人名**」の場合（**the** Johnsons など）については ⇨ p. 90。

2 総称用法（Generic Use）

《1》 単数普通名詞に付けて，その種属全体を表わす。不定冠詞の場合と
同様に，**総称単数**または**代表単数**などと呼ばれる。

The *dolphin* is an intelligent animal.　　　　　　　　〔⇨ p. 229〕
（イルカは頭のいい動物だ）

The *computer* has changed everyone's lives in so many ways.
（コンピューターはいろいろな面ですべての人々の生活を変えた）

＊　同じ名詞に用いられた the の用法を区別しなければならない場合の例：
⎰ (a)　Who invented **the** telephone?（電話を発明したのはだれですか）
⎱ (b)　Who answered **the** telephone?（電話に出たのはだれですか）
　　(a) は「代表単数」としての「電話」，(b) は特定の「電話」を表わす。

The *working parent* needs these facilities.
（働く親にはこういった施設が必要だ）

＊　複数名詞で総称するときは，the をつけない。〔⇨ p. 229 †〕
Working parents need these facilities.

The novel is the most popular literary genre.
（小説は最も人々に親しまれている文学形式である）

《2》 国民を表わす語につけて，国民全体を総称する。　　　〔⇨ p. 248〕

The *English* drink a lot of beer.〔= the English people〕
（英国人はビールをたくさん飲む）　　　　　　　　　　　〔⇨ p. 628〕

◉　国民を総称する形としては，次の三通りがある。

〈単数〉 **An American** (**A Frenchman**) is ～

〈複数〉 **The Americans** (**The French**)⎱

　　　　Americans (**Frenchmen**)　　⎰ are ～

　　　　　（アメリカ人［フランス人］は～だ）

* 国民を表わす語のうち Japanese, Chinese(中国人)などは単・複同形なので，たとえば the Japanese は文脈により，三通りの意味が成立つ。
  (a) 〈単数〉特定の一人の日本人
  (b) 〈複数〉㋑特定の複数の日本人　㋺総称的に日本人［全体］

《3》　ある種の集合名詞に the をつけてその構成員全体を表わす。〔⇨ p. 83〕

　　　　the aristocracy（貴族［階級の人々］）　　**the** clergy（聖職者）
　　　　the working class（労働者階級）

3　**抽象的用法。**　「the＋普通名詞（固有名詞）」でその名詞が共通して持つ性質・特徴を表わす。

The *pen* is mightier than **the** *sword*. （ペン［文］は剣［武］より強し）

She felt **the** *mother* rise in her breast.

　　　（彼女は母性愛が胸にわきあがるのを感じた）

At this, **the** *Englishman* in me came out strong.

　　　（これを聞いて，私の英国人気質が強くおもてに表われた）

She found it hard to keep **the** *wolf* from the door.

　　　（彼女は飢えをしのぐのに困難を感じた）

He took to **the** *bottle*. （彼は酒におぼれるようになった）

* 同様に a campaign to abolish **the** *electric chair* は「死刑（＜電気いす）廃止運動」

4　「**the＋形容詞・分詞**」

《1》　ふつうは，複数普通名詞の意味を表わす。

　　　　the rich（金持ち）〔＝ rich people〕†　　　**the** poor（貧乏人）
　　　　the young（若者たち）〔＝ young people〕　**the** old（老人たち）††
　　　　the unemployed（失業者）　　　　　　**the** handicapped（障害者）

---

† 　the rich は一般的に「金持ち」を指すので，言い換えた場合に the をつけて **the** rich people〔＝「（特定の）その金持ちたち」〕としないように。〔《2》の the deceased の場合と比較〕　また，**rich and poor**, **young and old** のような対句の形では the はつかない。〔⇨ p. 241〕

†† 　**PC 語**〔⇨ p. 604〕の立場からは，露骨に poor や old を用いることをなるべく避け，他の婉曲的な言葉で表わす。（たとえば the old → the elderly［年配の人々］）

　　the wounded（負傷者）　　　　　　**the** living（生きている人々）
　　the dying（死にかかっている人々）　　*cf*. **the** dead（死者）
《2》　次のような場合は，単数または複数の特定の人を表わす。
　　the deceased（故人）〔= the recently dead person〔s〕〕
　　the accused（被告人）
《3》　抽象名詞的または集合名詞的な意味を表わす。
　　the true（真実なもの，真実）〔= that which is true〕
　　the beautiful（美しいもの，美）〔= that which is beautiful〕
　　the impossible（不可能なこと）**the** unknown（未知のもの）
　　The *good* lives on after a man has died.
　　　　　　（善行は人の死後も生きながらえる）

5　「単位」を表わす。

Sugar is sold by **the** pound.（砂糖はポンドいくらで売られる）
We hired the car by **the** hour.（車を時間ぎめで借りた）
He buys ties by **the** dozen.（彼はネクタイをダース単位で買う）
This car does thirty miles to **the** gallon.
　　　　（この車は 1 ガロンで 30 マイル走る）
　　cf. This car runs thirty miles **an** hour.
　　　　（この車は 1 時間に 30 マイル走る）

6　「身体の部分」を表わす表現において

He caught me by **the** arm.（彼は私の腕をつかんだ）†
He hurt himself in **the** leg.（彼は脚をけがした）

---

†　これに類したことを述べる文の形を区別：
　　(a)　She took *his hand*.　　　　　　(c)　She took *him by* **his** *hand*.
　　(b)　She took *him by* **the** *hand*.
　　(a) は「彼女は彼の手をとった」という日本語の言い方と一致する形であるが，英
語の慣用としては (b) の形がふつうに用いられる。(c) の所有格を用いた形は，ふ
つう慣用に反するとされる。ただし，身体の部分を表わす名詞を形容詞が修飾する場
合には所有格が用いられる。
　　I'd like to hit *him in* **his big mouth** with my fist.
　　　　（あいつの大口にげんこつを食らわせてやりたいものだ）
●「彼は私の顔を見た」の意を表わす文として次の正誤を区別する。
　　He looked my face.　〔誤〕　　　　He looked me in the face.　〔正〕
　　He looked at my face.〔正〕　　　　He looked at me in the face.〔誤〕

He was red in **the** face.（彼は顔を赤くしていた）

He was chilled to **the** bone.

　　　　（彼は骨まで冷えきっていた）

　　その他：pat him on *the* shoulder（彼の肩をたたく），knock him on *the* head（彼の頭をたたく），slap him in *the* face（彼の顔をひっぱたく），kiss her on *the* cheek（彼女のほおをキスする）

７　副詞的用法

「**the**＋比較級」の形で「それだけ〜」の意を表わす。〔⇨ p. 320, 321〕

I like him all **the** better for his faults.

　　　　（彼には欠点があるのでなおさら彼が好きだ）

⎰*The* more one has, **the** more one wants.
⎱One wants **the** more, *the* more one has.

　　　　（人は持てば持つほど，もっと欲しくなる）

＊　イタリック体の the は「〜するだけ」の意を表わす関係副詞，ボールド体の the は「それだけ」の意を表わす指示副詞。

８　慣用表現において

by *the* way（ところで），in *the* long run（結局），on *the* contrary（それとは反対に，それどころか），on *the* increase（増加しつつある），to *the* point（要を得た，適切な），be in *the* right（wrong）（正しい［間違っている］），lay（set）*the* table（食卓の準備をする），*etc*.

§97. 冠詞の省略

　抽象名詞・物質名詞はその一般的な意味では冠詞は付かないが，特定のものや種類を表わす場合は冠詞が付く。〔⇨ p. 97, 93〕

抽象名詞：⎧life（生活，生命，人生）
　　　　　⎨a *pleasant* life（楽しい生活）
　　　　　⎩**the** life［that］*she led*（彼女が送った生活）

物質名詞：⎧tea（茶）
　　　　　⎨an *excellent* tea（上等な茶）
　　　　　⎩**the** tea［that］*we bought yesterday*（きのう買った茶）

　固有名詞は the が付くものと付かないものがあるが，一般に the を付けない固有名詞でも修飾語句や限定語句が付く場合は冠詞を用いることがある。〔⇨ p. 88〕

固有名詞：
$\begin{cases} \text{Japan（日本）} \\ \mathbf{a}\ \textit{new}\ \text{Japan（新しい日本）} \\ \mathbf{the}\ \text{Japan}\ \textit{of a hundred years ago}（百年前の日本） \end{cases}$

●**普通名詞**は一般に単数では冠詞が用いられるが，次のような場合には冠詞が付かない。†

1　**家族や親せきを表わす語。**自分の家族や家庭内の人はいちいち *my* father, *the* cook などといわなくても特定者を指すことがわかり，冠詞や所有格を用いず，大文字で書くのがふつうである。††

Give it to **Father**（**Mother**）.（お父さん［お母さん］にあげなさい）

Baby is crying.（赤ちゃんが泣いている）

Uncle is coming tonight.（おじさんが今夜来ます）

Nurse is out shopping.（うばは買物に出かけています）

2　**呼び掛け語**

I'm feeling much better, **Doctor**.（気分はずっといいです，先生）

That's all I know, **Inspector**.（知っているのはこれだけです，警部さん）

3　（動詞のある文の形を備えない）**間投詞的な表現**で用いられる名詞

$\begin{cases} \text{Happy } \mathbf{birthday}! \text{（誕生日おめでとう）} \hspace{2em} 〔⇨ \text{p. 595}〕 \\ \textit{cf}. \text{ I wish you } \mathbf{a} \text{ happy } \mathbf{birthday}. \end{cases}$

$\begin{cases} \text{Good } \mathbf{job}! \text{（よくやった）} \\ \text{You did } \mathbf{a} \text{ good } \mathbf{job}. \end{cases}$ $\begin{cases} \text{Poor } \mathbf{fellow}! \text{（かわいそうに）} \\ \text{He's } \mathbf{a} \text{ nice } \mathbf{fellow}. \text{（彼はいいやつだ）} \end{cases}$

$\begin{cases} \text{Wow! Nice video } \mathbf{camera}! \hspace{2em} \text{（わあ，いいビデオカメラだな）} \\ \text{This is } \mathbf{a} \text{ very good } \mathbf{camera}. \text{（これはとてもいいカメラだ）} \end{cases}$

4　**称号**として人名の前に用いられる名詞

King Richard（リチャード王）〔ただし the *Emperor* Meiji　明治天皇〕

　　cf. the King of England（英国王）

President Wilson（ウィルソン大統領）

　　cf. the President of the United States（合衆国大統領）

Father Brown（ブラウン神父）　　**Uncle** Tom（トムおじさん）

Professor Smith（スミス教授）　　**Aunt** Mary（メアリおばさん）

---

†　**man** は一般に「人間」を表わす場合は無冠詞。〔⇨ p. 80〕

††　家庭外の人でも日常接している特定の人を指す場合に冠詞が省略されることがある：

　　Teacher was very angry this morning.（先生はけさとても怒っておられた）

5　固有名詞のあとに置かれる**同格名詞**。　同格名詞は *of* 句によって限定されているのがふつうである。　　　　　　〔「同格」については ⇨ p. 617〕

Stevenson, **author** of the "Treasure Island" †

　　　　　(「宝島」の著者スティーヴンスン)

Hamlet, **prince** of Denmark (デンマークの王子ハムレット)

Elizabeth Ⅱ, **Queen** of England

　　　　　(イギリス女王エリザベス二世)

●ただし冠詞は必ず省略されるとは限らず，また定冠詞・不定冠詞いずれの場合もある。次の例を比較。

　　(a)　Mr. Smith, [**the**] **principal** of our school

　　(b)　Mr. Smith, **a teacher** of our school

　　(a) は特定者一人を，(b) は幾人かのなかの一人を表わす。

6　**補語の名詞**

(a)　**地位・身分を表わす語**。一時に一人の人だけが占める特定の地位・身分を表わす語が補語になる場合は定冠詞を付けないことが多い。

He was [**the**] **Prime Minister** then. (彼は当時首相だった)

He is [**the**] **manager** of this club. (彼はこのクラブの支配人だ)

　　* 　{ (a) He is **a headmaster**.
　　　　{ (b) He is [**the**] **headmaster** of this school.

　　　　(a) は彼が世間に何人もいる校長の一人であることを示しているが，

　　　　(b) は特定の学校の校長，すなわち一人だけに限定された地位を表わすので，定冠詞を用い，これは省略されることが多い。

　　●特に，次のような場合の目的格補語には，ふつう the を付けない。

　　　　He was appointed **chairman**. (彼は議長に任命された)

　　　　They elected him **president** of the society. (彼を会長に選んだ)

(b)　**as のあとの名詞**。as (〜として) が特に「資格」を表わす場合に冠詞が省略されることが多い

---

†　次のような *of* 句を伴わない同格語で，the が用いられるのはその固有名詞が相手にそれとわかる，または世間一般に知られた知名度の高いものと考えられている場合である。

　　Tolstoy, **the** novelist, wrote "War and Peace." ([かの] 小説家トルストイ)

　　　cf. Henry Smith, **an** American novelist, wrote this book.

　　Kobe, **the** Japanese port, is twenty miles west of Osaka.

I must say this **as** [**the**] **chairman** of this club.

　　　　（私はこのクラブの会長として，このことを言わねばならない）

She was employed **as** [**a**] **teacher** of music.　　　〔a は多く省略〕

　　　　（彼女は音楽の先生として［音楽の先生という資格で］採用された）

cf. She was successful **as a teacher**.　　　〔a は省略しない〕

　　　　（彼女は先生としては［先生という点からいえば］成功した）

(c)　turn の補語になる名詞

He *turned* **traitor** (**Christian**). (裏切者［クリスチャン］になった)

　　　cf. He **became a** Christian. では a を用いる。

7　**建物や場所を表わす名詞**が，その本来の目的・機能を表わす場合。ただ
し，建物・場所そのものを表わす場合は冠詞が付く。†

I go to **church** on Sunday. (日曜日には教会へ［礼拝に］行く)

　　cf. I went as far as **the church**. (教会まで行った)

He goes to **school** on foot. (彼は歩いて通学している)

　　cf. She has to go to **the school** to see the principal. (彼女は校長
　　　先生に会いに学校へ行かなければならない)

He is still in **hospital** (**prison**). (彼はまだ入院［服役］中です)

　　cf. The building over there is **the hospital** (**the prison**).

　　　　（むこうの建物は病院［刑務所］です）

　　その他：go to **market**（買物に行く），go to **bed**（就寝する），††

　　　　　　be at **table**（食事中），go to **work**（会社に行く，出勤する）

　　　　　　go to **college**（**university**）（大学に行く）

*　ただし go to **the** office（**cinema**, **theater**）などでは冠詞が付く。
　また，hospital, university も，《米》ではふつう the をつける：
　　go to (be in) **the** hospital, go to (be at) **the** university

---

†　**town** は話し手がその近くに住む町・都市を指す場合は無冠詞で用いることが多
い： I'm going to **town** tomorrow. (私は明日町に行きます) *cf.* They came to **a**
town. (ある町にやってきた) / They left **the town** the next day. (翌日その町を
去った)

　home も自分の家を指す場合は無冠詞で用いる： He left **home** at 7. / He is
at **home**. / There is no place like **home**. (わが家にまさる所はない)

　　cf. We must find **a home** for the child. / This is **the home** of these children.

††　ただし **bed**, **table** などが物自体を表わす場合は冠詞がつく： go to **the bed**
（ベッドの所へ行く），stand around **the table** (テーブルのまわりに立つ)

8　**交通・通信の手段を示す名詞が by で表わされている場合**

by plane, by air（飛行機で）; by ship, by sea（船で）; by land（陸路で）; by car, by bus〔*cf. on* foot〕; by wire, by telegram（電報で）; by radio（無線で）; by mail《米》, by post《英》（郵便で）; by letter（手紙で）; by fax（ファックスで）; by e[-]mail（E メールで）; by satellite（衛星中継で）, *etc*.

◉　ただし、前置詞が by 以外の場合は冠詞を用いる。

$\begin{cases} by \text{ bicycle} \\ on \text{ } a \text{ bicycle} \end{cases}$　$\begin{cases} \text{He traveled } by \text{ train.} \\ \text{He traveled } on \text{ (or } in) \text{ } a \text{ train.} \end{cases}$

$\begin{cases} \text{I let him know the result } by \text{ telephone.（電話で結果を知らせた）} \\ \text{They talked } over \text{ (or } on) \text{ } the \text{ telephone.（電話で話した）} \end{cases}$

◉　前置詞が by でも、修飾語がつく場合は冠詞を用いる。

by the 5:30 train（5 時 30 分発の列車で）

by an early train（早い［時刻に出る］列車で）

9　**食事の名前**

Supper is ready.（夕食の用意ができました）

He left home after **lunch**.（彼は昼食後出かけた）

What did you have for **breakfast**?（朝食には何を食べましたか）

◉　ただし、修飾語が付く場合、特定の食事を指す場合、食事の「会」を表わす場合などには冠詞が付く。

He took *a hasty* **breakfast**（*a light* **lunch**, *a late* **supper**）.

（彼は急いで朝食［軽い昼食, 遅い夕食］をとった）

The **dinner** at the party was excellent.

（パーティでの食事はとてもおいしかった）

He attended *a* **lunch** given by the Mayor.

（彼は市長の催した午さん会に出席した）

10　**学科名・国語名・季節名・遊戯名など** †

study *mathematics*（数学を勉強する）/ speak *French*（フランス語を話す）/ play *baseball*（*cricket, tennis, etc.*）

If **winter** comes, can **spring** be far behind?（冬来たりなば春遠からじ）

---

†　**季節名**には the が付くこともある。また、特定の年の季節を指す場合は the を用い、形容詞が付けば a を冠する：early in［*the*］summer = in［*the*］early summer（初夏に）/ *the* summer of 1970（1970 年の夏）/ *a sultry* summer（むし暑い夏）

* 次のような場合を区別する。

> *History* is my favorite subject.（歴史は僕の好きな学科だ）
> He studied the *history* of China.（彼は中国の歴史を勉強した）
> *A history* was written by him.（歴史書が彼によって書かれた）

> What is "bara" called in *English*?（英語で「ばら」は何といいますか）
> What is the *English* for "bara"?（= the English word）
> 　　　（「ばら」に対する英語は何ですか）

11　補語の名詞が主語の前にくる構文で

(a)　*Child* as he was, he was equal to the task.〔= Though he was
　　a child ...〕（彼は子供だったが, その仕事ができた）

(b)　*Fool* that he was, he didn't even realize the danger.
　　　〔= He was such *a fool* that he didn't ...〕（彼はなんたるばか
　　　か, その危険に気付きさえもしなかった）

(c)　This fault — if *fault* it is — is an amiable one.
　　　〔= even if it is *a fault*〕（この欠点は — かりに欠点であるとし
　　　ても — 愛きょうのある欠点だ）

12　付帯情況を示す表現で with を用いない場合

He stood there, *hat* in hand.〔= with *a hat* in his hand〕
　　（彼は手に帽子を持って, そこに立っていた）

He sat reading, *pipe* in mouth.〔= with *a pipe* in his mouth〕
　　（彼はパイプを口にくわえ, すわって本を読んでいた）

13　**enough** を伴う名詞

He is *fool* enough to believe that.〔= He is *foolish* enough to believe
　　that. / He is such *a fool* as to believe that.〕
　　（彼はおろかにもそれを信じている）

14　**kind of, sort of** のあとの名詞 †

What *kind of book* do you want?（どんな種類の本が欲しいのか）

---

† 　〜 **kind**（**sort**, **type**）**of** ...（〜の種類の…）の標準的な用法：
　（1 種類）**this kind of** mistake［mistakes］〔〜 of **a** mistake は誤り。下記参照〕
　　　　〔=《やや堅》 a mistake［mistakes］**of this kind**〕
　（2 種以上）**these kinds of** mistakes〔these *kind* of 〜 はふつう誤りとされる〕
　　　　〔=《やや堅》 mistakes **of these kinds**〕
　● 〜 kind of a ... となる次のような場合は, 意味が区別される。
　　　What **kind of** workman is he?（彼は何の職人なのか）　　〔職種〕
　　　What **kind of a** workman is he?（彼はどんな職人なのか）〔腕前・程度〕

It is a *kind of tulip*. (それは一種のチューリップです)

15 **同一人物の異なった面・性格を表わす名詞**

She was more *mother* than *wife*. (彼女は妻であるより母親であった)

　　〔*cf.* She was more of *a mother* than *a wife*.〕

Professor Smith is *Marxist* first, *historian* second.

　　　　(スミス教授は第一にマルクス主義者であり，第二に歴史家だ)

16 **関係を表わす次のような表現において**

He is *nephew to* the governor. (彼は知事のおいに当たる)

　　〔*cf.* He is [*a*] *nephew of* the governor.〕

The child is *father to* the man. (三つ子の魂百まで)

　　〔*cf.* Necessity is *the mother of* invention. (必要は発明の母)〕

17 **対句の形をした表現で**

(a) **対照的な語を並べる**

They became *man and wife*. (彼らは夫婦になった)

He lives *from hand to mouth*. (彼はその日暮らしをしている)

　　その他：*body* and *soul* (身も心も)，*day* and *night* (日夜)，*rich* and
　　　　　　poor (富める人も貧しい人も)，from *father* to *son* (先祖
　　　　　　代々)，from *morning* till *night* (朝から晩まで)

(b) **同一語を並べる**

Theory and practice should go *hand in hand*.

　　(理論と実際は相伴うべきだ)

　　〔その他〕*arm* in *arm* (腕を組んで)，*day* after *day* (来る日も来る
　　　　　　日も，毎日)，*face* to *face* (面と向かって，直面して)，*side*
　　　　　　by *side* (並んで)，*step* by *step* (一歩一歩)，from *door* to
　　　　　　door (一軒一軒)，from *time* to *time* (時おり)

18 **慣用表現で**

(a) **前置詞句・群前置詞で**　〔⇨ p. 491〕

at *hand* (手もとに)，by *accident* (偶然に)，by *mistake* (誤って)，for
example (たとえば)，in *fact* (実際 [は])，on *foot* (歩いて)，on *pur-
pose* (わざと，故意に)

for *fear* of ~ (~を怖れて)，on *top* of ~ (~の上に，~に加えて)

(b) **動詞句で**

bear *fruit* (実を結ぶ)，catch *sight* of ~ (~を見つける)，lose *heart*

（落胆する）, make *use* of ～（～を利用する）, take *advantage* of ～（～につけ込む, ～を利用する）, take *part* in ～（～に参加する）, take *place*（起こる）

冠詞の有無を混同しやすい表現

❶ play tennis : play the piano
スポーツやゲームには冠詞を用いず, 楽器には the をつける。
∫ play **the** *violin*（**the** *flute*）, learn **the** *guitar*
⎩ play *baseball*（*football, chess, cards*［トランプ］）

❷ radio : television（TV）
∫ He listens to **the radio** a lot.　　　（彼はラジオをよく聞く）
⎩ He watches **television**（*or* **TV**）a lot.　（彼はテレビをよく見る）
ただし, 「テレビ」でも「受像機」を意味するときは the がつく。
∫ turn on［off］**the radio**　　　　　（ラジオをつける［消す］）
⎩ turn on［off］**the television**　　　（テレビをつける［消す］）

❸ 「朝」, 「昼」, 「夜」などを表わす表現
前置詞 at, before, after, by の後では無冠詞。
　　at dawn（夜明けに）, **at** noon, **at** midnight（真夜中に）
　　before sunrise（日の出前に）, **after** sunset（日没後に）
∫ **at** night（夜に）　　　∫ **by** day（昼間は）, **by** night（夜は）
⎩ **in the** night（夜中に）　⎩ **during the** day（昼間は）
　　［**in** the morning : **on** the morning of ～ については ⇨ p.504］

❹ 「病名」の場合
病名はふつう無冠詞。
　　cancer（がん）, pneumonia（肺炎）, tuberculosis（結核）
　　He has **AIDS**（**Alzheimer's disease**）.
　　　　（彼はエイズ［アルツハイマー病］にかかっている）
◈　the をつけることもある病気もあるが, そのおもなもの。
　　　［**the**］flu（インフルエンザ）, ［**the**］measles（はしか）
◈　次のような, 病状を表わす語では a をつけるのがふつうである。
　　　I have **a** *cold*［**a** *fever*, **a** *headache*］.
　　　　　（私は風邪をひいている［熱がある, 頭痛がする］）
　　＊　catch［**a**］cold（風邪をひく）では a をつけないこともある。

冠詞の有無・種類で意味を区別すべき重要表現

$\begin{cases} \text{next week [year]（来週［来年］）} \\ \text{the next week [year]（その翌週［翌年］；これからの 1 週［年］間）} \end{cases}$

$\begin{cases} \text{last week [year]（先週［昨年］）} \\ \text{the last week [year]（この 1 週［年］間；最後の週［年］）} \end{cases}$

$\begin{cases} \text{a country（国）} \\ \text{the country（いなか）} \end{cases}$　　　$\begin{cases} \text{by sea（海路で，船で）} \\ \text{by the sea（海のそばに）} \end{cases}$

$\begin{cases} \text{at a distance（少し離れて）} \\ \text{in the distance（遠方に）} \end{cases}$　$\begin{cases} \text{of age（成年に達して）} \\ \text{of an age（同じ年齢で）} \end{cases}$

$\begin{cases} \text{as a whole（全体として）} \\ \text{on the whole（概して）} \end{cases}$　$\begin{cases} \text{take place（起こる）} \\ \text{take the place of（〜にとって代る）} \end{cases}$

$\begin{cases} \text{in future（今後，将来［おもに「今からのち」の意で］）} \\ \text{in the future（やがて，将来［おもに「現在から離れた未来」の意で］）} \end{cases}$

$\begin{cases} \text{in case of [fire]（［火事］の場合には，〜が起ったら）} \\ \text{in the case of [my son]（［私の息子］の場合は，〜に関しては）} \end{cases}$

$\begin{cases} \text{Do you have time?（時間がありますか）} \\ \text{Do you have the time?（今何時ですか）} \end{cases}$

§98.　冠詞の有無と意味の違い

《1》　名詞が（a）同一のものを表わす場合は冠詞は初めに一度だけ用い，（b）別のものを表わす場合はそれぞれに冠詞を付ける。

$\begin{cases} \text{(a) The poet and novelist is dead.} \\ \text{(b) The poet and the novelist are dead.} \end{cases}$

　（a）は「詩人でかつ小説家である一人の人」を表わし，（b）は「詩人と小説家」すなわち別人である二人を表わす。

$\begin{cases} \text{(a) A black and white dog } is \text{ running after a cat.} \\ \qquad\text{（白と黒のぶちの犬［一匹］がねこを追っている）} \\ \text{(b) A black and a white dog } are \text{ running after a cat.} \\ \qquad\text{（白犬と黒犬［の二匹］がねこを追っている）} \end{cases}$

　●同一人物が「A でも B でもある」ときには，ふつう A だけに “a” を付けるが，区別的に「A でもあり，かつまた B でもある」ことを述べる場合には B にも “a” を付けることが多い。

⎰He is **a** poet and novelist. （彼は詩人で小説家だ）
⎱He is **a** doctor and **a** poet. （医者であるとともに詩人でもある）

《2》　二つの名詞が，別々の二つのものではなく，一組になっているものを
　表わす場合は，最初の名詞にだけ冠詞を付ける。

⎰**a** cup and **a** glass （コーヒー茶わん一つとグラス一つ）
⎱**a** cup and saucer （受け皿にのせたコーヒー茶わん）

　　その他：*a* watch and chain （鎖つき時計），*a* needle and thread （糸
　　　　を通した針），*a* rod and line （糸を付けた釣りざお），*the* bread
　　　　and butter （そのバター付きパン），*etc.*

§99.　冠詞の位置

　冠詞は (1) 名詞を修飾する形容詞・副詞の前に置かれるのがふつうであ
るが，(2) 形容詞が冠詞の前に出ることもあり，(3) 副詞が冠詞の前に置か
れることもある。

《1》「**冠詞**〔＋副詞〕＋形容詞＋名詞」── ふつうの語順：

　　a〔very〕rich man, **a**〔really〕cute girl （〔ほんとに〕かわいい少女）

《2》「形容詞＋**冠詞**〔＋形容詞〕＋名詞」── **all, both, such, what**
　（感嘆文で），**half, double, many** などの場合：

　　all **the** boys, *both* **the** brothers, *such* **a** nice girl, *half* **an** hour 〔お
　　もに《米》で **a half** hour の語順も多く用いられる〕, *double* **the** price
　　（二倍の値段）, *many* **a** man 〔「many a＋単数名詞」は文語的で，ふつ
　　うは「many＋複数名詞」〕〔⇨ p. 252〕

《3》　①「副詞＋形容詞＋**冠詞**＋名詞」── **so, as, too, how, however**
　など：

　　She is **as** nice **a** girl as her sister is. （姉さんに劣らずいい子）
　　I have never heard **so** sweet **a** melody as this. （こんなに美しい曲）
　　　　　　〔*cf.* **such a** sweet melody as this〕
　　This is **too** good **a** chance to lose. （のがせないよい機会）
　　How kind **a** man he is! 〔*cf.* **What a** kind man he is!〕
　　However rich **a** man he is, he cannot buy happiness.
　　　　　　（彼がどんなに金持ちでも，幸福を買うことはできない）

　②「副詞＋**冠詞**〔＋形容詞〕＋名詞」── **quite, rather; just**

　　She's **quite a** beauty. （彼女はなかなかの美人だ）

He's **rather a** bore. (彼はいささか退屈な人間だ)

This is **quite** (**rather**) **a** difficult problem.

　　　(これはまったく [かなり] むずかしい問題だ)

　＊　ただし，形容詞を伴う場合 **a quite** (**rather**) **difficult problem** の語順もとる。

This is **just the** right amount. (これはちょうど適量だ)

　＊　その他よく用いられる表現：　**much the** same thing (だいたい同じこと)，**exactly the** opposite effect (正しく反対の効果)

　　　　　　　　重 要 問 題　　　　　　（解答 p. 693）

57. 〔A〕欄の文中の不定冠詞の用法と，同じ用法の不定冠詞を含む文を〔B〕欄より選び，かつその用法を次の分類により記せ：

　　　　　(1) 不特定の単数名詞　(2)「一つ」　(3)「同じ」
　　　　　(4)「ある〜」　(5)「〜につき」　(6) 総称用法

〔A〕　1）　These boys are all of *an* age.

　　　2）　We stayed there for *a* time.

　　　3）　He doesn't have *a* friend in the world.

　　　4）　Switzerland is *a* European country.

　　　5）　We have three meals *a* day.

　　　6）　*A* novelist must know a lot of things.

〔B〕　a）　His father is *an* engineer.

　　　b）　These boxes are much of *a* size.

　　　c）　The grapes cost $2 *a* pound.

　　　d）　*A* tiger is a fierce animal.

　　　e）　We saw a man at *a* distance.

　　　f）　I'll be back in *a* day or two.

58.　各文の空所の必要な個所に適当な冠詞を入れよ。不要なら×を記せ。

(1)　The ship sent out （　　） SOS call.

(2)　He held me by （　　） sleeve.

(3)　He was elected （　　） captain of the team.

(4)　He earns nearly £20,000 （　　） year.

(5)　（　　） Joneses pay their servants by （　　） week.

(6)　I prefer （　　） tea to （　　） coffee.

(7)　This is （　　） excellent tea. It is even better than （　　） tea

　we bought last week.
- ⑻　Is （　　） salt sold at this shop?
- ⑼　Will you pass me （　　） salt, please?
- ⑽　He arrived in （　　） car and left on （　　） foot.

59. 各文の空所の必要な個所に適当な冠詞を入れよ。不要なら×を記せ。
- ⑴　（　　） Alps are （　　） mountains in （　　） Europe.
- ⑵　（　　） River Shinano flows into （　　） Sea of Japan.
- ⑶　After leaving （　　） Hawaiian Islands he flew to （　　） Wake Island.
- ⑷　While in （　　） London, he often visited （　　） Hyde Park and （　　） British Museum.
- ⑸　They wished that their son would be （　　） Edison.
- ⑹　He may be called （　　） Edison of this country.

60. 各文の必要な個所に適当な冠詞を補え。
- ⑴　I listened to radio and she watched television.
- ⑵　You may write either with pencil or in ink.
- ⑶　What is name of director of film we saw last week?
- ⑷　All students of our school went on picnic.
- ⑸　He is too honest boy to do such dishonest thing.
- ⑹　What made him commit so dreadful crime?
- ⑺　It was too beautiful sight for words.

61. 各文の誤りを訂正せよ。
- ⑴　He spent a few years at an European university.
- ⑵　I don't like to travel by a bus.
- ⑶　The meat is sold by a pound.
- ⑷　We make it a rule to have the dinner at seven.
- ⑸　The rich is not always happy.

62. 各文を日本語に訳せ。
- ⑴　a) What is time?　　　　　⑵　a) They arrived by sea.
- 　　b) What is the time?　　　　　b) They lived by the sea.
- ⑶　a) He went to bed.　　　　⑷　a) He is only a child.
- 　　b) He went to the bed.　　　　b) He is an only child.

第 **9** 章

形　容　詞

第1節　形容詞の種類

　形容詞は名詞や代名詞を修飾する語で，次のような種類に分けられる。

(1)　性状形容詞（Qualifying Adjective）…… red, hot, kind, *etc.*

*　「形容詞」というとき最も一般的に指すのがこの「性状形容詞」であり，ふつうの形容詞のほか，次のようなものが含まれる。

  a)　固有形容詞 …… *English*（< England） 〔⇨ p. 248〕
  b)　物質形容詞 …… a *silver* plate（銀の皿） 〔⇨ p. 249〕
  c)　分詞形容詞 …… a *boring* book（退屈な本） 〔⇨ p. 249〕
  d)　名詞を転用した形容詞 …… a *seat* belt（シートベルト）〔⇨ p. 249, 629〕

(2)　数量形容詞（Quantitative Adjective）

 a)　不定数量形容詞 …… many, much, little, *etc.* 〔⇨ p. 250〕

 b)　数　詞 …… one, two; first, second, *etc.* 〔⇨ p. 265〕

(3)　代名形容詞（Pronominal Adjective）

  代名詞が形容詞として用いられるもので，次の種類がある。

 a)　所有形容詞 …… my, his, *etc.*（人称代名詞の所有格）〔⇨ p. 136〕

 b)　指示形容詞 …… this, that, *etc.* 〔⇨ p. 157〕

 c)　不定形容詞 …… some, any, *etc.* 〔⇨ p. 167〕

 d)　疑問形容詞 …… what, which, *etc.* 〔⇨ p. 190〕

 e)　関係形容詞 …… which, whatever, *etc.* 〔⇨ p. 217〕

(4)　冠　詞（Article）…… a, an, the 〔⇨ p. 227〕

§100.　性状形容詞

　事物の性質・状態などを表わす形容詞をいい，形容詞のなかで最も数の多い，ふつうのものであり，**記述形容詞**（Descriptive Adjective）とも呼ばれる。

　　　a *kind* girl, a *tall* tree, a *long* river, a *red* cap,

　　　a *great* man, an *old* town, a *true* story, *etc.*

◉　他の品詞が形容詞として用いられる場合もある。

　　　the *above* statement（上に述べたこと），an *up* train（上り列車），

　　　the *then* Prime Minister（当時の首相），*etc.*

　これらはいずれも副詞や形容詞として用いられたものであるが，次のような，固有名詞に由来するものや，物質名詞および分詞やふつうの名詞が形容詞として用いられるものもある。

《a》　固有形容詞（Proper Adjective）

　固有名詞から派生した形容詞で，Rome ― *Roman*, Europe ― *European*, Elizabeth［ilízəbəθ］ ― *Elizabethan*［ilìzəbíːθən］などがその例である。国名に由来するものはその国語を表わす名詞と同形になる。

国　　名	⌈固有形容詞 ⌊国　語　名	国 民 全 体 ①	国　民　個　人	
			単　　数	複　　数
(1)　固有形容詞が -sh，-ch で終わるもの				
Britain	British	the British	a Briton	Britons
England ②	English ②	the English	an Englishman	Englishmen
France	French	the French	a Frenchman	Frenchmen
Spain	Spanish	the Spanish	a Spaniard	Spaniards
Poland	Polish	the Poles	a Pole	Poles
Holland ③	Dutch	the Dutch	a Dutchman	Dutchmen
(2)　-an で終わるもの				
America	American	the Americans	an American	Americans
Germany	German	the Germans	a German	Germans
Italy	Italian	the Italians	an Italian	Italians
Russia	Russian	the Russians	a Russian	Russians
Mexico	Mexican ④	the Mexicans	a Mexican	Mexicans
Egypt	Egyptian	the Egyptians	an Egyptian	Egyptians
(3)　-ese で終わるもの				
Japan	Japanese	the Japanese	a Japanese	Japanese
China	Chinese	the Chinese	a Chinese	Chinese

(4)　その他

Greece	Greek	the Greeks	a Greek	Greeks
Switzerland	Swiss ④	the Swiss	a Swiss	Swiss

①　国民を総称する言い方については〔⇨ p. 232〕
　　　The Germans are good musicians. (ドイツ人は音楽の才がある)
②　**Britain** と **England**, **British** と **English** などの区別については〔⇨ p. 628〕
③　**Holland**（オランダ）の公式名は **the Netherlands**（ネーデルランド）
④　「メキシコ語」「スイス語」というものは存在しないから，**Mexican, Swiss** は国語を表わすことはなく，固有形容詞用法だけである。

《b》　**物質形容詞**（Material Adjective）

　物質名詞は，そのままの形で，材料などを表わす形容詞として用いられることが多い。　　　　　　　　　　　〔⇨ p. 629「名詞の形容詞的用法」〕
　　　an **iron** gate（鉄の門）　　　　a **straw** hat（むぎわら帽子）
　　　a **gold** watch（金時計）　　　　an **ivory** tower（象牙の塔）
　物質名詞は -en などの語尾がついた形容詞形をもつものがある。
　　　woollen cloth（毛織物）　　　　an **earthen** vessel（土器）
　　　a **wooden** house（木造の家）
　これらは「～製の」の意味のほか，「～のような」など比喩的な意味を帯びるものが多い。

　　　⎰a **gold** medal（金メダル）　　　⎰a **stone** house（石造りの家）
　　　⎱the **golden** age（黄金時代）　　⎱a **stony** path（石の多い道）
　　　⎰**silk** stockings（絹の靴下）　　⎰a **fire** tower（火の見やぐら）
　　　⎱**silken** hair（絹のような髪）　　⎱a **fiery** speech（熱弁）

《c》　**分詞形容詞**（Participial Adjective）〔⇨ p. 430〕

　現在分詞・過去分詞を名詞につけて形容詞として用いる場合
　　　a **charming** lady（魅力的な婦人）　a **wounded** soldier（負傷兵）
　　　the **setting** sun（落日）　　　　**fallen** leaves（落葉）

《d》　**名詞の形容詞的用法**

　上述の物質名詞以外にも，名詞がそのまま形容詞として用いられることが多い。　　　　　　　　　　　　　〔⇨ p. 629「名詞の形容詞的用法」〕
　　　a **music** teacher（音楽の先生）　　a **business** trip（出張）
　　　a **book** review（書評）　　　　a **goods** train（貨物列車）
　　　a **job** interview（就職の面接）

$cf.$　$\begin{cases} \text{a } flower \text{ garden （花園）} \\ \text{a } garden \text{ flower （庭園用の花）} \end{cases}$

◉　次のような例における，名詞をそのまま形容詞として用いた場合と，その名詞の形容詞形や所有格を用いた場合の意味の違いに注意する。

$\begin{cases} \text{a } \textbf{beauty} \text{ shop （美容院）} \\ \text{a } \textbf{beautiful} \text{ shop （美しい店）} \end{cases}$　　　$\begin{cases} \text{a } \textbf{blood} \text{ test （血液検査）} \\ \text{a } \textbf{bloody} \text{ test （ひどい試験）} \end{cases}$

$\begin{cases} \text{my } \textbf{mother} \text{ tongue （母国語）} \\ \text{my } \textbf{mother's} \text{ tongue （母の舌）} \end{cases}$

§101. 不定数量形容詞

　数や量を表わす形容詞を**数量形容詞**（Quantitative Adjective）というが，具体的に特定の数量を表わす**数詞**（Numerals）に対して，不定の数量を表わすものを**不定数量形容詞**（Indefinite Quantitative Adjective）という。不定数量形容詞には many, much, few, little, enough, several などがあり（これに**不定代名詞**の項〔⇨ p. 167〕で述べた some, any, both, none などを含めることもある），これらはいずれも名詞としても用いられ，その場合は**不定数量代名詞**と呼ばれる。

1　**many, much** 〔「副詞」の much は ⇨ p.292〕

《1》 many は「数」を表わし可算名詞に用いられ，much は「量」を表わし不可算名詞に用いられる。

Did you see $\begin{cases} \textbf{many } cars \\ \textbf{much } traffic \end{cases}$ on the road?

　　（道路にはたくさん車が通っていましたか）

◉　many も much も代名詞として用いられるが，many は常に複数扱い，much は単数扱いである。

　　Many *say* so.（多くの人がそう言っている）

　　Much of what he says *is* true.

　　　　（彼の言うことの多くは真実だ）

◉　次のような，形容詞と代名詞を用いた表現の意味を区別。

$\begin{cases} \textbf{many} \text{ boys （多くの少年）} \quad 〔\textbf{many of } boys \text{ とは言わない}〕 \\ \textbf{many of } the \text{ } boys \text{ （それらの少年の多く）} \end{cases}$

$\begin{cases} \textbf{much} \text{ money （多くの金）} \quad 〔\textbf{much of } money \text{ とは言わない}〕 \\ \textbf{much of } the \text{ } money \text{ （その金の多く）} \end{cases}$

《2》　many と much は，口語体の文では，ふつう，**否定文と疑問文**で用いられ，**肯定文**では，特に目的語になる場合には，a lot of が用いられる。a lot of は many, much より口語的。

〔肯定文〕 I drink $\begin{Bmatrix} \textbf{a lot of} \\ \times\textbf{much} \end{Bmatrix}$ tea.　　I've got $\begin{Bmatrix} \textbf{a lot of} \\ \textbf{many} \end{Bmatrix}$ friends.

〔否定文〕 I don't drink $\begin{Bmatrix} \textbf{much} \\ \textbf{a lot of} \end{Bmatrix}$ tea.　I haven't got $\begin{Bmatrix} \textbf{many} \\ \textbf{a lot of} \end{Bmatrix}$ friends.

〔疑問文〕 Do you drink $\begin{Bmatrix} \textbf{much} \\ \textbf{a lot of} \end{Bmatrix}$ tea?　Have you got $\begin{Bmatrix} \textbf{many} \\ \textbf{a lot of} \end{Bmatrix}$ friends?

　　＊　会話の応答における使い分けの例：
　　　　Do you drink **much** (*or* **a lot of**) coffee? — Yes, **a lot** (×**much**).

《3》　特に much は肯定文ではまれであるが，主語になる場合には肯定文で用いることもある。これは，many と同じく，堅い文体である。

Many [*lives*] were lost. (多くの人々 [の生命] が失われた)

Much [*work*] remains to be done.

　　　(まだしなければならないこと [仕事] がたくさんある)

　　＊　補語として (＝叙述的に 〔⇨ p. 256〕) 用いるのは堅い言い方である。
　　　　His faults were **many**. (彼の欠点は数多くあった)

《4》　many, much は，**as, so, too, how** とともに用いる。

Too **many** cooks spoil the broth. (料理人が多すぎるとスープが台なしになる [船頭多くして船山に上る])

Take *as* **much** time as you like. (好きなだけ時間をかけなさい)

《5》　many, much の意味を表わす他の語句

many の代用語句：　**a lot of, lots of, plenty of, a** [**large**] **number of,** *etc.*

much の代用語句：　**a lot of, lots of, plenty of, a great** [**good**] **deal of, a large quantity of,** *etc.*

---
many, much を含む重要表現
---

❶　**a great many** (非常に多くの)，**a good many** (かなり多くの)
great, good は many の強めで，「偉大な」「良い」の意味は含まない。

　　$\begin{cases} a \text{ } great \textbf{ many} \text{ men} \text{ (大勢の人)} \\ \textbf{many} \text{ } great \text{ men} \text{ (多くの偉大な人) } [= \text{many a great man } ⇨次頁] \end{cases}$

❷　**many a**（多くの）：やや文語的，古風な表現で，単数に扱われる。
Many a little *makes* a mickle.（塵も積もれば山となる）
⎰ I know *many a* good man.（私は多くの善良な人を知っている）
⎱ I know *a good many* men.（私は相当多くの人を知っている）

❸　**as many**（〔それと〕同数の），**as much**（〔それと〕同量の）
He made five mistakes in *as many* lines.（彼は五つの間違いをそれと同数の行の中でした → ５行で五つの間違いをした）
There is *as much* more upstairs.（それと同じくらいまだ二階にある）
I expected *as much*.（そんなことだろうと思っていた）

❹　**like so many**（**much**）～, **as so many**（**much**）～（それと同数〔同量〕の～のように → まるで（さながら）～のように）
The boys climbed up the tree *like so many* monkeys.（その子供たちはまるで猿のように木に登った）
He regards it *as so much* labor lost.（彼はそれをそれだけむだ骨折りをしたと〔全くの徒労だったと〕考えている）

❺　He went out **without so much as** saying goodbye.
　　（彼はさようならとも言わないで出て行った）

❻　He is not **much of a** scholar.（彼は大した学者ではない）
　　cf. something of a ～〔⇨ p. 183〕, more of a ～〔⇨ p. 638〕

❼　He told me **in so many words** that my plan was defective.
　　（彼は私の計画には欠陥があると〔それと同数の言葉で〕はっきり言った）

❽　The music is **so much** noise to me.（その音楽は私には〔それを同量の騒音 →〕ただの騒音にすぎない）

2　**few と little**

《1》　few は「数」を表わし可算名詞に用い，little は「量」を表わし不可算名詞に用いる。few, little は不定冠詞が付かない場合は「少ししかない」という**否定**の意味を表わし†，a little, a few と不定冠詞が付く場合は「少しはある」と**肯定**の意味を表わす。
⎰ He has **few** friends.（彼には友人がほとんどいない）
⎱ He has **a few** friends.（彼には友人がいく人かいる）
⎰ There is **little** hope.（希望はほとんどない）
⎱ There is **a little** hope.（希望はいくらかある）

《**2**》　[a] few, [a] little は名詞としても用いられる。

Little is known about it. †

（その事については，ほとんど知られていない）

Many tried, but **few** succeeded. †

（多くの人がやってみたが，成功した者はほとんどいない）

《**3**》　**only a few, only a little** はそれぞれ「数」と「量」について「ほんの少ししかない」で**否定**の意を表わす。**but few, but little** も同じ。

　　quite a few, quite a little は米語の口語表現で「少なからぬ」「かなりの」（= quite many, quite much）の意を表わす。

《**4**》　**not a few, not a little** はそれぞれ「数」と「量」について「少なからず［ある］」「かなりの」の意で**肯定**の意を表わす。〔なお ⇨ p. 294〕

3 **enough**

《**1**》　①形容詞として**名詞**を修飾し，「じゅうぶんな」（= sufficient）の意で「数・量」いずれをも表わし，名詞の**前**に置かれる。

　　②副詞として㋑**形容詞**，㋺**副詞**，㋩**動詞**を修飾し，それらの語の**後**に置かれる。〔⇨ p. 286〕

①　He's got **enough** <u>money</u> to buy it.　　（彼にはそれを買う

②　㋑　He's <u>rich</u> **enough** to buy it.　　　　だけの金がある）

　　㋺　You don't work <u>hard</u> **enough**.（君は努力のしかたが足りないね）

　　㋩　Did you <u>sleep</u> **enough**?（十分に眠りましたか）

　　＊　enough が形容詞として名詞を修飾する場合，名詞の後に enough を置く形はまれで，古風な（または堅い）感じを与える。後置形が今でもときどき用いられるのは，名詞が time の場合である。

　　　　We have **time enough** to complete the task.

　　　　　　（われわれにはその任務を達成する十分な時間がある）

---

†　**little, few** は，不定冠詞がつかないときは，**seldom, rarely**（めったに～しない），**hardly, scarcely**（ほとんど～ない）などと同じく，**否定詞**として扱われる。

　　また little, few はふつう文語的で，似た意味は口語では hardly any や not many (much) などで表わすことが多い。すなわち

We saw **little**. より We saw **hardly anything**. や We did**n't** see **much**. のほうが，**Few** people came. より **Hardly anyone** came. や **Not many** people came. のほうが口語的である。

《2》　enough は名詞としても用いられる。

Won't you have some more? — No, thanks. I have had **enough.**
（もう少しいかがですか — いえ，けっこうです。十分にいただき
ました）

《3》　普通名詞が無冠詞で形容詞的に用いられて enough に修飾されるこ
とがある。〔⇨ p. 80〕

He was <u>fool</u> **enough** to believe it.（彼は愚かにもそれを信じた）

〔= He was **enough** of <u>a fool</u>（He was <u>foolish</u> **enough** / He was
so foolish **as**）to believe it.〔⇨ p. 420〕〕

4　**several**

「数個の」「数人の」の意を表わす。形容詞・名詞の両方に用いられる。

I have seen him **several** times.（彼に数度会ったことがある）

Several students were absent.（数人の学生が欠席した）

Several of the students were absent.（学生たちの数人が欠席した）

*　most of ～ などの場合と同じく，several of *students* のように the のつかない名
　詞がくることはない。

*　**a few** と **several** の表わす具体的な数は一定していない。a few［days］はふつ
　う「2, 3［日］」と訳されるが，「5, 6」程度を内容とすることも多く，several
　［days］は「数［日］」が当たるが「3, 4 ～ 6, 7」の範囲がふつうである。

第2節　形容詞の用法

形容詞の用法は次の二つに大別される。

（1）　限定用法（Attributive Use）── 名詞に直接つけて用いる。

（2）　叙述用法（Predicative Use）── 動詞の補語として用いる。

　　{（1）　This is an **important** matter.（これは重要な問題だ）
　　　（2）　This matter is **important**.（この問題は重要だ）

*　限定的に用いられる形容詞は，関係詞節と同じように「**制限的用法**」と「**非制限
　的用法**」を区別することができる。〔⇨ p. 198〕

§102.　限定用法

《1》　形容詞が名詞を修飾する場合はふつう名詞の前に置かれるが，形容詞
を修飾する要素がある場合は名詞の後に置かれる。〔後置される形容詞句
の前には，次例の［　］の要素を補ってみることができる〕

$\begin{cases} \text{a } \textbf{full} \text{ house (満員の劇場)} \\ \text{a box [which is] } \textit{full of apples} \text{ (りんごのいっぱい入っている箱)} \end{cases}$

$\begin{cases} \text{an } \textbf{old} \text{ man (老人)} \\ \text{a man [who is] } \textit{thirty years old} \text{ (30 歳の人)} \end{cases}$

〔cf. a *thirty-year-old* man の形では year は単数〕

＊　次のように，形容詞を修飾する要素がある場合に，形容詞が名詞の前に置かれることもある。

$\begin{cases} \text{a book } \textbf{useful} \text{ to students} \\ \text{a } \textbf{useful} \text{ book to students} \end{cases}$ $\begin{cases} \text{a problem too } \textbf{difficult} \text{ to solve} \\ \text{too } \textbf{difficult} \text{ a problem to solve} \end{cases}$

《2》　形容詞が二つ並ぶ場合は名詞の後に置かれることがある。

$\begin{cases} \text{a } \textbf{good} \text{ and } \textbf{noble} \text{ man (善良で高潔な人)} \\ \text{a man } \textbf{good} \text{ and } \textbf{noble} \end{cases}$

$\begin{cases} \text{a } \textbf{simple} \text{ and } \textbf{straightforward} \text{ explanation (簡明直截な説明)} \\ \text{an explanation } \textbf{simple} \text{ and } \textbf{straightforward} \end{cases}$

《3》　固定した表現で，形容詞が後に置かれるものがある。†

the sum **total**（総計）	secretary **general**（事務総長）
poet **laureate**（桂冠詩人）	heir **apparent**（法定推定相続人）
court **martial**（軍法会議）	Asia **Minor**（小アジア）

Alexander the **Great**（アレキサンダー大王）

God **Almighty**（*or* **Almighty** God）（全能の神）

on Sunday **last** [**next**]（この前の［今度の］日曜日〔⇨ p. 40, 116 †〕）

《4》　過去分詞はしばしば形容詞の後に置かれる。

the method **used**（用いられた方法）　　the tools **required**（必要な道具）

the authorities [parties] **concerned**（関係当局［関係者一同]）

《5》　-thing, -one, -body の形の代名詞には形容詞をその後に置く。

something **cold** to drink（なにか冷たい飲み物）

someone（*or* somebody）**rich**（だれか金持ちの人）

---

†　形容詞を前に置くか後に置くかで，意味が異なる場合もある。

$\begin{cases} \text{the } \textbf{present} \text{ members (現在の会員)} \\ \text{the members } \textbf{present} \text{ (出席している会員)〔= … [\textit{who are}] present〕} \end{cases}$

また次の場合は，前に置くか後に置くかで，意味と品詞が異なる。

$\begin{cases} \textbf{overseas} \text{ students (外国からの学生)〔= 《形》foreign〕} \\ \text{students } \textbf{overseas} \text{ (外国にいる学生)〔= 《副》abroad〕} \end{cases}$

〔限定用法と叙述用法で意味が異なる場合については ⇨ p. 258《3》〕

cf. { There is *nothing* **new** under the sun.
{ There is no **new** *thing* under the sun.

（太陽の下に新しきものなし —— 今までなかった全く新しいもの
などというのはこの世界に存在しない）

{ things **Japanese**（日本［特有］の事物，日本的な文物）
{ **Japanese** things（［上の意味も含め，一般的に］日本の事物）

《6》 最上級，all, every などを強める形容詞は後置されることがある。

the best thing **imaginable**（考えうる最上のもの）

every means **possible**（とりうるあらゆる手段）

all the tickets **available**（手に入るすべてのチケット）

§103. 叙述用法

形容詞が補語〔⇨ p. 10〕として用いられる用法で，主格補語の場合と目
的格補語の場合とがある。

{ This is an **interesting** book.　　　　〔限定用法 —— 名詞の前〕
{ This is a book **interesting** to all.　〔限定用法 —— 名詞の後〕
{ This book is **interesting**.　　　　　〔叙述用法 —— 主格補語〕
{ I found this book **interesting**.　　　〔叙述用法 —— 目的格補語〕

《1》 **主格補語**として

Fortune is **blind**.（運は盲目［運は回りもの］）

Your mother looks **well**.（お母様は元気そうですね）

This cake tastes **good**.（このケーキはおいしい）

The rumor turned out **false**.（その噂はうそだった）

She sat **motionless** in the dark.（彼女は暗がりでじっと座っていた）

cf. { He remained **quiet**.（彼は<u>静かに</u>していた）〔主格補語の形容詞〕
{ He walked **quietly**.（彼は<u>静かに</u>歩いた）〔動詞を修飾する副詞〕

《2》 **目的格補語**として

He painted the wall **white**.（彼は壁を白く塗った）

He left the door **open**.（彼は戸を開けっぱなしにしておいた）

Adversity makes a man **wise**.（逆境は人を賢くする）

◉ 次のような文で，名詞の後にくる形容詞の用法を区別する。

{ (a) I found the book **easy** to read.（その本は読みやすかった）
{ (b) I found a book **easy** to read.（読みやすい本を見つけた）

(a) は SVOC の文型で easy は目的格補語〔叙述用法〕，(b) は SVO で easy は名詞 book を修飾〔限定用法〕している。〔= a book [which is] easy to read〕(ただし (b) を「[幾冊かのなかの] 一冊は読みやすかった」の意味にとれば (a) と同じ叙述用法になる)

§104. 限定形容詞と叙述形容詞

大部分の形容詞は限定用法と叙述用法のいずれにも用いられるが，形容詞によっては，いずれか一方だけにしか用いられないもの，両方に用いられるが用法によって意味が異なるものもある。

《1》 **限定用法**だけに用いられる形容詞

a **mere** child (ほんの子供)   the **only** hope (唯一の望み)

an **utter** failure (全くの失敗)   his **sole** purpose (彼の唯一の目的)

his **elder** sister (彼の姉)   the **outer** world (外界)

his **eldest** daughter (彼の長女)   the **inner** life (内面生活)

the **very** man for the post (その地位にうってつけの人)

  その他： **former** (前者の)，**latter** (後者の)，**upper** (上の)，**joint** (合同の)，**main** (主な)，**sheer** (全くの)，**woolen** (羊毛の)，**wooden** (木製の)，*etc.*

* 同一の形容詞でも，意味により限定・叙述の用法が異なるものもある。
 $\begin{cases} ○ \text{ pure water (きれいな水)} \\ ○ \text{ pure chance (全くの偶然)} \end{cases}$ $\begin{cases} ○ \text{ The water is pure. (その水はきれいだ)} \\ × \text{ The chance was pure.〔誤〕} \end{cases}$

《2》 **叙述用法**だけに用いられる形容詞

(a) 接頭辞 a- が付くもの —— asleep, awake, afraid, alike (似ている)，alone†，alive††，aware (気付いている)，aloof (超然とした)，averse (いやで)，*etc.*

He is sound **asleep**. (彼は熟睡している)

He is wide **awake**. (彼はすっかり目がさめている)

The twins are exactly **alike**. (その双子は瓜二つだ)

---

† **alone : lonely : lone** **alone** は叙述用法だけに (He is *alone*. 彼はひとりぼっちだ)，**lone** は限定用法だけに (a *lone* wolf 一匹おおかみ)，**lonely** は両方に (a *lonely* man 孤独の人 / He is *lonely*. 彼は孤独だ) 用いられる。

†† **live** [laiv]: **alive** **live** は限定用法だけに (a *live* fish 生きている魚)，**alive** は叙述用法だけに (The fish is *alive*. その魚は生きている) 用いられる。

●この種の形容詞も名詞の後に付けて用いられるが，これは関係代名詞と be 動詞を補うことにより叙述用法の関係が成り立つからである。

no man **alive** = no man *who is* **alive**

a girl **asleep** in bed = a girl *who is* **asleep** in bed

(b)　その他 ── **well**（元気な）〔⇨ p. 279 †〕，**content**, **liable**（～しがちな），**unable**（～できない），**wont**（～するのが常で），**subject**（～に従う，～を受けやすい），*etc.*

He is **content** with his lot.（彼は自分の境遇に満足している）

　＊　**contented** は限定的にも用いる：　a *contented* man

Smokers are more **subject** to heart attacks than non-smokers.

　　（タバコを吸う人は吸わない人より心臓発作を起こしやすい）

$\Big\{$ ○ The boy looks **well**.（少年は元気そうだ）
　× He is a **well** boy.〔→ He is a **healthy** boy. 彼は元気な少年だ〕

《3》　限定用法と叙述用法で意味の異なるもの

$\Big\{$ the **present** king（現在の王）　　　　　　　　　　　　〔⇨ p. 255 †〕
　The king is **present**.（王が出席している）

$\Big\{$ **ill** news（悪い知らせ）†　　　　　　$\Big\{$ a **sorry** sight（いたましい光景）
　He is **ill**.（彼は病気だ）　　　　　　　I'm **sorry**.（すみません）

$\Big\{$ the **late** Mr. Brown（故ブラウン氏）
　He was **late**.（彼は遅刻した）/ a **late** call（遅い訪問）

$\Big\{$ her **right** hand（彼女の右手）
　She is **right**.（彼女は正しい）/ the **right** answer（正しい答え）

　＊　**late** が「故～」，**right** が「右の」の意味では叙述用法はない。

---

†　**ill : sick**　**ill** は ①限定用法では「悪い」（= bad, evil），②叙述用法では「病気の」（= unwell）の意であるが，**sick** は③限定用法では「病気の」，叙述用法では④英語ではふつう「気分が悪い」で⑤be sick はよく「もどす」の意味を表わすが，⑥米語では叙述用法でも「病気の」（= ill）の意味で用いられる。⑦be sick of は「～にあきる，～にうんざりする」（= be tired of）の意を表わす。

①ill luck（不運）　②He is **ill** in bed.（彼は病気で寝ている）　③a **sick** man（病人）〔an **ill** man とはふつう言わない。ただし *mentally* **ill** people（精神障害者）のように修飾語がついた形で限定的に用いることがある〕④He felt **sick**.（彼は気分が悪かった）⑤He was **sick** on the carpet.（彼はじゅうたんの上にもどした）⑥He was **sick** for a few days.（彼は2，3日病気だった）⑦I'm **sick** and tired of this.（もうこんなことはたくさんだ）

$\begin{cases} \text{a } \textbf{certain} \text{ boy}（ある少年） \\ \text{It is } \textbf{certain}.（それは確かだ） \end{cases}$

$\begin{cases} \text{a } \textbf{fond} \text{ mother}（甘い母親） \\ \text{She is } \textbf{fond} \text{ of apples.}（彼女はりんごが好きだ） \end{cases}$

§105. 形容詞の語順

二つ以上の形容詞が名詞を修飾する場合，その配列を決める要素としては次のようなものが考えられる。

❶ 名詞との意味関係・結び付きの密接さ —— 密接な形容詞ほど名詞に近く置かれる：a new **industrial** revolution（新しい産業革命）

❷ 語調・リズム —— 短い形容詞が長い形容詞に先行する傾向がある。

　　　　a **cold suspicious** look（冷たい疑わしげな目つき）

❸ 形容詞の種類 —— 次のような順序で並ぶのがふつうである。

　　　　〈限定詞〉＋〈数量形容詞〉＋〈性状形容詞〉＋〈名詞形容詞〉

　　these three conservative women teachers

　　　　（これら３人の保守的な女性教師）

　　my father's two old straw hats

　　　　（私の父の古い二つの麦わら帽子）

＊　〈**限定詞**〉には，冠詞・所有格・指示形容詞（these, those, *etc.*）・不定形容詞（some, each, *etc.*）が含まれ，これらは，同じ名詞に二つ重ねて用いることはない。

＊　ここで〈**名詞形容詞**〉とは名詞が形容詞的に用いられたもの（a *school* bus, a *tennis* racket, *etc.* 〔⇨ p. 249, 629〕）をいい，これは表現として固定しているものが多く，**名詞との結び付きが密接**なので，必ず**名詞の直前**に置かれる。

このうち，性状形容詞（または記述形容詞）と呼ばれる形容詞は，意味上からもきわめて多様で，厳密に分類して語順を決定することはできないが，ほぼ次のような順序になる。（性状形容詞は③〜⑧）

①	②	③	④	⑤	⑥	⑦	⑧	⑨	
限定詞	数量形容詞	④〜⑧以外の性状形容詞	大小・形状・高低	新旧・老若	色	固有形容詞（国籍）	物質形容詞（材料）	形容詞用法の名詞	名詞
a	few		large	old			wooden		house
a		lovely			white			silk	dress
the	ten	pretty	tall	young		English		lady	students
the		cloudless			blue			summer	sky
those		nice	little	new			plastic	toy	cars

(1)　③は描写・記述するさまざまな形容詞（hot, long, kind, rich, *etc.*）を含むが，④と⑤の間または⑤と⑥の間に入ることもある。

(2)　④と⑤は入れかわることもある。

(3)　**all, both** は他のすべての修飾語に先行する：

　　　both my father's old brown cars

(4)　分詞形容詞（interesting, excited, *etc.*）は，ふつう⑥と⑦の間。

　　　a large blue *sweet-smelling* flower（大輪の青いかぐわしい花）

(5)　限定用法の同種類の性状形容詞が重なる場合，コンマで区切るか，and で結ぶことがある。

　　　a *strong*〔,〕*healthy* youth / a *strong and healthy* youth

　　　a *kind, honest, diligent* boy / a *kind, honest and diligent* boy

　●叙述用法の形容詞は and を用いる。〔三つ以上並ぶ場合は，前の形容詞はコンマで区切る〕

　　　The youth was *strong and healthy*.

　　　The boy is *kind, honest and diligent*.

(6)　色を示す形容詞が並ぶ場合は and で結ぶ。

　　　a *black and white* dog（白と黒のぶち犬）

　　　a *red*〔, *blue*〕*and green* flag（赤〔青〕緑の旗）

§106. 形容詞の名詞用法

《a》「the＋形容詞」

(1)　複数普通名詞を表わす。〔⇨ p. 233〕

The gap between〔**the**〕**rich** and〔**the**〕**poor** has widened.

　　　（貧富の格差が大きくなった）〔対照的な形容詞を並べて用いるとき the は省略できる ⇨《b》〕

　　cf.　$\begin{cases} \text{the young「（一般に）若者」（= young people）} \\ \text{the young men「（特定の）その若者たち」} \end{cases}$

(2)　抽象名詞的な意味を表わす。

The bad in the book completely overshadows **the good**.

　　　（この本は欠点が目立って長所はすっかり影が薄れてしまっている）

(3)　「the＋比較級・最上級」で一つのものを表わす。

He likes **the younger** of them better.

　　　（彼は彼らのうち若いほうを好む）

I want **the cheapest** you have got.（この店で一番安いのが欲しい）
《b》 **対句**で。複数普通名詞を表わす。

 rich and **poor**（金持ちも貧乏人も） **young** and **old**（老いも若きも）
 high and **low**（身分の高い人も低い人も）

《c》 **慣用表現**で。形容詞が名詞的に前置詞の目的語となる形をとる。

in **short**（つまり）	in **general**（概して）〔= generally〕
at **least**（少なくとも）	of **late**（近ごろ）〔= lately〕
for **long**（長いあいだ）	for **certain**（確かに）〔= certainly〕
in **particular**（とりわけ）〔= particularly〕	

§ 107. 形容詞の語形

 形容詞のなかで，もともと形容詞としての形をもつもの（new, dark, safe, good, *etc.*）に対して，名詞や動詞から導かれるものも多いが，その主要な語尾には次のようなものがある。〔なお ⇨ p. 282「-ly で終る形容詞」〕

(1) **-ic, -ical:** hístory — histónic[al], cháracter — characterístic（特徴的な）, demócracy — democrátic, énergy — energétic（精力的な）, *etc.*

(2) **-able, -ible:** comfort — comfortable（快適な）, honor — honorable（名誉ある）, sense — sensible（分別のある）, rely — reliable（信頼できる）, *etc.*

(3) **-al:** nature — natural, hábit — habítual（習慣的な）, spírit — spíritual（精神的な）, horízon — horizóntal（水平の）, *etc.*

(4) **-y:** snow — snowy, worth [-θ] — worthy [-ði]（りっぱな）, wealth — wealthy, *etc.*

(5) **-ous:** fame — famous, mýstery — mystérious（神秘的な）, víctory — victórious（勝[ち誇]った）, humor — humorous, *etc.*

(6) **-ful:** care — careful, hope — hopeful, beauty — beautiful, *etc.*

(7) **-less:** care — careless, hope — hopeless, *etc.* †

(8) **-ly:** man — manly, friend — friendly, heaven — heavenly, *etc.*

---

† -less を語尾とする次の語の意味を区別すること。
  { **valueless**（価値のない，無価値の）〔= worthless〕
  { **priceless**（値をつけられない，この上なく貴重な）〔= invaluable〕

(9)　**-t:**　importance — import**ant**, diligence — dilig**ent**, *etc.*

(10)　**-ive:**　expense — expens**ive**（高価な）, excess — excess**ive**（過度の）, prevent — prevent**ive**（予防の）, *etc.*

(11)　**-ate:**　passion — passion**ate**（熱烈な）, fortune — fortun**ate**, *etc.*

(12)　その他：　favo**rite**（お気に入りの）, gift**ed**（天賦の才のある）, wood**en**（木製の）, god**like**（神のような）, woman**ish**（めめしい）, trouble**some**（やっかいな）, pictur**ésque**（絵のような）, trust**worthy**（信頼に値する）, *etc.*

§108.　複合形容詞

　二つ［以上］の語から成る形容詞を複合形容詞（Compound Adjective）と呼ぶことがある。〔二つの語はふつうハイフンで区切られるが、区切らずに 1 語として用いられるものもあり、辞書によりその扱いが異なる場合もある〕

《名詞＋形容詞》**duty-free** goods（免税品）, **environment-friendly**（= **environmentally friendly**, **eco-friendly**）products（環境に優しい製品）, **worldwide** fame（世界的な名声）

《名詞＋〜ing》**energy-saving** methods（省エネの方法）, **English-speaking** peoples（英語を話す諸国民）

《名詞＋過去分詞》**home**[-]**made** bread（自家製のパン）, **snow-covered** mountains（雪におおわれた山々）

《形容詞＋名詞 ed》a **red-haired** child（赤毛の子供）, their **whole-hearted** support（彼らの心からの支援）

《その他》**cross-cultural** communication（異文化間のコミュニケーション）, a **first-class** cabin（一等船室）, a **well-known** writer（著名な作家）, a **worn-out** coat（着古したコート）, a **black-and-white** photograph（白黒写真）

§109.　注意すべき形容詞

《1》　人を主語としない非人称形容詞　〔⇨ p. 147, 667〕

　possible, impossible, necessary, natural, convenient, difficult, easy などは「人が〜するのが可能（不可能、必要、当然、好都合、困難、容易）だ」の意を表わす文で人を主語とすることはできない。〔⇨ p. 147〕

「彼はその仕事をすることができる［できない］」

He is [**im**]**possible** to do the work.	〔誤〕
It is [**im**]**possible** for him to do the work.	〔正〕
cf. He is [**un**]**able** to do the work.	〔正〕
He is [**in**]**capable** of doing the work.	〔正〕

「彼にはその問題を解くのがむずかしかった」

He was **difficult** to solve the problem.	〔誤〕
It was **difficult** for him to solve the problem.	〔正〕
He found it **difficult** to solve the problem.	〔正〕

《2》 **many, few, much, little などの誤用**

「集合体」の大小，「額・数」の大小，「値段」の高低などを表わす表現においては，日本語では「多い」「少ない」となっても，many, few, much, little ではなく，large, small, high, low などを用いる。〔⇨ p. 84〕

This city has **many**（**few**）*population*.	〔誤〕	（この町は人口が
This city has a **large**（**small**）*population*.	〔正〕	多い［少ない］）
He has **much**（**little**）*income*.	〔誤〕	（彼は収入が
He has a **large**（**small**）*income*.	〔正〕	多い［少ない］）

MASTERY POINTS　　　　（解答 p. 681）

〔11〕 次の名詞に対する形容詞を記せ。

1 peace	2 patience	3 ambition	4 essence
5 accident	6 reason	7 affection	8 fashion
9 energy	10 instinct	11 sympathy	12 misery
13 system	14 courage	15 talent	16 body
17 mind	18 matter	19 machine	20 quarrel

〔12〕 次の動詞に対する形容詞を記せ。

1 obey	2 destroy	3 change	4 oppose
5 prefer	6 agree	7 vary	8 admire
9 decide	10 satisfy		

〔13〕 次の形容詞に接頭辞をつけて反意語を作れ。

1 fortunate	2 honest	3 dependent	4 logical	5 mortal
6 regular	7 normal	8 professional	9 ordinary	10 noble

The *price* of the book is **cheap** (**expensive**).〔誤〕　（その本は値段が
The *price* of the book is **low** (**high**).　　　〔正〕　安い〔高い〕）
cf. The *book* is **cheap** (**expensive**).　　　〔正〕

The *number* of applicants are **many**.　　　〔誤〕　（志願者の数は多
The *number* of applicants is **large**.　　　　〔正〕　い）
cf. There are **many** *applicants*.　　　　　〔正〕

《3》　人の感情を表わす形容詞

　人が感じている気持ちを表わす形容詞と，その気持ちを起こさせることが
らを表わす形容詞とを区別する。〔なお現在分詞と過去分詞が表わす同様の
区別については ⇨ p. 432〕

　「彼女は彼の言葉を不快に感じた」

She felt **unpleasant** at his remarks.　　〔誤〕
She felt **displeased** at his remarks.　　〔正〕

　「私はそのことを後悔している」

I feel **regrettable** about it.　　〔誤〕
I feel **regretful** about it.　　〔正〕

　pleasant は「人を快く感じさせる，感じのいい」の意（a *pleasant*
smile）で，「快く感じている」気持ちを表わすのは **pleased**。同様に **re-
grettable** は「悔むべき，遺憾な」の意（a *regrettable* mistake）で，「悔や
んでいる」気持ちを表わすのは **regretful** である。

respectful（尊敬の気持ちをいだいている，うやうやしい）
respectable（尊敬を受けるに値する，りっぱな）

satisfied（満足を感じている，満足した）
satisfactory（満足を感じさせる，満足すべき）

《4》　同一語幹で意味の異なる形容詞

　語幹は同じであるが，違った語尾をもち，意味が異なる形容詞があるが，
次のようなものを特に注意して区別しなければならない。

childish（子供っぽい）　　　　　cómparable（比較できる）
childlike（子供らしい）　　　　　compárative（比較的な）

cónfident（自信のある）　　　　considerable（相当な）
confidéntial（内緒の）　　　　　considerate（思いやりある）

contemptible（軽べつすべき）　credible（信用できる）
contemptuous（軽べつ的な）　　credulous（信じやすい）

{ economic（経済の）	{ imaginative（想像力に富む）
{ economical（経済的な）	{ imaginable（想像できる）
{ industrial（産業の）	{ imaginary（想像上の）
{ industrious（勤勉な）	{ literary（文学の）
{ negligible（無視できる）	{ literal（文字通りの）
{ negligent（怠慢な）	{ literate（読み書きできる）
{ sensible（分別のある）	{ objective（客観的な）
{ sensitive（敏感な）	{ objectionable（いやな）
{ sensuous（感覚的な）	{ successful（成功した）
	{ successive（連続した）

第3節　数　詞

数詞（Number *or* Numeral）は，一般に次の (a) と (b) に大別され，これに「～倍」の意を表わす (c) を加えることがある。

(a)　基数詞（Cardinal［Number］）……　one, two, three, *etc.*

(b)　序数詞（Ordinal［Number］）……　first, second, third, *etc.*

(c)　倍数詞……　twice（2倍），three times（3倍），*etc.*

§110.　基 数 詞

ふつうに「一つ」，「二つ」と数える数詞で，形容詞・名詞のいずれにも用いられる。

1　one	11　eleven	21　twenty-one	31　thirty-one
2　two	12　twelve	22　twenty-two	40　forty
3　three	13　thirteen	23　twenty-three	50　fifty
4　four	14　fourteen	24　twenty-four	60　sixty
5　five	15　fifteen	25　twenty-five	70　seventy
6　six	16　sixteen	26　twenty-six	80　eighty
7　seven	17　seventeen	27　twenty-seven	90　ninety
8　eight	18　eighteen	28　twenty-eight	100　a hundred
9　nine	19　nineteen	29　twenty-nine	1,000　a thousand
10　ten	20　twenty	30　thirty	1,000,000　a million

数詞については，次のような点に注意する。

《**1**》　綴り・発音の面では，序数詞と合わせて，次のようなものに注意。

four — fourteen — forty〔fou*rty* ではない〕— fourth

eight — eighth〔eitθ〕

nine — nineteen — ninety — ninth〔nin*eth* ではない〕

13〜19 の語尾 -teen には，ふつう，アクセントがある：

thirteen〔θə̀ːrtíːn〕, sixteen〔sìkstíːn〕, *etc.*

《**2**》　101 以上の数では最後の数詞の前に and を入れて読むのがふつう。ただし米語では and を用いないことも多い。

　　　　　112　a〔*or* one〕hundred〔and〕twelve

　　　　1051　a〔*or* one〕thousand〔and〕fifty-one

　　　　　＊　「1」は数字の頭では **a** も **one** も用いるが，中では **one** だけ用いる。

　　　4,113　four thousand, one hundred〔and〕thirteen

　　　　　　　　　　（*or* forty-one hundred〔and〕thirteen）

　　　2,055　two thousand〔and〕fifty-five

　　96,155　ninety-six thousand, one hundred〔and〕fifty-five

3,716,771　three million, seven hundred sixteen thousand, seven

　　　　　　hundred〔and〕seventy-one

《**3**》　**million** 以上は英・米で異なったが，今は英国でも米式を用いる。

　　　　　＊　「1億」は a〔*or* one〕hundred million である。

《**4**》　**hundred, thousand** は，**特定の数**を表わす場合（すなわち，数詞または数を表わす形容詞が前につく場合），形容詞用法でも名詞用法でも -s はつけない。**million, billion** も同じである。

five *hundred*（×*hundreds*）, five *hundred*（×*hundreds*）people, three *thousand*（3 千）, three *million* dollars（3 百万ドル）

a few *hundred*（2, 3 百）

several *million* yen（数百万円）

　　　　＊　**a few** 〜 は「2, 3〜」，「3, 4〜」，「4, 5〜」ぐらいの範囲で用いられる。

●ただしこれらが，**ばく然と多数**を表わす場合は -s がつく。

hundreds (thousands, millions) of books (幾百 [幾千, 幾百万] 冊もの本)

thousands and (upon) thousands of people (何千何万という人々)

* この場合には必ず of が用いられる。特定の数を表わす場合には of がつくこと
  はない： thousands *of* pounds (幾千ポンドも)
  　　　　　three thousand pounds (3千ポンド)

《5》 **dozen**(12), **score**(20) も，特定の数を表わす場合は，-s がつかない。
a *dozen* eggs (1ダースの卵), six *dozen* (6ダース), *dozens* of
eggs (幾ダースもの卵) // three *score* and ten ([人生] 70年),
scores of books (幾十冊もの本)

§111. 序 数 詞

「第 1」,「第 2」と順序を表わす数詞で，形容詞・名詞のいずれにも用いる。

第1 first	第11 eleventh	第21 twenty-first	第31 thirty-first
第2 second	第12 twelfth	第22 twenty-second	第40 fortieth
第3 third	第13 thirteenth	第23 twenty-third	第50 fiftieth
第4 fourth	第14 fourteenth	第24 twenty-fourth	第60 sixtieth
第5 fifth	第15 fifteenth	第25 twenty-fifth	第70 seventieth
第6 sixth	第16 sixteenth	第26 twenty-sixth	第80 eightieth
第7 seventh	第17 seventeenth	第27 twenty-seventh	第90 ninetieth
第8 eighth	第18 eighteenth	第28 twenty-eighth	第百 hundredth
第9 ninth	第19 nineteenth	第29 twenty-ninth	第千 thousandth
第10 tenth	第20 twentieth	第30 thirtieth	第百万 millionth

序数詞については次のような点に注意すべきである。

《1》 **数字で表わす場合**には，序数詞の最後の二文字を添える。すなわち
1, 2, 3 で終るものを除けば，すべて th を付ける。

first = 1st　　　　　　twenty-first = 21st
second = 2nd　　　　　thirty-second = 32nd
third = 3rd　　　　　　forty-third = 43rd
fourth = 4th　　　　　　fiftieth [fíftiəθ] = 50th
* eighth (= 8th) [eitθ] の綴りと発音に注意。

《2》 基数詞の場合と同じく，《英》ではふつう and を最後の数詞の前に
付ける。

115th = one hundred [and] fifteenth

《3》　序数詞は「第〜番目」と特定のものを指すので，**定冠詞を付ける。**

He was **the first** to arrive.（彼は最初に到着した）

I've read **the first** three chapters.（最初の 3 章を読み終えた）

What's **the second** largest city in Japan?
　　　　（日本で 2 番目に大きい都市はどこですか）

《4》　ただし，順序が定まっている特定物ではなく，**任意の不特定のもの**を表わす場合には**不定冠詞**を用いる。

He had **a second** helping of rice.（彼はもう一ぜんごはんを食べた；ごはんのお代わりをした）〔a second = another〕

{ the **second** time（第 2 回目）
{ a **second** time（もう一度）〔= again〕

{ the **First** (**Second**) World War（第 1 [2] 次世界大戦）
{ If a **third** world war should happen, ...（もし万一もう一度 [3 度目の] 世界大戦が起ったならば）

{ (a)　*The* **first** is black, *the* **second** is red, *the* **third** is blue, and
　　 the **fourth** is white.
{ (b)　One is black, another is red, *a* **third** is blue, *a* **fourth** is
　　 white.

　　(a) は順序の定まっているものについて「第 1 番目は黒で，第 2 番目は赤で…」と述べる文であるが，(b) では不定の数のものについて任意の順序でとりあげていう言い方で「一つは黒，もう一つは赤，もう一つは青，もう一つは白です」の意。

数詞を用いる重要表現

❶　**Ten to one** (*or* **In nine cases out of ten**), he will fail.
　　　　（十中八九，彼は失敗するだろう）

❷　**the last but one** (**two**)（終りから 2 [3] 番目）

He lives **next** door to me **but one**.
　　　　（彼は私のまた隣に住んでいる）

❸　次の三つを区別する。

You must do this **first**.（君はこれを**初めに**しなければならない）

I disliked him **at first**.（私は**初めは**彼がきらいだった）

I met him there **for the first time**.（私は彼にそこで**初めて**会った）

❹ **On second thought**[**s**], I decided to go.
   (考えなおしてみて，私は行くことにした)

❺ He is **second to none** in mathematics.
   (彼は数学ではだれにも劣らない)

❻ He visits the place **every third** day. (二日おきに［三日目ごとに］
   そこへ行く) *cf.* every other ～〔⇨ p. 177〕

§112. 倍 数 詞

「～倍」を表わす語で，「2倍」には twice，「3倍」以上は ～ times の形で
表わす。また，系列の異なる double（2倍），および half（半倍，半分），
quarter（4分の1）なども倍数詞の一種と考えられる。†

This is **three times** *as* long (wide, high) *as* that.
   (これは長さ［幅，高さ］があれの3倍ある)
   〔= This is **three times** the length (width, height) *of* that.〕
   ＊ This is **three times** *longer* (*wider, larger*) *than* that. のように比較級
     を用いた形もある。

He has **twice** *as* many books *as* I have.
   (彼は私の2倍本を持っている)
   〔= He has **twice** the number *of* my books.〕

He paid **double** (= twice) the usual fare. (普通料金の2倍払った)

A quart is a **quarter** of a gallon.
   (1クォートは1ガロンの4分の1です)

◈ 「2倍」を表わすには as ～ again as の形も用いられ，「半分」には half
as ～ as で表わされるので，次の各文はいずれも「これは大きさがあれ
の2倍」の関係を表わす。

This is **twice** *as large as* that.
This is **twice** *the size of* that.
This is *as large* **again** *as* that.
That is **half** *as large as* this.
That is **half** *the size of* this.

---

† 「3倍」を表わす語には **thrice**（3回，3倍），**treble**（3倍）などがあるが，古い表
  現で，現在では three times を用いるのがふつう。

「～分の…」の分数〔⇨ p. 273〕と倍数の関係も同様に表わされる。

> The population of our city is **one-fifth** *as large as* that of yours.
> 　　　（私たちの町の人口は君の町の人口の 5 分の 1 です）
> The population of your city is **five times** *as large as* that of ours.
> 　　　（君の町の人口は私たちの町の人口の 5 倍です）

◉ **half, quarter** その他の分数は，可算名詞・不可算名詞のいずれについて用いられているかによって，動詞の単・複が区別される。†

> **Half**〔of〕the money *was* stolen.（その金の半分が盗まれた）
> **Half**〔of〕the jewels *were* stolen.（その宝石の半分が盗まれた）

次の表現における語順・単複の区別に注意する。

> one and a half years　（1 年半）〔... a half *year* ではない〕
> one year and a half　（　〃　）

§113.　数詞の読み方

《1》　<u>年　号</u>　ふつう，10 位と 100 位で区切って読む。

966 = nine〔hundred and〕sixty-six

1800 = eighteen hundred

1902 = nineteen hundred and two (*or* nineteen-O〔ou〕-two)

1974 = nineteen seventy-four〔'74 と表記されていても同じ〕
　　　　（*or* nineteen hundred and seventy-four）

2000 = two thousand

2010 = two thousand〔and〕ten

18 - = eighteen blank (*or* eighteen something)

400 B.C. = four hundred B.C.〔bì: sí:〕（紀元前 400 年）

　* **B.C.** (*or*《主に英で》**BC**) は before Christ の略。
　「紀元～」という場合は **A.D.** (*or* **AD**)〔èi dí:〕を用いる。
　　in the second century A.D.（紀元 2 世紀に）

1990s = the nineteen nineties（1990 年代）〔'90s とも記す〕

　* in the 60s は「〔19〕60 年代に」であるが，in **one's** 60s は「60〔歳〕代に」

平成 19 年 = the nineteenth year of Heisei

---

†　なお次の half の用法を区別する。
　　Half〔of〕the apple *was* rotten.（そのりんごの半分はくさっていた）
　　Half〔of〕the apples *were* rotten.（それらのりんごの半数はくさっていた）

《2》 **日　付**

幾通りかの表記と読み方がある。たとえば「6月10日」は：

〔表　　記〕	〔読　み　方〕
《米》June 10, June 10th 《英》10 June, 10th June	the tenth of June（標準的） June the tenth〔《米》では the のない形もよく用いる〕

* ふつう，「日」を示す数字は読むときは（上述のように）「序数」の形（tenth）をとるが，略式では「基数」の形で June ten, ten June のように読むこともある。
* 年月日が数字だけで示される場合，英米によって順序が異なる。

  6 / 9 / 95 ⟨《米》── 月 / 日 / 年 ── 1995 年 6 月 9 日
　　　　　　⟨《英》── 日 / 月 / 年 ── 1995 年 9 月 6 日

* 年号を示す場合，ふつう，《米》ではコンマで区切り，《英》では区切らない。

  ∫《米》March 2, 2005〔= March〔the〕second, two thousand〔and〕five〕
　《英》2 March 2005〔= March the second, two thousand〔and〕five〕

《3》 **時　刻**

〔A〕「～時」と「～分」を，数字をそのまま続けて読む場合と，〔B〕「～分**過ぎ**」（**past**〔《米》では広く **after** も〕），「～分**前**」（**to**〔《米》では **of, before, till** も〕）を用いる読み方とがある。「時」と「分」の区切りは《米》6:30，《英》6.30 がふつうである。

	〔A〕	〔B〕
6:00	six	six〔o'clock〕
6:05	six O five	five〔minutes〕past（after）six
6:15	six fifteen	a quarter past（after）six
6:30	six thirty	half past six〔half after ～ とは言わない〕
6:40	six forty	twenty〔minutes〕to seven
6:45	six forty-five	a quarter to（of, before）seven

❶ 〔B〕の表現で，「～時」だけの場合は o'clock を表わしてもよいが，「～時～分」と「～分」が付く場合は four minutes to six o'clock のように o'clock を表わすことはない。

❷ 「分」の数が，5, 10, 20, 25（「～過ぎ」「～前」のいずれも）の場合は minutes が省略されることが多いが，その他は省略しないのがふつうである。

$\left\{\begin{array}{l}\text{It's } \textit{five } \text{past two.}\\ \text{It's } \textit{three minutes } \text{past two.}\\ （2時5分〔3分〕過ぎ）\end{array}\right.$ $\left\{\begin{array}{l}\text{It's } \textit{ten } \text{to six.}\\ \text{It's } \textit{eight minutes } \text{to six.}\\ （6時10分〔8分〕前）\end{array}\right.$

❸ 「12時」は「午前零時」の場合は twelve *midnight*, 「正午」は twelve *noon* と区別される。

❹ 「午前」,「午後」を表わす場合。(「午前〔午後〕7時半」の例)

$\left\{\begin{array}{l}\text{7. 30 } \textbf{a.m.} \text{ (\textbf{p.m.}) 〔= seven thirty a.m.[èi ém] (p.m.[pì: ém])〕}\\ \text{half past seven } \textbf{in the morning (afternoon)}\end{array}\right.$

❺ 列車などの時刻の読み方：

the 7:30 a.m. train = the seven-thirty a.m.[èi ém] train

the 7:00 p.m. express = the seven o'clock p.m.[pì: ém] express

the 7:05 p.m. train = the seven O [ou] five p.m.[pì: ém] train

《4》 電話番号

個々の数字をそのまま読むが, 0 は O [ou] または zero [zíərou], nought [nɔːt] などとも読む。

821-2035 = eight two one, two O [ou] three five

64-2400 = six four, two four O [ou] O [ou] (*or* double O [ou])

《5》 温　度

23℃ = twenty-three degrees Centigrade (*or* Celsius)

98℉ = ninety-eight degrees Fahrenheit [fǽrənhait]

−5℃ = five degrees below zero

《6》 金　額

$ 10.50 = ten dollars and fifity cents, 《口》 ten fifty

£5.11 = five pounds eleven [pence], 《口》 five eleven

＊ 米国の通貨単位は 100 cents (100c) = 1 dollar ($ 1)

英国の通貨単位は 100 pence (100p) = 1 pound (£1) 〔1971 年以前は 12 pence = 1 shilling, 20 shillings = 1 pound〕

《7》 小　数

小数点まではふつうの基数と同じで, 小数点は point と読み, 小数点以下は数字を一つずつ読む。

51.08 = fifty-one point zero (*or* nought) eight

0.359 = zero (*or* nought) point three five nine

＊ zero は主に《米》で, nought は主に《英》で用いる。

《8》 **分　数**

half, quarter を用いる場合を除いて，分母を序数詞，分子を基数詞で表わし，分子が 2 以上の場合は分母を複数形にする。帯分数は整数と分数の間に and を入れる。数が大きい分数は「分子 over 分母」の形にする。（「1」には one を用いたほうが a より強められる）

$\dfrac{1}{2}$ = a（one）half　　　　$\dfrac{1}{3}$ = one third, a third　　$\dfrac{2}{3}$ = two thirds

$\dfrac{1}{4}$ = $\begin{cases} \text{a（one）quarter} \\ \text{a（one）fourth} \end{cases}$　　$\dfrac{3}{4}$ = $\begin{cases} \text{three quarters} \\ \text{three fourths} \end{cases}$

$2\dfrac{1}{2}$ = two and a half　　$5\dfrac{3}{8}$ = five and three eighths

$\dfrac{35}{352}$ = thirty-five over $\begin{cases} \text{three hundred [and] fifty-two} \\ \text{three five two} \end{cases}$

《9》 **数　式**

$2 + 3 = 5$　　　Two and three are (*or* is) five.

　　　　　　　　Two plus three is (*or* equals) five.

$5 - 3 = 2$　　　Three from five is (*or* leaves) two.

　　　　　　　　Five minus three is (*or* equals) two.

$3 \times 5 = 15$　　Three times five is (*or* equals) fifteen.

　　　　　　　　Three multiplied by five is (*or* equals) fifteen.

　　　　　　　　Three fives are fifteen.

$15 \div 5 = 3$　　Fifteen divided by five is (*or* equals) three.

　　　　　　　　Five into fifteen is three.

　　　　　　　　Five into fifteen goes three [times].

$10 : 5 = 2 : 1$　Ten to five is as (*or* what) two is to one.

　　　　　　　　The ratio of ten to five equals the ratio of two to one.

$\sqrt{4} = 2$　　　The square root of four is two.

$5^2 = 25$　　　The square of five is twenty-five.

$5^3 = 125$　　　The cube of five is one hundred and twenty-five.

《10》 **その他**

Elizabeth Ⅱ = Elizabeth the Second（エリザベス 2 世）

World War Ⅱ = World War Two（第 2 次世界大戦）

　＊　the Second World War と表わせば the が必要。

No. 10 = Number ten

Book Ⅲ = Book Three（第 3 巻）　　　Part Ⅰ = Part One（第 1 部）

Lesson Ⅹ = Lesson Ten（第 10 課）

p. 10 = page ten　　　　pp. 10〜12 = pages［from］ten to twelve

l. 8 = line eight　　　　ll. 8〜10 = lines［from］eight to ten

Luke vi. 5（*or Luke* 6 : 5）= Luke, chapter six, verse five

　　　（〔聖書〕ルカ伝第 6 章第 5 節）

Macbeth I. iii. 5 = Macbeth, act one, scene three, line five

　　　（マクベス第 1 幕第 3 場第 5 行）

重 要 問 題　　　　　　　　　（解答 p. 694）

63. 次の各文の空所に（1）**little**　（2）**a little**　（3）**few**　（4）**a few**　（5）**quite a few** の適当なものを入れよ。

(1) There is (　　　) time for argument, I'm afraid.

(2) He is not much better, but there is yet (　　　) hope.

(3) The theater is crowded, but there are (　　　) seats left.

(4) When we arrived, we found the lounge crowded with (　　　) guests.

(5) I feel lonely as I have (　　　) friends here.

64. かっこ内の適当なものを選べ。

(1) He has a (little, small, few) income.

(2) The price of the television set is too (expensive, high, much).

(3) The boy was (pleasant, pleased, pleasing) when he got a gift.

(4) I feel (regretful, regrettable) about the matter.

(5) He is a very (imaginative, imaginable, imaginary) writer.

(6) This machine is more (economic, economical) than that.

(7) He is (desirable, desirous) of success, and is very (enviable, envious) of her success.

65. 次のかっこ内の語を正しい語順に並べかえよ。

(1) (a, leather, black, small) handbag

(2) (young, his, pretty, both) daughters

(3) (young, nuclear, that, Japanese) physicist

(4) (these, young, all, women, clever, English) students

66. 各文のかっこ内の語を適当な形容詞にかえよ。

(1) You must give (satisfy) reasons for your delay.

(2)　The man left me a (mystery) message.

(3)　This is a (month) magazine.

(4)　The politician is an (influence) man in this district.

(5)　Japan is an (industry) nation.

67.　次の各文の誤りを訂正せよ。

(1)　We must hurry, for we have a little time left.

(2)　Tokyo has more population than any city in Japan.

(3)　As I was thirst, I wanted cold something to drink.

(4)　This dish tastes very well.

(5)　Five hundreds boys took part in the contest.

(6)　He is by three inches higher than me.

(7)　Those red large roses pleased the ill man.

(8)　Many audiences attended the meeting.

(9)　He has books five times as much as I do.

(10)　Come and see me whenever you are convenient.

(11)　Many a brave soldiers were killed on the battlefield.

(12)　The number of the wise is much fewer than might be expected.

(13)　The loss of money has made him impossible to buy it.

68.　次の数字を読むとおりに記せ。

(1)　48,614　　　(2)　12,563,452　　(3)　$\dfrac{1}{3}$　　(4)　$\dfrac{3}{5}$

(5)　3:30（時刻）　(6)　4:45（時刻）　(7)　30℃　(8)　2008（年号）

(9)　7081（電話番号）　　(10)　Henry Ⅳ　　(11)　World War Ⅱ

(12)　3+4＝7

69.　次の各文を訳せ。

(1)　a）　a horse race

　　　b）　a race horse

(2)　a）　Only a few students attended the lecture.

　　　b）　Quite a few students attended the lecture.

(3)　a）　A good many novels have been published.

　　　b）　Many a good novel has been published.

(4)　a）　The book did not do much good to the boy.

　　　b）　The book did not a little good to the boy.

第 10 章

副　　詞

　副詞は主として**動詞・形容詞**または**他の副詞**を修飾する語であるが，名詞を修飾するこもあり，また，語だけでなく，句・節あるいは文全体を修飾することもある。〔⇨ p. 282〕

◈　**副詞の基本的な修飾関係**

　　{ She looked　① **very** happy.　　　（彼女はとても幸せそうに見えた）

　　{ She sang　② **very**　③ **happily**.　（彼女はとても幸せそうに歌った）

　　三つの副詞のうち，①は〈形容詞〉（happy）を，②は〈副詞〉（happily）を，③は〈動詞〉（sang）を修飾する。

◈　**副詞の働きをする語・句・節**

　　文の中で副詞の働きをする要素は，文の構成単位という点からは，①単一語としての〈**副詞**〉，②二つ以上の語がまとまった〈**副詞句**〉，③「節」の形をした〈**副詞節**〉〔⇨ p. 45, 528〕に分けられる。

　　① He arrived **yesterday**.（彼は昨日着いた）　　　〔単一副詞〕

　　② He arrived { ⑦ **last night**.　　　（彼は昨夜着いた）

　　　　　　　　　 { ⑨ **in the morning**.　（彼は午前中に着いた）

　　③ He arrived **before she left**.　　（彼は彼女が発(た)つ前に着いた）

　　②の「二語以上がまとまった副詞句」のうち，⑦は前置詞を用いない副詞句〔⇨ p. 40〕であり，⑨は〈前置詞句〉が副詞句になっている場合である。〔⇨ p. 36〕

§114.　副詞の種類

　副詞には，ふつうの副詞のほかに，疑問の意味を表わす**疑問副詞**〔⇨ p. 190〕と，接続詞の働きを兼ねる**関係副詞**〔⇨ p. 218〕とがあるが，ふつうの副詞は，主にその表わす意味によって分類すれば，ほぼ次のようになる。

(1) 《時》(Time) —— **now, then, soon, already**〔⇨ p. 295〕, **recent-ly, lately**〔⇨ p. 370〕, **ago**〔⇨ p. 296〕, **ever**〔⇨ p. 296〕, **still**〔⇨ p. 295〕; **this morning, on Monday**

(2) 《場所》(Place) —— **here, there**〔⇨ p. 297〕, **somewhere**（どこかに）; **up, down, around; at school, in Africa**

　　　I'll be **home**（所）**in a minute**（時）.（すぐ帰ってくるよ）
　　　I stayed **there**（所）〔**for**〕**a year**（時）.（そこに 1 年いた）

* 〔for〕**a moment**（ちょっとのあいだ），〔for〕**five miles**（5 マイル）のような「時」や「場所」などを表わす名詞表現が，前置詞を付けないで副詞句として用いられることがよくある。〔⇨ p. 40, 116〕

(3) 《様態》(Manner) —— **well**〔⇨ p. 279 †〕, **hard**〔⇨ p. 279〕, **fast; happily, quickly; with a smile**（にっこりして），**in a kind way**（親切に）〔= kindly〕

* 「様態」を表わす副詞は "How?"（どのように）に答える副詞である。その代表的なグループは **-ly** の形をとるものであるが，**in a ～ way**（*or* **manner**）は，-ly の形の副詞を「副詞句」の形で表わす一般的な表現である。
　　　He bowed **politely**（= **in a polite way**).（丁重にお辞儀した）

(4) 《頻度》(Frequency)〔頻度の高いものから低いものへ順に〕

always（常に）	〔= on *all* occasions〕
usually, normally（ふつう）	〔= on *most* occasions〕
often, frequently（しばしば）	〔= on *many* occasions〕
sometimes（ときどき）	〔= on *some* occasions〕
occasionally（ときたま）	〔= on *a few* occasions〕
seldom, rarely（めったに～ない）	〔= on *few* occasions〕
hardly ever（ほとんど決して～ない）	〔= almost never〕
never（一度も～ない）	〔= on *no* occasions〕

(5) 《程度》(Degree) —— **a little**〔⇨ p. 294〕, **a bit**（少し），**slightly**（わずかに）; **somewhat,**《口》**kind of, sort of**〔⇨ p. 599〕（いくらか）; **fairly, rather**〔⇨ p. 299〕, **quite**〔⇨ p. 244〕, **considerably, pretty**（かなり）//〈強意〉**very, much**〔⇨ p. 292〕, **greatly, a lot, a great deal**（とても）; **terribly, badly**（ひどく）; **completely, utterly, absolutely**（まったく）// **almost, nearly**（ほとんど）〔⇨ p. 298〕;〈否定〉**hard-ly, scarcely**（ほとんど～ない）〔⇨ p. 299〕// **enough**（十分

に）〔⇨ p. 253〕, **too**（あまりにも）

  I'm **a bit**（**kind of, pretty, terribly**）tired.

    （ちょっと［いくらか，かなり，ひどく］疲れた）

  This is **much**（**far**,《口》**way**）too big.

    （これはだいぶ［あまりにも，すごく］大きすぎる）

    ＊ too は形容詞を，much などは副詞 too を修飾する。

(6) 《**確度**》(Certainty) ── 〔順に確実さが高くなる〕**possibly**（ひょっ
  としたら［ありうる]), **perhaps, maybe**（もしかしたら
  ［〜かもしれない]), **probably**（おそらく，たぶん）〔⇨ p.
  399†〕, **certainly, surely, definitely**（きっと）

(7) 《**原因・理由**》(Cause, Reason) ── 〔副詞句・副詞節の形がふつう〕
  because of 〜, on account of 〜（〜のために）〔⇨ p. 498〕;
  because ..., as ..., since ...（…なので）〔⇨ p. 531〕

(8) 《**肯定・否定**》(Affirmation, Negation) ── **yes**〔⇨ p. 300〕, **certain-
  ly**,《口》**sure, of course** // **no**,《口》**no way, not, never**† ;
  seldom, rarely, hardly, scarcely †〔⇨ p. 577『否定』〕

(9) 《**接続**》〔⇨ p. 285, 520〕 ── **however**（しかしながら,）**moreover**
  （そのうえ), **therefore**（それゆえに）

    I think; **therefore** I am. （われ思う，ゆえにわれあり）

(10) 《**その他**》── 〔文の要素を特定・強調・付加したりするものなど〕
  only〔⇨ p. 283〕, **just, even**（〜でさえも）〔⇨ p. 283〕; **chiefly**
  （おもに), **particularly**（特に), **exactly**（まさに); **also, too**
  （〜もまた), **either, neither**〔⇨ p. 300〕

    ⎰ They **also** drank some wine. （彼らはワインも少し飲んだ）
    ⎱ They drank some beer[,] **too** (*or* **as well**).〔⇨ p. 300〕

§115. 副詞の語形

　副詞には，本来の副詞であるもののほか，形容詞（または名詞）に接尾
辞 -ly を付加して作られるものが多い。

---

† 　**never**（決して〜ない), **seldom, rarely**（めったに〜ない）は「頻度」の, **hard-
ly, scarcely**（ほとんど〜ない）は「程度」の副詞であるが，また「否定」の副詞で
もある。〔⇨ p. 277〕

《1》　**本来の副詞**

　　very, quite, here, now, then, ago, soon, always, often, ever, never, so, too, *etc.*

《2》　**形容詞と同形の副詞**

　　{ He is an **early** riser. (彼は早起きだ)　　　　〔形容詞〕
　　{ He rises **early**.　　　　　　　　　　　　　　　〔副　詞〕
　　{ He is a **hard** worker. (彼は勤勉だ)　　　　　〔形容詞〕
　　{ He works **hard**.　　　　　　　　　　　　　　　〔副　詞〕

　　その他：　late, fast, near, far, high, low, still (静かな；まだ), much
　　　　　　　(more), little (less), enough, even, well,† *etc.*

《3》　**前置詞と同形の副詞** (次はその主なもの)

　　about　　　above　　　across　　　along　　　[a]round　　behind
　　below　　　between　　beyond　　by　　　　　down　　　　in
　　inside　　　near　　　　off　　　　on　　　　　outside　　　over
　　past　　　　through　　under　　　up　　　　　within　　　without

　　{ She stáyed ín. (彼女は[外出しないで]家にいた)　　　　　　　　〔副詞〕
　　{ She stáyed in her room. (彼女は自分の部屋にずっといた)　〔前置詞〕

　＊　副詞の場合は強勢が置かれ，前置詞の場合は弱く発音される。

　　　{ He turned ón the radio. (彼はラジオをつけた)　　〔副詞〕
　　　{ He fell on his back. (彼はあおむけに倒れた)　　　〔前置詞〕

　＊　この種の副詞は動詞と結びついて動詞句〔⇨ p. 350〕をつくることが多い。上の **stay in** は〈自動詞句〉であるが，この **turn on ～** のような〈他動詞句〉の場合，目的語が (名詞ではなく) 代名詞であれば語順は “He turned **it on**.” のように代名詞が動詞のすぐ後にくることに注意する。〔⇨ p. 291〕

　◉　after, before, since などは，副詞・前置詞・接続詞として用いられる。

　　{ We've met somewhere **before**. (前にどこかで会いましたね)〔副詞〕
　　{ I got up **before** sunrise. (私は日の出前に起きた)　　　　〔前置詞〕
　　{ I arrived **before** he did. (私は彼が着く前に着いた)　　　　〔接続詞〕

────────────────────────────

†　**well : good**　副詞 well (じょうずに) に対する形容詞は good (じょうずな) であり，well が形容詞の場合は叙述用法のみに用いられて「健康な」(= in good health) の意である。

　　He sings **well**. ↔ He is a **good** singer.
　　He speaks English **well**. ↔ He is a **good** speaker of English.

《4》「形容詞＋**-ly**」

slow*ly*, careful*ly*, loud*ly*,† kind*ly*,†† clean*ly*,††† *etc*.

◉　綴りに注意すべき点

❶　**-y** で終る語

「子音字＋y → ily」：eas*y* → eas*ily*, happ*y* → happ*ily*

〔ただし dr*y* → dr*ily* or dr*yly*, sh*y* → sh*yly*〕

＊　「母音字＋y」の語は少ない：ga*y* → ga*ily* or ga*yly*

co*y* → co*yly*（恥ずかしそうに）

❷　**-e** で終る語

そのまま -ly を付ける：nic*e* → nic*ely*, saf*e* → saf*ely*, sol*e* → sol*ely*

〔ただし tru*e* → truly, whol*e* → wholly〕

-ble, -tle, -dle などのあとは e を除いて y を付ける：nob*le* → nob*ly*,

id*le* → id*ly*, gent*le* → gent*ly*, *etc*.

❸　**-ll** で終る語

-y だけを付ける：full → full*y*, dull → dull*y*, *etc*.

❹　**-ic** で終る語

-ally を付ける：basic → basic*ally*, energetic → energetic*ally*

《5》　**-ly** が付かない形と付く形で意味が異なるもの

hard：hardly のように，形容詞と同形の副詞と，それに -ly が付いた副詞とで意味が異なるものがある。

⎰He works **hard**.（彼は一生懸命働く）
⎱He **hardly** works.（彼はほとんど働かない）〔hardly = **scarcely**〕

⎰Spring is drawing **near**.（春が近づきつつある）
⎱He was **nearly** drowned.（あやうく溺れるところ）〔nearly = **almost**〕

---

†　**loudly : aloud**　loudly は「大声で」，aloud は「声を出して」

⎰Read it *loudly*.（それを大きな声で読みなさい）
⎱Read it *aloud*.（それを声に出して読みなさい）（↔ silently）

††　**kindly** は　①**副詞**（kind＋ly）で「親切に」の場合と，②**形容詞**で「親切な」の場合とがあり，後者の副詞は **kindlily** である。

†††　**cleanly** は　①**副詞**（clean＋ly）［klíːnli］で「きれいに」の場合と，②**形容詞**で［klénli］と発音され「清潔な」の意を表わす場合とがある。後者の名詞形は **cleanliness** ［klénlinis］（清潔さ）であって，clean の名詞形である **cleanness** ［klíːnnis］と区別しなければならない。

{ He stopped **short**.（彼は急に立ちどまった）

{ He will arrive **shortly**.（まもなく着くだろう）〔shortly = **soon**〕

{ He arrived home **late**.（彼は遅く家に着いた）

{ Have you seen him **lately**?（最近会いましたか）〔lately = **recently**〕

＊　lately と recently は，完了時制では同じように用いられるが，過去時制では recently が多く用いられる。〔⇨ p. 370〕

その他：{ close（近く）　　{ dear（高く）　　{ high（高く）
　　　　{ closely（綿密に）　{ dearly（切に）　{ highly（非常に）

　　　　{ just（ちょうど）　{ most（最も）　　{ sharp（きっかり）
　　　　{ justly（正当に）　{ mostly（たいてい）{ sharply（鋭く）

《6》　**-ly が付く形と付かない形で意味が異ならないもの**

　この種の語は，-ly の付く形がふつうの副詞で，-ly の付かない形は形容詞が慣用的または口語的に副詞として用いられていると考えられるものが多い。

The sun shone **bright**[**ly**].（太陽が明るく照り輝いた）

She bought it **cheap**[**ly**].（彼女はそれを安く買った）

Run as **quick**[**ly**] as you can.（できるだけ早く走りなさい）

He held her **tight**[**ly**].（彼は彼女をひしとだきしめた）

　　その他：　slow[ly], deep[ly], loud[ly], safe[ly], firm[ly]（しっかりと）, wide[ly], straight[ly], right[ly], *etc.*

　ただし，これらの語は -ly の付いた形と付かない形で，意味・用法が全く等しいわけではない。たとえば dig *deep* とも dig *deeply* とも言うが，regret *deeply* とは言っても regret *deep* とは言わない。また Drive *slow*. とは口語的にふつうに言うが，He *slowly* realized it.（彼は徐々にそれがわかってきた）で slowly の代わりに slow を用いることはできない。その他，慣用が区別されるものの例：

　　guess **wrong**[**ly**] ― be **wrongly** spelled（綴りが間違っている）

　　remember **right**[**ly**] ― be **rightly** informed（正しい知識を持っている）

　　travel **wide**[**ly**] ― travel far and **wide** ― **widely** different ― **wide** awake ― fall **wide** of the mark（的をはずれる）

　　aim **high**（目標を高くもつ）― speak **highly** of（～を高く評価する）

{ She is **sound** asleep.　　（彼女はぐっすり眠っている）

{ She is sleeping **soundly**.（　　　　　〃　　　　　　）

-ly で終る形容詞

-ly で終る次のような語（主として「名詞＋-ly」のもの）は，**副詞ではなく形容詞**である。

manly（男らしい），**friendly**（友好的な），**cowardly**（臆病な），**fatherly**，**lovely**（かわいい），**costly**（高価な），**kindly**（優しい），**lively** [láivli]（活発な），**lonely**，**likely**（〜しそうな），**timely**（時機を得た），*etc*.

●これらのうち，kindly, lively は -ly をつけて kindlily, livelily として副詞に用いるが，他はふつう -ly で終る副詞形を用いず，**in a** friendly **way**（*or* **manner**）のようにして副詞の意味を表わす。〔⇨ p. 277 (3)〕

● **daily**（毎日［の］），**weekly**，**monthly**，**yearly**; **leisurely**（ゆっくり［した］）などは形容詞・副詞のいずれにも用いられる。

* deadly は「致命的な」の意の形容詞で，dead の副詞用法と区別する。
  {I'm **dead** tired (sure).（もうくたくただ［絶対確実だ］）
  {That's a **deadly** poison (wound).（それは猛毒［致命傷］だ）

§116. 副詞の用法

副詞は，①動詞，②形容詞，③他の副詞を修飾するのが本来の機能であるが，それ以外に，④名詞・代名詞，⑤句，⑥節，⑦文全体，を修飾することもある。

❶ 動　詞：　Children *learn* **easily**.（子供は容易にものを習い覚える）
❷ 形容詞：　I'm **really** *sorry*.（本当に申し訳ありません）
❸ 副　詞：　He came home **unusually** *late*.
　　　　　　　　　　（いつになく遅く帰宅した）
❹ 名詞・代名詞：　**Even** *Homer* sometimes nods.（弘法も筆の誤り）
　　　　　　　　　　You **too** are against me.（君も僕に反対なんだね）
❺ 句：　　　He is **entirely** *in the wrong*.（彼は全く間違っている）
❻ 節：　　　She dislikes him **partly** *because he is insensitive*.
　　　　　　　　　　（彼女が彼が嫌いなのは一つには彼が鈍感だからだ）
❼ 文：　　　**Perhaps** *he is ill*.（たぶん彼は病気なのだろう）

注意すべき副詞の位置と修飾関係

次のような文における副詞の語順と修飾関係の違いを区別する。

$$\begin{cases} \textit{He} \textbf{ alone } \text{did it.}（彼だけがそれをした）　〔= Only he did it.〕\\ \text{He } \textit{did} \text{ it } \textbf{alone}.（彼は独りでそれをした）〔= He did it by himself.〕 \end{cases}$$

$$\begin{cases} \textbf{Even } \textit{he} \text{ hates her.}（彼でさえ彼女を憎む）　〔代名詞を修飾〕\\ \text{He } \textbf{even } \textit{hates} \text{ her.}（彼は彼女を憎みさえする）　〔動詞を修飾〕 \end{cases}$$

● only は，ふつう，それが修飾する語の隣に置かれるが，動詞・形容詞・副詞の場合はその前，名詞・代名詞の場合はその前または後に置かれる。

1. **Only** *he* lent me the money.（彼だけが貸してくれた）

　　　　〔= He *alone* lent me the money.〕

2. He **only** *lent* me the money.（貸してくれただけ）

3. He lent me **only** *five* dollars.（たった 5 ドルだけ）

　　　　〔only = no more than〕

4. He lent the book **only** *to me*.（私だけに貸してくれた）

　　　　〔He lent the book *to me* **only**. の語順にもなる〕

ただし，only が述部の要素を修飾するとき，動詞の前に only を置き，強勢によって修飾する語を示すことが多い。†　たとえば上の 3. は，

3.′ He **only** lent me *five* dollars.

の語順をとることも多い。次の (a) もしばしば (b) の語順で表わされる。

$$\begin{cases} \text{(a)　I believed } \textbf{only} \textit{ half} \text{ of what he said.}　（私は彼の言葉の半分\\ \text{(b)　I } \textbf{only} \text{ believed } \textit{half} \text{ of what he said.}　しか信じなかった） \end{cases}$$

§117.　文修飾副詞

副詞が文全体を修飾することがあり，その場合は**文修飾副詞**（Sentence [-modifying] Adverb）と呼ばれる。

Fortunately he escaped the danger.（幸いにも彼は危険をまぬがれた）

　　　　〔= *It was fortunate that* he escaped the danger.〕

Evidently he is satisfied.（明らかに彼は満足している）

　　　　〔= *It is evident that* he is satisfied.〕

その他：《**単一副詞**》〔確実さ〕**certainly**（きっと），**probably**（たぶん）；

---

†　too も，同じ位置でも強勢の置き方によって幾通りかの修飾関係が成り立つ。たとえば，次の文は三通りの意味が表わされる。

　　Mary quarreled with him, **too**.

　　①「メアリーも彼とけんかした」　②「メアリーは彼とけんかもした」

　　③「メアリーは彼ともけんかした」

〔判断〕**naturally**（当然のことながら），**strangely**（不思議な
ことに）；〔意見〕**personally**（自分の考えでは），**honestly**
（正直言って），**seriously**（まじめな話［だが］）

《**副詞句**》**of course**（もちろん），**in fact**（実際），**to be sure**
（きっと），**oddly enough**（奇妙なことに）

● 次のような文における語修飾と文修飾の関係を区別しなければならな
い。

{He did not die **happily**.（幸福な死に方をしなかった）   〔語修飾〕
{**Happily** he did not die.（幸いにも死ななかった）   〔文修飾〕

{She refused it **sadly**.（彼女は悲しそうにそれを断った）   〔語修飾〕
{**Sadly**, she refused it.（残念ながら彼女はそれを断った）   〔文修飾〕

{He worked on **hopefully**.（彼は希望をもって仕事を続けた） 〔語修飾〕
{**Hopefully**, we'll win.   （うまくいけば［たぶん］勝てる） 〔文修飾〕
　　　　〔= I (*or* We) hope that ～ / It is hoped that ～〕

{He refused to spend his money **wisely**.   〔語修飾〕
{He **wisely** refused to spend his money.   〔文修飾〕
　　　　（上は「彼は自分の金を賢明に使うことを拒んだ」）
　　　　（下は「彼は賢明にも自分の金を使うことを拒んだ」）

＊ 文を修飾する副詞要素は，ふつうの（単一の）副詞のほか次のようなものがあ
　る。
　　Frankly, I'm not surprised you failed.〔単一副詞〕
　　　　（率直に言って，君が失敗したことを驚いてはいない）
　　→〈**不定詞句**〉To be frank, To speak frankly〔⇨ p. 422〕
　　　〈**分詞句**〉Frankly speaking〔⇨ p. 441〕
　　　〈**副詞節**〉If I can speak frankly〔⇨ p. 532〕

§118.　副詞の転用

本来は副詞である語が他の品詞に用いられることがある。

《**1**》　名詞として

The station is a long way from **here**.（駅はここから遠い）

Now is the time to get together.（今こそ団結すべき時だ）

《**2**》　形容詞として

　　the **then** king（当時の王）　　　a **down** train（下り列車）

　　Japan **now**（今日の日本）　　　an **off** day（非番の日）

　副詞は，ふつう，補語にならない〔⇨ p. 12〕が，ある種の副詞は補語的に用いられることがあり，この場合，形容詞的用法と考えられる。

　　　The game is **up**. (ゲームは終った；万事休す)　　　　〔主格補語〕

　　　He is **down** and **out**.　　　　　　　　　　　　〔主格補語〕

　　　(彼は落ちぶれ果てている；彼はまったく参ってしまっている)

＊　(a) My father is **in**. (在宅して)：(b) Long skirts are **in**. (流行して)
　　in は (a) では場所を表わす副詞，(b) では補語で形容詞。〔⇨ p. 497 "at home"〕

次のような例でも，形容詞的用法と，ふつうの副詞用法とを区別する。

⎰ (a)　The criminal was hiding but the police found him **out**. 〔副詞〕
⎱ (b)　I called on my friend but found him **out**.　　　　〔形容詞的〕

　　(a) は「犯人は隠れていたが警察は彼を見つけた」(found out = discovered) で out は副詞用法，(b) は「私は友人を訪れたが彼は外出していた」(= ... found that he was *out*.) で out は目的格補語の形容詞と解しうる例。†

《3》　**接続詞として**〔⇨ p. 520〕

He was tired; **yet** he worked on. (彼は疲れていたが仕事を続けた)

He was ill; **otherwise** he would have come.

　　　　　(彼は病気だった，でなければ来ただろう)

　その他，**still** (それでも)，**however** (しかしながら)，**nevertheless** (にもかかわらず)，**therefore** (それゆえ)，**consequently** (したがって)，**so** (だから) なども同様に等位接続詞的に用いられ，**接続副詞** (Conjunctive Adverb) と呼ばれることがある。なお **directly**, **instantly**, **immediately** などは従位接続詞として用いられることがある。〔⇨ p. 529, 530〕

§119.　副詞の語順

　副詞は，その種類，修飾関係，強調などの要素により，文中のいろいろな位置に置かれ，一概に論じることはできないが，ほぼ次のような原則に従う。

1　**形容詞・副詞・名詞・句・節を修飾する副詞**　　これらの前に置く。

He looks **very** *strong*. (彼は非常に強そうだ)

---

†　(a) では目的語が名詞であれば found *out* the criminal, found the criminal *out* のいずれの語順もとるが〔⇨ p. 291〕，(b) では found my friend *out* だけで，found *out* my friend とはならない。

He knows it **perfectly** *well*. (彼はそのことを十分よく知っている)

He is **quite** *a gentleman*. (彼はりっぱな紳士だ)

Much *to their disappointment*, he failed again.　　　　〔⇨ p. 619〕

　　　(彼らがとても失望したことに，彼はまた失敗した)

He sits up late studying **even** *when he is tired*.

　　　　　(彼は疲れているときでも，遅くまで起きて勉強している)

ただし **enough** は，形容詞・副詞の後に置かれる。　　　　〔⇨ p. 253〕

　　He was *old* **enough** to know it. / He knows it *well* **enough**.

❷ 動詞を修飾する副詞　　　　　〔助動詞がある場合の語順は ⇨ p. 633〕

以下，副詞の位置を「前位」「中位」「後位」によって区別する。

　「**前位**」：**Now** I understand.　〔主語の前・文頭〕

　「**中位**」：I **now** understand.　〔主語と動詞の間〕

　「**後位**」：I understand **now**.　　　　　〔動詞の後〕

　　　＊　「中位」で，動詞が "**be 動詞**" のときは，副詞はその後にくる。
　　　　　《一般動詞》He **often** *goes* there.　《be 動詞》He *is* **often** late.
　　　　　「後位」で，**目的語**があればその後に。動詞と目的語の間には置かない。
　　　　　〔正〕He opened *the door* **slowly**. 〔誤〕He opened **slowly** *the door*.

《a》「時」「場所」「様態」の副詞

　ふつう「時」「場所」は後位，「様態」は後位または中位をとる。

I met him **this morning**. (私は今朝彼に会った)

They ate lunch **outside**. (彼らは外で昼食を食べた)

He said so **angrily**. / He **angrily** said so. (腹立たしげに言った)

　◉　これらの副詞は**強調・対照**などのため前位に置かれることがある。

　　⎧I don't want to do anything **today**. (僕は今日何もしたくない)
　　⎩**Today** I don't want to do anything. (今日は僕は何もしたくない)

　　⎧The car stopped **suddenly**. (車は突然止まった)
　　⎩**Suddenly** the car stopped. (突然車が止まった)

　　　＊　「時」の副詞は中位はとらないが，「時点」よりもむしろ「順序」を表わす
　　　　　then (それから)，now, first, next, soon, immediately, at once, lately,
　　　　　recently などは，前・中・後いずれの位置にも置かれる。
　　　　Soon he will be here. / He will **soon** be here. / He will be here **soon**.

《b》「頻度」を表わす副詞

　❶　always, never, ever, seldom, rarely, hardly などは中位。

　　He **always** comes on time. (彼はいつも時間通りに来る)

He is **seldom** late for work.（彼はめったに仕事に遅れない）

He has **never** been idle.（彼はなまけたためしがない）

 ＊ always, never は，命令文で文頭に置かれることがある。

  Always remember to smile.（常に笑顔を忘れるな）

  Never do things by halves.（決して物事を中途半端にするな）

 ＊ never, hardly などが〈倒置〉で文頭に置かれる場合については ⇨ p. 292。

❷ sometimes, frequently, often, occasionally, once, now and then などは前位・中位・後位のいずれにも置かれる。

> **Sometimes** he comes here.（ときどき彼はここへ来る）
>
> He **sometimes** comes here.（彼はときどきここへ来る）
>
> He comes here **sometimes**.（彼はここへときどき来る）

❸ 強調される場合には，be 動詞・助動詞の前に置かれる。

He **never** is on time.（彼は時間を守ることが決してない）

He **always** has been right.（彼はいままで常に正しかった）

❹ 動詞が省略される場合は be 動詞・助動詞の前に置かれる。

Can you park your car there? ― Yes, I **usually** *can*.

  （そこに車を駐車させることができますか ― ええ，ふつうは）

❺ 否定文では，not の後に置かれる。

He has *not* **often** been late.（彼はあまり遅れたことはない）

《(c)》「程度」「強意」の副詞 前位に置かれることはない。

❶ completely, thoroughly, greatly, keenly, badly, somewhat などは中位にも後位にも用いられる。

> I **entirely** agree with you.（私はあなたと全く同意見だ）
>
> I agree with you **entirely**.

❷ a lot, a great deal, a little, slightly, heavily などは多く後位。

We miss them **a lot**.（私たちは彼らがいなくてとてもさびしい）

❸ very much, much は後位および中位をとる。〔⇨ p. 292〕

> I appreciate it **very much**.（私はそれをとても感謝しています）
>
> I **very much** appreciate it.

> I don't care **much**.（私はあまり気にしていない）
>
> I don't **much** care.

❹ almost, mostly, hardly, barely, nearly, narrowly, just, quite, rather, also などは中位をとる。

It **hardly** matters.（それはほとんど問題ではない）

He **almost** got on the wrong train.

　　　（彼はほとんど列車を乗り違えるところだった）

3　**文修飾副詞**　　前位・中位・後位のいずれにも置かれるが，後位の場合は，その前をコンマで区切られるのがふつうである。

> ⎰ **Probably** he will come.（たぶん彼はくるだろう）
> ⎱ He will **probably** come.
> ⎰ He will come, **probably**.

次のような文における副詞の位置と修飾関係を区別する。

　(a)　**Clearly** he didn't see it.　　(d)　He didn't see it **clearly**.

　(b)　He **clearly** didn't see it.　　(e)　He didn't see it, **clearly**.

　(c)　He didn't **clearly** see it.

上のうち (a), (b), (e) の clearly が文修飾副詞で「明らかに彼はそれを見なかった」の意を表わし，(c), (d) は語修飾副詞で「彼はそれをはっきりとは見なかった」の意を表わす。

副詞の位置〔助動詞との語順は ⇨ p. 633〕

位置＼種類	前　　位	中　　位	後　　位	注
時	tomorrow soon lately on Sunday	**soon** **lately**	**tomorrow** **soon** **lately** **on Sunday**	＊「時」の副詞はふつう後位をとり，前位に置かれるのは強調・対照の場合。
場所	here there in Rome on the desk		**here** **there** **in Rome** **on the desk**	＊「場所」の副詞は大部分が「句」の形式のものであり，後位がふつうで，前位は強調・対照などを表わす場合。
様態	slowly suddenly	**slowly** **suddenly**	**slowly** **suddenly** **hard** **well**	＊ -ly の形のものが多いが後位・中位がふつうで前位は強調的。-ly で終らない語は後位だけ。
頻度	never seldom	**never** **seldom** **always** **ever**		＊ never, seldom, rarely などが前位をとると，主語と助動詞が倒置される。〔⇨ p. 292〕

frequently often usually **sometimes** once	**frequently** **often** **usually** **sometimes** **once**	frequently often sometimes once twice	* often, frequently が前位をとる場合，倒置が行われることも行われないこともある。 * usually, sometimes などは意味上強意を含まず，前位でも倒置は行われない。 * once は「一度」の意ではふつう後位。〔⇨ p. 297〕
程度	hardly	**almost** **hardly** **completely**	completely a little	*「程度」を表わす副詞は前位はとらない。 * hardly, little などは強意のため前位をとることがあるが，その場合は倒置が行われる。〔⇨ p. 292〕
文修飾	**probably** **evidently**	**probably** † **evidently**	probably evidently	* 文修飾副詞が後位をとるときはふつうその前をコンマで区切る。

> 表中，太字体で示されているのが，その語が用いられるふつうの位置。並字体は強調・対照その他のために置かれうる位置を示す。

4　**副詞が二つ以上並ぶ場合**

《a》　異なる種類の副詞が並ぶとき

　　❶場所と時を表わす副詞が並ぶときは「**場所＋時**」の順，❷様態の副詞が加わる場合は「**場所＋様態＋時**」の順，または ❸（短い副詞は長い副詞に先行するので）様態を表わす副詞が短く，場所を表わすのが 2 語以上からなる副詞句である場合などは「**様態＋場所＋時**」の順になる。

❶　I will go **there** / **tomorrow**.（私は明日そこへ行く）

　　He left **for school** / **early this morning**.
　　　　　（今朝早く学校へ出かけた）

❷　He arrived **here** / **safely** / **yesterday**.
　　　　　（昨日無事ここに着いた）

　　She goes **to school** / **happily** / **every day**.
　　　　　（彼女は毎日たのしげに学校へ行く）

---

†　文修飾の副詞が否定文で中位をとるときは 〜n't の前に置かれる。
　〔He *doesn't* **usually** study hard.（彼はふつう勤勉ではない）
　〔He **evidently** *doesn't* study hard.（明らかに彼は勤勉でない）
　上の usually はふつうの頻度の副詞，下の evidently は文修飾副詞である。

❸　He works **hard / at home / every night**.

　　　　　（彼は毎晩いっしょうけんめいに家で勉強する）

　　The plane landed **safely / at Rome / an hour later**.

　　　　　（飛行機は 1 時間後に無事ローマに着いた）

《b》　同種の副詞が並ぶとき

　　単位の小さいものが前，大きいのが後に置かれる。

Please come **to my office / at Shibuya / in Tokyo // at three / in the afternoon / the day after tomorrow**.（明後日午後 3 時に東京渋谷の私の事務所に来てください）

* 　ただし，大きな単位をまず述べて，小さな単位をその後で具体的に示すこともある：

　　　Please come **tomorrow, at nine in the morning**.
　　　　（明日来てください，午前 9 時にね）

* 　次のような表現では，「副詞＋副詞句」の形で，前の副詞の具体的な「場所」を，後の副詞句が同格的に示す。

　　　here in Tokyo（ここ［すなわち］東京で）

　　　He's **out in the garden**.（彼は外の庭にいる／彼は庭に出ている）

　　　　{ (a)　**Outside the garden** many children were playing.
　　　　{ (b)　**Outside in the garden** many children were playing.

　　　　　(a)　「庭の外［側］で大勢の子供が遊んでいた」
　　　　　(b)　「外の庭で大勢の子供が遊んでいた」

5　不定詞を修飾する副詞

　　副詞が不定詞を修飾する場合は，だいたい動詞を修飾する場合に準じ，否定詞や always, only などは不定詞の前に，その他の副詞は不定詞の前または後に置かれる。

He asked me *to speak* **slowly**.（彼は私にゆっくり話すよう頼んだ）

She wanted me **never** *to break* my promise.

　　　　　（彼女は私が決して約束を破らないよう望んだ）

cf. { (a)　It is not **always** good to be alone.　〔good を修飾〕
　　　{ (b)　It is not good **always** *to be* alone.　〔不定詞を修飾〕

　　(a) は「ひとりでいることはかならずしもよくない」の意を表わし，

　　(b) は「常にひとりでいることはよくない」の意である。

◉　　ただし，副詞が to と動詞の原形の間に置かれることがあり，これを**分割不定詞**（または**分離不定詞**）（Split Infinitive）と呼ぶ。〔⇨ p. 427〕

〔(a)　He failed to understand it **completely**.
　(b)　He failed **completely** to understand it.
　(c)　He failed to **completely** understand it. 〔分割不定詞〕
　(d)　He **completely** failed to understand it.

　(a), (b) では completely が failed を修飾する（「まったくできなかった」）か，understand を修飾する（「完全に理解する」）か区別できないおそれがあるが，(c) のように分割不定詞にすれば understand を修飾することが，(d) のように動詞の前に置けば failed を修飾することがはっきり示される。(b) は話す場合は区切りの置き方などによっていずれを修飾するかが区別される。

●次のような文においても，同様に修飾関係が二通りに解し得るので，副詞を上のように (c) または (d) の位置に置くことによって，いずれであるかをはっきり示すことができる。

He made up his mind to decide it **immediately**.

　　　（「直ちに決める」なら分割不定詞，「直ちに決心した」なら前に）

Do you intend **seriously** to discuss the problem?

　　　（「まじめに論じる」なら分割不定詞，「まじめに思う」なら前に）

●一般的には，どちらの形でも修飾関係に変わりのない場合が多い。

〔① He began **slowly to** get up off the floor.
　② He began **to slowly** get up off the floor.

　　　（彼は床からゆっくりと身を起こし始めた）

①伝統文法では「分割しない形」を原則とするが，②口語的には「分割した形」もよく用いられ，そのほうが自然に感じられる場合が多い。

It's nice **to finally** meet you.（やっとお会いできて嬉しい）

6　up, down, out, off, in, over, back などの副詞が**他動詞**と用いられるときは，**目的語が名詞であれば副詞はその前・後いずれにも置かれ，目的語が代名詞であれば副詞は必ずその後に置かれる**。　〔⇨ p. 497〕

〔He took **off** *his hat*.　〔正〕　　　He put **down** *the book*.　〔正〕
　He took *his hat* **off**.　〔正〕　　　He put *the book* **down**.　〔正〕
　He took **off** *it*.　〔誤〕　　　　　　He put **down** *it*.　〔誤〕
　He took *it* **off**.　〔正〕　　　　　　He put *it* **down**.　〔正〕

＊　ただし　He climbed **down** *the tree*. では，climb は**自動詞**，down は**前置詞**で
　　　　He climbed *the tree* **down**. とはならないし，目的語が代名詞でも，

He climbed *it* **down**. の語順にはならず，
He climbed **down** *it*. が正しい。（[幹をつたって] 木を降りた）

§120. 副詞と倒置

《a》 主として否定や限定などの意味を表わす副詞が強意のために文頭に置かれることがあるが，その場合，倒置が行われ，主語が助動詞や be 動詞の後に置かれる。〔⇨ p. 588〕

Never before *have I* been so miserable.

  （今までにこんなみじめな思いをしたことはない）

Only by constant practice *is a man* able to master（or *can a man* master）a foreign language.

  （不断の練習によってのみ，人は外国語を修得することができる）

Hardly *had he* left home when he felt sick.

  （家を出るか出ないうちに彼は気分が悪くなった）

その他，倒置を伴う重要な副詞 [句]: **seldom, rarely, scarcely**（... when *or* before），**no sooner**（... than），**nowhere, under no circumstances**（どんな事情であろうと決して〜ない），**on no account**（決して〜ない），**not only**（... but also），**only when**（〜してはじめて），**so, neither, nor**〔⇨ p. 163〕, *etc.*

《b》 **in, out, up, down, off, round, back** などの副詞が文頭に置かれた場合，主語が名詞であれば動詞の後に置かれる。主語が代名詞であれば倒置は行われない。

  $\left\{\begin{array}{l}\textbf{In} \text{ came } \textit{the boy}.（少年が入って来た）\\ \textbf{In } \textit{he} \text{ came}.\end{array}\right.$

  $\left\{\begin{array}{l}\textbf{Down} \text{ fell } \textit{the tree}.（木が倒れた）\\ \textbf{Down } \textit{it} \text{ fell}.\end{array}\right.$

§121. 注意すべき副詞

---
very : much
---

❶ **very** は形容詞・副詞を修飾する。

She is **very** kind. / She treated me **very** kindly.

much は動詞を修飾する。**肯定文ではふつう much は単独に用いられな**

いで very　much が，**否定文・疑問文・条件文**では単独の **much** および **very　much** が，用いられる。〔⇨ p. 251（much の形容詞用法）〕　口語的には **a　lot** がよく用いられる。

Thank you **very　much**.〔=《口》Thanks **a　lot**.〕　　　　　　〔肯定文〕

I **very　much** like it. / I like it **very　much**.

　　　〔×I like it **much**. / ○I like it **a　lot**.〕

I don't like it 〔**very**〕 **much**.　　　　　　　　　　　　　〔否定文〕

Do you like it 〔**very**〕 **much**?　　　　　　　　　　　　　　〔疑問文〕

If your tooth hurts you **much**, take these tablets.　　　　　〔条件文〕

　　　　（歯がだいぶ痛むようだったら，この錠剤を飲みなさい）

＊　肯定で a lot，否定で much を用いた典型的な例：

　　　I travel **a　lot** on business and am not home **much**.

　　　（私は仕事でよく旅をし，家にはあまりいない）

＊　肯定文でも，ある種の動詞とは much を「中位」で用いることがある。

　　　I **much** admire his courage.（彼の勇気には感服する）

　　　　　〔×I admire it **much**. / ○I admire it **very　much**.〕

　　その他，**appreciate**（感謝する），**prefer**（〔～のほうを〕好む），**regret**（残念に思う）などが，この種の動詞の主なもの。

❷　**very は原級を修飾し，much は比較級を修飾する。**〔⇨ p. 318〕

She plays the piano **very** *well*.（彼女はピアノをとても上手にひく）

She plays the piano **much** *better* than I.

　　　　　（彼女はピアノを私よりもずっと上手にひく）

❸　**最上級は very, much のいずれによっても修飾される**が，very は the の後に，much は the の前に置かれる。〔⇨ p. 325〕

　　⎧ This is *the* **very** *best* of all.（これが断然一番いい）
　　⎩ This is **much** *the best* of all.

　　cf. This is **by far** *the best* of all.

❹　**very は現在分詞を，much は過去分詞を修飾する。**

This book is **very** *interesting*.（この本はとてもおもしろい）

This book is **much** *admired*.（この本は非常に賞讃されている）

This question is **much** *discussed*.（この問題は大いに論じられている）

◈　ただし，過去分詞が動詞としての意味が薄れ，ふつうの形容詞のように感じられるようになっているものは very で修飾されることが多い。

She looked **very** tired.（彼女はとても疲れているようだった）

I was **very** *pleased* to hear it.

　　　（私はそれを聞いてとても嬉しかった）

　その他, interested, surprised, satisfied（満足して）, worried（心配して）, excited, shocked, bored（退屈した）, concerned（懸念して）, annoyed（いらいらして）なども多く very を用いる。

❺　**句を修飾する場合は much を用いる。**

These are **much** *of a size*.（これらはほぼ同じ大きさだ）

Much *to my surprise*, he refused my offer.

　　　（私がとても驚いたことに, 彼は私の申し出をことわった）

---

little : a little

❶　形容詞の場合と同じく, **a little** は「少しは（…する）」と**肯定的**, **little** は「少ししか（…しない）」の意で**否定的**である。

He cares **little** about his health.

　　　（彼は健康にはほとんど注意しない）

He speaks English **a little**.

　　　（彼は英語を少し話す）

❷　**little** が know, think, dream, expect, imagine などの動詞の前または文頭に置かれると「少しも（…しない）」（= not at all）の意になる。

I **little** *expected* to see her there.

　　　（まさかそこで彼女に会うとは思っていなかった）

Little did I *dream* that he would betray me.

　　　（彼が私を裏切ろうなどとは夢にも思っていなかった）

❸　**not a little** は「少なからず」（= considerably）の意で, **not a bit**（少しも〜しない）（= not at all, not in the least）と区別する。

　　He was **not a little** surprised.（彼は少なからず驚いた）
　　He was **not a bit** surprised.（彼は少しも驚かなかった）

❹　**little** は次のような慣用表現においても no と同じような否定の意味を持つ。

He is **little better than** a beggar.（彼はほとんど乞食と選ぶところがない —— 乞食同然だ）*cf.* no better than〔⇨ p. 321〕

His recovery was **little short of** a miracle.

　　　（彼の回復はほとんど奇跡に等しかった）

---
already : yet : still
---

❶ **already** は「もう；すでに」の意で**肯定文**に，**yet** は「まだ」の意で**疑問文と否定文**に用いる。already は中位または後位に，yet は後位がふつうで，疑問文では後位だけに置かれる。

He has **already** finished it.〔*or* He has finished it **already**.〕
　　　（彼はもうそれを終えてしまった）

He hasn't returned **yet**.〔He hasn't **yet** returned. の語順も用いるが
　　　頻度は少ない〕（彼はまだ帰らない）

Haven't you told him **yet**?〔Haven't you **yet** told him? の語順はとら
　　　ない〕（君はまだ彼に話していないのか）

❷ 肯定疑問文〔⇨ p. 56〕では，**yet** はふつうの疑問の意味を表わすが，**already** は「驚き」「意外」などの気持ちを表わす。

　〔Has he arrived **yet**? （彼はもう着いたか）　　　　〔ふつうの疑問〕
　〔Has he arrived **already**? （彼はもう着いたのか）〔「驚き」の気持ち〕

❸ **still** は，肯定文・否定文・疑問文のいずれにも用い，「まだ」の意で状態・動作の継続を表わし，ふつう中位に置かれるが，後位をとることもある。

She **still** dislikes him.〔*or* She dislikes him **still**.〕
　　　（彼女はまだ彼を嫌っている）

He **still** hasn't finished his work. （彼はまだ仕事を終えていない）
Are you **still** in love with her? （彼女にまだほれているのか）

＊ still に対する否定表現は (not) any more である。
　〔She lives there **still**. （彼女はまだそこに住んでいる）
　〔She doesn't live there **any more**. （彼女はもうそこに住んでいない）

❹ **still** と **yet**　肯定文における yet は still とほぼ同じ意味を表わす。
　〔We have **still** three miles to go. （まだ3マイル行か
　〔We have three miles to go **yet**.　　　なければならない）

次のような，疑問文・否定文における still と yet の意味を比較。
　〔Is he **still** here? （彼はまだここにいますか）
　〔Is he here **yet**? （彼はもうここに来ましたか）

　〔(a)　He **still** doesn't understand.
　〔(b)　He doesn't understand **yet**.

（a）, （b） とも似た意味を表わし，訳せば「彼はまだわからない」となるが，（a） は「'理解していない' 状態がまだ続いている」ことを表わし，（b） は「'理解する' ことがまだ行われていない」ことを表わす。

---

ago, before, since

❶ **時を表わす語と用いる場合。**　ago は現在を基準に「（今から）〜前」の意で過去時制と，**before** は過去のある時を基準にして「（その時から）〜前」で過去完了時制と用いる。〔⇨ p. 370, 564〕　since は long since の形で「ずっと前に」の意を表わし，ふつう現在完了時制と用いる。

　　She *died* many years **ago**.（彼女は何年も前に死んだ）
　　She *had died* many years **before**.
　　　　（彼女はその何年も前に死んでいた）
　　cf. She had died many years **before** *then*.〔before は前置詞用法〕
　　　　（彼女はその時より何年も前に死んでいた）
　　He has **long since** stopped smoking.（彼はタバコをずっと前にやめた）
　　　　〔= She stopped smoking a long time **ago**.〕

❷ **単独に用いられる場合。**　before は「（今より・その時より）以前に」の意を表わし，現在完了・過去・過去完了のいずれの時制とも用いる。since は「それ以来（= その時から今まで）」の意を表わし，ふつう現在完了時制と用いる。ago には単独の用法はない。

　　Have you *met* him **before**?（前に彼と会ったことがありますか）
　　I never *saw* such a thing **before**.（こんな物を今まで見たことがない）
　　I thought I *had seen* that movie **before**.
　　　　（その映画は以前に見たことがあるように思った）
　　He visited us at Easter and *hasn't been* here **since**.
　　　　（彼はイースターにやって来たが，それ以来ここへ来たことがない）

---

ever（never）: once

❶ 「かつて」の意で，**once** は肯定文に，**ever** は疑問文に用い，否定文では **never** を用いる。それぞれ現在完了・過去いずれの時制にも用いる。

　　Have you **ever** been to London?（ロンドンへ行ったことがありますか）
　　I have **once** been to London.（かつてロンドンへ行ったことがある）
　　I have **never** been to London.（ロンドンへ行ったことがない）

❷　**ever** は次のような関係詞節では肯定文にも用いられる。

This is the most beautiful scenery that I have **ever** seen.

cf. I have **never** seen such beautiful scenery as this.

❸　**ever** は過去以外のことについて，疑問文・条件文・否定文などで強意的に用いられることがある。

Shall we **ever** meet again?（またいつか会うことがあるだろうか）

Don't **ever** come here again.（二度と再びここへ来るなよ）

If you **ever** meet him, ...（いつか彼に会われることがあれば…）

He seldom, **if ever**, writes to his parents.（彼は［かりに書くことがあっても］まずめったに親に手紙を書かない）

❹　**ever** は「～したことがありますか」の意を表わす文で，ふつう現在完了時制と用いるが，口語的に過去時制と用いることもある。

$\begin{cases} \textit{Have} \text{ you } \textbf{ever} \textit{ heard} \text{ such a story?} \\ \textit{Did} \text{ you } \textbf{ever} \textit{ hear} \text{ such a story?} \end{cases}$

　上は「こんなことを今までに聞いたことがありますか」というふつうの疑問，下は現在完了と同意，または「こんなことって今まで聞いたことがあるかい（→ないだろう）」という反語的意味を表わすこともある。

❺　**once** は「かつて」の意味では前位・中位に置かれるのがふつうで，「一度」の意味では（twice［二度］, three times［三度］などがそうであるように）後位に置かれることが多い。ただし，後位でも「かつて」の意味を表わすこともある。

Once I saw a bear.（かつて私は熊を見たことがある）

I **once** saw a bear.（私はかつて熊を見たことがある）

I saw a bear **once**.（私は熊を一度［かつて］見たことがある）

---

there : here

❶　**there** は「～がある」という存在を表わす文において，形式的な語とし

---

†　There ～ 構文の主語になるのは, a, another, no, some, many, two, several などで修飾された不特定物・人を表わす名詞であって, the, this, his などで修飾された特定のものを表わす名詞は There ～ の後にはこない。〔⇨ p. 612〕

$\begin{cases} \text{There is } \textbf{a hat} \text{ on the table.} & 〔正〕 \\ \textbf{A hat} \text{ is on the table.} & 〔正。ただし上のほうがふつう〕 \end{cases}$

$\begin{cases} \text{There is } \textbf{your hat} \text{ on the table.} & 〔誤〕 \\ \textbf{Your hat} \text{ is on the table.} & 〔正〕 \end{cases}$

て文頭に置かれる。† 　この there には「そこに」の意味はなく,強勢を置かず軽く〔ðər〕と発音される。また,この構文における真の主語は動詞の後にくる語で,動詞はこれと一致することに注意する。〔⇨ p.8, 547〕

> **There** *is* a lot of water in the well.（井戸には水がたくさんある）
> **There** *are* a lot of people in the hall.（ホールには大勢の人がいる）

❷ 「そこに」という意味を表わすためには別に指示副詞としての there を用いる。この場合の there はふつう強勢が置かれ〔ðeər〕と発音される。

　　There 〔ðər〕 used to be a small pond **there** 〔ðeər〕 (**here** 〔hiər〕).
　　　（以前にはそこに〔ここに〕小さな池があった）

❸ **here** は文頭に置かれることがあるが,これは「ここに」という意味を表わす指示副詞である。

　　Here's your book.（ここに君の本がある）

❹ **there, here** が文頭に用いられる次のような文において,主語が**名詞**であれば主語と動詞が倒置されるが,**代名詞**であれば倒置は行われない。

> **There** goes *the bus*.（ほら, バスが行く）
> **There** *it* goes.

> **Here** comes *the bride*.（ほら花嫁さんが来た）
> **Here** *she* comes.

次のような慣用表現においても同じである。

　　There goes *the bell*.（ほらベルが鳴った）
　　Here *we* are 〔at the station〕.（さあ〔駅に〕着いた）
　　Here *you* are.（〔相手が捜しているものなどを差し出して〕はい, どうぞ）
　　Here *it* is.（ほらここにある）

---

nearly, almost; hardly, scarcely; seldom, rarely

❶ **nearly, almost** は「ほとんど〜」の意。

　　He was **nearly** drowned.（彼はあやうく溺れるところだった）
　　Almost all boys like play.（男の子はたいてい遊ぶのが好きだ）
　　　　〔= **Most** boys like play.〕

* 「ほとんどの子供」を *almost* boys のように all の要素を落とさないこと。almost all = most である。特定者についていう場合は almost all 〔*of*〕 **the** boys = most of **the** boys（その子供たちのほとんどすべて）。

＊　**almost** は no, none, never, nobody, nothing などと用いるが，**nearly** は用いられない。almost nothing = hardly anything　〔⇨ p. 578〕

⎰**Almost no one** believed him.　（ほとんどだれも彼の言う
⎱= **Hardly anyone** believed him.　ことを信じなかった）

＊　**not nearly** ～ は「とうてい（決して）～ではない」（= far from）の意。

❷　**hardly, scarcely** は「ほとんど～ない」，**seldom, rarely** は「めったに～しない」の意の否定詞。

⎰She **hardly ever** goes out.（彼女はほとんど全く外出しない）
⎱= She **almost never** goes out.

　She **seldom** (*or* **rarely**) goes out.（彼女はめったに外出しない）

＊　seldom は hardly ever と同じように扱われたり相互に言い換えられたりするが，hardly ever のほうが（never に近くて）否定の意味が強く，「頻度」〔⇨ p. 277〕も低い。

⎰He ate **hardly anything**. / He **hardly** ate **anything**.
⎱= He ate **almost nothing**.（彼はほとんど何も食べなかった）

＊　hardly, scarcely は否定詞であるから，There's **scarcely no** time left.（時間はほとんど残っていない）のように間違った二重否定にしないように注意する。(no → any)

---

fairly : rather

❶　fairly, rather は「かなり」の意を表わすが，fairly は「望ましい」意味で，rather は「望ましくない」意味で用いられる。

　Tom is **fairly** clever but **rather** selfish.
　　　（トムは頭はかなりいいが，ややわがままだ）

❷　ただし，形容詞または副詞自体が「望ましい」か「望ましくない」かを示さない場合は，その場の目的や事情によって fairly, rather のいずれかを使い分ける。

⎰This soup is **fairly** *hot*.（このスープはほどほどに［十分に］熱い）
⎱This soup is **rather** *hot*.（このスープはかなり［過度に］熱い）

---

too, also, either; so, neither

❶　**too, also** は「～もまた…する」の意で肯定文に，**either** は「～もまた…しない」の意で否定文に用いる。also は動詞を修飾する場合ふつう中位に，too, either は後位に置きコンマで区切ることも区切らないこともあ

る。〔too の修飾関係については ⇨ p. 283 †〕

> If you go, I will go[,] **too**. （君が行くなら僕も行く）
> If you go, I will **also** go. （　　　　〃　　　　）
> If you do*n't* go, I wo*n't*[,] **either**. （君が行かないなら僕も行かない）
>> 〔= If you do*n't* go, **neither** will I.〕

* 「～も」には **as well** もよく用いる。also, too, as well のうち, also が最も堅く, as well が最もくだけた言い方である。

> Is he **also** coming? （彼も来るのだろうか）
> Is he coming **too**? / Is he coming **as well**?

❷ **so, neither** は前の文を受け, 文頭に置き, それぞれ「～もまた…する」,「～もまた…しない」の意で用いる。〔⇨ p. 163, 634〕

> He went there, and **so** did I. （彼はそこへ行ったが僕も行った）
>> 〔= He went there, and I went there[,] **too**.〕

> He did*n't* go there, and **neither** did I.
>> （彼は行かなかったし僕も行かなかった）
>> 〔= He did*n't* go there, and I did*n't*[,] **either**.〕

Yes : No

質問の形式にかかわりなく, 肯定内容の返事であれば Yes, 否定内容であれば No になる。否定疑問に対する答えの場合は, 日本語の「はい」「いいえ」と逆になるので注意する。〔⇨ p. 56〕

> Do you know it? （それを知っていますか）
> **Yes**, I do. （はい, 知っています）
> **No**, I don't. （いいえ, 知りません）

> Don't you know it? （それを知らないのですか）〔否定疑問〕
> **Yes**, I do. （**いいえ**, 知っています）
> **No**, I do*n't*. （**はい**, 知りません）

◈ したがって Yes, I do*n't*., No, I *do*. のように Yes のあとに否定, No のあとに肯定が続くことはないが, 次のように I do., I don't. に相当する部分が省略されている場合を混同しないようにする。

> Are you staying at home? — Yes, I *don't* feel like going out.
>> （家にいますか — ええ, 出かける気がしないのです）
>> 〔Yes, *I am.* I don't feel ... の I am の部分が表わされていない〕

重 要 問 題　　　　　　　　　　（解答 p. 695）

70. 各文のかっこ内の適当なものを選べ。
 (1) This problem is (very, much) easier than that.
 (2) I am (very, much) fond of oranges.
 (3) He is (very, much) the best scholar in Japan.
 (4) I found him there; he had arrived there a few days (ago, before).
 (5) She tried (hard, hardly) to persuade him to work (hard, hardly), but he (hard, hardly) listened to her.
 (6) When we set out at five in the morning, it was (already, still, yet) dark.
 (7) "There was no one there, was there?" "(Yes, No), I was alone."
 (8) The sun rises (sooner, earlier, faster) in summer than in winter.
 (9) The number of students who come (late, lately) has (late, lately) been increasing.
 (10) The lecture was (fairly, rather) boring.
 (11) She can speak English (fairly, rather) well.
 (12) (Most, Almost) critics spoke (high, highly) of the novel.
 (13) The books on the shelves were (most, mostly, almost) novels.
 (14) She seldom, if (any, ever, never, not, only), goes to church.
 (15) You must leave now; (instead, therefore, otherwise, accordingly), you will be late for your social studies class.

71. 各文の空所に入る適当な語を記せ。
 (1) He is old, indeed, but cannot be (　　) old to study.
 (2) He is not a poet, nor is he a philosopher, (　　).
 (3) The students did their best; (　　) did the teacher.
 (4) The students didn't do their best; (　　) did the teacher.
 (5) (　　) to his disappointment, she failed again.
 (6) How (　　) will the show begin? — It will begin in ten minutes.

(7) How (　　) are you going to stay here? — For a week.

(8) How (　　) does he come here? — He comes here once a week.

72. 次の各文の誤りを訂正せよ。

(1) There was scarcely no water in the jar.

(2) He did not go to the park; nor did I, too.

(3) She was so much excited that she couldn't hardly speak.

(4) She is very taller than her mother.

(5) It was the most serious crisis that she had never faced in her life.

(6) Never I have felt such a great disappointment.

(7) Here your bus comes.

(8) He put on his hat but took off it at once.

73. a), b) が似た意味を表わすように, 空所に適当な語を入れよ。

(1) a) Your English is very good.
   b) You speak English very (　　).

(2) a) It is probable that he will win.
   b) (　　) he will win.

(3) a) He dropped it by accident.
   b) He dropped it (　　).

(4) a) He will come before long.
   b) He will come (　　).

(5) a) It is not light yet.
   b) It is (　　) dark.

(6) a) He hardly ever goes there.
   b) He (　　) goes there.

(7) a) He was (　　) stupid as to make such a mistake.
   b) He was stupid (　　) to make such a mistake.

(8) a) I have never seen such beautiful scenery.
   b) This scenery is as beautiful as any that I have (　　) seen.

(9) a) The problem still remains unsolved.
   b) The problem is (　　) to be solved.

(10)　a)　He is above asking such questions.

　　　b)　He is （　　） proud to ask such questions.

74.　かっこ内の語を正しく並べかえよ。

(1)　He is （kind / very / a） boy.

(2)　He is （kind / such / a） boy.

(3)　He is （honest / too / a） boy to tell a lie.

(4)　He is （brave / as / a） man as ever lived.

(5)　You can't imagine （kind / how / a） boy he is.

(6)　He went skating （last week / on the river / every day）.

(7)　Please come （tomorrow morning / at Kanda / at nine / to my office）.

(8)　He slept （this afternoon / soundly / two hours / in bed / nearly）.

75.　下線で示された語に注意して，各文を訳せ。

(1)　a)　He tried <u>hard</u> to solve the problem.

　　　b)　He <u>hardly</u> tried to solve the problem.

(2)　a)　Has the bell rung <u>yet</u>?

　　　b)　Has the bell rung <u>already</u>?

(3)　a)　He is <u>not a little</u> tired.

　　　b)　He is <u>not a bit</u> tired.

(4)　a)　<u>Nearly</u> everybody fainted.

　　　b)　Everybody <u>nearly</u> fainted.

(5)　a)　He is <u>only</u> a child.

　　　b)　He is an <u>only</u> child.

　　　c)　He is the <u>only</u> child.

(6)　a)　<u>Only</u> I like her.

　　　b)　I <u>only</u> like her.

　　　c)　I like <u>only</u> her.

(7)　a)　He expressed his thanks <u>naturally</u>.

　　　b)　He expressed his thanks, <u>naturally</u>.

(8)　a)　She spoke to me <u>kindly</u>.

　　　b)　She <u>kindly</u> spoke to me.

第 11 章

比　　較

　形容詞と副詞には，その表わす性質・数量・態様などの程度の比較を表わす形式があり，これを**比較**（Comparison）といい，次の三つの**級**（Degree）がある。

(1) **原級**（Positive Degree）…… 形容詞・副詞のそのままの形で，他者との比較は表わさない。

〔形容詞〕He is **rich**.

　　　　　She is **beautiful**.

〔副　詞〕He ran **fast**.

　　　　　She drove **slowly**.

(2) **比較級**（Comparative Degree）…… 二者について，一方が他方より程度が高いことを表わす形。「原級＋-er」または「more＋原級」で表わす。

〔形容詞〕He is **richer** than you〔are〕.

　　　　　She is **more beautiful** than her sister〔is〕.

〔副　詞〕He ran **faster** than I〔did〕.

　　　　　She drove **more slowly** than they〔did〕.

(3) **最上級**（Superlative Degree）…… 三者以上について，程度が最も高いことを示す形。「原級＋-est」または「most＋原級」で表わす。

〔形容詞〕He is the **richest** of them.

　　　　　She is the **most beautiful** of them.

〔副　詞〕He ran **fastest** of us.

　　　　　She drove **most slowly** of all.

第1節　比較変化

比較変化には規則比較変化（Regular Comparison）と不規則比較変化（Irregular Comparison）とがある。

§122.　規則変化

比較級を「原級＋-er」または「more＋原級」で，最上級を「原級＋-est」または「most＋原級」で表わすものを規則変化という。

《比較級・最上級の形についての基本事項》

形容詞	① 1音節語	-er, -est を付ける：　rich — richer — richest
	② 2音節語	〔a〕-er, -est と more, most の両方： common — commoner（ more common ）— com-monest（ most common ） 〔b〕more, most のみ： honest — more honest — most honest
	③ 3音節語	more, most：natural — more natural — most natural
副詞	〔a〕-ly で終る副詞 — more, most： 　　　　　slowly — more slowly — most slowly 〔b〕形容詞と同形の副詞 — -er, -est：　fast — faster — fastest	

■　**1 音節語**には -er, -est を付ける。[†]

deep — deeper — deepest　　young — younger — youngest [††]

〔その他：clean, cold, long, sad, tall, wide, *etc.*〕

◈　-er, -est を付けるとき，次のような場合に注意する。

❶　-e で終る語には，-r, -st だけ付ける。

true — truer — truest　　free — freer — freest

❷　「短母音＋子音字」で終る語は，その子音字を重ねる。

[†]　1音節語でも like, real, right, wrong, whole などは，ふつう -er, -est の形は用いない。

[††]　-er, -est を付けたときの，次の二つの場合の語尾の発音の変化に注意。

① [ŋ] が [ŋg] になる：young [jʌŋ] — younger [jʌ́ŋgər] — youngest [jʌ́ŋgist]

② [r] が発音される：near [niər] — nearer [níərər] — nearest [níərist]

　　　hot — hot**ter** — hot**test**　　thin — thin**ner** — thin**nest**
　　ただし，㋑子音字が二つ，㋺母音字が二つ，㋩アクセントのない場
　合には，子音字は重ねない。
　　　㋑ thick — thick**er** — thick**est**　　㋺ deaf — deaf**er** — deaf**est**
　　　㋩ stúpid — stupid**er** — stupid**est**
❸　「子音字＋y」で終る語は y を i に変えて，-er, -est を付ける。
　　　easy — eas**ier** — eas**iest**　　heavy — heav**ier** — heav**iest**
　　　（ただし，shy — sh**ier** *or* sh**yer** — sh**iest** *or* sh**yest**）
　　「母音字＋y」で終る語はそのまま -er, -est を付ける。
　　　gay — gay**er** — gay**est**
❹　-l で終る語は《英》では l を重ね，《米》では重ねない。
　　　cruel — cruel[l]er — cruel[l]est
2　**2音節語**はすべて more, most の形を用いることができるが，大別すれ
　ば：
　　〔a〕（more, most の形とともに）-er, -est の形がよく用いられる語。
　　〔b〕more, most の形だけ用いられる語。
〔**a**〕**-y, -le, -ly, -ow, -er** で終る語。
　　　happy — happ**ier** — happ**iest** 〔busy, easy, early, *etc.*〕
　　　noble — nobl**er** — nobl**est** 〔gentle, humble, simple, *etc.*〕
　　　lovely — lovel**ier** — lovel**iest** 〔friendly, lively, lonely, *etc.*〕
　　　narrow — narrow**er** — narrow**est** 〔shallow, hollow, yellow, *etc.*〕
　　　clever — clever**er** — clever**est** 〔bitter, slender, tender, *etc.*〕
　　　＊　この中で，-er, -est の形を最も多く用いるのは -y で終る語である。
　　　　　〔上例以外の主な語：funny, lucky, merry, pretty, silly, *etc.*〕
　　　＊　-ly で終る語は，上に示したような形容詞〔⇨ p. 282〕の場合に対して，
　　　　　副詞〔⇨ p. 280〕の場合は（後に記すように）more, most を用いる。
　　◈　（その他の語尾をとる）次のような語も，-er, -est と more, most の
　　　両方の形を用いるが，概して more, most を多く用いる傾向がある。
　　　　cruel, common, handsome, mature, severe, sincere,
　　　　obscure, pleasant, polite, profound, stupid, wicked, *etc.*
〔**b**〕**-ful, -ish, -al, -ic, -ous, -less** などで終る語。
　　　careful — **more** careful — **most** careful
　　　　　cheerful, useful / foolish, boyish / global, moral /

public, tragic / famous, anxious / careless, hopeless

◉　その他，次のような語尾の語も more, most の形だけが用いられる：

active, passive; childlike; exact, patient; complex

3　**3音節以上の語**には more, most を用いる。

difficult — more difficult — most difficult

ただし，3音節語でも，-er, -est を付ける二音節語に接頭辞が付いた語
では，-er, -est を付ける。

unhappy — unhappier — unhappiest

4　**分詞形容詞**〔⇨ p. 431〕と**叙述的にのみ用いる形容詞**（afraid, awake,
etc. ⇨ p. 257）は more, most を用いる。

tired — **more** tired — **most** tired

interesting — **more** interesting — **most** interesting

afraid — **more** afraid — **most** afraid

5　**複合語**の形をした形容詞

①　第1要素が変化するもの：

well-known（有名な）— **better**-known — **best**-known

②　more, most を用いるもの：

up-to-date（最新の）— **more** up-to-date — **most** up-to-date

③　後の要素が変化するもの：

blood-thirsty（残忍な）— blood-thirsti**er** — blood-thirsti**est**

|副詞の場合|　　　次の二つが区別される。

〔a〕　ふつうは more, most を用いる。

busily — **more** busily — **most** busily

carefully — **more** carefully — **most** carefully

〔b〕　形容詞と同形の副詞〔⇨ p. 279〕は，-er, -est の形をとる。

hard — hard**er** — hard**est**　　early — earl**ier** — earl**iest**

〔その他：fast, high, late, long, low, near, soon, *etc.*〕

＊　**often** は often**er** より，**more** often, **most** often を多く用いる。

＊　**early** は形容詞・副詞同形語であって，-ly は副詞語尾ではない。

＊　**-ly** が付いた形と付かない形の両方が副詞として用いられる語〔Come **quickly**.
= Come **quick**.〕〔⇨ p. 281〕は，ふつう二通りの形が用いられる。

$\begin{cases} \text{quickly — more quickly — most quickly} \\ \text{quick — quicker — quickest} \end{cases}$

§123. 不規則変化

　不規則変化をする語は次の通りであるが，形容詞・副詞のいずれにも用いられるものや，二つの異なった形を持つものがあるので注意しなければならない。

〔原級〕　　　　　　　　　〔比較級〕　　　　〔最上級〕

good （〔形〕よい）
well { （〔形〕元気な）/ （〔副〕よく） } better　　　　best

bad （〔形〕悪い）
ill （〔形〕病気の）
badly （〔副〕ひどく） } worse　　　　worst

many 〔形〕多数の）
much { （〔形〕多量の）/ （〔副〕とても） } more　　　　most

little { （〔形〕少量の）/ （〔副〕少し） } less （lesser*）　least

old { （〔形〕古い，年とった）/ （〔形〕年上の） } { older　oldest 〔新旧・老若〕/ elder　eldest 〔(家族の)長幼〕

late （〔形〕遅い〔副〕遅く） { later　latest 〔時間〕/ latter　last 〔順序〕

far （〔形〕遠い〔形〕遠く） { farther　farthest 〔距離〕/ further　furthest 〔程度・距離〕

＊　lesser は little の「小さい」という意味での比較級：
　　lesser nations （弱小国家）

§124. 注意すべき不規則変化語

❶ **older, oldest : elder, eldest**
　older, oldest は一般に「年とった（↔ young）；古い（↔ new）」の意味の比較級・最上級であるが，**elder, eldest** は家族について「年上」の意を表わす。ただし，elder, eldest は，ふつう，主に《英》や改まった表現で用いられるとされており，一般には，特に《米》や口語ではふつう older, oldest が用いられ，《英》でも同じ傾向にある。

his **oldest** (*or* **eldest**) son (daughter) (彼の長男 [長女])
the **oldest** boy (girl) (一番年上の少年 [少女])
the **oldest** building in the town (町で一番古い建物)

　elder は，名詞の前に置かれる "限定" 用法〔⇨ p. 257〕しかないので，than 〜 の形で比較対象を示すことはない。

My **older** (*or* **elder**) brother is five years **older** (×**elder**) than
　my younger brother. (兄は弟より五つ年上です)
The **older** student is taller than the younger student.
　　　　　　(その年上の学生のほうが若いほうの学生より背が高い)

＊　名詞が省略された表現においても同じように区別される。

the **older** (*or* **elder**) of their two sons
　(彼らの二人の息子のうち年上のほう)
the **older** of the two boys (二人の少年のうち年上のほう)

＊　one's **elder** は名詞で「年上の人」の意。〔= one's **senior** ⇨ p. 319〕

《堅》 She is six years **my elder**. = She is **my elder** by six years.
《口》 She's six years **older than me**. = She's **older than me** by six
　　　years. (彼女は私より6歳年長です / 彼女は僕より六つ年上だ)

◈　くだけた口語などで，**oldest** が「**二者の比較**」について用いられることがある。次のような例が，あとの意味で用いられることがある。

　　(a)　Who is [the] **oldest**?
　　　　(だれがいちばん年上なの // どっちが年上なの)

　　(b)　my **oldest** (**youngest**) daughter
　　　　(私のいちばん年上 [年下] の娘 // 私の上 [下] のほうの娘)

＊　「最上級」が二者について用いられる場合については〔⇨ p. 641〕

❷　**later, latest : latter, last**
　later, latest は「時間」について，**latter, last** は「順序」について用い，latter (後者の) 以外は形容詞・副詞のいずれにも用いられる。それぞれ，その反対語を考えてみると意味が区別しやすい。

　　　　　　later ↔ earlier　　　　**latter** ↔ former (前者の)
　　　　　　latest ↔ earliest　　　**last** ↔ first

He arrived **later** than the others. (彼は他の者より遅く着いた)
He arrived **latest** of all. (彼は皆の中で一番遅く着いた)
He arrived **last**. = He was the **last** to arrive. (彼は最後に着いた)

◈ **later** は，過去（または未来）のある時点からみた「その〜後」の意で用いるが，「今から〜後」という場合には用いない。

$\begin{cases} ○ \text{He came back three days \textbf{later}.} \quad (\text{その三日後に戻ってきた}) \\ × \text{Please come back three days \textbf{later}.} \quad (\text{三日後に戻ってきてね}) \end{cases}$

〔→ ... **in** three days / ... three days **from now**〕

ただし，現在を基準にして，数詞を伴わないで「あとで」の意では用いる。

[I'll] see you **later**. （あとでまた［会いましょう］/ またね）

◈ **latest** には「最近の，最新の」の意も，**last** には「この前の」の意もある。

$\begin{cases} \text{his \textbf{later} works} \quad (\text{彼の後年の作品}) \\ \text{his \textbf{latest} work} \quad (\text{彼の最近作}) \\ \text{his \textbf{last} work} \quad (\text{彼の最後の作品；彼のこの前の作品}) \end{cases}$

$\begin{cases} \text{\textbf{last} week} \quad (\text{先週}) \text{〔\textit{cf.} the \textit{previous} week （その前の週）} ⇨ \text{p.563〕} \\ \text{the \textbf{last} week} \quad (\text{ここ 1 週間［7 日］}), \text{〔= the \textit{past} week〕} \end{cases}$

❸ farther : further

farther は「距離」について「もっと遠い（遠く）」の意で，further は「程度」について「その上［の］，さらに（= more）」の意で用いるのを原則とするが，further を距離について用いることも（特に《英》で）多い。

$\begin{cases} \text{the \textbf{farther} shore (side)} \quad (\text{向う岸［側］}) \quad\quad\quad\quad\quad 〔形容詞〕 \\ \text{\textbf{further} examples (information)} \quad (\text{もっとほかの例［情報］}) \end{cases}$

$\begin{cases} \text{I'm so tired that I can't go any \textbf{farther}} \ (\textit{or} \ \textbf{further}). \quad 〔副詞〕 \\ \quad (\text{私はとても疲れているのでこれ以上進めない}) \\ \text{I refuse to discuss this matter any \textbf{further}.} \\ \quad (\text{これ以上この問題を論じるのはごめんだ}) \end{cases}$

* 一般に，「距離」よりも「（広い意味での）程度」について述べることが多いこともあり，**farther** よりも **further** のほうがよく用いられる。次の例では，原級の far に対して，比較級は（farther も可能であるが）further の使用が慣用的にほぼ固定している。

$\begin{cases} \text{This is \textbf{far} from the truth.} \ (\text{これは真実からほど遠い}) \\ \text{Nothing could be \textbf{further} from the truth.} 〔... than this が省略〕 \\ \quad (\text{これほど真実からほど遠いことはないだろう}) \end{cases}$

❹ more : less : fewer

more は many, much の比較級であるので「数」「量」いずれにも用いるが，less は little の比較級であるから「量」について用い，「数」については fewer を用いるのを原則とする。†

{ He has **more** money (books) than I.
{ He has **less** money than I. (彼は私より少ししか金を持っていない)
{ He has **fewer** books than I. (彼は私より少ししか本を持っていない)

You ought to smoke **fewer** *cigarettes* and drink **less** *beer*.
　　　(君は吸うたばこの<u>数</u>と飲むビールの<u>量</u>を減らすべきだ)

◍　ただし，現代英語では，可算名詞についても fewer の代わりに less
を用いる傾向がある。(文法書によっては few の比較級に fewer と less
の両方を示しているものもある) 特に口語では less が多く用いられる。

{ She's got **less** *friends* than me. 　〔口語〕〔have got《口》 = have〕
{ She has **fewer** *friends* than I〔do〕.〔正式〕

　　　(彼女には友達が私より少ししかいない)

There are **fewer** (*or* **less**) opportunities for young people nowa-
days. (今日若者は以前より機会に恵まれない)

　＊　**no more** (**less**) **than** ～ については〔⇨ p. 323〕

◍　次のように時間・距離・金額・目方などを表わす数値を伴う場合は
fewer than ～ ではなく less than ～ がふつう。

That cost me **less** than *five pounds*.
　　　(それは 5 ポンドもしなかった)

He was abroad for **less** than *three weeks*.
　　　(彼は外国に 3 週間も滞在していなかった)

§125. ラテン比較級

次のような語はラテン語に由来する語で，比較級の意味を表わし，ラテン
比較級 (Latin Comparative) と呼ばれる。　〔⇨ p. 319〕

{ senior (年上の)　　　　　　{ superior (優れた)〔⇨ p. 640〕
{ junior (年下の)　　　　　　{ inferior (劣った)
{ major (大きいほうの)　　　{ prior (前の；優先する)
{ minor (小さいほうの)　　　{ posterior (後の)

---

†　**more, less** は形容詞・副詞のいずれにも用いられるので，次のような場合には二
　通りの修飾関係が成り立つ。

　　He was faced with **more** difficult problems.
　　　(a)　「彼はもっと困難な問題に直面した」〔difficult を修飾する副詞〕
　　　(b)　「彼は**さらに多くの**困難な問題……」〔problems を修飾する形容詞〕

第 2 節　比較形式・構文

比較を表わす文には，原級・比較級・最上級を用いた三つの場合があるが，比較形式からみると，優勢・劣勢・同等・不等の四つが区別される。

〔A〕　**比較構文**

(1)　原 級 構 文 ：　This is **as** *important* **as** that.

　　　　　　　　　　This is not **as** (*or* **so**) *important* **as** that.

(2)　比較級構文 ：　This is **more** *important* **than** that.

　　　　　　　　　　This is **less** *important* **than** that.

(3)　最上級構文 ：　This is the **most** *important* **of** all.

　　　　　　　　　　This is the **least** *important* **of** all.

〔B〕　**比較形式**

(1)　優勢比較（Comparison of Superiority）：

　　　　　　　　　　　　This is **more** *important* **than** that.

(2)　劣勢比較（Comparison of Inferiority）：

　　　　　　　　　　　　This is **less** *important* **than** that. †

(3)　同等比較（Comparison of Equality）：

　　　　　　　　　　　　This is **as** *important* **as** that.

(4)　不等比較（Comparison of Inequality）：

　　　　　　　　　　　　This is **not as** (*or* **so**) *important* **as** that. †

§126.　原級構文

１　肯定文（二者の程度が同じであることを表わす**同等比較**）は **as ～ as** で表わされ，否定文（程度が同じでないことを表わす**不等比較**）は **not as ～ as, not so ～ as** で表わされる。〔⇨ p. 634〕

This bridge is **as** *long* **as** that.（この橋はあの橋と同じ長さだ）

　　〔= This bridge is *the same length as* that.〕

---

†　**less** は単音節の形容詞などに用いるといくぶん不自然になることもある。一般に「A は B より（B ほど）〜でない」の意を表わすのに，**less ～ than ...** はやや正式な堅い言い方で，**not as** (**so**) **～ as ...** のほうがくだけて口語的。したがって

　　He is **less** rich **than** you. とするより

　　He is **not as** (**so**) rich **as** you. とすることが多い。

He is **not as** (*or* **so**) *diligent* **as** he used to be. †

　　　（彼は以前のようには勤勉ではない）

* **as** ～ **as** ... は「…と同じくらい～」の意から「…に劣らず～」(= no less
　～ than ...), 「…ほども～」の意味に通じる。

　　She is **as** beautiful **as** her sister.（彼女は姉に劣らず美しい）

　　〔= She is **no less** beautiful **than** her sister.〕

2　原級比較は**同一人物の異なった性質**についても用いられる。

She is **as** *wise* **as** 〔she is〕 *fair*.

　　　　（彼女は美しいのに劣らず賢い／彼女は才色兼備だ）

He is **not so** *honest* **as** he is *clever*.

　　　　（彼は頭の良さにくらべ正直でない）

3　**as** ～ **as** の形式が強意的に, 慣用的な比喩表現で用いられるものがある。

The two sisters are **as** *like* **as** *two peas*.（その姉妹は瓜二つだ）

He is **as** *poor* **as** *a church mouse*.（彼は赤貧洗うがごとしだ）

　　これらは**直喩**（Simile [síməli]）と呼ばれるが, 次のようなものがその
主な例である。〔⇨ p. 634〕

　　　　　　as busy *as* a bee（ハチ）　　　　　　（とても忙しい）

　　　　　　as cool *as* a cucumber（キュウリ）　　（非常に冷静な）

　　　　　　as cunning *as* a fox（キツネ）　　　　（ひどくずる賢い）

　　　　　　as proud *as* a peacock（クジャク）　　（誇らしげな, 得意げな）

　　　　　　as quick *as* a flash（閃光(せんこう)）　　（間髪を入れず, 即座に）

4　比較表現は省略形式をとることが多いが, 次のような場合に比較対象を
区別しなければならない。

　⎰Hé likes her as much as yóu 〔do〕. ††

　　　　（彼は君〔が彼女を愛するの〕と同じくらい彼女を愛している）

　⎱He likes hér as much as 〔he likes〕 yóu.

　　　　（彼は君〔を愛するの〕と同じくらい彼女を愛している）

---

†　**as** ～ **as** の否定は, ① not **as** ～ as　② not **so** ～ as がほぼ同様に用いられる
　が, 概して①のほうが口語的で, 場合により②のほうが強意的（そんなには～でな
　い）である。

††　than の場合〔⇨ p. 317〕と同じく, as のあとの代名詞は, 主格・目的格のいずれ
　も用いられる。主格のほうが正式, 目的格のほうは口語的。〔⇨ p. 138〕

　⎰She is *as* tall *as* **I** 〔am〕.　　　⎰He works *as* hard *as* **she** 〔does〕.

　⎱She is *as* tall *as* **me**.　　　　　⎱He works *as* hard *as* **her**.

原級を用いる重要表現

❶ **as 〜 as ... can, as 〜 as possible**「できるだけ〜」の意を表わす。
Read *as* many good books *as* you *can*.
　　　　（良い本をできるだけ多く読みなさい）
Read *as* much *as possible*.（できるかぎりたくさん読書しなさい）

❷ **as 〜 as any ..., as 〜 as ever ..., as 〜 as ... can be** それぞ
れ「どんな…にも劣らず〜（→いちばん〜）」「…したことのあるどんなも
のにも劣らず〜（→この上なく〜）」「…のできうるかぎり（→最高［度］
に）」の意味から，（最上級と同じではないが）最上級に通じる強意表現と
して用いられる。
He is *as* brave *as any* man alive.（彼はこの上なく勇敢だ）
　　〔→ He is the bravest of all men alive.〕
He is *as* great a man *as ever* lived.（古今に類のない偉大な人間だ）
　　〔→ He is the greatest man who (*or* that) ever lived.〕
The weather was *as* fine *as could* be.　　　　　　　〔⇨ p. 635〕
　　　　（天気はこの上なくよかった）

❸ **― times as 〜 as ...**「…の ― 倍〜」という意味の**倍数比較**を表わ
す。〔⇨ p. 269〕
He has three *times as many* books〔*as much* money〕*as* I do.
　〔= He has three *times more* books〔*more* money〕*than* I do.〕
　　　　（彼は私の 3 倍本〔金〕を持っている）

❹ **as many as 〜, as much as 〜** それぞれ「数」と「量」について
「〜も〔たくさん〕」の気持ちを表わす。
He made *as many as* ten mistakes.（彼は十も間違いをした）
He spent *as much as* ten dollars on it.
　　　　（彼はそれに 10 ドルも使った）
●次のような文では「〜しただけ〔すべて〕」の意を表わす。
He welcomed *as many* people *as* came.〔= all the people who came〕
　　　　（彼は来た人をすべて歓迎した）
He spent *as much* money *as* he earned.
　　〔= all the money that he earned〕
　　　　（彼はかせいだだけの金を全部使った）

❺ **as good as ～**　(a)「～も同然」(b)「～をよく守る」

He is *as good as* dead.（彼は死んだも同然だ）

〔= He is *all but* dead. / He is *almost* dead.〕

He is *as good as* his word.（彼は約束を必ず守る）

〔= He always keeps his promise.〕

❻ **～ as well as ...**　(a)「…と同じくらいじょうずに～」　(b)「…ばかりでなく～も」(= not only ... but also ～)

She speaks English *as well as* her teacher.

（彼女は先生と同じくらいじょうずに英語を話す）

He has experience *as well as* knowledge.（知識だけでなく経験もある）†

〔= He has *not only* knowledge *but also* experience.〕

＊　A *as well as* B は A に重点が置かれる表現なので，言い換えた文では *not only* B *but also* A となり A, B の順序が逆になることに注意。

❼ **not so much** A **as** B「(B であるほどには A ではない→) A というよりもむしろ B」(= B rather than A / less A than B)〔⇨ p. 324, 638〕

He is *not so much* a scholar *as* a journalist.

〔= He is a journalist *rather than* a scholar.〕

（彼は学者というよりむしろジャーナリストだ）

❽ **without so much as ～**「～さえしないで」(= without even ～)

She went out *without so much as* looking at him.

（彼女は彼に見向きもしないで出て行った）

❾ **not so much as** (do)「～すらしない」

He can*not so much as* write his own name.

（彼は自分の名前を書くことさえできない）

❿ He **went so far as to** hit her.（彼は彼女をなぐるような［極端な］ことまでした；彼は彼女をなぐりさえした）

---

†　次のような文では，**as well as** は二通りに解釈できる。

　　She speaks French *as well as* English.

　　(a)　「彼女は英語と同じくらいじょうずにフランス語を話す」

　　　　〔= She speaks French as well as *she does* English.〕

　　(b)　「彼女は英語と同じくフランス語も話す」

　　　　〔= She speaks not only English but also French.〕

　　(a) の意味では (b) の場合よりも well に強い強勢が置かれる。

§127. 比較級構文

1　二者のうち一方が他方より程度が大きいことを表わす**優勢比較**は「比較級＋than」で表わし，程度が小さいことを表わす**劣勢比較**は「less＋原級＋than」で表わす。次の文はいずれも「この問題はあの問題よりもむずかしい」という意味関係を表わすことになる。

This problem is **more** difficult **than** *that*.　〔比較級構文, 優勢比較〕
That problem is **less** difficult **than** *this*.　〔比較級構文, 劣勢比較〕
That problem is **not** as (*or* so) difficult as *this*.〔原級構文, 不等比較〕

2　**other, else** を用いる場合

　限定された範囲内で，あるものと，それ以外のすべてのものを比較する場合は，原則的に other, else の要素を必要とする。〔原級比較でも同じ〕

He is taller than any **other** boy (*or* anyone **else**) in the class.
He is taller than all the **other** boys in the class.
No **other** boy (*or* No one **else**) in the class is taller than he [is].
No **other** boy in the class is as (*or* so) tall as he [is]. †
　　（彼はクラスの他のだれよりも背が高い）

cf.　(a)　No **other** mountain in Japan is higher than Mt. Fuji.
　　　(b)　No mountain in Japan is higher than Mt. Everest.

　(a) は日本の山である富士山を，日本の<u>他</u>の山と比較しているので other が必要であるが，(b) は日本の山でないエベレスト山を，日本の山と比較しているので other は不要である。同様に：

　(a)　Tokyo is larger than any **other** city in Japan.
　(b)　Tokyo is larger than any city in France.

＊　ただし，否定詞を文頭に置いた形で，具体的に範囲を限定する表現がなく，一般的にいう場合は other, else は付けない。

　　Nothing is more precious than time.（時間ほど貴重なものはない）
　　　cf. Time is more precious than anything **else**.
　　No girl is sweeter than Jane.（ジェインほど優しい子はいない）

---

†　口語的には，このような other と else を表わさない形も用いられる。
　No [*other*] city in the United States is larger than New York.
　Dick is lazier than anyone [*else*] in the class.
　（ディックはクラスの［他の］だれよりもなまけ者だ）

3　**比較級に the が付く場合**

　(a)「(一方)は(他方)よりも〜」の形式では比較級に the は付かない
が，(b)「(二者)のうち(一方)のほうが〜」の形式で表わす場合は，
「the＋比較級＋of」と the が付くのがふつうである。

{
　(a)　She is *taller* and *more beautiful* **than** her sister.
　　　　　(彼女は妹よりも背が高く美しい)
　(b)　She is **the** *taller* and **the** *more beautiful* **of** the two sisters.
　　　　　(その二人の姉妹のうち彼女のほうが背が高く美しい)
}

4　**比較表現と代名詞の格**

　比較表現においては than の後の動詞部分が省略されることが多いが，
その場合，代名詞の格が区別されなければならない。

{
　(a)　He's richer than **I** [*am*]. / I came earlier than **he** [*did*].
　(b)　He's richer than **me**. / I came earlier than **him**.
}

　原級比較 (as 〜 as) の場合〔⇨ p. 138, 313 †〕と同じく，比較級比較
においても (a) のように**主格**を用いるのは正式な改まった形である。
than はもちろん接続詞である。(b) のように**目的格**を用いるのはくだけ
た口語的な形であるが，この場合 than は前置詞として目的格を伴った形
式と解されることもある。

◈　次のような文では (a)，(b) 二通りの異なった文意が成り立つ。

　　You gave me more than **him**.

　　　(a)　「君は彼によりも僕にたくさんくれた」
　　　　　　〔= You gave me more than you gave **him**.〕
　　　(b)　「君は彼がくれたよりもたくさん僕にくれた」
　　　　　　〔= You gave me more than **he** gave me.〕

5　**比較される対象は構文上，対等のものでなければならない。**〔⇨ p. 636〕

{
It is warmer *here* than *Tokyo*.　　　　　　　　　　〔誤〕
It is warmer *here* than **in** *Tokyo*.　　　　　　　　〔正〕
}
　　　　　(ここは東京より暖かい)

　この文は It is warmer here (i.e. in Nagasaki, *etc*.) than *it is* in To-
kyo. の it is が省略された形で here は副詞であり，Tokyo は名詞であるか
ら上の文は in Tokyo と副詞(句)にし，対等のものにする。

{
The climate of Tokyo is milder than Sapporo.　　　〔誤〕
The climate of Tokyo is milder than **that of** Sapporo.〔正〕
}

　　比較されているのは「東京の気候」と「札幌」ではなく，東京と札幌両
者の「気候」であるから，the climate of を表わす that of が必要。

6　**比較対象が，文脈上明らかな場合，省略されることがある。**

She has never been happier [*than she is now*].
　　〔= She has never been so happy [*as she is now*].〕
　　　（彼女はこんなに幸福だったことはない）

I have never seen a larger dog [*than this one*].
　　　（こんなに大きい犬を見たことがない）

I could have done better [*than you* (or *he, etc.*) *did*].
　　　（ぼくがやったらもっとうまくできただろう）

I couldn't love anyone more [*than I love her*]. （これ以上に人を愛する
　　　ことはできないだろう [この上なく彼女を愛している]) †

7　**同一人（物）についての比較**

　　同一人（物）が持つ異なる性質の程度を比較する場合は，-er, -est を付
けて比較級・最上級をつくる形容詞でも「more ＋原級」の形式を用いる。

She is **more shy** than *gentle*. （おしとやかというより，はにかみ屋）
　　〔= She is shy rather than gentle.〕　　　　　　　　〔⇨ p. 637〕

cf. {He is **more wise** than *clever*. 〔同一人物の性質の比較〕
　　　{He is **wiser** than his brother.　〔他者との比較〕

8　**比較級を強める場合**

　　原級を強めるときは **very** （とても）を用いるが，比較級には **much**
（ずっと）を用いる。〔⇨ p. 293〕　その他，**a lot** 《口》, **far, by far** （はる
かに），**still** （さらに），**even** （なおいっそう）などを用いる。〔⇨ p. 639〕

This matter is **much** （**far**）*more important* than that.
　　　（この問題はその問題よりずっと[はるかに]重要だ）

I spend **a lot** *less* than her. 〔= She spends **a lot** *more* than me.〕
　　　（僕は彼女よりずっとわずかしか金を使わない）

Tom is taller than Jim, but Sam is **even** *taller* than Tom.
　　　（トムはジムより背が高いが，サムはトムよりなお高い）

───────────────────────────

†　**love** を強める副詞は原級・比較級・最上級とも much, more, most であるが，**like**
は原級に much, 比較級に better, 最上級に best を用いるのがふつうである：I like
apples very **much**. / I like apples **better** than oranges. / I like apples **best**.

9　程度の差異の表わし方

比較した程度の差異を「数詞＋名詞」で表わす場合，次の形をとる。

$\begin{cases} \text{He is } \textit{three inches} \text{ taller than you. （彼は君より 3 インチ背が高い）} \\ \text{He is taller than you } \textbf{by } \textit{three inches}. \end{cases}$

10　**other, rather** の後では比較級と同様に than を用いる。　　　　〔⇨ p. 639〕

I have no *other* dictionary *than* this. （これ以外に辞書がない）

I would *rather* starve *than* steal. （盗むより餓死したほうがましだ）

＊　**no other ... than** と **no ... but** の相関用法を区別する。

$\begin{cases} \text{I have } \textit{no other} \text{ friend } \textit{than} \text{ you.} \qquad \text{（君以外に友達はいない）} \\ \text{I have } \textit{no} \text{ friend } \textit{but} \text{ (= except) you.} \qquad （\qquad〃\qquad） \end{cases}$

§128.　ラテン比較級構文

ラテン比較級〔⇨ p. 311〕には than ではなく to を用いる。たとえば「彼は私より三つ年上＝私は彼より三つ年下」の関係は次のように表わせる。

$\begin{cases} \text{He is three years } \textit{older than I}. & 〔ふつうの比較級構文〕 \\ \text{He is three years } \textbf{senior to } \textit{me}. & 〔ラテン比較級構文〕 \\ \text{He is three years } \textit{my } \textbf{senior}. & 〔senior は名詞（年上の人）〕 \end{cases}$

$\begin{cases} \text{I am } \textit{younger than he} \text{ by three years.} & 〔ふつうの比較級構文〕 \\ \text{I am } \textbf{junior to } \textit{him} \text{ by three years.} & 〔ラテン比較級構文〕 \\ \text{I am three years } \textit{his } \textbf{junior}. & 〔junior は名詞（年下の人）〕 \end{cases}$

◈　なお，ラテン系の動詞 **prefer** とその形容詞 **preferable** にも to を用いる。†

$\begin{cases} \text{I like tea } \textit{better than} \text{ coffee. （コーヒーより紅茶が好きだ）} \\ \text{I } \textbf{prefer} \text{ tea } \textbf{to} \text{ coffee.} \\ \text{Tea is } \textbf{preferable to} \text{ coffee.} \qquad\qquad\qquad 〔⇨ p. 640〕 \end{cases}$

§129.　絶対比較級

特定のものを比較の対象とせず，ばく然と程度が高いほうを表わす比較級を**絶対比較級**（Absolute Comparative）という。次のようなものがその主な

---

†　**prefer** が動名詞・不定詞を目的語とする場合の構文：

I *prefer* standing *to* sitting. （座るより立っているほうがいい）　　　　〔正〕

I *prefer* to stand *to* to sit. / I *prefer* to stand *than* to sit.　　　　〔誤〕

I *prefer* to stand *rather than* to sit.　　　　〔正〕

例であるが, 日本語では「どちらかといえば〜のほうの」の意味をいちいち訳文に表わさず, 原級と同じような訳にしておくことが多い。†

higher education（高等教育）	the *greater* part（大部分）
the *lower* animals（下等動物）	the *weaker* sex（女性）††
the *higher* classes（上流階級）	the *younger* generation（青年層）

The **better** stores are located on Crestway Avenue.
　　　　（高級店はクレストウェイ通りにある）

He lived in one of the **poorer** sections of the city.
　　　　（彼はその町の貧しい地区の一つに住んでいた）

比較級を用いる重要表現

❶ 「**the**＋比較級 〜, **the**＋比較級 …」「〜すればするほど…」の意を表わし, **比例比較級**（Comparative of Proportion）とも呼ばれる。〔⇨ p. 235〕

　この文は, ふつう従節が前に置かれるが, 主節が前に出ることもあり, その形では主節の the はしばしば省略される。

> **The older** he grew, **the poorer** his memory became.
> 　　〔従節〕　　　　　　　〔主節〕
>
> His memory became ［**the**］ **poorer**, **the older** he grew.
> 　　　〔主節〕　　　　　　　　〔従節〕

　　　　（年をとればとるほど彼の記憶力は衰えた）

＊　従節の the は「〜する（だけの）程度まで」(to the degree that 〜) の意を表わし, ふつう**関係副詞**とみなされるが, また従節を導く**接続詞**としての働きが認められることもあり, この the の用法の特定にはこだわる必要はない。しかし, **主節の the** は「それだけ…」(to that degree; by so much) の意を表わす**指示副詞**であることは, 十分理解しておく必要がある。

◈　この表現は省略構文をとることも多い。

The sooner, the better.（早ければ早いほどよい）

The more haste, **the less** speed.（急がば回れ）

---

†　(a)　**young** teachers（若い先生）
　　(b)　teachers **younger** than he（彼より若い先生）
　　(c)　**younger** teachers（若いほうの先生, 若手の先生）
　　(a) は文字通り「若い」先生。(b) は特定の比較対象をもつ普通の比較級。(c) はばく然と二分して「年とったほうの先生」に対していう絶対比較級。
††　現在は差別表現とされる。the fair sex とも言うが, これも古風。

◈ 　比例比較は as を用いた構文によっても表わされる。

　　As he grew **older**, his memory became **poorer**.

　　His memory became **poorer as** he grew **older**.

❷ 「**the ＋ 比較級 ＋ for** (**because of, because**, *etc.*) ...「…なのでそれだけ〜」の意。この the は❶の構文の主節の the と同じ用法の指示副詞。また，理由その他を表わす表現が先行することも多い。

⎧　I like him **none the less for** his faults. 〔▷ p. 181〕
⎨　I don't like him 〔**any**〕 **the less because** he has faults.
⎩　He has faults, but I like him **none the less**.

　　　　（彼には欠点があるが，それでもやはり私は彼が好きだ）

　　If she comes, **so much the better**. （彼女が来ればなおさら結構）

❸ 「**比較級 and 比較級**」「ますます〜」の意を表わし，**漸増比較級** (Comparative of Gradation) と呼ばれることがある。

　　He ran **faster and faster**. （彼はますます速く走った）

　　She became **more and more** anxious. （彼女はますます心配になった）

* 　比較級が一つでも，副詞によって同じような意味が表わされる。

　　The day is getting **shorter** *day by day*. （日ごとに日が短くなっていく）

* 　「ますます」の意は，副詞 increasingly を用いて表わすこともできる。

⎧　become **increasingly** difficult （ますます困難になる）
⎩　= become **more and more** difficult

❹ 「**no ＋ 比較級**」：「**not ＋ 比較級**」

　not を用いた場合は「〜でない」という普通の打消しの意味を表わすが，**no** は強意の否定〔▷ p. 580〕で「…より<u>少しも（決して）</u>〜ではない；…以上に〜であるどころか」の意を表わす。

⎧　(a)　He is **not better** today **than** 〔he was〕 yesterday.
⎩　(b)　He is **no better** today **than** 〔he was〕 yesterday.

　　　〔(b) = He is **not any better** today **than** 〔he was〕 yesterday.〕

　　(a) 「彼は今日，きのうよりよくなっていない」

　　(b) 「彼は今日，きのうより少しもよくなっていない〔→よいどころかあいかわらず悪い (He is *as ill* today *as* yesterday.)〕」

* 　(a) の **not** は文の内容を打ち消す（〔彼がきのうより今日のほうがよくなっている〕ということはない）のに対して，**no** の場合は（たとえば much などと同じく）better を修飾する。（**much better** なら「<u>ずっと</u>いい」，**no better** なら「<u>少しも</u>よく<u>ない</u>」）〔▷ p. 581〕

❺ {no more ～ than ... 「…でないのと同じく～でない」
{not more ～ than ... 「…より～でない；…以上に～ではない」

{(a)　She is **no more** beautiful **than** her sister [is].
{(b)　She is **not more** beautiful **than** her sister [is]. †

(a)「彼女は姉さん［が美しくないの］と同じく美しくない」
(b)「彼女は姉さん以上に美しくはない」

● no more ～ than ... は **not ～ any more than** ... という形をとることもある。〔⇨ p. 585〕

〔(a) = She is **not** beautiful **any more than** her sister [is].〕

{A whale is **no more** a fish **than** a horse is [a fish].
{A whale is **not** a fish **any more than** a horse is [a fish].

(鯨は馬［が魚でないの］と同じく魚ではない)

＊　形容詞が単音節語の場合，**no more** ～ than の構文ではやはり more を用いるが，**not more** ～ than は「**not**＋ ～ **er**＋than」になる。

{He is **no more** wise than you.(彼は君［が賢くないの］と同じく賢くない)
{He is **not more** wise than you.〔誤。次の形をとる〕
{He is **not** wiser than you. (彼は君以上に賢くはない)

cf. {He is **no** wiser than you.〔前項❹参照〕
　　 {He is **not** any wiser than you.

❻ {no less ～ than ... 「…［以下では決してなく］同様に～；…に劣らず～」
{not less ～ than ... 「…以下ではない；…より劣ることはない」

{(a)　This problem is **no less** difficult **than** that.
{(b)　This problem is **not less** difficult **than** that.

(a) は「［あの問題はとてもむずかしいが］この問題はあの問題に劣らずむずかしい」(= This problem is **as** difficult **as** that.)，(b) は「この問題のむずかしさはあの問題のむずかしさ［以上であることはあっても］

† 　この文 (b) は「彼女の姉さんのほうが彼女より美しい」という意味にはならない。次の文を比較。

① 　A is **not so** important **as** B. (A は B より重要ではない)
② 　A is **not more** important **than** B. (A は B 以上に重要ではない)
③ 　A is **less** important **than** B. (A は B より重要性が少ない)

①と③は B is more important than A. (B のほうが A より重要) と同じ関係を表わすと考えられる。②は A が B 以上に重要であることはないが，A が B と同様に重要であることは否定しないのである。

以下ではない；この問題はあの問題より容易であることはない」の意味関
係を表わす。†

*　*no less* ～ *than* ... は「…にほかならない（= no [*or* none] other than ...）；
　…ほどの人」を意味することがある。

　　He was **no less** a person **than** the principal.（ほかならぬ校長先生その人）
　　He was **none other than** the principal.（　　〃　　）

❼　{ **no more than** ～：**not more than** ～
　　{ **no less than** ～：**not less than** ～

no と not の意味の違い〔⇨ ❹〕から，同じ数量について用いても，次
のように意味が異なる。

{ (a)　He has **not more than** 100 dollars.〔= at most〕
{ (b)　He has **no more than** 100 dollars.〔= only〕
{ (c)　He has **not less than** 100 dollars.〔= at least〕
{ (d)　He has **no less than** 100 dollars.〔= as much as〕

　(a)　not more than ～ は「（～より多くない →）多くとも，せいぜい」
　(b)　no more than ～ は「（～より多いどころか →）わずか，たった」
　(c)　not less than ～ は「（～より少なくない →）少なくとも」
　(d)　no less than ～ は「（～より少ないどころか →）～も」

　　*　数を表わす場合，正式には（less ではなく）fewer を用いる。〔⇨ p. 311〕
　　　There were no **fewer** than five hundred people present.
　　　（5百人もの人が出席していた）

❽　{ **much**（*or* **still**）**more** ～《まれ》「［肯定文に続いて］まして～だ」
　　{ **much**（*or* **still**）**less** ～「［否定文に続いて］まして～でない」

He cannot speak English, **much less** French.〔= let alone〕〔⇨ p. 640〕
　　　（彼は英語がしゃべれない，フランス語はなおさらのこと）

❾　**know better than to**（**do** ～）「（～する以上によく知っている → 　～
しないだけの分別がある →）～するようなばかなことはしない」

---

†　{ (a)　She is **no less** beautiful **than** her sister.
　　{ (b)　She is **not less** beautiful **than** her sister.
　(a) は「彼女は［美人の］姉さんに劣らず器量よしだ」　(b) は「彼女の器量は姉
さんより［上であることはあっても］劣りはしない（ことによれば姉より上，の含み
をしばしば持つ）」の意味関係を表わす（一般には (b) は「彼女は姉さんに勝るとも
劣らず美しい」として訳されることが多い）が，このような場合も結局 not less
～ than = no less ～ than の意味で用いられていることが多く，表現としては no
less than のほうが普通である。

I **know better than to** lend him money. （彼に金を貸すようなばかな
　　　ことはしない）〔= I am not so foolish as to lend him money.〕

You **should know better** at your age.

　　　（その年でそんなばかなまねをしてはいけない）

❿　You **had better** stay at home. （君は家にいたほうがよい）〔⇨ p. 407〕

　　　　　〔= It would be better for you to stay at home.〕

　　＊　完了形を伴う場合は「～したほうがよかったのに」の意を表わす。

　　　　You **had better have** stayed at home. （君は家にいたほうがよかったのに）

　　　　　〔= It would have been better for you to have stayed at home.〕

⓫　She **looks younger** than her age. （彼女は年より若く見える）

　　　cf. She looks *young for* her age. （彼女は年のわりに若く見える）

　　＊　look young*er for* としないこと。次のように表わしても「年より若く見える」
　　　という関係は変わらない。

　　　　She is older than she looks. / She looks younger than she really is. /
　　　　She is not so young as she looks.

⓬　**less A than B** 「（BであるほどAでない →）AよりもむしろB」

　　　It is **less** a request **than** a command. （それは頼みというより命令だ）

　　　　〔= It is *not so much* a request *as* a command.〕〔⇨ p. 315, 638〕

⓭　**No ... less ～ than** ――「―ほど～でない（～しない）人はいない」

　　　Nobody does **less** work **than** you. （君ほど仕事をしない者はいない /
　　　　君はだれよりもいちばん仕事をする）

⓮　I **couldn't care less.** （［これよりも少ししか気にしないことはありえ
　　　ないだろう →］全然気にしない；ちっともかまわない）〔⇨ p. 640〕

⓯　その他：change **for the better** (**worse**) （良くなる［悪化する］）/
　　　more or less （多かれ少なかれ）/ **more often than not**〔= as
　　　often as not〕（しばしば，たいてい）/ **get the better of**
　　　（～に勝つ，～を負かす）

§130. 最上級構文

1 三者以上のうちで程度が最高または最低であることを示す。

　　程度が (a)「最高」であることを述べる**優勢最上級**には **-est** または
most を用い，(b)「最低」のほうの**劣勢最上級**には **least** を用いる。

　(a) { ⑦ the **easiest** problem （最もやさしい問題）
　　　 { ㋑ the **most difficult** problem （最もむずかしい問題）

(b) $\left\{\begin{array}{l}\text{㋑ the **least easy** problem （最もやさしくない問題）} \\ \text{㋺ the **least difficult** problem （最もむずかしくない問題）}\end{array}\right.$

〔意味の上からは，(a)㋑ = (b)㋺, (a)㋺ = (b)㋑〕

◈ 最上級はふつう「～のなかで」に類した限定句を伴うが，その基本形。

He is **the tallest** boy **in** the class.

（彼はクラスで一番背が高い男の子だ）

He is **the tallest** of all the boys **in** the class.

（彼はクラスの男の子のなかで一番背が高い）

2 **最上級の形容詞と定冠詞**　　　　　　　　　　　　　〔⇨ p. 642〕

(a) 名詞を修飾する（**限定用法**の）形容詞の最上級には the が付く。

(b) 補語として用いられた（**叙述用法**の）形容詞にもふつう the が付くが〔⇨ p. 642〕，（次の (b) の例のように）他と比べるのではなく，同一者（物）の状態・性質などを比較する文では the が付かない。

(c) 名詞が表わされていないが省略されていると考えられる場合も the が付く。

$\left\{\begin{array}{ll}\text{(a)} & \text{He is **the happiest** man in the village.（村で一番の幸福者だ）} \\ \text{(b)} & \text{He is **happiest** in her company.（彼女といるときが一番幸福だ）} \\ \text{(c)} & \text{Of these men, he is **the happiest**.（これらの人のうち一番幸福だ）}\end{array}\right.$

$\left\{\begin{array}{ll}\text{(a)} & \text{This is **the deepest** lake in Japan.（これは日本で一番深い湖だ）} \\ \text{(b)} & \text{The lake is **deepest** at this point.（この湖はここが一番深い）} \\ \text{(c)} & \text{This lake is **the deepest** in Japan.（この湖は日本で一番深い）}\end{array}\right.$

3 **最上級の副詞と冠詞**

副詞は最上級では the が付くことも付かないこともある。〔⇨ p. 643〕

He ran 〔**the**〕 **fastest** of all.（彼はだれよりも一番速く走った）

　cf. He was **the fastest** runner of all.〔形容詞〕

He likes tennis 〔**the**〕 **best** of all sports.

　　　（彼はあらゆるスポーツのなかでテニスが一番好きだ）

＊ 副詞の最上級も (a) 他者と比べる場合と (b) 同一人 (物) について述べる場合とがある。

　　(a) He works 〔**the**〕 **hardest** of them.（彼は彼らのうちで一番よく働く）

　　(b) He works **hardest** at night.（彼は夜一番よく働く）

4 **最上級を強める場合**

by far（ずばぬけて），**much**（だんぜん），**very**（～こそまさに一番

…）などを用いるが，by far と much は the の前に，very は the の後に置く。

He is **by far** (*or* **much**) *the cleverest* of them.
　　（彼らのうちで彼がだんぜん一番頭がいい）

This is *the* **very** *best* of all. （これこそまさに一番）

5　最上級は even（～でさえも）の意味を含むことがある。

The largest sum of money cannot buy happiness.
　　（どんなに多額の金でも幸福を買うことはできない）

6　**most = almost all** 〔⇨ p. 298〕

most が「たいていの；大部分の」の意味で用いられる場合は，最上級とは無関係で，the も付かない。一般に「たいていの～」の意味では most ～，特定者のうちの大部分を表わす場合は，most of the ～ となる。

Most boys have car models. （男の子はたいてい車の模型を持っている）

Most *of the* boys have car models.
　　（その少年達の大部分は車の模型を持っている）

＊　「most＋形容詞＋複数名詞」は，絶対最上級〔次の項参照〕の「きわめて」の意と，この「たいていの」の意と両方が成り立ち得る。

　　　most *important* problems （**非常に重要な問題**；たいていの重要な問題）
　　　cf. **a most** *important* problem （非常に重要な問題）
　　　the most *important* problem （最も重要な問題）

§131. 絶対最上級

特定のものと比較するのではなく，程度が非常に高いことを示すのに，最上級が **very と同じような意味**で，**強意**の副詞として用いられることがあり，これを絶対最上級（Absolute Superlative）という。ふつう（-est の形ではなく）most を用い，the が付かず，単数可算名詞を修飾する場合は **a most ～** の形になる。

❶　形容詞（限定用法）を修飾：

She is **a most** *delicate* girl. （彼女はきわめて繊細な少女だ）

These are **most** *delicious* cakes. （これらはとてもおいしいケーキだ）

❷　形容詞（叙述用法）を修飾：

She is **most** *kind*. （彼女はこの上なく親切だ）

　　cf. She is *the kindest* of these girls. （これらの少女のうち一番親切）

Your story is **most** *interesting*.（君の話は実に興味深い）

❸　副詞を修飾：

He behaved **most** *rudely*.（彼は非常に無作法に振舞った）

I would be **most** *pleased* to see you.

　　　（お会いできることはこの上ない喜びです）

　　＊　副詞の場合は普通の最上級にも the が付かないことがあるので，そういった場
　　　合その部分だけでは区別がつかない。

　　　　He did it **most** **carefully**.　　　　　　　　　　〔絶対最上級〕
　　　　　（彼はそれを非常に注意深くやった）
　　　　Of these boys, he did it **most** **carefully**.　　　〔普通の最上級〕
　　　　　（これらの少年のうち，彼がそれを一番注意深くやった）

❹　絶対最上級は，most を用いない形をとることもあり，その場合には
the が付き「the＋〜est」の形で表わされる。

He showed **the greatest** patience.（彼は非常な忍耐を示した）

That was **the best** dinner.（それは最高のごちそうだった）

　　　〔＝ It was a very good dinner.〕

最上級を用いる重要表現

❶　**at**〔**the**〕**best**（〔よくても〕せいぜい）

　　cf. **at one's best**（最も良い状態で）

　　at〔**the**〕**least**（少なくとも，せめて）〔下の not *in* the least と区別〕

　　at〔**the**〕**most**（〔多くとも〕せいぜい）

❷　**make the best of** 〜 ｝　「〜を最大限に利用する，〜をできるだけ
　　make the most of 〜 ｝　　（精いっぱい）生かす」

　　＊　the best の場合は「不利な状況・条件にもかかわらず」の意を含む。

❸　He is **the last** man to tell a lie.

　　　　（彼は決して嘘をつくような人間ではない）

　　　　cf. He was **the last** man to leave.（最後に去った）〔⇨ p. 415〕

　　He is **the last** man I want to see.（彼は私が一番会いたくない男だ）

　　　　〔＝ He is the man that I least want to see.〕

❹　He was **not in the least** surprised.（彼は少しも驚かなかった）

　　　　〔＝ He was *not at all* surprised.〕

❺　I never hid the truth, **least of all** from you.

　　　　（真実を隠したことはない，とりわけあなたには）

〔否定の後で，「いちばん（とりわけ）…ない」の意を表わす〕

❻　The accident happened, **not least** through his carelessness.

　　　（その事故は，とりわけ彼の不注意によって起こった）

　　　　　〔「最少ではなく」の意から「少なからず，とりわけ」〕

❼　This is **the most**（**the least**）I can do.〔⇨ p. 644〕

§132.　原級↔比較級↔最上級

　ある比較内容を，原級・比較級・最上級のそれぞれを用いて書き換えることができる場合が多い。次のような形式がその主なものである。

　　　「東京は日本で一番大きい都市だ」

No other city in Japan is as（*or* so）**large** as Tokyo.　　　〔原　　級〕

Tokyo is **larger** than any other city in Japan.　　　〔比較級〕

Tokyo is **larger** than all the other cities in Japan.　　　〔比較級〕

No other city in Japan is **larger** than Tokyo.　　　〔比較級〕

Tokyo is the **largest** city in Japan.　　　〔最上級〕

Tokyo is the **largest** of all the cities in Japan.　　　〔最上級〕

　　　〔「二番目に大きい都市」は the **second largest** city〔in Japan〕〕

　　　「健康は何よりも尊い」

Nothing is as（*or* so）**precious** as health.　　　〔原　　級〕

Health is as **precious** as anything else.　　　〔原　　級〕

Health is **more precious** than anything else.　　　〔比較級〕

Nothing is **more precious** than health.　　　〔比較級〕

Health is **the most precious** thing.　　　〔最上級〕

Health is **the most precious** of all things.　　　〔最上級〕

　　　「これほど美しい景色を見たことがない」

I have never seen such a **beautiful** sight as this.

This is as **beautiful** a sight as any that I have ever seen.

No other sight that I have ever seen is as（*or* so）**beautiful** as this.

This sight is **more beautiful** than any that I have ever seen.

I have never seen a **more beautiful** sight than this.

This is **the most beautiful** sight that I have ever seen.

This sight is **the most beautiful** of all that I have ever seen.

重 要 問 題　　　　　　　　　　（解答 p. 696）

76. 各文の正しいほうを選べ。

(1) She is (cleverer, more clever) than intelligent.

(2) She is (happiest, the happiest) of the three sisters.

(3) She is (happiest, the happiest) when she is reading.

(4) At what point is the lake (deepest, the deepest)?

(5) Which of these lakes is (deepest, the deepest)?

(6) Lake Michigan is larger than (any, any other) lake in Japan.

(7) Lake Biwa is larger than (any, any other) lake in Japan.

(8) This is his (last, latest) novel, and we hope it will not be his (last, latest).

77. 各文の空所に入る適当な語を記せ。

(1) He is much superior （　　） me in learning.

(2) The story is （　　） far the most interesting of all.

(3) They are a bad pair, but he is the （　　） of the two.

(4) We do not think he is a liar, much （　　） a thief.

78. 各組の二文が似た意味を表わすよう，空所に入る適当な語を記せ。

(1) He arrived there earliest of them all.

　　He arrived there （　　） than anyone （　　）.

(2) He is three years my （　　）.

　　I am younger than he （　　） three years.

(3) There were only 50 students present.

　　There were no （　　） than 50 students present.

(4) There were as many as 50 students present.

　　There were no （　　） than 50 students present.

(5) It's quite a surprise to see you here.

　　You are the （　　） man I expected to see here.

79. 各文の誤りを訂正せよ。

(1) He is by two years elder than my brother.

(2) He has more books than he cannot read.

(3) Of the two girls, she is prettier.

(4) You are inferior than he in many ways.

⑸　His salary is more than a prime minister.

⑹　The later half of the program was much interesting.

⑺　I prefer English than any other subjects.

80.　各文をかっこ内に指示されたように書き換えよ。

⑴　Mt. Everest is the highest mountain in the world.
　　　　　　　（原級・比較級）

⑵　She is prettier than any other girl in the class.
　　　　　　　（原級・最上級）

⑶　Ignorance is the most dangerous thing.
　　　　　　　（原級）

⑷　I have never seen a picture more amusing than this.
　　　　　　　（最上級）

⑸　He is the best speaker of English in my class.
　　　　　　　（原級・比較級）

⑹　This is twice the size of that.
　　　　　　（as 〜 as を用い，This, That を主語として二通りに）

⑺　This city is one-eighth as populous as New York.
　　　　　　　（The population of New York ...）

⑻　Happiness lies in contentment rather than in riches.
　　　　　　　（not so much 〜 as を用いて）

81.　各文を日本語に訳せ。

⑴　a)　She likes you better than I.

　　　b)　She likes you better than me.

⑵　a)　I know the student as well as the teacher〔does〕.

　　　b)　I know the student as well as〔I do〕the teacher.

⑶　a)　I am not younger than you are.

　　　b)　I am no younger than you are.

　　　c)　I am no more young than you are.

　　　d)　I am no less young than you are.

⑷　a)　I know the most learned man in this town.

　　　b)　I know most learned men in this town.

　　　c)　They are most learned men.

　　　d)　They are mostly learned men.

第 **12** 章

動　　詞

第 1 節　**動詞の活用**

　　動詞の語形変化を**活用**（Conjugation）と呼び，その形には，原形・現在形・過去形・過去分詞形・現在分詞形（動名詞も同じ形）があるが，このうち，**原形**（Root）・**過去形**（Past）・**過去分詞**（Past Participle）の三つを動詞の**三主要形**（Three Principal Parts）と呼び，動詞の活用というときは，ふつう，この三主要形をさす。現在形〔⇨ p. 358〕と現在分詞形は原形から規則的に作ることができる。

　　活用には規則的なものと不規則的なものとがあり，動詞はその活用によって**規則動詞**（Regular Verb）と**不規則動詞**（Irregular Verb）に分けられる。

§133.　規則動詞

　　原形に **-ed** を付けて**過去・過去分詞**を作るものを規則動詞というが，-edを付ける場合は，次のような原則に従う。現在分詞は規則・不規則の区別なく原形に **-ing** を付けて作るが，-ed を付加する場合と共通するので，次に合わせて示す。

-ed, -ing の付け方

(1)　**普通の場合** ── そのまま -ed, -ing を付ける。

　　　work（働く）─ work*ed* ─ work*ed* …… work*ing*

　　　wait（待つ）─ wait*ed* ─ wait*ed* …… wait*ing*

(2)　**-e で終る語**は，過去［分詞］は -d だけを付け，現在分詞は e を除いて -ing を付ける。

　　love（愛する）— love*d* — love*d* …… lov*ing* †
　　live（生きる）— live*d* — live*d* …… liv*ing*
*　-ie で終る語はこれを y に変えて -ing を付ける。
　　die（死ぬ）— die*d* — die*d* …… d*ying*
　　lie（嘘をつく）— lie*d* — lie*d* …… l*ying*
　　〔**lie**（横たわる）は不規則動詞 ⇨ p. 334〕

(3)　「子音字＋y」で終る語は，過去［分詞］は y を i に変えて **-ed** を付け，現在分詞はそのまま **-ing** を付ける。
　　try（試みる）— tr*ied* — tr*ied* …… try*ing*
　　study（研究する）— stud*ied* — stud*ied* …… study*ing*
*　「母音字＋y」で終る語は過去［分詞］もそのまま -ed を付ける。
　　stay（滞在する）— stay*ed* — stay*ed* …… stay*ing*

(4)　1 音節語で「1 母音字＋1 子音字」で終る語は最後の子音字を重ねる。
　　stop（止まる）— stop*ped* — stop*ped* …… stop*ping*
　　plan（計画する）— plan*ned* — plan*ned* …… plan*ning*
　　stir（かきまぜる）— stir*red* — stir*red* …… stir*ring*

(5)　2 音節以上の語で「1 母音字＋1 子音字」で終り，最後の音節に強勢が置かれる語は，最後の子音字を重ねる。
　　occúr（生じる）— occur*red* — occur*red* …… occur*ring*
　　omít（省略する）— omit*ted* — omit*ted* …… omit*ting*
　　compél（強制する）— compel*led* — compel*led* …… compel*ling*
　　その他：**prefér, refér, confér, infér, permít, commít, submít,
　　　　　　expél, contról,** *etc.*
*　ただし，最後の音節に強勢の置かれない語は子音字を重ねない。††
　　vísit（訪れる）— visit*ed* — visit*ed* … visit*ing*
　　díffer（異なる）— differ*ed* — differ*ed* … differ*ing*
　cf. ⎧ **commít** — commit*ted* … commit*ting*　⎧ **refér** — refer*red* … refer*ring*
　　　 ⎩ **límit** — limit*ed* … limit*ing*　　　　　 ⎩ **óffer** — offer*ed* … offer*ing*

---

†　hoe, toe などはふつうそのまま，**age, eye** などは多くそのまま，-ing を付ける。**singe**〔sind ʒ〕（こがす），**dye**（染める）に -ing を付けるときは，**sing**（歌う）— singing, **die**（死ぬ）— dying と区別して sing*e*ing, dy*e*ing とする。
††　最後の音節に強勢がない語でも，-l で終る語は，英国ではふつう l を重ねる。
　　　travel — travel*led* …… travel*ling*, **quarrel** — quarrel*led* …… quarrel*ling*
　　またworship も特に英国で worship*ped*, worship*ping* と p を重ね，**handicap** は英国・米国ともに handicap*ped*, handicap*ping* と p を重ねるのがふつうである。

(6) **-c で終る語**は k を付加して -ed, -ing を付ける。

picnic（遠足に行く）— picni*cked* — picni*cked* …… picni*cking*

mimic（まねする）— mimi*cked* — mimi*cked* …… mimi*cking*

-ed の読み方

(1) ［d］を除く有声音の後では［**-d**］:

robbed, begged, loved, caused, judged, stayed, *etc*.

(2) ［t］を除く無声音の後では［**-t**］:

hoped, looked, laughed, passed, pushed, reached, *etc*.

(3) ［d］,［t］の後では［**-id**］:

ended, departed, waited, visited, *etc*.

＊ 次のような -ed で終る語に注意する。

(a) **learned**, **aged**, **blessed**, **beloved**, **cursed**, **crooked** などは過去・過去分詞
として用いられた場合は上記の原則に従い［-d］または［-t］, 形容詞として用
いられた場合はすべて［-id］と発音される。

He **learned** ［ləːrnd］ it by heart.（彼はそれを暗記した）

He is a very **learned** ［láːrnid］ man.（彼は大学者だ）

(b) -ed の形をしているが動詞の過去・過去分詞ではなく, 形容詞である次のよう
な語は常に［-id］と発音される。

naked（はだかの）, **wicked**（邪悪な）, **ragged**（ぼろぼろの）, **rugged**
（ぎざぎざの）, **wretched**（みじめな）

cf. ｛ watched（動）［wɑtʃt］　watched ｛ waked（動）［weikt］
　　 wretched（形）［rétʃid］　　　 naked（形）［néikid］

(b) **used** は動詞 use［juːz］の過去・過去分詞および「使われた」の意の形容詞
では［juːzd］, used to (do)（よく‐したものだ）および be used to ‐（‐に
慣れている）の表現では［juːst］と発音する。

I **used** ［juːzd］ a tool to do it.（それをするのに道具を使った）

I bought a **used** ［juːzd］ car.（私は中古車を買った）

I **used** ［juːst］ *to* get up early.（以前はよく早起きしたものだ）

I *am* **used** ［juːst］ *to* getting up early.（早起きには慣れている）

§134. 不規則動詞

原形・過去形・過去分詞形の同異によって不規則動詞を類別し, これをさ
らに発音の型などによって分類すれば, ほぼ次のようになる。

《**1**》 **ABC 型**（三主要形が**全部異なる**もの。❶を除いて過去分詞が 〜n で
終る）

❶ [i]-[æ]-[ʌ] —— **begin** — began — begun

　　　　　　　　　　　〔**drink, ring, sing, spring, stink, swim,** *etc.*〕

❷ [　]-[ou]-[ou] —— **break** — broke — broken

　　　　　　　　　　　〔**choose, freeze, steal, speak, weave,** *etc.*〕

❸ [ai]-[ou]-[i] —— **drive** — drove — driven

　　　　　　　　　　　〔**ride, rise, shrive, strive, write,** *etc.*〕

❹ [　]-[uː]-[ou] —— **grow** — grew — grown

　　　　　　　　　　　〔**blow, fly, know, throw,** *etc*〕

❺ [ei]-[u]-[ei] —— **take** — took — taken

　　　　　　　　　　　〔**shake, mistake, forsake**〕

❻ [　]-[-d]-[-n] —— **show** — showed — shown

❼ [eər]-[ɔːr]-[ɔːrn] —— **tear** — tore — torn 〔**bear, swear, wear**〕

❽ [i]-[ei]-[i] —— **give** — gave — given 〔**forgive**〕

❾ [ai]-[i]-[i] —— **bite** — bit — bitten 〔**hide**〕

❿ その他：

　　　　be — was, were — been　　　**do** — did — done

　　　　draw — drew — drawn　　　**eat** — ate 〔eit, et〕 — eaten

　　　　fall — fell — fallen　　　　**go** — went — gone

　　　　lie（横たわる）— lay — lain　**see** — saw — seen

《2》 **ABB 型**（過去形・過去分詞形が同じ）

⓫ [　]-[ɔː]-[ɔː] —— **bring** — brought — brought

　　　　　　　　　　〔**buy, fight, seek, think**〕

　　　　　　　　　　catch — caught — caught 〔**teach**〕

⓬ [iː]-[e]-[e] —— **feel** — felt — felt

　　　　　　　　　　〔**keep, sleep, sweep, weep**〕

　　　　　　　　　　deal — dealt 〔delt〕 — dealt 〔**mean**〕

　　　　　　　　　　bleed（出血する）— bled — bled 〔**breed, feed**〕

　　　　　　　　　　read — read 〔red〕 — read

　　　　　　　　　　meet — met — met,　**lead** — led — led

　　　　　　　　　　leave — left — left,　**flee** — fled — fled

⓭ [ai]-[au]-[au] —— **find** — found — found 〔**bind, grind, wind**〕

⓮ [　]-[ʌ]-[ʌ] —— **dig**（堀る）— dug — dug

　　　　　　　　　　〔**cling, fling, spin, stick**〕

      win — won [wʌn] — won

      strike — struck — struck

❻ [e]-[ou]-[ou] —— **sell** — sold — sold 〔**tell**〕

❻ [i]-[æ]-[æ] —— **sit** — sat — sat 〔**spit**〕

❼ [-end]-[-ent]-[-ent] —— **send** — sent — sent

           〔**bend, lend, spend**〕

❽ [-ei]-[-eid]-[-eid] —— **pay** — paid — paid 〔**lay**〕

❾ その他： **have** — had — had **hear** — heard — heard

     hold — held — held **make** — made — made

     say — said [sed] — said

     build — built — built **lose** — lost — lost

     shoot — shot — shot

《3》　**ABA 型**（原形・過去分詞形が同じ）

❿ **come** — came — come   **become** — became — become †

 run — ran — run

《4》　**AAB 型**（原形・過去形が同じ）

⓫ **beat** — beat — beaten（*or* beat）

《5》　**AAA 型**（原形・過去形・過去分詞形が同じ）

⓬ **-t** で終るもの — **cut** — cut — cut 〔**bet, burst, cast, cost, hit,**

        hurt, let, put, set, shut, slit, split, thrust〕

⓭ **-d** で終るもの — **spread** — spread — spread 〔**rid, shed**〕

注意すべき活用形

《1》　**二通りの活用形のあるもの**

（**a**）　過去・過去分詞の両方とも二通りの形があるもの：

 burn（燃える）— burned, burnt — burned, burnt

  〔その他： **learn, smell, spell, spoil**〕

---

†　接頭辞が付いたものは接頭辞を除いた動詞の変化に従う。

 *a***rise** — *a*rose — *a*risen *for***give** — *for*gave — *for*given

 *mis***take** — *mis*took — *mis*taken **under*stand*** — under*stood* — under*stood*

 ただし **become** に対して **welcome** は規則動詞である。

 ⎰ be*come* — be*came* — be*come*

 ⎱ wel*come* — wel*comed* — wel*comed*

　　dream（夢見る）— dreamed, dreamt ［dremt］— dreamed, dreamt
　　　　〔その他：**leap**, **lean**〕

　　knit（編む）— knitted, knit — knitted, knit

　　light（火をともす）— lighted, lit — lighted, lit

　　work（働く, 作用する）— worked, wrought ［rɔːt］— worked, wrought

　　bid（告げる）— bade ［bæd, beid］, bid — bid, bidden

　（**b**）　過去分詞だけに二通りの形があるもの：

　　get（得る）— got — got, gotten（おもに《米》）

　　swell（ふくれる）— swelled — swelled, swollen

　　sew ［sou］（縫う）— sewed — sewed, sewn
　　　　〔その他：**saw** ［sɔː］（のこぎりでひく）, **sow** ［sou］（種をまく）,
　　　　hew（切る）, **mow**（刈る）〕

《**2**》　意味によって活用形の異なるもの

❶　**bear** — **bore** — { **born** …… be born の形で「生まれる」の意で。
　　　　　　　　　　　　{ **borne** …… 上の場合を除いたすべての意味で。

　＊　be born では「生む」の意の受動態' という意識は失われているが, 能動表
　　　現で「生む」の意を表わす場合, およびその受動表現としてはっきり「受動」
　　　の意味を表わす場合（すなわち by を伴う場合）の過去分詞は borne を用いる。
　　　He *was* **born** in America.（彼はアメリカで生まれた）
　　　He *was* **born** of rich parents.（彼は金持ちの家に生まれた）
　　　He *was* **borne** *by* an English woman.（彼は英国婦人を母として生まれた）
　　　She has **borne** him two sons.（彼女は彼との間に二人の息子を生んだ）

❷　**hang** — { **hung** — **hung** …… 一般に「掛ける, 吊る」の意で。
　　　　　　　{ **hanged** — **hanged** ……「首を吊る, 絞首刑にする」の
　　　　　　　　　　　　　　　　　　　　　　　　　意で。

❸　**shine** — { **shone** — **shone** …… 一般に「輝く」の意で。
　　　　　　　 { **shined** — **shined** ……「（靴などを）みがく」の意で。

❹　**fly** — { **flew** — **flown** …… 一般に「飛ぶ」の意で。
　　　　　　 { **fled** — **fled** ……「逃げる」の意で。（= flee）
　　　　　　 { **flied** — **flied** ……「フライを打つ」の意で。

《**3**》　活用形・語形が紛らわしいもの

　　{ **lie**（嘘をつく）— lied — lied …… lying
　　{ **lie**（横たわる）— lay — lain …… lying
　　{ **lay**（横たえる）— laid — laid …… laying

$\begin{cases} \textbf{die}（死ぬ）— died — died …… dying \\ \textbf{dye}（染める）— dyed — dyed …… dyeing \end{cases}$

$\begin{cases} \textbf{see}［siː］（見る）— saw — seen \\ \textbf{saw}［sɔː］（[のこぎりで] ひく）— sawed — sawed, sawn \\ \textbf{sew}［sou］（縫う）— sewed — sewed, sewn \\ \textbf{sow}［sou］（蒔く）— sowed — sowed, sown　cf. \textbf{sow}［sau］（雌ぶた）\end{cases}$

$\begin{cases} \textbf{find}［faind］（見つける）— found — found \\ \textbf{found}［faund］（創設する）— founded — founded \\ \quad cf. \textbf{fine}（罰金を科する）— fined — fined \end{cases}$

$\begin{cases} \textbf{bind}［baind］（縛る）— bound — bound \\ \textbf{bound}［baund］（跳ねる）— bounded — bounded \end{cases}$

$\begin{cases} \textbf{wind}［waind］（巻く）— wound［waund］— wound \\ \textbf{wound}［wuːnd］（負傷させる）— wounded［wúːndid］— wounded \end{cases}$

$\begin{cases} \textbf{rend}（裂く）— rent — rent \\ \textbf{rent}（賃貸 [借] する）— rented — rented \\ \quad cf. \textbf{lend}（貸す）— lent — lent \end{cases}$

$\begin{cases} \textbf{spin}（つむぐ）— spun — spun \\ \textbf{span}（[橋などを] かける）— spanned — spanned \end{cases}$

第2節　動詞の種類と用法

　「文型」の項〔⇨ p. 14〕において述べたように，動詞は，**目的語をとらな**いものを**自動詞**，とるものを**他動詞**，補語を伴わないものを**完全動詞**，伴うものを**不完全動詞**と呼び，ふつう次の五種に分類される。

	動詞の種類	文　型	文例・語例
1	完全自動詞〔⇨ p. 15〕	SV	Monday **comes** after Sunday.　　go, run, fly, laugh, cry, *etc.*
2	不完全自動詞〔⇨ p. 16〕	SVC	Time **is** money.　　look, seem, become, remain, *etc.*
3	完全他動詞〔⇨ p. 19〕	SVO	Money cannot **buy** happiness.　　have, know, love, hate, kill, *etc.*
	＊　再帰動詞〔⇨ p. 151〕		He **killed** himself.　　*enjoy* oneself, *overwork* oneself

4	授与動詞 〔⇨ p. 21〕	SVOO	She **gave** me a book as a present. bring, send, show, teach, tell, *etc.*
5	不完全他動詞 〔⇨ p. 26〕	SVOC	I **found** the book interesting. think, consider, suppose, *etc.* She **wished** him to succeed. like, want, expect, tell, *etc.*
	＊ 作為動詞 〔⇨ p. 26 †〕		He **made** her happy. call, elect, choose, appoint, *etc.*
	＊ 使役動詞 〔⇨ p. 28〕		He **made** her stay at home. have, let, get, cause, *etc.*
	＊ 知覚動詞 〔⇨ p. 28〕		He **felt** the house shake. see, hear, watch, observe, *etc.*

§135. 注意すべき動詞の用法

■ 自動詞と他動詞

自動詞と他動詞が対応する次のような動詞の用法を区別する。

{**lie**（自）（横たわる）— lay — lain {**lay**（他）（横たえる）— laid — laid	{**arrive**（自）（着く）(at, in) {**reach**（他）（～に着く）
{**fall**（自）（倒れる）— fell — fallen {**fell**（他）（倒す）— felled — felled	{**wait**（自）（待つ）(for) {**await**（他）（～を待つ）
{**sit**（自）（座る） {**set**（他）（置く） {**seat**（他）（座らせる）〔⇨ p. 152〕	{**rise**（自）（起きる） {**raise**（他）（起こす）

{ The tree **fell**.（木は倒れた）　　　　　　　　　　　　〔fall の過去〕
{ They **felled** the tree.（彼らはその木を切り倒した）　〔fell の過去〕

{ The curtain **rose**.（幕があがった）
{ They **raised** the curtain.（彼らは幕をあげた）

■ 自動詞と他動詞の用法を間違えやすいもの

《a》 次のような語は他動詞であるから直接に目的語をとり，かっこ内に示したような前置詞は不要（×）である。

I can't **answer**（×*to*）this question.（僕はこの問に答えられない）

You must **obey**（×*to*）the will of Heaven.（天意には従わねばならない）

She **addressed**（×*to*）them courteously.（彼女は彼らに丁重に話しかけた）

He **approached** (×*to*) the building. (彼はその建物に近づいた)

Let's **discuss** (×*about*) this matter. (この件について話し合おう)

You must **consider** (×*about*) it. (君はそのことについて考えるべきだ)

He did not **mention** (×*about*) it. (彼はそのことについて話さなかった)

Does a fox **resemble** (×*with*) a wolf? (きつねは狼に似ているか)

He will **join** (×*with*) us. (彼はわれわれに参加するだろう)

She **married** (×*with*) an artist, though her father wanted to **marry** her *to* a businessman. (彼女の父は彼女を実業家と結婚させたいと思ったが，彼女は画家と結婚した)

The teacher **entered** (×*into*) the classroom. (先生が教室に入ってきた)

He **left** (×*from*) the town the next day. (彼はその翌日町をたった)

Only a few hundred people **inhabit** (×*in*) this town.
　　　　(この町には数百人しか住んでいない)

He **survived** (×*after*) his wife. (彼は妻より長生きした)

《b》　次のような語は自動詞であるから直接に目的語をとることはできず，**前置詞を必要**とする。

He didn't **reply** *to* her question. (彼女の質問に答えなかった)

He **started** *from* the hotel in the morning. (午前中にホテルを出発した)

He **graduated** *from* the university last year. (昨年大学を卒業した)

MASTERY POINTS　　　　　　（解答 p. 681）

〔14〕　次の各文の空所に lie，lay の適当な活用形を入れよ。

(1)　He finished writing and (　　) his pen on the desk.

(2)　Japan (　　) to the east of China.

(3)　He (　　) in bed with a headache all day yesterday.

(4)　The dog has (　　) in the sun all this afternoon.

(5)　I found the maid (　　) the cloth on the table.

(6)　I found him (　　) on the sofa, reading a book.

(7)　I feel like (　　) on a sofa.

(8)　The book (　　) on the table where I had (　　) it the night before.

《(c)》　**感情を表わす表現。**　　**surprise, please, delight**（喜ばせる），**disappoint**（失望させる），**offend**（立腹させる），**satisfy**（満足させる）などの感情を表わす動詞，その他 **interest**（興味をいだかせる），**remind**（思い出させる）〔⇨ p. 345〕などは他動詞であるから，日本語では「驚かされる」ではなく「驚く」であっても，英語では必ず受動態にする。

「彼女はその結果に失望した（満足した，喜んだ）」

$\begin{cases} \text{She } \textit{disappointed } (\textit{satisfied, pleased}) \text{ with the result.} & 〔誤〕 \\ \text{She } \textit{was disappointed } (\textit{satisfied, pleased}) \text{ with the result.} & 〔正〕 \end{cases}$

「君の無知には驚かざるをえない」

$\begin{cases} \text{I cannot help } \textit{surprising} \text{ at your ignorance.} & 〔誤〕 \\ \text{I cannot help } \textit{being surprised} \text{ at your ignorance.} & 〔正〕 \end{cases}$

● 「驚く」に関連して，次のような類語の区別を正しく認めておくこと。

①　〈他動詞〉「～を驚かせる」:　**surprise**;　〈ひどく驚かせる〉　**amaze, astonish, astound, startle**

②　〈自動詞〉「驚く」:　　**wonder**,　〈驚嘆する〉　**marvel**

③　〈他動詞〉「～を怖がらせる」:　**scare, frighten, terrify**

④　〈他動詞〉「～を恐れる」:　**fear**;　〈ひどく恐れる〉　**dread**〔⇨ p. 487〕

● このうち wonder（不思議に思う，驚く），marvel（驚嘆する）は自動詞であるから受動態にはならない。

「私は彼の学識に驚いた」

$\begin{cases} \text{I } \textit{was surprised } (\textit{amazed}) \text{ at his learning.} & 〔正〕 \\ \text{I } \textit{was wondered } (\textit{marveled}) \text{ at his learning.} & 〔誤〕 \\ \text{I } \textit{wondered } (\textit{marveled}) \text{ at his learning.} & 〔正〕 \end{cases}$

■3 **授与動詞と間違えやすい動詞**

$\begin{cases} \text{(a)　He } \textbf{told} \text{ me the story.（彼は私にその話をした）} & 〔正〕 \\ \text{(b)　He } \textbf{repeated} \text{ me the story.（彼は私にその話を繰り返した）} & 〔誤〕 \end{cases}$

(a) の tell は二重目的語をとる授与動詞であるが，(b) の repeat は授与動詞ではないから He repeated the story *to me.* としなければならない。次のようなものが，これに類した誤用をしやすい注意すべき動詞である。

①　I'll **explain** you the matter.（→ explain the matter **to** you）

　　　　（君にそのことを説明しよう）

② She **introduced** me her friend. (→ introduced her friend **to** me)
　　　(彼女は私に彼女の友人を紹介した)
③ He **suggested** me a plan. (→ suggested a plan **to** me)
　　　(彼は私に計画を提案した)
④ She **confessed** him her guilt. (→ confessed her guilt **to** him)
　　　(彼女は彼に自分の罪を告白した)
⑤ I **thanked** him his kindness. (→ him **for** his kindness)
　　　(私は彼にその親切を感謝した)
⑥ He **congratulated** me my success. (→ me **on** my success)
　　　(彼は私の成功を祝福してくれた)
⑦ I **informed** him the news. (→ him **of** the news)
　　　(私は彼にそのニュースを知らせた)
⑧ This picture **reminds** me your father. (→ me **of** your father)
　　　(この写真は私に君のお父さんを思い出させる)

4　**再帰目的語を落としやすい動詞**〔⇨ p. 152〕
　日本語の訳において表わされないような再帰目的語は落としやすい。
History **repeats** *itself*. (歴史は繰り返す)
He **seated** *himself* among the boys. (彼は少年たちの間に座った)
He **enjoyed** *himself* at the party. (彼はパーティで楽しく過ごした)
He **absented** *himself from* the meeting. (彼は会議を欠席した)

5　**用法が紛らわしい動詞**

《a》　**make : let : have**

　いずれも**使役動詞**〔⇨ p. 28〕で「～させる」と訳されるが，**make** は
相手の気持ちにかかわらず強制的に「～させる」意を表わし compel,
force に通じ，**let** は相手の気持ちを容れて許容的に「～させる」(～する
ことを認める) の意を表わし allow, permit に通じる。

　I **let** her *go* [, as she wished to].
　　　([彼女が望んだので] 私は彼女を行かせた)
　I **made** her *go* [, though she wished to stay].
　　　([彼女は行きたがらなかったが] 私は彼女を行かせた)

　have が役使動詞として用いられる場合，すなわち「**have**＋**目的語**＋**原
形**」の構文の基本的な意味関係は「**目的語が～する状態を持つ**」であっ
て，これに文脈によって (a) **主語の意志が加わり**「～させる，～しても

らう」†　という訳になる場合と，(b) 特に**主語の意志は加わらないで**，単にある状態が生じたり，行為が行なわれるのを経験することを示すだけの場合とある。

(a)　I'll **have** someone *help* me.（だれかに手伝ってもらおう）

Have him *come* in now.（では彼をお通ししなさい）

I'll **have** you **know** I'm the boss here.（ここではおれがボスだということを［お前が知るようにさせる→］教えてやろう）

(b)　He has often **had** people *mistake* him for a girl.

（彼はしばしば［人々が彼を女の子と間違えるという経験をした→］人に女の子と間違えられた）　　　　　　　〔⇨ p. 644〕

◈　**have** のあとに**形容詞・分詞**などがきた場合も同様の意味関係が成り立つ。

I can't **have** my son *idle*（or *idling* about）any longer.

（もうこれ以上息子をぶらぶらさせておくわけにはいかない）

Many a father has learned to his sorrow what it is to **have** a boy *idle*.（息子にぶらぶらされることがどんなことであるかを知って悲しい思いをした父親が数多くいる）

《(b)》　「**have ＋ 目的語 ＋ 過去分詞**」：「**have ＋ 目的語 ＋ 原形**」

{ (a)　I **had** my luggage **carried** by the porter.

{ (b)　I **had** the porter **carry** my luggage.　　　　　　〔⇨ p. 645〕

二つとも結局は同じ内容を述べているが，(a) は「私は**私の荷物が**ボーイによって**運ばれる**状態を持った → 私は荷物をボーイに運んでもらった［運ばせた］），(b) は「私は**ボーイが**私の荷物を**運ぶ**状態を持った → 私はボーイに荷物を運んでもらった［運ばせた］）という意味関係を表わす。すなわち (a) **過去分詞**を用いる場合は，「目的語と過去分詞」のあいだに受動関係（荷物が運ばれる），(b) **原形**の場合には「目的語と原形」のあいだに能動関係（ボーイが運ぶ）が成り立つ。（したがって (a) では目的語が「物」で (b) では目的語が「人」であることが多い）

「**have ＋ 目的語 ＋ 過去分詞**」は，上のように主語の意志による使役的な意味を表わし「～**させる**」「～**してもらう**」と訳される場合のほか，主語

---

†　make は目的語にかかわらず「～させる」と訳せばよいが，**have** は主語と目的語との関係によって「～させる」か「～してもらう」か適当なほうを訳にあてることになる。

の意志によらず被害者的，受身的に「〜される」の意味を表わす場合がある。†

　　I **had** my credit card **stolen**.（クレジットカードを盗まれた）

　　She **had** her left leg **hurt**.（彼女は左足をけがした）

◉　「**get＋目的語＋過去分詞／不定詞**」　get も使役動詞であり，目的語の後に不定詞や過去分詞を伴い，have の場合と同じような意味関係が成立する。不定詞の場合は，make, let, have と異なり，**to が必要**である。〔⇨ p. 645〕

　　I **got** him **to repair** my watch.（彼に時計を直してもらった）〔使役〕

　　I **got** my watch **repaired**.（私は時計を直してもらった）　　　〔使役〕

　　I **got** my left arm **injured**.（左腕をけがした）　　　　　　　〔受身〕

◉　「**make＋目的語＋過去分詞／原形**」　make も目的語の後に過去分詞を伴うことがあり，「(目的語) が〜されるようにする」の意を表わす。原形を用いた場合との意味関係の違いは have の場合と同様である。

　　⎰(a)　He couldn't **make** himself **understood** [*by them*] in English.
　　⎱(b)　He couldn't **make** them **understand** him in English.

　　(a)　「彼は英語で**自分が**［人によって］**理解される**ようにすることができなかった → 彼は英語で話を通じさせることができなかった」（ただし [*by them*] は意味関係を示すだけで，実際には表わされない）

　　(b)　「彼は英語で**彼らが**彼を**理解する**ようにさせることができなかった → 彼は英語で自分の言うことを彼らに理解させることができなかった」

　　⎰(a)　This **made** him **respected** by people.
　　⎱(b)　This **made** people **respect** him.

　　(a)　「このことのために彼は人々に尊敬された」

　　(b)　「このことのため人々は彼を尊敬した」

●He **had** a tragic accident **happened** to him.〔誤〕（彼の身に悲劇的な事故が起こった）では happen は自動詞で，An accident *was happened* ... という関係は成り立たないから，原形 happen でなければならない。

───────────────

†　「使役」の場合は have に，「受身」の意味では過去分詞に，強勢が置かれる。
　　⎰He *hád* his watch *repaired*.（彼は時計を修理してもらった）
　　⎱He *had* his watch *stólen*.（彼は時計を盗まれた）

●「(美容院で) 髪を**刈る**」「火事で家を**焼く**」「服を**新調する**」「写真屋で写真を**撮る**」に類した日本語に対する英訳に注意する。

$\begin{cases} \text{I } \textbf{cut} \text{ my hair.} & 〔誤〕 \\ \text{I } \textbf{had} \text{ my hair } \textbf{cut.} & 〔正〕 \end{cases}$ $\begin{cases} \text{I } \textbf{burnt} \text{ down my house.} & 〔誤〕 \\ \text{I } \textbf{had} \text{ my house } \textbf{burnt} \text{ down.} & 〔正〕 \end{cases}$

それぞれ〔誤〕の形では「刈る」「焼く」行為を自分がしたことになる。

同様に: I **had** a new suit **made.** / I **had** my picture **taken.**

●「私は**金を盗まれた**」に類した表現の英訳を間違えやすい。

$\begin{cases} \text{(a)} \quad \text{I } \textbf{was stolen} \text{ my money.} & 〔誤〕 \\ \text{(b)} \quad \text{I } \textbf{had} \text{ my money } \textbf{stolen.} & 〔正〕 \end{cases}$

(a) の I was stolen ... では「私 [という人間] が盗まれた」ことになり, my money は文の要素として浮いてしまい, 文意も構文も成り立たない。

《c》 say : tell : speak : talk

このうち *that* 節などを目的語としてある内容を述べるのは say と tell であるが, **say**(…と言う)は間接目的語をとることはできず, **tell**(〜に [・・・と] 話す, 〜に告げる)は必ず間接目的語をとる。〔⇨ p. 560〕

$\begin{cases} \text{He } \textit{said me} \text{ so.} & 〔誤〕 \\ \text{He } \textit{said} \text{ so } [\textit{to me}]. & 〔正〕 \end{cases}$ $\begin{cases} \text{He } \textit{told} \text{ so.} & 〔誤〕 \\ \text{He } \textit{told me} \text{ so.} & 〔正〕 \end{cases}$

$\begin{cases} \text{He } \textit{said me} \text{ that I should go.} & 〔誤〕 \\ \text{He } \textit{told} \text{ that I should go.} & 〔誤〕 \\ \text{He } \textit{told me} \text{ that I should go.} & 〔正〕 \end{cases}$ $\begin{cases} \text{He } \textit{said me} \text{ to go.} & 〔誤〕 \\ \text{He } \textit{told} \text{ to go.} & 〔誤〕 \\ \text{He } \textit{told me} \text{ to go.} & 〔正〕 \end{cases}$

cf. $\begin{cases} \text{Don't } \textbf{say} \text{ anything. (なにも言うな)} \\ \text{Don't } \textbf{tell} \text{ anybody. (誰にも言うな)} \\ \text{Don't } \textbf{tell} \text{ anybody anything. (誰にもなにも言うな)} \end{cases}$

●speak, talk は目的語を伴わないことも多く, **speak** は「言葉を話す」「話しかける(to)」「演説する」, **talk** はおもに「(相手とお互いに) 話をする」「話し合う」「おしゃべりをする」などの意味で用いる。

$\begin{cases} \text{He } \textit{talked} \,(\textit{spoke}) \text{ it.} & 〔誤〕 \\ \text{He } \textit{talked} \,(\textit{spoke}) \text{ about it.} & 〔正〕 \end{cases}$

$\begin{cases} \text{He } \textit{spoke} \text{ to her in English. (彼は彼女に英語で話しかけた)} \\ \text{He } \textit{talked} \text{ with her in English. (彼は彼女と英語で話し合った)} \end{cases}$

cf. $\begin{cases} \text{Did he } \textbf{talk} \text{ at the meeting? (話 [おしゃべり] をしたか)} \\ \text{Did he } \textbf{speak} \text{ at the meeting? (発言 [スピーチ] をしたか)} \end{cases}$

＊　次のような場合の，特定の目的語との結び付きに注意する。
　　　say a prayer（a poem）（祈りを唱える［詩を暗誦する］）
　　　tell a lie（a story）（嘘をつく［話をする］）
　　　speak English（a language）（英語を話す［ある言語を話す］）
　　　talk nonsense（politics）（くだらないことを言う［政治を語る］）
　　　　　ただし **tell**（or **speak**）the truth, **say**（or **speak**）a word

《(d)》　hope : wish : want

不定詞と that 節を目的語とする構文の可否をそれぞれ区別する。

○ I hope to go.　　× I hope him to go. ○ I hope that he will go.
○ I wish to go.　　○ I wish him to go. ○ I wish that he would go.
○ I want to go.　　○ I want him to go. × I want that he will go.

　＊　*that* 節で hope には **will** を，**wish** には **would** を用いる〔⇨ p. 669〕。
　　　like は *would like*［him］to go と多く would を用い，want よりていねい。

《(e)》　remember : remind

remember は「（人が）思い出す」，remind は「（人に～を）思い出させる」の意。したがって remind を用いて「（人が）思い出す」の意を表わす場合には「思い出させられる」という受動表現になる。たとえば「この写真を見れば必ず父を思い出す」の意は次のように表わされる。

Whenever I see this picture, I | **remember** / **am reminded** of | my father.

This picture always **reminds** me *of* my father.

〔 MASTERY POINTS 〕　　　（解答 p. 682）

〔15〕　各文のかっこ内の適当なものを選べ。

(1)　You had better have that bad tooth（pull, pulled）out.
(2)　I have had many friends（visit, visited）me from time to time.
(3)　He had his son（died, killed）in the war.
(4)　He could not make himself（hear, heard）because of the noise.
(5)　His courage made his enemy（fear, feared）him.
(6)　His courage made him（fear, feared）by his enemy.
(7)　He always（makes, lets）his children obey him.
(8)　He usually（makes, lets）his children do as they please.
(9)　He（made, let, had, got）his friends to agree to the plan.

I never see this picture without $\left|\begin{array}{l}\textbf{remembering} \\ \textbf{being reminded}\ of\end{array}\right|$ my father.

《f》　<u>do : make : take</u>

　最も基本的な動詞であるが，日本語の「〜をする」に対応するような表現で，きまった目的語との結び付きを混同しないようにする。

$\left\{\begin{array}{l}\textbf{do}\ \text{sums}（計算をする）\qquad\quad\ \textbf{do}\ \text{one's homework}（\text{one's duty},\textit{ etc}.）\\ \textbf{make}\ \text{efforts}（努力をする）\quad\ \ \textbf{make}\ \text{a mistake}（\text{a decision},\textit{ etc}.）\\ \textbf{take}\ \text{pains}（骨折りをする）\quad\ \ \textbf{take}\ \text{care}（\text{a rest},\textit{ etc}.）\end{array}\right.$

　　do good to 〜（〜に益を与える，〜に有益である）

　　do harm（injury, damage）to 〜（〜に害を与える，〜に有害である）

　　do the shopping［washing, cooking］（買物［洗濯，料理］をする）

　cf. $\left\{\begin{array}{l}\textbf{take}\ \text{exercise}（運動をする）\\ \textbf{do}\ \text{an exercise}（練習問題をする）\end{array}\right.$

　　$\left\{\begin{array}{l}\text{The boys }\textbf{make}\text{ a lot of work for me.}（いろいろ面倒を起こす）\\ \text{The boys }\textbf{do}\text{ a lot of work for me.}（いろいろ役に立つ）\end{array}\right.$

《g》　<u>steal : rob</u>

　steal は「（目的語）**を盗む**」であり，rob は「（目的語）**から奪う**」の意を表わす。たとえば「だれかが彼（銀行）から金を全部とった」は：

能動態：$\left\{\begin{array}{l}\text{Someone }\textbf{stole}\text{ all the money }\textit{from}\text{ him}（\text{the bank}）.\\ \text{Someone }\textbf{robbed}\text{ him}（\text{the bank}）\ \textit{of}\text{ all the money.}\end{array}\right.$

受動態：$\left\{\begin{array}{l}\text{All the money was }\textbf{stolen}\ \textit{from}\text{ him}（\text{the bank}）.\\ \text{He}（\text{The bank}）\text{ was }\textbf{robbed}\ \textit{of}\text{ all the money.}\end{array}\right.$

＊　受動態を All the money was *robbed of* him. などとしない。
　　また既述のように He を主語にした場合，He was stolen his money. ではなく He *had* his money *stolen*. としなければならないが，rob の場合に He *had* his money *robbed*. とは言えない。（この文が成り立つためには His money was *robbed*. が正しくなければならないことになる）

＊　**rob ... of** 〜と同じ構文で「…から〜を奪う（除く）」といった「剥奪」「除去」「分離」を表わす動詞の主なものに **deprive, rid, relieve, cure, strip, clear, break, divest** などがある。
　　Anxiety **deprived** him *of* sleep.（心配が彼から睡眠を奪った → 彼は心配のため眠れなかった）

《h》　<u>wear : put on : have on</u>

　いずれも「着る」「かぶる」「はく」「（めがねを）かける」「（手袋・指輪を）はめる」「（身に）つける」など広く「着用」を示すが，**wear は習慣**

的な着用または一般的な着用の**事実**を述べ，**put on** はある一回の「着る」という**動作**を示し（反対は **take off**），**have on** はある時に「着ている」という一時的な**状態**を表わす。

We **wear** an overcoat in winter.（我々は冬オーバーを着る）

He **put on** his overcoat and went out.（オーバーを着て出て行った）

He **had** his overcoat **on** in the room. （室内でオーバーを着ていた）

* ただし wear は単純現在時制ではなく過去（および未来）時制や進行形において，一時的な状態を表わすこともある。

She **wears** a mini every day. （彼女は毎日ミニを着る）　〔習慣〕

She **is wearing** a mini now. （彼女は今ミニを着ている）　〔状態〕

　〔= She **has** a mini **on** now. / She is **in** a mini now.〕〔⇨ p. 502〕

She **wore** (*or* **was wearing**) a mini that night.

（彼女はその夜ミニを着ていた）

《i》　**come : go**

come, go は，ふつう，日本語の「来る」「行く」に対応するが，come は話し手の所へ「来る」場合だけでなく，**相手**の所へ「行く」場合にも用いることに注意する。

MASTERY POINTS

（解答 p. 682）

〔16〕 各文の空所に **say**，**tell**，**speak**，**talk** のうち適当なものを入れよ。

(1) I want to （　　） something to you about it.

(2) I want to （　　） you something about it.

(3) Don't （　　） with each other during the lesson.

(4) Don't （　　） unless you are （　　） to.

(5) I can't （　　） you what he （　　） then.

(6) He often （　　） in his sleep.（寝言を言う）

(7) Don't （　　） ill of others behind their backs.（悪口を言う）

(8) He can speak French, not to （　　） of English.

　　　　（〜は言うまでもなく）

(9) He speaks French, to （　　） nothing of English.

　　　　（〜は言うまでもなく）

(10) He's unreliable, not to （　　） dishonest.

　　　　（〜とは言わないまでも）

{
He will **come** to see *me* tonight. （彼は今夜私に会いに来るだろう）
I will **go** to see *him* tonight. （私は今夜彼のところへ行きます）
I will **come** to see *you* tonight. （今夜お伺いします）
}

"Supper is ready." — "I'm **coming**."

　　　　　　　（「ごはんですよ」—「今行きます」）

"Will you **come**?" — "Yes, I will **come**."

　　　　　　　（「来ますか」—「ええ, 行きます［参ります］」）

《j》　bring : take : fetch : carry

　　bring は「持って（連れて）来る」, **take** は「持って（連れて）行く」,
fetch は「行って持って来る」, **carry** は「持ち運ぶ, 携帯する」

《k》　become : come to 〔 : **get to** ⇨ p. 648〕

　　「～になる」の意で, **become** の後には名詞・形容詞（分詞を含む）
が, **come** の後には不定詞がきて「～するようになる」の意を表わす。

{
He *became* to like her. 〔誤〕
He *came* to like her. 　〔正〕
}　　（彼は彼女が好きになった）

He **became** an artist. （彼は芸術家になった）

He **became** famous. （彼は有名になった）

He **came to** be known. （彼は人に知られるようになった）

　*　**become** は「なった」結果を, **come to** は「なる」経過を主に表わす。

《l》　doubt : suspect

　　両方とも「疑う」と訳されるが, 疑い方が異なるので区別する。

　I **doubt** that he is guilty. （彼が有罪であるということを疑う → 有
　　罪性を疑う → 有罪ではないと思う）—— 結局 I **don't think**
　　he is guilty. の意に通じる。

　I **suspect** that he is guilty. （彼が有罪であると疑う → 有罪だとい
　　う嫌疑をいだく → 有罪だと思う）—— 結局 I **think** that he
　　is guilty. の意に通じる。

　*　肯定文で上のように doubt の後に that を用いた場合は「不信・否定」を表わ
　　すが, また多く whether, if も用いて「疑わしさ・不確かさ」を表わす。

　　　　I **doubt** *whether* (or *if*) it is true. （本当かどうか疑わしい）

　　　　　〔 = I am not sure *whether* (or *if*) it is true.〕

　*　否定文・疑問文では doubt の後に that を用いる。

　　　　I don't **doubt** (*or* There is no **doubt,** I have no **doubt**) *that* it is true.

　　　　（それが本当であることを疑わない；きっと本当だ）

　　　　　〔 = I am sure *that* it is true.〕

《m》　search : search for

　search the house は「その家の中を捜す」であって，「その家［のありか］を探す」ではない。search *for* the house が「ありかを探す」。

　　search the house **for** the stolen money
　　　　　（その家を家宅捜索して盗まれた金を探す）

　　⎰ **search** the man（［不法所持品がないか］その男を身体検査する）
　　⎱ **search for** the man（その男を探す）〔= look for〕

《n》　believe : believe in

　　⎰ **I believe** you.（君［の言葉］を信じる）〔= I believe what you say.〕
　　⎱ **I believe in** you.（君［の力量・才能・人柄など］を信じる；君を
　　　　　　　信頼［信用］している）

　　believe in ghosts（God, democracy）（幽霊［の存在］を信じる［神
　　　　を信じる，民主主義を信じる]）

《o》　wound : injure : hurt

　いずれも「傷」を受けることを意味するが，典型的には，**wound** は戦場などで「負傷する」場合に用い，事故などで「けがをする」のには **injure** を用いる。**hurt** もふつうに「けがをする」のに用いるが，injure よ

MASTERY POINTS　　　　（解答 p. 682）

〔17〕　次のうち正しい文には○，正しくない文には×を記せ。

(1)　He stole her bag.
(2)　He robbed her bag.
(3)　He robbed her of her bag.
(4)　Her bag was stolen.
(5)　Her bag was robbed.
(6)　She was stolen her bag.
(7)　She was robbed her bag.
(8)　She was robbed of her bag.
(9)　She had her bag stolen.
(10)　She had her bag robbed.

〔18〕　各文のかっこ内の適当なものを選べ。

(1)　She usually（wears, puts on）a kimono in winter.
(2)　Haven't you（worn, put on）your kimono yet?
(3)　She was（wearing, putting on）a kimono at the party that night.
(4)　She was just（wearing, putting on）her kimono when I entered.
(5)　She（put, had）her kimono on all through the day.

り日常的・口語的な語である。いずれも他動詞であるから，主語である人が「けがをする」場合は受動形になるか再帰目的語をとる。

He was **wounded** in the battle. (彼は戦いで負傷した)

Five people were killed and ten **injured** in the accident.

　　　　　(その事故で 5 人が死に，10 人がけがをした)

He fell and **injured** (*or* **hurt**) his leg. (ころんで足をけがした)

He fell and **hurt** *himself*. (彼はころんでけがをした)

§136.　動　詞　句

　動詞と前置詞・副詞などが結び付いて一つのまとまった動詞の意味を表わすものを**動詞句** (Verb Phrase) または**句動詞** (Phrasal Verb)，**群動詞** (Group Verb) などと呼ぶ。〔⇨ p. 37〕　語法的には次の三つを区別をすることが大切である。

　　(a)　**自動詞**の働きをするもの ── ①自動詞＋副詞

　　(b)　**他動詞**の働きをするもの ──$\begin{cases} ②動詞＋ [副詞・名詞＋] 前置詞 \\ ③他動詞＋副詞 \end{cases}$

　例　①　At last he **came around**. (ついに彼は意識をとりもどした)

　　　②　He **looked into** the matter. (彼はその事件を調査した)

　　　　　They **looked up to** him. (彼らは彼を尊敬した)

　　　　　She **took care of** the boy. (彼女はその少年の世話をした)

　　　③　He **gave up** the attempt. / He **gave** it **up**. (企てを断念した)

　　＊　③では**目的語が代名詞**の場合は，副詞はその後に置かれることに注意する。

　　　　　　　　　　　　　　　　　　　　　　　　〔⇨ p. 21, 291〕

──────**重要な動詞句**──────$\left(\begin{array}{l}\text{上の①は〈自〉，②は〈他 1〉，} \\ \text{③は〈他 2〉で示す。}\end{array}\right)$

account for 〈他 1〉「〜を説明する」〔= explain〕；「(割合) を占める」

　　cf. There is no *accounting for* tastes. (たで食う虫も好きずき)

break down 〈自〉「故障する，こわれる」〔= collapse〕

break in 〈自〉「押し入る」〔= enter by force〕，「割り込む」

break into 〈他 1〉「〜に押し入る，〜に侵入する」〔= enter 〜 by force〕

break up 〈自〉「解散する」「(学校が) 休みになる」

bring about 〈他 2〉「〜を生じさせる，もたらす」〔= cause, give rise to, result in〕〔〈自〉の come about に対応する〕

bring up〈他2〉「～を育てる」〔= raise, rear〕

call for〈他1〉「～を要求する，～を必要とする」〔= require〕

call off〈他2〉「取りやめる」〔= cancel〕,「中止する」

call on〈他1〉「(人) を訪問する」〔= visit〕

care for〈他1〉〔否定・疑問文で〕「～を好む」〔= like〕

carry out〈他2〉「やりとげる，遂行する」〔= perform, achieve〕

catch up with〈他1〉「～に追い付く」〔cf. overtake (～を追い越す)〕

come about〈自〉「生じる，起こる」〔= happen〕〔→ bring about〕

come across〈他1〉「～に出くわす」「～を偶然見つける」

come by〈他1〉「(偶然) ～を手に入れる」〔= get, obtain〕

come round, come to〈自〉「正気づく，意識を取りもどす」

come up with〈他1〉「～を思い付く」〔= think of〕

cut down〈他2〉「切りつめる，削減する」〔= reduce〕

do away with〈他1〉「～を廃止する」〔= abolish〕

do without〈他1〉「～なしですませる」〔= dispense with〕

find fault with〈他1〉「～にけちをつける，非難する」〔= criticize〕

get over〈他1〉「～を克服する，～が治る」〔= recover from〕

get rid of〈他1〉「～を取り除く，除去する」〔= remove〕

get through〈他1〉「～を終える」〔= finish〕

give in〈自〉「屈服する，降参する」〔= surrender, yield〕

give rise to〈他1〉「～を生じさせる」〔= cause〕〔→ bring about〕

give up〈他2〉「やめる，断念する」〔= abandon〕

hand in〈他2〉「～を提出する」〔= submit〕

hold up〈他2〉「止める」〔= stop〕,「[脅迫して] 手を上げさせる」

keep off〈他2〉「寄せつけない」〈他1〉「～に近寄 [立入] らない」

keep up with〈他1〉「～に [遅れず] ついていく」〔= keep pace with〕

lay by (aside)〈他2〉「～を取っておく，貯える」〔= put by (aside)〕

lead to〈他1〉「～につながる，引き起こす」〔= bring about, result in〕

leave out〈他2〉「落とす，抜かす，省く」〔= omit〕

look after〈他1〉「～の世話をする，～の面倒を見る」〔= take care of〕

look down on〈他1〉「～を見くだす，～を軽べつする」〔= despise〕

look for〈他1〉「～を捜す」〔= search for, seek〕

look forward to〈他1〉「～を楽しみに待つ，～を期待して待つ」

look into 〈他 1〉「〜を調査する，〜を調べる」〔= investigate〕

look on 〈自〉「傍観する，見物する」

look on 〜 [as ...] 〈他 1〉「〜を […と] みなす」〔= regard 〜 [as ...]〕

look over 〈他 2〉「〜に目を通す，調べる」〔= check, examine〕

look up to 〈他 1〉「〜を尊敬する」〔= respect〕

make for 〈他 1〉「〜の方に進む」，「〜に寄与する」〔= contribute to〕

make fun of 〈他 1〉「〜をからかう」〔= ridicule〕

make much (little) of 〈他 1〉「〜を重んじる（軽んじる）」

make out 〈他 2〉「理解する」〔= understand〕，「判読する」

make the best (most) of 〈他 1〉「〜を最大限に活用する」〔⇨ p. 327〕

make up 〈他 2〉「でっち上げる」〔= invent〕，「化粧する」

make up for 〈他 1〉「〜の埋め合わせをする」〔= compensate for〕

make use of 〈他 1〉「〜を利用する」〔= use, utilize〕

pay attention to 〈他 1〉「〜に注意を払う」〔= give (or pay) heed to〕

pick out 〈他 2〉「〜を選ぶ，選び出す」〔= choose, select〕

pick up 〈他 2〉「〜を拾い（持ち）上げる；(人) を車に乗せる」

put by (aside) 〈他 2〉「取っておく，貯える」〔= save, lay by (aside)〕

put off 〈他 2〉「延期する」〔= postpone〕

put on 〈他 2〉「着る，はく，かぶる，着ける」〔↔ take off〕

put out 〈他 2〉「(火・あかりなどを) 消す」〔= extinguish〕

put up with 〈他 1〉「〜をがまんする，〜に耐える」〔= bear, endure〕

run into 〈他 1〉「(偶然) 〜に出くわす」〔= meet 〜 by chance〕

run out of 〈他 1〉「〜を使い果たす，〜を切らす」〔= use up〕

run over 〈他 1〉「(車が人などを) ひく」〔= drive over〕

run short of 〈他 1〉「〜が不足する，〜がなくなる，〜を切らす」

see off 〈他 2〉「見送る」

see to 〈他 1〉「〜に注意する，〜に気を付ける」〔= look after〕

set about 〈他 1〉「〜に取りかかる」〔= begin, start〕

set in 〈自〉「(雨期・季節などが) 始まる」〔= begin〕

set out 〈自〉「出発する，出かける」〔= start〕

show off 〈他 2〉「見せびらかす」

show up 〈自〉「現れる，姿を見せる，到着する」〔= appear, arrive〕

speak ill (well) of 〈他 1〉「〜の悪口を言う (〜をほめる)」

stand by 〈他1〉「～を支持する，～の味方をする」〔= support〕

stand for 〈他1〉「～を表わす」〔= represent〕

take after 〈他1〉「(親など) に似る」〔= resemble〕

take in 〈他2〉「～をだます」〔= deceive〕

take off 〈他2〉「脱ぐ」〔↔ put on〕　〈自〉「離陸する」

take part in 〈他1〉「～に参加する」〔= participate in〕

take place 〈自〉「起こる，生じる」〔= happen, occur〕

turn down 〈他2〉「拒否する，はねつける」〔= reject〕

turn on (**off**) 〈他2〉「(ガス・水道を) 出す [止める]，つける [消す]」

turn out 〈自〉「(結局) ～になる，～であることがわかる」〔= prove〕

turn up 〈自〉「現われる，姿を見せる，やってくる」〔= appear, arrive〕

wait on 〈他〉「～に仕える，～の給仕をする」〔= attend on, serve〕

重 要 問 題

（解答 p. 697）

82. 次の各語の活用形（過去・過去分詞）を記せ。

(1) begin　(2) break　(3) cost　(4) draw　(5) drive

(6) keep　(7) pay　(8) sit　(9) wear　(10) win

83. 次の各語の活用形（過去・過去分詞）を記せ。

(1) blow　(2) flow　(3) become　(4) welcome　(5) fall

(6) fell　(7) find　(8) found　(9) wind　(10) wound

84. 次の各語の -ed, -ing の形を記せ。

(1) dic　(2) dye　(3) stay　(4) study　(5) argue

(6) plan　(7) ski　(8) picnic

85. 次の語のうち -ed, -ing の形を作るとき r を重ねないものを三つ選べ。

(1) differ　(2) prefer　(3) occur　(4) refer　(5) confer

(6) incur　(7) suffer　(8) offer

86. 次の語のうち -ed, -ing の形を作るとき t を重ねないものを二つ選べ。

(1) omit　(2) limit　(3) permit　(4) commit　(5) profit

87. 次のうち下線部の発音が同じである組の番号を四つ記せ。

(1) hop*ed*　(2) want*ed*　(3) cook*ed*　(4) stay*ed*　(5) bak*ed*
　　robb*ed*　　　end*ed*　　　begg*ed*　　　allow*ed*　　　nak*ed*

(6) mov*ed*　(7) judg*ed*　(8) increas*ed*　(9) mix*ed*　(10) kiss*ed*
　　visit*ed*　　wait*ed*　　　excus*ed*　　　wash*ed*　　　touch*ed*

88.　次のうち下線の発音が同じである組の番号を三つ記せ。

(1)　s<u>ai</u>d　　(2)　r<u>i</u>se　　(3)　m<u>ea</u>nt　　(4)　fl<u>ow</u>n　　(5)　c<u>au</u>ght
　　　p<u>ai</u>d　　　　　 r<u>i</u>sen　　　　　 d<u>ea</u>lt　　　　　 dr<u>aw</u>n　　　　　 f<u>ou</u>ght

(6)　ch<u>oo</u>se　(7)　f<u>ou</u>nded　(8)　thr<u>ew</u>　(9)　w<u>o</u>n　　(10)　re<u>fe</u>rred
　　　ch<u>o</u>sen　　　　 w<u>ou</u>nded　　　　 dr<u>ew</u>　　　　 sh<u>o</u>t　　　　　 di<u>ffe</u>red

89.　各文のかっこ内の適当なものを選べ。

(1)　My friend (started, left from, left for) New York yesterday.

(2)　He was mortally (injured, wounded) in the battle.

(3)　I (want, hope, wish) you will have a safe journey.

(4)　I can't see this picture without (reminding, remembering) him.

(5)　You may (bring, take) this book to school, but don't forget to (bring, take) it back when you come home.

(6)　He (said to us, told us, spoke to us) the whole story.

(7)　He was (seating, seated) on the mother's knee.

(8)　I have been (thinking, thinking about, considering about, studying on) the matter for a long time.

(9)　The government's decision was to (rise, raise) taxes.

(10)　Christians (believe, believe in) God.

90.　各文のかっこ内の適当なものを選べ。

(1)　He (wrote, drew, painted) a circle on the blackboard.

(2)　Please (teach, tell) me the way to the station.

(3)　The work (costs, takes) money and (costs, takes) time.

(4)　He (adviced, advised) me to refrain from smoking.

(5)　A previous engagement prevents me from (receiving, accepting) your invitation.

89.　(8) **consider** は他動詞で think about の意であるから前置詞は不要。**study** も他動詞でじかに目的語をとる。

90.　(1) **write** は字を「書く」，**draw** は線で「画く」，**paint** は彩色して「画く」(2) **teach** は「教授する」の意の「教える」であり，「名前を教える」「道を教える」などの「教える」は「示す」「告げる」などの意であるから teach は用いない。(3) **cost** は費用が「かかる」，**take** は時間が「かかる」(4) **advice** [ədváis] は名詞，**advise** [ədváiz] が動詞。同様に **device** [diváis]（工夫）は名詞，**devise** [diváiz]（工夫する）は動詞，**prophecy** [práfisi]（予言）は名詞，**prophesy** [práfəsai]（予言する）は動詞。(5) **receive** は「受け取る」，**accept** は「受諾(受納)する」

　(6)　They (surprised, amazed, marveled, astonished) at his skill.

　(7)　Water (contains, consists, composes) of hydrogen and oxygen.

　(8)　He wanted to (borrow, hire, rent, let) a room near the station.

　(9)　Her parents refused to (perceive, admit, approve, recognize) her marriage.

　(10)　Please (admit, allow, forgive, permit) me for not having written earlier.

91. 各文の誤りを訂正せよ。

　(1)　Did you surprise to hear his failure?

　(2)　They gradually became to enjoy their English lessons.

　(3)　He was blown off his hat by the wind.

　(4)　My uncle explained me everything.

　(5)　I enjoyed very much at the party this evening.

　(6)　We discussed on modern art for two hours.

　(7)　He would not obey to the captain's orders.

　(8)　Take your lunch with you, if you are coming.

　(9)　He said to us not to mention about his mistake.

　(10)　She knocked the door and entered into the room.

92. 下の各文の空所に入る語を次より選び，適当な形で記せ。

　　　　　become　　come　　do　　fall　　help
　　　　　keep　　　make　　pass　　set　　take

　(1)　Will you kindly (　　) me the salt?

　(2)　He was an Englishman, but I (　　) him for an American.

　(3)　You should not (　　) company with such a dishonest man.

90.　(7) **contain** は他動詞で「～を含む」，**consist** は自動詞で consist of「～から成る」，**compose** は他動詞で「～を構成する」　be composed of = consist of, be made up of（～から成る）(8) **borrow** は一般に「借りる」(↔ lend)，**hire** は時間ぎめで「借りる」「雇う」，**rent** は部屋や家を「賃借（賃貸）する」，**let** は家などを「貸す」*cf.* a house *to let*（貸し家）(9) いずれも「認める」という日本語があてはまるが **perceive** は「知覚する」，**admit** は「（事実として）認める，白状する」，**approve** は「是認（承認）する」，**recognize** は「認知する，（だれだれと）わかる」 (10) いずれも「許す」の訳語があてはまるが，**admit** は「（入場・入学などを）許す」，**allow** は「許容する」，**forgive** は「（罪・間違い・失礼などを）許す」，**permit** は「許可する」

(4) Did the storm ( ) much damage to the crops?

(5) He ( ) the machine going.

(6) I wonder what has ( ) of her.

(7) His prediction has ( ) true.

(8) Please ( ) yourself at home.

(9) Please ( ) yourself to anything you like.

(10) He was so tired that he ( ) asleep at his desk.

93. 各文の下線部が，文末に示したような意味を表わすよう，空所に適当な語を入れよ。

(1) You should not ( ) off till tomorrow what you can do to-day. (= postpone)

(2) His parents died when he was young, and he was ( ) up by his uncle. (= raised *or* reared)

(3) I cannot ( ) out what he is saying. (= understand)

(4) The police will ( ) into the case. (= investigate)

(5) We cannot ( ) without salt. (= dispense with)

(6) The enterprise ( ) out to be a failure. (= proved)

(7) The doctor advised him to ( ) up smoking. (= abandon)

(8) It took me a week to ( ) over my cold. (= recover from)

(9) He promised to come but hasn't ( ) up yet. (= appeared)

(10) Children usually ( ) up to great athletes. (= respect)

(11) They wanted to ( ) away with this law. (= abolish)

(12) I cannot ( ) up with this noise any more. (= stand *or* bear *or* endure *or* tolerate)

(13) She ( ) up with a new idea for increasing sales. (= thought of)

(14) We must not ( ) down upon the poor. (= despise)

---

91. (10)「戸をたたく」は knock the door, knock *on* (or *at*) the door のいずれも言うが，前置詞を用いるほうがふつう。

92. (1)「塩をとっていただけませんか」(2)「彼をアメリカ人と思った」(3)「付き合う」(5)「機械を始動させる」(6)「彼女はどうなったのだろう」(7)「予言が適中した」(8)「おくつろぎください」(9)「お好きな物を召しあがってください」

93. (5)「～なしですませる」(13)「売上げを伸ばす新しい案を思いついた」

第 **13** 章

時　　制

　動詞の表わす動作や状態の時間関係を示す動詞の形態を**時制**（Tense）という。時制は動詞のとる形態であって，現実の**時間**（Time）とは必ずしも一致しないことに注意する。たとえば

(a)　If it **rains** tomorrow, I will stay at home.
　　　　（明日雨が降れば私は家にいる）

(b)　If I **were** you, I would confess the truth.
　　　　（もし私が君なら，真実を告白するだろう）

　(a) の動詞 rains の**時制**は**現在**であるが，表わす現実の**時間**は**未来**のことを述べている。〔⇨ p. 360〕(b) では動詞 **were** の**時制**は**過去**であるが，表わす現実の**時間**は**現在**のことである。〔⇨ p. 460〕

　英語の時制には次のような種類がある。

〔**A**〕　**三基本時制**（Three Primary Tenses）
　　(1)　現在時制（Present Tense）　　　　　　　　〔⇨ p. 358〕
　　(2)　過去時制（Past Tense）　　　　　　　　　〔⇨ p. 362〕
　　(3)　未来時制（Future Tense）　　　　　　　　〔⇨ p. 363〕
〔**B**〕　**完了時制**（Perfect Tenses）
　　(4)　現在完了時制（Present Perfect Tense）　　〔⇨ p. 367〕
　　(5)　過去完了時制（Past Perfect Tense）　　　〔⇨ p. 372〕
　　(6)　未来完了時制（Future Perfect Tense）　　〔⇨ p. 373〕
〔**C**〕　**進行形**（Progressive Forms）†
　　(7)　現在進行形（Present Progressive Form）　　〔⇨ p. 374〕
　　(8)　過去進行形（Past Progressive Form）　　　〔⇨ p. 378〕
　　(9)　未来進行形（Future Progressive Form）　　〔⇨ p. 379〕

† 　進行形はまた継続時制（Continuous Tense）とも呼ばれる。

（10）　現在完了進行形（Present Perfect Progressive Form）〔⇨ p. 380〕
（11）　過去完了進行形（Past Perfect Progressive Form）　〔⇨ p. 380〕
（12）　未来完了進行形（Future Perfect Progressive Form）〔⇨ p. 380〕

以上の時制の形を示せば次のようになる。

		単　　純　　形	進　　行　　形
基本時制	現　在	(1) I do	(7) I am doing
	過　去	(2) I did	(8) I was doing
	未　来	(3) I will (*or* shall) do	(9) I will be doing
完了時制	現　在	(4) I have done	(10) I have been doing
	過　去	(5) I had done	(11) I had been doing
	未　来	(6) I will have done	(12) I will have been doing

§137.　現在時制

　語形は三人称単数の場合に -(e)s を付けるほかは，動詞の原型と同じである。-(e)s の付け方は，名詞の複数形の場合〔⇨ p. 103〕と同じで，次のようになる。

（1）　ふつうは -s だけを付け，発音は：

　　　　　有音声の後では［z］：　begs, robs, lives, *etc.*
　　　　　無音声の後では［s］：　works, keeps, laughs, *etc.*

（2）　（［s］［z］［ʃ］［tʃ］［dʒ］）で終る語には -es ［iz］を付加：

　　　　　　passes, buzzes, wishes, teaches, judges, *etc.*

（3）　「子音字＋y」で終る語は，y を i に変えて -es ［z］を付加：

　　　　　　carry — carries, copy — copies, try — tries, *etc.*

（4）　o で終る語には -es ［z］を付加する：

　　　　　　goes, echoes（こだまする）, *etc.*

（5）　発音が変わるもの：

　　　　　　do［duː］— does［dʌz］,　say［sei］— says［sez］

現在時制の用法

１　習慣的・習性的な動作・行為を表わす。

　I **get** up at six every morning.（私は毎朝6時に起きる）
　He **does**n't **smoke**.（彼はたばこを吸わない）
　Does she **play** tennis?（彼女はテニスをしますか）

◈　「一般的な習性」は，④の「一般的な事実」に分類されることもある。

Children usually **sleep** very soundly.（子供はふつう熟睡する）

Barking dogs seldom **bite**.

　　　　（ほえる犬はめったにかみつかない）

＊　このように「動作」を表わす動詞では，現在時制が表わすのは「習慣的な行為」であって，「現在（今話している時，または書いている時に）行われている（継続的な）動作」を表わすのではない。これは現在進行形によって表わされる：

　　　　He **reads** a lot.（彼は本をたくさん読む）
　　　　He **is reading** now.（彼は今本を読んでいる）

　　上の文は彼が「現在読書中」かどうかは述べていない。次の区別も重要。

　　　　What **do** you **do**?（お仕事は何をしていますか）〔⇨ p. 57〕
　　　　What **are** you **doing**?（〔今〕何をしているのですか）

②　**現在の状態を表わす。**

I **have** a headache.（頭痛がする）

Do you **know** his phone number?（彼の電話番号を知っていますか）

She **does** not **love** her husband.（彼女は夫を愛していない）

＊　これは「状態」を表わす動詞（その他，「進行形を作らない動詞」〔⇨ p. 375〕）の場合であって，前項①と次項③の「動作」を表わす動詞の場合とを区別する。

③　**現在の動作・行為を表わす。**

　　現在時制が，①の「習慣的行為」，②の「状態」（および進行形の「継続的行為」）に対して，「現在の１回の行為」を表わす用法は限られており，次のような例がその主な場合である。

（a）　眼前の動作

Look ── here **comes** your mother.（ほら，お母さんが来たよ）

Smith **passes** the ball to Jones, and Jones **shoots**.〔実況放送〕

　　　　（スミスがジョーンズにパス，ジョーンズがシュート）

（b）　一人称の主語の現時点の行為

I **apologize**.（〔私はお詫びする →〕申し訳ありません）

I gladly **accept** your offer.（お申し出を喜んでお受けします）

I **beg** you to be here with me.

　　　　（ぜひ私といっしょにここにいてください）

④　**一般的な事実・不変の真理を表わす。**

The sun **rises** in the east.（太陽は東から昇る）

Pride **goes** before a fall.（おごる者久しからず）

5　**未来**を表わす。

《a》　**予定としてすでにきまっている未来**のことを表わす。行事や，往来
　・発着の予定などを，時の副詞を伴って示す。

School **begins** on April 10.（学校は 4 月 10 日に始まる）

The match **starts** next Monday.（試合は次の月曜日に始まる）

We **leave** here tomorrow.（我々は明日ここをたつ）

What time **does** the next train **arrive**?

　　　（次の列車は何時に着きますか）

　*　次の (a) は現在時制できまった予定を尋ね，(b) は未定の時を尋ねる。
　　　⎰ (a) When **do** we **meet** again?（今度はいつ会うことになっていましたか）
　　　⎱ (b) When **will** we **meet** again?（今度はいつ会えるのでしょうね）

《b》　**時や条件を表わす副詞節**では未来時制のかわりに現在時制を用いる。

What do you want to be when you **grow** up?

　　　（大きくなったら何になりたいの）

The game will be called off if it **rains** tomorrow.

　　　（明日雨が降れば試合は中止されるだろう）

Please write to me as soon as you **arrive** there.

　　　（そこに着きしだいお手紙ください）

　◈　**名詞節**と次のような**形容詞節**では未来のことは未来時制で表わす。
　　　⎧ (a) Tell me *when he* **comes** *back*.　　　　　　　〔副詞節〕
　　　⎨ (b) Tell me *when he* **will come** *back*.　　　　　〔名詞節〕
　　　⎩ (c) The time will come *when he* **will regret** *this*.〔形容詞節〕†
　　　(a)「彼が帰ってきたら教えてください」
　　　(b)「彼がいつ帰ってくるか教えてください」
　　　(c)「彼がこのことを後悔する時がやってくるでしょう」

　　*　**hope** の目的語の名詞節では未来のことでも現在時制で表わすことが多い。
　　　I **hope** you **sleep** well.（よく眠れますように）

---

†　一般の形容詞節中では場合によって現在時制・未来時制のいずれも用いられるが，
　現在時制のほうがむしろ多い。

　I will take the first bus that **comes**.（最初に来るバスに乗る）

　Bring me the papers which you **will find** on my desk.
　　　（私の机の上にある新聞をもってきて）

　I'll give 10 pounds to anyone who **washes** my car.
　　　（だれでも車を洗ってくれる人に 10 ポンドあげるよ）

●次のような条件の副詞節で用いられた will は未来ではなく，相手の意志・意向を表わす will で，相手の気持を尊重した丁寧な表現になる。

I shall be happy if you **will come** tomorrow.

　　　　（明日おいで頂ければ幸いです）

6 **過去**を表わす。

《a》 **歴史的現在**　　過去の出来事を現在目の前で行われているかのように如実に描き出すために現在時制を用いることがある。実況放送などで用いられる現在時制と同じ効果を持つもので，**歴史的現在**（Historical Present）または**劇的現在**（Dramatic Present）と呼ばれる。

Suddenly the phone **rings**. She **picks** it up and **listens** carefully.

　　　　（突然電話が鳴る。彼女は受話器を取りじっと耳をすます）

《b》 **新聞記事の「見出し」などで**

Land prices **rise**（= have risen）again.（地価再び上昇）

Italy **wins**（= won）World Cup.（ワールドカップ，イタリアが優勝）

《c》 **「伝達」の表現などで**　　人が言ったことを伝えたり聞いたりする動詞（say, tell, hear, be told, *etc*.）が，過去時制や現在完了時制の代わりに現在時制で用いられることがある。

Pascal **says**（= said），"Man is a thinking reed."

　　　　（パスカルは「人間は考える蘆(ﾖ)である」と述べている）

I **hear**（= have heard）you're getting married. †

　　〔= **I'm told** ...〕（［聞くところによると］結婚するんだってね）

Bill **tells** me you are moving.（ビルの話だと引っ越すそうだね）

＊　 **forget**（忘れる）も現在完了時制の代わりに現在時制をよく用いる。
　　 I **forget**（= have forgotten）her name.（彼女の名前が出てこない）

●次の文では現在形と過去形で意味が区別される。

　　(a) Where **do** you **come** from? — I **come** from Ohio.
　　(b) Where **did** you **come** from? — I **came** from Ohio.

　　(a) は「おくにはどちらですか — オハイオです」の意で出身地を表わし，(b) は「どこから来ましたか — オハイオから来ました」の意を表わす。

---

†　 ただし，否定文・疑問文では I *have* not *heard* 〜, *Have* you *heard* 〜？と完了形になる。

§138. 過去時制

『仮定法過去』は ⇨ p. 464
『間接話法』での過去は ⇨ p. 554

1 **過去の動作・出来事**を表わす。

I **bought** this car last year. （私は昨年この車を買った）

The accident **happened** last Sunday afternoon.
　　　　　（その事故はこの前の日曜日の午後に起こった）

2 **過去のある期間にわたる状態**を表わす。

She **was** ill for a week. （彼女は 1 週間病気だった）

He **lived** in Paris for three years. （彼はパリで 3 年暮らした）

3 **過去における習慣的行為**を表わす。

We **traveled** to school by bus. （私たちはバスで通学した）

The dog **barked** at every car that went past.
　　　　　（その犬は通り過ぎるすべての車にほえた）

　＊　過去の習慣的行為は would, used to をよく用いる。〔⇨ p. 389, 406〕

4 **過去における経験**を表わす。

I once **lived** in India. （私はかつてインドに住んだことがある）

Did you ever **hear** Caruso sing? （カルーソーが歌うのを聞いたことが
　　　ありますか）

5 **不変の真理**を述べる。

Faint heart never **won** a fair lady. （臆病者が美女を得るためしなし）

Men **were** deceivers ever. （男は常に女をだます ［男心と秋の空］）

6 **現在時制の代用（丁寧な表現）**

過去時制を用いることで，控え目な気持ちが表われ，丁寧な言い方になる。

Is that all, or **did** (＝ do) you want something else?
　　　　　（それだけですか，ほかに欲しいものがなにかなかったですか）

I **wondered** (＝ wonder) if you could help me.
　　　　　（お手伝いいただければと思ったのですが）

　＊　I **wonder** if ～ は依頼したり意向を尋ねたりするのに用いるが，I **wondered**
　　if ～, I **am wondering** if ～, I **was wondering** if ～ の順に丁寧さが増す。

7 **過去完了時制の代用**

　過去においてある動作が別の動作より前に行われたことを示すには過去完
了時制を用いる〔⇨ p. 372〕が，時制によって厳密に区別しなくても時の前
後関係がはっきりしている場合には，過去完了時制の代わりに過去を用いる

ことが多い。

It was more expensive than I [*had*] **expected**.
　　　　（それは私が予想していたよりも高価だった）

He arrived after she [*had*] **left**. （彼は彼女が出かけた後で着いた）

She [*had*] **left** before he arrived. （彼女は彼が着く前に出かけた）

* このように接続詞が **before** や **after** のときは時間の前後関係は時制で示さなくても明らかではあるが，**when** の場合は過去時制を用いるか過去完了時制を用いるかによって時間関係が異なることがある。
　　She left *when* he arrived. （彼女は彼が着いた時に出かけた）
　　She had left *when* he arrived. （彼女は彼が着いたときには出かけていた）

§139.　未来時制

未来時制は 〈will／shall＋原形〉 の形によって表わされるものをいう。「未来」を表わす表現は幾通りもあり，たとえば

① He leave**s** tonight.　　　　④ He **will** leave tonight.

② He **is** leav**ing** tonight.　　　⑤ He **is going to** leave tonight.

③ He **is to** leave tonight.　　　⑥ He **is about to** leave.

などいずれも「未来」を表わすが〔⇨ p. 366〕，「未来時制」と言うときはふつう④を指す。†

will, shall は 'll に縮約され，will not, shall not はそれぞれ **won't** [wount]，**shan't** [《米》ʃænt，《英》ʃɑːnt] に縮約される。††

未来は，ふつう，次の二つに分けて考えられる。

(1)　**単純未来**……人の意志によらず行われたり起こったりすること。
　　　　　　　　　　自然の成行き・必然・予想・推察，など。

(2)　**意志未来**……だれかの意志によって行われること。意図・意向・
　　　　　　　　　　決心・約束，など。

* 意志未来というとき，「主語」「話者」「相手」のだれの意志であるかを区別しなければならない。

---

† 「現在時制」と「過去時制」が動詞自体の語形によって示されるのに対して，未来を表わす動詞の語形はないので，「未来時制」を認めない立場もあるが，本書では従来の名称を用い，「未来」を表わす基本形式として will, shall を用いた形を「未来時制」として扱う。

†† 'll に縮約されるのは原形を伴うときだけで，伴わないときは 'll とはならず will のまま表わされる。**won't** は単独ででも用いる。
　　Will you go? — Yes, I **will**. (I'*ll*. ではない) / No, I **won't**. / No, I'll stay.

単　純　未　来

	平　叙　文	疑　問　文
一人称	① I (We) **will** 〜 （《英》では **shall** も）	④ **Will** I (we) 〜 ? （《英》では **Shall** も）
二人称	② You **will** 〜	⑤ **Will** you 〜 ?
三人称	③ He (They) **will** 〜	⑥ **Will** he (they) 〜 ?

* 伝統文法では（特に《英》で）「一人称・単純未来には **shall**」というきまりが重んじられたが、《米》では単純未来・意志未来にかかわらず **will** を用いるのがふつうで、《英》でもその傾向が強い。**shall** は主に形式ばった文体で用いられる。
* （単純未来・意志未来を合わせ）総体的に、**will** に比べ **shall** が用いられる比率は非常に低く、日常的に **shall** が用いられるのは、主として Shall I (we) 〜 ? の形においてである。
* 三人称でも **will** に（否定形 will not では not に）強勢が置かれて意志を表わすことがある。〔⇨ p. 388〕
* **won't** は三人称でも意志を表わすこともある：
  He **won't** do so. {彼はそうしないだろう。〔単純〕
彼はそうしようとしない。〔意志〕〔won't を強く発音〕
* 一人称に強勢のある **shall** を用いて **will** より強い意志を表わすことがある。
  We **shall** overcome.（われわれは勝利を収めるであろう）　　　〔⇨ p. 391〕
* if 節中に用いられた you **will** は単純未来ではなく相手の好意・気持ちを表わす。〔⇨ p. 361〕

① I'll (**will** / **shall**) be twenty next year.（私は来年 20 才になる）
　 We **will** (**shall**) all die one day.（われわれは皆いつか死ぬ）
　 I **will** (**shall**) be happy to be of help.
　　（お役に立てれば嬉しく思います）
② If you hurry, you **will** be in time.（急げば間に合うでしょう）
③ I'm afraid he **will** fail again.
　　（彼はまたしくじるんじゃないかな）
④ **Will** (**Shall**) I be in time if I start now?（今出れば間に合いますか）
　 Where **will** (**shall**) I be this time tomorrow?
　　（明日の今ごろ、私はどこにいるだろうか）
⑤ **Will** you be free tomorrow?（明日おひまですか）
　 Will you be able to come?（おいでになれますか）
⑥ **Will** he recover soon?（彼は間もなくよくなるでしょうか）

意 志 未 来

	平　叙　文	疑　問　文
一人称	① I（We）**will** ～〔主語の意志〕 （《英》では **shall** も） （～しよう）	③ **Shall** I（we）～？ 〔相手の意志〕 （～しましょうか）
二人称	② You **shall** ～ ⎫ 　　　　　　　　⎬〔話者の意志〕 He **shall** ～ ⎭	④ **Will** you ～？〔相手の意志〕 （～し［てくれ］ませんか）
三人称	（君［彼］に～させよう）	⑤ **Shall** he ～？〔相手の意志〕 （彼に～させましょうか）

＊　二人称・三人称の主語の意志を表わす場合は be going to か，強勢のある will を
用いる。〔⇨ p. 388「will の用法」〕

　　　He **is going to** resign. （彼は辞職するつもりです）
　　　They **will** not speak to each other. （彼らは互いに口をきこうとしない）

① I **will** stop smoking. （たばこはやめよう）

　We **will**（**shall**）do as she says. （彼女の言うとおりにしよう）

　I **won't**（**shan't**）be late. （遅刻はしないよ）

② You **shall** have the money tomorrow. （明日その金をあげよう）

　　　〔= I *will* give you the money tomorrow.〕

　You **shall** want for nothing as long as I live. （私が生きているかぎり
　　　君に不自由はさせない）

　He **shall** never enter this house again. （彼には二度とこの家の敷居
　　　をまたがせない）〔= I *will* never let him enter this house ...〕

③ **Shall** I open the window? （窓を開けましょうか）

　　　〔= Would you like me to open the window?〕

　When **shall** we have your answer? （御返事はいつ頂けますか）

　　　〔= When will you give us your answer?〕

　Let's have a drink, **shall** we? （一杯やりませんか）〔⇨ p. 60〕

＊　**Shall** I（we）～？は相手の意志・意向を尋ねるが，⑴申し出・提案をした
　り，⑵助言・提案を求めたりするのに用いる。

　　⑴ **Shall** I carry your bag? （かばんをお持ちしましょうか）
　　　Shall we go for a walk? （散歩に出かけませんか）
　　　　〔= How about going ～? / Would you like to go ～?〕

　　⑵ What **shall** I do? （どうすればいいでしょう；どうしようかな）

④　What **will** you have?（何を食べ「飲み」ますか）〔相手の意志・意向〕

　　Will you open the window?（窓を開けてくれませんか）　　　　　〔依頼〕

　　Will（**Won't**）you come in?（はいりませんか）　　　　　　　　〔勧誘〕

　　　　＊　**Will** you ～?よりも **Won't** you ～?のほうが強意的な勧誘になる。

　　Will you be quiet?（静かにしてくれないか）　　　　　　　　　　〔命令〕

　　　　＊　**Will** you ～?は意志・依頼・勧誘などの区別が必ずしもはっきりしない場合もある。次例を比較：

　　　　　　⎧ **Will** you **stay** here tonight?（泊まりませんか）　　　〔意向・勧誘〕
　　　　　　⎨ **Are** you **staying** here tonight?（泊まりますか）　　　　　　〔意志〕
　　　　　　⎩ **Will** you **be staying** here tonight?（泊まりますか）　　　〔無意志〕

⑤　What **shall** he do?（彼に何をさせましょうか）

　　　　　　〔= What do you want him to do?〕

　　Shall she wait?（彼女に待たせますか）

　　　　　　〔= Would you like her to wait?〕

　　⎧ When **will** the wedding be?（結婚式はいつですか）　　　　　　〔単純〕
　　⎨ When **shall** the wedding be?（結婚式はいつにしますか）　　　　〔意志〕

「未来」を表わす他の表現

１　**現在時制。**　　予定のきまった確定的な未来を表わす。〔⇨ p. 360〕

　　She **arrives** here tomorrow.（彼女は明日ここに着く）

２　**現在進行形。**　　ふつう，予定された近い未来を表わす。〔⇨ p. 374〕

　　I **am dining** with her tonight.（今夜彼女といっしょに食事をします）

３　**be going to**

　《**a**》　ふつう，主語の**意志・意図**を表わす。

　　What **are** you **going to** do tonight?（今夜何をするつもりですか）

　　He **is going to** be a dentist when he grows up.

　　　　　　（彼は大きくなったら歯医者になるつもりです）

　　＊　**be going to** は主語がすでに決めたことを表わすので，その場で瞬間的に決めてすぐに行動を伴う「意志」には will がふつう。

　　　　The tap is leaking. ― I'll have a look.

　　　　　　（水道がもれているよ。― 調べてみよう）

　　＊　同様に，条件文の帰結節では be going to は用いない。

　　　　If you take this road, you（×**are going to** ○**will**）get there quicker.

　　　　　　（この道を行けば，もっと早く到着するだろう）

　　＊　次のような場合には，will を用いると「勧誘」を表わすのに対して，be going to は勧誘を含意しないで「意向」を尋ねる：

$\left\{\begin{array}{l} \textbf{Won't} \text{ you have another cup? (もう一杯いかがですか)} \\ \textbf{Aren't} \text{ you } \textbf{going to} \text{ have another cup? (もう一杯飲まないのか)} \end{array}\right.$

《(b)》　**予想**を表わす。この場合は多く**近い未来**（Near Future）について用いる。

It's **going to** rain; look at these clouds.

　　　　（雨になるぞ。見ろよ，あの雲を）

I'm afraid **I'm going to** be sick.（気分が悪くなり［もどし］そうだ）

This water is freezing. **I'm going to** go into shock and drown.

　　　　（なんて冷たい水だ。ショックを起こして溺れちゃいそうだ）

4　**be about to** ～「今まさに～しようとしている」の意で**近接未来**（Immediate Future）を表わす。

He **was about to** start.（彼はまさに出かけようとしていた）

　　　　〔= He was on the point of starting.〕

The moon **is about to** rise.（月が出かかっている）

＊　この表現はそれ自体「今まさに～」の意を含むので，未来を表わす時の副詞は伴わない。

5　**be to** ～「～することになっている」の意で**予定**を表わす。〔⇨ p. 417〕

I **am to** meet her tonight.（今夜彼女と会うことになっている）

§140. 現在完了時制

過去の動作・出来事を**現在との関連**において（現在までに～してしまった，現在までに～したことがある，現在まで～している，など）述べる時制で，過去時制との用法の区別をはっきり理解しておく必要がある。

$\left\{\begin{array}{l} \text{(a)　I } \textbf{lost} \text{ my watch ［last week］.} \\ \text{(b)　I } \textbf{have lost} \text{ my watch.　〔口語ではふつう I've lost … の形〕} \end{array}\right.$

　(a) は文脈によって示されるある特定の過去の時（たとえば先週）に「時計を失くした」ことを述べるだけで（その後その時計は見つかったかもしれないし，新しいのを買ったかもしれない）あるが，(b) は過去の「いつ」ということを問題にしないで，現在までに「時計を失くしてしまった」ので現在は持っていない状態を表わす。

$\left\{\begin{array}{l} \text{(a)　He } \textbf{lived} \text{ in London for two years.} \\ \text{(b)　He } \textbf{has} \text{ (}or\text{ He's) } \textbf{lived} \text{ in London for two years.} \end{array}\right.$

　(a) は現在ロンドンにいず「（過去において）2 年間ロンドンで暮した」

ことを述べており，(b) は，ふつう，現在ロンドンに住んでいて「(現在に至るまでの) 2 年間ロンドンに住んでいる」ことを表わす。

現在完了時制の用法

1 **完了・結果** —— 現在までにしてしまったことや，その結果の状態が現在も続いていることを表す。

I **have** already **finished** my work. (私はもう仕事を終えてしまった)

Hasn't it **stopped** raining yet? (まだ雨はやんでいませんか)

　　＊　現在完了時制による問に対して，具体的に過去の時を示した答えをする場合は過去時制を用いる。

　　　　Have you **had** breakfast? (朝食はすみましたか)
　　　　　　Yes, I **have**. / No, I **haven't had** it yet.
　　　　　　Yes, 〔I **have**.〕 I **had** it **at seven** (*or* **at the hotel,** *etc.*).

Spring **has come**. 〔→ It *is* now here.〕 (春が来た 〔→ 今春だ〕)

I've **bought** a new cellphone. 〔→ I *have* now a new cellphone.〕
　　　　(新しい携帯電話を買った 〔→ 今新しい携帯電話を持っている〕)

She's **gone** to bed. (彼女は就寝した) 〔→ She *is* now in bed.〕

　　＊　「結果」は「完了した動作の結果の状態」であるから，「完了」と「結果」は，区別しにくい場合が多い。最後の例も，「現在までに就寝し〔完了〕，今は寝床の中にいる〔結果〕」ことを述べるが，たとえば She's **already** *gone* to bed. であれば already が「すでに就寝してしまった」という「完了」の意味を強める。

2 **経験** —— 現在までにしたことがあることを表わす。

過去時制は**過去のある特定の時**に行われた動作を示すが，現在完了は過去から**現在に至るあいだ**に行われたこととして表わす。

He **has lived** in many countries. (彼はいろんな国に住んだことがある)

I **have** often **seen** the actress. (僕はその女優を何度も見たことがある)

〔I've never **talked** to her before. (今まで彼女と話したことはない)
〔This is the first time 〔that〕 I've 〔**ever**〕 **talked** to her.
　　　　(彼女と話すのはこれが初めてだ) 〔... I *talk* ... ではない〕

　　＊　「**その時**までなかった ↔ **その時**が初めてだった」ならば過去完了を用いる。
　　　　〔I **had** (*or* I'**d**) never **talked** to her before.
　　　　〔That was the first time I **had** (*or* I'**d**) **talked** to her.

　　＊　現在完了時制の問に対して，過去の時を示した答えをする場合は過去時制を用いる。

　　　　Have you ever **seen** a tiger? (トラを見たことがありますか)
　　　　　　Yes, I **have**. I **saw** one at the zoo last year.
　　　　　　No, I **have** never **seen** one.

* 「完了」か「経験」か，いずれを表わすかその文だけでははっきりせず，いずれにも解し得る場合もある。
  I **have read** the book.（読んでしまった / 読んだことがある）
  cf. $\begin{cases} \text{I have **just** read it.（ちょうど読み終えた）} & 〔完了〕 \\ \text{I have **once** read it.（読んだことがある）} & 〔経験〕 \end{cases}$
  Have you **read** the book?（読んでしまったか / 読んだことがあるか）
  cf. $\begin{cases} \text{Have you read it **yet**?（読んでしまったか）} & 〔完了〕 \\ \text{Have you **ever** read it?（読んだことがあるか）} & 〔経験〕 \end{cases}$

3 継続 —— 現在まで続いている動作・状態を表わす。

We **have known** each other for five years.〔→ We still know each other.〕（我々は 5 年間の知り合いです）

　　　〔= It is five years since we came to know each other.〕

I **have** not **seen** her since Monday.（彼女に月曜以来会っていない）

cf. $\begin{cases} \text{She **has owned** it for two years.（〔現在まで〕2 年間持っている）} \\ \text{She **owned** it for two years.（〔過去において〕2 年間持っていた）} \end{cases}$

4 未来完了時制の代用

時や条件を表わす副詞節中では，未来時制の代わりに現在時制を用いるように〔⇨ p. 360〕，未来完了時制の代わりに現在完了時制を用いる。

We will start at noon if it **has stopped** raining by that time.
　　（正午までに雨がやんだら正午に出発します）

It will have stopped raining by the time I **have finished** my work.
　　（私が仕事を終えるまでには雨はやんでいるでしょう）

cf. $\begin{cases} \text{(a) I will tell you *if I* have finished *it*.} & 〔副詞節〕 \\ \text{(b) I can't tell you *if I* will have finished *it* by ten.} & 〔名詞節〕 \end{cases}$
　　(a)「それを終えてしまったら教えます」
　　(b)「それを 10 時までに終えてしまっているかどうかはわからない」

現在完了時制について注意すべき事項
---

❶　現在完了時制は過去を表わす副詞とは用いない。

$\begin{cases} \text{He *has slept* for eight hours **last night**.} & 〔誤〕 \\ \text{He *slept* for eight hours **last night**.} & 〔正〕 \end{cases}$

$\begin{cases} \text{**When** *has* she *returned* home?} & 〔誤〕 \\ \text{**When** *did* she *return* home?} & 〔正〕 \end{cases}$

* **When** は特定の過去の時を尋ねるので現在完了時制と用いないことに注意。

❷　現在完了と用いられるのは現在を含む次のような副詞である。

〔完了・結果〕　**now**, **just**, **already**, **yet**〔⇨ p. 295〕

〔経験〕　**ever**, **never**, **once**〔⇨ p. 296〕, **before**〔⇨ p. 296〕,
　　　　　　always, **often**, **seldom**〔⇨ p. 286, 288〕

〔継続〕　**for ~**, **since ~**, **until**（*or* **up to**）**now**（今まで）,
　　　　　how long（どのくらい［のあいだ］）

　　* 　**recently** と **lately** は「最近」の意で,「完了・経験・継続」などを表わし, ふ
　　　つう現在完了時制と用いるが, recently は過去時制とも用いる。
　　　　Three prisoners〔**have**〕**recently escaped**.（3 人の囚人が最近脱獄した）
　　　　I **haven't seen** him **lately**（**recently**）.（最近彼に会っていない）
　　　　He's **been** busy **lately**（**recently**）.（彼はこのところ忙しい）

◉　ただし次のような文では, 同一の副詞が現在完了時制と過去時制の両
　方に用いられ, 異なった時間関係を表わす。

　　⎰(a)　I **haven't read** the paper **this morning**.
　　⎱(b)　I **didn't read** the paper **this morning**.

　　(a) は「今朝はまだ新聞を読んでいない」で午前中の発言, (b)「今
　朝は新聞を読まなかった」は午後や夜になって述べられる場合である。

　　⎰(a)　I **have been** busy **today**.（［まだ会社にいて］今日は忙しかった）
　　⎱(b)　I **was** busy **today**.（［帰宅後などに］今日は忙しかった）

　　⎰(a)　He **has had** many misfortunes **in his life**.
　　⎱(b)　He **had** many misfortunes **in his life**.

　　(a)　「彼は生涯に多くの不幸を経験してきた」（彼はまだ存命中）
　　(b)　「彼は生涯に多くの不幸を経験した」（彼は死んでいる）

❸　**now, just : just now**

now, just は現在完了と用い, just now（たった今）は a moment ago の
意で過去時制が正用とされ, 現在完了と用いるのはまれである。

　　He *has* **just** *arrived*. / He *has* *arrived* **now**. / He *arrived* **just now**.

❹　**ago : before**

ago（［今から］~前）は過去時制とのみ用い, before は意味により, 現在
完了・過去・過去完了のいずれとも用いる。〔⇨ p. 296〕

　　I **have seen** him some time **ago**.　　　　　　　　　　　　〔誤〕
　　I **saw** him some time **ago**.（しばらく前に会った）　　　　　〔正〕
　　I **have seen** him somewhere **before**.（以前どこかで会った）　〔正〕

❺　**for : since**

for の後には「期間」を表わす語句が，since の後には「時点」を表わす語句がくる。

We have lived here **for** a year.（1 年間ここに住んでいる）

We have lived here **since** January.（1 月以来ここに住んでいる）

＊　次の文では **since** と **for**，および **last** と **the last** が区別されねばならない。

　{ I have been here **since** last week.（先週以来滞在している）

　{ I have been here **for** the last（＝past）week.（ここ 1 週間滞在している）

＊　次のような文における構文と時制の関係に注意する。

　He **died** three years *ago.* ↔ He **has been** dead *for* three years. ↔ It **is**（*or* It'**s been**）three years *since* he died. ↔ Three years **have passed** *since* he died（or *since* his death）.（彼が死んで 3 年になる）〔⇨ p. 649〕

❻　**have gone to ~ : have been to ~ : have been in（at）~**

have gone to は「～へ行ってしまった［ここにいない］」〔完了・結果〕を表わし，**have been to** は（a）「～へ行ってきたところだ［もどってきてここにいる］」〔完了・結果〕と（b）「～へ行ったことがある」〔経験〕の意を表わす。**have been in（*or* at）**は（a）「～にいたことがある」〔経験〕と（b）「（今まで）～にいた」〔継続〕の意を表わす。

He **has gone to** London.（彼はロンドンへ行ってしまった）

Where have you been? ― I've **been to** the post office.

　　（どこに［行って］いたの。― 郵便局へ行ってきたんだ）

I've never **been to** Paris.（僕はパリに行ったことがない）

I **have** once **been in** London.（私はかつてロンドンにいたことがある）

Where have you been? ― I've **been in** the garden.

　　（どこに［行って］いたんだい。―［ずっと］庭にいたんだよ）

＊　《米》では，**ever**, **never**, **once** など経験を表わす副詞［句］を伴うような場合に，have gone to ~ を「～に行ったことがある」の意で用いることがある。

　He'**s gone to** Paris.《米・英とも》（彼はパリに行ってしまった）

　Have you *ever* **been**（《米》では **gone** も）**to** Paris?

　　（パリへ行ったことがありますか）

　I've **gone to** Paris *only once*.《米》（パリへは一度しか行ったことがない）

5　「**be ＋過去分詞**」の形による現在完了

go, come, rise, set, fall, grow, change, arrive, return など移動・変化の動詞は「be ＋過去分詞」の形の現在完了形を作ることがある。

The sun **is set** and the moon **is risen**.（太陽が沈み月が昇った）

Babylon **is fallen**.（バビロンは滅んだ）

◈　この形は概して古風な表現であるが，次は日常ふつうに用いられる例：

He **is gone**.（彼は行ってしまった）

I'm **done**（*or* **finished**）with my homework.（宿題が終った）

＊　「have＋過去分詞」に対し，「be＋過去分詞」は「結果」の状態に重点が置かれる。たとえば「春が来た」は：

Spring **has come**.〔Spring came.＋It is here now.〕

Spring **is come**.〔Spring *is here*. のほうに比重が置かれる〕

6　**have got**, **have got to**（do）〔⇨ p.385〕

これらは口語表現で，ふつう 've **got** の縮約形で用いられ，「現在完了」の意味はなく，それぞれ **have**, **have to**（do）と同意である。

He's **got**（＝ He **has**）three children.（彼には子供が3人いる）

I've **got to**（＝ I **have to**）go now.

　　　　（もう行かなければならない）

§141.　過去完了時制

〔『仮定法過去完了』は ⇨ p.468
『間接話法』での過去完了は ⇨ p.554〕

現在完了が現在を基準とするのに対し，過去完了は過去のある時を基準にして，その時までの完了・経験・継続などを表わす。

1　**完了**　──　過去のある時までの完了を表わす。

When I arrived at the station, the train **had** already **left**.

　　　　（私が駅に着いたとき，列車はすでに発車していた）

＊　「今から～前」は ago であるが，「その時から～前」は before。

〔He **died** five years **ago**.（彼は5年前に死んだ）

〔He **had died** five years **before**.（彼はその5年前に死んでいた）

＊　次のような文の訳し方に注意する。

I **had not gone far when** I met him.

　　　　（遠くまで行かないうちに彼に会った）

I **had not waited long before** she turned up.

　　　　（あまり長く待たないうちに彼女がやってきた）

2　**経験**　──　過去のある時までの経験を表わす。

I **had met** him many times before then.

　　　　（私はその時以前に幾度も彼に会ったことがあった）

I went to Paris this summer. I **had** never **been** there before.（私はこの夏パリへ行った。それ以前にそこへ行ったことはなかった）

3 **継続** ── 過去のある時までの継続を表わす。

When they had their first baby, they **had been married** for six
  years.（最初の赤ん坊が生まれたとき，彼らは既に結婚して6年になっ
    ていた）

I sold my house last summer. I **had lived** in it for ten years.
      （私は去年の夏家を売った。その家には10年間住んでいた）

4 **大過去** ── 過去の行為の前後関係を示して，ある行為が他の行為より
前に行われたことを示す。

I **found** that the train **had left** two minutes before.
      （列車はその2分前に発車していた）

* 二つ以上の行為を述べる場合に，その行われた順序に従って述べる場合は先に行
  われた行為を過去完了にする必要はないが，接続の仕方によっては過去と過去完
  了によってその前後関係が明らかにされる。〔⇨ p. 363〕
      ⎧ I **bought** the book and **lent** it to him.
      ⎩ I **lent** him the book which I **had bought**.
* ① 「時制の一致」による「過去完了」については ⇨ p. 554
  ② 「仮定法」における「過去完了」については ⇨ p. 468
  ③ 「過去完了」の代わりに「過去」を用いる場合は ⇨ p. 362 ⑦
  ④ It **is**（**was**）the first time he **has**（**had**）seen her. の形は ⇨ p. 368 ②

5 **非実現を表わす過去完了**

hope, **expect**, **intend**, **mean**（意図する），**think**, **suppose**, **want** など
の過去完了は希望・意図・予想などが実現しなかったことを表わす。

I **had intended** to come earlier.（もっと早く来るつもりだったのだが）
      〔= I intended to **have come** earlier.〕〔⇨ p. 426〕

§ 142. 未来完了時制

1 **完了** ── 未来のある時までに完了しているであろうことを表わす。

In two years' time, I **will have taken** my degree.
      （2年以内に私は学位を取ってしまっているでしょう）

I **will have finished** this work by noon.
      （正午までにこの仕事を終えてしまっているでしょう）

2 **経験** ── 未来のある時までに経験しているであろうことを表わす。

I **will have read** this book three times if I read it again.
      （この本をもう一度読めば3度読んだことになります）

3　**継続** ── 未来のある時まで続いているであろうことを表わす。

He **will have lived** here for three years by next August.
　　　（今度の 8 月で彼はここに 3 年間住んだことになります）

4　**推量**

will は未来ではなく推量を表わすことがある〔⇨ p. 388〕が，その用法が完了形と結び付いたもの。したがって形は未来完了と同形であるが，内容は現在完了で現在までに行われたことに対する推量を表わす。

You **will have read** at least one of his books.（彼の書いた本をあなたは少なくとも一冊は読んだことがあるでしょう）

　　〔= I think you **have read** at least one of his books.〕

cf. $\begin{cases}\text{(a)}\ \text{She \textbf{will have reached} there by \textbf{noon}.}\ \ \text{〔未来完了〕}\\ \text{(b)}\ \text{She \textbf{will have reached} there by \textbf{now}.〔現在の推量〕}\end{cases}$

　　(a)「彼女は正午までにそこに着いてしまっているでしょう」
　　(b)「彼女は今までにもうそこに着いているだろう」

§143.　現在進行形

現在進行しつつある動作を表わす。したがって単純形と比べて基本的に異なるのは，単純な現在時制が，時間を限られない一般的な事実や習慣的な行為を表わすのに対し，進行形現在はある**限られた期間**継続する動作を表わす点である。この進行または継続の期間の幅は場合によって異なる。次のような単純形と進行形を比較：

$\begin{cases}\text{He \textbf{smokes}.（彼はたばこを吸う —— 習慣的事実）}\\ \text{He \textbf{is smoking}.（彼はたばこを吸っている —— 現在の行為）}\end{cases}$

$\begin{cases}\text{The bus \textbf{stops} here.（バスは［いつも］ここで停車する）}\\ \text{The bus \textbf{is stopping} now.（バスが今止まりかかっている）}\end{cases}$

●口語では，ふつう，I'm, You're, He's, They're などの縮約形を用いる。

現在進行形の用法

1　**現在行われつつある動作や起こりつつある出来事**を表わす。

Look, it's **raining**.（ほら，雨が降ってるよ）

She **is studying** French this summer.
　　　（彼女は今年の夏フランス語を勉強している）

2　**未来**を表わす。ふつう，近い未来の予定された行為を表わす。

I **am having** supper with her tonight.（今夜彼女と食事をします）

They **are leaving** at the end of this week.（彼らは今週末に出発する）

＊　この場合は，（文脈などから未来を表わすことが明らかである場合を除き）未来
を表わす副詞語句を伴う。（でなければ①の意味とまぎらわしくなる）

＊　近い未来に行われることについて**命令**的に用いることがある。

　　You **are polishing** the car today.（今日は車をみがくんだよ）

　　You're not **taking** Ruff to school.

　　（ラフ［＝ 犬の名］を学校に連れて行くんじゃないよ）

3　**反復的・常習的行為**を表わす。always, continually, constantly, forever,
all the time などの副詞を伴い，通例，話者のわずらわしさ・いらだち・
不快・当惑・皮肉などの気持ち，いわゆる感情的色彩を含む。

He **is** forever **complaining** about something.

　　　　（あいつはしょっちゅう何かぐちをこぼしている）

My car **is** always **breaking** down.

　　　　（僕の車はいつも故障ばかりしている）

＊　この場合の always は感情的・主観的なニュアンスを表わし，文字通りの「常に」
の意味を表わすわけではない。

　┌（a）He **is** *always* **going** away for weekends.　〔感情的表現〕
　└（b）He *always* **goes** away at weekends.　　　〔客観的陳述〕

　（a）「あいつは週末といえばしょっちゅう出かけている」（b）「彼は週末には
　いつも（＝ 毎週末に）出かける」（＝ He goes away every weekend.）

進行形を作らない動詞

次のような，動詞自体が継続的な状態を表わしたり，有意志的に持続でき
ない知覚・心理状態などを表わす動詞は，進行形を作らない。〔ただし，下
記の動詞のうち，**意味により進行形を作る**ものもあり，その主なものは後述
の『進行形について注意すべき点』にまとめてある〕

（1）**状態**を表わす動詞：**be**; **have**, **own**, **possess**（所有する）; **owe**（借
　　　りがある）; **seem**, **look**, **appear**（〜のように見える）, **sound**
　　　（〜のように聞える）; **consist of**（〜から成る）, **contain**（含む）;
　　　resemble（似ている）, **differ**（異なる）; **need**, **require**（必要と
　　　する）; **matter**（重要である）, **deserve**（〜に値する）, *etc.*

　　┌I **am belonging** to the tennis club.　　　　　　〔誤〕
　　└I **belong** to the tennis club.（テニス部に属している）　〔正〕

（2）**知覚動詞**：　**see**, **hear**, **feel**, **smell**, **taste**, **notice**, **perceive**（気
　　　づく）, **recognize**（認める）, *etc.*〔⇨ p. 28〕

(3) **感情・気持ち**を表わす動詞: **love, hate, like, dislike, prefer**（〜のほうを好む）, **want, desire**（望む）, **wish, care**（心配する）; **forgive**（許す）; **believe**（〜を信じる）, *etc.*

$\begin{cases} \text{He \textbf{is loving (hating)} her.} & 〔誤〕 \\ \text{He \textbf{loves (hates)} her.（彼は彼女を愛して[憎んで]いる）} & 〔正〕 \end{cases}$

(4) **思考作用**を表わす動詞: **know, understand** †; **think, suppose, consider** ††, **hope**（[望ましいことを]思う）†††, **believe**（〜と思う）, **expect**（〜と思う）, **feel**（〜らしいと思う）; **mind**（気にする）, **mean**（つもりである）; **remember**（覚えている）, **forget** ††††, **recall**（思い出す）, *etc.*

I **feel** I **know** what you **mean**.

（君の言わんとすることがわかるように思う）

I **think** you **believe** that I **understand** you.

（君は私が君を理解していると信じていると私は思う）

進行形について注意すべき点

❶　進行形を作らない動詞で, 日本語では「…している」と訳されるものを進行形にしてしまいやすい。

$\begin{cases} \text{He \textbf{is possessing} a villa.} & 〔誤〕 \\ \text{He \textbf{possesses} a villa.（彼は別荘を持っている）} & 〔正〕 \end{cases}$

---

† 　understand が進行形を作るとすれば「徐々にわかる」の意。

The students **are understanding** the problem better now.

（学生たちはだんだんその問題がよくわかってきた）

†† 　consider, expect, think, hope などが「…だと思う」の意味でない場合には進行形が作られることもある。

$\begin{cases} \text{We \textbf{consider} that you are right.（君の言うことは正しいと思う）} \\ \text{We \textbf{are considering} the problem.（その問題を検討している）} \end{cases}$

††† 　**hope** は進行形を用いて丁寧な気持ちを表わすことがある。〔過去時制が丁寧な気持ちを表わす場合については ⇨ p.362 ⑥〕

We **are hoping** you will support us.（御支援いただければと思います）

†††† 　**forget** が進行形を作るとすれば次のような場合である。

I **forget** his name.（彼の名前を忘れた）

I **am forgetting** my math.（数学をだんだん忘れていく）

I'm **forgetting** my raincoat.（レインコートを忘れかけていた）

{ He **is resembling** with his father. 〔⇨ p. 339〕　　　　　〔誤〕 †
{ He **resembles** his father. （彼はお父さんに似て**いる**）　　　〔正〕

{ This bottle **is containing** milk.　　　　　　　　　　　　　〔誤〕
{ This bottle **contains** milk. （このびんには牛乳がはいっ**ている**）　〔正〕

❷　同じ動詞でも，状態や無意志的動作を表わす意味では進行形を作らず，
「有意志的」動作を表わす意味では進行形を作るものも多い。

{ He **has** three sisters. （彼には姉妹が 3 人いる）
{ He **is having** lunch (a bath). （彼は昼食［入浴］中です）

＊ 「持つ」の意では進行形を作らないが, take, do, experience （経験する）などの
意味では進行形を作る。

{ A tall tree **stands** by the gate. （門のそばに高い木が立っている）
{ A tall boy **is standing** by the gate. （門のそばに少年が立っている）

＊ 上の stands は「ある（= be）」という無意志的な状態を表わし，下は「立つ」と
いう有意志的な動作を表わす。

{ Europe **lies** west of Asia. （ヨーロッパはアジアの西にある）
{ She **is lying** on the grass. （彼女は草の上に横たわっている）

{ I **think** that this is a good book. （この本は良い本だと思う）
{ I **am thinking** about my mother. （私は母のことを考えている）

❸　**see** （～が見える）, **hear** （～が聞こえる）は無意志的な行為で継続させ
ることはできないが，**look at** （～を見る）, **watch** （～を見守る）, **listen
to** （～に耳を傾ける）は有意志的に継続させ得る行為で進行形を作る。††

{ I **see** a flower. （花が見える）
{ I **am looking at** a flower. （私は花を眺めている）

{ I **hear** music. （音楽が聞こえる）
{ I **am listening to** music. （私は音楽を聞いている）

＊ ただし see, hear も意味によっては進行形を作る。
　　{ I **am seeing** her home. （私は彼女を家まで見送るところです）
　　{ I **am seeing** her tonight. （私は今夜彼女に会います）

---

† 　**resemble** が進行形を作るとすれば次のような意味を表わす場合である。
　　The boy **is resembling** his father more and more.
　　（少年はますます父親に似てきた）
†† 　**look at** は多く静止している対象を（ふつう短いあいだ）見るときに，**watch** は多
く動いている対象を（ふつうある時間続けて）見る場合に用いる。

> The judge **is hearing** the case.（裁判官はその事件を審理している）
> Mother **is hearing** her lesson.（母は彼女のおさらいを聞いている）

❹ **feel, smell, taste**　進行形を作らない無意志的な感覚作用を表わす場合と，有意志的に持続させ得る意味とを区別する。

> I **feel** a pain in my leg.（脚に痛みを感じる）
> This cloth **feels** soft.（この布は手ざわりが柔らかだ）
> She **is feeling** his pulse.（彼女は彼の脈をはかっている）

> I still **smell** gas.（まだガスのにおいがする）
> This flower **smells** sweet.（この花はよい香りがする）
> She **is smelling** the flowers.（彼女は花の香りをかいでいる）

> I **taste** something strange.（何か変な味がする）
> This soup **tastes** good.（このスープはいい味がする）
> She **is tasting** the soup.（彼女はスープの味をみている）

❺　状態を表わす動詞でも，一時的な状態を述べる場合は進行形になる。

> Where **do** you **live**?（お住まいはどちらですか）
> Where **are** you **living**?（〔現在のところ〕どちらに住んでいますか）

> You **are** very kind.（君はとても親切だ）〔人柄が親切〕
> You **are being** very kind today.（今日は親切だね）〔一時的状態・行為〕

●ふつうは単純形で用いる look, feel や hurt, ache（痛む）などが進行形で用いられることもあるが，単純形と進行形の意味の違いは特に認められない。

> How **do** you **feel**?（御気分はいかがですか）
> How **are** you **feeling**?

You（**look** / **are looking**）well today.（今日はお元気そうですね）
My back（**hurts** / **is hurting**）.（背中が痛い）

§144.　過去進行形

１　**過去における進行中の動作**を表わす。

What **were** you **doing** when she arrived?
　　　　　　（彼女が着いたとき君は何をしていましたか）

◈　主節・従節の両方に進行形を用いることもある。

He **was** not **listening** while I **was talking**.
　　　　　　（僕が話しているあいだ彼は聞いていなかった）

* 次のような，単純形と進行形を用いた場合の意味の違いを区別：
  - (a) She **was crossing** the street when she noticed me.
  - (b) She **crossed** the street when she noticed me.
    - (a)「彼女は私に気が付いたとき道路を渡りつつあった」
    - (b)「彼女は私に気が付いたとき道路を渡った」

2　**過去における反復的・習慣的な動作**を表わす。

She **was** always **bragging**. (彼女はいつもほらばかり吹いていた)

3　**過去における予定または意図された未来**を表わす。

I **was having** supper with her that night.

　　　　(私はその晩彼女と食事をすることになっていた)

I **was going to** tell you, but I forgot.

　　　　(君に話すつもりでいたが，忘れてしまった)

§ 145.　未来進行形

1　**未来における進行中の動作**を表わす。

This time next year, I **will be travelling** through America.

It **will be raining** when you reach there.

2　特に「進行」を表わさず，**単純未来**を表わすことがある。**will を用いた未来形**が意志・意向を含意し，**現在進行形**が確定した意図的な予定を表わすのに対し，この**未来進行形**は「～することになるだろう」といった程度に，すでに成行きのきまったこととして未来のことを表わすのがふつうである。

- I'll **be seeing** him tomorrow. (彼に明日会う[ことになる]だろう)
- I'll **see** him tomorrow. (彼に明日会う[つもりだ])
- I'm **seeing** him tomorrow. (彼に明日会う[ことにしている])

- I won't (**shan't**) **be seeing** him again. (二度と会うことはないだろう)
- I won't **see** him again. (彼とはもう二度と会わない)

* 相手に「～しますか」と尋ねる場合，"**Will you** (do) ～?" は，その時その場で決められる相手の意向を尋ねるが，"**Will you be** (doing) ～?" は，すでに予定の決まったこととして尋ね，相手の意志・意向に立ち入らないようにしようとする，控え目な気持ちを表わす。

3　will の場合に限り**推量**を表わすことがある。この場合 will は未来の助動詞ではなく「推量」を表わす用法〔⇨ p. 388〕であるから，未来ではなく現在において進行中のことに対する推量を表わす。

She **will be waiting** for your answer.（君の返事を待っているでしょう）〔= She *is probably waiting* for your answer.〕

§146. 現在完了進行形

過去から現在に至るまで継続した動作を表わす。この動作は (a) 現在も続き，今後も続くことをほのめかす場合もあるし，(b) 話している現在すでに行われていないことを表わす場合もある。

(a) I've **been waiting** for an hour and he still hasn't turned up.
　　　（1時間も待っているが，まだ彼は現れない）

(b) I'm sorry I'm late. **Have** you **been waiting** long?
　　　（遅れてすみません。長い間お待ちになりましたか）

So you've **been drinking** again, haven't you?
　　　（また飲んでいたな）

$\lceil$ I **have learned** English for five years.（5年間学んだ）
$\lfloor$ I **have been learning** English for five years.（5年間学んできた）

＊　上の現在完了形は「現在までの期間に5年間英語を学んだ」ことを述べ「完了・経験・継続」のいずれも表わしうるが，進行形を用いた下の文では「現在まで5年間英語を学び続けてきた」と，継続性が強められる。

§147. 過去完了進行形

過去のある時まで継続していた動作を表わす。

He was tired because he **had been working** since dawn.
　　　（彼は夜明けから働いていたので疲れていた）

They **had been mining** for two years before they found gold.
　　　（彼らは金を発見する前に2年間掘り続けてきた）

He **had been waiting** a long time when she arrived.
　　　（彼女が着いた時までに彼は長い間待っていた）

§148. 未来完了進行形

未来のある時まで継続しているであろう動作を表わす。

I have been practicing the piano for eleven months. In another month I **will have been practicing** it for a year.（私は11か月ピアノを練習してきた。あと1か月で1年間練習したことになる）

At the end of this month, I **will have been staying** in this coun-
try exactly for three years.（今月の終りで私はこの国にちょうど3
年間滞在したことになる）

We **will have been studying** English for five years by next
March.（来年の3月で僕たちは英語を5年間勉強したことになる）

重 要 問 題 　　　　　（解答 p. 697）

94. かっこ内の適当なものを選べ。

(1) I can't tell when he (returns, will return, shall return).

(2) I will speak to him when he (returns, will return, shall return).

(3) It is ten years since he (died, has died, was dead).

(4) He (died, has died, is dead, has been dead) for ten years.

(5) Three years (passed, have passed) since his death.

(6) Please wait till I (finished, have finished, will finish) my work.

(7) By the time he (comes, will come), I (finished, have finished,
will have finished) my work.

(8) Next time I (see, will see) him, I will tell him so.

(9) It will not be long before we (meet, will meet) again.

(10) You had better go home before it (gets, will get, won't get)
dark.

95. かっこ内の動詞を適当な時制に変えよ。

(1) I don't know if it (rain) tomorrow, but if it (rain), I'll stay at
home.

(2) What you (do) all this time?

(3) I (lend) him the book which I (buy) the day before.

(4) By the time you (get) back this evening, I (finish) all my
work.

(5) By the time he (come) that night, I (finish) my homework.

(6) In November next, he (be) dead for ten years.

(7) If I read the novel once more, I (read) it three times.

---

94. (9)「遠からず（近いうちに）またお会いすることになるでしょう」この文を単文
で言い換えれば We *will*（We'*ll*）*meet* again before long. という時制になる。

(8) I (not go) very far when I found that I (leave) my wallet at home.

96. 各文の誤りを訂正せよ。

(1) When have you read this book?

(2) I have once climbed Mt. Fuji some years ago.

(3) I knew him at once, for I often saw him before.

(4) I will lend you the book when I will have done with it.

(5) I have been ill since two weeks.

(6) I'll call on you when it will be convenient for you.

(7) Hardly I spoke to him than he was gone.

(8) He is hearing his daughter playing the piano.

(9) She is seeing the flowers in the garden.

(10) These boys are belonging to the tennis club.

97. 次のうち正しくない文はどれか。二つある。

1. He has come to London in March.

2. He has lived in London since March.

3. He has stayed in London for a month.

4. He has arrived in London at last.

5. I wonder when he has arrived in London.

98. 各文を訳せ。(⑥は違いを説明せよ)

① a) Will he wait for you?

 b) Shall he wait for you?

② a) He has been to the station to see her off.

 b) He has gone to the station to see her off.

③ a) Where does he come from?

 b) Where has he come from?

④ a) We hoped he would recover soon.

 b) We had hoped he would recover soon.

⑤ a) She will have finished her homework by now.

 b) She will have finished her homework by 6.

⑥ a) We had a lot of snow this winter.

 b) We have had a lot of snow this winter.

第 14 章

助 動 詞

　動詞と結び付いて用いられ，いろいろな意味を添えたり，時制・態などを表わしたりする語を助動詞（Auxiliary〔ɔːgzíliəri〕Verb）という。

　助動詞には，動詞としても用いられるものと，助動詞としてだけしか用いられないものとがあり，現在形・過去形の両方をもつものと，一方だけしかもたないものとがある。

§ 149. 助動詞の種類

		原形	現在形	過去形
動詞としても用いられる語		be	am, is, are	was, were
		have	have, has	had
		do	do, does	did
		（need）	need	（needed）
		（dare）	dare	dared
助動詞としてだけ用いられる語		—	will	would
		—	shall	should
		—	can	could
		—	may	might
		—	must	—
		—	ought to	—
		—	—	used to

＊　（　）は本動詞としての用法で，助動詞としては用いられないことを示す。

＊　このほか **had better**〔⇨ p. 407〕も準助動詞として扱われることもある。

＊　**is, has** は **'s** に，**have** は **'ve** に，**will, shall** は **'ll** に，**had, would, should** は **'d** に縮約される。

　　*　これらの助動詞が **not** と結び付いた縮約形は大部分が 〜**n't** をそのまま付加する
　　（is**n't**, do**n't**, would**n't**, *etc.*）が，次のものは注意を要する：
　　　　am not → aren't（《口》**ain't**［eint］）
　　　　will not → won't［wount］
　　　　shall not → shan't［ʃænt,《英》ʃɑːnt］

　以上の助動詞のうち〔A〕**文法的な働きをする**（= 疑問文・否定文をつ
くったり，進行形・完了形・受動態をつくったりする）助動詞（be, do,
have）に対して，〔B〕それ以外の，**いろいろな意味**（= 可能・義務・許
可・意志・推測などの意味）**を添える**助動詞（can, may, will, shall, must,
need, dare, ought to, used to）は**法助動詞**（Modal Auxiliary）と呼ばれる
ことがある。

§150. 助動詞の特徴

　動詞と比較した場合，助動詞には次のような特徴がある。

（1）　**主語による語形変化がない** ── 動詞の現在形は三人称・単数の形が
　　あるが，助動詞は，be, have, do を除いて，人称・数による語形変化はな
　　い。

（2）　**活用形** ── be, have, do を除き，過去分詞形・〜**ing** 形がなく，現
　　在形と過去形の両方か，あるいはその一方しかない。

（3）　**否定文・疑問文の作り方** ── 動詞の場合は do を用いるが，助動詞
　　の場合は，助動詞の後にそのまま **not** を付けて否定文を，助動詞を文頭
　　に出して疑問文を，それぞれ作る。
　　　したがって，need, dare などは助動詞用法と動詞用法が区別される。

　　｛You **need** *not* do it. / **Need** I do it?　　　　　〔need は助動詞〕
　　｛You *don't* **need** *to* do it. / *Do* I **need** *to* do it?　〔need は動　詞〕

（4）　**to のない不定詞を伴う** ── 助動詞は動詞と結び付いて用いられる
　　が，動詞は to のない不定詞の形で助動詞の後に置かれる。ただし be と
　　have には過去分詞が，ought, used には to の付いた不定詞が伴う。

§151. be の用法

《1》　「be＋現在分詞」で**進行形**を作る。　　　　　　　　　〔⇨ p. 374〕
　　　He **is** *reading* a book.（彼は本を読んでいる）

《2》　「be＋他動詞の過去分詞」で**受動態**を作る。　　　　　〔⇨ p. 476〕
　　　He **is** *loved* by all.（彼は皆に愛されている）

《3》 「be＋自動詞の過去分詞」で**完了形**を作る。 〔⇨ p. 371〕

Winter **is** *gone* and spring **is** *come*. (冬が去り春が来た)

《4》 「be＋to (do)」で予定・義務・可能・運命・意図を表わす。 〔⇨ p. 417〕

I **am** *to* see her at 5. (私は５時に彼女と会うことになっている)

§ 152. have の用法

《1》 「have＋過去分詞」で**完了形**を作る。 〔⇨ p. 367〕

He **has** just *arrived*. (彼は着いたところです)

《2》 **have to ＝ must** (〜しなければならない)

《口》では **have got to** の形もよく用いる。

You **have to** think logically. (論理的に考えなければならない)

I've **got to** finish this by noon. (正午までに終えなければならない)

＊ 否定形 **don't have to** は「〜しなくてもよい」(= need not)の意であって，**must not** (〜してはならない)と区別する。〔⇨ p. 401〕

＊ **have got to** は **have to** と同じように用いられるが，次の点が区別される。

⎧ (a) I **have to** mow the lawn. (芝刈りをしなければならない)
⎨
⎩ (b) I've **got to** mow the lawn.

(a) は，㋑「ある一回の特定の場合にしなければならない」ことと，㋺「習慣的にいつもしなければならない」ことの両方に用いられるが，(b) は㋑ の場合にだけ用いられる。

〔A〕have と 〔B〕have to の肯定形・否定形・疑問形

〔A〕**have** は (「持っている」，その他いろいろな意味で用いられる) **動詞**。

〔B〕**have to 〜** は (「〜しなければならない」の意を表わす) **助動詞**用法であるが，それぞれが用いられる形について認めておくべき要点は次のとおりである。

●**肯定形** —— 《米》，《英》とも同じ。《口》では **have got** を多く用いる。

〔A〕㋑ I **have** (*or* I've **got**) a car. 　　㋺ He **has** breakfast at seven.	have got を用いるのは広義の「所有」を表わす場合 (㋑)。それ以外は have (㋺)。
〔B〕㋑ I **have to** (*or* I've **got to**) go. 　　㋺ I **had to** go.	have got to はふつう現在時制で用いる (㋑)。その他では have to (㋺)。

●**否定形と疑問形**

〔A〕 ❶ 広い意味での「**所有**」を表わす場合，《英》では従来次の (a) の形

を用いたが，今ではこの形はやや堅く（または古く）感じられ，《米》と同じく (b) の do を用いる形が一般化している。《口》では (c) の have got の形が多く用いられる。†

- (a)　I **haven't** a car.
- (b)　I **don't have** a car.
- (c)　I **haven't got** a car.

- (a)　**Have** you any children?
- (b)　**Do** you **have** any children?
- (c)　**Have** you **got** any children?

❷ 「所有」以外の，いろいろな「経験」や「行為」などを表わす場合は，上の (b) の do を用いた形の否定文・疑問文を作る。

　　　What time **do** you **have** supper? 〔= eat, take〕

　　　　＊　What time **have** you supper? What time **have** you **got** supper? のような，上の (a), (c) の形の疑問文は用いない。

　　　I **didn't have** a bath last night. 〔= take〕

　　　How often **do** you **have** letters from him? 〔= receive〕

❸ 「have＋目的語＋原形・過去分詞」の場合も do を用いる。

　　　He **didn't have** me *wait* long. （彼は私を長くは待たせなかった）

　　　When **did** you **have** your hair *cut*? （いつ髪を刈ってもらったの）

〔B〕　**have to** の場合は do を用いるのがふつうで，do を用いない形はまれである。口語では have got to を用いた形も行なわれる。

- You **don't have to** go.
- You **haven't got to** go.

- **Do** you **have to** go?
- **Have** you **got to** go?

　　　（行かなくてもよい）　　　　　（行かなければならないのか）

　　　〔You *haven't to* go. / *Have* you *to* go? の形はまれ〕

§153.　do の用法

《1》　疑問文を作る。

　　　Do you know his phone number? （彼の電話番号を知っていますか）

　　　Doesn't he admit his fault? （彼は自分の過失を認めないのか）

《2》　否定文を作る。

---

†　(c) の **have got** は完了時制と同じ形をしているが，**have got** = **have** で現在時制の意味を表わすことを間違えないように。

● 英国では，do を用いる形は「習慣性」を表わし，do を用いない have〔got〕の形は「ある特定の場合」を表わす，という区別が行なわれることもある。

- I **don't have** toothache very often. （歯が痛むことはあまりない）
- I **haven't**〔**got**〕toothache now. （今歯は痛くない）

I **do**n't watch television very often.（テレビはあまり見ない）

He **did**n't keep his promise.（彼は約束を守らなかった）

《3》　**否定の命令文**を作る。Do not または Don't を文頭に置く。†

Don't give up hope.（希望を捨ててはいけない）

Don't be lazy.（なまけていてはいけない）

《4》　**強調用法**。この do は強勢を置いて［dúː］と発音される。

Do be careful !（気をつけるんだよ）

Do you mean it? ― Yes, I **do** mean it.

　　　（本気で言っているのかい。― もちろん，本気だとも）

He **did** love me once, but he loves me no longer.

　　　（彼はかつては私を愛していたが，今はもう愛していない）

《5》　**倒置文**において。「do＋主語＋動詞」の語順をとる。〔⇨ p. 588〕

Rarely **does** he write to me.（彼はめったに手紙をよこさない）

Not only **did** she help me but she did so so willingly.（彼女は私を
　　　手伝ってくれたばかりか，とても快く手伝ってくれた）

《6》　**代動詞**として。前に出た動詞を繰り返して用いる代わりに do を用い
る場合で，この do を**代動詞**（Pro-verb）と呼ぶ。††

He likes her and so **do** I.（彼は彼女が好きだが僕もそうだ）

　　　〔＝ He likes her, and I *like* her, too.〕

A man doesn't care such a thing, but a woman **does**.

　　　（男はそんなことを気にしないが，女は気にする）

§ 154.　will の用法

未来時制を表わすのに用いられる〔⇨ p. 363〕ほか，次のような用法があ
る。

---

†　次のような，否定の疑問文と否定の命令文とを区別する。

　⎰**Don't** you believe it?（↗）（君はそれを信じないのか）

　⎱**Don't** you believe it.（↘）（そんなことを信じるなよ）

　下は，命令文で二人称を表わした場合である。〔⇨ p. 64〕

††　次の文で，上は**強調用法**で「私は彼女が来るとは思っていなかったが，彼女は来
た」の意，下は**代動詞**用法で「私は彼女が来ると思っていなかったが，彼は彼女が来
ると思っていた」の意。

　⎰I didn't expect her to come, but she **did** come.

　⎱I didn't expect her to come, but he **did**.〔＝ expected〔her to come〕〕

《1》　**強い意志**。「どうしても～しようとする（しない）」の意。主語の人称にかかわらず意地・固執・強情・拒絶・抜きがたい習慣などを表わす。

He **will** have his way in everything.

　　　　（彼は何でも自分の思いどおりにしようとする）

This door **will not** (*or* won't) open.（この戸はどうしても開かない）

She **won't** listen to me.（彼女は私の言うことを聞こうとしない）

＊　will の意味が，その文だけでは二通りに解釈できる場合もある。

　　My father **won't** agree. $\begin{cases} 「父は同意しないだろう」 & 〔単純未来〕 \\ 「父は同意しようとしない」 & 〔強い意志〕 \end{cases}$

《2》　**習慣・習性・傾向**

He **will** sit for hours without saying a word.

　　　　（彼は一言もしゃべらないで幾時間も座っていることがよくある）

Accidents **will** happen.（事故はどうしても起こるもの）

Boys **will** be boys.（男の子はやはり男の子）

A mad dog **will** bite anyone.（狂犬はだれにでもかみつくものです）

＊　will に強い強勢が置かれて「非難」や「いらだち」を示すことがある。

　　You **will** keep forgetting things.（いつも忘れてばかりいるんだな）

《3》　**命令・要求・依頼**〔⇨ p. 366〕

You **will** stay here till five.（5 時までここにいなさい）

You **will** kindly carry this for me.（これを運んでください）

Employees **will** report for work at 9 a.m.

　　　　（社員は午前 9 時出社のこと）

＊　Will you ～ は，ふつう相手の意志を問うが，次のような区別に注意。

　　$\begin{cases} \textbf{Will you be quiet? (↗)（静かにしてくれませんか）〔依頼〕} \\ \textbf{Will you be quiet! (↘)（静かにしてくれないか）　　〔命令〕} \end{cases}$

《4》　**推量**

This **will** be your luggage, I suppose.（これは君の荷物でしょう）

"The telephone is ringing." — "That**'ll** be for you."

　　　　（「電話が鳴っている」—「君にだろう」）

They **will** be having dinner now.（彼らは今食事中だろう）

＊　未来進行形と同形であるが，現在進行中のことについての推量である。〔⇨ p. 380〕

＊　次のような場合は「will have ＋過去分詞」の形をしていても未来完了時制ではなく，現在完了の内容に推量を加えた表現である。〔⇨ p. 374〕

　　You**'ll have heard** about this.（このことについてお聞き及びでしょう）

　　〔＝ I'm sure (*or* Probably) you *have heard* about this.〕

《5》 **能力・可能**。　　無生物に用い，収容力などを表わす。

This hall **will** seat at least 300 people.

（このホールには少なくとも 300 人は収容できる［座れる］）

Will this bottle hold a pint?（このびんには 1 パイントはいりますか）

§155.　would の用法

「時制の一致」によって will が would になる場合〔⇨ p. 555, 562〕，および条件文において用いられる場合〔⇨ p. 461〕のほか，次の用法がある。

《1》 **過去の習慣的行為**。「よく～した」の意。often, sometimes などを伴うことが多い。used to と異なり，状態動詞とはふつう用いない。〔⇨ p. 656〕

She **would** *often* come to see me on Sunday.

（彼女は日曜によく遊びに来た）

They **would** sometimes sit up all night discussing politics.

（彼らは徹夜で政治を論じ合うことがよくあった）

《2》 **過去の強い意志**。　「どうしても～しようとした（しなかった）」の意。

She **would** come though I advised her to stay.

（私はとどまるように言ったが彼女は来るといってきかなかった）

The car **would**n't start.（車のエンジンがどうしてもかからなかった）

He **would** not take my advice.（彼は私の忠告をきこうとしなかった）

《3》 **現在の意志・気持ち**

If I **would**, I could.（やろうと思えばできるのだが）

Do to others as you **would** have others do to you.

（自分が他人にしてもらいたいと思うように他人にしなさい）

If you **would** understand a nation, you must learn its language.

（ある国を理解しようと思えばその国の言語を学ばねばならない）

《4》 **丁寧な表現**。「もしよかったら，差支えなければ」に類した前提節が省略されたような気持ちを含み，(a)「依頼，勧誘」，(b)「意見」，(c)「希望」などを，控え目に述べる丁寧な表現である。〔⇨ p. 467, 601〕

（a） **Would** you mind waiting a moment, please?

（ちょっとお待ちいただけますか）〔**Do** you mind ～ ? より丁寧〕

Would you open the window, please?

（窓を開けていただけませんか）〔**Will** you ～ ? よりも丁寧〕

Would you care for another glass?（もう一杯いかがですか）

(b)　**would think**（**say, imagine**）などの表現で。

　　I **would think** you need to speak to her first.

　　　　（彼女にまず話さなければならないと思いますが）

　　I'd **say** he was about fifty.

　　　　（彼は 50 ぐらいじゃなかったかな）

(c)　**would like**（**love, prefer**）などの表現で。

　　I **would**（*or* I'd）**like** to see it.

　　　　（それを見たいものです）〔I **want** to ～ よりも丁寧〕

　　I'd **like**（*or* **love**）a cup of tea.（コーヒーを一杯いただけますか）

　＊　(b) と (c) の **would** は **should** を用いることもある。（I **should think** ～,
　　　I **should like** ～, *etc.*) また、'd (I'd **say** ～, I'd **like** ～, *etc.*) は **would**,
　　　should のどちらの縮約形とも考えられる。

　＊　**would**（**should**）**have liked** to ～ は「（過去において）～したかったの
　　　ですが［できなかった］」の意を表わす。

　　　I **would**（**should**）**have liked** to see it.（それを見たかったのですが）

　　　$\begin{cases} = \text{I } \textbf{would （should） like} \text{ to } \textbf{have seen} \text{ it} \qquad 〔\Rightarrow \text{p. 426}〕 \\ = \text{I } \textbf{would （should） have liked} \text{ to } \textbf{have seen} \text{ it}. \end{cases}$

《5》　**推量・推測。**　《4》と同じく仮定法的用法で、「たぶん～だろう」とい
　う推定の意味を控え目に表わす。

　　That **would** be Tom.（［姿の見えない人 ── たとえばノックをして
　　　いる人 ── を指して、あれは］たぶんトムじゃないかな）

　　He **would** be about sixty.

　　　　（あの人［の年齢］は 60 ってとこかしら）

《6》　**能力・可能。**　無生物について、収容力などを表わす。

　　The room **would** seat only fifty people.

　　　　（その部屋には 50 人しか座れなかった）

《7》　**慣用表現**

　　I **would rather** stay［than go］.（［行くより］家にいたい）

　　　　〔would rather に節が続く場合については ⇒ p. 472〕

　　Would that he were alive now.（彼が今生きていればよいのになあ）

　　　　〔= I *wish* he were alive now.〕

§156.　shall の用法

未来時制に用いられる〔⇒ p. 364〕ほか、次の用法がある。

《**1**》　**強い意志・決意**。　 will より強い決意を表わす。

　　We **shall** never surrender. （我々は絶対に降伏しないであろう）

《**2**》　**命令・禁止**。　「〜すべし，〜すべからず」の意を表わす。

　　You **shall** not steal. （なんじ盗むなかれ）

　　You **shall** do as you are told. （言われたとおりにしなさい）

《**3**》　**規定**。　法律・規約・会則などに用いられる。

　　The committee **shall** meet at least four times per year.

　　　　（委員会は少くとも年 4 回会を開くものとする）

《**4**》　**予言・約束**

　　Ask, and it **shall** be given you. （求めよ，さらば与えられん）

　　I give my word: the work **shall** be done on time.

　　　　（その仕事が時間通りに終わることを，私は約束する）

§ 157.　should の用法

「時制の一致」により shall が should になる場合〔⇨ p. 562〕，および条件文において用いられる場合〔⇨ p. 461〕のほか，次の用法がある。

《**1**》　**義務・当然・正当・忠告**。　「〜すべきだ」の意を表わす。ought to とほぼ同じ意味を表わすが，should のほうがよく用いられる。〔⇨ p. 403〕

　　You **should** pay your debts. （借金は支払うべきだ）

　　You **should**n't tell lies. （嘘をつくべきではない）

　　You **should** see this picture. （この映画はぜひ見なさい）

　　You **should** *have told* me the truth.

　　　　（君は僕に本当のことを言うべきであったのに［言わなかった］）

　　　＊　「**should have**＋**過去分詞**」は「ought to have＋過去分詞」と同じく「（過去において）〜すべきであったのに（実際にはしなかった）」の意。〔後の《7》の場合と区別〕

　　You **should** not *have believed* such a dishonest man.

　　　　（君はそんな不正直な男の言うことを信じるべきではなかったのに）

　　It was such a moving picture. You **should** *have seen* it.

　　　　（とても感動的な映画だった。君に見せてやりたかったよ）

《**2**》　**判断・感情**。　**It is 〜 that ... should ...** の形式で，(a)「必要・重要・正当」などの判断や，(b)「不思議・当然・驚き」などの感情を表わす語の後に続く **that 節**の中で用いられる。

　　It is の次にくる典型的な語には (a) **necessary, important, proper,**
(b) **strange, natural, surprising** などがある。〔(a) と (b) に属する語
句の区別については ⇨ p. 650〕

　　should を用いない場合，(a) の形容詞では仮定法現在（＝原形）を用い，
(b) では直説法の動詞を用いるのがふつうである。

(a)　It is *necessary* that all **should** be (*or* all **be**) present.
　　　　　（全員が出席しなければならない）

(b)　It is *strange* that he **should** be (*or* he **is**) so angry.
　　　　　（彼がそんなに腹を立てるなんておかしなことだ）

◉　この形式の文の多くは不定詞を用いた構文でも表わせる。〔⇨ p. 424〕

　　　⎰It is *necessary that* you *should* obey him.
　　　⎱It is *necessary for* you *to* obey him.
　　　　　（君は彼に従う必要がある）

◉　過去のことについて述べる場合は「**should have ＋ 過去分詞**」の形を
とることもある。

　　　⎰It is *surprising* that she **should have said** nothing about it.
　　　⎱It is *surprising* that she **said** nothing about it.
　　　　　（彼女がそのことについて何も言わなかったとは驚きだ）

《3》　**命令・提案・要求。**　　「命令・提案・要求・主張・取決め・忠告・
勧め・希求」などを表わす語句（**order, command; suggest, propose;
demand, request; insist; arrange; advise, recommend; desire, be
anxious,** *etc.*）に続く **that** 節**の中**で用いられる。

　　ただし（上の《2》(a) の場合も同じであるが）that 節の中で **should** を
用いるのは《英》に多く，《米》ではふつう**仮定法現在**を用いる。

　　⎰She *proposed* (*demanded*) that the boy **should** be punished.
　　⎱She *proposed* (*demanded*) that the boy **be** punished.
　　　　　（彼女は少年が罰せられることを提案［要求］した）

　　＊　仮定法現在であるから，主語や時制にかかわらず，**be** punished であって **is**
　　　（**was, will be, would be**）punished などにはならない〕

He *commanded* that the prisoners［**should**］be released.
　　　　　（彼は捕虜の釈放を命じた）

He *recommended* that I［**should**］buy the book.
　　　　　（彼は私にその本を買うように勧めた）

I *am anxious* that she 〔**should**〕 accept the offer.

　　　（私は彼女がその申し出を受け入れることを切望する）

◉　この構文は不定詞・動名詞を用いて表わせるものもある。〔⇨ p. 661〕

　　He *ordered that* they 〔**should**〕 shut the gate.

　　He *ordered* them **to shut** the gate. / He *ordered* the gate **to be shut**.

　　　（彼は彼らに門を閉めるように言いつけた）

　　He *insisted that* we 〔**should**〕 pay the bill at once.

　　He *insisted on* our **paying** the bill at once.

　　　（彼は我々がすぐ勘定を支払うように主張した）

《4》　**丁寧な表現**。　would の場合と同じく，「もし差支えなければ」といった気持ちが含まれ，婉曲・控え目な表現となる。〔⇨ p. 389, 467〕

　I should think so. （そのとおりだと思います）

　It's rather dull, **I should** say.

　　　（それはいささか退屈だといえるでしょうね）

　I **should like to** go with you.

　　　（ごいっしょしたいものです）

　＊　この用法の **should** はやや改まった感じを与え，《米》では **would** がふつうで，《英》でも would の使用が一般的になっている。

　＊　**should have liked to** (*go*), **should like to have** (*gone*) は "would" の項参照。〔⇨ p. 390〕

《5》　**lest が導く節において**

　He obeyed his father *lest* he **should** be punished.

　　　（彼は罰せられないように父の言うとおりにした）

　＊　**lest** は文語的な語で，それが導く節の中では **should** を用いるか仮定法現在（lest he **be** punished）の形になることが多い。〔⇨ p. 537〕

《6》　**疑問・驚き・意外・不可解**などを表わす表現において。《2》の「感情の should」と同じ用法であるが，It is ～ that ... should の形式以外に用いられる場合で，「～とは」「～なんて」などに当たる気持ちを表わす。

　Are you mad that you **should** turn down the offer?

　　　（その申し出を拒絶するなんて君は気でも狂っているのか）

　　〔= Are you mad *to turn* down the offer?〕

　I don't know（I see no reason）why you **should** think that way.

　　　（なぜ君がそんなふうに考えるのか私にはわからない）

Who **should** come in but his wife?（入ってきたのは誰あろう彼の奥

さんだった / 誰が入ってきたかと思ったら彼の奥さんだった）

What have I done that I **should** be treated like this?

（こんな扱いを受けるなんて私が何をしたというのか）

《7》 **推量**。 「当然～のはずだ」の意を表わす。

He **should** be in Paris by now.

（彼はもうパリに着いているはずだ）

This **should** not be difficult.（これがむずかしいわけがない）

He **should** have arrived there by now.

（彼はもうそこに着いているはずだ）

＊ 「**should have**＋過去分詞」はこの場合は「当然～してしまっているはずだ」
の意を表わす。〔《1》の意の場合と区別する〕

§158. can, could の用法

〔「時制の一致」と「仮定法」での **could** については，それぞれ ⇨ p. 562；
⇨ p. 461, 464, 466〕

否定形は **cannot, can't, can not** であるが，can not と離して綴るのは
主に強意などの場合である。

《1》 **能力**（= Ability） 「～できる」の意を表わす。

She **can** sew［sou］and cook.（彼女は裁縫も料理もできる）

Can you lift this box?（この箱を持ち上げられますか）

＊ 次のような場合は **can** を用いても用いなくても意味はふつう変わらない。

{ She speaks English.　　{ Do you play the piano?　{ I **don't** understand.
{ She **can** speak English.　{ **Can** you play the piano?　{ I **can't** understand.

ただし，直接相手に尋ねるときは，露骨に相手の能力を問うニュアンスを帯びな
いように **Do** you speak English? のほうを多く用いる。

◈ can は「能力」によって「できる」場合のほか，周囲の事情が許すの
で「できる」（可能）の意を表わす場合にも用いる。

We **can**not swim today because the sea is rough.

（海が荒れているので今日は泳げない）

◈ can の未来時制・完了時制などは **be able to** によって表わせる。

He **will be able to** swim next year.（来年には泳げるだろう）

He **has not been able to** walk since the accident.

（彼はその事故以来歩くことができない）

◉　**過去形 could と was able to**　〔⇨ p. 654〕

(a)「行なう能力を備えていた」の意で「できた」という場合は could と was able to のいずれも用いる。

　　I **could**（= **was able to**）swim at the age of ten.

　　　　（私は 10 歳のときに泳ぐことができた）

(b)「ある行為を実際に行なうことに成功した（succeeded in ~ing, managed to ~）」の意で「できた」という場合は was able to。†

　　I **was able to** pass the examination.（試験に合格できた）

*　I **could** pass the examination. は「（実際に）合格できた」ということよりも，「（受ければ）合格する能力を持っていた」か，または仮定法的用法（次項参照）で「受ければ合格できるだろう」の意を表わすのがふつうである。

◉　過去形 could は仮定法的に現在または未来のことについても用いる。

I **could** finish it by noon.（[やれば] 昼までにできるでしょう）

I **could** kill him.（[できれば] 殺してやりたいくらいだ）

*　過去のことについて「できれば~したいくらいだった」の気持ちを表わす場合：

　　I **could have** died.（死んでしまいたいくらいだった）

　　I **could've** kissed her.（彼女にキスの一つもしたい気持ちだった）

《2》　**可能性**（= Possibility）　「ありうる」の意。否定は「~ではありえない，~であるはずはない」。多く，否定文に用いるか，疑問文で意味を強める。

　　Can he still be alive?（彼がまだ生存している可能性はあるだろうか）

　　You **can't** be serious.（まさか本気で言っているんじゃないよね）

*　「ありうる」の意味は「ときには~のこともある」の意に通じる。

　　He **can** be really irritating.〔= He is **sometimes** very irritating.〕

　　　　（彼には本当にいらいらすることがある）

　　Trees of this species **can** reach a height of 100 feet.

　　　　（この種の木は高さ 100 フィートに達することもある）

●　**could** は「仮定法過去」として，「現在」のことについて「ことによれば（ありうる）」といった意味を含む控え目な表現に用いられる。

　　It **could** be weeks before we get a reply.（[場合によっては] 回答が得られるまでに何週間もかかるかもしれない）

---

†　ただし否定文やある種の動詞（知覚動詞など）ではこの区別はない。

　　He **couldn't**（= **wasn't able to**）understand it.

　　He **could**（= **was able to**）see a ship at a distance.

Could the news be true? (はたしてこの知らせは本当だろうか)

◈ 「**cannot have**＋**過去分詞**」は「(過去において) ～したはずがない」の意。

　She **can't have said** so. (彼女がそう言ったはずはない)

　　＊ 同じ意味で「**could not have**＋**過去分詞**」の形を用いることもある。また,主節が過去の従節では I **thought** he **couldn't** have succeeded. と can が could になる。〔なお条件文の帰結節で用いられる「**could have**＋過去分詞」については ⇨ p. 468〕

　　┌ He **cannot have** succeeded. (彼が成功したはずはない)
　　│　〔= It is impossible that he should have succeeded.〕
　　│ He **could not** succeed. (彼は成功できなかった)〔= He was not
　　└　able to succeed. / It was impossible for him to succeed.〕

《3》 **許可**(= Permission)　「～してもよい」の意。**may** よりも口語的である。

　You **can** go to the movies if you want to.
　　　　　　(行きたければ映画に行ってよろしい)

　You **cannot** smoke in the hospital. (病院内は禁煙です)

　Can I pay by check (=《英》cheque)?
　　　　　　(支払いは小切手でいいですか)

　　＊ 未来時制や完了時制は **be allowed to** で表わされる。
　　　You **will be allowed to** go when you finish this.
　　　　　(これを終えれば行くことを許されるでしょう [行ってもよろしい])

◈ 過去形 could を用いれば, 仮定法的に「もし差支えなければ」といった気持ちを含み, can よりも控え目で, 丁寧な表現になる。〔これは次項《4》においても同じである〕†〔⇨ p. 601〕

　Could I borrow your car? (車をお借りできますか)

　Could I have seconds, please? (お代わりいただけますか)

◈ **過去形 could と was allowed to**

　ふつう, (a) 過去において「習慣的に許されていた」ことを表わす場合は could と was allowed to のいずれも用いられるが, (b)「ある一回

---

† 「お願いがあるのですが」は (a)「許可」と (b)「依頼」の両形式で表わせる。
　(a) **May** (**Can, Could**) I ask you a favor? (お願いしてもいいですか)
　(b) **Will** (**Would, Could**) you do me a favor? (お願いを聞いてもらえますか)

の行為をすることを許された」場合は was allowed to が用いられる。

(a)　On Sunday we **could** (= **were allowed to**) stay in bed till nine. (日曜日には 9 時まで寝ていることが許された)

(b)　That afternoon we **were allowed to** go to the movie.
　　　　　　（その午後は映画に行くことを許された）

《4》　(a)「**依頼**」,「**命令**」, (b)「**申し出**」, (c)「**提案**」

(a)　**Can** you come here a minute? (ちょっとここへ来てくれませんか)
　　When you've finished the washing up, you **can** clean the room.
　　　　（皿洗いが終ったら、お部屋の掃除をしてね）
　　＊　**Can't** you ～ ? は「いらだち」を表わすことがある。
　　　　Can't you be quiet? (静かにできないのか)

(b)　**Can** I carry your bag?
　　　　（かばんを持ちましょうか）
　　I **could** do the shopping for you.
　　　　（よかったら買物は私がしましょう）

(c)　You **could** try a different shampoo. 〔can よりも丁寧〕
　　　　（別のシャンプーを使ってみたらどう [ですか]）

《5》　**非難・腹立たしさ。**　　**could do**, **could have done** の形で、「当然すべきことをしない（すべきだったことをしなかった）」ことに対して言う仮定法的表現。at least を伴うことも多い。〔⇨ p. 400 "might"《6》〕

　　She **could** [**at least**] **have given** me some excuse.
　　　　（彼女は [せめて] なにか弁解ぐらいはしてもよかったのにな）

《6》　**慣用表現**

　　She **can but** cry. (彼女はただ泣くだけだ)
　　＊　この but は only の意で「～しかできない → ただ～するだけ」

　　I **cannot but** obey him. (彼に従わざるをえない)〔文語的〕
　　＊　この but は except の意で「～する以外はできない → ～せざるをえない
　　　　(= cannot help ～ ing)」

　　I **cannot help** obey**ing** him. (彼に従わざるをえない)
　　＊　この help は avoid (避ける) の意で「～するのを避けられない → ～せざるをえない」。cannot but と cannot help ～ ing の混成形とされる **cannot help but** (do) の形もよく用いられる。

　　You **cannot** be **too** careful about your health.
　　　　（健康にはいくら注意してもし過ぎることはない）

§159. may, might の用法

〔「時制の一致」と「仮定法」での **might** については，それぞれ ⇨ p. 562；⇨ p. 461〕

《1》 **許可**（= Permission）　「～してもよい」の意を表わす。くだけた **can** に対して，**may** のほうがあらたまった丁寧な語である。

　　You **may** come with me.（私といっしょに来てよろしい）

　　May I see your driver's license?（運転免許証を見せてもらえますか）

　　●**Might** I use your phone?（お電話を拝借できますか）と might を用いたほうが，may よりも控え目な遠慮した表現になる。〔⇨ p. 467〕

　　●過去を表わすには（「時制の一致」により従節で may が might になる場合を除いて）might ではなく be allowed to を用いる。

　　⎰Students **may** not（= **are** not **allowed to**）use the staff car park.
　　⎱Students **were** not **allowed to** use the staff car park.

　　　（学生は教職員用の駐車場を利用することを許されない［なかった］）

◈　**may not : must not**

　　may not は「不許可」（～してはよくない）を表わし，must not は「禁止」（～してはならない）を表わす。

　　May I go? ― No, you **may not**.（いいえ，よくありません）

　　　　　　　　　　― No, you **must not**.（いいえ，いけません）

　　＊　くだけた会話では **Can** I ～? ― No, you **can't**. のほうが多く用いられる。

　　＊　応答文では，諾意を強めたり，拒否を和らげたりする表現をよく添える。

　　　　May I leave now? ―⎰Yes, [*certainly / of course*] you **may**.
　　　　　　　　　　　　　　　⎱No, [*I'm afraid*] you **may not**.

　　　　（もう行っていいですか。― ええ，かまいません［いや，いけません］）

《2》 **可能性**（Possibility）・**推量**。「～かもしれない」の意で，「たぶんありうること」を表わす。

　　He **may** come tonight.（彼は今夜来るかもしれない）

　　⎰= It is **possible** that he will come tonight.
　　⎱= **Perhaps**（*or* **Possibly** *or* **Maybe**）he will come tonight.

　　She **may** not know the truth.（彼女は真実を知らないのかもしれない）

◈　**might** には **may** よりも可能性が薄いことを表わす気持ちが含まれる。

　　It **might** snow tonight.（[ひょっとしたら] 今夜は雪かもしれない）

◈　**may, might** はこの意味では疑問文を作らず，**be likely to** などで

表わされる。

Is he *likely to* come tonight? (彼は今夜来るだろうか)

◈ 「**may have**＋**過去分詞**」は「(過去において)〜したかもしれない」

  I may have met him before.

     (以前彼に会ったことがあるかもしれない)

     〔= It is possible that I have met him before.〕†

  * may の代わりに might を用いることもある。また，主節が過去時制の従節で
  は I **thought** I **might** have met … と may が might になる。

◈ 「**may have**＋過去分詞」と，条件文の帰結節に用いられる「**might have**＋過去分詞」〔▷ p. 461〕とを区別する。

  ⎰ He **may have said** so. 〔= It is possible that he said so.〕
  ⎱ If he had been asked, he **might have said** so.

  上は「彼はそう言ったかもしれない」(言ったかどうか事実ははっきりわからない)。下は「もし尋ねられたならば，彼はそう言ったかもしれない」(事実は，尋ねられなかったから言わなかった)

  ⎰ He **may have failed**. (失敗したのかもしれない)〔事実は不明〕
  ⎱ He **might have failed**. (〔事情によっては〕失敗していたかもしれ
    なかった)〔事実は失敗しなかった〕〔＊上と同意の場合もある〕

《3》　**目的**。　目的を表わす副詞節の中で用いられる。〔▷ p. 536〕

You had better leave early so that you **may** get a good seat.

     (良い席が取れるよう早く出掛けたほうがいい)

He repeated the message so that she **might** not forget it.

     (彼女が忘れないように彼は伝言をもう一度言った)

《4》　**譲歩**。　譲歩を表わす副詞節の中で用いられる。〔▷ p. 223, 473〕

Whatever you [**may**] say, I won't believe you.

     (君がたとえ何と言おうとも，僕は君の言うことを信じない)

Come what **may**, I'll do my best.

     (何が起ろうと私は最善を尽くす)

---

† **probable** (**probably**) は，**possible** (**possibly**) より確実性が高く〔▷ p. 278「確度
を表わす副詞」，p. 653〕，ほぼ対応する助動詞は should, ought to である。〔▷ p. 403〕
  This **must** be true.〔= It is **certain** that this is true.〕(きっと本当だ)
  This **should** be true.〔= It is **probable** that this is true.〕(たぶん本当だ)
  This **may** be true.〔= It is **possible** that this is true.〕(本当かもしれない)

《5》 祈願

　　May you be happy! (御多幸を祈ります)

　　May he rest in peace! (彼の霊が安らかに眠らんことを)

　　　cf. $\begin{cases} \text{He } \textbf{may} \text{ succeed.} (彼は成功するかもしれない) \\ \textbf{May} \text{ he succeed.} (彼が成功しますように) \end{cases}$

《6》 **might** は軽い命令・依頼・遺憾・非難などを表わすことがある。

　　You **might** post this letter for me.

　　　　(この手紙を投函してくれませんか)

　　　　〔= Post this letter for me, will you?〕

　　You **might** tell me the fact.

　　　　(事実を教えてくれてもいいじゃないか)

　　He **might** at least say thank you.　〔⇨ p. 397 "could" 《5》〕

　　　　(彼はせめて「ありがとう」ぐらい言ったってよさそうなものだ)

　　You **might have** warned about the danger.

　　　　(君はその危険を予め注意しておいてくれればよかったのに)

《7》 慣用表現

　❶ He **may well** be proud of his son.

　　　　(彼が息子を自慢するのも当然だ)

　　　　〔= He has good reason to be proud of his son.〕

　❷ You [We] **may** (*or* **might**) **as well** watch TV. ([ほかにすること
　　　もないので] テレビでも見たら [テレビでも見るとするか])

　　　I **may** (*or* **might**) **as well** start at once. †
　　　　(すぐに出かけても悪くなかろう)

　❸ You **may as well** not know a thing at all **as** know it imperfectly.
　　　　(あることを不完全に知るくらいなら全然知らないほうがましだ)

　　　You **might as well** throw your money away **as** lend it to him.
　　　　(彼に金を貸すくらいなら捨ててしまったほうがましなくらいだ)

　　　＊　might を用いたほうが仮定的で，実際には行わないようなことを引合いに出
　　　　して，ある行為の非妥当性を述べるのに多く用いる。

────────────────────────────

†　may as well ～ は，had better ～ と同じように，「～したほうがいい」と訳される
　こともあるが，**had better** は (しばしば相手に有無を言わせない) 強い助言を表わす
　〔⇨ p. 407〕のに対して，**may as well** は (他になすべきもっといいことがないので)
　「～してもいい，～することにしようか」といった消極的な助言・提案を表わす。

§160. must（have to）の用法

《1》 **義務・必要**。「～ねばならない」の意を表わす。

You **must** keep your promise.（約束は守らなければならない）

　〔= It is necessary for you to keep your promise.〕

You **mustn't** say things like that.（そんなことを言ってはいけない）

Must I take this medicine?（この薬を飲まなければならないの）

You **must** go and see that movie.（あの映画はぜひ見に行くべきだ）

◈　must は活用形を全く持たないので，「現在」以外の時制は **have to** の変化形によって補われる。

　If there are no taxis, we'**ll have to** walk.

　　（タクシーがなければ歩いて行かなければならないだろう）

　He **had to** give up smoking.（たばこをやめなければならなかった）

　●ただし間接話法などの従属節においては，主節の動詞から時制は明らかなので，過去を表わす場合でも must をそのままの形で用いるのがふつうである。〔⇨ p. 562〕

　The doctor *told* him that he **must** give up smoking.

　　（医者は彼にたばこをやめなければならないと言った）

◈　**must not : need not, don't have to**

　must not は**禁止**を表わし「～してはならない」の意。**need not**（または **don't need to**〔need は本動詞⇨ p. 403〕）および **don't have to** は**不必要**を表わし「～しなくてもよい，～するには及ばない」の意。

　したがって Must ～ ? に対する否定の答は need not（または don't need to, don't have to）である。

　Must I go? — No, you **needn't**.

　　「行かなければならないか」—「いや，行かなくともよい」

　cf. **May** I go? — No, you **may not**.　　　　　〔⇨ p. 398〕

　　「行っていいですか」—「いや，いけない」

◈　**must : have to（have got to）**〔⇨ p. 385〕

　両方とも「～ねばならない」の意を表わすが，**must** のほうが堅く，しばしば強意的（「ぜひとも（必ず）～」）である。また，**must** は話者の意向・命令などが含まれる場合に，**have to** と《口》**have got to** は周囲の事情による必要だけを表わす場合に，用いられることが多い。

　　You **must** eat to live.（生きるためには食べなければならない）

　　I **have to** stay home today.（今日は家にいなければならない）

　　Sorry, I've **got to** go now.（ごめん，もう行かなくっちゃ）

《2》　**推量**。「〜にちがいない」の意を表わす。

　　He **must** be over seventy.（彼は 70 を越えているにちがいない）

　　He **must** be slow-witted not to be able to understand this.

　　　　　（こんなことが解らないなんて彼は頭が鈍いにちがいない）

　　＊　**have**［**got**］**to** も「推量」の意味で用いられる。

　　　　You **must** be（You **have to** be, You've **got to** be）joking!
　　　　　（ご冗談でしょう）

　　　　There **must** be（There **has to** be）some mistake.
　　　　　（きっとなにかの間違いだ）

◈　「**must have**＋**過去分詞**」は過去のことについて「〜であったにちがいない」の意を表わす。

　　He **must have missed** the train.（電車に乗り遅れたにちがいない）

　　　　〔＝ It is certain（*or* I'm sure）that he missed the train.〕

◈　この意味の must の否定は can't によって表わされる。

　　He **can't** be over seventy.（彼は 70 を越えているはずはない）

　　He **can't have missed** the train.（乗り遅れたはずはない）

《3》　**主張・固執**。「どうしても〜しなければ承知しない」の意を表わす。

　　He **must** have his own way in everything.

　　　　（彼は何でも自分の思いどおりにしなければ承知しない）

§161.　ought to の用法

　ought は，他の助動詞と異なって，to の付いた不定詞を伴う。否定の形は ought not to（縮約形 oughtn't to）である。

《1》　**義務**。「〜すべきだ」の意を表わす。

　　They **ought to** be treated fairly.（彼らは公平に扱われるべきだ）

　　You **oughtn't to** smoke so much.（そんなにたばこを吸ってはいけない）

　　Ought we **to** invite them both?（二人とも招待すべきだろうか）

　　You **ought to** read this book.（ぜひこの本を読んでみなさい）

　　＊　不定詞が省略される場合は to を残すことも省いてしまうこともある。

　　　　"You **ought to** do it right now." "Yes, I know I **ought**［**to**］."
　　　　　（「君はすぐそれをすべきだ」「ええ，知っています」）

◈　__should : ought to : must__

　　should も **ought to** も「〜すべきだ」で，ほぼ同じ意味を表わすが，ought to のほうが should よりもやや強く感じられることがあり，ふつう should のほうがよく用いられる。**must** は「〜ねばならない」の意で「命令・責務・必然」などを含意し，「助言・妥当・当然」などを含意する should, ought to よりも強い確信や確定性を表わす。

＊　これは《2》の「推量」の意味を表わす場合も同じである。
$\left\lceil\right.$ She **must** be home by now. ([間違いなく] きっともう帰宅している)
$\left\lfloor\right.$ She **should** (*or* ought to) be home by now. (もう帰宅しているはずだ [が実際のところはわからない])

《2》　**推量**。　「当然〜のはずだ」の意を表わす。

　　As he left here at nine, he **ought to** be in London now.（彼はここを 9 時に出かけたので，もうロンドンに着いているはずだ）

◈　「**ought to have**＋**過去分詞**」は，上の《1》《2》の意味に対応して，①「(過去において) 〜すべきであったのに [実はしなかった]」，②「(過去において，または現在までに) 当然〜し [てしまっ]たはずだ」の意。

①　I **ought to** *have told* him the truth.（私は彼に本当のことを話すべきであったのに [話さなかった]）

　　You **oughtn't to** *have crossed* the street when the light was red.（信号が赤のときに渡るべきでなかったのに [渡った]）

②　He **ought to** *have arrived* there by now.
　　（彼はもうそこに着いてしまっているはずだ）

§162.　need の用法

　　need は「**必要**」を表わし，「〜する必要がある」の意。need には助動詞と本動詞の用法があるが，**助動詞**としては (肯定文では用いず) 否定文・疑問文の現在時制で用いられるだけで，**本動詞**としては肯定文・否定文・疑問文のすべての時制で用いられる。

　　本動詞用法のほうがふつうであって常に用いることができ，助動詞用法は《米》ではまれであり，《英》でもやや不自然に感じられることがある。

〔肯定文〕　He **needs to** go.（行く必要がある）　　　　　　　　　〔動　詞〕

＊　ほかの助動詞なら He **will** (**can, may,** *etc.*) go. のように用いるが，need の場合は He **need** go. という助動詞としての用法はない。

〔**否定文**〕　He **need** not（**need**n't）go.（行く必要はない，　　　〔助動詞〕

　　　　　　He **does**n't **need** to go.　　　　行かなくてもよい）〔動　詞〕

　　　　　　$\begin{cases} = \text{It is not necessary for him to go.} \\ = \text{He \textbf{does}n't \textbf{have} to go.} \end{cases}$

　　*　not を用いた否定文でなくとも，ほかの否定詞を用いた文や，否定の意味を
　　　　含む文などでも助動詞として用いられる。
　　　　You **need** have *no* fear.（恐れる必要はない）
　　　　I **need** *hardly* say ...（ほとんど言うまでもないことだが…）
　　　　All you **need** do（= All you **have to** do）is〔to〕wait.
　　　　　　（必要なのは待つことだけ → ただ待つだけでよい → 待つ以外なに
　　　　　　もする必要がない）〔⇨ p. 429〕

〔**疑問文**〕　**Need** he go?　　　　　　　（行く必要があるか，行か　〔助動詞〕

　　　　　　Does he **need** to go?　　　　なくてはいけないか）〔動　詞〕

　　　　　　$\begin{cases} = \text{Is it necessary for him to go?} \\ = \textbf{Does} \text{ he \textbf{have} to go?} \end{cases}$

〔**過　去**〕　He **needed** to go.　　　　（彼は行く必要があった）　〔動　詞〕

　　　　　　He **did**n't **need** to go.　　（彼は行く必要がなかった）　〔動　詞〕

　　*　助動詞としての過去形はなく，He **needed** go. とは言わない。ただし間接
　　　　話法などで従属節に用いられる場合は過去を表わすときでも need の形のま
　　　　ま助動詞として用いられる。
　　　　He was told that he **need**n't go.（行く必要はないと言われた）

◈　**need not（不必要）: must not（禁止）**〔⇨ p. 401〕
　　$\begin{cases} \text{You \textbf{need}n't hurry.（急ぐには及ばない，急がなくっていいよ）} \\ \quad \text{〔= It is \textbf{not} necessary for you to hurry.〕} \\ \text{You \textbf{must}n't hurry.（急いではならない，急いじゃだめだ）} \\ \quad \text{〔= It is necessary for you \textbf{not} to hurry.〕} \end{cases}$

◈　Need 〜? に対する答で，肯定では must を用いることに注意。
　　Need I go? — Yes, you **must**.〔否定：　No, you **need**n't.〕
　　　（私は行く必要がありますか。— はい，行かねばなりません）
　　cf. **Must** I go? — No, you **need**n't.〔肯定：　Yes, you **must**.〕
　　　（私は行かねばなりませんか。— いいえ，行かなくてよい）

◈　**「need not have＋過去分詞」:「did not need to＋原形」**
　　　前者は「（過去において）〜する必要がなかったのに〔実際は〜した〕」
　　の意を表わし，後者はただ「（過去において）〜する必要がなかった」こ
　　とを述べ，実際に「〜したかどうか」までは表わしていない。

He **need not have hurried**.（彼は急ぐ必要がなかったのに［急いだ］）

　　　〔= It was not necessary for him to hurry but he hurried.〕

He **did not need to hurry**.（彼は急ぐ必要がなかった）

　　　〔= It was not necessary for him to hurry.〕

§163.　dare の用法

　「あえて（思いきって）〜する，〜する勇気がある」の意を表わす。過去形は **dared**。dare には動詞用法もあり，助動詞として用いるのは否定文・疑問文においてである。（need と同じく）動詞としての用法のほうがふつうである。

〔肯定文〕　He **dares** to do it.（それをする勇気がある）　　　　〔動　詞〕

　　　＊　（need と同じく）He **dare** do it. という肯定文の助動詞用法はない。

〔否定文〕　He **dare** not（**daren't**）do it.（それをする勇気がない）〔助動詞〕

　　　　　　He **doesn't** **dare** to do it.　　　　　　　　　　　　〔動　詞〕

〔疑問文〕　**Dare** he do it?（それをする勇気があるか）　　　　　　〔助動詞〕

　　　　　　Does he **dare** to do it?　　　　　　　　　　　　　　〔動　詞〕

〔過　去〕　He **dared** not do it. / **Dared** he do it?　　　　　　〔助動詞〕

　　　　　　He **didn't** **dare** to do it. / **Did** he **dare** to do it?　〔動　詞〕

　　　＊　ただし間接話法などの従属節では，過去でも dare を用いることがある。
　　　　　We knew he **daren't**（*or* **daredn't**）do it.

◈　**I dare say**（*or* **I daresay**）は「たぶん，恐らく」（= quite likely, probably, I suppose）の意。

　　I dare say he is right. / He is right, **I daresay**.

　　　　（たぶん彼の言うとおりだろう）

◈　**How dare** 〜? 「よくも〜できるな」の意を表わす。

　　How dare he say such a thing?

　　　　（よくも彼はそんなことが言えるな）

◈　「dare＋目的語＋to 不定詞」は「できるものならしてみろと言う」の意を表わす。

　　He **dared** me **to** jump the stream.

　　　　（彼は僕に川をとび越せるものならとび越してみろと言った）

　cf. He **dared to** jump the stream.

　　　　（彼は思いきって川をとび越した）

§164. used to の用法

過去形だけしかないが，否定文・疑問文で do を用いる形と用いない形の二通りがある。

〔否定形〕**didn't use** [juːs] **to**

または **used not**（**usedn't** [juːsnt]）**to**

〔疑問形〕**Did** you **use to** 〜？ または **Used you to** 〜？

〔否定疑問形〕**Didn't** you **use to** 〜？

または **Usedn't** you **to** 〜？

＊ 《米》《英》ともに did を用いた形のほうが多く用いられる。

＊ did を用いない形は主として《英》で，堅い感じで，また古風に感じられる。

過去の習慣的な行為（「〜するのが常だった，よく〜したものだ」）や，**現在と対比される過去の状態・動作**（「以前は〜だった」）などを表わす。

I **used to** play tennis with him after school.

（私は放課後彼とよくテニスをしたものだ）

He **didn't use**（*or* He **used not**）**to** smoke.

（彼は以前はたばこを吸わなかった）

Did he **use**（*or* **Used he**）**to** do things like that?

（彼はよくそんなことをしていましたか）

●**used to** は **would**〔⇨ p. 389《1》〕と似た意味を表わすが，**used to** は「**現在との対比**」（現在はもうそうではない）の含みが強いのに対して，**would** にはそういった含意は特にない。〔would との比較は ⇨ p. 656〕

His hair **used to** be black, but it's white now.

（彼の髪は前は黒かったが，今では白くなってしまった）

There **used to** be a castle here. （以前はここに城があった）

◈ **used to : be used to**

be used to は「〜に慣れている」（= be accustomed to）の意で，to は不定詞の to ではなく前置詞で，動名詞や名詞を伴う。なお use が動詞で受動態 be used の形で用いられた場合との発音も区別する。

⎰He **used** [juːst] **to** *sit* up late. （よく夜ふかししたものだ）
⎱He **was used** [juːst] **to** *sitting* up late. （夜ふかしに慣れていた）

cf. A knife was **used** [juːzd] **to** cut it. 〔動詞の受動態〕

（それを切るのにナイフが用いられた）

§165.　had better の用法　〔⇨ p. 472〕

「～したほうがよい」の意を表わす。不定詞には to が付かず，口語ではしばしば **'d better**〔d bétər〕と縮約される。

You**'d better** wait for him.（彼を待ったほうがいい）

The introduction **had better** be short.
　　　　（前置きは短いほうがいいだろう）

We**'d better** go now, **hadn't** we?（もう出かけたほうがいいね）

Had I **better** stay here? ― Yes, I think you**'d better**.
　　　　（ここにいたほうがいいだろうか ― そのほうがいいと思う）

◈　否定形は **had better not** で，これは **had**（*or* **would**）**rather not** などと同じく，not を後に置き，had *not* better としない。

　　┌ You had **not** better *to* see her. 〔誤〕
　　└ You had better **not** see her. 　〔正〕（彼女に会わないほうがいい）
　　　　〔= It would be better for you **not** to see her.〕

　　*　**had better** は「仮定法過去」を用いた表現なので，書換えにも仮定法過去を用いた It *would* be better ～ などを当てることが多い。〔⇨ p. 472〕

◈　had better は一般に「したほうがいい」という日本語の訳をすべての文脈に当てはめがちであるが，むしろ「～しなさい」「～しなくてはだめだよ」「～しろ」ぐらいの意味で用いられることが多い。（したがって，ふつう，同輩や年下の相手に対して用いられる。）文脈や語調によっては「～するのが身のためだぞ」「～しなければひどい目にあうぞ」といった強制・脅迫のニュアンスを帯びることもある。〔親の子供に対する叱責，強盗などの脅し文句，などがその典型的な場合〕

You**'d better** leave her alone.（彼女はそっとしておいたほうがいい / 彼女をかまうなよ / あの子に手を出すんじゃねえぞ）

If you value your life, you**'d better** hand over that money.
　　　　（命が惜しけりゃ，その金よこすんだ）

◈　I think を前に置けば，had better だけの場合より丁寧になる。

I think you**'d better not** tell him yet.
　　　　（彼にはまだ話さないでおいたほうがいいでしょう）

◈　**had better** ～ は目下への命令といったニュアンスを帯びることが多いが，一般に助言・指示を表わす場合には **should** や **ought to** が用いられ

る。It would (*or* might) be better 〜 は控え目な丁寧な表現になる。

You **should** start at once. (すぐ出発したほうがいい)

I **suggest** you [**should**] start at once.

（すぐに出発してはどうでしょう）

It **would** (*or* **might**) **be better** for you to start at once.

（すぐに出発したほうがいいかもしれませんね）

重 要 問 題 （解答 p. 698）

99. かっこ内の正しいものを選べ。

(1) You (must, need) not light a match; I can see well enough.

(2) You (must, need) not light a match; the room is full of gas.

(3) You (can, may, must) not thank your mother too much.

(4) I'm not used to (be, being) spoken to like that.

(5) I (cannot have read, may have read, needn't have read) the book, but I hardly remember I have.

(6) We (mayn't, mustn't, needn't, don't have to) go in there. The notice says NO ENTRANCE.

(7) He fell ill and I (should take, had to take, must have taken, ought to have taken) him to a hospital.

100. 空所に適当な語を入れよ。

(1) It is strange that you (　　) know it.

(2) However hard he (　　) work, he will not succeed.

(3) He was very stubborn and (　　) not listen to reason.

(4) When a boy he (　　) often go swimming in the river.

(5) He insisted that I (　　) stay there overnight.

(6) You (　　) not to use such an impolite expression.

(7) There (　　) to be a pond here when I was a boy.

(8) I (　　) rather die than disgrace myself.

(9) Who (　　) come in but the very man we were talking about?

(10) You (　　) not hurry, as there's plenty of time left.

(11) You (　　) as well talk to the post as try to persuade him.

(12) He said he would come and he (　　) come.

(13) You (　　) not have paid the bill; your father paid it the day before yesterday.

(14) It (　　) have rained during the night, for the road is wet.

101. 各文の誤りを訂正せよ。

(1) You ought not neglect your studies.

(2) You had not better speak to her now.

(3) They proposed that the meeting will be postponed.

(4) "Must I go at once?" ── "No, you must not. You may go at any time you like."

(5) Little I expected to see you here.

(6) He missed the train and so was I.

(7) "Looks like rain, doesn't it?" ── "Yes, it is."

102. 二つの文が同じような意味を表わすよう空所に適当な語を入れよ。

(1) { It is no wonder that she (　　) say so.
{ It is only (　　) for her to say so.

(2) { He (　　) be mad to try to deceive me.
{ He (　　) be sane to try to deceive me.

(3) { It is possible that I met him somewhere before.
{ I (　　) have met him somewhere before.

(4) { It is impossible that he (　　) have committed such a crime.
{ He (　　) have committed such a crime.

(5) { It is certain that he met an accident on the way.
{ He (　　) have met an accident on the way.

(6) { It was not necessary for you to go, but you went.
{ You (　　) have gone.

103. 各文を訳せ。

① a) What can they do?　　② a) He must read the book.

　 b) What can they be doing?　　b) He must be reading the book.

③ a) He may live long.　　④ a) I used to work hard.

　 b) May he live long!　　b) I was used to hard work.

⑤ a) He may say so.　　⑥ a) He needn't have worried.

　 b) He may well say so.　　b) He didn't need to worry.

　 c) He may as well say so.

第 15 章

準　動　詞

　不定詞・分詞・動名詞の三つは，文中において名詞・形容詞・副詞などの働きをするが，同時に動詞としての性質を備えているので，動詞に準じる語すなわち**準動詞**（Verbals）と呼ばれる。

　動詞的な性質とは，目的語や補語を伴ったり，副詞に修飾されたり，完了形・受動形を持つことなどである。

〔A〕　　　He **reads** books every day.（彼は毎日読書する）

〔B〕（1）　He likes **to read** novels.（彼は小説を読むのが好きだ）

　　（2）　The boy **reading** a book there is Tom.

　　　　　　（そこで本を読んでいる少年はトムです）

　　（3）　**Reading** French is easier than **speaking** it.

　　　　　　（フランス語を読むのは話すのよりやさしい）

　〔A〕の reads は文の**動詞**（＝述語動詞）で，主語の人称や数によって語形変化をする。主語によって形が定まるので**定形動詞**（Finite ［fái-nait］Verb）とも呼ばれる。

　〔B〕（1）の**不定詞** to read は，文中では動詞 likes の目的語として**名詞の働き**をし，それ自体は novels という目的語をとって**動詞の性質**を備えている。

　　（2）の**分詞** reading は boy を修飾する**形容詞の働き**をし，それ自体 a book という目的語をとり，there という副詞に修飾されるという**動詞の性質**を備えている。

　　（3）の**動名詞** Reading は文の主語として**名詞の働き**をし，同時に French という目的語をとって**動詞の性質**を備えている。speaking も動名詞であって，従節（than speaking it ［is］）の主語となり，it という目的語をとっている。

第1節　不　定　詞

　不定詞は to を付けて用いる場合と to を付けないで用いる場合とがあり，to を付けて用いるものを **to 不定詞**（*to*-Infinitive），to を付けないで用いるものを **原形不定詞**（Root〔*or* Bare〕Infinitive）〔⇨ p. 428〕と呼ぶ。不定詞は時制と態により次のような形をとる。

形	単　純　形	完　了　形
能 動 形	[to] write	[to] have written
受 動 形	[to] be written	[to] have been written
進 行 形	[to] be writing	[to] have been writing

　to 不定詞には名詞用法・形容詞用法・副詞用法・独立用法などがあり，原形不定詞は助動詞や知覚動詞・使役動詞などと用いられる。

§166.　名詞用法

「～すること」の意で，主語・目的語・補語として用いられる場合である。

1　**主語として**

　To obey the law is everyone's duty.
　　　　　（法に従うことはすべての人の義務である）

　To err is human, **to forgive** divine.
　　　　　（過ちを犯すは人の常，許すは神の業）

　To travel hopefully is a better thing than **to arrive**.
　　　　　（希望をもって旅することは到着することよりもよいことだ）

　◈　ただし，主語の不定詞は，文頭に置く形よりも，形式主語 It を用いた形をとるほうがふつうである。

　　　⎰**To know** oneself is difficult.（自分を知ることはむずかしい）
　　　⎱It is difficult **to know** oneself.

　　It is one thing **to** know, quite another **to teach**.
　　　　　（知っていることと教えることとは全く別のことだ）

　◈　「疑問詞＋**不定詞**」の形をとることもある。

　　How to do is as important as **what to do**.（いかになすべきかということは何をなすべきかということに劣らず重要だ）

◈　**不定詞と否定詞の位置。**　　否定詞の not や never が不定詞を打消す場合は to の前に置かれる。

It was his principle **never** *to tell* a lie.

　　　　　（絶対にうそをつかないというのが彼の主義だった）

cf. $\begin{cases} \text{(a)} & \text{It is } \textbf{not} \text{ hard to like him.} \quad 〔\text{not は動詞を打消す}〕 \\ \text{(b)} & \text{It is hard } \textbf{not} \text{ to like him.} \quad 〔\text{not は不定詞を打消す}〕 \end{cases}$

　　　　(a) は「彼を好きになるのは困難ではない［容易に好きになれる］」，(b) は「彼を好きにならないでいるのは困難だ」の意。

不定詞と動名詞　(a) 不定詞と動名詞が両方とも同じように用いられる場合もあるが，(b) 一般的なことを述べるときは動名詞を，(c) 特定の場合の行為を表わすときは不定詞を用いることが多い。〔⇨ p. 445〕

(a) $\begin{cases} \textbf{To learn} \text{ Chinese is not easy.} \\ \text{It is not easy } \textbf{to learn} \text{ Chinese.} \end{cases}$

　　　Learning Chinese is not easy.

(b)　**Watching** television can be a waste of time.

　　　（テレビを見ることは時間の浪費になることもある）

(c)　**It** was difficult **to prove** his guilt.

　　　（彼が有罪であることを証明するのはむずかしかった）

＊　It を主語にした形で，(a)不定詞・動名詞を伴うものと，(b)動名詞だけを伴うものとを区別すべき頻出表現：

　　(a)　It's been a pleasure **to meet** (*or* **meeting**) you.
　　　　（お会いできて嬉しかったです）
　　　　It wasn't much fun **to play** (*or* **playing**) in the park.
　　　　（公園で遊ぶのはあまり楽しくなかった）
　　(b)　It's no use (*or* good) **worrying**.
　　　　（心配したってなんにもならないよ）

2　**目的語として**　〔⇨ p. 660〕

I want **to know** the truth. （私は本当のことを知りたい）

He promised *never* **to be** late again. （二度と遅れないことを約束した）

I prefer **to stay** at home. （私は家にいるほうがいい）

◈　不定詞が不完全他動詞の目的語になるときは，形式目的語 it を目的語の位置に置き，真目的語の不定詞は補語のあとに置く。〔⇨ p. 144〕

I make **it** a rule **to keep** early hours.

　　　（僕は早寝早起きすることにしている）

I thought **it** better *not* **to let** her go alone.

　　　(私は彼女をひとりで行かせないほうがいいと思った)

◈　「**疑問詞＋不定詞**」が目的語になることもある。〔⇨ p. 192, 663〕

He hasn't decided **what to do.**（彼は何をするか決めていない）

　　〔＝ He hasn't decided *what he should do.*〕

I wonder **who**[**m**] **to invite.**（だれを招待しようかしら）

＊　**疑問副詞**〔⇨ p. 190〕のうち，**why** はこの形で用いられない。

　I don't know **how**（**when, where,**　×**why**）**to tell** him the fact.

　　　（彼にいかに［いつ，どこで］事実を話したらいいかわからない）

　　　〔why が原形不定詞と用いる表現については ⇨ p. 430〕

＊　間接疑問を導く接続詞 **whether**〔⇨ p. 565〕も同様に用いられる。

　I can't decide **whether to believe** him ［*or* not］.

　　　（彼を信じるべきかどうか決めかねる）

◈　不定詞が**前置詞の目的語**になるのは次のような場合だけである。

We had no choice *but* **to agree.**（同意するより仕方がなかった）

There was nothing for it *but* **to agree.**（　　〃　　）〔⇨ p. 429〕

cf. She does nothing *but* **cry.**（彼女は泣いてばかりいる）

◈　**not** が ④ 文の動詞(助動詞)を打消す場合と，回不定詞を打消す場合の意味関係を間違えないこと。

　⎰④ She *does* **not** *claim* to know them.（知っていると<u>主張しない</u>）

　⎱回 She claims **not** *to know* them.（<u>知らない</u>と主張する）

　⎧④ You *had better* **not** *try* to do so.

　⎨　　（そうしようと<u>しないほうがいい</u>）

　⎪回 You had better try **not** *to do* so.

　⎩　　（そう<u>しないように</u>したほうがいい）

3　**補語として**

（a）　主格補語になる場合

His only wish was **to sleep**.（彼の唯一の望みは眠ることであった）

I despise a man whose sole aim in life is **to make** money.（私は金をもうけることだけが人生の目的であるような人間を軽べつする）

◈　不定詞の主語と補語が be 動詞で結ばれているときは，後者が前者の必然的結果となることを表わす。

　　To see is **to believe**.（見ることは信じることである［百聞は一見にしかず］）〔＝ Seeing is believing.〕

To live is **to suffer**.（生きることは苦しむことである）

To see her is **to love** her.（彼女を見れば愛さないではいられない）

◈　「**疑問詞＋不定詞**」の形が補語になる場合もある。

The problem was **when to begin**.（問題はいつ始めるかだった）

◈　次のような表現では補語の不定詞の to が省かれることが多い。

All you have to do is〔**to**〕**wait**.（君は待っていさえすればよい）

　　〔= You have only to wait.〕　　　　　　〔⇨ p. 415, 429, 593〕

All he can do is〔**to**〕**support** himself.

　　　　　　（彼は自活するだけで精一杯だ）

◈　次のような場合，打消し関係の違いに注意する。

　　　⎰（a）　The important thing **is not to talk** but to listen.
　　　⎱（b）　The important thing **is not to talk** too much.

　　（a）の not は動詞を打消し「大切なことはしゃべることではなく
聞くことである」，（b）の not は不定詞を打消し「大切なことは
しゃべり過ぎないことである」の意を表わす。

（b）　目的格補語になる場合〔⇨ p. 661〕

I consider him **to be** a great scholar.（私は彼を大学者だと思う）

　　〔= I consider that he is a great scholar.〕

I asked them *not* **to make** any noise.

　　（僕は彼らに音を立てないように頼んだ）

＊　不定詞が to be 以外の場合は補語として扱わないこともある。〔⇨ p. 658〕

§167.　形容詞用法

不定詞の形容詞用法は，ふつうの形容詞と同じく〔⇨ p. 254〕，〔A〕名
詞・代名詞に付いてこれを修飾する**限定用法**と，〔B〕動詞の補語となる**叙
述用法**とがある。

〔A〕　限定用法

１　修飾される名詞・代名詞が**不定詞の主語**になる意味関係を表わす場合

He has no one **to help** him.（彼には手伝ってくれる人がいない）

　　〔= *who helps* him〕

He is not a man **to tell** a lie.（彼は嘘をつくような人間ではない）

　　〔= *who will tell* a lie〕

He was the first [last] **to arrive.**（彼が最初［最後］に到着した）

〔= *who arrived*〕

2 名詞・代名詞が**不定詞の目的語**になる意味関係を表わす場合

I have letters **to write.**（書かねばならない手紙）

〔= *that I must write*〕

I don't have anything **to wear** tonight.（今夜着るものがない）

〔= *that I can wear*〕

The only thing **to do** is [to] apologize.〔= *that you should do*〕

（なすべき唯一のことは詫びることだ）

〔to の省略については ⇨ p. 429〕

cf. { (a) He has no family **to support.**〔= *whom* he should support〕
(b) He has no family **to support** *him.*〔= *who* supports him〕

(a)「彼には扶養家族がない」

(b)「彼には自分を扶養してくれる家族がない」

3 名詞の内容を述べる**同格関係**を表わす場合

He announced his *decision* **to resign.**（辞職の決意を表明した）

〔= *that he would resign*〕

He made a *promise* **not to tell** anyone.（誰にも言わないと約束した）

〔= *that he would not tell anyone*〕

4 その他の修飾関係

It is time **to go** to bed.（就寝時間だ）

That is not the way **to speak** to your uncle.

（おじさんにそんな口のきき方をしてはいけない）

能動形不定詞と受動形不定詞

不定詞の能動形・受動形のいずれもが，同様に名詞を修飾する場合がある。

{ (a) There is some work **to do.** 〔= that I must do〕
(b) There is some work **to be done.** 〔= that must be done〕

(a) では work は不定詞の目的語の関係に，(b) では work は不定詞の主語の関係にあるが，どちらも結局は同じ意味で，一般には簡単な (a) の形式のほうが多く用いられる。次のような場合も同様である。

There is no time **to lose** (*or* **to be lost**).（一刻も猶予できない）

There are many books **to read** (*or* **to be read**).（読むべき本）

* これは次のような副詞用法でも同様である。

  This book is too long **to read** (*or* **to be read**) in a day.
  （この本は長くて1日では読めない）

* There is ... の形に対し，文の主語が不定詞の動作をする人である場合は能動形を用いる。

  I have work **to do**.（なすべき仕事がある）〔**to be done** ではない〕

◉ 次のような表現は，受動的な意味を含むが，ふつう能動形で表わす。

a house **to let**（貸家）〔a house *to be let*（貸されるべき家）の関係を表わす〕

I am **to blame**.（僕が悪いのだ）〔blame は他動詞で「責める」の意味であるから，理屈は「僕が責める」のではなく I am *to be blamed*.（僕が責められるべきだ）である〕

◉ 次のような場合は，能動形と受動形で意味が異なる。

$\begin{cases} \text{There is nothing } \textbf{to see.} & 〔= \text{worth seeing}〕 \\ \text{There is nothing } \textbf{to be seen.} & 〔= \text{that can be seen}〕 \end{cases}$

上は「見るべきものは何もない」，下は「見えるものは何もない」

$\begin{cases} \text{There's nothing } \textbf{to do.}（何もすることがない） \\ \text{There's nothing } \textbf{to be done.}（なされ得ることは何もない） \end{cases}$

* たとえば，上の文は「退屈だ」と続く場合が考えられ，下の文は「打つ手がない，お手上げだ」の意に通じる。

前置詞で終る不定詞句

修飾される名詞が不定詞句中の前置詞の目的語になる場合も多い。この場合，関係代名詞を用いた形で表わすことができる。〔⇨ p.665〕

a chair *to sit* **on**〔= a chair **on which** to sit〕（座る椅子）

a pen *to write* **with**〔= a pen **with which** to write〕（書くペン）

a case *to keep* my records **in**〔= a case **in which** to keep my records〕（私のレコードを入れておく箱）

I want a cup *to drink* **out of**.（飲むのに用いるコップが欲しい）

We need a tool *to open* it **with**.（それを開ける道具が必要だ）

◉ このような場合，前置詞を落とさないように注意する。

$\begin{cases} \text{We had nothing } \textit{to talk}. & 〔誤〕 \textit{cf.} \text{ We talked it.} & 〔誤〕 \\ \text{We had nothing } \textit{to discuss}. & 〔正〕 & \text{We discussed it.} & 〔正〕 \\ \text{We had nothing } \textit{to talk about}. 〔正〕 & \text{We talked about it.} 〔正〕 \end{cases}$

（私たちは話し合うことがなかった）

He had no one *to talk* about the matter **with.**

　= He had no one **with whom** *to talk* about the matter.

　= He had no one **with whom** he could talk about the matter.

　　　　　（彼にはその事について話し合える人がいなかった）

◉　次のような場合の意味の違いを区別する。

> I have nothing **to write.**（書くことがない）
> I have nothing **to write on.**（書く用紙がない）
> I have nothing **to write with.**（書く道具［ペンなど］がない）

〔B〕　叙述用法

不完全動詞の補語になる場合である。

She seems **to be** happy.（彼女は幸福そうだ）

　　〔= It seems that she **is** happy.〕　　　　　　　〔⇨ p. 426〕

The rumor turned out **to be** false.（そのうわさはうそだった）

　　〔= It turned out that the rumor **was** false.〕

He happened **to be** there.（彼はたまたまそこに居合わせた）

　　〔= It happened that he **was** there.〕

「be + to 不定詞」の用法

不定詞が be の補語になる場合は (a) **予定**, (b) **義務**（= should）・**命令**,
(c) **可能**（= can）, (d)〔if 節の中で〕**意図・目的**, (e) **運命** などを表わす。
この形は現在時制と過去時制においてのみ用いられる。

(a)　They **are to** be married next month.

　　　　（彼らは来月結婚することになっている）

　　I **am to** see her this evening.

　　　　（今夜彼女と会うことになっている）

(b)　You **are to** blame.（君が責められるべきだ；君が悪いのだ）

　　　〔= You *should* be blamed.〕

　　You **are to** be back before dark.（暗くなる前に帰ってきなさい）

　　You **are** not **to** neglect your duty.（義務を怠ってはならない）

(c)　Happiness **is** not **to** be bought with money.

　　　　（幸福は金では買えない）

　　　〔= Happiness *cannot* be bought with money.〕

　　Not a sound **was to** be heard.（物音一つ聞えなかった）

(d) You must work hard if you **are to** succeed.
           （成功するためには一生懸命努力しなければならない）

(e) What **is to** become of her?（彼女はどうなるだろう）

     They said goodbye, little knowing that they **were** never **to** meet
     again.（二度と会えないことになるとはつゆ知らず，彼らは別れを
     告げた）

§168. 副詞用法

１　「**目的**」を表わす。

He went to London **to see** the sights.（彼は見物しにロンドンへ行った）

She turned on the television **to watch** the news.
           （彼女はニュースを見るためにテレビをつけた）

◈ so as to ～, in order to ～ の形を用いることもある。

     He went to France **to** (*or* **so as to** *or* **in order to**) learn
     French.（彼はフランス語を学ぶためにフランスへ行った）

     ●**否定の目的**には，単に not to ではなく，so as (*or* in order) not to
     がふつう用いられる。

     He walked quietly **so as** (*or* **in order**) *not* **to** wake the baby.
     〔= ... so that he wouldn't wake the baby.〕
           （彼は赤んぼうを起さないようにそっと歩いた）

◈ 「～ために」と「～ためには」の意を表わす場合を区別する。

     You must work hard [**in order**] **to succeed**.（君は成功するため
           に努力しなければならない）〔= ... so that you can succeed.〕

     [**In order**] **to succeed**, you must work hard.（成功するためには
           努力しなければならない）〔= If you are to succeed ... 〕

◈ 口語では **go, come** などの後では不定詞より **and** を用いることが多
   く，《米・口》では and がよく省略される。〔⇨ p. 666〕

     Go [**and**] help him.（彼を手伝いに行ってあげなさい）

     Come [**and**] play with us.（遊びにいらっしゃい）

     We ought to **stop and** think.（じっくり考えなければならない）

     ＊　その他 **try, wait, stay** などのあとも and がよく用いられる。〔⇨ p. 666〕

２　「**原因**」を表わす。

I'm glad (happy, delighted) **to see** you.（お会いできて嬉しい）

She wept **to hear** of his death.（彼が死んだことを聞いて彼女は泣いた）

I'm very pleased **to have been** of help.（お役に立ててとても嬉しい）

3 「判断の根拠・理由」を表わす。

He must be crazy **to do** such a thing.（そんなことをするなんて彼は頭
　　　がおかしいにちがいない）〔= ... that he should do such a thing.〕

You are a fool **to refuse** her offer.
　　　（彼女の申し出を断るなんて君はばかだ）

He cannot be a gentleman **to behave** like that.
　　　（そんな振舞いをするなんて彼は紳士であるはずがない）

4 「結果」を表わす。次のような固定した表現にほぼ限られる。

He grew up **to be** a fine gentleman.
　　　（彼は長じてりっぱな紳士になった）

Few people live **to be** a hundred years old.
　　　（百歳まで生きる人は少ない）

Next morning I woke up **to find** myself in a spacious room.
　　　（翌朝目がさめてみると私は広い部屋にいた）

　　〔= ... I woke up *and found* that I was in a spacious room.〕

He worked hard **only to fail**.
　　　（彼はがんばったが［残念ながら］結局失敗した）

He left home in his teens **never to return.**
　　　（彼は十代で家を出たまま二度と帰って来なかった）

5 「程度」を表わす。これは too, enough, so などと用いる場合がある。

You are **too** young **to** understand it.（まだ若いから理解できない）†

　　〔= You are not old enough to understand it.〕

This is **too** good an opportunity **to** miss.（これは［逃がすには良すぎ
　　　る機会だ →］絶好の機会なので逃がすわけにはいかない）

＊　不定冠詞の位置を This is **a** too good opportunity. としないこと。〔⇨ p. 161〕

The ice is **too** thin **to** walk on.（氷は薄すぎて歩けない）

　　〔= The ice is so thin that we cannot walk on it.〕

---

† 　**only too ～ to** の形をこの too ～ to の構文と混同しないこと。
　　I am *only too* pleased *to* come.（喜んで参りましょう）
　　この only too は very の意を表わす強意表現である。

* too ... to ～ の構文で，文の主語が不定詞の目的語（または不定詞句の前置詞の目的語）になる関係にある場合には，それを代名詞で表わさない。

> ① This problem is **too** difficult **to** solve.〔×to solve *it*〕
> ② This problem is **too** difficult **for** me **to** solve.
> ③ This problem is **so** difficult **that** I cannot solve **it**.

①のように意味上の主語を〈for ～〉で表わさない形では solve it と it を置くことはないが，②の形では it を置くこともある。

You are old **enough to** know better.
(その年ならもっと分別がなければならない)
〔= You should know better at your age.〕〔⇨ p. 323〕

He had not **enough** money **to** buy it. (それを買うだけの金がなかった)

He was **so** kind **as to** help me. (彼は親切にも私を手伝ってくれた)
〔= He was kind enough to help me. / He had the kindness to help me.〕

* too ... to ～ と (not) enough to ～ は次のように相互に言換えられる。

> This story is **too long** for me **to** read in a day.
> This story is **not short enough** for me **to** read in a day.
> この物語は，1 日で読むには長過ぎる（長くて 1 日では読めない）。
> この物語は，1 日で読めるほど短くない。

<u>**too ... not to ～**</u>「[～しないには…過ぎる →] 非常に…だから～する」の意を表わす。

He is **too** wise **not to** understand it. (彼は賢いのでそれが理解できる)〔= He is so wise that he can understand it.〕

<u>**not too ... to ～**</u>「…過ぎて～できないということはない；～できないほど…でない」

He is **not too** weak **to** work. (働けないほど体が弱くはない)
〔= He is strong enough to work.〕

No one is **too** old **to** learn. (学べないほど年をとっているものはいない；どんなに年をとっても学べる［八十の手習い］)
〔= No one is so old that he cannot (*or*《文語的》... so old but he can) learn.〕

<u>**... enough not to ～**</u>「[～しないほど…だ →] とても…だから～しない」

He knows **enough not to** do such a thing. (そんなことをしないだけの分別がある；分別があるからそんなことをしない)

so ... as to ~　この形式は「程度」または「結果」を表わす。「程度」
と「結果」は別のものではなく、「~するほど…」のように「程度」
的に訳すか、「非常に…なので~する」と「結果」的に訳すかは、そ
れぞれの文について適当なほうを選ぶことになるが、肯定形は多く
「結果」的に、否定形は「程度」的に訳される。

He was **so** foolish **as to** believe it.（おろかにもそれを信じた）
　　〔= He was so foolish that he believed it.〕

He was **not so** foolish **as to** believe it.（それを信じるほどおろか
　　ではなかった）〔= He was not such a fool as to believe it.〕

◈　**so** (kind) **as to ~,** (kind) **enough to ~, have the** (kindness)
to ~　この三つは互いに言い換えうる表現である。

⎡He was **so** courageous (fortunate, sensible, impudent) **as to** do so.
⎢He was courageous (fortunate, sensible, impudent) **enough to** do so.
⎣He had **the** courage (fortune, sense, impudence) **to** do so.
　　（彼は勇敢にも［幸運にも、賢明にも、ずうずうしくも］そうした）

6　「**条件**」を表わす場合　〔⇨ p. 470〕

To hear him talk, you would take him for a foreigner.（彼がしゃべる
　　のを聞けば、外人だと思うだろう）〔= If you heard him talk ...〕

I should be glad **to go** with you.（あなたといっしょに行ければうれし
　　く思います）〔= ... if I could go with you.〕

You will do well **to keep** silent.（君は黙っているほうがよい）

It would have been better for him **to have kept** silent.（彼は黙って
　　いたほうがよかっただろう）〔= ... if he had kept silent.〕

7　**形容詞を修飾する場合**

《**a**》　不定詞が文の主語を目的語とする場合。

This question is *easy* **to answer**.（この問いは答えやすい）〔⇨ p. 148〕

He is *hard* **to please**.（彼は喜ばせにくい；彼は気むずかしい）

This water is *good* **to drink**.（この水は飲める）

This river is *dangerous* **to swim** in.
　　　　（この川で泳ぐのは危険だ）

《**b**》　不定詞の意味上の主語が文の主語と一致する場合。**able, apt**（~し
がちな）、**afraid**〔⇨ p. 453〕、**eager**（しきりに~したがって）、**likely**
（しそうな）、**ready**（~する準備ができて；すすんで~しようとする）、

sorry〔⇨ p. 667〕, **sure**〔⇨ p. 652〕, **willing**（喜んで～しようとする）
〔↔ **reluctant**（～するのをいやがる）〕などの形容詞の後に不定詞が来る場合。

He is *ready* **to start**.（彼は出かける用意ができている）

He is *likely* **to fail**.（彼はたぶん失敗するだろう）

8　感嘆・願望を表わす場合

To think he knew about it all the time!
　　　（彼がそのことをずっと知っていたとは）

Oh, **to be** young again!（ああ，もう一度若くなれたらなあ）

§169.　独立不定詞

不定詞が，文中の他の要素から独立して，文全体を修飾する副詞句の働きをする場合があり，これを独立不定詞（Absolute Infinitive）という。†

To tell the truth, I don't like him.（実を言えば，彼は好きでない）

To make matters worse, his wife became ill.
　　　（さらに困ったことに，彼の奥さんが病気になった）

To do him **justice,** he is not without some merits.
　　　（公平に言って，彼に長所がないわけではない）

その他：　**to begin**（*or* **start**）**with**（まず最初に），**to be sure**（たしかに，なるほど），**to be frank**（率直に言えば）（= frankly speaking），**to sum up**（要約すれば），**needless to say**（言うまでもなく），**strange to say**（妙な話だが），**so to speak**（いわば）（= as it were），**to say the least of it**（控え目に言っても）

◈　次のものを混同しないこと。

He is frugal, **not to say** stingy.
　　　（彼はけちとは言わないまでもつましい）」

---

†　独立不定詞の意味上の主語は，文の主語ではなく，一般の人である。
　(a)　**To be** successful, you must be diligent.　　〔副詞用法〕
　(b)　**To be** brief, you must be diligent.　　〔独立用法〕
　(a) は「成功するためには勤勉でなければならない」の意で，不定詞の意味上の主語は文の主語と一致する（= If *you* are to be successful, *you* ... ）が，(b) は「手短かに言えば（要するに），君は勤勉でなければならない」（= If *we* are to be brief, *you* ... ）である。〔to be brief = in brief, briefly, briefly speaking〕

He can speak French, **not to speak of** English.

　　　（彼は英語は言うまでもなくフランス語も話せる）

　　to say nothing of, not to mention も not to speak of と同じ。

§170.　不定詞の「意味上の主語」

　「**意味上の主語**」（Sense Subject）とは，ふつうの「（**文の）主語**」に対して，不定詞・分詞・動名詞で用いられた動詞の，意味関係上の主語をいう。

　　$\begin{cases} \text{(a)} & I \text{ want \textbf{to go}.}（私は行きたい） & 〔行くのは「私」〕 \\ \text{(b)} & I \text{ want } you \text{ \textbf{to go}.}（君に行ってもらいたい）〔行くのは「君」〕 \end{cases}$

すなわち，「（**文の）主語**」は (a)，(b) とも I であるが，不定詞 "to go" の「意味上の主語」は (a) では I，(b) では you である。

　不定詞の「意味上の主語」は，① 文中に表われない場合，② 文の主語と一致する場合〔上の (a)〕，③ 文の目的語と一致する場合〔上の (b)〕，④ for (of) 〜 to do の形で for (of) 〜 で表わされる場合がある。〔there が意味上の主語になる場合 ⇨ p. 612, 662〕

■ 文中に表わされない場合

　この場合，(a) 不定詞は一般的な行為を表わし，一般の人を意味上の主語とするのがふつうであるが，(b) 文脈から明らかな特定の意味上の主語が考えられる場合もある。

　　(a) It is wrong **to tell** a lie.（嘘をつくのは悪いことだ）

　　　＊　意味上の主語を表わすならば It is wrong *for one*（*you, us*）to tell a lie.

　　(b) It is always a great pleasure **to see** you.（あなたにお会いすることは［私にとって］常に大きな喜びです）

■ 「意味上の主語」が文の主語と一致する場合

　「S＋他動詞＋不定詞」の文では，ふつう S（主語）が不定詞の「意味上の主語」になる。

I hope **to see** you soon.（近くお会いしたいものです）

He wishes **to be loved** by her.（彼は彼女に愛されたいと願っている）

He is said **to be** honest.（彼は正直だと言われている）

　　〔＝ It is said that *he is* honest.〕

■ 「意味上の主語」が文の目的語と一致する場合

　「S＋他動詞＋O＋不定詞」の文では，ふつう O（目的語）が不定詞の「意味上の主語」になる。

She asked *me* **to wait.**（彼女は私に待つように頼んだ）

I consider *him* **to be** a selfish man.（彼は利己的な人間だと思う）

　　〔= I consider that *he* is a selfish man.〕

I expect *her* **to succeed.**（彼女はたぶん成功すると思う）

　　〔= I expect that *she* will succeed.〕

cf. I expect **to succeed.**（私はたぶん成功するだろう）

　　　　〔= I expect that *I* will succeed.〕

　＊　このように「S＋他動詞＋O＋不定詞」の型の文では，ふつう，不定詞の「意
　　　味上の主語」は O であるが，promise の場合は S である。

　　　$\begin{cases}\text{(a)} & \text{He \textbf{advised} \textit{me} \textbf{to give up} smoking.〔意味上の主語は目的語（me）〕}\\ \text{(b)} & \textit{He} \textbf{ promised} me \textbf{to give up} smoking.〔　　〃　　　主　語（He）〕\end{cases}$

　　　(a)「彼は［私が］たばこを止めるように私に忠告した」
　　　(b)「彼は［彼が］たばこを止めることを私に約束した」

■ 4 《a》**for ～ to do の形で表わされる場合**

It is natural *for her* **to dislike** him.（彼女が彼を嫌うのは当然だ）

　　〔= It is natural that *she* should dislike him.〕

She is anxious *for him* **to come.**（彼女は彼が来ることを切望している）

　　〔= She is anxious that *he* should come.〕

The rule was *for no one* **to smoke** there.（そこではだれもたばこを
　　　　　　　　吸ってはならないというのが規則だった）

　　〔= The rule was that *no one* should smoke there.〕

　◆　形式的な主語 **there** が for の後に来ることもある。〔⇨ p. 662〕

　　　It is quite normal *for there* **to be** a lot of rain in March.
　　　　　　（3 月に雨が多いというのはごく当り前のことだ）

《b》 **of ～ to do の形で表わされる場合**

It is kind *of you* **to help** me.（手伝ってくださってありがとう）

It was wise *of him* **to keep** silent.（彼が黙っていたのは賢明だった）

　◆　この型の文からは次の形式が導ける。

　　　He was wise **to keep** silent.

　　　How wise of him ［*it was*］ **to keep** silent! / How wise ［*it was*］
　　　　of him **to keep** silent!

It is ～ for you to do : It is ～ of you to do　〔⇨ p. 667〕

　$\begin{cases}\text{(a)} & \text{It was \textit{easy} \textbf{for} him to do so.（彼にはそうするのは容易だった）}\\ \text{(b)} & \text{It was \textit{foolish} \textbf{of} him to do so.（彼がそうしたのは愚かだった）}\end{cases}$

(a) の文は He を主語にして He was easy to do so. とは言えないが，
(b) の文は He を主語にして He was foolish to do so. と言うことができ
る。(a) のように **for** を用いる形容詞は，難易・妥当・可能・必要など，
判断を表わす**非人称形容詞**〔⇨ p. 147〕で，主なものは： **easy, difficult,
hard, dangerous, natural** （当然の），〔**un**〕**necessary,** 〔**im**〕**possible,
proper** （適切な），**advisable** （当を得た），*etc.*

(b) のように **of** を用いる形容詞は，親切・賢愚・不注意など，性質を
表わす，人を主語とすることのできる形容詞で，主なものは： **bold** （大胆
な），**careless** （不注意な），**clever, foolish, generous** （寛 大 な），
〔**dis**〕**honest, impudent** （ずうずうしい），**kind, naughty** （行儀の悪
い），**nice, polite** （丁寧な），**rude** （無礼な），**selfish** （わがままな），
silly, stupid （愚かな），**thoughtful** （思慮深い），**thoughtless, wicked**
（よこしまな），〔**un**〕**wise,** *etc.*

◈　この形の文は，人の性質そのものを表わすわけではない。

$$\left\{\begin{array}{l} \text{(a)　He is kind. （彼は親切[な人]だ）} \\ \text{(b)　He is kind \textbf{to say} so.　　　　　　（そう言ってくれて} \\ \text{　　　It is kind \textbf{of} him \textbf{to say} so.　　　　彼は親切だね）} \end{array}\right.$$

(a) は彼の持ち前の性質を表わすが，(b) は彼の特定の行為に関して
のみ親切であることを述べている。

◈　意味によって for, of いずれも用いられる形容詞がある。

$$\left\{\begin{array}{l} \text{(a)　It is \textbf{good for} you to stay with me.〔good = proper〕} \\ \text{(b)　It is \textbf{good of} you to stay with me.〔good = kind〕} \end{array}\right.$$

(a)「あなたは私といっしょにいるのがよい」

(b)「あなたは私といっしょにいてくれて御親切なことです」

　§171.　完了不定詞

不定詞は，それ自体は特定の時を表わさず，それが表わす時は述語動詞の
時制との関係によってきまる。

●**単純不定詞** （Simple Infinitive）† は，述語動詞の示す時と (a) **同じ時**，
または (b) （動詞が wish, want, intend, promise, hope, expect などの場合
は）それより**後の時**を表わす。

---

†　単純不定詞という名称は原形不定詞のことを言う場合もある。

(a) He *is* thought **to be** dead.〔= It *is* thought that he *is* dead.〕
　　　　（彼は死んでいると考えられている）

(b) He *hopes* **to succeed.**〔= He *hopes* that he *will* succeed.〕
　　　　（彼は成功することを望んでいる）

●**完了不定詞**（Perfect Infinitive）は述語動詞の示す時より前の時や，実現しなかった行為などを表わす。

《a》 **述語動詞の示す時より前の時**，すなわち，述語動詞の時制が⑦現在であれば「過去」を，⑪過去であれば「過去完了」を表わす。

　⑦ He *is* said **to have invented** this.（彼はこれを発明したと言われている）〔= It *is* said that he **invented** this.〕

　⑪ There *appeared* **to have been** an accident.（事故があったようだった）〔= It *appeared* that there **had been** an accident.〕

　◈　次の四つの時制関係を区別すること。

　　　⎡ He *seems* **to be** ill.　　　　　〔= It *seems* that he **is** ill.〕
　　　｜ He *seems* **to have been** ill.　〔= It *seems* that he **was**
　　　｜　　　　　　　　　　　　　　　　　　　　　（*or* **has been**）ill.〕
　　　｜ He *seemed* **to be** ill.　　　　 〔= It *seemed* that he **was** ill.〕
　　　⎣ He *seemed* **to have been** ill.〔= It *seemed* that he **had been** ill.〕

《b》 **過去において実現しなかった行為**を表わす。完了不定詞が **hoped, expected, intended, meant, was** などの後に用いられた場合。

　I hoped **to have seen** you.（お会いしたかったのですが）

　　　〔= I hoped to see you, but I couldn't.〕

　I intended **to have written** to her.

　　　（彼女に手紙を書こうと思っていたのですが）

　I meant **to have phoned** you.（お電話するつもりだったのですが）

　＊　これらはいずれも I **had hoped** to see you. / I **had intended** to write to her. / I **had meant** to phone you. のように述語動詞を過去完了にした形のほうがずっと多く，一般的である。〔⇨ p. 373 ⑤〕

　He was **to have arrived** by now.（もう着いているはずだったのだが）

《c》 **助動詞と用いられる場合**。実現しなかったことを表わす。

　I would **have liked** to see it.（それを見たかったのだが）

　＊　これは I would **like** to **have seen** it. または（比較的まれであるが）I would **have liked** to **have seen** it. の形で表わされることもある。〔⇨ p. 393〕

You had better **have stayed** there. （そこにいたほうがよかったのに）

　　〔= It would have been better for you to have stayed there.〕

§172. 分割不定詞

不定詞を修飾する副詞は，ふつう，to の前か動詞の後に置く。〔⇨ p. 290〕

I want you **always** *to be* calm. （常に冷静であってほしい）

You must try *to speak* **kindly** to him.

　　　　（彼にやさしく話すよう努めなさい）

　しかし文中の前後関係や副詞の種類によっては，副詞が to と動詞の間に置いた方が自然な場合があり，このように副詞が to と動詞の間に割って入った形を**分割不定詞**（Split Infinitive）または**分離不定詞**という。分割不定詞は，伝統文法では特に理由がない限りなるべく避けるほうがよいとされたが，今日では（特に口語で）ごくふつうに用いられる。〔⇨ p. 290〕

She has come *to* **really** *understand* her husband's love.

　　　　（彼女は夫の愛情を本当に理解するようなってきた）

* come to は慣用的に結び付いているのでその間に come *really* to understand ... と副詞がはいるのはかえって不自然である。

He asked them *to* **kindly** *refrain* from talking.

　　　　（彼は彼らにどうかおしゃべりを遠慮してほしいと頼んだ）

* kindly を to の前に出すと asked を修飾する関係も成り立つことになり，あいまいさを生じる。

§173. 代不定詞

　動詞の反復を避けるために to 不定詞の to だけを用いることがあり，これを**代不定詞**（Pro-infinitive）と呼ぶ。この形は want, wish, like, hate, try, mean, forget などの不定詞を目的語とする動詞や，ought to, have to, used to, be able to, be going to などと多く用いられる。〔⇨ p. 592〕

I meant to write a letter, but I forgot **to**.

　　　　（手紙を書くつもりだったが忘れてしまった）

You may come with me if you want **to**.

　　　　（いっしょに来たければ来てよい）

　　　　〔= If you want to come with me, you may do so.〕

I didn't like to take a taxi, but I had **to** as it was late. （車には乗りた

くなかったが遅かったので乗らざるをえなかった)

Would you like to come with me? — Yes, I'd love **to**.

(いっしょに来ませんか。― ええ，ぜひ)

§174. 原形不定詞の用法

原形不定詞 (Root [*or* Bare] Infinitive) は次のような場合に用いられる。

1 **助動詞** (ought to, used to を除く) **の後で** 〔⇨ p. 384〕

I *can't* **do** business on an empty stomach.

(すきっ腹で仕事 [＝商売，取引] はできない)

2 **知覚動詞とともに** 〔⇨ p. 28〕

　see, hear, feel, listen to, watch, perceive, notice, observe, behold などの目的補語となる不定詞には to が付かない。

I *heard* the car **stop**. (車が止まるのが聞えた)

Did you *notice* anyone **leave**? (だれかが出ていくのに気が付きましたか)

＊　**know** は完了形や ever, never を伴う過去形において同様に用いることもある。〔to を付けることもある〕

　　　I *have* never **known** (*or* I never **knew**) him [to] **lose** his temper.
　　　　(私の知るかぎり，彼はかんしゃくを起こしたことがない)

　　　Have you ever **known** him [to] **tell** a lie? (彼が嘘をついたためしがあるか)

◉　受動態では to が必要である。〔⇨ p. 480〕

　　⎰He felt the house **shake**. (彼は家が揺れるのを感じた)
　　⎱The house was felt **to shake**.

◉　知覚動詞がこの構文をとる場合と，節を伴う場合の意味を区別する。

　　⎰I often **hear** him **speak** English.　(彼が英語を話すのをよく聞く)
　　⎱I **hear** [that] he **speaks** English.　(彼は英語を話すとのことです)

3 **使役動詞とともに** 〔⇨ p. 28〕

　make, have, let, bid などの目的補語となる不定詞には to が付かない。

He *made* her **go** against her will. (彼は彼女を無理に行かせた)

　　〔*cf.* He *compelled* her *to go* against her will.〕

He *let* her **do** as she pleased. (彼は彼女に好きなようにさせた)

　　〔*cf.* He *allowed* her *to do* as she pleased.〕

He *bade* me [to] **hold** my tongue. (彼は私に黙るように言った)

　　〔*cf.* He *told* me *to hold* my tongue.〕

◉　受動態では to が付く。〔⇨ p. 480〕

We were made to **work** all night.（私たちは一晩中働かされた）

Do as you are bidden to **do**.（言いつけられたとおりにしなさい）

◉ 使役動詞 **cause, get, compel, force, oblige** は to 不定詞を伴う。

What *caused* him to **change** his mind?

　　　（何が彼の決心を変えさせたのか）

We could not *get* her to **accept** the offer.

　　　　（彼女にその申し出を受けさせることができなかった）

◉ **help** は to が付くことも付かないこともある。help が目的語の名詞・代名詞を伴わない場合も同様である。

He *helped* me〔**to**〕**wash** the car.（車を洗うのを手伝ってくれた）

Can I *help*〔**to**〕**carry** it?（それを運ぶのを手伝いましょうか）

4 慣用表現において

cannot but〔⇨ p. 397〕, **had better**〔⇨ p. 407〕, **would rather**〔⇨ p. 472〕, **do nothing but**〔⇨ p. 183〕などの後にくる不定詞には to が付かない。

I'd rather not **see** him.（どちらかといえば彼に会いたくない）

I'd sooner **walk** than **take** a taxi.（車に乗るなら歩くほうがましだ）

We can do nothing but **wait**.（ただ待つしかない）

　　〔= All we can **do** is〔**to**〕**wait**.〕〔主部に動詞 do を含む時 to はよく省略される〕〔⇨ p. 414, 415, 次項 ⑤〕

I will do anything except **lend** him money.（彼に金を貸すこと以外は何でもする〔彼には絶対に金を貸さない〕）

◉ 次のようなほぼ同じ意味を表わす似た表現について to の有無に注意。

I cannot *but* **accept** it.（それを受入れざるを得ない）

I cannot do anything *but* **accept** it.

There is nothing for it *but* **to** accept it.

I cannot choose *but* **accept** it.

I have no choice *but* **to** accept it.

＊ いずれも but を **except**（～を除いて）の意味で用いた表現で〔⇨ p. 397〕, to の有無についての区別が紛らわしいが, but の前に **do** か **can**〔**not**〕があれば **to は付かない**, と覚えておくことができる。

5 省略表現において

次のような, than のあとの不定詞や, be 動詞の補語になる不定詞の to

が省略されて原形不定詞を用いることが多い。

It's quicker to walk than [**to**] **go** by car.（車より歩くほうが早い）

What he did was [**to**] **call** the police.　　　　　〔⇨ p. 414, 593〕

　　　（彼がしたのは警察を呼ぶことだった）

6 疑問詞を用いた省略的表現において。

How come he's home?（彼はどうして家にいるの）　　　　〔⇨ p. 194〕

Why say such a thing?（なぜそんなことを言うのか）　〔⇨ p. 191, 594〕

第 2 節　分　詞

　　分詞は**動詞**と**形容詞**の性質を兼ね備えており，**現在分詞**（Present Participle）と**過去分詞**（Past Participle）とがある。

　　現在分詞は「原形＋ing」の形をとり，過去分詞は「原形＋-ed」の形をとる規則的なものと，不規則的な形のものとがある。〔⇨ p. 331〕

　　現在分詞は時制と態により次のような形をとる。

	単　純　形	完　了　形
能　動　形	doing	having done
受　動　形	being done	having been done

　　分詞は**形容詞**として用いられるので，普通の形容詞と同じく名詞を修飾する**限定用法**と，補語になる**叙述用法**とがある。〔⇨ p. 254〕 また分詞は，いわゆる**分詞構文**として副詞的にも用いられる。〔現在分詞は「be＋現在分詞」で**進行形**〔⇨ p. 358〕，過去分詞は「have＋過去分詞」で**完了形**〔⇨ p. 358〕，「be＋過去分詞」で**受動態**〔⇨ p. 476〕をつくるが，それぞれの項を参照。〕

§175. 分詞の限定的用法

　　名詞の前または後に置いて名詞を修飾する用法で，分詞が単独に名詞を修飾する場合は**名詞の前**に，分詞がそれ自体の修飾語を伴う場合は**名詞の後**に置かれる。

　　　　{ a **singing** bird（さえずっている鳥）

　　　　{ a bird **singing** in the trees（木の間でさえずっている鳥）

　　　　{ the **stolen** money（盗まれた金）

　　　　{ the money **stolen** in the car（車の中で盗まれた金）

　分詞はその動詞が自動詞であるか他動詞であるかによって，現在分詞・過去分詞それぞれ意味関係が異なる。

(1)　**自動詞の現在分詞**：「～している―」の意。修飾される名詞がその行為をしていることを表わす。†

　　　a **sleeping** baby（眠っている赤ん坊）

　　　　　〔= a baby who *is sleeping*〕

　　　a **drowning** man（溺れかかっている人）

　　　the **rising** sun（朝日）

　　　A **rolling** stone gathers no moss.（転石苔(⌣)を生ぜず）

　　＊　「～している」の具体的な意味を大別すれば，㋑一般的に「～している」の意と，㋺特定の時点で「～している」の意を表わす場合がある。

　　　　　｛㋑A **barking** dog seldom bites.（ほえ［てい］る犬はかまぬ［ものだ］）
　　　　　 ｛㋺I was awakened by a **barking** dog.（ほえている犬に起こされた）

　　　●**working** wives（働いている妻）は ㋑ の意味(仕事をもっている妻)であって，㋺の意味（［ある時点で］仕事をしつつある妻）ではない。～ ing が，修飾語句を伴う動作を表わす場合は，名詞の前には置かない。

　　　　　｛×　Can you see the **climbing** *man* on the rock?
　　　　　 ｛○　Can you see the *man* **climbing** on the rock?
　　　　　　　　（岩を登っている人が見えますか）

(2)　**他動詞の現在分詞**：「～させる―」の意。修飾される名詞がその行為をしているのではなく，他者を「～させる」の意を表わす。

　　　a **surprising** event（［人を驚かせる →］驚くべき出来事）

　　　　　〔= an event that *surprises* people〕

　　　an **amusing** story（［おもしろがらせる →］おもしろい話）

　　　A **flattering** speech is honied poison.（お世辞は蜜をつけた毒）

(3)　**自動詞の過去分詞**：「～した―」という**完了**の意味を表わす。（過去分詞が形容詞的に用いられる自動詞の数は限られている）

　　　a **retired** teacher（退職した先生）

　　　　　〔= a teacher who *has retired*〕

---

†　ただし，進行形を作らない状態動詞〔⇨ p. 375〕などでは「～しつつある」という「進行」の意味は含まない。

　　　a boy **belonging** to the club（そのクラブに所属する少年）

　　　　　〔= a boy who **belongs** to the club〕

　　　a class **consisting** of 50 boys（50人の男生徒から成るクラス）

　　　　　〔= a class that **consists** of 50 boys〕

　　　　a **faded** flower（しおれた花）　　an **escaped** prisoner（脱獄囚）

　　　　my **deceased** wife（亡き妻）　　　**grown**-up people（成人）

(4)　**他動詞の過去分詞**：「〜された—」という**受身**の意味を表わす。

　　　　a **broken window**（割れた窓）

　　　　　　〔= a window that *is broken*〕

　　　　a **drowned** man（溺死した人）

　　　　polluted air（汚染した大気）

　　　　A **burnt** child dreads the fire.（やけどした子は火を恐れる）

◈　したがって次のような場合の意味関係を区別する。

　　　{ **fallen** leaves（[散ってしまった] 落葉）

　　　{ **falling** leaves（散りつつある木の葉）

　　　{ an **exciting** game（[興奮させる →] はらはらするような試合）

　　　{ **excited** spectators（[興奮させられた →] 興奮した観衆）

　　　{ a **moving** car（動いている車）　　　　　　　〔move は自動詞〕

　　　{ a **moving** story（[人の心を動かす→] 感動的な話）〔 〃 　他動詞〕

◈　分詞は動詞の性質を持つので，ふつうは a **very** *broken* window,
very *falling* leaves などと **very** で修飾されることはないが，次のような分詞は普通の形容詞と同じように **very, quite** などで修飾される。

　　　　charming, interesting, surprising, boring（退屈な）**, moving**
　　　　（感動的な）**, pleasing, promising**（前途有望な）**; tired, sur-
　　　　prised, pleased, interested, learned** [lə́ːrnid]*, etc.*〔⇨ p.293〕

◈　「**名詞 + -ed**」の形で形容詞として用いられる語もある。

　　　　a **talented** woman（才能ある女性）

　　　　a **bearded** man（あごひげを生やした男）

　　　　skilled workers（熟練労働者）

◈　分詞は名詞や形容詞と結び付いた複合形で限定用法に用いられることもある。

　　　　a *man*-**eating** tiger（人食い虎）

　　　　record-**breaking** heat waves（記録的な熱波）

　　　　an *air*-**conditioned** house（冷暖房装置を施した家）

　　　　an *open*-**ended** walkout（無期限スト）

　　　ふつう動詞に用いられない語が，この形で過去分詞を作ることがある。

　　　　a *cold*-**hearted** fellow（心の冷たい人）

§176.　叙述用法の分詞

補語になる場合で，主格補語・目的格補語のいずれにも用いられる。

(1)　主格補語として〔⇨ p. 16〕

The film was pretty **boring.**（映画はかなり退屈だった）

He was dead **drunk.**（彼はぐでんぐでんに酔っていた）

He kept (*or* remained) **standing.**（彼は立ったままでいた）

She looked **surprised.**（彼女は驚いた様子だった）

He sat **surrounded** by his friends.（彼は友達に囲まれて座っていた）

He came **running.**（彼は走ってやってきた）

*　このような 〜ing の用法については，必ずしも解釈が一定していない。たとえば，He **sat** [at his desk] **reading.**（[机に向かって]座って読書していた）で，㋑ at his desk の要素がなければ補語（＝形容詞）的な分詞〔sat は不完全自動詞で reading は主語の状態を表わす〕，㋺ at his desk があれば分詞構文（＝副詞句）〔sat は完全自動詞，at his desk はそれを修飾する副詞句，reading も動詞を修飾する〕と解されることが多い。He read **standing.**（立って読んだ）では副詞用法。〔完全自動詞 read を修飾する〕

◉　**go fishing** (**hunting, shopping**, *etc.*) の形は，元来 go *on* fishing に由来する動名詞であるが，現在では（on を表わすことはなく）現在分詞で副詞用法と考えられる。

　　We **went fishing** in the river.（私たちは川に魚釣りに行った）

　　　*　We went fishing **to** the river. と前置詞を誤りやすい。〔⇨ p. 668〕

◉　**busy 〜ing** の場合も，元来 in を用いた動名詞表現に由来するとされるが，現在では in を用いず，〜ing は分詞（副詞用法）と考えるのが自然である。**spend** も，しばしば in が省略される。

　　She's **busy studying** for her exams.（試験の準備に忙しい）

　　He **spent** many hours [in] **reading.**（読書に幾時間も費した）

　　　cf. He spent many hours *on* books.

(2)　目的格補語として〔⇨ p. 26〕

She kept him **waiting** for a long time.（彼女は彼を長い間待たせた）

He set the machine **going.**（彼は機械を始動させた）

I heard the car **stopping.**（車が止まりつつある音が聞こえた）

The teacher caught him **cheating** in the test.（先生は彼が試験でカンニングしているところを押えた）

He had a new house **built**. (彼は家を新築した)〔⇨ p. 342〕

You had better leave it **unsaid**. (それを言わないでおいたほうがよい)

He couldn't make himself **understood** in English.

　　　　(彼は英語で話を通じさせることができなかった)〔⇨ p. 343〕

◉　「知覚動詞＋目的語＋原形不定詞／現在分詞」

　{ I saw him **cross** the street. (彼が道路を渡るのを見た)

　{ I saw him **crossing** the street. (彼が道路を渡っているのを見た)

　　　上の文では，彼が道路を横切る過程を始めから終りまで全部見たのであるが，下の文では，彼が道路を横切りつつある過程の途中の，ある時点における彼を見たのである。

◉　限定用法の場合と同じく，**現在分詞**と**過去分詞**の意味関係を区別しなければならない。

　{ Her manner was **pleasing**. (彼女の物腰は快かった)

　{ Her manner made him **pleased**. (彼女の物腰は彼を喜ばせた)

　　　please は他動詞で「喜ばせる」だから，pleasing は「〔人を喜ばせる →〕快い」，pleased は「〔人が喜ばせられている →〕喜んでいる」

　{ The play was **boring**. (その劇は退屈だった)

　{ The audience became **bored**. (観客は退屈した)

　{ He looked **terrifying** at the time. (すさまじい様子をしていた)

　{ He looked **terrified** at the time. (おびえた様子をしていた)

　　　terrify は他動詞で「こわがらせる」の意であるから，terrifying は「〔人をこわがらせるような →〕恐ろしい，ものすごい」，terrified は「こわがっている」の意を表わす。

　{ I heard my mother **calling** me. (母が私を呼んでいるのが聞えた)

　{ I heard my name **called**. (私の名前が呼ばれるのを聞いた)

§177.　分詞の転用

分詞は名詞または副詞として用いられることがある。

〔A〕　名詞的用法

普通の形容詞と同様に，the を付けて名詞として用いられる。〔⇨ p. 233〕

(1)　「the＋分詞 ＝ 複数普通名詞」の場合

　　the disabled (障害者)〔**the handicapped** より婉曲的〕

　　　　〔= people who are disabled〕

the **wounded** and the **dying**（傷ついた人々と瀕死の人々）

(2)　「the＋分詞 = 単数普通名詞」の場合

the **accused**（被告）　　the **deceased**（故人）〔複数の人にも用いる〕

(3)　その他の場合

the **unknown**（未知のことがら）

The unexpected often happens.（予期しないことがしばしば起こる）

〔B〕　副詞的用法

It is **burning**（**boiling**）hot.（焼ける［うだる］ように暑い）

It is **piercing** cold.（刺すように寒い）

He is **damned** foolish.（あいつはひどいおろか者だ）

§178. 分詞構文

分詞が接続詞と動詞の働きを兼ね，副詞句を作る場合を**分詞構文**（Participial Construction）と呼ぶ。

$\begin{cases} \text{(a)} & \text{The boys } \textbf{knowing } \textit{him well} \text{ didn't believe him.　〔形容詞用法〕} \\ \text{(b)} & \text{The boys, } \textbf{knowing } \textit{him well}, \text{ didn't believe him.〔分 詞 構 文〕} \end{cases}$

　(a) は「彼をよく知っている少年たちは彼の言うことを信じなかった」の意で，分詞句は boys を修飾する**形容詞句**であり，(b) は「その少年たちは，彼をよく知っていたので，彼の言うことを信じなかった」の意で，分詞句は主文に対して**副詞句**的修飾関係をもち，分詞構文である。

MASTERY POINTS　　　　（解答 p. 682）

〔19〕　次の文のかっこ内の正しいほうを選べ。

(1)　The news made him very (pleased, pleasing).

(2)　The audience grew more and more (excited, exciting).

(3)　It was a very (tired, tiring) task.

(4)　A (drowned, drowning) man will catch at a straw.

(5)　The work made him (exhausted, exhausting).

(6)　Please give me some (refreshed, refreshing) drink.

(7)　This drink will make you (refreshed, refreshing).

(8)　This is a (puzzled, puzzling) problem.

(9)　He gazed at it with a (puzzled, puzzling) look.

(10)　He was (absorbed, absorbing) in reading.

すなわち：

$\left\{\begin{array}{l}\end{array}\right.$ (a)　knowing him well〔形容詞句〕= who knew him well
　　　　　　　　　　　　　　　　　　　　　　　　　　　　　　　〔形容詞節〕

(b)　knowing him well〔副詞句〕= as they knew him well
　　　　　　　　　　　　　　　　　　　　　　　　　　　　　　　〔副詞節〕†

◉　分詞構文は**現在分詞**を用いるものも，**過去分詞**を用いるものもある。

　Seeing me, he ran away.（私を見て彼は逃げ去った）

　Frightened by the noise, he ran away.
　　　　　　（音に驚いて彼は逃げ去った）

◉　分詞構文には，**単純形**と**完了形**があり，**完了形分詞構文**は分詞が表わす時が，文の述語動詞が表わす時よりも前であることをはっきり示す。

$\left\{\begin{array}{l}\end{array}\right.$ (a)　**Eating** his lunch, he watched television.

(b)　**Having eaten** his lunch, he watched television.

　　　(a)「昼食をたべながら，彼はテレビを見た」

　　　(b)「昼食をたべてしまってから，彼はテレビを見た」

◉　分詞構文の**意味上の主語**は文の主語と一致する。一致しない場合は意味上の主語を明示した形（=**独立分詞構文**）にしなければならない。

　　　　　　　　　　　　　　　　　　　　　　　　　　　　　　　〔⇨ p. 439〕

$\left\{\begin{array}{l}\end{array}\right.$ (a)　**Being** sick, *she* stayed at home.〔意味上の主語は文の主語 she〕

(b)　*Her son* **being** sick, *she* stayed at home.〔独立分詞構文〕

　　　(a)「［彼女は］病気だったので彼女は家にいた」

　　　(b)「息子が病気だったので彼女は家にいた」

◉　分詞構文は，文頭・文中・文尾のいずれにも位置することがある。

$\left\{\begin{array}{l}\end{array}\right.$ **Smiling** *broadly*, the girl introduced herself.

The girl, **smiling** *broadly*, introduced herself.

The girl introduced herself, **smiling** *broadly*.

　　　（にこやかに頬笑みながら，少女は自己紹介した）

　　ただし，代名詞の場合は，*She, smiling broadly,* introduced herself. の位置はふつうとらない。

　　また，分詞句の位置によって時間関係が異なる場合もある。

---

†　接続詞を用いたふつうの形の文に対して，分詞構文は，語数を減らして文を簡潔にするが，文体的には文章体の構文で，改まった感じを与え，口語よりも書き言葉で多く用いられる。

$\begin{cases} \text{(a)} & \textbf{Taking off} \textit{ his hat}, \text{ he entered the room.} \quad 〔述語動詞より前〕 \\ \text{(b)} & \text{He entered the room } \textbf{taking off} \textit{ his hat}. \quad 〔述語動詞と同時〕 \end{cases}$

　　(a) は「彼は帽子を脱いで部屋にはいった」

　　(b) は「彼は帽子を脱ぎながら部屋にはいった」

§179.　分詞構文の表わす意味

　分詞構文は文脈によりいろいろな意味関係を表わすが，大別すれば，時・理由・付帯事情・譲歩・条件などを表わし，文意に応じて適当な接続詞を用いて節の形式に書き換えられる場合が多い。

■ 「時」を表わす場合

Entering the room, he found a stranger waiting for him.

　　〔= *When he entered* the room, he found ... 〕

　　　（部屋にはいると，見知らぬ人が彼を待っていた）

Having finished the work, he went out for a walk.

　　〔= *After* (or *When*) *he had finished* the work, he went ... 〕

　　　（仕事を終えてしまって，彼は散歩に出かけた）

◈　分詞は，文の述語動詞が表わす時とくらべ，(a) それと「同時」，(b) それより「前の時」，(c) それより「後の時」を表わす場合がある。(c) では分詞句は後に置かれるのがふつうである。

　　(a) **Walking** along the street, I met an old friend.　　　　〔同時〕

　　　　〔= *While* (or *When*) *I was walking* along the street, I met ... 〕

　　　　　（通りを歩いているときに旧友に会った）

　　(b) **Leaving** home at nine, he arrived there at noon.　　　　〔前〕

　　(c) He left home at nine, **arriving** there at noon.　　　　〔後〕

　　　　〔(b), (c) = He left home at nine and arrived there at noon.〕

　　　　　（(b), (c) 彼は 9 時に家を出て正午にそこへ着いた）

■ 「理由」を表わす場合

Feeling tired, he took a nap. （疲れを感じたので，彼は一眠りした）

　　〔= *As he felt* tired, he took a nap.〕

Having failed twice, he didn't want to try again.

　　〔= *As he had failed* twice, he didn't want to try again.〕

　　　（二度失敗したので，彼はもう一度試みようとは思わなかった）

3　「付帯事情」を表わす。

　「付帯事情」または「付帯情況」（Attendant Circumstances）は同時に行われている動作や付随する状態を表わし，接続詞 as（〜しながら）や前置詞 with を用いた表現に相当する。付帯事情を表わす分詞構文は，必ずしも他の接続詞を用いて適当に書き換えられない場合が多い。†

They walked along, **singing** merrily.（陽気に歌いながら歩いていった）

　cf. They sang merrily **as** they walked along.（歩きながら歌った）

She visited the school, **accompanied** by her mother.

　　　　　　（彼女は母親に付添われて学校を訪れた）

◉　付帯事情を表わす独立分詞構文〔次項参照〕は with を添えた形をとることも多い。

　　　⎰ He sat alone, **folding** his arms.（腕組みをして座っていた）
　　　⎱ He sat alone, 〔**with**〕his arms **folded**.
　　　⎰ He ran along, **followed** by his dog.（犬を従えて走って行った）
　　　⎱ He ran along, 〔**with**〕his dog **following** him.

4　「条件」を表わす。〔⇨ p. 470〕

Some books, **read** carelessly, will do more harm than good.

　　〔Some books, *if they are read* carelessly, will do ...〕

　　　　　　（本によっては，いい加減に読めば益より害が大きい）

　＊　「条件」を表わすのは過去分詞を用いた構文が多い。現在分詞を用いた慣用表現の例としては **weather permitting**〔⇨ p. 439「独立分詞構文」〕がある。

◉　分詞構文の表わす意味は文脈によって決定される。次のような，同じ分詞構文の，文脈によって異なる意味を区別する。

　　　⎰ (a)　**Born** in America, he can speak English fluently.　　　〔理由〕
　　　⎱ (b)　**Born** in America, he might have become a president.〔条件〕

　　　(a)は「アメリカに生まれたので，英語が流ちょうだ」〔= **As** *he was born* in ...〕，(b)は「アメリカに生まれていたならば，大統領になっていたかもしれない」〔= **If** *he had been born* in ...〕

---

†　一般に，付帯事情に分類される分詞構文は，必ずしも「同時」の事情に限らず，前項 **1** の (b), (c) のような，述語動詞の表わす動作に先行または随伴する動作を表わすものも含めるのがふつうで，この場合，多く and を用いて書き換えられる。

　Clearing his throat, he began to speak.（せき払いをして話し始めた）

　→ He cleared his throat *and* began to speak.

$\left\{\begin{array}{l}\text{(a)} \quad \textbf{Left} \text{ to herself, the baby began to cry.} \qquad 〔理由または時〕 \\ \text{(b)} \quad \textbf{Left} \text{ to herself, the baby will begin to cry.} \qquad\qquad 〔条件〕\end{array}\right.$

(a) は「ひとりぼっちに<u>されて</u>，赤ん坊は泣き出した」〔= **As** (*or* **When**) *she was left* to herself ...〕，(b) は「ひとりぼっちに<u>されたら</u>，赤ん坊は泣き出すだろう」〔= If *she is left* to herself ...〕

5　「譲歩」を表わす。

Admitting what you say, I still think you are in the wrong.

〔= *Though I admit* what you say, I still think ...〕

（君の言うことを認めても，僕はやはり君が間違っていると思う）

＊　「譲歩」を表わす分詞構文は，この Admitting ～ 以外の例はまれであり，ふつうは「接続詞＋分詞」〔⇨ p.443〕の形をとることが多い。

Though living next door, I seldom see him. 〔= Though I live ...〕

（隣に住んでいるが，私はめったに彼を見かけない）

While liking its shape, I don't like its color. 〔= While I like ...〕

（それの形は好きなんだが，色が気に入らない）

6　「結果」を表わす。

It rained for days on end, completely **ruining** our holiday.

〔= ..., so that our holiday was completely ruined.〕

（何日も雨が降り続き，休暇が台なしになってしまった）

§ 180.　独立分詞構文

分詞が，文の主語とは異なった独立した意味上の主語を持つものを，**独立分詞構文**（Absolute Participial Construction）と呼ぶ。

It (*or* **The weather**) **being** fine, we set out on a picnic.

（天気がよかったので，ピクニックに出かけた）

There being nothing to do, I went to bed early.

（何もすることがなかったので，早く就寝した）

Night coming on, the children went home.

（夜がやってきたので，子供たちは家に帰った）

All things considered, I think this is the best.

〔= When all things are considered, I think ...〕

（すべてを考え合わせてみて，これが一番いいと思う）

Weather permitting, I'll start tomorrow. （天気が許せば明日出発する）

〔= If the weather permits, I'll start tomorrow.〕

Other things being equal, I prefer shorter ones.

　　　　（ほかのことが同じであれば，僕は短いほうがいい）

Such being the case, I can't go with you.

　　　　（このようなわけで，僕は君といっしょに行けない）

§181. 懸垂分詞

　分詞構文の意味上の主語は文の主語と一致しなければならないが，そうでない分詞構文を**懸垂分詞**（Dangling Participle）または**遊離分詞**（Unattached [*or* Unrelated] Participle）と呼ぶ。これは正しくない分詞構文とされ，(a) 主語を一致させるか，(b) 独立分詞構文にするか，(c) 接続詞を用いた節の形式にするか，などの方法によって訂正することができる。

Being very interesting, I read the book through at a stretch.

　　　　（とても面白かったのでその本を一気に読み終えた）

　このままでは，「本」ではなく文の主語である「私」が「おもしろい」という意味関係を表わすことになる。次のように訂正することができる。

　　(a) *Finding the book very interesting*, I read it through ...

　　(b) *The book being very interesting*, I read it through ...

　　(c) *As the book was very interesting*, I read it through ...

次の各組は，上が懸垂分詞の典型例，下が文法的に正しい形である。

{ Being a fine day, we went out for a walk.
{ *It* being a fine day, we went out for a walk.

{ Opening the door, there was no one in the room.
{ Opening the door, *he found* no one in the room.

{ Standing on the hill, the whole village could be seen.
{ Standing on the hill, *we could see* the whole village.

{ Being diligent, the teacher praised the boy.
{ Being diligent, *the boy was praised* by the teacher.

§182. 慣用的な分詞構文

　次のような表現は慣用化した分詞構文である。これらの意味上の主語は一般的な we や one であって，文の主語とは一致しないので一種の懸垂分詞であるが，すでに表現が固定化して，文の主語とかかわりなく用いられる独立用法の分詞である。

Judging from his accent, he must be a German.

　　〔= If we judge from his accent, he must be a German.〕

　　　　（彼のなまりから判断すれば彼はドイツ人にちがいない）

Considering his age, he is prudent. （年の割には彼は分別がある）

Talking (*or* **Speaking**) **of** travel, have you ever been to Switzerland?

　　　　（旅行といえば，スイスへ行ったことがありますか）

Provided (*or* **Providing**) that you come back before dark, I permit you to go.

　　　　（暗くなる前に帰ってくるなら，行ってもよろしい）〔⇨ p. 533〕

Generally speaking, ignorant people are apt to be self-centered.

　　　　（一般的に言えば，無知な人は自己中心的になりがちだ）

　その他：**strictly** (**frankly**) **speaking** （厳密に［率直に］言って），**taking ～ into consideration** (*or* **account**) （～を考慮すれば），**granted** (*or* **granting**) **that** ... （仮に…だとして，…としても），**supposing** ［**that**］ ... （…だとしたら，もし…なら），**seeing** ［**that**］ ... （…であることを考えると，…なので），*etc.*

分詞構文の注意すべき点

(1)　現在分詞構文と過去分詞構文

次のような場合に，現在分詞・過去分詞のいずれであるかを区別する。

　　┌**Comparing** with his brother, he is not so intelligent. 〔誤〕
　　└**Compared** with his brother, he is not so intelligent. 〔正〕

　「兄さんとくらべると，彼はさほど聡明ではない」の意であるが，これは If *he is compared* with his brother, ... から作られた分詞構文であるから過去分詞でなければならない。（Being compared ... → Compared ... ）

　　┌**Situating** on a hill, his house commands a fine view. 〔誤〕
　　└**Situated** on a hill, his house commands a fine view. 〔正〕

　「丘の上にあるので，彼の家は見晴らしがいい」〔As *it is situated* on a hill, ... → Being situated ... → Situated ... 〕

(2)　否定詞の位置

否定詞 not は分詞の前に置く。

Not *knowing* what to do, he just stood and looked on.

　　　　（どうしていいかわからないので，彼はただ立って見ていた）

Not *having seen* him for a long time, I failed to recognize him.

　　　（長い間彼に会っていなかったので，彼だとわからなかった）

ただし never は完了形では having の前・後いずれにも置かれ，前に置かれたほうが強意的である。

Having **never been** there (*or* **Never** *having been* there), he had difficulty in finding his way.

　　　（そこへ行ったことがなかったので，なかなか道がわからなかった）

(3)　being の省略

being やその完了形 having been が省略される場合がある。

School [*being*] over, the students hurried home.

　　　（授業が終わったので，生徒たちは急いで家に帰った）

[*Being*] unable to walk any farther, he sat down to take a rest.

　　　（それ以上歩くことができず，彼は座って休んだ）

[*Being*] a student of science, he was not interested in politics.

　　　（科学者だったので，彼は政治には関心がなかった）

The work [*having been*] completed, he went to bed at once.

　　　（仕事が終わったので，彼は直ちに就寝した）

The book, [*being*] written in easy English, is suitable for beginners.

　　　〔= The book, as it is written in easy English, ... 〕

　　　（その本は，平易な英語で書いてあるので，初心者向けだ）

MASTERY POINTS　　　　　　　（解答 p. 682）

〔20〕　各文の誤りを訂正せよ。

(1)　Being very warm, he took off his coat.

(2)　Being no bus service, we had to walk all the way to the station.

(3)　All things considering, he is a happy man.

(4)　Having read the book, it was thrown aside.

(5)　Seeing from a distance, it looked like a human face.

(6)　The work having finished, he went out for a walk.

(7)　Arriving home late at night, the door was found to be wide open.

(8)　Living as I am far from town, I rarely have visitors.

(4)　「接続詞＋分詞」

分詞構文の表わす意味を明確にするために接続詞を前に置くことがある。

After *turning* out all the lights, he locked the door.〔= *After he had turned* out ...〕(あかりを全部消してから彼は戸にかぎをかけた)

While *staying* there, I got acquainted with him.〔= *While I was staying* ...〕(そこに滞在している間に, 私は彼と知合いになった)

Although *tired*, he kept on working. (疲れていたが, 彼は仕事を続けた)

If *asked*, I will speak the truth. (尋ねられれば, 真実を語るつもりだ)

Once *taken*, the drug has a deadly effect.〔= *Once it is taken* ...〕
(いったん使用したら, 麻薬は致命的な影響を及ぼす)

　　＊　このほか,「時・場所・条件・譲歩」などを表わす **when, before, until; where; unless; whether** などの接続詞も同じように用いられるが,「理由」を表わす **because, as, since** はこの形では用いない。ただし since が「時」を表わす場合は可: **Since** *leaving* school, he's had no jobs.〔= *Since he left* ...〕(卒業以来, 彼は職についたことがない)

(5)　「分詞構文＋as one does」

分詞構文に as one does を添えて意味を強める表現。

Knowing **as I do** my own faults, I can hardly blame others. (なにぶん自分の欠点を自覚しているので, 他人はとても責められない)

　　＊　as I am としないこと。もととなる文は As I am knowing my own faults ではなく, As I *know* my own faults であって, この know の代動詞として do が用いられるのである。ただし, **過去分詞構文では** as one **is** になる。

Hidden **as it was** by the trees, the tomb was difficult to find.
(なにしろその墓は木に隠れているので, 見つけにくかった)

　　＊　これは as it *was hidden* by the trees に由来する形であるから, as it **did** ではなく as it **was** が正しい。

第3節　動 名 詞

　動名詞 (Gerund) は, 現在分詞と同形であるが, **現在分詞が形容詞と動詞の働きを兼ねる**のに対し, **動名詞は名詞と動詞の性質**を兼ね備えている。すなわち, **名詞**としては主語・補語・目的語, および前置詞の目的語になり, 形容詞に修飾されることもあり, また**動詞**としては目的語や補語を伴ったり, 副詞に修飾されたりする。

§183. 動名詞の用法

《1》 主語として

Seeing is believing.（見ることは信じること［百聞は一見に如かず］）

〔= To see is to believe.〕

Looking after children requires patience.

（子供の世話は忍耐を要する）

〔= It requires patience to look after children.〕

◉　形式主語 it が文頭に出て動名詞を真主語とすることがある。

It is no use **pretending** ignorance.

（知らぬふりをしてもむだだ）

《2》 補語として

His hobby is **collecting** stamps.（彼の趣味は切手収集だ）　〔主格補語〕

Teaching is **learning**.（教えることは学ぶこと）†　　　　　〔　〃　〕

I consider that **cheating**.（僕はそれを詐欺行為と考える）〔目的格補語〕

《3》 目的語として

He has given up **smoking**.（彼はたばこをやめた）

Most women enjoy **chattering**.

（女はたいていおしゃべりが好きだ）

《4》 前置詞の目的語として

He is good *at* **telling** lies.（彼は嘘をつくのがうまい）

He left *without* **saying** anything.（彼は何も言わずに去った）

She is *above* **telling** lies.（彼女は嘘をついたりしない）

＊　次のような表現では前置詞が省略されることが多い。〔⇨ p. 496〕

We *had* no *difficulty*（or *trouble*）［*in*］**finding** his house.

（彼の家はすぐ見つかった）

《5》 同格語として 〔⇨ p. 617〕

His policy, **telling** the truth, made him respected.

（真実を語るという彼の方針のため彼は尊敬された）

---

†　A little **learning** is a dangerous thing.（生兵法は大怪我のもと）では動名詞 learning（学問）は純然たる名詞化したもので，その他 **meeting**（会合），**building**（建物），**meaning**（意味），［digital］**broadcasting**（［デジタル］放送），［global］**warming**（［地球］温暖化）など，動名詞が名詞化した語は多い。

動名詞と不定詞の名詞的性質

不定詞にも名詞用法があるが，動名詞は (a) 前置詞の目的語にもなり，(b) 形容詞（冠詞・所有格・代名形容詞）で修飾されることがある，という点で不定詞と異なる。動名詞のほうが不定詞よりも「ふつうの名詞」に近い性質をもち，より多く名詞化した意味を表わすことが多い。〔⇨ p. 412〕

(a) He prefers being neutral *to* **taking** sides.

（彼は一方に味方するより中立を好む）

〔= He prefers to be neutral *rather than* [*to*] *take* sides.〕

(b) *Quick* **thinking** enabled him to escape the danger.

（機転が彼に危険をのがれさせた）

The proof of the pudding is in *the* **eating**. （プディングの味は食べてみなければわからない［論より証拠］）

◆ また動名詞は（ふつうの名詞と同じように）SVOC の文型〔⇨ p. 26〕の文でOになることができるが，不定詞はこのOになることはできず，形式目的語の it を用いた形をとる。

○ This made **obtaining a loan** impossible.

× This made **to obtain a loan** impossible.

〔→ This made it impossible **to obtain a loan**.〕

（このために融資を受けることができなくなってしまった）

◆ 動名詞に冠詞や形容詞が付いた場合は，名詞的性質が強まり動詞的性質が薄れて，目的語をとることができなくなり，of を用いて表わす。

 {**reading** good books（良書を読むこと）
 {*the* **reading** *of* good books

* 動名詞に the などが付く慣用表現として **do the** (**some**, *etc.*) ~**ing** の形がよく用いられる。

　do *the* **cooking** [**cleaning, shopping, washing, washing-up**]

　　（料理［掃除，買物，洗濯，皿洗い］をする）

　do *some* [*a lot of*] **reading**（いくらか［たくさん］読書をする）

　He did *most of the* **talking**. （彼がほとんどしゃべった）

§ 184.　動名詞と現在分詞

　～ing 形が名詞の前に置かれた場合，それらが形容詞的用法の動名詞であるか，現在分詞であるかを区別しなければならない。

$\begin{cases} \text{(a)} & \text{a } \textbf{sléeping} \text{ càr（寝台車）} \hfill 〔動 名 詞〕\\ \text{(b)} & \text{a } \textbf{slèeping} \text{ chíld（眠っている子供）} \hfill 〔現在分詞〕 \end{cases}$

　(a) の sleeping は「睡眠」の意の動名詞で a car for *sleeping* の関係を表わし，(b) の sleeping は「眠っている」の意の現在分詞で a child who is *sleeping* の関係を表わす。動名詞の場合は後にくる名詞よりも強いアクセントが置かれる。

「修飾語＋名詞」の強勢の置き方

　修飾語が ㋑形容詞・分詞の場合は修飾語のほうが弱く，㋺名詞・動名詞の場合は修飾語のほうが強く，発音される。

　　　㋑　an òld cár（古い車），a rùnning cár（走っている車）

　　　㋺　a ráce càr《米》，a rácing càr《英》（レーシングカー）

$\begin{cases} \text{a } \textbf{smóking} \text{ ròom（喫煙室）} \hfill 〔動 名 詞〕\\ \text{a } \textbf{smòking} \text{ chímney（煙を出している煙突）} \hfill 〔現在分詞〕 \end{cases}$

◈　次のような場合は強勢の置き方によって両方の意味が成り立つ。

　　　a **dancing** girl $\begin{cases} \text{‒́‒（踊り子）（a girl whose profession is } \textit{dancing}\text{）}\\ \text{‒‒́（踊っている少女）（a girl who is } \textit{dancing}\text{）} \end{cases}$

その他の動名詞の例：

　a *dining* room（食堂）　　　　　　　a *waiting* room（待合室）

　a *hearing* aid（補聴器）　　　　　　a *writing* desk（書き物机）

　a *looking* glass（鏡）　　　　　　　a *sewing* machine（ミシン）

　a *calling*（or *visiting*）card（名刺）　a *wedding* ring（結婚指輪）

§185. 動名詞の完了形と受動形

《1》　**完了動名詞**　　完了動名詞（Perfect Gerund）は述語動詞よりも前の時を表わす。

　He denies **having said** so.（彼はそう言ったことを否定している）

　　　〔= He *denies* that he [*has*] *said* so.〕

　He denied **having said** so.（彼はそう言ったことを否定した）

　　　〔= He *denied* that he *had said* so.〕

　He repented **not having worked** harder.

　　　　　（勤勉でなかったことを悔いた）

　　　〔= He *repented* that he *had not worked* harder.〕

$\left\{\begin{array}{l}\end{array}\right.$ (a)　He is ashamed of **being** idle.

　　　　　　（怠けていることを恥じている）

(b)　He is ashamed of **having been** idle.

　　　　　　（怠けていたことを恥じている）

(a) = He *is* ashamed that he *is* idle.

(b) = He *is* ashamed that he *was*（or *has been*）idle.

❀　ただし，動名詞が述語動詞よりも前の時を表わしても，時間関係が明らかな場合は完了形ではなく単純形で表わすことも多い。

I remember **seeing**（*or* **having seen**）him once.

　　　　　（私は一度彼に会ったのを覚えている）

He was punished for **telling**（*or* **having told**）a lie.

　　　　　（彼は嘘をついたために罰せられた）

《2》　受動形動名詞

I remember **being taken** to Paris as a small child.

　　　　　（私は子供のころパリに連れて行ってもらったのを覚えている）

The safe showed no sign of **having been touched**.

　　　　　（その金庫は手を触れられた形跡はなかった）

cf. $\left\{\begin{array}{l}\end{array}\right.$ I don't like **asking** questions.（質問することを好まない）

　　I don't like **being asked** questions.（質問されることを好まない）

受動の意味を表わす能動形動名詞

　次のような場合の動名詞は能動形であるが，受動的な意味関係を表わす。

This watch needs **repairing**.（この時計は修理しなければならない）

　　〔= This watch needs *to be repaired*.〕

The boy requires **looking** after.

　　　　　（この少年は面倒をみてやらねばならない）

　　〔= The boy requires *to be looked* after.〕

His story doesn't bear **repeating**.（彼の話は繰返すに耐えない）

The theory deserves **considering**.（この説は検討する価値がある）

This is something worth **trying**.

　　　　　（これはやってみる値打ちのあることだ）

　　　〔なお want *doing*, want *to do* については ⇨ p. 453〕

§186.   動名詞の意味上の主語

動名詞の意味上の主語は，次のような場合には特に示されない。

I object to **drinking** too much.   〔意味上の主語は<u>一般の人</u>〕
　　　（酒を飲み過ぎることには反対だ）

I regret **drinking** too much.   〔   〃   <u>文の主語と同じ</u>〕
　　　（私は酒を飲み過ぎたことを後悔している）

She blamed me for **drinking** too much.   〔   〃   <u>文の目的語と同じ</u>〕
　　　（彼女は私が酒を飲み過ぎたことを責めた）

以上のような場合以外は，動名詞の意味上の主語は明示される。

> He insisted on **going**.（彼は［自分が］行くといってきかなかった）
> 　〔= He insisted that *he* would go.〕
> He insisted on **my going**.（彼は私が行くべきだと主張した）
> 　〔= He insisted that *I* [should] go.〕

> He is proud of **being** rich.（彼は［自分が］金持ちであることを自慢している）〔= He is proud that *he* is rich.〕
> He is proud of **his father being** rich.（彼は父親が金持ちであることを自慢している）〔= He is proud that *his father* is rich.〕

> Do you mind **opening** the window?（窓を開けて頂けませんか）
> 　〔= Will *you* open the window?〕
> Do you mind **my opening** the window?（窓を開けてもかまいませんか）〔= May *I* open the window?〕

◈　動名詞の意味上の主語は**所有格**または**目的格**（名詞の場合は**通格** †）で表わされる。††   〔there を意味上の主語とする場合は ⇨ p. 613〕

　(a)　I object to **his** (*or* **him**) *marrying* her.
　　　　（彼が彼女と結婚することには反対だ）

　(b)　I object to my **son** (*or* **son's**) *marrying* her.
　　　　（息子が彼女と結婚することには反対だ）

---

†　名詞は，代名詞のように，主格と目的格の形の上の区別はないので，両方に共通の形として**通格**（Common Case）という語を用いることがある。
††　主格が用いられることもある。
　　It's strange **you** and **he** being brothers.
　　（君と彼が兄弟だなんて不思議だ）

⒞　I object to the **car** *being parked here*.
　　　　（車がここに駐車されることには反対だ）

　すなわち　⒜　人称代名詞の場合は多く所有格で表わされるが，目的格を用いることもあり（目的格を用いる方が口語的），⒝　人を表わす名詞の場合は通格または所有格が用いられ，⒞　複数名詞および物を表わす名詞の場合は通格を用いるのがふつうである。

⒜　It's no use **their** *complaining*.（彼らがぐちをこぼしてもむだだ）
　　Please excuse **my**（*or* **me**）*interrupting* you.（お邪魔してすみません）
⒝　It's no use your **wife** *complaining*.（奥さんがぐちをこぼしてもむだだ）
　　I dislike my **mother**（*or* **mother's**）*interfering* with my affair.
　　　　（私は母が私の問題に干渉するのを好まない）
　　I'm looking forward to **Mary's** *coming*.
　　　　（私はメアリが来るのを楽しみにしている）
⒞　She is used to such **things** *happening*.
　　　　（彼女はこのようなことが起こるのに慣れている）
　　We were surprised at his new **book** *being* made so much of.
　　　　（彼の新著がそんなに重要視されるのに驚いた）

§ 187. 動名詞と不定詞

　動詞によって，その目的語として ⑴ 動名詞を伴うもの，⑵ 不定詞を伴うもの，⑶ 動名詞・不定詞のいずれも伴い ⒜「ほぼ同じ意味を表わすもの」⒝「異なった意味を表わすもの」がある。

⑴　動名詞を伴う主な動詞

enjoy（楽しむ）	**stop**（やめる）	**finish**（終える）
dislike（きらう）	**avoid**（避ける）	**mind**（気にする）
admit（認める）	**deny**（否定する）	**miss**（しそこなう）
consider（考える）	**prevent**（妨げる）	**postpone**（延期する）
suggest（提案する）	**pardon**（許す）	**practice**（練習する）
recommend（勧める）	**imagine**（想像する）	**resent**（立腹する）
give up（やめる）	**put off**（延期する）	**cannot help**〔⇨ p. 397〕

The baby **stopped** *crying*.（赤ん坊は泣きやんだ）
　＊　**stop to do** との区別に注意する。〔⇨ p. 452〕

I have **enjoyed** *talking* with you.（お話できて楽しかったです）

He **finished** *reading* the book.（彼はその本を読み終えた）

　＊　**begin** は動名詞・不定詞いずれも伴う。

I **dislike** *being* alone.（私は独りでいることを好まない）

　＊　**like, hate** は動名詞・不定詞いずれも伴う。

Try to **avoid** *traveling* in the rush hours.

　　　　　　　（ラッシュアワーに電車に乗るのは避けるようにしなさい）

Do you **mind** *me*（or *my*）*smoking*?（たばこを吸ってもいいですか）

He **admitted** *having stolen* the money.（金を盗んだことを認めた）

She **denied** *breaking* the plate.（皿を割ってはいないと言った）

He narrowly **missed** *being killed*.（彼はかろうじて死を免れた）

He **kept** ［**on**］*reading*.（彼は読書を続けた）†

He **suggested** *trying* again.（彼はもう一度やってみようと言った）

　　　〔= He suggested that we［should］try again.〕〔⇨ p. 463〕

　　　〔= He said, "Let's try again."〕〔⇨ p. 569〕

Pardon *my asking*, but ...（［お尋ねして］失礼ですが…）

I **recommend** *taking* more exercise.（運動を増やすことをお勧めします）

You mustn't **postpone**（*or* **put off**）*answering* this letter.

　　　　　　（この手紙の返事を書くのを延ばしてはいけない）

He **resented** *being laughed* at.（彼は笑われたことに腹を立てた）

　＊　**permit, allow, advise** なども動名詞を伴うが，目的語が示される場合は不定
　　詞を用いる。

　　⎧ I don't *allow* **smoking**.（私は煙草を吸うことを許さない）
　　⎩ I don't *allow* him **to smoke**.（彼が煙草を吸うことは許さない）

(2)　不定詞を伴う主な動詞

want（欲する）	**wish**（願う）	**hope**（望む）
desire（願望する）	*attempt（試みる）	*intend（意図する）
expect（予期する）	**decide**（決める）	**determine**（決心する）

---

†　**keep ～ing** と **continue ～ing** は「～し続ける」の意で同じように用いられるが，
keep ～ing は「自動詞＋補語（～ing は現在分詞）」，**continue ～ing** は「他動詞＋
目的語（～ing は動名詞）」と分類されることが多い。continue ～**ing** = continue **to**
～〔⇨ p. 451〕に対し，go on ～**ing** ≠ go on **to** ～〔⇨ p. 453〕であることにも注
意。

agree（用意する）	**consent**（賛成する）	**offer**（申し出る）
refuse（拒否する）	**decline**（断わる）	**learn**（習い覚える）
promise（約束する）	**pretend**（ふりをする）	**mean**（するつもりだ）
demand（要求する）	**fail**（失敗する）	**manage**（なんとかできる）

　　（＊印は動名詞も伴うことがあるが不定詞がふつう）

I've **decided** *not to marry* him.（彼と結婚しないことに決めた）

He **agreed** *to join* us.（彼はわれわれに参加することに同意した）

I'm **learning** *to drive* a car.（車の運転を習っています）

Do you really **mean** *to resign*?（ほんとに辞めるつもりなのか）

He **failed** *to carry* out the plan.（計画を遂行することができなかった）

　cf. He **managed** *to carry* it out.（なんとか遂行できた）

　　　He **succeeded** *in carrying* it out.（首尾よく遂行できた）

---

(3)　動名詞・不定詞いずれも伴うもの

　動名詞と不定詞の両方を伴う動詞には，どちらでも意味のほとんど変らないものと，意味が異なるものとがある。

《A》　同じ意味を表わす場合

begin（始める）	**start**（始める）	**cease**（やめる）
continue（続ける）	**like**（好む）	**love**（愛好する）
hate（嫌う）	**prefer**（より好む）	**propose**（提案する）
stand（我慢する）		

He **began** *to talk*（or *talking*）.（彼は話し始めた）

　＊　ただし，進行形のあとでは，動名詞は避けて不定詞を用いるのがふつう。
　　　It's *beginning*［**raining** →］**to rain**.

　＊　**finish** は動名詞だけを伴うことに注意。

It **ceased** *to rain*（or *raining*）.（雨が止んだ）

　＊　**stop** は動名詞と不定詞で意味が異なる。〔⇨次項〕

　＊　**cease** は次のような区別を行なうこともある。
　　　⎰ The baby ceased *crying*.（赤ん坊は泣き止んだ）
　　　⎱ The baby ceased *to cry*.（赤ん坊は泣かなくなった）

Prices **continue** *to rise*（or *rising*）.（物価は上昇し続けている）

◈　**like, hate, love, prefer** などは動名詞も不定詞も伴うが，動名詞は一般的または習慣的なことを，不定詞は特定の場合のことを述べることが多い。

I *hate* **telling** lies.（私は嘘をつくことがきらいだ）
I *hate* **to say** it, but I don't like your mother.（こんなことは言いたくないが，君のお母さんは好きじゃない）

I *prefer* **walking** to riding.（車に乗るより歩くほうが好きだ）
I *prefer* **to walk** this morning.（今朝は歩くほうがいい）

❦ **like** はこの区別をすることもあるが，両方同じように用いることが多い。**would**（**should**）**like to** は「～したい」の意。〔⇨ p. 390〕

I **like dining**（*or* **to dine**）out.（外で食事をするのが好きだ）
I'd **like to** dine with you tonight.（今夜は君と食事したい）

《B》 異なる意味を表わす揚合

❶ **stop ～ing** は「～するのをやめる」（動名詞は目的語），**stop to ～** は「～するために立ち止まる；立ち止まって［じっくり，わざわざ，いちいち］～する」〔不定詞は目的を表わす副詞用法で，stop は自動詞〕

He *stopped* **talking** to her.（彼は彼女と話をするのをやめた）
He *stopped* **to talk** to her.（彼は立ち止まって彼女と話をした）

❷ **remember, forget** は動名詞のときは「（過去において）～したことを覚えている［忘れる］」，不定詞のときは「（これから）～することを覚えている［忘れる］」の意を表わす。

I *remember* **seeing** him.（彼に会ったことを覚えている）
I must *remember* **to see** him.（忘れずに彼に会わねばならない）

I'll never *forget* **seeing** her.（会ったことを忘れないでしょう）
I won't *forget* **to see** her.（忘れずに会いましょう）

❸ **regret ～ing** は「～したことを後悔する」，**regret to ～** は「残念ながら～しなければならない」（= I'm sorry, but I have to ～）

I *regret* **saying** so.（そう言ったことを後悔している）
I *regret* **to say** this.（遺憾ながらこう言わなければならない）

❹ **try ～ing** は「（ためしに）～してみる」，**try to ～** は「～しようと努める」（= attempt to ～）

He *tried* **opening** the window.（彼は窓を開けてみた）
He *tried* **to open** the window.（彼は窓を開けようとした）

❺ **need, want, require** の後にくる動名詞は受動の意味を表わす。〔この場合の want は「欲する」ではなく「～する必要がある」の意。〕

$\begin{cases} \text{He } \textit{needs } \textbf{punishing}. \ (\text{彼は罰せられねばならない}) \ 〔 \Rightarrow \text{p. 447}〕 \\ \text{He } \textit{needs } \textbf{to punish} \text{ her}. \ (\text{彼は彼女を罰しなければならない}) \end{cases}$

$\begin{cases} \text{He } \textit{wants } \textbf{watching}. \ (\text{彼は監視されなければならない}) \\ \text{He } \textit{wants } \textbf{to watch}. \ (\text{彼は見ることを望んでいる}) \end{cases}$

❻　**go on ～ing** は「～し続ける」(= keep ～ing), **go on to ～** は「さらに今度は～する」(= proceed to ～)

$\begin{cases} \text{He } \textit{went on } \textbf{talking} \text{ about the accident}. \ (\text{事故の話を続けた}) \\ \text{He } \textit{went on } \textbf{to talk} \text{ about the accident}. \ (\text{事故の話に移った}) \end{cases}$

　　下は，今まで別のことを話していて，さらに今度は事故について話し始めたことを表わす。

◈　「形容詞＋動名詞・不定詞」の場合

❶　**be afraid of ～ing** は「～することを恐れる，～しはしないかと心配する」, **be afraid to ～** は「～するのがこわい；こわくて～できない」

$\begin{cases} \text{He } \textit{was afraid } \textbf{of making} \text{ mistakes}. \\ \quad (\text{間違えることを恐れた；ミスをしないかと心配だった}) \\ \text{He } \textit{was afraid } \textbf{to go} \text{ alone}. \\ \quad (\text{一人で行くのがこわかった；こわくて一人で行けなかった}) \\ \qquad 〔 \text{この意味で of ～ing を用いることもある}〕 \end{cases}$

❷　**be sorry for** (*or* **about**) **～ing** は「～したことを申し訳なく思う」, **be sorry to ～** は「～するのを残念に思う」

$\begin{cases} \text{I'm } \textit{sorry } \textbf{for} \ (\textit{or} \ \textbf{about}) \ \textbf{waking} \text{ you up}. \\ \quad (\text{起こしてしまってすみません}) \\ \text{I'm } \textit{sorry } \textbf{to say} \text{ that our efforts have failed}. \\ \quad (\text{残念ながら，われわれの努力は失敗に終わった}) \end{cases}$

❸　**be sure** (*or* **certain**) **of ～ing** は「することを (**主語が**) 確信している」, **be sure** (*or* **certain**) **to ～** は「きっと～する (と **話者が** 思っている)」　　　　　　　　　　　〔 $\Rightarrow$ p. 652〕

$\begin{cases} \text{She } \textit{is sure } \textbf{of winning}. \ (\text{彼女はきっと勝つと思っている}) \\ \text{She } \textit{is sure } \textbf{to win}. \ (\text{彼女はきっと勝つだろう}) \end{cases}$

　　　〔上〕= *She* is sure that she will win.　〔主語の確信〕
　　　〔下〕= *I* am sure that she will win.　〔話者の確信〕

§188. 動名詞を用いる慣用表現

❶ **There is no ～ing**「～することは不可能だ；～することはできない」
〔= It is impossible to ～, You cannot ～〕
There is no accounting for tastes.
（趣味を説明することはできない［たで食う虫も好き好き］）

❷ **It is no use** (*or* **no good**) **～ing**「～してもむだだ」〔⇨ p. 145〕
It is no use regretting it now.（今になって後悔してもはじまらない）
〔= It is *useless to regret* (*or regretting*) it now.〕

❸ **cannot help ～ing**「～せざるをえない」〔⇨ p. 397〕
I *could not help pitying* him.（彼に同情せざるをえなかった）

❹ **look forward to ～ing**「～するのを楽しみにしている；～を楽しみに待っている」〔to は不定詞の to ではなく前置詞で，ふつうの名詞も伴う〕
I'm *looking forward to seeing* you.（お会いするのを楽しみにしています）
I'm *looking forward to* next weekend.（今度の週末を楽しみにしている）

❺ **be used to ～ing**「～することに慣れている」〔to は不定詞の to ではなく前置詞で，ふつうの名詞も伴う。used to (do) と区別 ⇨ p. 406〕
I *am used to eating* fish raw.（私は魚を生で食べることに慣れている）
〔= I *am accustomed to eating* fish raw.〕

❻ **feel like ～ing**「～したい気持ちがする」(= feel inclined to)
I don't *feel like going* out today.（今日は外出したくない）

❼ **make a point of ～ing**「必ず～するように心がけている」
I always *make a point of being* punctual.（いつも時間をきちんと守るようにしている）〔= I always *make it a rule* to be punctual.〕

❽ **prevent** (*or* **keep**) **... from ～ing**「…が～するのを妨げる」
The noise *prevented* (or *kept*) me *from going* to sleep.（音のため眠れなかった）〔= I could not go to sleep on account of the noise.〕
＊ prevent **my** going ...，prevent **me** going ... の形も用いられるが，prevent me from going が標準的な形とされる。

❾ **of one's own ～ing**「自分で～した」
She is a bride *of his own choosing*.（彼女は彼が自分で選んだ花嫁です）
〔= She is a bride *whom he chose himself* (or *chosen by himself*).〕

❿ **worth ～ing**「～する価値がある」　**worth while ～ing** (*or* **to ～**)

も同じ意味を表わし，次の形で用いられる。

　　㋑　This book is *worth reading*.（この本は読む価値がある）

　　㋺　It is *worth reading* this book.

　　㋩　It is *worth while reading*（or *to read*）this book.

　＊　㋺, ㋩の It は形式主語で，あとの動名詞・不定詞を表わす。

⓫　in ～ing　「～するとき，～しているとき」〔= when ... , while ...〕

In studying other cultures, you can learn more about your own.

　　　　（他の文化を学べば，自国の文化をもっとよく知ることができる）

⓬　on ～ing「～すると［すぐに］」（= as soon as ... ; when ...）

On hearing this, he turned pale.（これを聞くと彼は真青になった）

　＊　分詞構文より瞬間性が強調される。

　　　On seeing me, he took to his heels.（私を見ると［見たとたん］逃げ出した）

　　　Seeing me, he took to his heels.（私を見て［見たとき］逃げ出した）

⓭　besides ～ing「～するばかりでなく」

Besides being clever, he is diligent.（頭がいいだけでなく勤勉だ）

MASTERY POINTS　　　　（解答 p. 682）

〔21〕　**各文のかっこ内の正しいものを選べ。**

　(1)　I have enjoyed（talking, to talk）with you.

　(2)　He refused（lending, to lend）me the book.

　(3)　He is busy（doing, to do）his homework.

　(4)　This pencil needs（sharpening, to sharpen, being sharpened）.

　(5)　I've decided（giving, to give）up（smoking, to smoke）.

　(6)　He denied（having, to have）promised（helping, to help）me.

　(7)　She disliked（being, to be）with him, and tried（avoiding, to avoid）（meeting, to meet）him.

　(8)　I'm looking forward（to hearing, to hear）from you.

　(9)　He is used（to walking, to walk）a long distance.

　(10)　As he was in a hurry, he didn't stop（talking, to talk）to her.

　(11)　I must remember（posting, to post）this letter tomorrow.

　(12)　The phone has not rung. He must have forgotten（ringing, to ring）.

〔= *In addition to* being clever, he is diligent. / He is *not only* clever *but also* diligent.〕

＊ **besides**（〜以外に《前》；その上《副》）を **beside**（〜のそばに《前》）と区別する。

⓮ never（*or* **not**）… **without** 〜**ing**「…すれば必ず〜する」

They *never* meet *without quarreling*.（彼らは会えば必ずけんかをする）

〔= *Whenever*（or *Every time*）they meet, they quarrel. / They *always* quarrel *when* they meet. /《文語的》They *never* meet *but* they quarrel.〕

⓯ No 〜**ing**「〜することを禁ず」

No smoking.（禁煙）　　　　*No parking*.（駐車禁止）

＊ この形式では動詞は目的語をとることはできないので，目的語をとる場合は Do not の命令形にする：*Do not* touch these wires.（針金に触れるべからず）

<hr>

重 要 問 題　　　　　　　　　　　　　　　　　　（解答 p. 699）

104. 次の各文のかっこ内の正しいほうの番号を記せ。

(1) The doctor told me to stop (1　drinking　2　to drink).

(2) I heard the girls (1　talked　2　talking) loudly in the room.

(3) You had better have that tooth (1　to pull　2　pulled) out.

(4) Would you mind (1　to lend　2　lending) me this dictionary?

(5) We could not help but (1　laugh　2　laughing) at the sight.

(6) He is used to (1　work　2　working) late every night.

(7) I am sorry I have kept you (1　wait　2　waiting) so long.

(8) He (1　was stolen his car　2　had his car stolen).

(9) (1　Boring　2　Bored) with the lengthy address, Linda fell asleep during the conference.

(10) My sister insisted (1　me to solve　2　on me to solve　3　on my solving　4　that I will solve) the problem by myself.

105. 各文のかっこ内の語を適当な形に変えよ。

(1) My shoes need (mend). I must have them (mend).

(2) She spent half an hour (read) the newspaper.

(3) She is going to have a new dress (make).

(4) He sat there with his arms (fold).

(5) We often hear it (say) that time is money.

(6)　He gave up (try) to make himself (understand) in English.

(7)　Try (avoid) (be) late. He hates being kept (wait).

(8)　I couldn't help (surprise) at her fluency in French.

106.　各文を下に示された書出しによって書き換えよ。

(1)　It is impossible to deny the fact. (There is ＿＿＿＿.)

(2)　You are crazy to want to marry him. (It ＿＿＿＿.)

(3)　Will you open the window? (Would you mind ＿＿＿＿?)

(4)　May I open the window? (Would you mind ＿＿＿＿?)

(5)　This song always reminds me of my hometown (I never hear ＿＿＿＿.)

107.　それぞれを訳し，～ing 形が分詞であるか動名詞であるかを言え。

(1)　a) *swimming* girl　　　(2)　a) a *running* competition

　　　b) a *swimming* pool　　　　　b) *running* water

(3)　a) a *travelling* library　(4)　a) a *sewing* woman

　　　b) a *travelling* bag　　　　　b) a *sewing* machine

108.　各文中の不定詞の用法を次の分類により，①～⑪の数字で答えよ。

　　〔**A**〕名詞用法①　〔**B**〕形容詞用法：　②限定用法　③叙述用法

　　〔**C**〕副詞用法：　④目的　⑤結果　⑥原因　⑦判断の根拠(理由)

　　⑧程度　⑨条件　⑩形容詞の修飾　〔**D**〕独立用法⑪

(1)　The noise grew and grew *to fill* the whole building.

(2)　What a fool you are *to believe* what he said!

(3)　I'm ready *to do* anything for you.

(4)　You will do well *to speak* more slowly.

(5)　Tell me the best way *to master* English.

(6)　The best way is yet *to be found*.

(7)　The best way is *to be* slow and steady.

(8)　He worked hard *to support* his family.

(9)　*To begin* with, he is too young.

(10)　I'm pleased *to see* you.

(11)　He is clever enough *to understand* this.

109.　次の各文を不定詞を用いて書き換えよ。

(1)　It seems that he does not think about it seriously.

(2)　It seems that he was not there at the time.

(3)　It seemed that his father was a millionaire.

(4)　It seemed that he had not heard the news.

(5)　It is believed that he was a diligent student.

(6)　The news was so good that it could not be true.

(7)　This book is so difficult that I cannot read it.

(8)　I hurried to the station so that I wouldn't be late for the train.

110.　次の各文を分詞構文を用いて書き換えよ。

(1)　As there were no taxis, we had to walk home.

(2)　As the sun had set, they hurried home.

(3)　As he did not know what to say, he remained silent.

(4)　As I had never seen him before, I didn't recognize him.

(5)　As I have been deceived so often, I cannot believe him.

(6)　If we judge from his accent, he must be a Londoner.

111.　次の各文を動名詞を用いて書き換えよ。

(1)　He insisted that he would buy it.

(2)　He insisted that I should pay the bill.

(3)　He is not ashamed that he is very poor.

(4)　He is not ashamed that his father is not rich.

(5)　He's sure that he will pass the examination.

(6)　I'm sure that he will pass the examination.

(7)　Whenever I meet him, I think of his brother.

(8)　As soon as he left school, he went into business.

112.　次の各文を日本語に訳せ。

(1)　a) I used to live in the country.

　　　b) I was used to living in the country.

(2)　a) I have nothing to eat.

　　　b) I have nothing to eat with.

(3)　a) He has no one to love.

　　　b) He has no one to love him.

(4)　a) This made him fear.　　(5)　a) I don't mind living here.

　　　b) This made him feared.　　　　b) I don't mind his living here.

(6)　a) They stopped buying fruit there.

　　　b) They stopped to buy fruit there.

第 16 章

法

文の内容に対する話者の心的態度を示す動詞の形態を法（Mood）という。法には次の三つがある。

(1) **直説法** （Indicative Mood）——ある事柄を事実として述べる文の動詞形をいい，**叙実法**ともいう。次の仮定法・命令法以外の**普通の文はすべて直説法**である。

(2) **仮定法** （Subjunctive Mood）——ある事柄を事実としてではなく，仮定や願望として述べるのに用いる形をいい，**叙想法**ともいう。

(3) **命令法** （Imperative Mood）——命令・要求・依頼・禁止などを述べる形で，常に動詞の原形を用いる。（命令法については，その特別用法を除いて，命令文の項〔⇨ p.64〕を参照のこと）

(1) It **is** true. 〔直説法現在〕

He **was** here yesterday. 〔直説法過去〕

I **had left** there before he came. 〔直説法過去完了〕

(2) If it **be** true, it is a serious matter. 〔仮定法現在〕
　　　（それが事実なら由々しい問題だ）

I wish he **were** here now. 〔仮定法過去〕
　　　（彼がここにいればいいのになあ）

If I **had left** then, I would have been in time.〔仮定法過去完了〕
　　　（その時出かけていたならば，間に合っていただろう）

(3) **Be** true to yourself. （自己に忠実であれ） 〔命令法〕

Don't leave me alone. （私を独りにしないで） 〔命令法（否定形）〕

§189. 仮定法　　〔注意すべき幾つかの点については ⇨ p.668〕

仮定法には仮定法現在・仮定法過去・仮定法過去完了の三つがある。

● 仮定法現在は，主語の人称などにかかわらず動詞の**原形**を用いる。

● 仮定法過去は，「<u>過去のこと</u>についての仮定法」ではなく，「<u>動詞の過去形</u>を用いた仮定法」である。

● If ... は「条件」を表わすが，すべて「仮定法」を用いるわけではない。

(a) ④ I'll work all night if need **be**.   〔仮定法現在〕

  ⑰ She insists that he **come** tomorrow.   〔 〃 〕

(b) If it **is** fine tomorrow, I will go.   〔直説法現在〕

  If he **comes**, I shall be very glad.   〔 〃 〕

(c) If he **were** rich, he would buy it.   〔仮定法過去〕

  If it **rained** tomorrow, I would stay in.   〔 〃 〕

(d) If it **had rained**, I would have stayed in.   〔仮定法過去完了〕

(e) If it **should** rain, I would not go.   〔仮定法過去相当表現〕

(f) However tired he **might** be, he would do it.   〔 〃 〕

(g) God **bless** you!   〔仮定法現在〕

(h) **May** God bless you!   〔仮定法現在相当表現〕

(**a**) 仮定法現在は，現代英語では，④ （「必要なら徹夜で仕事をしよう」）のように条件などを表わす副詞節で用いるのは決まった表現に限られている。〔If this **be** true ... （これが真実なら）などは文語的・古風〕　⑰ （「彼女は彼がぜひ明日来ることを求めている」）のような名詞節で用いる場合が，仮定法現在の主な用法である。

(**b**) は現在または未来のことについて述べる条件文であるが，実際にそうなるかもしれないし，そうならないかもしれないことについての条件（〔明日晴れるか晴れないかわからないが〕晴れたら行く）で，このような条件を「**開放条件**」（Open Condition）と呼ぶことがある。開放条件はふつう（仮定法ではなく）**直説法で表わす**。

(**c**) も内容は現在または未来のことについて述べる条件文であるが，事実と反対の仮定（〔事実は彼は金持ちではないがかりに〕もし金持ちだったら，それを買うだろう），または実際に起こる可能性の少ない，単なる仮定としての条件（〔今の天候からみて明日雨が降ることは考えられないが〕もし雨が降ったら家にいるだろう）を表わし，そのような条件を「**仮定条件**」（Hypothetical Condition）と呼ぶことがある。

(**d**) は「〔（たとえば）昨日〕雨が降ったならば家にいただろう」の意で，過去のことについての仮定条件を述べている。

(**e**) は「万一雨が降れば私は行かないでしょう」の意で，助動詞 should

を用いて，起こる可能性の極めて少ないことについての仮定を表わす。本来，仮定法は動詞の形で表わされるもので，その代わりに助動詞を用いたので「**仮定法相当表現**」（Subjunctive Equivalent）と考えることができる。

（**f**）は「たとえどんなに疲れていようとも，彼はそれをするだろう」の意で，このような might も仮定法相当表現と考えられる。直説法を用いた However tired he **is**（*or* **may** be）に対して，「彼が疲れている」ことの可能性や確実性を控え目に述べる気持ちを表わす。〔⇨ p. 398, 601〕

（**g**），（**h**）は「あなたに神の祝福がありますように」の意であるが，（g）は動詞の仮定法によって，（h）は仮定法相当語 may によって表わされている。

§ 190.　条件文の形式　〔if 以外の接続詞については ⇨ p. 532〕

仮定法は，条件文以外にも広く用いられるが，以下の仮定法の記述を通じて条件文について触れることが多いので，条件文の形式を次に示しておく。

─────**条件文**（Conditional Sentence）─────
If I were in your place, I would not take his advice.

　　前提節（条件節）　　　　　　帰結節
（私が君［の立場］なら，彼の忠告に従わないだろう）

条件文の形式 / 条件の内容	前　提　節	帰　結　節
(1)　現在または未来のことについての**開放条件**	直説法現在 （仮定法現在は古形） If he **is** honest 　（彼が正直なら	will, shall, can, may, *etc.* ＋ 原　形 I **will employ** him. 　雇いましょう）
(2)　現在または未来のことについての**仮定条件**	仮定法過去 If he **were** honest 　（彼がかりに正直であるなら	would, should, could, might ＋ 原　形 I **would employ** him. 　雇うのだが）
(3)　過去のことについての**仮定条件**	仮定法過去完了 If he **had been** honest 　（彼がかりに正直であったなら	would, should, could, might have ＋ p.p. I **would have employed** him. 　雇っていたのだが）

＊　文の内容によっては前提節と帰結節の形が上表のとおり対応しないことがある。たとえば**前提節が過去**のことを述べ**帰結節が現在**のことを述べる場合，あるいはそれと反対の場合は，次のようになる。

If I **had taken** your advice then, I **would be** happier now.
　　　（その時君の忠告に従っていたら，今もっと幸福だろうに）

If he **were** here, I **would have recognized** him by now.
　　　（彼がかりにここにいるのなら，私はすでに気が付いていただろう）

§191. 仮定法現在

仮定法現在は，人称にかかわらず，動詞の原形と同じ形が用いられる。

〔A〕 副詞節において

■ 条件文の前提節において

If that **be** so, we shall take action at once.
　　　　（もしそうならば，ただちに行動に移ろう）

　　＊　現在ではふつう直説法現在（＝ If that **is** so, ... ）で表わす。

■ 譲歩節において

Though that **be** true, we must not give up our plan.
　　　　（たとえそれが事実でも，我々は計画を断念してはならない）

　　＊　現在ではふつう直説法または助動詞 may を用い，Though that **is** true, ...
　　／ Though that **may** be true, ... とする。

Be it ever so humble, there's no place like home.
　　　　（いかに粗末でもわが家にまさる場所はない）

　　＊　このような，原形が文頭に置かれる形については ⇨ p. 473。

■ lest が導く節において 〔⇨ p. 537〕

Be careful **lest** it **be** stolen.（それが盗まれないように注意しなさい）

　　＊　**lest** は文語的な（または古風な）堅い語で，この文は，ふつうの口語体では
　　Be careful〔that〕it **isn't** stolen. のように言う。
　　仮定法現在の代わりに（主に《英》で）should を用いることもある。
　　They are afraid **lest** the child〔*should*〕**be** kidnapped.
　　（彼らは子供が誘拐されはしないかと恐れている）

〔B〕 名詞節において

この仮定法現在は米語において多く用いられ，英国では should を用いる
のがふつうである。〔⇨ p. 391〕

■ 「要求・命令・提案・主張・欲求・勧告・決定」などを表わす語

（ask, demand, request; order, command; suggest, propose; insist; de-
sire; recommend, urge; decide, *etc.*）の後の名詞節で。　〔⇨ p. 392〕

　　He **asked**（**demanded**, **requested**）that the money〔*should*〕**be**
　　paid at once.（彼はその金が直ちに支払われることを要求した）

I **propose** (**suggest**, **move**) that the meeting [*should*] **be** adjourned.（私は休会を提議する）

2 「必要・重要・正当；願望」などを表わす形容詞（necessary, important, proper; desirable, *etc*.）の後の that 節において。〔⇨ p. 392, 650〕

It is **important** that he [*should*] **attend** every day.
（彼が毎日欠かさず出席することが重要なのだ）

◈ たとえば「願望・切望」を表わす場合，次のように①**動詞**，回**形容詞**，◇**名詞**を用いて that 節を導く三通りの形ができ，いずれも that 節では仮定法現在（または should）を用いる。

① We **desire**	
回 It is **desirable**	that he [*should*] **accept**
We are **desirous** (**anxious**)	the post.
◇ It is our **desire** (**wish**)	

（彼がその地位を受諾することを望む［〜ことが望ましい］）

◈ that 節の中が否定文の場合，**動詞と not の語順**に注意する。

I*'m asking* that you **not print** my name.
（私の名前は［紙上に］記さないようにお願いします）

It is *essential* that there **not be** any strings attached to the money.（その金がひも付きでないということが肝要だ）

◈ 仮定法現在を用いる文は，あることを（直説法のように「事実」として述べるのではなく）「実現（実行）すべきこと」として述べる。したがって，たとえば insist（主張する）は，その表わす意味により (a) 直説法と (b) 仮定法の用法が区別される。

(a) She *insists* that he **is** innocent. 〔直説法現在〕〔⇨ p. 46〕
(b) She *insists* that he [*should*] **come**. 〔仮定法現在〕〔⇨ p. 393〕

(a) 彼は無実だと彼女は言い張っている。 〔事実の「力説」〕
(b) 彼が来ることを彼女は強く求めている。〔強い「要求」〕

〔**C**〕 <u>独立した文で</u> 願望・祈願を表わす。

God **save** the Queen!（神が女王をお守り下さるように）

Grammar **be** hanged!（文法なんてくそ食らえだ）

Thy kingdom **come**.（御国を来たらせたまえ［主の祈りの一節］）

* この仮定法現在はだいたい限られた成句に用いられ，一般には助動詞 may をその相当語として用いる： **May** you be happy all your life!（幾久しくお幸せに）

§192. 仮定法過去

　仮定法過去は，**be** 動詞の場合には人称にかかわらず **were** を用いる〔⇨ p. 668〕ということ以外は，形の上では直説法過去と同じ形である。また助動詞の過去形 would, should, could, might が「仮定法過去相当語」〔⇨ p. 461〕として用いられることもある。

〔A〕　**副詞節において**

1　**条件文の前提節において**。現在の事実と反対の仮定，または起こる可能性の少ない未来のことについての仮定を表わす。†

If I **knew** the truth, I *would* tell it to you.

　　　　　（私が真実を知っていれば君に話すのだが）

　　〔= As I don't know the truth, I cannot tell it to you.〕

If I **had** the money, I *would* buy a car. （金があれば車を買うんだが）

　　〔= As I don't have the money, I cannot buy a car.〕

If he **were** not ill, he *would* come.

　　　　　（もし病気でなければ来るのだが）

　　〔= As he is ill, he will not come.〕〔⇨ p. 668〕

　＊　**unless** も if ～ not の意味で用いられるが，開放条件を述べる場合に用いるのがふつうである。〔⇨ p. 533, 675〕

　　　　Unless he *is* ill, he will come. （病気でなければ来るだろう）

If he **worked** hard next term, he *would* pass the examination.

　　　　　（彼が来学期一生懸命勉強すれば，試験に合格するだろうが）

I *would* help you if I **could**. （もしできればお手伝いするのだが）

You *would* like Chinese food if you **would** try it.

　　　　　（君はもし食べてみれば，中華料理を好むだろうに）

　＊　条件節に用いられた would は主語の意志・気持ちを表わす。〔⇨ p. 389〕

---

†　次のような条件節における過去形の用法を区別する。〔⇨ p. 670〕

　　　┌(a)　If he **did** it, he was a fool.　　　　　〔直説法過去・開放条件〕
　　　└(b)　If he **did** it, he would be despised.　　〔仮定法過去・仮定条件〕

　　(a) は「（彼はそれをしたかもしれないし，しなかったかもしれないが）したのならば，ばかだった」の意で，過去のことを述べる直説法過去で，(b) は「（彼がそんなことをすることは考えられないが）かりにしたならば軽蔑されるだろう」の意で，起こる可能性の少ないことを述べる仮定法過去である。

2　**as if, as though の導く節で**〔⇨ p. 539〕

He talks *as if* he **knew** everything.（何でも知っているかのように話す）

　　* He talks *as* he would talk *if* he *knew* everything. の短縮形。

She acted *as if* she **were** his wife.

　　　　（彼女はまるで彼の妻であるかのように振舞った）

◉　主に口語で，**were** のかわりに **was** も用いられる。

　　He felt *as if* he **was** dreaming.（夢を見ているような気持ちだった）

◉　as if, as though は事実と反対のことを述べるのがふつうであるが，事実かどうかわからないことについても用い，この場合は直説法を用いることが多い。

　　It looks *as if* it **is** going to rain.（雨が降りそうだ）

◉　次の四通りの時制関係を区別する。

　　He **looks** as if he **were** ill.（まるで病気のようだ）

　　　　cf. It *seems* that he *is* ill.

　　He **looked** as if he **were** ill.（まるで病気のようだった）

　　　　cf. It *seemed* that he *was* ill.

　　He **looks** as if he **had been** ill.（まるで病気であったようだ）

　　　　cf. It *seems* that he *was*（or *has been*）ill.

　　He **looked** as if he **had been** ill.（まるで病気であったようだった）

　　　　cf. It *seemed* that he *had been* ill.

　　すなわち，主節の時制が現在でも過去でも，それと同じ時のことを述べる場合には as if 節には仮定法過去を用い，仮定法過去完了を用いるのは主節の動詞の表わす時よりも前のことを述べる場合である。

3　**should と were to**

　　should（万一～ならば），were to（かりに～ならば）は実際に起こる可能性がきわめて少ない未来のことについての仮定を表わす場合に用いる。

If I **should** fail this time, I *would* not try again.

　　　　（万一今度失敗したら，もう再び試みることはしないでしょう）

You *would* be surprised if I **were to** tell you my intention.

　　　　（もし私の意中をお話ししたとすれば，あなたは驚くでしょう）

◉　**should** も **were to** もほぼ同じように用い，同じ文で相互に置き換えうる場合も多いが，should はわずかであるが起こり得る可能性を

残しているのに対し，全く起こりえない純然たる仮定として述べる場合には were to が用いられる。

> What would become of mankind if another world war **should** break out?（もし再び世界大戦が起これば人類はどうなるだろう）

> If the sun **were to** rise in the west, I would not change my mind.（たとえ太陽が西から昇ったとしても，私は決心を変えないだろう）

▉4　譲歩節において

Even if she **were** poor, I would marry her.

>（たとえ彼女が貧しくとも，私は彼女と結婚する）

However hard it **might** rain, I would have to go.

>（どんなにひどく雨が降っても，私は行かねばならないだろう）

> ＊　it *may* rain よりも it *might* rain のほうが，そうなる可能性が少なく「かりに」の気持ちが強められる。

〔B〕　名詞節において

I wish, **Would that**, **If only** などに続く名詞節で，現在の事実と反対の願望を表わす。〔⇨ p. 468〕〔「**would rather**＋名詞節」は ⇨ p. 472〕

I wish I **were** as strong as he is!（彼ほど強ければいいのになあ）

>〔＝ I'm sorry（*or* It's a pity）I'm not as strong as he is.〕

I wish I **could** speak French.（フランス語が話せればなあ）

>〔＝ I'm sorry（*or* It's a pity）I cannot speak French.〕

I wish he **would** do his best.（彼が最善を尽くすことを願う）

> *cf*. I *hope* he **will** do his best.（彼が最善を尽くすことを望む）
>〔hope の場合は直説法の will を用いる。⇨ p. 669〕

Would that I **were** young again!《文語的》

>（また若くなれたらなあ）

If only he **didn't** work so hard!（あんなに働かないでくれればなあ）

>〔＝ I'm sorry（*or* It's a pity）he works so hard.〕

◈　次の四つの時制関係を区別する。

> I **wish** I **had** time.　　　〔＝ I **am** sorry I **do**n't **have** time.〕
> I **wished** I **had** time.　　〔＝ I **was** sorry I **did**n't **have** time.〕
> I **wish** I **had had** time.　〔＝ I **am** sorry I **did**n't **have** time.〕
> I **wished** I **had had** time.〔＝ I **was** sorry I **had**n't **had** time.〕

〔C〕　**形容詞節において**

It is time ... に続く形容詞節において「もう～して［しまっていて］もいい時間だ」の意を表わす。It is **high** time ... では「当然」の意が強まる。

> **It's time** you **went** to bed.（もう就寝すべき時間だ）〔= It's time for you to go to bed. / It's time you should go to bed.〕

> * be 動詞の場合は you, they などでは **were**, I, he などでは **was** がふつう。

> **It's time** you **were**（I **was**）in bed.（もう寝る時間だ）

> **It's about time** we **started**.（そろそろ出発していい時間だ）

> **It's high time** you **learned** it.
>
> 　　　（もうそんなことはとっくにわかっていていい頃だ）

> * 上のように It's time **we left**. はふつう It's time **for us to leave**. の形式に書き換えられるが，厳密には，後者は「～すべき時間になっている」ことを表わし，前者は「すでに当然～すべき時間が過ぎているのにそうしていない」の意を含む。

〔D〕　**独立した文において**

1　**願望を表わす文において。**　　ふつう倒置され，文語的。

> O **were** she with me!（ああ彼女がいっしょにいてくれたらなあ）

> O **had** I wings!（翼があればなあ）

2　**婉曲・控え目な表現において。**〔⇨ p. 601〕

> **would, should, could, might** などを用いる場合で，直説法を用いると断定的またはぶっきらぼうに響くのを避けて，仮定法を用い控え目または丁寧な気持ちを表わす。〔⇨ p. 389, 391, 394, 398〕

> I **should** prefer this.（［好みを言えば］こちらのほうがいいのですが）
>
> 　　　*cf*. I prefer this.（僕はこちらのほうがいい）

> **Would** you happen to know him?（もしかしてあの方を御存知ですか）

> **Could** you come tonight?（できれば今夜来て頂けますか）

> I **might** try it.（なんならそれをやってみてもかまいません）

> ◈　助動詞の過去形は，㋑「時制の一致」〔⇨ p. 554〕などによる**直説法過去**と，㋺ここで説明した**仮定法過去**を区別しなければならない。

> 　㋑ He **wanted** to know if you **could** come.
>
> 　　　（彼は君が来ることができるかどうか知りたがった）
>
> 　　〔*cf*. He **wants** to know if you **can** come.〕

> 　㋺ I **would** appreciate it if you **could** come.　　　〔⇨ p. 602〕
>
> 　　　（もしおいでいただければとても嬉しく思います）

3 **仮定的な想像。**　現在のことについて，仮定的な想像を表わす。

She **might** like him. （彼女は［彼を知らないが彼を知れば］ひょっと
　　　　したら彼が好きになるかもしれない）

Mary **would** be a good teacher. （メアリは［先生ではなく，先生にな
　　　　ることもないだろうが，もしなれば］りっぱな先生になるだろう）

Most people **would** say she is too sensitive.

　　　　（たいていの人が彼女は過敏だというだろう）

I **could** do it alone. （ひとりだってできるでしょう）

§193.　仮定法過去完了

仮定法過去完了は「had＋過去分詞」で，形の上では直説法の過去完了形
と同じである。

〔A〕　**副詞節において**

1　**条件文の前提節において。**　過去の事実と反対の仮定を表わす。

If we **had had** a rope, we could have saved him.

　　　　　（もしロープがあったならば，彼を救うことができたろうに）

　　　〔= As we had no rope, we couldn't save him.〕

If he **had been** computer literate, they would have hired him.

　　　　　（もし彼がコンピューターを使いこなせれば，雇われていたんだが）

　　　〔= As he wasn't computer literate, they didn't hire him.〕

2　**as if, as though の導く節で。**　主節の表わす時よりも前のことに
ついて述べる。〔⇨ p. 465, 539〕

He talks about Rome *as though* he **had been** there himself.

　　　　　（彼はまるで自分がローマに行ったことがあるかのようにローマ
　　　　　について話す）

He looked *as if* he **had eaten** nothing for a whole day.

　　　　　（彼はあたかも丸一日何もたべなかったような様子をしていた）

〔B〕　**名詞節において**

I wish, Would that, If only などに続く名詞節で，過去の事実と反
対の願望を表わす。〔⇨ p. 466〕〔「**would rather**＋名詞節」は ⇨ p. 472〕

I wish you **had**n't **told** him.

　　　　　（彼には黙っていてくれればよかったのに）

　　　〔= I'm sorry you told him.〕

He wished he **had taken** her advice.

　　　（彼は彼女の忠告に従っていればよかったと思った）

　　〔= He was sorry he hadn't taken her advice.〕

Would that I **had realized** it earlier.（もっと早く悟っていたならなあ）

　　＊　過去の事実と反対の願望は「could have＋過去分詞」で表わすこともある：

　　　　If only we **could have known** the truth.

　　　　　（真実を知ることができていればなあ）

〔C〕　<u>独立した文において</u>

1　**願望を表わす。** 倒置形式で，過去の事実と反対の願望を表わす。文語的な表現である。

Oh, **had** I **studied** harder!（ああ，もっと勉強していたらなあ）

O **might** I **have known** it in advance!

　　　（ああ，それが前もってわかっていたならばなあ）

　　＊　これらは文語的または古風。今はふつう〔B〕の I wish の形で表わす。

2　**仮定的な想像を表わす。**　「would（should, could, might）have＋過去分詞」の形が，過去において実際には行われなかったことについての仮定的想像を表わす。

He **would**n't **have enjoyed** the party.（彼は〔行かなかったが，かりに行ったとしても〕パーティーが楽しくなかっただろう）

I **could have done** it with ease.（私はそれを〔実際にはしなかったがやれば〕容易にできていただろう）

She **might have liked** the job.（彼女は〔やってみれば〕その仕事が気に入ったかもしれない）

It **might have been** worse.（〔事情によってはもっと悪かったかもしれない →〕まあまあというところだった）

■ §194.　if の省略

条件節が **were, had, should, could** などを含む場合，if が省略されてこれらの語が文頭に出ることがある。これは，やや文語的な表現である。

Were she here now, I would tell her everything.〔= If she were here now, ...〕（彼女がここにいれば，すべてを彼女に話すのだが）

Had he tried, he would have succeeded.〔= If he had tried, ...〕

　　　（やってみれば彼は成功していただろう）

Should he fail, he might kill himself. 〔= If he should fail, ...〕
(万一失敗すれば，彼は自殺するかもしれない)

◉ 仮定法過去で助動詞のない場合は did を用いる。

Did I possess the book, I would lend it to you. 〔= If I possessed the book, ...〕(その本を持っていれば，貸してあげるのだが)

§195. if 以外の条件を表わす形式

ふつう，条件は，if やそれに類する接続詞（provided, in case, *etc.* ⇨ p. 532）に導かれる副詞節によって示されるが，その他，次のような場合がある。

《1》 <u>不定詞</u>〔⇨ p. 421〕

It would have been wiser **to leave** (*or* **to have left**) it unsaid. 〔= ... *if you had left* it unsaid.〕(言わないでおいたほうが賢明だっただろう)

To look at him, you could hardly help laughing. 〔= *If you looked* at him, ...〕(彼を見たならば，笑い出さないではおられないだろう)

《2》 <u>分詞構文</u>〔⇨ p. 438〕

The same thing, **happening** in an urban area, would amount to disaster. 〔= ... , *if it happened* in an urban area, ...〕(同じ事が，もし市街地で起こったなら，大惨事になるだろう)

Born in better times, he would have become famous. 〔= *If he had been born* ...〕(もっとよい時代に生まれていたら，有名になっていただろう)

《3》 <u>前置詞句</u>

without ～, but for ～（および「慣用表現」の項〔⇨ p. 472〕で扱う **if it were not for ～, if it had not been for ～**）は，いずれも「～がなかったならば」の意を表わし，**with ～** は「～があれば」の意を表わす。これらの前置詞句は，それ自体は特定の時制を示さず，帰結節によって具体的な時制が区別される。

But for (*or* **Without**) water, we could not live. 〔= If there *were* no water, ... / If it *were* not for water, ...〕(もし水がなければ，われわれは生存することができないだろう)

Without (*or* **But for**) his advice, I would have failed. 〔 = If he *had not advised* me, ... / If it *had* not *been* for his advice, ... 〕(彼の忠告がなかったならば，私は失敗していただろう)

With your assistance, I would certainly succeed. 〔 = If you *assisted* me, ... 〕(あなたが援助して下されば，私はきっと成功するでしょう)

With a little more patience, you could have achieved the task. 〔 = If you *had had* a little more patience, ... / If you *had been* a little more patient, ... 〕(もう少し忍耐していたら，やり遂げられたでしょう)

《**4**》 名詞

主語の名詞のなかに条件の意味が含まれることがある。

A wise man would do otherwise. 〔 = If he *were* a wise man, he would do ... 〕(賢明な人ならこんなことはしないだろう)

A true friend would have acted differently. 〔 = If he *had been* a true friend, he would have acted ... 〕(真の友であったなら，そんな行動をとらなかったであろう)

A pin might have been heard to drop. 〔 = If a pin *had dropped*, it might have been ... 〕(ピンの落ちる音さえも聞こえたかもしれなかった〔それほどあたりは静かだった〕)

《**5**》 命令文＋and / or, 名詞＋and 〔⇨ p. 65〕

One more step, and you would have fallen over the precipice. 〔 = If you *had taken* one more step, ... 〕(もう一歩進んでいたら，がけから落ちていただろう)

《**6**》 副詞［句］

I could live peacefully **here**. (ここならば私は平和に暮らせるだろう)

Ten years ago, he could have done the work without difficulty.
(10 年前であったならば，彼はこんな仕事は容易にできただろう)

《**7**》 **otherwise** 「もしそうでなかったら」の意を表わす。

He studied very hard; **otherwise** he would have failed in the examination. 〔 = if he *had not studied* very hard, ... 〕(彼は一生懸命勉強した，さもなければ試験に合格できなかっただろう)

Do what you are told; **otherwise** you will be punished. 〔 = if you *don't do* what you are told, ... 〕(言われたことをしなさい，さもなければ罰せられるだろう)

§196. 仮定法を用いる慣用表現

❶ **if it were not for ～, were it not for ～**　現在の事実と反対の仮定を表わし「～がなかったならば」(= without, but for)

If it were not for books, life would be dull.

　　　（書物がなかったら，人生は退屈なものになるだろう）

❷ **if it had not been for ～, had it not been for ～**　過去の事実と反対の仮定を表わし「～がなかったとしたならば」(= without, but for)

If it had not been for these interruptions, we could have finished the work earlier. （こんなに邪魔がはいらなかったなら，もっと早く仕事を終えることができただろう）

❸ **as it were**「言わば」(= so to speak)

He is, *as it were*, a sleeping lion. （彼は言わば眠れる獅子だ）

❹ **had better ～**「～したほうがよい」〔⇨ p. 407〕

　had best ～「～するのがいちばんよい」

You *had better* not keep company with him.

　　　（彼と付き合わないほうがよい）

　　〔= It would be better for you not to keep ... / It would be advisable for you not to keep ...〕

You *had best* keep silent. （黙っているのがいちばんよい）

　　〔= It would be best for you to keep silent.〕

❺ **would (had) rather (sooner) ～ [than ...]**
　would (had) as soon ～ [as ...]　｝「[…するよりむしろ] ～したほうがよい；[…するくらいなら] ～したほうがましだ」

I'*d rather* not go today. （今日はどちらかといえば行きたくない）

　＊ 'd は would, had いずれの縮約形とも考えられる。

I *would* (or *had*) *rather* (or *sooner*) die *than* surrender.

= I *would* (or *had*) *as soon* die *as* surrender.

　　　（降伏するくらいなら死んだほうがましだ）

◈ **would rather** の後に節が続く場合，現在（または未来）のことには仮定法過去を，過去のことについては仮定法過去完了を用いる。

　　She wants to fly but I'*d rather* she **went** by train. （彼女は飛行機で行きたがっているが，私はむしろ彼女に列車で行ってほしい）

I'd *rather* you **hadn't done** that.

(そんなことはしてもらいたくなかったんだがね)

§197. 命令法の特別用法

ふつうの命令文についてはすでに述べた通り〔⇨ p. 64〕であるが, 次のような「**条件**」を表わす場合の用法に注意する。

$\begin{cases} \text{命令文} + \text{and} \dots \text{「〜せよ, そうすれば…」} \rightarrow \text{「〜すれば, …」} \\ \text{命令文} + \text{or} \dots \text{「〜せよ, さもなくば…」} \rightarrow \text{「〜しなければ, …」} \end{cases}$

Hurry up, **and** you will be in time. (急げば間に合うでしょう)

〔= *If* you hurry up, you will be in time.〕

Hurry up, **or** you will be late. (急がなければ遅れるでしょう)

〔= *If* you don't hurry (or *Unless* you hurry) up, you will be late.〕

◉ or の代わりに else, or else, otherwise などを用いることもある。

◉ 「名詞＋and」の形をとることもある。

One more such loss, and we are ruined.

(もう一度こんな損失をこうむれば, われわれは破滅だ)

〔= *If we make* (or *suffer*) one more such loss, we are ruined.〕

◉ 諺などで, 二つの命令文が and で結ばれ, 前者が後者に対し条件を表わすことがある。

Spare the rod and **spoil** the child. (むちを惜しめば子供がだめになる [可愛い子には旅をさせよ])

〔= If you spare the rod, you will spoil the child.〕

Live and **learn**. (長生きすればいろいろなことを学ぶ)

■次のような文では, 命令文と同じように動詞の原形が文頭に出る形をとっているが, 命令文ではなく, 原形は「**譲歩**」の副詞節を導いている。このような原形の用法は一定の決まった表現に限られ, 次のようなものがその主な例である。〔⇨ p. 462〕

Come what may, I will not give up hope.

(たとえ何が起ころうと, 私は望みを捨てない)

〔= No matter what may come, … / Whatever may come, …〕

Go where he will, he will be despised.

(どこへ行こうと彼は軽蔑されよう)

〔= No matter where he may go, … / Wherever he may go, …〕

* 〔 〕内の言換えでは，譲歩の助動詞 may〔⇨ p. 399〕を用いた形を示して
  あるが，No matter where (*or* Wherever) he **goes**, ... とすることも多い。
  また **No matter where ...** のほうが（**Wherever ...** よりも）口語的である。

Be that as it may, I still think he is the best man for the job.

　　　（それはともかく，やはりその仕事には彼が最適だと思う）

　　〔= Even if that is true, ... / Whether that is true or not, ...〕

Let others say what they will, I will stand by you.

　　　（たとえ他人が何と言おうとも，私はあなたの味方をしよう）

　　〔= No matter what (*or* Whatever) others may say, ...〕

* これらは概して〔やや〕堅い感じを与える表現であるが，たとえば **Be that
  as it may** は辞書により〈Formal〉《堅》, 〈Slightly Formal〉《やや堅》,
  〈Mainly Spoken〉《主に口語で》などと一定しない。

重要問題

（解答 p. 701）

113. 各文のかっこ内の正しい語句を選び，その番号を記せ。

(1) I do wish you (1　didn't　2　won't) smoke so much.

(2) I wish I (1　finished　2　had finished) it last night.

(3) The beach was beautiful. I wish I (1　have stayed　2　could
have stayed　3　can stay) longer.

(4) What would you say if I (1　say　2　said　3　will say) yes?

(5) If she (1　has　2　had) studied a little harder, she would have
passed the exam.

(6) If I were the teacher, I (1　didn't give　2　hadn't given　3　I
wouldn't give　4　won't give) so much homework.

(7) If they had known your telephone number, they (1　would call
2　had called　3　would have called) you up.

114. 各文のかっこ内の正しい語句を選び，その番号を記せ。

(1) It is high time he (1　realize　2　realized) his mistake.

(2) He suggested that (1　we go　2　we would go) to the movies.

(3) The team manager demanded that each player (1　show　2
shows) more fighting spirit.

(4) She talks as if she (1　knows　2　knew) everything about it.

(5)　(1　Could　2　Had　3　Should　4　Would) you need any help, just let me know.

(6)　(1　If　2　Have　3　Had) I known you were ill, I'd have called to see you.

(7)　If it (1　were not　2　had not been) for his advice, I couldn't have finished my MA thesis.

(8)　Railroad companies strongly request that passengers (1　don't talk　2　not talk) on cell phones while riding on the train.

115.　二つの文が似た意味を表わすように，空所に適当な語を入れよ。

(1)　{ I'm sorry she isn't here.
　　{ If only she (　　) here!

(2)　{ It's a pity that this book is so expensive.
　　{ I wish this book (　　) (　　) so expensive.

(3)　{ I regret that I didn't tell the truth.
　　{ I wish I (　　) (　　) the truth.

(4)　{ She insisted on my staying there overnight.
　　{ She insisted that (　　) (　　) there overnight.

(5)　{ Without your help, I would not be able to do this.
　　{ (　　) it not for your help, I (　　) (　　) do this.

(6)　{ As I didn't follow your advice, I failed.
　　{ If I (　　) (　　) your advice, I (　　) (　　) (　　) failed.

116.　下線部を *if* 節に書き換えよ。

(1)　But for your help, I would have failed.

(2)　With a little more capital, you would be sure to succeed.

(3)　To hear him talk, you would think him an American.

(4)　I don't know him personally; otherwise I would talk to him.

117.　各文の誤りを訂正せよ。

(1)　It is time you go to bed.

(2)　If I had enough money then, I would have bought it.

(3)　I wonder what he will have said if he had known the fact.

(4)　He spoke as if he had been an Englishman.

(5)　If I was diligent when I was young, I would have been happier now.

第 17 章

態

　態 (Voice) には**能動態** (Active Voice) と**受動態** (Passive Voice) とがある。能動態は主語が動作を行ない，受動態は主語が動作を受ける関係を表わす。

　受動態になるのは他動詞だけであって，自動詞は受動態を作らない。能動態と，それに対する受動態の時制による形態は次の通りである。

時制＼態	能動態	受動態
現　　在	I do it.	It is done (by me).
過　　去	I did it.	It was done.
未　　来	I will (shall) do it.	It will be done.
現在完了	I have done it.	It has been done.
過去完了	I had done it.	It had been done.
未来完了	I will (shall) have done it.	It will have been done.
現在進行	I am doing it.	It is being done.
過去進行	I was doing it.	It was being done.
未来進行	I will (shall) be doing it.	(It will be being done.)

　受動態の未来進行形は実際に用いられることはまれである。同様に，能動態にはこのほか現在完了進行形，過去完了進行形，未来完了進行形があるが，それに対応する受動形はふつう用いられない。

§198. 受動態の作り方

　受動態を作るのは他動詞だけであるから，文型からいうと第3文型 (**SVO**)，第4文型 (**SVOO**)，第5文型 (**SVOC**) の動詞の場合である。

《1》　第3文型の受動態

The teacher praised the boy.（先生は生徒をほめた）

　　→ The boy **was praised** by the teacher.（生徒は先生にほめられた）

　　＊　能動態の主語で，受動態で by によって示される語を**動作主**（Agent）と呼ぶ。

◉　ただし，一般の受動態の文において，**動作主は**（文脈上，具体的に明示する必要性や重要性が特になくて）いちいち **by ～ によって示されな**いほうが（示される場合よりも）ずっと多い。†

　　The house **was built** last year.（この家は去年建てられた）

　　She **was invited** to the party.（彼女はパーティーに招待された）

《2》　第4文型の受動態

目的語が二つあるので，(a)間接目的語と，(b)直接目的語を主語にした二通りの受動態が可能である。〔⇨ p. 671〕

She gave me a present.（彼女は私に贈り物をしてくれた）

　　$\begin{cases} \text{(a)}　\textbf{I } \textit{was given} \textbf{ a present} \text{ by her.} \\ \text{(b)}　\textbf{A present} \textit{ was given} \text{ [to] } \textbf{me} \text{ by her.} \end{cases}$

◉　能動態の二つの目的語のうち，受動態にした場合に主語に立たずに文中に残ったほうの目的語（(a) の a present, (b) の me）を**保留目的語**（Retained Object）と呼ぶ。

◉　二通りの受動態のうち，一般的には，人を表わす語（すなわち間接目的語）を主語に立てた形のほうが普通または自然である場合が多い。

　　He offered her a good job.（彼は彼女によい仕事を提供した）

　　$\begin{cases} \text{(a)}　\textbf{She } \textit{was offered} \textbf{ a good job} \text{ by him.}　　〔より普通〕 \\ \text{(b)}　\textbf{A good job} \textit{ was offered} \text{ [to] } \textbf{her} \text{ by him.} \end{cases}$

◉　ただし，間接目的語を後に置いた場合に for を用いる動詞（buy, find, *etc.* ⇨ p. 23）では (b) がふつうで，(a) は多く不自然または不可。

　　He **bought** her a new hat.

　　$\begin{cases} \text{(a)}　\textbf{She } \text{was bought a new hat by him.}　　〔不自然〕 \\ \text{(b)}　\textbf{A new hat} \text{ was bought } \textbf{for} \text{ her by him.} \end{cases}$

　　He **made** her this dress.

　　$\begin{cases} \text{(a)}　\textbf{She } \text{was made this dress by him.}　　〔不可〕 \\ \text{(b)}　\textbf{This dress} \text{ was made } \textbf{for} \text{ her by him.} \end{cases}$

---

†　動作主が by ～ によって示される受動態の文は（《*Practical English Usage*》〔⇨ 『はしがき』の後の書目〕などによれば）すべての受動態の文の5分の1程度である。

　　＊　(b)の形の受動態の場合，前置詞がto のときは，これを加えた形のほうが（特
　　　に《米》では）ふつうと考えてよい。前置詞が for になる動詞では，for を省
　　　くことはできない。

《3》　第5文型の受動態

　目的語は一つであるから，これを主語に立てる。

They elected him chairman.（彼らは彼を議長に選んだ）

　　→ **He** *was elected* **chairman** [by them].〔名詞が補語〕

You must not leave the door open.（戸を開け放しにしてはいけない）

　　→ **The door** must not *be left* **open**.〔形容詞が補語〕

She kept me waiting for an hour.（彼女は私を1時間も待たせた）

　　→ **I** *was kept* **waiting** for an hour [by her].〔現在分詞が補語〕

◈　「**SVO＋不定詞**」型の受動態

　　　She told him to relax.（彼女は彼にくつろぐように言った）

　　　　→ **He** *was told* **to relax** [by her].

　　　He asked (advised, ordered) me not to go.

　　　　→ **I** *was asked* (*advised, ordered*) **not to go** [by him].

　　　　　（私は［彼に］行かないように求め〔勧め，命じ〕られた）

　●ただし動詞によっては受動態にできないものもある。

　　　⎰ I like (want) you to tell the truth.（真実を話してほしい）
　　　⎱ ×You *are liked* (*wanted*) **to tell** the truth.

《4》　疑問文の受動態

　疑問文〔⇨ p. 55〕は，(a) **一般疑問**では be 動詞（助動詞がある場合は助
動詞）が文頭に出，(b) **特殊疑問**では疑問詞の後に be 動詞が置かれる。

(a)　Did the result satisfy you?（君は結果に満足したか）

　　　　→ **Were** you **satisfied** with the result?

(b)　Who wrote this letter?　　　　　　　　　〔疑問詞が主語の場合〕

　　　　→ **By whom was** this letter **written**?

　　　　＊　口語的には **Who** was this letter written **by**? の形を多く用いる。

　　　What did he discover?　　　　　　　　〔疑問詞が目的語の場合〕

　　　　→ **What was discovered** by him?

　　　What do you call this in French?　　〔疑問詞が目的補語の場合〕

　　　　→ **What is** this **called** in French?

How do you spell the word?〔疑問副詞の場合〕

　　→ **How is** the word **spelled**? (その語はどう綴るの)

《5》　命令文の受動態

命令文〔⇨ p. 64〕の受動態は Let を用いて作る。

Do it at once. (すぐにそれをしなさい)

　→ **Let** it **be done** at once.

否定の命令文は二通りの受動態が可能である。

Don't forget this lesson. (この教訓を忘れるな)

　　　$\begin{cases} \textbf{Let this lesson not be forgotten.} \\ \textbf{Don't let this lesson be forgotten.} \end{cases}$

《6》　目的語が節の場合

People think (say, suppose, believe, consider, *etc.*) that ... の形の文の受動態は次の二つが考えられる。

People believe that he is dead. (彼は死んだと信じられている)

　　　$\begin{cases} \text{(a) } \textbf{It } \textit{is believed} \textbf{ that} \text{ he is dead.} \\ \text{(b) } \textbf{He } \textit{is believed} \textbf{ to} \text{ be dead.} \end{cases}$

　＊　(b) の形は本来は They (*or* We) believe him to be dead. の受動態である。

They say that she was an actress. (彼女は女優だったと言われている)

　　　$\begin{cases} \textbf{It } \textit{is said} \textbf{ that} \text{ she was an actress.} \\ \textbf{She } \textit{is said} \textbf{ to} \text{ have been an actress.} \end{cases}$

§199.　態の転換上注意すべき事項

■ by によって動作主を示さない場合

動作主が一般的な人や不特定の人 (one, we, you, they, people, someone, *etc.*) である場合には，受動態では by によっていちいち示さないのがふつう。

We see stars at night. (星は夜見える)

　→ Stars are seen at night.

They sell sugar at that shop. (あの店では砂糖を売っている)

　→ Sugar is sold at that shop.

■ by によって動作主の示されていない文の能動態

受動態の文は by によって動作主が示されないものが多い〔⇨ p. 477〕が，次のような文は They, We, You, One, Someone などの適当なものを主語に

立てて能動態に転換される典型的な例である。

　(a)　Such a story cannot be believed.（こんな話は信じられない）

　　　→ **One**（*or* **We**, **You**）cannot believe such a story.

　(b)　English is spoken in Canada.（カナダでは英語が話される）

　　　→ **They** speak English in Canada.

　(c)　My wallet was stolen last night.（昨夜私の財布が盗まれた）

　　　→ **Someone** stole my wallet last night.

　(d)　No questions were asked〔of〕me.（私は何の質問も受けなかった）

　　　→ **He**（*or* **She**, **They**）asked me no questions.　　　〔⇨ p. 23〕

　　(a) は話者も含めた一般の人, (b) は話者は含まれない場合, (c) は不特定のだれか, (d) は文脈上特定の人を指しているが, それが表わされていない場合である。

③　知覚動詞・使役動詞を含む場合

　能動態では知覚動詞・使役動詞の目的格補語となる不定詞には to が付かないが, 受動態では to が必要である。

We never *saw* her **lose** her temper.（彼女が怒るのを見たことがない）

　　→ She *was* never *seen* **to lose** her temper.

He *made* us **do** the work.（彼はわれわれにその仕事をさせた）

　　→ We *were made* **to do** the work〔by him〕.

　＊　知覚動詞 watch や使役動詞 have などはこの形の受動態では用いない。

　◈　let の場合には受動態でも to が付かない。ただし, let は, ふつうは, 副詞・前置詞などと結び付く成句的表現（let into, let off, *etc.*）以外は受動態を作ることはまれで, 不定詞を伴う場合は allow を代用する。

　　　⎰They *let* him **go**.（彼らは彼を行かせた）
　　　⎱He *was let* **go**.〔まれ〕→ He *was allowed* **to go**.

④　by 以外の前置詞を用いる場合

　「be + 過去分詞」が「～される」という受身の「動作・行為」を表わす場合は by ～ で「動作主」が示されるが, 次の〔A〕,〔B〕のように過去分詞のあとに by 以外の前置詞が用いられる場合に注意する。

　〔A〕　主に「感情」を表わす動詞〔⇨ p. 340〕の過去分詞が, 受身の意味が薄れて「状態」を表わす形容詞のように用いられ, その感情の「原因」や「対象」などを表わす前置詞（at, with, in, of, *etc.*）を伴う場合。

　〔B〕　その他, 過去分詞に続く要素が「動作主」ではなくて, 意味関係に

よっていろいろな前置詞が用いられる場合。

〔**A**〕「感情」などを表わす場合

> We *were* all *surprised*（*astonished, shocked*）**at** the news.
>> （一同その知らせに驚いた［とても驚いた，ショックを受けた］）
>
> I'*m* very *pleased* **with** my new car.（新しい車がとても気に入っている）
>
> He'*s* not *interested* **in** painting.（彼は絵画に興味がない）

◉　同じ過去分詞のあとに異なる前置詞が用いられることもよくある。

> They *were excited* **by**（**at**）the discovery.
>> （発見に興奮した［し（てい）た］）
>
> ある「時点」で感情が「喚起される」場合には by が用いられる。
>
> ⎧ She *is* always *frightened* **of** dying.（いつも死ぬことを恐れている）
> ⎩ She *was frightened* **by** a snake.（蛇を見てぎょっとした）

〔**B**〕　その他の場合

> I'*m tired* **of** watching television.（テレビを見るのに飽きた）〔⇨ p. 514〕
>
> He *was* slightly *injured* **in** the accident.（事故で軽いけがをした）
>
> She *was caught* **in** a shower.（彼女はにわか雨にあった）
>
> Butter *is made* **from** milk.（バターは牛乳からつくられる）〔⇨ p. 511〕
>
> She *is known* **to** everyone.（彼女は皆に知られている）　　　〔⇨ p. 510〕
>
> The room *was filled* **with** smoke.（部屋は煙で充満していた）

◉　by に導かれる語は動作主を示すが，それ以外の前置詞によって示される語は必ずしも動作主ではない。動作主は人と事物の場合がある。

> ⎧ The apple was cut **by** Mother.（母が）　　　　　〔動作主〕
> ⎩ The apple was cut **with** a knife.（ナイフで）　〔道　具〕
>
> ＊　*by* a knife としないこと。次の場合も with と by を区別。
>> The bucket was filled **with** water **by** Mother.
>>> （↔ Mother filled the bucket **with** water.）
>
> ⎧ He was killed **by** a big stone.　（大きな石に殺された）
> ⎩ He was killed **with** a big stone.（大きな石で殺された）
>
> ＊　⎧（上）↔ A big stone killed him.（巨石が［落下などして］彼を殺した）
> 　　⎩（下）↔ Someone killed him **with** a big stone.（石を使って彼を殺した）

5　動詞句を含む文の受動態

《**a**》〈他動詞＋副詞〉の場合

この形の動詞句はふつう自由に受動態に転換できる。

Science has *brought about* many changes in our lives.

Many changes in our lives have **been brought about** by science.

　　（科学はわれわれの生活に多くの変化をもたらした）

They *put off* the match until Friday. （試合は金曜まで延期された）

The match **was put off** until Friday.

《b》 〈自動詞＋［副詞＋］前置詞〉の場合

　この形の多くは受動態をつくるが，つくらないものもある。〔⇨ p.673〕

Everybody *laughed at* him. （皆が彼を笑った）

He **was laughed at** by everybody.

　　＊　He was laughed by everybody. と at を落とさないこと。

My sister *looked after* the kids. （妹が子供たちの世話をした）

The kids **were looked after** by my sister.

They all *looked up to* him. （彼らはみな彼を尊敬した）

He **was looked up to** by them all.

They have *done away with* this practice.

　　（この慣行を廃止してしまった）

This practice **has been done away with**.

《c》 〈他動詞＋名詞＋前置詞〉の場合

　この形をとる頻出句には次のようなものがあるが，その多くは下に示すような二通りの受動態が可能である。〔＊はふつう (a) の形のみ〕

　　　find fault with ～ （～のあら捜しをする），＊**lose sight of** ～ （～を見失う），＊**make fun of** ～ （～をからかう），＊**make much of** ～ （～を重んじる），**make use of** ～ （～を利用する），**pay attention to** ～ （～に注意を払う），＊**put an end to** ～ （～を終らせる），**take care of** ～ （～の世話をする），**take advantage of** ～ （～につけ込む），**take notice of** ～ （～に注意する）

　これらの句は，動詞の目的語である名詞に good, much, no, every などの修飾語がつく形をとることが多い。

He **paid no attention to** her advice.

　　　　（彼女の忠告に注意を払わなかった）

(a)　**Her advice** was paid no attention to by him.

(b)　**No attention** was paid to her advice by him.

She **took good care of** the child. (子供の面倒をよく見た)

⎰ (a)　**The child** was taken good care of by her.
⎱ (b)　**Good care** was taken of the child by her.

They didn't **take advantage of** her ignorance.

　　(彼女の無知につけ込まなかった)

⎰ (a)　**Her ignorance** wasn't taken advantage of.
⎱ (b)　**No advantage** was taken of her ignorance.

◈　前掲の句のなかで＊を付けたものは (b) の形ではふつう用いない。

They always **made fun of** him. (彼らはいつも彼をからかった)

⎰ (a)　**He** was always made fun of 〔by them〕.
⎱ (b)　×**Fun** was always made of him 〔by them〕.

6　助動詞を含む文の受動態

能動態の助動詞はそのまま受動態で用いる。

⎰ We **must** send for the doctor. (医者を呼びにやらねばならない)
⎱ The doctor **must** be sent for.

⎰ We **cannot** approve of such conduct. (こんな行為は是認できない)
⎱ Such conduct **cannot** be approved of.

⎰ You **had better** not inform him. (彼には知らせないほうがいい)
⎱ He **had better** not be informed.

7　not ... any 〜，no 〜 ... ever などの扱い

書き換えた文が any 〜 ... not や ever ... no 〜 の語順になるのは避ける。

She is **not** liked by **anybody**. (彼女は誰にも好かれない)

⎰ **Anybody** does **not** like her.　　　〔誤〕　　〔⇨ p. 180〕
⎱ **Nobody** likes her.　　　　　　　　〔正〕

Nobody has **ever** asked me such a question.

　　(こんなことを私に尋ねた者はいない)

⎰ I have **ever** been asked such a question by **nobody**.　　〔誤〕
⎱ I have **never** been asked such a question by **anybody**.　〔正〕

8　受動形の動名詞構文・分詞構文

I never see this picture without (×**reminding**　○ **being reminded of**) my hometown.

　　(この絵 [写真] を見れば必ず私の故郷を思い出す)

＊　直訳は「〜を思い出させられることなしに見ることはできない」〔⇨ p. 345〕

(×**Looking**　○**Looked**) at in this way, the affair is not so serious.
（このように見れば，問題はそれほど深刻ではない）

*　If it **is looked at** ～（見られたならば）から導かれる分詞構文。
　Compared と **Comparing** の区別もよく問われる。〔⇨ p. 441〕

§200. 受動態の用法

他動詞を含む能動態の文はふつう受動態に転換できるが，その能動・受動の両形が全く同様に，等価的に，用いられるわけではない。たとえば，

I like apples. という能動態はふつうの自然な表現であるが，その受動態 Apples are liked **by me**. という文は，日常ふつう用いられない不自然な表現である。しかし，"I" という「特定の個人」が主語ではなく，「総称的な主語」の場合の受動形，たとえば Apples are liked **by boys and girls**. （りんごは男の子も女の子も好きだ）は自然な文である。同様に：

- (a)　They speak both English and French in Canada.
- (b)　Tom can speak both English and French.

という能動態はいずれも自然であるが，受動態にすると (a) のほうは自然な表現であるが，(b) はふつうには用いない不自然な文になる。

- (a)´　Both English and French are spoken in Canada.
- (b)´　Both English and French can be spoken by Tom.

受動態が好んで用いられるのは次のような場合である。

❶　動作主が不明であるか，表わしにくい場合。

He *was killed* in the Second World War. （彼は第 2 次世界大戦で死んだ）
The money *was found* next day. （その金は翌日見付かった）

❷　動作主が漠然とした一般の人である場合。

We *are told*（or It *is said*）that he has been bribed.
　　　　（彼は買収されたといわれている）
A lot of wheat *is grown* here. （当地では小麦が多く栽培されている）

❸　動作主が文脈上明らかであるか，特に表わす必要のない場合。

The doctor *was sent* for at once. （医者がすぐに呼びにやられた）
He *has* not *been heard* of since. （その後彼の消息を聞かない）

❹　筆者・論者・話者を表にはっきり表わすことを避け，陳述に客観性または非個人性を与えたい場合。

Forty-one experiments of this kind *were carried* out.

（この種の実験が 41 回行なわれた）〔I have carried out ... という個人的な形を避ける〕

Enough *has been said* of this. （この問題については十分論じられた）

It *is believed* that the political situation is critical. （政局は危機的であると信じられている）〔I believe ... とすれば主観的〕

❺　強調のため。一般に，「文頭」と「文尾」は重要な情報を伝える語句が置かれることの多い位置であるが，受動形にすることによって，(a) **動作を受ける側**を文頭に出して目立たせ，また逆に，(b) **動作主**がだれ（なに）であるかという情報を文尾まで知らせずにおいてこれを強調することができる。

(a)　<u>Your little boy</u> **was knocked** down by a car.
　　　　　（お宅の坊やが車にはねられたのです）

(b)　This picture **was painted** by <u>a famous French artist</u>.
　　　　　（この絵は有名なフランスの画家の作です）

＊　(a) では「車」よりも「あなたの子」に，(b) ではすでに目の前にある「絵」よりも未知情報である「フランスの画家」が強調される。

§ 201.　動作受動態と状態受動態

$\begin{cases}\text{(a)} & \text{The door \textbf{is shut} at nine.} \\ \text{(b)} & \text{The door \textbf{is shut} at night.}\end{cases}$　　　　〔動作受動態〕〔状態受動態〕

(a) は「戸は 9 時に閉められる」の意で受身の**動作**を表わし，(b) は「戸は夜は閉まっている」の意で**状態**を表わしている。

The book **was written** by him. （彼によって書かれた）〔動作〕
The book **is written** in English. （英語で書かれている）〔状態〕

◈　場合によっては同じ文がいずれにも解せられる場合がある。

He **was married** then. （その時結婚した / その時結婚していた）

The lock **was broken.** （錠はこわれた / 錠はこわれていた）

このような場合，be の代りに get を用いれば動作受動態であることがはっきり表わされる。

He **got married** then. （その時結婚した）

◈　動作受動態は get のほか，**grow**, **become** を用いて表わすこともある。

He **got** seriously **hurt** in the accident. （彼は事故で重傷を負った）

* **get** は口語的な文で多く用いられ，動作主が by 〜 で示されるのはまれである。

My trousers **got torn.**（僕のズボンが破れた）

cf. They *were* torn.（破れた / 破れていた）

The criminal **got caught** at last.（犯人はついに逮捕された）

He **grew tired** with the work.（彼は仕事で疲れてきた）

cf. He *was* tired.（疲れていた）

She **became acquainted** with him.（彼女は彼と知り合いになった）

cf. She *was* acquainted with him.（知り合いだった）

§202. 受動的意味を表わす能動形

His new novel **sells** well.（彼の新しい小説はよく売れる）

この文では，主語である「小説」が「売る」という行為を行なっているわけではなく，その行為を受けているわけであるから，形は能動態であるが，受動的な意味〔= It *is* sold.〕を表わしているといえる。その他，次のような場合も同様である。

This book **reads** like a novel.（この本は小説のように読める）

The car certainly **rides** well.（この車は確かに乗り心地がいい）

The meat didn't **cut** easily.（その肉はなかなか切れなかった）

She doesn't **photograph** well.（彼女は写真の写りがよくない）

This trunk doesn't **lock.**（このトランクは鍵がかからない）

This cloth **washes** easily.（この布は洗いやすい）

 ⚫ その他，**be to blame**（責められるべきだ）〔⇨ p. 416〕や **need 〜 ing**（〜される必要がある）〔⇨ p. 453〕など，能動形不定詞や能動形動名詞が受動の意味を含む場合がある。

§203. 英語の受動表現と日本語の訳

英語では受動態で表わされても日本語では能動的に訳すべき場合（逆に言えば，日本語では能動表現でも英語では受動態で表わされなければならない場合）がある。次のようなものが，その主な例である。〔⇨ p. 340〕

  be surprised（**amazed, astonished, startled, astounded,** *etc.*）（驚く）// **be frightened**（**scared, terrified,** *etc.*）（怖がる）// **be delighted**（**pleased,** *etc.*）（喜ぶ）// **be amused**（おもしろがる）// **be disappointed**（**discouraged,** *etc.*）（落胆する）// **be satisfied**（**con-**

tented）（満足する）

　be **hurt**（**injured, wounded**）（けがをする）// be **tired**（疲れる）// be **drowned**（溺れる）// be **born**（生れる）// be **lost**（道に迷う）// be **mistaken**（間違っている）// be **taken ill**（病気になる）// be en**gaged in** ～（～に従事する）// be **absorbed in** ～（～に夢中になる）// be **acquainted with** ～（～と知合いである）// be **derailed**（脱線する）, *etc*.

＊　上の surprise（〈他〉～を驚かせる）などに対して **wonder, marvel**（驚く）は自動詞で be marveled とはならない。また **fear, dread**（〈他〉～を恐れる）と scare, frighten（〈他〉～を怖がらせる）なども区別する。〔⇨ p. 340〕
　　　{ He **was feared** by the boys.（彼は少年たちに恐れられた）
　　　{ He **was frightened** by the dog.（彼は犬におびえた）

§ 204.　受動態を作らない他動詞　〔⇨ p. 671〕

次のようなものが，受動態を作らない他動詞の主な例である。

She **has** three children.（彼女には 3 人の子供がいる）

　＊　ただし have は obtain（手に入れる）の意では受動態になる。
　　　Is this book to *be had* in Japan?（日本で入手できるか）

He **resembles** his father.（彼は父親に似ている）

This book **cost** me five pounds.（この本は 5 ポンドした）

She **married** a Frenchman.（彼女はフランス人と結婚した）

　＊　ただし「結婚させる」の意では受動態を作る。また be married（結婚する）の形もふつうに用いるが，上の文の受動態はない。

日本語の「～される」が受動態にならない場合

「私は金を盗まれた」に類した形を誤って受動態にしやすい。〔⇨ p. 344〕

　{ × I **was stolen** my money.　　〔⇨ p. 346〕
　{ ○ I **had** my money **stolen**.

「彼は間違いを先生に指摘された」

　{ × He **was pointed out** his mistakes by the teacher.
　{ ○ He **had** his mistakes **pointed out** by the teacher.

◉　また，能動態には転換できない受動表現もある。

　{ ○ We **are supposed to** check out of the hotel by 10 o'clock.
　{ × They **suppose** us to check out of the hotel by 10 o'clock.
　　　（ホテルのチェックアウトは 10 時までとなっている）

重 要 問 題　　　（解答 p. 702）

118. 下の（1）〜（10）の文の空所に入る前置詞を次の①〜⑥より選べ。

　　　　　① at　② from　③ in　④ of　⑤ to　⑥ with

(1)　She is pleased（　）her new dress.

(2)　We were all surprised（　）her beauty.

(3)　The fact is known（　）everybody.

(4)　She is interested（　）nothing but clothes.

(5)　Wine is made（　）grapes.

(6)　You should be ashamed（　）yourself.

(7)　They were satisfied（　）the service they received.

(8)　He was absorbed（　）a computer game.

(9)　We were caught（　）a shower on the way.

(10)　I'm convinced（　）his innocence.

119. 各文のかっこ内の正しい語句を選べ。

(1)　He was so（1　exciting　2　excited）at the game.

(2)　I was made（1　work　2　to work）all day last Sunday.

(3)　This bicycle need（1　fixing　2　being fixed）.

(4)　He is going to（1　get married　2　marry　3　marry with）one
　　　of his colleagues.

(5)　（1　Annoying　2　Annoyed）by the chairman's statement, the
　　　man left the conference room.

120. 上の文を受動態にした場合，下の文の空所に入る適当な語を記せ。

(1)　$\begin{cases} \text{My father gave me this book.} \\ \text{This book（　）（　）（　）me by my father.} \end{cases}$

(2)　$\begin{cases} \text{My mother made me this dress.} \\ \text{This dress（　）（　）（　）me by my mother.} \end{cases}$

(3)　$\begin{cases} \text{They were carrying the chairs out into the garden.} \\ \text{The chairs（　）（　）（　）out into the garden.} \end{cases}$

(4)　$\begin{cases} \text{We have never heard him speak ill of others.} \\ \text{He has never（　）（　）（　）（　）ill of others.} \end{cases}$

(5)　$\begin{cases} \text{Nobody took any notice of his warning.} \\ \text{His warning was（　）（　）（　）（　）by anybody.} \end{cases}$

121. 各文を受動態に書き換えよ。

(1) The boys elected him captain of the team.

(2) She was telling us an amusing story.

(3) They used to see him play with children.

(4) What language do they speak in Mexico?

(5) Who wrote this book?

(6) A car ran over the boy.

(7) You cannot put up with such a state of things.

(8) The new house did not please any of us.

(9) Nobody has ever spoken to me like that before.

(10) Finish this work at once.

122. 各文を能動態に書き換えよ。

(1) Is English spoken in Australia?

(2) Rice is eaten in Japan.

(3) How is the word spelled?

(4) I was made to do the work by my father.

(5) A girl was seen coming into the hall.

(6) He was very often heard to talk such nonsense.

(7) What is that bird called in English?

(8) The bed has not been slept in for years.

(9) I won't be called a fool by you.

(10) Can such a state of things be put up with?

123. 各文の誤りを訂正せよ。

(1) He was laughed by all his classmates.

(2) On her way home, she was spoken by a foreigner.

(3) He was looked down by everybody.

(4) That young man cannot be relied at all.

(5) He is well known by the people by his noble acts.

(6) This subject must be dealt in detail.

(7) The significance of the remark must not be lost sight.

(8) I was broken my left arm in the accident.

(9) I was blown off my hat by the wind.

(10) Don't discourage if your son should fail in the attempt.

第 **18** 章

前　置　詞

　前置詞（Preposition）は，名詞・代名詞あるいは名詞相当語句の前に置か
れて，いろいろな意味関係を表わす語で，前置詞の後にくる名詞・代名詞な
どを前置詞の**目的語**（Object）という。前置詞とその目的語の名詞などが結
び付いた句を**前置詞句**（Prepositional Phrase）と呼び，前置詞句は**形容詞
句**の働きをする場合と**副詞句**の働きをする場合とがある。〔⇨ p. 493〕

　They went home〔**after** their visit〕〔**to** the museum〕.

　　《直訳》彼らは〔美術館への〕〔訪問ののちに〕帰宅した）

* 　their visit と the museum はそれぞれ前置詞 after と to の「目的語」。二つの
「前置詞句」のうち，〔after their visit〕は動詞（went）を修飾する「副詞句」
で，〔to the museum〕は名詞（visit）を修飾する「形容詞句」である。

§205.　前置詞の種類

1　**単一前置詞**（Simple Preposition）

　ふつうの前置詞で，一つの語が前置詞として用いられるもの。主な例：

about	above	after	along	among	around	as
at	before	below	beside	between	**by**	down
for	**from**	**in**	into	like	**of**	off
on	over	round	since	than	through	till
to	toward	under	until	up	**with**	without

〔太字の九つの前置詞は使用頻度が最も高いもの〕

⎰(a)　He sat **on** the chair. / He sat **on** it.（いすに座った）
⎱(b)　He turned **on** the TV. / He turned it **on**.（テレビをつけた）

* 　(a) の on は**前置詞**で，on the chair (on it) でまとまった**前置詞句**を成し，
(b) の on は**副詞**で，turn on でまとまった**動詞句**。〔前置詞と副詞の両方に用
いられる語の，用法の区別については ⇨ p. 291, 497〕

⎰ (a) I've lived here **since** my childhood 　（子供のときから
⎱ (b) I've lived here **since** I was a child. 　　 ここに住んでいる）

* since は,（a）では**前置詞**で副詞句を導き,（b）では**接続詞**で副詞節を導く。
〔同じ語が前置詞と接続詞の両方に用いられる語については ⇨ p.497〕

◉ 前置詞を二つ重ねて用いることがあり,これを**二重前置詞**（Double Preposition）と呼ぶ。次のようなものがその主な例である。

　　from among（**behind, above, under**）（～の間［うしろ, 上, 下］から）, **since before**（～の前から）, **till after**（～の後まで）

A cat appeared **from under** the bed.（猫がベッドの下から現れた）

* 前の前置詞（from）が,後の前置詞が導く前置詞句（under the bed）を目的語としている。

⎰ We waited **until after** supper. 　　（夕食後まで待った）
⎱ He was here **up to** a moment ago. 　（ちょっと前までここにいた）

* until after は〈前置詞＋前置詞〉で「二重前置詞」であるが, up to は〈副詞＋前置詞〉で,これは次項の「群前置詞」である。

2 **群前置詞**（Group Preposition）

2 語以上のまとまった語群が一つの前置詞の働きをするもので,「句前置詞」（Phrase［or Phrasal］Preposition）ともいう。〔主な群前置詞については別項〔⇨ p.498〕にまとめてある〕

　(a) 2 語から成るものと,（b）（ふつう名詞を含む）3 語（以上）から成るものがある。

　　(a)　**out of**〈副＋前〉, **next to**〈形＋前〉, **because of**〈接＋前〉, *etc.*

　　(b)　**by means of, in front of, on account of**, *etc.*

He ran **out of** the room.（彼は部屋から走り出た）

She stood **in front of** the door.（彼女はドアの前に立っていた）

⎰ He had to retire **because of** poor health.
⎱ He had to retire **because** he was in poor health.

　　（彼は健康がすぐれないので辞職しなければならなかった）

* 上文では**群前置詞** because of が副詞句を導き,下文では**接続詞** because が副詞節を導く。

3 **他の品詞の語が転用された前置詞**

　(1)　**分詞から**

　　concerning（～に関して）, **considering**（～を考慮すれば）〔⇨ p. 441〕, **excepting**（～を除いて）, **including**（～を含めて）, *etc.*

　　　＊　**during** も，もとは現在分詞。**past** は過去分詞に由来する。

I have nothing to say **concerning** this problem.

　　　（この問題に関しては私には言うべきことは何もない）

　　　＊　**concerning** = **about**（前置詞），**with regard to**（群前置詞）

（2）　形容詞から

　　　like（〜のような），**near**（〜の近くに），**opposite**（〜の反対［向

　　　かい］側に），*etc.*

The hotel is **near** the airport.（そのホテルは空港の近くにある）

　　　＊　**near to** を同じように用いることもある。〔日本語の「〜から近い」にひか

　　　　れて near *from* としないこと〕　**next**（〜の隣に）も前置詞の用法がある

　　　　が，ふつうは **next to** が用いられる。

§206.　前置詞の目的語

前置詞の目的語の格は，当然，目的格である。

He did it **for** *you* and *she.*　　　　　　　　　　〔誤〕〔she → her〕

　　　（彼はそれをあなたと彼女のためにしたのです）

Between *you* and *I,* he won't live long.　〔誤〕〔I → me〕

　　　（ここだけの話だが，彼の命は長くあるまい）

前置詞の目的語は，ふつう，名詞や代名詞であるが，その他，次のような

語句が目的語となることもある。

《1》　副詞　　　一般に副詞は前置詞の目的語にはならず，now, here など名

詞としての用法が認められているもの以外は，慣用表現に限られる。

He has been ill *since* **then**.（彼はその時以来病気だ）

She worked *till* **late** at night.（彼女は夜遅くまで働いた）

　　　＊　その他：　*from* **here** *to* **there**（ここからそこまで），*from* **now** on（今後），

　　　　by **far**（はるかに），*for* **ever**（永遠に），*etc.*

《2》　形容詞　　　形容詞は，ふつう，前置詞の目的語にならず，次のような

慣用表現に限られる。

He is far *from* **rich**.（彼は決して金持ちではない）

Things went *from* **bad** *to* **worse**.（事態は悪化する一方だった）

　　　＊　その他：　*in* **vain**（むなしく），*in* **general**（概して），*in* **short**（要するに），

　　　　in **particular**（とりわけ），*in* **common**（共通して），*next to* **impossible**

　　　　（ほとんど不可能），give 〜 up *for* **dead**（〜を死んだものとあきらめる），re-

　　　　gard 〜 *as* **important**（〜を重要であるとみなす）

《3》 **動名詞**　　動名詞は自由に前置詞の目的語になる。〔⇨ p. 444〕

It goes *without* **saying** that health is more precious than wealth.
　　　　（健康が富よりも尊いことはいうまでもない）

《4》 **過去分詞**　　次のような慣用表現に限られる。

They gave him up *for* **lost**.
　　　　　　（彼らは彼がいなくなったものとあきらめた）

We took it *for* **granted** that he was above such meanness.
　　　　　　（われわれは当然彼がそんな卑劣なことはしないと思っていた）

《5》 **不定詞**　　不定詞は，ふつう，前置詞の目的語にならない。次のような
ものが，その例外的な場合と考えられる。

He was *about* **to speak**.（彼は話し出そうとしているところだった）

I had no choice *but* **to agree**.
　　　　　　（同意せざるをえなかった）　　　　　　　　　　〔⇨ p. 429〕

《6》 **句**　　前置詞句を目的語とする場合で，**二重前置詞**の形をとる。

I looked out *from* **behind the curtains**.（カーテンの陰から外を見た）

I have known him *since* **before the war**.（戦前から彼を知っている）

《7》 **節**

There is much truth *in* **what he says**.　　　　　　〔関係代名詞節〕
　　　　　　（彼の言うことには多くの真実が含まれている）

We consulted *about* **who should be sent**.　　　　　　〔疑問詞節〕
　　　　　　（われわれは誰をつかわすべきかについて相談した）

Man differs from brutes *in* **that he can speak**.　　　〔接続詞節〕
　　　　　　（人は言葉が話せるという点で動物と異なる）

　＊　*that* 節が前置詞の目的語になるのは，この **in that** ... や **except that** ...〔⇨
　　p. 527〕などの場合だけである。その他の場合は it を形式目的語として前置詞
　　の後に置く。〔⇨ p. 146 "**see to it that** ..."〕
　　　〔You may depend **on** his paying it.
　　　　You may depend **on** *it* **that** *he will pay it*.
　　　　（彼は間違いなくそれを払ってくれますよ）

§ 207. **前置詞句の用法**

「前置詞＋目的語」から成る句を前置詞句（Prepositional Phrase）と呼ぶ
が，前置詞句は，すでに述べたように〔⇨ p. 35, 38〕，ふつう，形容詞句ま
たは副詞句の働きをする。

《1》 形容詞句として

《a》 限定用法 —— 修飾する名詞のすぐ後に置かれる。

He is a man **of great learning**. (彼は大学者だ)

〔a man *of great learning* = a *very learned* man〕〔⇨ p. 100〕

A bird **in the hand** is worth two **in the bush**.

(手の中の1羽の鳥は藪の中の2羽の鳥に値する)

cf.
$$\begin{cases} \text{(a)} \quad \text{There is no rose \textbf{without a thorn}.〔形容詞句〕} \\ \text{(b)} \quad \text{The boy left \textbf{without a word}.} \qquad \text{〔副詞句〕} \end{cases}$$

(a)「とげのないばらはない」(b)「少年は一言も言わずに去った」

《b》 叙述用法 —— 補語になる場合である。

It is **of no use** to me. (私には役に立たない)〔⇨ p. 100〕〔主格補語〕

His remark was **to the point**. (彼の言葉は要を得ていた)〔　〃　〕

Make yourself **at home**. (楽にどうぞ)〔⇨ p.153〕　〔目的格補語〕

We found him **in a bad temper**. (彼は不機嫌だった)〔　〃　〕

cf.
$$\begin{cases} \text{He is \textit{in a hurry}. (彼は急いでいる)} \qquad \text{〔形容詞句〕} \\ \text{He is \textit{in the garden}. (彼は庭にいる)} \qquad \text{〔副 詞 句〕} \end{cases}$$

＊ He is **at home**. は (a)「在宅している」(= in the house) の意では場所を表わす副詞句 (at は省略できる)、(b)「くつろいでいる」(= at his ease) の意では状態を表わす形容詞句で補語 (at は省略できない)。

《2》 副詞句として

《a》 動詞を修飾する。

He solved it **without difficulty**. (彼は難なくそれを解いた)

〔without difficulty = with ease = easily〕

He arrived **on time**. (彼は時間通りに到着した)

《b》 形容詞を修飾する。

She is good **at cooking**. (彼女は料理が上手だ)

He is aware **of the fact**. (彼はその事実に気が付いている)

《c》 副詞を修飾する。

He arrived late **at night**. (彼は夜遅く着いた)

He lives nearest **to the school**. (彼は学校の一番近くに住んでいる)

《d》 文を修飾する。

In short, liberty does not mean license.

(つまり, 自由は放縦ではない)

《3》 **名詞句として**

After lunch is the busiest part of my day.
　　（昼食後が 1 日のうちで私の一番忙しい時間だ）

§208. 後に置かれる前置詞

前置詞は，その名のごとく，本来その目的語の前に置かれる語であるが，次のような場合には，目的語を離れ，後に置かれる。このような後に置かれた前置詞を**後置前置詞**（Deferred Preposition）と呼ぶことがある。

《1》 **目的語が疑問詞の場合** 〔⇨ p. 187, 188, 189〕

What did they eat it **with**?（彼らはそれを何で食べたのですか）

Who[m] is this letter **for**?（この手紙は誰に来たものですか）〔⇨ p. 187〕

What is he **like**?（彼はどんな人ですか）

She is engaged. — Who **to**?（彼女は婚約している。— だれと？）

《2》 **目的語が関係代名詞の場合** 〔⇨ p. 201〕

This is the bed [*that*] he slept **in**.（これが彼が寝たベッドです）

This is something [*that*] we cannot do **without**.
　　　　（これはわれわれにとって欠かすことのできないものだ）

This is the book I read that **in**.（これは私がそれを読んだ本です）
　　　〔= This is the book *in which* I read that.〕

　＊ 後置前置詞は文語よりも口語において多い用法なので，関係代名詞も省略されることが多い。

《3》 **不定詞句において** 〔⇨ p. 416〕

We need a table *to write* **on**.（書き物をするテーブルがいる）

She has no dress *to go out* **in**.（外出するのに着ていく服がない）
　　　〔= She has no dress *in which* she can go out.〕

He is hard *to get along* **with**.
　　　（彼とは仲よくやっていくのがむずかしい）

《4》 **動名詞句において**

Everyone hates *being laughed* **at**.（だれだって人に笑われるのはいやだ）

His lecture is not worth *listening* **to**.（彼の講義は聞く価値がない）

This matter needs *looking* **into**.（この問題は調査を必要とする）

《5》 **受動態において** 〔⇨ p. 482〕

The new mayor is well spoken **of**.（新しい市長は評判がいい）

This shall be made up **for** later. (これは後で埋合せしよう)

He is much sought **after** by girls. (彼は女の子にとてももてる)

§209. 前置詞の省略

前置詞の省略や有無について注意すべき主な場合は次の通りである。

《**1**》 「形状・年齢」などを表わす形容詞句。〔⇨ p. 117「記述的目的格」〕

a diamond ［**of**］ this size (この大きさのダイヤモンド)

a boy ［**of**］ your age (君ぐらいの年の少年)

《**2**》 「時」や「距離」などを表わす副詞句。〔⇨ p. 116「副詞的目的格」〕

We have lived here ［**for**］ ten years. (ここで 10 年間住んだ)

I walked ［**for**］ ten miles yesterday. (きのうは 10 マイル歩いた)

《**3**》 morning, night, week, month などが, this, next, last, every, all など
で修飾された場合は, 前置詞は用いない。〔⇨ p. 116 †〕

　{ She arrived early **in the morning**. (彼女は朝早く着いた)
　{ She arrived early ［×**in**］ **this morning**. (彼女は今朝早く着いた)

　{ I go to church **on Sunday**［s］. (日曜日には教会へ行く)
　{ See you ［×**on**］ **next Sunday**. (今度の日曜にお会いしましょう)

＊　(簡略を好む)口語や, (簡潔を要する)記事などで, on はよく省略される。
　　　I'll phone you ［**on**］ **Monday**. (月曜日に電話するよ)
　　　He has to work ［**on**］ **Saturdays**. (彼は土曜に働かなければならない)
　　　The government announced ［**on**］ **Monday** that ...
　　　　(政府は月曜日に…ということを公表した)

《**4**》 その他, 次のような表現で。

① **What time** does the play start? (芝居は何時に始まりますか)

＊　［*At*］ what time ...？の At はふつう省略される。

② **What nationality** are you?〔*Of* what nationality ～？とは言わない〕
　　　〔= What is your nationality?〕(国籍はどちらですか)

＊　平叙文では I am **of** French nationality. (国籍はフランスです)
　　この文は《口》では I'm from France. / I'm French. などと言う。

③ I **had** great **difficulty** ［**in**］ understandi**ng** him.
　　　　　　(彼を理解するのにとても苦労した)

＊　I **had a** hard **time** understandi**ng** him. もほぼ同意であるが, この have
　　a ... time ～ing では ～ing の前に in を置かない。

＊　このほか **be busy** ～**ing** (～するのに忙しい), **spend** ... ［**in**］ ～**ing** (～す

るのに［時間を］費やす）については ⇨ p. 433。

④ I'll stay ［**at**］ **home** all day today. （今日は一日中家にいよう）

　＊　**home** を単独で副詞として用いるのは主に《米》，**at home** は主に《英》。

§210.　他の品詞にも用いられる前置詞

〔**A**〕　副詞にも用いられるもの

about, by, in, on, down, up, off, over, round, along, through などは，前置詞・副詞のいずれにも用いられるが，文中における用法を正しく区別しなければならない。〔⇨ p. 291〕　これらの語は，ふつう，前置詞では強勢はなく，副詞では強勢が置かれる。

　⎰ (a)　She sóon cáme **tó**.　　　　　　　　〔副　詞〕
　⎱ (b)　She sóon cáme **to** hersélf.　　　　〔前置詞〕

　　　 (a), (b) ともに「彼女はまもなく意識をとりもどした」の意。

　⎰ (a)　They cáme **ín**.　　　　　　　　　　〔副　詞〕
　⎱ (b)　They cáme **in** a cár.　　　　　　　〔前置詞〕

　　　(a)「彼らははいってきた」(b)「彼らは車で来た」

　＊　ただし，後置された前置詞は強く発音される。
　　　⎰What are you afraid **of**?　（何が恐いの）　　〔of は強く発音〕
　　　⎱I'm afraid **of** cockroaches.　（ごきぶりが恐い）〔〃　弱く　〃〕

　⎰ (a)　The bómb bléw **úp** the hóuse.　　〔副　詞〕
　⎱ (b)　The wínd bléw **up** the stréet.　　〔前置詞〕

　　　(a)「爆弾は家を爆破した」(b)「風が通りを吹いた」

　　　(a) の副詞は The bomb blew the house *up*. の語順もとる。また目的語が代名詞であれば (a) では常に blew it *up* で，blew *up* it とはならないが，(b) の前置詞は blew *up* it のままである。〔⇨ p. 291〕

〔**B**〕　接続詞にも用いられるもの

before, after, since, till (until) などは接続詞としても用いられる。

　⎰He arrived **before** my departure.　　　〔前置詞〕
　⎱He arrived **before** I departed.　　　　　〔接続詞〕

　　　　　（彼は私が出発する前に着いた）

　⎰I waited **till** (*or* **until**) his arrival.　　〔前置詞〕
　⎱I waited **till** (*or* **until**) he arrived.　　〔接続詞〕

　　　　　（私は彼が着くまで待っていた）

〔**C**〕　形容詞にも用いられるもの

above, up, down, through などは形容詞としても用いられる。

the **above** facts（上記の事実）

an **up** train（上り列車）

a **through** ticket〔train〕（通し切符〔直通列車〕）

§211. 群前置詞　　　　（句前置詞）〔⇨ p. 491〕

次のようなものが重要な群前置詞である。

（**a**）　**2語から成るもの**。〈副詞（など）＋前置詞〉

according to（〜によれば）　　　　apart from（〜は別として）

as for（〜はと言えば）　　　　　　as to（〜については）

but for（〜がなければ）　　　　　　instead of（〜の代わりに）

next to（〜の隣りに）　　　　　　　out of（〜［の中］から）〔↔ into〕

thanks to（〜のおかげで）　　　　　up to（〜まで）

（**b**）　**3語から成るもの**。〈前置詞＋名詞＋前置詞〉

at the cost of（〜を犠牲にして）　　by way of（〜経由で；〜として）

at the mercy of（〜に左右されて）　for fear of（〜を恐れて）

at the risk of（〜を賭して）　　　　for want of（〜がないために）

in accordance with（〜に従って）　　in addition to（〜に加えて）

in comparison with（〜と比べれば）　in connection with（〜と関連して）

in case of（〜の場合には）　　　　　in consequence of（〜の結果）

in favor of（〜に賛成して）　　　　in front of（〜の前に）

in proportion to（〜に比例して）　　in relation to（〜に関連して）

in spite of（〜にもかかわらず）　　　in terms of（〜の［観］点から）

in view of（〜を考慮して）　　　　　with respect to（〜に関して）

◈　群前置詞のなかには「〜のために」と訳されるものが幾つかあるが，
　日本語の「〜のために」はいろいろな意味関係を表わすので，それぞれ
　意味・用法を区別しなければならない。

　　（1）　**原因・理由**：　because of, owing to, due to, on account of

　　（2）　**目的・意図**：　for the purpose of, with a view to, with the
　　　　　　　　　　　　　intention of

　　（3）　**利益**：　for the sake of, for the benefit of, on（*or* in）behalf
　　　　　　　　　of

（**4**）　**敬意**:　in honor of

He was absent **on account of** illness.

（彼は病気<u>のために</u>欠席した）

He saves the greater part of his salary **with a view to** buying a car.（彼は車を買う<u>ために</u>給料の大部分を貯金している）

Society exists **for the sake of** the individual.

（社会は個人<u>のために</u>存在する）

A farewell meeting was held **in honor of** Mr. Smith.

（スミス氏<u>のために</u>送別会が催された）

◈　「～によって」の意味を表わすものとして，**by means of** は一般に手段を表わし，**by dint of** は「努力（勤勉，など）によって」のような場合に限られ，**by virtue of** は「～〔の力〕によって，～のおかげで」

◈　**as far as** ～（〔距離について〕～まで）と（A）**as well as**（B）（〔B〕だけでなく〔A〕も）は接続詞としても用いられる。〔それぞれ ⇨ p. 540, p. 315〕

MASTERY POINTS　　　　（解答 p. 683）

〔**22**〕　**各文の空所に入る適当な群前置詞を下より選べ。**

　　1 by means of　　2 by way of　　3 due to　　　4 except for

　　5 for want of　　6 in honor of　　7 in spite of　　8 in terms of

　　9 instead of　　　10 thanks to

（1）　（　　）working, he is idling away his time.

（2）　（　　）his help, I was able to finish the work in time.

（3）　The street was deserted （　　）a patrolling policeman.

（4）　He has failed （　　）his effort.

（5）　He failed in the enterprise （　　）fund.

（6）　He went to Europe （　　）Siberia.

（7）　The accident was （　　）his careless driving.

（8）　They gave a dinner （　　）the visiting professor.

（9）　He sees everything （　　）money.

（10）　Thoughts are expressed （　　）words.

◈　**except for** と **except** の用法の区別。A **except** B（B を除いて A）
では，A と B は対等の名詞または代名詞。〜 **except for** B では，B
は[代]名詞であるが，〜は[代]名詞ではない叙述内容である。

> There was no *furniture* **except** a broken *chair*.
> 　　（こわれた椅子一脚以外に家具はなにもなかった）
>
> The room *was empty* **except for** a broken *chair*.
> 　　（こわれた椅子一脚を除けば，部屋はからっぽだった）

＊　ただし except for が except と同じように用いられることもある。

　　　㋑ Everyone **except** Dan came. 〔A と B が隣接する場合は except だけ〕
　　　㋺ Everyone came **except**〔**for**〕Dan. 〔B が文末に置かれる場合〕
　　　㋩ **Except for** Dan, everyone came. 〔B が文頭に　　〃　　〕
　　　　（ダン以外はみんな来た）
　　　　㋺の語順ではときに，㋩の語順ではふつう，except for が用いられる。

§212.　前置詞の意味

前置詞の表わす主な意味関係を分類すれば次のようになる。

《1》　**時** ── at, in, on, from, to, till, by, for, during, before, after,
　　　　　　　since, within, between, through, *etc.*〔注意すべき用法は
　　　　　　　⇨ p. 503〜509〕

《2》　**場所** ── at, in on, over, above, under, below, up, down, for, to,
　　　　　　　towards, by, along, across, round, about, through, be-
　　　　　　　tween, among, behind, before, after, into, out of, be-
　　　　　　　side, inside, outside, *etc.*〔注意すべき用法は ⇨ p. 503
　　　　　　　〜509〕

《3》　**理由・原因** ── from, of〔⇨ p. 510 die of / from〕, **with**, **for**,
　　　　　　　　　　 at, **through**, **out of**, *etc.*

　　She was shivering **with** cold.（彼女は寒さで震えていた）

　　She jumped **for** joy.（彼女は小躍りした）

　　He was delighted **at** the news.（彼はその知らせに喜んだ）

　　He lost his place **through** neglect of duty.（怠慢のため失職した）

　　I asked him **out of** curiosity.（私は好奇心から彼に尋ねた）

《4》　**目的・追求・目標・狙い** ── for, after, at

　　He works **for** money.（彼は金のために働く）

　　＊　hope〔wish, long〕**for**（〜を望む〔願う，切望する〕）

Men seek **after** happiness.（人は幸福を追求する）

He aimed **at** perfection.（彼は完璧を目ざした）

* ┌ He threw a stone **at** the dog.　（犬をめがけて石を投げつけた）
　└ He threw a bone **to** the dog.　（犬[のほう]に骨を投げてやった）

《5》 **結果・変化（移行）の結果 ── to, into**

He was frozen **to** death.（彼は凍死した）

To her delight, he returned safely.　　　　　　　　〔⇨ p. 619〕

　　　　（彼女が喜んだことに，彼は無事もどってきた）

He was frightened **into** silence.（彼はおびえて沈黙した）

* change (turn) water **into** steam（水を水蒸気に変える）/ put (turn, translate) a sentence **into** English（文を英訳する）

《6》 **材料 ── of, from, out of**〔⇨ p. 511 made of / from / into〕

He made many things **out of** paper.（彼は紙で多くの物を作った）

《7》 **様態 ── in, with**

He did it **in** this way (manner, fashion).（このようにやった）

He handled it **with** care.（彼はそれを慎重に扱った）

《8》 **分離・除去・隔たり・区別 ── of, off, beside, from**

We must rid the world **of** nuclear weapons.

　　　（われわれは世界から核兵器をなくしてしまわなければならない）

* of を伴う除去・剥奪の動詞： **rob** (**deprive, rid,** *etc.*) ~ **of** ...〔⇨ p. 346〕

That's **beside** the point.（それは的をはずれている）

He can't tell wheat **from** barley.（彼は小麦と大麦を区別できない）

《9》 **関連 ── about, of, on, over**

Have you heard anything **about** him?（彼について何か聞いたか）

Have you heard **of** the accident?（事故のことを聞きましたか）

He talked **on** politics at length.（彼は政治について長々と話した）

It is no use crying **over** spilt milk.

　　　　（こぼれたミルクを嘆いてもむだだ［覆水(ふくすい)盆に返らず］）

* **speak of** it（その事を話す）/ **speak about** it（その事について話す）/ **speak on** a subject（ある問題について話す［演説する］〔= make a speech on a subject〕) *cf.* a lecture (an essay, a book, an article) **on** world population（世界の人口問題についての講演［論文，書物，記事]）

《10》　**交換・代金・値段** —— **for, at**

He exchanged milk **for** eggs.（彼はミルクを卵と交換した）

He bought it **for** 10 dollars.（彼はそれを10ドルで買った）

He paid 10 dollars **for** it.（彼はそれに10ドル支払った）

He bought it **at** a high price.（彼はそれを高い値段で買った）

He bought them **at** 10 dollars a piece.（それらを1個10ドルで買った）

＊　**at the price**（**cost, expense, sacrifice**）**of**（〜の値段［費用，出費，犠牲］で；〜を代償［犠牲］として）/ **for nothing**（ただで；無益に）/（**not ...**）**for the world**（［世界中と交換にでも →］絶対に［…しない］）

《11》　**程度・単位・差** —— **at, by**

at a high speed（高速で），**at** the rate of（〜の割合で）

Pencils are sold **by** the dozen.（鉛筆はダース単位で売られる）

They won **by** a boat's length.（彼らは1艇身の差で勝った）

《12》　**状態・過程**（「〜中」）—— **at, in, on, under**

The two nations are **at** war.（両国は戦争状態にある）

He is **in** good health［**in a hurry**］.（彼は健康だ［急いでいる］）

She's **on** a diet.（彼女はダイエットをしている）

A new hotel is **under** construction.（新しいホテルが建設中だ）

《13》　**付帯事情** —— **with**〔⇨ p. 438〕

Don't speak **with** your mouth full.（口に一杯入れてしゃべるな）

《14》　**着用** —— **in**

a girl **in** white（白衣を着た少女）

a man **in** brown shoes（茶色の靴をはいた男）

＊　｛a boy **in** a red cap　（赤い帽子をかぶった少年）
　　｛= a boy **with** a red cap **on**　〔**on** は副詞〕

《15》　**行為者・動作主** —— **by**〔⇨ p. 477〕

The car is driven **by** him.（その車は彼が運転している）

The machine is driven **by** electricity.（その機械は電力で動く）

《16》　**手段** —— **by,**　　**道具** —— **with**

I let him know the result **by** telegram.（結果を彼に電報で知らせた）

The tree was cut *by* him **with** an ax.

　　　　　　（木は彼によっておので切られた）

＊　｛write **with** a pen（**with** a pencil, *etc.*）〔可算名詞〕
　　｛write **in** ink（**in** pencil, **in** chalk, *etc.*）〔不可算名詞〕

《17》 **乗物** ── in, on

He goes to work **in** his car.（彼は自分の車で通勤している）

Did you come here **on** the bus?（ここへはバスで来ましたか）

* 同様に： **in** a taxi // **on** the train [plane（飛行機）, ship], **on** a bicycle [motorbike（オートバイ）]
* これらはすべて **by** を用いて表わすことができるが, by を用いた場合, 乗物は無冠詞となることに注意。〔⇨ p. 239〕

    by car [taxi, bus, train, bicycle]

《18》 **対象・関与** ── with

She helped him **with** his homework.（彼女は彼の宿題を手伝った）

He was strict **with** his students.（彼は学生に対して厳しかった）

What did you do **with** the money?（その金をどうしましたか）

* **have** something (much, little, nothing) **to do with**（～といくらか関係がある [多いに関係がある, ほとんど関係がない, 無関係]）

《19》 **比較・対照** ── against, to, with 〔⇨ p. 509 compare to / with〕

The mountain stood out **against** the blue sky.

　　　（山は青空を背景にくっきりとそびえていた）

The yen rose **against** the dollar.（ドルに対して円高になった）

《20》 **賛成・反対** ── for（＝ in favor of）, against

Are you **for** or **against** the plan?（その案に賛成か反対か）

* **for**（*or* **against**）**a rainy day**（困った時のために, 不時に備えて）では for（～のために）も against（～に対して）も, いずれも用いられる。

§213.　注意すべき前置詞 (1)（名詞を支配するもの）

《1》 **at : in : on**

　いずれも「時」と「場所」の両方に用いられるが, **at** は時・場所が「点」とみなされる場合, **in** は時・場所が「広がりを持つ」とみなされる場合, **on** は時の場合は「日」について用い, 場所の場合は接触した「上」を表わす。

$$\begin{cases} \text{**at** six（6時に）, **at** noon, **at** this moment, **at** present} \\ \text{**in** the morning, **in** April, **in** summer, **in** the past} \\ \text{**on** Monday, **on** the 1st of May, **on** Christmas Day} \end{cases}$$

* **on** April 1st のような形では on は April ではなく, 1st という「日」を支配する（＝ *on* the 1st of April）ので, April にひかれて in を用いないようにする。

$\begin{cases} \textbf{at} \text{ the door, } \textbf{at} \text{ the center, arrive } \textbf{at} \text{ the goal （Tokyo Station）} \\ \textbf{in} \text{ the room, } \textbf{in} \text{ the middle of } \sim, \text{ arrive } \textbf{in} \text{ Japan （Tokyo）} \\ \textbf{on} \text{ the desk, } \textbf{on} \text{ the platform, } \textbf{on} \text{ the earth} \end{cases}$

◉　次のような表現における前置詞の区別に注意しなければならない。

$\begin{cases} \textbf{at} \text{ （}or\text{ } \textbf{in}\text{） school （college）（学校［大学］にいて；在学して）} \\ \textbf{in} \text{ hospital （prison）（入院して［刑務所に入って］）} \end{cases}$

$\begin{cases} \textbf{at} \text{ （}or\text{ } \textbf{on}\text{） the corner （角に）} \\ \textbf{in} \text{ the corner （隅に）} \end{cases}$　$\begin{cases} \textbf{at} \text{ a distance （少し離れた所で）} \\ \textbf{in} \text{ the distance （遠方に）} \end{cases}$

$\begin{cases} \text{appear } \textbf{on} \text{ television （テレビに出る）} \\ \text{work } \textbf{in} \text{ television （テレビ業界で働く）} \end{cases}$

＊　建物には at, in のいずれも用いるが，at の場合は建物の場所そのものを指し，in の場合はその建物の「中」の意味をはっきり表わす。

$\begin{cases} \text{He lives } \textbf{in} \text{ a big house. （彼は大きな家に住んでいる）} \\ \text{He stayed } \textbf{at} \text{ his uncle's house. （おじさんの家に泊まっていた）} \end{cases}$

$\begin{cases} \text{He works } \textbf{at} \text{ the post office. （郵便局に勤めている）} \\ \text{I left my wallet } \textbf{at} \text{ （}or\text{ } \textbf{in}\text{） the post office. （郵便局に財布を忘れた）} \end{cases}$

＊　ふつう in は用いる都市なども，地点とみなす場合は at を用いる。

$\begin{cases} \text{She lives } \textbf{in} \text{ Paris. （彼女はパリに住んでいる）} \\ \text{She stopped } \textbf{at} \text{ Paris on her way to London.} \end{cases}$
　　　（彼女はロンドンへの途中，パリに寄った）

＊　on は「表面に接触して」の意であるが，位置関係からいえば日本語の「上」と一致しない場合がある。

$\begin{cases} \text{a fly } \textbf{on} \text{ the ceiling （天井にとまったはえ）} \\ \text{a picture } \textbf{on} \text{ the wall （壁にかかった絵）} \end{cases}$

《2》　<u>**in** ［the morning］ : **on** ［the morning of ～］</u>

ただ単に「午前［中］，午後，夕方，夜」という場合には **in** the morning （afternoon, evening），**at** night であるが，「～日の朝（午後，夕方，夜）」という場合や，形容詞で修飾される場合は，前置詞は **on** になる。

on the morning of the 10th （10日の朝に）

on Sunday afternoon （日曜の午後に）

on a quiet evening （静かな夕方に）　　**on** a dark night （暗い夜に）

＊　ただし，特定の日でも，午前や午後における時刻や時点などが示される場合は in を用いる。

It was **five in** the morning of a cold winter day.
　　　（寒い冬の朝の5時だった）

She arrived **in** the **early** （or **early in** the） morning of May 1.
　　　（彼女は5月1日の早朝に着いた）

《3》　<u>**over, above : under, below**</u>

　　over の対照語は **under** であり，**above** は **below** に対する。over と under はそれぞれ「真上」と「真下」を表わし，above と below は「上方」と「下方」を表わす。

There is a long bridge **over** the river.（川に長い橋がかかっている）

She hid the box **under** the bed.（ベッドの下にその箱を隠した）

It is 30 meters **above**［the］sea level.（海抜 30 メートルの所にある）

The sun has sunk **below** the horizon.（太陽が水平線下に沈んだ）

* ｛**under** the bridge（橋の下に）
　｛**below** the bridge（橋の下方［下流］に）

* ただし over と above, under と below がどちらも用いられる場合もある。
　the sky **above**（**over**）our heads（私たちの頭上の空）
　people **below**（**under**）fifty（50 歳以下の人々）

* chat **over** lunch（昼食を<u>たべながら</u>おしゃべりする），talk **over** a cup of tea（お茶を<u>飲みながら</u>話す），fall asleep **over** one's needle work（針仕事を<u>しながら眠ってしまう</u>）などの over は「上」ではなく「従事」を表わす。

* **above all**（とりわけ），**under construction**（**repair**）（工事［修理］中），**under way**（進行中 *cf.* **on one's way**「途中」，**in the way**「じゃまになって」）

《4》　<u>**from ～ to ... / from ～ till ... /［from］～ through ...**</u>

　　「～から…まで」の意を表わすが，「…まで」は場所については **to** を，時については **till, to** または **through**《米》を用いる。

He walked **from** the station **to** the office.

　　　　（彼は駅から会社まで歩いた）

He worked **from** morning **till**（**to**）night.

　　　　（彼は朝から晩まで働いた）

｛The store is open **from** Monday **to** Saturday［inclusive］.
｛The store is open［**from**］Monday **through** Saturday.

　　　　（店は月曜日から土曜日まで開いている）

* **inclusive**（～を含めて）は「土曜が含まれる」ことを特に明示する場合に用いられる。**through**《米》は常に「土曜が含まれる」ことを示す。

* ただし，「時」に関して from ～ が示されない場合，ふつう，till だけを用いる。
　He worked **till**（×to）dark.（彼は暗くなるまで働いた）

* **till** と **until** は同じように用いられるが，until のほうが文語的で，文頭にもよく置かれる。
　｛I will love you **till**（**until**）I die.（死ぬまで君を愛する）
　｛**Until** I die, I will love you.

《5》　**to : for : toward[s]**

　　to は（「起点」を表わす from に対して）「到達点」を表わし，**for** は「目的地」を，**toward** は「方向」を表わす。

{ He went **to** London. （彼はロンドンへ行った）
{ He left **for** London. （彼はロンドンへ発った）

{ He walked **to** the door. （彼は戸口へ歩いて行った）
{ He walked **toward** the door. （彼は戸口の方へ歩いた）

　　cf. He made **for** the door. （彼は戸口の方へ進んで行った）

　　＊　「～の方向に」は **in the direction of** ～ であって，*to* the direction of ではない。

《6》　**in : into**

　　into は **out of**（「～の中から外へ」）に対し，「～の中へ」の意を表わす。**in** は「～の中に」の意で，副詞としては **out** に対する。

He came **into** the room. （彼は部屋にはいってきた）

He stayed **in** the room. （彼は部屋の中にいた）

He came **in** but soon went **out**. （はいってきたがすぐ出て行った）〔副詞〕

　　＊　次のような文の out of は，《米》，《英・口》で of がよく省略される。
　　　　She looked **out** [**of**] the window. （彼女は窓から外を見た）

《7》　**between : among**

　　「～のあいだで」の意で，**between** は「二者」について，**among** は「三者以上」に用いるのを原則とする。

He divided the money **between** his two sons. （二人の息子に金を分けた）

He divided the money **among** his three sons. （三人の息子に金を分けた）

　　＊　個別的に示される3者以上の「あいだ」には between が用いられる。
　　　　There is a tacit understanding **between** Britain, America and France.
　　　　（英国と米国とフランスのあいだには暗黙の了解がある）

　　＊　頻出：　a **difference** (**comparison**) **between** A **and** B
　　　　　　　　（AとBの違い［比較］）
　　　　　　　　between you and me （ここだけの話だが）〔⇨ p. 492〕

《8》　**beside : besides**

　　beside は「～のそばに」〔= by the side of ～〕，**besides** は「～以外に」〔= in addition to ～〕〔⇨ p. 455〕

The girl sat **beside** him. （少女は彼のそばに座った）

There are many others, **besides** him. （彼のほかにも大勢いる）

＊　She was **beside herself with** joy.（彼女は喜びに我を忘れた）〔⇨ p. 153〕
　Besides be**ing** pretty, she is kind-hearted.
　　　　（きれいなばかりでなく心も優しい）
　　　　　〔= She is *not only* pretty *but also* kind-hearted.〕

《9》　<u>from : of</u>
　距離を表わす場合，ふつうは **from** で，**of** は within の後で用いる。
　His house is a mile **from** the station.
　　　　　（彼の家は駅から 1 マイル離れている）
　His house is **within** a mile **of** the station.
　　　　　（彼の家は駅から 1 マイル以内のところにある）
　　＊　**far from**（～からほど遠い，決して～でない）
　　　be wide of the mark（的をはずれている），**fall short of**（～に達しない）

《10》　<u>by : till</u>
　by は「～までに」（完了），**till** は「～まで」（継続）
　I will come here **by** nine.（9 時までにここへ来ましょう）
　I will stay here **till** nine.（9 時までここにいましょう）

《11》　<u>in : within : after</u>
　時の経過の限度を表わす場合，**in** は「～で；～たったら；～したら」
　の意で，**within** は「～以内に」の意。**after** は「～たった後で，～後に」
　I'll be back **in** a week.（1 週間でもどってきます）
　I'll be back **within** a week.（1 週間以内にもどってきます）
　He came back **after** a week.（1 週間後にもどってきた）
　　　　〔after a week = a week later〕〔⇨ p. 310〕
　　＊　**in** a week は，たとえば 3, 4 日で帰って来る場合には用いないが，**within** a
　　　week は 1 週間を限度とし，それ以内ならば，場合によって 3, 4 日ということ
　　　もありうる。in ～ は次のように言い換えられる。
　　　　⎰I'll see you **in** three months.（3 か月したらお会いしましょう）
　　　　⎱= I'll see you **three months** from now.
　　＊　**in** はふつう「未来」のことについて，**after** は多く「過去」のことについて用
　　　いる。

《12》　<u>from : since</u>
　時について，**since** は「～以来；（過去のある時）から（現在まで）」
　の意を表わし，**from** は「起点」を表わすだけである。
　He has been staying here **since** Monday.〔= *from* Monday *till now*〕
　　　　　（彼は月曜日以来ここに滞在している）

He stayed there **from** Monday **till** Friday.

　　（彼は月曜日から金曜日までそこに滞在した）

From now on, I will be very careful.

　　（今後はよく注意しよう）

＊　I know him **from** a child.（彼は子供の時から知っている）では from が慣用
　　で，I know him **from**（*or* **since**）〔his〕childhood. ともいう。

＊　「学校は 8 時（月曜，4 月）から始まる」などで from を用いないこと。

　　{School begins *from* eight（*from* Monday, *from* April）.　　〔誤〕
　　{School begins *at* eight（*on* Monday, *in* April）.　　　　〔正〕

《13》　**for : during**

　　for は「～間 (かん)」の意で，具体的な数や長さを示す語を伴い，**during** は
「～の間 (あいだ)〔に〕；中 (ちゅう)〔に〕」の意で名詞自体がある期間を表わす語に
用いる。for は **How long** ～ ? に対し，during は **When** ～ ? に対する。

　　{*for* ten days（10日間）　　　　{*for* three years（3 年間）
　　{*during* the vacation（休暇中）　{*during* the war（戦争中）

　　{*for* two hours（2 時間）　　　　{*for* a long time（長いあいだ）
　　{*during* the lecture（講義中）　{*during* that period（その期間中）

＊　**for** が数字を伴わない場合：その名詞が表わす全期間を表わす。
　　during が数字を伴う場合：the が付いて特定の期間を表わす。
　　　They put up at the inn **for** the night.（その晩その宿屋で泊った）
　　　I stayed there **for** five months. **During the** five months I learned a lot.
　　　　（私はそこに 5 か月<u>間</u>滞在した。<u>その 5 か月のあいだに</u>私は多くを学んだ）

　　{I have seen him twice **during**（*or* **in**）**the** past two years.
　　{　　（過去 2 年間に彼に 2 度会った）
　　{I have not seen him **for**〔the past〕two years.
　　　　（彼に〔ここ〕2 年間会っていない）

＊　**during** は (a) その期間ずっと継続することを表わす場合と，(b) その期間内
　　のある時点を表わす場合とがある。

　　　(a)　He was ill and stayed at home **during** that week.
　　　　　（彼は病気で，その週は家にいた）
　　　(b)　The rain stopped **during** the night.
　　　　　（雨は夜のあいだに止んだ）

《14》　**for : in**

　　「期間」を表すのは **for** であるが，否定文や最上級（および, only, first
など）を含む文において，（《英》では多く for を用いる場合に）《米》で
は **in** をよく用いる。

We have known each other **for** many years.

　　　（私たちは長年の知り合いだ）

I haven't seen him **in** (*or* **for**) years. （何年も彼に会っていない）

This is the hottest summer we have had **in** (*or* **for**) ten years.

　　　（この夏はここ 10 年で最高の暑さだ）

＊　これは「ここ 10 年でこんな暑い夏はなかった」と否定文でも訳せる。

§214.　注意すべき前置詞 (2)　(動詞と用いるもの)

《1》　**agree with / to / on**　　with は目的語が人の場合。on は「〜について」　　　〔⇨ p. 673〕

I *agree* **with** you **on** this point. （この点について君と同意見です）

I *agree* **to** your plan (suggestion). （君の案 [提案] に賛成です）

《2》　**call at / on**　　at は「場所」を，on は「人」を目的語とする。

I *called* **at** his house. （私は彼の家を訪問した）

I *called* **on** my uncle. （私はおじを訪問した）

《3》　**compare to / with**　　to は「たとえる」，with は「比較する；比肩する」

We often *compare* life **to** a voyage. （私たちは人生をよく航海にたとえる）

I *compared* the copy **with** the original. （複製を原画と比べてみた）

＊　ただし，to を with と同じように「比較する」の意で用いることも多い。

　　My problems seem insignificant **compared with** (*or* **to**) yours.

　　　（僕の問題は君と比べれば取るに足りないように思われる）

《4》　**consist in / of**　　in は「〜にある；〜に存する」，of は「〜から成る」

Happiness *consists* **in** contentment. （幸福は満足にある）〔= lies in〕

Water *consists* **of** hydrogen and oxygen. （水は水素と酸素より成る）

《5》　**consult : consult with**　　consult は「権威ある人・物から助言・情報などを得る」，consult with は「意見・情報を交わして相談する」

consult a lawyer (a dictionary) （弁護士の意見を聞く [辞書を引く]）

consult **with** one's wife (one's colleagues) （妻 [同僚] と相談する）

＊　{ He **consulted** his doctor. （彼は医者にみてもらった）
　　{ The doctor **consulted with** other doctors. (その医者は他の医者と相談した)

《6》　**deal in / with**　　in は「〜を商う」，with は「〜を扱う」

He *deals* **in** furniture. （彼は家具を商っている）

This book *deals* with pollution problems.

　　（この本は公害問題を論じている）

《7》　die of / from / for　　典型的には「（病気）で死ぬ」は of,「（けが・過労など）が原因で死ぬ」は from とされるが，逆のこともあり，今はふつう区別しないで用いられる。for は「〜のために死ぬ」

He *died* of（*or* **from**）cancer（a heart attack, hunger, overwork）.

　　（彼はがん［心臓発作，飢え，過労］で死んだ）

She *died* for her beliefs.（彼女は自分の信念のために死んだ）

《8》　go 〜ing at / in / on　　「…へ（買物，釣り，泳ぎ）に行く」に類した表現で，前置詞を誤りやすい。〔⇨ p. 433, 668〕

She *went shopping*（×**to**　○**at**）a convenience store.

　　（彼女はコンビニへ買物に行った）

＊　go fishing **to** the river, go skating **to** the pond なども誤りで，それぞれ **in** the river, **on** the pond とする。

《9》　hear from / of　　from は「〜から便りがある」，of は「〜のことを聞く」

I have *heard* nothing **from** him since then.（それ以来彼から便りがない）

I have *heard* nothing **of** him since then.（それ以来彼の消息を聞かない）

《10》　insist on : persist in　　意味は似ているが，前置詞を区別する。

He *insists* **on** her innocence.（彼は彼女の無罪を主張している）

He *persists* **in** his opinion.（彼は自分の意見に固執している）

《11》　be known to / by / for / of / as　　A knows B. の受動態の関係を示すのは B is known **to** A. がふつう。be known *by* は下例のようにふつう「判断の基準」を表わす。be known **for** は「〜で有名」の意味の場合で be **famous for**, be **noted for** の for と同じである。

He is *known* **to** everyone in the city.（彼は町中の人に知られている）

A man is *known* **by** his company.（人はその友達によって知られる；友達を見ればその人間がわかる）

He is *known* **for** his scholarship.（彼はその学識によって知られている）

Little is *known* **of** this man.（この人についてはあまり知られていない）

He is *known* **as** a noble man.（彼は人格高潔な人として知られる）

《12》　live by / on / for　　by は生活の「手段」を表わし，on は「〜を常食とする；〜で暮らしている」などの意。for は「目的」を表わす。

He *lives* **by** writing. (彼は文筆によって食べている)

We *live* **on** rice. (我々は米を常食としている)

He *lives* **on** his salary (his savings, a pension).
　　　　(彼は給料 [貯金，年金] で暮らしている)

I have nothing left to *live* **for**. (私には生きがいが何も残っていない)

《13》 **be made of／from／into**　　of は材料が変質しない場合，from は変質する場合。into は製品を表わす。

This desk is *made* **of** wood. (この机は木でできている)

Paper is *made* **from** wood. (紙は木から作られる)

Wood is *made* **into** many things. (木は多くのものに作られる)

《14》 **order ～ from ...**　　「…に～を注文する」〔「…へ注文する」という日本語から to としないこと。「～から取寄せる」と考える〕

He *ordered* the book **from** abroad. (彼はその本を外国へ注文した)

《15》 **part from／with**

He *parted* **from** his friends there. (彼はそこで友達と別れた)

He *parted* **with** his car. (彼は車を手放した)

《16》 **be possessed of／by (with)**　　of は「～を所有する」，by (with) は「～に取りつかれる」

He is *possessed* **of** great wealth. (彼は大きな財産を所有している)

He is *possessed* **by** a strange notion. (奇妙な考えにつかれている)

《17》 **result from／in**　　from は結果の生じる原因を，in は結果として生じた状態を，表わす。

⎧ The accident *resulted* **from** his carelessness.　　(その事故は彼の
⎨
⎩ His carelessness *resulted* **in** the accident.　　　　不注意から生じた)

《18》 **succeed in／to**　　in は「～に成功する」，to は「～を継ぐ」

He *succeeded* **in** his enterprise. (彼は事業に成功した)

He *succeeded* **to** his father's estate. (彼は父の財産を受け継いだ)

〈動詞＋A＋前置詞＋B〉型で用いる重要動詞・前置詞　　（A は他動詞の目的語
　　　　　　　　　　　　　　　　　　　　　　　　　　　　　B は前置詞の目的語）

❶　**for**　①**blame**（[B のことで A を] 責める），**excuse**（許す），**forgive**（許す），**praise**（ほめる），**punish**（罰する），**thank**（感謝する）
　　　　②**take**（[A を B だと] 思う），**mistake**（間違える）
　　　　③**change**（[A を B と] 取り替える），**exchange**（交換する）

① **Thank** you **for** coming.（来てくださってありがとう）

② I **mistook** her **for** her sister.（彼女を彼女の妹と間違えた）

③ I'd like to **change** this **for** that.（これをあれと取り替えたい）

　＊ 「〜を…と思う（みなす）」の意を表わす次の表現を区別する。

　　I **take** him **for** a fool.（僕は彼をばかだと思う）

　　I **think**（**consider**）him［**to be**］a fool.

　　I **regard**（**look on**）him **as** a fool.

❷ <u>from</u>　① **prevent, keep, stop**（［A が B するのを］妨げる）〔⇨ p. 454〕

　　　　　② **tell, know, distinguish**（［B と A を］区別する）〔⇨ p. 501⟨8⟩〕

① I couldn't **stop** myself **from** crying.（泣かずにはいられなかった）

② He doesn't **know** good **from** bad.（彼は善悪の別をわきまえない）

❸ <u>into</u>　**change, turn**（［A を B に］変える）〔⇨ p. 501⟨5⟩〕, **make**（作る）〔⇨ p. 511⟨13⟩〕, **translate**（翻訳する）

　　Can you **change** some yen **into** dollars?

　　（円をドルに替えられますか）

❹ <u>of</u>　① **rob, deprive**（［A から B を］奪う）〔⇨ p. 346〕, **cure**（治す）,

　　　　② **remind**（［A に B を］思い出させる）〔⇨ p. 345〕, **inform**（知らせる, 通報する）〔⇨ p. 341〕, **convince**（確信させる）, **persuade**（納得させる）

　　　　③ **accuse**（［A を B のかどで］告発する, 非難する）

① Anger **deprived** him **of** reason.（彼は怒りのあまり理性を失った）

②{ He **informed** the police **of** the accident.（警察に事故を知らせた）
　 cf. He **acquainted** them **with** the facts.（彼らに事実を知らせた）

③{ They **accused** him **of** murder.（彼を殺人罪で告発した）
　 cf. They **charged** him **with** murder.（　　〃　　）

❺ <u>on</u>　**congratulate**（［B のことで A を］祝福する）

　　I **congratulate** you **on** your marriage.（ご結婚おめでとう）

❻ <u>with</u>　① **supply, provide, furnish**（［A に B を］供給する）, **present**（贈る）, **trust**（託する）

　　　　② **combine, connect**（［A を B と］結び付ける）; **mix**（混ぜる）, **confuse**（混同する）

① He **presented** her **with** a ring.（彼は彼女に指輪を贈った）

$\left\{\begin{array}{l} \text{He } \textbf{provided} \text{ them } \textbf{with} \text{ food.} （彼は彼らに食物を与えた） \\ = \text{He } \textbf{provided} \text{ food } \textbf{for} \text{ them.} \end{array}\right.$

② Don't **confuse** liberty **with** license.（自由を放縦と混同するな）

§215. 注意すべき前置詞 (3) （形容詞と用いるもの）

《1》 **absent from : present at**　　動詞の場合も同じである。

He was *ábsent* **from** school.（彼は学校を欠席した）

　　〔*cf.* He *absénted* himself **from** school.〕〔⇨ p. 152〕

He was *présent* **at** the meeting.（彼はその会に出席した）

　　〔*cf.* He *presénted* himself **at** the meeting.〕〔⇨ p. 152〕

《2》 **anxious about / for**　　about は「懸念」を，for は「切望」を表わす。

He was *anxious* **about** the result.（彼は結果を心配した）

We are all *anxious* **for** peace.（我々は皆平和を切望している）

《3》 **dependent on : independent of**

He is still *dependent* **on** his parents.（彼はまだ親のすねをかじっている）

He is now *independent* **of** his parents.（彼は親から独立している）

《4》 **different from : indifferent to**

His opinion is *different* **from** yours.（彼の意見は君と違っている）

　　〔= His opinion *differs* **from** yours. / He *differs* **from** you *in* opinion.〕

He is *indifferent* **to** others' misery.（彼は他人の不幸に無関心だ）

* **different** は，《英》で **to** を，《米》で **than** を伴うこともある。

　　He is very *different* **from** (**to, than**) his father.（彼は父と大違いだ）

　三つのうち，from が標準的で常に正しく，to と than は正用と認められないこともある。than は接続詞としても用いられるが，from の用法と区別：

　　The results are different $\left\{\begin{array}{l} \textbf{than } \textit{we expected.} \\ \textbf{from } \textit{what we expected.} \end{array}\right.$ （結果は予想していたのと異なる）

　than は接続詞で節を導き，from は前置詞で名詞節を目的語とする。

《5》 **familiar to / with**　　to は「(物が)〜にとってなじみがある」，with は「(人が)〜となじみがある，〜をよく知っている」の関係を表わす。

His name is *familiar* **to** us.（彼の名は我々によく知られている）

　　cf. It is **known to** us., It is **strange to** us. の to と同じ。

I'm not *familiar* **with** his poetry.（彼の詩はよく知らないんです）

　　cf. We are **acquainted with** it. の with と同じ。

《6》　**free from / of**　　from は「～がない」, of は「～を免除されて」

He is *free* **from** care. (彼は心配事がない)

This is *free* **of** charge (tax). (これは無料［無税］です)

《7》　**grateful (thankful) to ～ for ...**　　「…を～に感謝して」

I'm *grateful* **to** you **for** your assistance. (あなたの御援助を感謝します)

　　cf. I thanked (praised, punished, blamed) him **for** it. 〔⇨ p. 511〕

《8》　**kind of**　　It is kind (nice, clever, foolish, *etc.*) **of** you to do ～ の形式で用いる場合, **for** ではなく **of** を用いることに注意。〔⇨ p. 424〕

《9》　**necessary to (*or* for)**　　「～にとって必要な」

Food is *necessary* **to** (*or* for) life. (食物は生命にとって必要です)

＊　このほか **indispensable** (不可欠な), **essential, important, useful** などに伴う「～にとって」の意を表わす前置詞は **to** (または **for**) が用いられる。
　不定詞の意味上の主語を表わす場合は **for** を用いる。
　　〔Exercise is *essential* **to** (*or* for) health. (運動は健康に不可欠だ)
　　〔It is *essential* **for** you to practice every day. (毎日練習することが肝要だ)

＊　**suitable** (適した), **convenient** (都合のよい) にはふつう **for** を用いる。
　　The film is *suitable* **for** children. (この映画は子供向きだ)
　　Is three o'clock *convenient* **for** you? (3 時で御都合いかがですか)

＊　次のような場合は形容詞の意味を区別する。
　　〔He is **good to** everyone. (彼はだれにも親切だ)
　　〔This food is **good for** the health. (この食物は健康によい)

《10》　**proud of**　　名詞 **pride**, 動詞 **pride** との場合を区別する。

　〔She is **proud of** her beauty. (彼女は美ぼうが自慢だ)
　〔She takes ［a］ **pride in** her beauty.
　〔She **prides** herself **on** her beauty.

　cf.〔Her eyes were **full of** tears. (彼女の目は涙でいっぱいだった)
　　　〔Her eyes were **filled with** tears.

《11》　**tired of / from**　　of は「～に飽きた(うんざりした)」〔= **sick of, weary of, bored with**〕, from は「～で疲れた」

I am *tired* **of** ［listening to］ your complaints. (君の愚痴は聞き飽きた)

I am *tired* **from** swimming. (私は泳いで疲れた)

§216. ■**注意すべき前置詞 (4)**　(名詞に伴うもの)

《1》　**authority on / over**　　on は「～についての権威者」, over は「～に対する権威」

He is an *authority* **on** economics.（彼は経済学の権威だ）

　　　　cf. an **expert on** China（中国の専門家）

He has no *authority* **over** his children.（彼は子供に対して権威がない）

　　　　cf. **control**（**tyranny**）**over** 〜（〜に対する支配［圧政］）

《2》 **exception to**

There are some *exceptions* **to** every rule.（すべての規則には例外がある）

　＊　exception *of* 〜としないこと。その他 to を伴う重要な名詞：
　　　　the **answer** *to* a question（問の答え）
　　　　the **solution** *to* a problem（問題の解決策）
　　　　a **means** *to* an end（目的のための手段）
　　　　the **entrance** *to* a hall（会堂の入口）
　　　　the **key** *to* success（成功のかぎ）
　　　　a **clue** *to* a mystery（謎を解く手がかり）

《3》 **fondness for**　　　形容詞 **fond of** と区別する。

He is *fond* **of** wine.（彼はワインが好きだ）

He has a *fondness* **for** wine.（　　〃　　）

《4》 **influence on**

He had much *influence* **on** them.（彼は彼らに大きな影響を与えた）

　＊　*give* influence *to* 〜 などとしないこと。その他 on を用いる場合：
　　　　It made a great **impression** *on* her.（それは彼女に大きな印象を与えた）
　　　　It had no **effect** *on* him.（それは彼に何のききめもなかった）

《5》 **search for**　　「〜の探求（追求，捜索）」　　**after** を用いることもある。
ただし慣用句 **in search of** 〜（〜を求めて）では of を用いる。

They made a *search* **for** the missing child.（行方不明の子供を捜索した）

They went *in search* **of** the missing child.（〜の子供の捜索に出かけた）

重 要 問 題　　　　　　　　（解答 p. 703）

124. **かっこ内の正しい前置詞を選べ。**

　(1)　School begins（at, from）eight in the morning.

　(2)　Please return this book to the library（by, till）Saturday.

　(3)　I will be back（in, for）a few minutes.

　(4)　I stayed at his house（for, in, during）three days.

　(5)　I met him twice（during, in, while）my stay there.

　(6)　Your mail is due to arrive here（by, for, within）a week.

(7) I visited Kyoto for the first time (by, in, since) ages.

(8) I'm meeting Jill (in, on) Monday morning.

125. かっこ内の正しい前置詞を選べ。

(1) They arrived (at, in, to) Paris last week.

(2) I'm going to leave Tokyo (for, to) Osaka.

(3) The sun is sinking (below, under) the horizon.

(4) There's a mirror (above, over) the washbasin.

(5) China is (in, to) the east of Asia.

(6) The boy stood (beside, besides) his father.

(7) I met Ann (in, on) the way home.

(8) The car went (in, to) the direction of the post office.

126. かっこ内の正しい前置詞を選べ。

(1) She went to school (by, in, on) bus.

(2) We went to the lake (by, in, on) our car yesterday.

(3) I spoke to my mother (by, on) the phone last night.

(4) I bought this camera (at, by, for, with) 100 dollars.

(5) The policeman took the criminal (by, of, with) the arm.

(6) You have to pay the rent (at, by, in) the month.

(7) He did it (by, in, with) a different manner.

(8) She looked beautiful (in, on, with) her new dress.

(9) You must speak (by, in, with) a loud voice.

(10) What is the Japanese (for, of, to) 'flower'?

(11) He is older than you (by, for, in) three years.

(12) The matter is (by, of, with) great importance.

127. 空所に適当な前置詞を入れよ。

(1) School begins (   ) April.

(2) Where will you be (   ) Christmas Day?

(3) He was born (   ) the morning (   ) April 1.

(4) We waited for you (   ) half past five.

(5) You must finish the work (   ) five (   ) the latest.

(6) You must finish the work (   ) five hours.

(7) I haven't seen her (   ) a week.

(8) I haven't seen her (   ) then.

128. 次の前置詞より適当なものを選び，各文の空所に入れよ。

> against,　for,　from,　in,　of,　to,　with

(1)　He was absent （　　） school yesterday.

(2)　Are you for or （　　） the proposal?

(3)　I'm not interested （　　） horse racing.

(4)　She's married （　　） a dentist.

(5)　He is known （　　） us （　　） his great scholarship.

(6)　The place is famous （　　） its scenic beauty.

(7)　He is not very familiar （　　） the Bible.

(8)　It was careless （　　） you to lend him so much money.

(9)　A lot of young people today are indifferent （　　） politics.

(10)　I am thankful （　　） you （　　） your sympathy.

129. 次の前置詞より適当なものを選び，各文の空所に入れよ。

> against,　for,　in,　into,　of,　on,　to,　with

(1)　What will become （　　） the girl?

(2)　What has happened （　　） the girl?

(3)　He is looking （　　） a job.

(4)　The police are looking （　　） the murder case.

(5)　I have nothing to do （　　） the matter.

(6)　He was leaning （　　） the wall.

(7)　He depends （　　） his uncle （　　） support.

(8)　I agree （　　） you that the actress is very talented.

(9)　He succeeded （　　） dealing effectively （　　） the problem.

(10)　The audience mainly consisted （　　） teenagers.

130. 空所に適当な前置詞を入れよ。

(1)　I ordered a book （　　） that bookstore.

(2)　He informed me （　　） the result （　　） letter.

(3)　They sometimes compare death （　　） sleep.

(4)　Can you tell silk （　　） cotton at sight?

(5)　I congratulate you （　　） your success.

(6)　I mistook him （　　） a thief.

(7)　Can you exchange this shirt （　　） one in a smaller size?

(8) This law will deprive us (   ) our most basic rights.

131. 空所に適当な前置詞を入れよ。

(1) This pencil is hard to write (   ).

(2) What direction are we moving (   )?

(3) How much did you buy this book (   )?

(4) Her parents deny her nothing she asks (   ).

(5) He never speaks unless spoken (   ).

(6) He is a writer nobody has ever heard (   ).

(7) You should have an ideal to live (   ).

(8) It's wonderful to have someone to share your life (   ).

132. 各文の誤りを訂正せよ。

(1) He is sure to come here till 6 o'clock.

(2) How about going fishing to the river on next Sunday?

(3) Consult with your dictionary for the spelling of the word.

(4) Many people were injured by the accident.

(5) He was shot by a pistol in his way for this office.

(6) He did not know the answer of the question.

(7) By my opinion, poverty is preferable than dishonesty.

(8) Do you think your teachers had much influence to you?

133. 各組の二文が似た意味を表わすよう，空所に適当な語を入れよ。

(1) ⎰ Cheese is made (   ) milk.
    ⎱ Milk is made (   ) cheese.

(2) ⎰ They got married and everyone was surprised.
    ⎱ (   ) everyone's surprise they got married.

(3) ⎰ This is free (   ) charge.
    ⎱ You can have this (   ) nothing.

(4) ⎰ I presented him (   ) a bottle of champagne.
    ⎱ I presented a bottle of champagne (   ) him.

(5) ⎰ The man had a black hat on.
    ⎱ The man was (   ) a black hat.

(6) ⎰ Ten men voted (   ) favor of the motion.
    ⎱ Ten men voted (   ) the motion.

第 **19** 章

接 続 詞

　語・句・節を連結する語を接続詞（Conjunction）という。†　接続詞は次のように分類することができる。

§217. 接続詞の種類

〔**A**〕　**働きによる分類**

（**1**）　**等位接続詞**（Coordinate Conjunction）—— 対等の関係にある語・句・節を結び付ける接続詞：　**and, but, or, for**, *etc.* 〔⇨ p. 521〕

　They are *man* **and** *wife*.（彼らは夫婦だ） 〔語と語〕

　Are you *for the plan* **or** *against it*?（計画に賛成か反対か）〔句と句〕

　She left **but** *he stayed*.（彼女は去ったが彼は留まった） 〔節と節〕

　等位接続詞で結ばれた節を**等位節**（Coordinate Clause）といい，等位節から成る文を**重文**（Compound Sentence）という。〔⇨ p. 42, 68〕

―――――――（重文）―――――――

Ann has a cat　**and**　Beth has a dog.
└ （等位節）┘ └（等位接続詞）┘ └ （等位節）┘

（アンは猫を飼い，ベスは犬を飼っている）

（**2**）　**従位接続詞**（Subordinate Conjunction）—— 一方が他方に従属する二つの節を結び付ける働きをする接続詞：　**when, where, if, as, because, though, whether, that**, *etc.* 〔⇨ p. 526, 528〕

　When force has its way, reason will retire.

　　（無理が通れば道理引込む）

―――――――――――――――――――――――――――

†　「語と語」，「句と句」，「節と節」を結びつけるのは **and, but, or**（**nor**）だけで，他の接続詞は「節と節」を結び付ける。

　等位接続詞に分類される語は，**and, but, or** に限定されることもあるが，一般的には，これに **for** と **nor** を加え，**so** と **yet** を含めることが多い。

　　従位接続詞が導く<u>従</u>となる節を**従節**（Subordinate Clause）といい，これに対して<u>主</u>となる節を**主節**（Principal Clause）という。主節と従節から成る文を複文（Complex Sentence）という。〔⇨ p. 41, 69〕

―――――――――― （複文）――――――――――

She married him, **although** she didn't love him.
―― （主節）―― ――（従位接続詞）―― ――（従節）――

　　　　（彼女は彼を愛していなかったが，彼と結婚した）

* 従節が後にくるときは（接続詞が主節との区切りを示すので）コンマは（特に短い文では）置かないことも多いが，従節が前にきて接続詞が文頭に置かれる形では，主節との区切りを示すコンマはふつう省略しない。

　　{You can do it〔,〕**if** you try hard.　　（一生懸命努力すれば〔,〕
　　{**If** you try hard, you can do it.　　　それをすることができる）

◉　**接続副詞**（Conjunctive Adverb）――― 次のような副詞は，等位接続詞と似た働きをすることがあり，その場合，副詞と接続詞の性質を兼ね備えたものとして，接続副詞と呼ばれる。〔⇨ p. 285〕

　　等位接続詞の and, so（だから）〔結果〕, but（しかし）〔反意〕, or（さもなければ）〔選択〕に類した意味を表わすものが代表的である。

〔結果〕　**therefore**（それゆえに）, **accordingly**（したがって）, **consequently**（その結果）〔⇨ p. 526〕

〔反意〕　**however**（しかしながら）〔⇨ p. 524〕, **still**（それでもなお）, **nevertheless**（それでもなお）

〔選択〕　**otherwise**（さもなければ）〔⇨ p. 471〕, 〔**or**〕**else**（さもなければ）〔⇨ p. 525〕

〔その他〕　**besides**（その上）, **moreover**（その上）; **then**（それから）

　　I think, (*or* I think;) **therefore** I am.（我思う，故に我あり）

　　I don't want to go; **besides**, I'm too tired.

　　　　（行きたくないんだ。それに，とても疲れてるしね）

　　He studied for an hour; **then** he went out to play.

　　　　（彼は1時間勉強し，それから遊びに外へ出た）

◉　**接続副詞**のほうが等位接続詞よりも前の節との区切りが大きく，書く場合にはふつうセミコロン（ ; ）でその区切りが示され，また，ピリオドで区切ったあとに用いられることもある。**等位接続詞**の場合はコンマ（ , ）で区切るか，コンマを置かないこともある。

⎰ I had a headache[,] **so** I went to bed. (頭痛がしたので就寝した)
⎱ He was the only candidate; **therefore** he was elected.
　　　(立候補したのは彼だけだった。したがって彼が当選した)

⎰ It rained[,] **but** I went out. (雨が降ったが外出した)
⎱ It's raining; **still**, we must go out.
　　　(雨が降っている。それでも私たちは出かけなければならない)

* 　等位接続詞はそれが導く節の頭にだけ置かれるが，接続副詞の場合は，however，
therefore など，節頭・節中・節尾のいずれの位置にもおくことができるものも
ある。〔⇨ p. 524 (but : however)〕

〔**B**〕 **形態上の分類**

　(**1**)　**単純接続詞** (Simple Conjunction) ── 1 語のもの： and, but,
when, if, because, *etc.*

　(**2**)　**群接続詞** (Group Conjunction) ── 二つ以上の語が集って接続詞
の働きをするもの： so that, as soon as, as if, now that, *etc.*

　(**3**)　**相関接続詞** (Correlative Conjunction) ── 対(ツイ)になって互いに
関連して用いられるもの： not only 〜 but also, both 〜 and, either
〜 or, hardly 〜 when, what with 〜 what with〔⇨ p. 213〕, *etc.*

〔**C**〕 **由来する品詞による分類**

　本来，他の品詞であった語で，接続詞として用いられるようになったも
のがある。

　(**1**)　**名詞**が転用されたもの：
　　　　the moment, every (next) time, the way, *etc.*　　〔⇨ p. 529〕

　(**2**)　**副詞**が転用されたもの：
　　　　directly, immediately, now, once, *etc.*　　〔⇨ p. 529〕

　(**3**)　**動詞**が転用されたもの：
　　　　suppose, provided, providing, granted, *etc.*　　〔⇨ p. 533〕

§218. 等位接続詞

等位接続詞 (接続副詞を含む) を意味の上から分類すれば次のようにな
る。

1 **連結・並列** ── ただ並列的に結び付けるもの：
　　and, **nor**; **besides**, **moreover**; **both** 〜 **and**, **not only** 〜 **but**
also, **as well as**, **neither** 〜 **nor**, *etc.*

Tom **and** Mary sang **and** danced merrily **and** happily.

（トムとメアリーは陽気に楽しく歌い踊った）

* この文では，三つの and はそれぞれ「主語と主語」,「動詞と動詞」,「副詞と副詞」と，対等の二つのものを結びつけているが，二つ以上の対等のものを並べるとき，ふつう次の形になる。

$$\begin{cases} \text{A and B（bread } and \text{ butter）} \\ \text{A, B[,] and C（bread, butter[,] } and \text{ cheese）} \\ \text{A, B, C[,] and D（bread, butter, cheese[,] } and \text{ ham）} \end{cases}$$

ただし，個々を強意的に並べる場合に，コンマを用いないですべて and で結ぶこともある。〔「選択疑問」における or については ⇨ p.58〕

I am not rich, **nor** do I wish to be.　　　　　　　　　　〔⇨ p.634〕

（私は金持ちでもなければ金持ちになりたくもない）

〔= I am not rich, *and* I do *not* wish to be rich, *either.*〕

◉ 相関的に用いられる等位接続詞

He has **both** knowledge **and** experience.（彼には知識も経験もある）

= He has **not only** knowledge **but also** experience.

= He has experience **as well as** knowledge.

* B as well as A は「A だけでなく B も」で B が強調される。

The book is **neither** interesting **nor** instructive.

（その本は面白くもなければ有益でもない）

● 相関接続詞が結び付けるのは，文中における**対等の要素**であることを原則とする。〔次のうち，上は避けたほうがよいとされる形，下が正式な形〕

$$\begin{cases} \text{I } \mathbf{not\ only}\text{ saw the car } \mathbf{but\ also}\text{ the driver.〔動詞＋名詞〕} \\ \text{I saw } \mathbf{not\ only}\text{ the car } \mathbf{but\ also}\text{ the driver.〔名詞＋名詞〕} \end{cases}$$

● neither 〜 nor に対して not either 〜 or になる。

$$\begin{cases} \text{He can speak } \mathbf{neither}\text{ French } \mathbf{nor}\text{ German.} \\ \text{He can}\mathbf{not}\text{ speak } \mathbf{either}\text{ French } \mathbf{or}\text{ German.} \end{cases}$$

◉ and の注意すべき用法

① 「命令文, and」で「そうすれば」〔条件〕の意。〔⇨ p.65, 473〕

Ask, **and** you will receive.（求めれば，与えられるだろう）

* 命令文に相当する表現のあとでも同様である。

One more step, **and** you are a dead man.

（あと一歩でも動けば，命はないぞ）

② 同じ語を重ねて「反復・継続・多様」などを強意的に表わす。

Things got worse **and** worse. (事態はますます悪化した)

He worked **and** worked **and** worked. (働いて働いて働き続けた)

There are books **and** books (doctors **and** doctors).

　　(本[医者]にもいろいろ[ピンからキリまで]ある)

③　「～でありながら，～なのに」の意を表わす。and yet もよく用いられる。

You're a vegetarian **and** you eat fish?

　　(君は菜食主義者なのに魚をたべるのかい)

A man may talk like a wise man, **and yet** act like a fool.

　　(人は賢者のごとく語りながら，愚者のごとく振舞うこともある)

④　and で結ばれた語が，別個のものではなく，まとまったものを表わす。

bread **and** *butter* (バター付きのパン)　　　　　　　　〔⇨ p. 547〕

Slow **and** *steady* wins the race.

　　(ゆっくり着実にやるものがレースに勝つ)

⑤　目的を表わす不定詞の代わりに and を用いる。　〔⇨ p. 418, 666〕

Come **and** (= Come **to**) see me tonight. (今夜遊びに来ませんか)

⑥　and の接続関係を誤りやすい場合。

You cannot eat your cake **and** have it.

　　〔誤〕あなたはケーキを食べることも持つこともできない。

　　〔正〕ケーキは食べればなくなる。

＊　よく引用されることわざで，「ケーキを食べておきながら同時にそれを持っていることはできない」(二つながらによいことはない) の意。cannot は〈eat your cake **and** have it〉(ケーキを食べかつ持っていること) という内容をまとめて打ち消すのであって，「食べることはできず，そして持つこともできない」というふうにそれぞれの動詞を別々に打ち消すのではない。

2　反意 ── 反対・対照の意味を表わす語・句・節を結び付けるもの：

but, **yet**, **still**, **while**, **however**, **nevertheless**, **only**, *etc*.

They are poor **but** happy. (彼らは貧しいが幸せだ)

He saw it with his own eyes, **yet** he couldn't believe it.

　　(彼はそれを自分の目で見たが，信じることができなかった)

I'd be happy to join you; **only** I have no time. (私も御一緒できればうれしいのですが，ただ時間がありませんので)

❖　while は「時」を表わす場合は従位接続詞であるが，「対照」を表わす場合は等位接続詞的であると考えることもできる。

⎰ **While** there is life, there is hope.（命あるあいだは希望がある）
⎱ She is tall, **while** her husband is short.（彼女は背が高いが夫は低い）

＊　ただし，対照を表わす *while* 節は前に置かれることもあるので，対照を表わす while は等位接続詞であると断定することはできない。
　　　While the work was difficult, it was interesting.
　　　　　（その仕事は困難だったが興味深かった）

❖　**but : however**

but（しかし）に対して **however**（しかしながら）のほうが堅い語で，これは **and, so**（だから）に対する **therefore**（ゆえに）の関係に似る。接続副詞のなかでも however と therefore は，節の「頭」以外の位置にも置かれるという点において，特別である。

　　She went[,] **but** her husband stayed.　　　　　　　　〔等位接続詞〕

⎰ She went; **however**, her husband stayed.
⎢ She went; her husband, **however**, stayed.　　　　　　〔接続副詞〕
⎱ She went; her husband stayed, **however**.

　＊　She went. However, her husband stayed. の形ででも用いられる。

3　選択：　**or, else, otherwise**〔⇨ p. 471〕**, either ～ or,** *etc.*

Bring me a pen **or** a pencil.
　　　　　（ペンか鉛筆を持ってきてください）

I'm going to spend the summer in London, Paris, **or** Rome.
　　　　　（この夏はロンドンかパリかローマで過ごします）

　＊　三つ（以上）のものを並べるときは，A, B[,] or C と最後の前にだけ or を置く。その前にコンマを置くことも置かないこともある。
　　〔選択疑問文の場合については ⇨ p. 58〕

He doesn't smoke **or** drink.（彼はたばこも酒もやらない）

　〔= He **neither** smokes **nor** drinks.〕

Either a pen **or** a pencil is necessary.（ペンか鉛筆が必要だ）

❖　**or の注意すべき用法**

①　命令文のあとで「さもなければ」の意を表わす。〔⇨ p. 65, 71〕

Hurry, **or** you will be late.（急がないと遅れるよ）

Either say you're sorry **or** get out.
　　　　　（謝るか，さもなければ失せろ）

Phone home, **or** (= **or else**, **otherwise**) your parents will start
to worry.

　　　（家に電話しなさい，でないとご両親が心配しはじめるよ）

②　「つまり［言い換えれば］，すなわち（= that is）」の意で用いる。

He ran a mile, **or** 1,609 meters.

　　　（彼は1マイル，すなわち 1,609 メートル走った）

③　言い直して「いや正しくは（正確に言えば）」の意で用いる。

He is, **or** was, a very famous writer.

　　　（彼はとても有名な作家だ ―― いや作家だった）

4　**理由：　for**

He took the food eagerly, **for** he had eaten nothing since the day be-
fore.（彼は食物をむさぼるように食べました，というのは彼はその前
　　　　日から何も口にしていなかったのです）

◈　**for : because**　〔⇨ p. 531（as : since : because）〕

①　**because** は **as** や **since** と同じく**従位接続詞**であり，主節に先行す
ることもあるが，**for** は**等位接続詞**であるから，**and** や **but** と同じく
常に他の等位節の後に置かれる。

②　**because** は直接の理由を示すが，**for** は理由を付加的に述べる。し
たがって，for の前には常に休止が置かれ，書く場合にはコンマで前
節と区切られるが，*because* 節はコンマで区切らないことも多い。

He didn't attend the meeting **because** he didn't feel well.

　　　（彼は気分が良くなかったので会に出席しなかった）

He didn't attend the meeting, **for** he didn't feel well.

　　　（彼は会に出席しなかった，気分が良くなかったので）

③　**for** は推量の根拠としての理由を表わすことがある。

　　(a) He must be ill, **for** he looks pale.　　　　　〔正〕
　　(b) He is ill **because** he looks pale.　　　　　　〔誤〕
　　(c) He looks pale **because** he is ill.　　　　　　〔正〕

　　(a) は「彼は病気であるにちがいない，（と考える根拠は）青い顔を
しているから」，(b) は「彼が青い顔をしている」ことが「彼の病気の
理由」である関係を表わし，理屈が成立たない。(c) は「彼が青い顔
をしている理由は彼が病気であるから」の関係を表わし正しい文意が
成立する。

④　Why ... ? に答えるのは **because** で，for は用いない。〔⇨ p. 532〕

⑤　**for** は（理由を表わす接続詞としての用法では）改まった感じの語で，ふつう書き言葉で用いられる。

5　**結果**：　**so, therefore, consequently, accordingly, hence,** *etc.*

He was out, **so** I left a message with his secretary.

（彼は不在だったので，秘書に伝言を託しておいた）

He broke the rule of the school; **therefore** (**consequently, accordingly**) he had to leave school. （彼は校則を破った，それゆえ［その結果，したがって］退学させられた）

§219.　従位接続詞 （1. 名詞節を導くもの）

従位接続詞には名詞節〔⇨ p. 43〕を導くものと副詞節〔⇨ p. 45〕を導くものとがあり，名詞節を導く接続詞には **that, if, whether**（〜 **or**），**lest, but that** などがある。〔名詞節は関係代名詞や疑問詞によっても導かれる〕名詞節は文中において主語・補語・目的語・同格などの要素になる。

①　**That** *he will win* is certain.　　　　　　　　〔主　　語〕

②　I do not doubt **that** *he will win*.　　　　　　〔目的語〕

③　My conviction is **that** *he will win*.　　　　　　〔補　　語〕

④　My conviction **that** *he will win* has been shaken. 〔同　　格〕

①彼が勝つことは確かだ。　　③私の確信は彼が勝つということだ。

②彼が勝つことを疑わない。　　④彼が勝つという私の確信がゆらいだ。

〔A〕　**主語として**

That *he doesn't want to see us* is quite obvious.

（彼がわれわれに会うことを望んでいないのは明らかだ）

〔= It is obvious *that* he doesn't want to see us.〕

Whether *he comes or not* makes no difference to me.

（彼が来ようと来まいと僕には同じことだ）

〔= It makes no difference to me *whether* he comes or not.〕

　＊　**Whether** *or not* he comes ... の語順をとることもある。

〔B〕　**目的語として**

He says 〔**that**〕 *it's too late*. （彼はもう手遅れだと言っている）

She asked me **if** (*or* **whether**) *he passed the test*.

（彼女は私に彼が試験に合格したかどうか尋ねた）

Do you know **why** *he was late*? (なぜ彼が遅れたか知ってますか) †

I wonder **if** (*or* **whether**) *she's married*. (彼女は結婚しているのかな)

I don't doubt **that** *it's true*. (それが事実であることを疑わない)

　＊　doubt *that* ～, doubt *if* (*whether*) ～ の区別については ⇨ p. 348。

I don't know **whether** *it's true or not*. (それが事実かどうか知らない)

I feared **lest** *he* [*should*] *be offended*. (彼が機嫌を損ねないかと心配した)

　cf. I feared **that** *he might be offended*.　　〔lest ～ は文語的 ⇨ p. 537〕

There is no doubt as to **whether** *it is true*.　　〔前置詞の目的節〕
　　　　　(それが真実であるかどうかについて疑いはない)

◉　**that の省略**　　say, tell, think, hope, wish, believe, know, sup-
　pose など，日常の口語表現に多く用いられる動詞の目的語となる名詞
　節を導く that は，多く省略される。〔⇨ p. 564〕しかし，より正式な文
　で多く用いられる **state** (述べる)，**hold** (考える)，**maintain** (主張す
　る)，**conceive** (想像する)，**assert** (主張する)，**assume** (仮定する)
　などの動詞や，**reply** (答える)，**suggest** (提案する) などでは that を
　省略しないのがふつうである。

　　I **hope** he will recover soon. (彼が早くよくなればよいが)

　　He **maintained that** she was innocent. (彼女の無罪を主張した)

◉　**I'm afraid** (**glad**, **sure**, **sorry**, *etc.*) [**that**] ～などにおける that も
　名詞節を導くと考えられる〔⇨ p. 44 †〕が，多く省略される。

◉　**but that** 《堅》= that　　doubt, deny (否定する) の否定形の後で
　は，but that が that と同じように用いられることがある。

　　I don't doubt [**but**] **that** he will support you.

　　　　(彼があなたを支持してくれることを私は疑わない)

◉　*that* 節が前置詞の目的語になるのは **in that** ～〔⇨ p. 493〕，**except
　that** ～ などにおいてだけである。

---

†　疑問詞が「間接疑問」〔⇨ p. 62, 565〕で目的語の名詞節を導く例であるが，㋑ (疑
　問詞を用いる) 特殊疑問と，㋺ (疑問詞を用いない) 一般疑問〔⇨ p. 55〕(および関
　連表現) の区別。

㋑　Do you know ⎱ ⎰ **what** he wants / **where** she lives ⎱?
　　I don't know / I wonder ⎰ ⎱ **how** he got it / **when** she left ⎰.

㋺　Do you know ⎱ ⎰ **if** *or* **whether** ⎰ he can swim ⎱?
　　I don't know / I wonder ⎰ ⎱ ⎰ she'll come ⎰.

It will do **except that** it is a little too long.

　　　　　（それは少し長すぎるという点を除けばけっこうだ）

〔C〕　**補語として**

The fact is **that** *he is a little lazy*.（実は彼は少し怠け者だ）

The reason why he lied was **that**（《口》 **because**）*he was afraid*.

　　　　　（彼がうそをついたのはこわかったからです）

❧　The fact（truth, trouble, problem）is **that** 〜 などの that は口語的に省略されることがよくある。

　　　　The trouble is, her husband drinks too much.

　　　　　　（困ったことに，彼女の夫は飲み過ぎる）

　　　　〔The reason（why 〜 / that 〜 / for 〜）is that（*or* because）…については ⇨ p. 627〕

〔D〕　**同格節として**

The *rumor* **that** *he died* is ill-founded.

　　　　　（彼が死んだという噂は根拠がない）

I am of *opinion* **that** *the measure is wrong*.

　　　　　（私はその手段は間違っているという意見です）

＊　同格の **that** 節を伴う名詞の主な例：　the fact〔**belief, idea, news, promise, proposal, report, thought**〕that 〜（〜という事実〔信念，考え，知らせ，約束，提案，報告，思い〕）

We are equal in *this*, **that** *we all have twenty-four hours in a day*.

　　　　　（だれでも皆 1 日 24 時間だという点で，我々は平等だ）

There remains the *question* **whether** *we can raise enough fund*.

　　　　　（十分な資金が集められるかどうかという問題が残る）

■ §220.　従位接続詞（2. 副詞節を導くもの）

副詞節〔⇨ p. 45〕は，その表わす意味から，次のように大別することができる。

(1) 時（Time）　　　　(2) 場所（Place）　　　　(3) 理由（Reason）

(4) 条件（Condition）　(5) 譲歩（Concession）　(6) 目的（Purpose）

(7) 結果（Result）　　　(8) 様態（Manner）　　　(9) 比較（Comparison）

(10) 程度（Degree）

1　「時」の副詞節を導くもの：　**when, before, after, while, since, till,**

until, **as**, **whenever** 〔⇨ p. 456 ⑭〕, **every time**, 〔**the**〕 **last** (**next**) **time**, **as soon as**, **the moment** (**instant**, **minute**), **directly**, **immediately**, **once**, **now that**, **no sooner** ～ **than**, **hardly** (**scarcely**) ～ **when** (**before**), **as long as** 〔⇨ p. 533〕, *etc.*

You cannot be too careful **when** you choose your friends.
〔= You cannot be too careful in choosing your friends.〕
（友人を選択する時にはいくら注意してもしすぎることはない）

It will not be long **before** he comes. （彼は間もなく来るだろう）
〔= He will come before long.〕

He came to see you **while** you were away.
〔= He came to see you during (*or* in) your absence.〕
（君の留守中に彼が会いに来た）

As night approached, the street became hushed.
〔= With the approach of night, the street became hushed.〕
（夜が近づくにつれて，通りは静かになった）

The roof leaks **every time** (= **whenever**) it rains.
（雨が降るたびに屋根が雨漏りする）

She looked happy 〔**the**〕 **last time** I saw her.
（この前彼女に会ったとき，彼女は幸せそうだった）

〔**The**〕 **next time** I come, I'll bring her along.
（こんど来るときは，彼女を連れて来るよ）

As soon as he arrived there, he visited his old friend.
〔= On his arrival (*or* On arriving) there, he visited his old friend.〕
（そこへ着くとすぐに，彼は旧友を訪れた）

The minute (= **Immediately**) she'd gone, the baby started to cry.
（彼女がいなくなったとたんに，赤ん坊は泣き始めた）

❦ **once** は，「ひとたび～すれば」で，「時＋条件」の意味を含む。
Once you fall ill, you must obey the doctor.
（病気になったら医者の言うとおりにしなければいけない）

❦ **now** 〔**that**〕 は「～した今，～なので (= since)」で，「時＋理由」の意味を含む。〔⇨ p. 531〕
Now 〔**that**〕 you are ill, you must obey the doctor.
（病気になったからには医者の言うとおりにしなさい）

◈　**since** が導く節が，「時」を表わす場合には後に置かれるのが普通で，「理由」を表わすときは前が多く，中・後にも置かれる。

〔時〕　It's been twenty years **since** we got married.

　　　　　　　（私たちが結婚してから20年になります）　　〔⇨ p. 371, 649〕

〔理由〕　⎧ **Since** you object, the plan must be given up.
　　　　　⎨ The plan, **since** you object, must be given up.
　　　　　⎩ The plan must be given up, **since** you object.

　　　　（君が反対なので，計画は断念しなければならない）〔⇨ p. 531〕

◈　**hardly (scarcely) ～ when (before) ...,　no sooner ～ than ...** はいずれも「～するかしないうちに…する」の意を表わすが，**相関関係**（no sooner ～ before などとはしない），**時制**（過去のことを述べる場合，前半では過去完了を用いる），**語順**（副詞が前に出た場合，**倒置**されて had が主語の前に出る）の三点に注意する。

　　Hardly (Scarcely) had he seen me **when (before)** he ran away.
　　No sooner had he seen me **than** he ran away.
　　　　　（私の姿を見るやいなや彼は逃げ出した）

●副詞が文中に入れば語順は倒置されない。

　　He had **no sooner** seen me **than** he ran away.

● **as soon as**（～するやいなや），**the moment**（～したとたんに），**directly**（～するとただちに）などを用いた場合は，時制は両方とも過去である。

　　As soon as (The moment, Directly) he *saw* me, he ran away.

◈　**till (until)**，**when** には「継続的」な用法がある。この場合，ふつう，前にコンマが置かれる。

　⎧ (a)　We waited there **till** it was heard no more.
　⎨ (b)　The noise grew fainter and fainter[,] **till** (= and at last)
　⎩ 　　　 it was heard no more.

　　(a)「我々はそれが聞えなくなるまで，そこで待っていた」
　　(b)「その音はだんだんかすかになり，ついに聞えなくなった」

　⎧ (a)　We were in the garden **when** it began to rain.
　⎩ (b)　We were about to start, **when** (= and then) it began to rain.

　　(a)「雨が降り出したとき我々は庭にいた」
　　(b)「我々が出発しようとしていると［そのとき］雨が降り出した」

それぞれ (a) は普通の場合で，従節から訳し上げ，(b) は継続的用法で，主節から訳し下げる。

◈ **not 〜 till (until) ...**（…するまで〜しない；…してはじめて〜する）とその強調構文・類似表現に注意する。

I did **not** remember it **until** he reminded me of it.

It was **not until** he reminded me of it *that* I remembered it.

It was **only after** he reminded me of it *that* I remembered it
　　　　　（彼に言われてはじめて私はそれを思い出した）

2　「場所」の副詞節を導くもの：　**where, wherever**

Where there is smoke, there is fire.　　　　　　　　　〔⇨ p. 45〕
　　　　　（火のないところに煙は立たぬ）

He is welcomed **wherever** he goes.　　　　　　　　　　〔⇨ p. 224〕
　　　　　（彼はどこへ行っても歓迎される）

3　「理由」の副詞節を導くもの：　**as, because, since, now** [**that**], **in that, seeing that, for the reason that**（〜という理由で），**not that**（〜というわけではないが），*etc.*

Now [**that**] the rain has stopped, we'd better start.　　〔⇨ p. 529〕
　　　　　（雨が止んだので，出かけたほうがいいだろう）

She was fortunate **in that** 〔= **for the reason that**〕 she had friends to help her.（彼女は援助してくれる友達がいて幸せだった）

Seeing that you are tired, you'd better take a rest.
　　　　　（お疲れのようだから，休んだほうがいいでしょう）

She has a new boy friend — **not that** I care.（彼女，新しいボーイフレンドができたんだって — 別にどうでもいいことだけど）

◈ <u>**as** : **since** : **because**</u>
　　理由を述べる表現として，**as** がいちばん軽く，**because** が最も強い。**since** は，相手もすでに知っている理由や，文の主要な要素とならない理由を表わし，**because** は（ふつう新しい情報として）文の中心的な要素になる理由を表わす。

　＊　一般に，伝えられるべき情報の最も重要な要素は文の末尾のほうに置かれるので，**because** 節はふつう主節の**後**に置かれ，**as** と **since** の節は多く主節の**前**に置かれる。〔⇨ p. 525（for : because）〕

As it was late, I took a taxi.（遅かったのでタクシーに乗った）
　　　　〔It was late, **so** I took a taxi. に近く，これのほうが口語的〕
Since you say so, it must be true.
　　　　　　（君がそう言うんだから，本当にちがいない）
I employed him **because** he was honest.（正直だから彼を雇った）
　　　　〔The reason why I employed him is that he was honest. の
　　　　気持ちで陳述の力点が理由に置かれる〕　　　　　〔⇨ p. 627〕
●Why ～ ? の疑問文に対する答えには because だけを用いる。
　Why do you dislike him? ― ［I dislike him］ **because** he is self-
　ish.（なぜ彼がきらいなのか。― わがままだから）

not ～ because

because が not の後に用いられたときの否定関係を区別する。

$\begin{cases} \text{(a)} & \text{I do}\textbf{n't} \text{ like him[,] } \textbf{because} \text{ he is dishonest.} \\ \text{(b)} & \text{I do}\textbf{n't} \text{ like him } \textbf{because} \text{ he is honest.} \end{cases}$

　(a) は「彼は不正直だから好きじゃない」の意で not は like だけを否
定するが，(b) は「彼が正直だから好きなのではない（好きな理由はほ
かにある）」で，not は like him because he is honest 全体を否定する
（正直だから好き ― なのではない）。

$\begin{cases} \text{(a)} & \text{It is } \textbf{not} \text{ valuable[,] } \textbf{because} \text{ it is old.} \\ \text{(b)} & \text{It is } \textbf{not} \text{ valuable } \textbf{because} \text{ it is old.} \end{cases}$

　(a)「それは古いので価値がない」
　(b)「それは古いから価値があるのではない」

4　**「条件」の副詞節を導くもの**：　**if**〔⇨ p. 460〕，**unless, provided**（**pro-
viding**）**[that], suppose**（**supposing**）**[that], on condition that, in
case, once**〔⇨ p. 529〕，**as**（**so**）**long as, given that,** *etc.*

　条件を表わす接続詞の代表は if であるが，if が表わす条件については，
次の二通りを区別しなければならない。

　(a) I'll stay at home **if** it *rains*.（雨が降れば家にいます）
　(b) I'd go out **if** it *was*n't *raining*.（降っていなければ出かけるのだが）
　(a) は「（実際にそうであるかどうかわからないことについて）もし～な
　ら」の意を表わす「**開放条件**」を述べ，**直説法**の動詞を用いる。
　(b) は「（事実とは反対のこと，または純然たる仮定上のことについて）

かりに～ならば」の意を表わす「**仮定条件**」であって，動詞は**仮定法**の形をとる。

◈　**unless** は「～でなければ」の意で，**if** ～ **not** で言い換えられるが，「仮定条件」には用いないので，仮定法を用いた if の文は unless で言い換えることはできない。〔⇨ p. 675（unless : if ～ not）〕

{ **If** you don't consent, I won't do it.
{ **Unless** you consent, I won't do it.
　　（君が賛成しなければ僕はそれをしない）

{ She would have died **if** the doctors had **not** saved her.
{ × She would have died **unless** the doctors had saved her.
　　（医者が救ってくれていなければ彼女は死んでいただろう）

◈　**provided**（～であることを条件として，～であるならば）は，if よりも強く，前提となる条件を示す。「仮定条件」には用いない。

　　You can go out, **provided** [**that**]〔= **only if**, **on condition that**, **as long as**〕you promise to be back before 11 o'clock.
　　（11 時前に戻ることを約束するならば，出かけてもよろしい）

●**provided** と **unless** は，「仮定条件」には用いないという点と，「～であるならば」と「～でないならば」という肯定・否定の対照的な意味において，相通じる。

{ I will go, **provided** you go too. （君も行くならば僕は行く）
{ I won't go **unless** you go. （君が行かないなら僕は行かない）

◈　**suppose**, **supposing** は「開放条件」にも「仮定条件」にも用いる。
　　Suppose it *rains*, what *shall* we do? （雨が降ったらどうしよう）
　　Suppose（**Supposing**）you *were dismissed*, what *would* you do?
　　（かりに首になったとしたら，どうしますか）

◈　**in case** は（a）「否定の目的」と（b）「条件」を表わす。〔⇨ p. 676〕
　（a）Take your coat with you **in case** it rains（*or* should rain）.
　　　　　　　〔= ... **for fear** it should rain.〕
　　　　（雨が降るといけないので，コートを持って行きなさい）

　（b）**In case** it rains, our picnic will be put off.〔= **If** it rains, ...〕
　　　　（雨が降ればピクニックは延期になる）〔この用法は主に《米》〕

◈　**as**（**so**）**long as** 「…するかぎりは；…さえすれば」〔= only if〕という「条件」の意味を表わすほか，as long as は「…だけ長く；…する

あいだ［は］」という「時」を表わす接続詞としても用いられる。

〔*cf.* as（so）far as ⇨ p. 540〕

Any book will do, **as（so）long as** it is interesting.

（面白くさえあれば，どんな本でもけっこうです）

You shall want for nothing **as long as** I live.

（私の目の黒いあいだは，君に何一つ不自由させない）

❧ **given that** は「～であるとすれば，～を考慮すれば」などの意味を表わすが，**given** は前置詞としてもよく用いられる。

Given that they are inexperienced, ⎫
《前》**Given** their inexperience, ⎬ they've done a good job.

（彼らの未熟さを考えれば，なかなかよくやった）

⒌ 「譲歩」の副詞節を導くもの： **though, although, even if, even though, if, as, whether ～ or, whatever, no matter what,** *etc.*

〔-ever 形の語については ⇨ p. 223／命令形の譲歩文は ⇨ p. 473〕

「譲歩」とは「～だけれども，たとえ～でも」の意を表わし，「反意・対比」を表わす but（しかし，けれども）の意に通じる。

⎧ ① **Though（Although, Even though）** it's hard work, I enjoy it.
⎨ ② It's hard work, **but** I enjoy it.
⎩ ③ It's hard work; I enjoy it〔,〕**though**.

（きつい仕事だが，私は楽しんでやっている）

①は従位接続詞を用いた複文，②は等位接続詞でつないだ重文，③は though を接続副詞〔⇨ p. 520〕として用いた重文である。〔although には，even although の形はなく，③の接続副詞の用法もない〕

* **though** のほうが **although** よりも口語的である。
even though は **though** よりもやや強意的である。

If he is poor, he is honest.（たとえ貧しくとも彼は正直です）

Whether you agree **or** not, I will do what I believe is right.

（君が同意しようとしまいと，僕は正しいと思うことをする）

She looks pretty, **whatever**（= **no matter what**）she wears.

（たとえ何を着ても，彼女はきれいに見える）　　　〔⇨ p. 223〕

❧ **even if** ： **even though**　　両方とも一般には「たとえ～であっても」のように訳すことが多いが，正確には次のように区別される。

even if は「譲歩」と「条件」の意味を合わせもち，「かりに（たと

え）～であっても」の意。したがって仮定法を用いた文にも用いられる。

　even though は，even によって though の「譲歩」の意味が強められた形。「たとえ～であろうとも，事実～であるのに」の意。

⎰ ㋑ **Even if** he loves her, he cannot marry her.
⎱ ㋺ **Even though** he loves her, he cannot marry her.

　㋑（彼が彼女を愛しているかどうかわからないが）「かりに（たとえ）彼が彼女を愛しているとしても，彼女と結婚することはできない」

　㋺（彼は実際に彼女を愛しているのだが）「たとえ彼が彼女を愛していても，彼は彼女と結婚することはできない」

He *would*n't give me the money, **even if** I begged him for it.
　（たとえ私が懇願しても，彼はその金をくれないだろう）

❖ **as を用いる譲歩構文**　as を用いる譲歩文は倒置形をとる。〔⇨ p. 677〕

Poor **as** he is, he is happy.（彼は貧しいが幸福だ）

　　　〔= **Though** he is poor（= *Poor* **though** he is), he is happy.〕

Strange **as**（*or* **though**）it may seem, I like housework.

　　　（奇妙に思われるかもしれないが，私は家事が好きなのです）

名詞が文頭に出るときは**可算名詞でも冠詞は付かない**。

Child **as** he is, he is thoughtful.（彼は子供だが思慮深い）

　　　〔*cf.* **Though** he is *a* child, he is thoughtful.〕

この形の as はふつう「譲歩」を表わすが，文脈により「理由」を表わすこともある。

⎰ Young **as** he is, he is equal to the task.〔= *Though* he is young〕
⎪　　　（彼は若い<u>が</u>，その仕事をすることができる）
⎪ Young **as** he is, he is not equal to the task.〔= *As* he is young〕
⎱　　　（彼は若い<u>ので</u>，その仕事をすることができない）

❖ **though ↔ in spite of, with（for）all**　　一般に though に導かれる節に対する句の形式は in spite of（= despite）で表わされる。

⎰ **Though** we advised him again and again, he did not mend his
⎪ ways.
⎪ **In spite of**（= **Despite**）our repeated advice, he did not mend
⎱ his ways.

　　　（我々が再三忠告したが，彼は行いを改めなかった）

「～がたくさんあるにもかかわらず」の意を表わす場合は for all,

with all を用いることもできる。

> ⎰ **Though** he is very rich, he is not happy.
> ⎱ **With all** (**For all**, **In spite of**) his riches, he is not happy.
> 　　（彼は大金持ちであるが，幸福ではない）

　　ただし with all は「〜をたくさん持っているので」の意も表わす。

　　With all his riches, he must be very happy.

　　　　（あんなに金持ちなんだから，彼はとても幸福にちがいない）

6　「目的」の副詞節を導くもの：　so that, in order that, so, for fear
[that], lest, in case 〔⇨ p. 533, 676〕, *etc.*

　　He works hard **so that** (*or* **in order that**) he can support his family.
　　　〔= He works hard **to** (*or* **so as to** *or* **in order to**) support his
　　　family.〕（彼は家族を養うために一生懸命働く）

◉　このように主節と従節の主語が同じである場合には，不定詞で表わす
　　ことが多い。主語が異なる場合は節の形式が多く用いられるが，for 〜
　　to ... の形で表わすこともできる。〔for 〜 *so as* to ... の形は不可〕

　　He works hard **so that** his family can live in comfort.
　　　〔= He works hard **for** his family **to** live in comfort.〕
　　　　（彼は家族が安楽に暮せるように一生懸命働く）

◉　**so that** が最も一般的で，**in order that** は文語的でやや堅く，くだ
　　けた口語では that を省略して **so** だけを用いることも多い。〔⇨ p. 679〕

　　これらが導く節の中では，内容と時制に応じて can (could), will
　　(would), may (might), should などの助動詞が用いられる。**may** は
　　「目的」を表わす正式な助動詞としてよく用いられたが，今は堅く感じ
　　られ，一般的には **can** や **will** が多く用いられる。

　　He spoke clearly **so that** we **could** (*or* **would**, **might**, **should**)
　　　hear him well.

　　He spoke clearly **so** we **could** (*or* **would**) hear him well. 〔口語的〕
　　　　（我々がよく聞きとれるように，彼ははっきりしゃべった）

　　* **so that** 〜 の節が前に出る形をとることもある。
　　　So that he could buy a house, he saved a lot of money.
　　　　（家が買えるように彼はたくさん貯金した）

　　* 非常に文語的な文で，**that** だけで目的を表わすことがある。
　　　He died **that** others might live.（人を生かさんがため彼は死んだ）

■ 「**否定の目的**」(〜しないように) は so that 〜 not, for fear [that], lest,
in case などによって表わされるが, lest 〜 は文語的。〔⇨ p. 393, 462〕

　　He wrote carefully **so that** he would (*or* might) **not** make a mistake.
　　He wrote carefully **lest** (**for fear** [**that**]) he should make a mistake.
　　　　〔= He wrote carefully **for fear of** making a mistake.〕
　　　　〔= He wrote carefully **so as not to** make a mistake.〕
　　　　(彼は間違いをしないように注意深く書いた)

　　She never took him near the river **lest** he [should] fall in.
　　　　(落ちるといけないので彼を川の近くに連れて行かなかった)

　　He left early **in case** he should miss the last train.
　　　　(最終列車 [終電] に乗り遅れるといけないので早く出かけた)

　　＊　**for fear** [**that**] の節で用いられる助動詞は, should が正式で, might も多
　　　く, would, will も口語的に用いられる。
　　＊　**lest** は so that 〜 not の意なので, lest he should *not* fall in としない。
　　　lest の節では should または (《米》ではふつう) 仮定法現在が用いられる。
　　＊　**in case** の節では直説法の動詞か should がふつう。〔⇨ p. 533, 676〕

7 「**結果**」の節を導くもの：　so that, so 〜 that, such 〜 that, *etc*. †
so (such) 〜 that の形をとる場合, **so** (副詞) は形容詞・副詞を修飾
し, **such** (形容詞) は名詞を修飾する。〔⇨ p. 164〕

　　The car broke down, **so that** we were obliged to walk.
　　　　(車が故障したので, 我々は歩かなければならなかった)

　　I'm **so** hungry **that** I could eat anything.
　　　　(腹ぺこなのでなんだって食べられるだろう)

　　He walked **so** rapidly **that** I couldn't catch up with him.
　　　　(彼はとても速く歩いたので, 私は彼に追いつけなかった)

　　He's **such** an arrogant man **that** everyone dislikes him.
　　　　(彼は非常にごう慢な人間なのでだれからも嫌われている)

　　＊　such は 〈an arrogant man〉 という名詞を修飾する。So arrogant a man の形
　　　〔⇨ p. 161〕では so は 〈arrogant〉 を修飾する。

---

†　疑問文の後にくる that が「結果」の節を導くことがある。
　　What have I done, **that** you should insult me?
　　　　(あなたが私を侮辱するなんて, 私が何をしたというのか〔↔ 私が何をした
　　　　ために, あなたが私を侮辱することになったのか〕)
　　　　　　　　〔that ... *should* の should の用法については ⇨ p. 393〕

◈　口語では that が省略されることがよくある。〔⇨ p. 679〕

　　I'm **so** tired [**that**] I could sleep for a week.

　　　　（くたくたに疲れているので1週間も眠れそうだ）

　　It was **such** a lovely day [**that**] we decided to go for a picnic.

　　　　（とてもいい天気だったのでピクニックに行くことにした）

◈　**so　that** は「目的」と「結果」の両方を表わすが，「結果」の場合は
　その前にコンマを置くことが多い。

　(a)　He spoke loudly **so** [**that**] everyone *could*（or *would*）hear
　　　　him.

　(b)　He spoke loudly, **so** [**that**] everyone *could*（or *was able to*）
　　　　hear him.〔..., so that everyone *heard* him. とも言う〕

　　(a)　彼は皆に聞こえるように大声で話した。　　　　　　〔目的〕

　　(b)　彼は大声で話したので，皆に聞こえた。　　　　　　〔結果〕

◈　「結果」の意味は「理由・原因」の意味と表裏の関係にあり，次のよ
　うに言い換えることができる。

　⎰He ran out of money, **so that** he had to look for a job.〔結果〕
　⎱**Because** he ran out of money, he had to look for a job.〔理由〕

　　　　（彼は金がなくなったので，仕事を捜さなければならなかった）

◈　**so ～ that** ... が表わす「非常に～なので…だ」という「結果」の意
　味は，「…するほど～だ」という「程度」の意味に通じる。〔⇨ p. 421〕

　　He was **so** clever **that** he solved the problem without difficulty.

　　〔↔ He was clever *enough to* solve the problem without difficulty.〕

　　　　（彼はとても頭がよかったので，その問題を楽に解いた〔↔ そ
　　　　の問題を楽に解けるほど頭がよかった〕）

　*　**so ～ that** ... の構文で so のあとにくるものが（形容詞や副詞ではなく）動
　　詞である場合は「～であるように」という「様態」の意味を表わす。

　　　We are **so** made **that** we can't live forever.

　　　　（われわれは永遠には生きることができないように作られている）

8　「様態」の副詞節を導くもの：　　**as**, **like**《口》, **the way**, **as if**, **as**
though

　　When in Rome, do **as** the Romans do.（郷に入っては郷に従え）

　　As a man sows, so will he reap.

　　　　（〔人は蒔くように刈りとる→〕蒔かぬ種は生えぬ）

The child talks **as though** he were a man.

　　　　(その子はまるで大人のような口をきく)

Try to see things **as** they are.

　　　　(物事をあるがままに見るようにせよ)

Leave it **as** it is. (それをそのままにしておきなさい) †

* I thought things would get better, but **as it is** they are getting worse.
　　(事態はよくなると思っていたが, 実際は悪化しつつある)
　　　〔この as it is は慣用表現で「実は, 実際のところは」(= in reality) の意〕

◈ **as : like : the way : as if**

　「様態」を表わす接続詞としては, 正式には **as** を用いるが, 口語では (本来は前置詞の) **like** が非常によく用いられる。like は **as if** と同じようにも用いられる。また **the way** も as と同じように用いられるが, as よりくだけた言い方である。

　I cannot do it **like** you do. (君がするようにはできない)

　　　　〔= ... **as** you do. / ... **the way** you do.〕

　She acts **like** she's a boss. (彼女はまるでボスみたいに振舞う)

　　　　〔= ... **as if** she were (*or* was) a boss.〕

　It looks **like** it's going to rain. (雨が降りそうだ)

　　　　〔= ... **as if** it's going to rain.〕

● like, the way が文頭に出る表現でよく用いられるもの。

　　Like (= **As**) I said, ～ (僕が言ったように～)

　　The way (= **As**) I see it, ～ (僕の見るところでは～)

　　The way (= **As**) things are, ～ (現状では～)

◈ **as if, as though** 〔⇨ p. 465〕

　as if, as though は (a) 実際にはそうでないことについて「まるで～のように」の意で用いる場合と, (b) 実際にそうであるかどうかということは言わずに, ただ「～のように見える」の意で用いる場合がある。

---

† **as** 〔**it is**〕 **seen** 〔過去分詞〕の形をとる場合 ⎫
　as a child : like a child に類した表現 　　　 ⎬ 〔⇨ p. 678〕
　　　　　　　　　　　　　　　　　　　　　　　 ⎭

● **as ～ go** は「～がふつうそうである状態を考えれば, 一般の～に比べれば, 世間なみに言えば」といった「状態+比較」の意を表わす。

　He is a good teacher, **as** teachers **go** nowadays.

　　(今日の先生にしては彼はりっぱな先生だ)

(a)　She treats me **as if** I **were** (*or* **was**) a stranger.

　　　　（彼女は僕のことをまるで赤の他人みたいに扱う）

　　＊　were, was は仮定法過去で，**were** のほうが堅く，**was** はくだけた言い方である。

(b)　It looks (*or* seems) **as if** you **are** right.

　　　　（君の言うとおりのようだね）

　　〔= It seems **that** (*or* It looks **like**) you are right.〕

　　＊　seem は，くだけて It **seems like** you are right. の形も用いる。

●原則的には (a) では仮定法，(b) では直説法を用いるが，実際にはこのような区別がいちいち厳密に行われることはなく，特にくだけた口語ではすべて直説法を用いる傾向が強い。次の例（「彼女はまるで権威者のような口をきく」）では，下へ行くにつれ順次口語的，あるいはくだけた言い方になる。

　　She talks **as if** she **were** an authority.　　　〔いちばん正式〕

　　She talks **as if** she **was** an authority.

　　She talks **as if** she's an authority.

　　She talks **like** she's an authority.　　〔非常にくだけた言い方〕

　　〔↔ She talks **like** an authority.〕　　　　〔like は前置詞〕

9　「比較」「比例」の副詞節を導くもの：　than, as 〔⇨ p. 312〕, **according as**, **the**＋比較級 〜 **the**＋比較級 〔⇨ p. 320〕, *etc*.

Truth is stranger **than** fiction.（事実は小説より奇なり）

He drove as carefully **as** he could.

　　　　（彼はできるだけ慎重に運転した）

Prices go up **in proportion** (*or* **according**) **as** the demand increases.

　　〔= Prices go up **in proportion to** the increase of the demand.〕

　　　　（物価は需要の増加に比例して上がる）

10　「程度」「範囲」の副詞節を導くもの：　**as far as**, **so far as**, *etc*.

I will help you **as far as** I can.（できるだけ力を貸そう）

As (**So**) **far as** I am concerned, I have no objection to the plan.

　　　　（私に関するかぎりは，その計画に異存はない）

◈　**as** (**so**) **far as**（〜する限り［では］）は「程度・範囲」を表わす場合は as も so も用いるが，「距離」を表わす意味では **as far as** のほうを用いる。〔⇨ p. 533 "as (so) long as"〕

$\begin{cases} as \ (so) \ far \ as \ I \ know \ (私の知るかぎりでは) \ (= to \ my \ knowledge) \\ as \ far \ as \ the \ eye \ can \ reach \ (目の届くかぎり) \end{cases}$

* **as far as** は群前置詞としては「～まで」：　walk *as far as* the lake（湖まで歩く）

11　**その他**：　**but**（= that ～ not）〔否定詞が先行する〕〔⇨ p. 216〕

It never rains **but** it pours.（[どしゃ降りにならずに雨が降ることはない →] 降れば必ずどしゃ降り [ものごとは重なって起こるもの]）

Justice was never done **but** someone complained.（公平に事が行われても必ず不平を言う者はでるもの）

重 要 問 題　　　　　（解答 p. 704）

134.　**かっこ内の適当な接続詞を選べ。**

(1)　I must wait (after, until, while) she comes.

(2)　It is two years (after, since, when) I moved to this house.

(3)　You will become ill (if, unless, until) you stop working so hard.

(4)　I don't like him, (and, or, nor) does my husband.

(5)　He is not so much a genius (as, than) a man of diligence.

(6)　The news (how, that, which) he killed himself cannot be true.

(7)　(Before, Once, While) he made up his mind, there was no stopping him.

(8)　(Because, Even if, That) she didn't like it was obvious.

(9)　No matter (how, when, where) you go, that shop is full.

(10)　(Whatever, However) careful you are, accidents will happen.

135.　**下の各文の空所に入る適当な語を次より選べ。**

although	and	as	because	before
if	or	since	that	until

(1)　Ask him (　　) he will be at home tonight.

(2)　Hurry up, (　　) you will be in time for the concert.

(3)　I don't know his name, (　　) he lives in my neighborhood.

(4)　The speaker raised his voice so (　　) all would hear him.

(5)　Don't come too close, (　　) you will catch my cold.

(6)　She has been in good health ever (　　) she came to Japan.

⑺　Wise（　　）he is, he is not always free from mistakes.

⑻　A book is not always good just（　　）it is written by a famous writer.

⑼　You will never enjoy watching the game（　　）you learn the rules.

⑽　It was not long（　　）he became aware of the danger.

136. 各文の空所に入る適当な語を記せ。

⑴　She was（　　）a lovely girl（　　）everybody liked her.

⑵　He behaved as（　　）nothing had happened.

⑶　When I heard of his death, I wondered（　　）it was true.

⑷　（　　）you like it or not, you still have to do it.

⑸　Not only did I read the poem,（　　）I copied it.

⑹　Do tell me everything you know;（　　）I cannot help you.

⑺　You can't hear any music from the CD player（　　）you turn up the volume.

⑻　We were at a loss where to go,（　　）a guide arrived and took us to a hotel.

137. 各文の誤りを訂正せよ。

⑴　You will fail unless you don't work hard.

⑵　He can swim as a fish.

⑶　He studied English during he was there.

⑷　No sooner he had left home when it began to rain.

⑸　However she may be foolish, she will not believe such nonsense.

138. 下の文の空所に入る適当な接続詞句を次の 1）〜 6）より選べ。

　　1） as（so）long as　　**2）** as（so）far as　　**3）** now that

　　4） seeing that　　　　**5）** even though　　**6）** in case

⑴　（　　）you are tired, you must finish your work.

⑵　（　　）money is concerned, I owe him nothing.

⑶　（　　）he is still ill, he had better stay at home.

⑷　（　　）he has got well, he may join them and go on a picnic.

⑸　Bring a map（　　）you get lost.

⑹　You may stay here（　　）you keep quiet.

139. 各組の二文が似た意味を表わすよう，空所に適当な語を入れよ。

(1)
$$\begin{cases} (\quad)\ \text{you don't hurry up, you will be late.} \\ \text{Hurry up, }(\quad)\ \text{you will be late.} \end{cases}$$

(2)
$$\begin{cases} \text{She will soon get well.} \\ \text{It will not be long }(\quad)\ \text{she gets well.} \end{cases}$$

(3)
$$\begin{cases} \text{As soon as he went to bed, he fell asleep.} \\ \text{No sooner }(\quad)\ \text{he gone to bed than he fell asleep.} \end{cases}$$

(4)
$$\begin{cases} \text{The farther south you go, the warmer it becomes.} \\ \text{It becomes warmer }(\quad)\ \text{you go farther south.} \end{cases}$$

(5)
$$\begin{cases} \text{To [the best of] my knowledge, he has done nothing wrong.} \\ (\quad)\ (\quad)\ (\quad)\ \text{I know, he has done nothing wrong.} \end{cases}$$

140. 各文をかっこ内に示した語を用いて書き換えよ。

(1) He has been dead for five years. (since)

(2) The problem was too difficult for anyone to solve. (so ... that)

(3) If you do it, you will get into trouble. (or)

(4) Labor is not only a necessity, but also a pleasure. (as well as)

(5) He labored day and night with a view to becoming rich.

　　　　　　　　　(so that ...)

(6) He is content in spite of his great poverty. (though)

(7) Owing to poor health, he could not work hard. (as)

(8) As soon as he finished it, he went out. (hardly)

141. 各文を和訳せよ。

(1) a) He worked as a slave.

　　b) He worked like a slave.

(2) a) He spoke in easy English, so [that] I could understand him.

　　b) He spoke in easy English so [that] I could understand him.

(3) a) She was happy while her husband was alive.

　　b) She was stingy, while her husband was generous.

(4) a) She did not marry him because he was poor.

　　b) She did not marry him because he was rich.

(5) a) Whether he comes or not, I must go.

　　b) Whether he will come or not is not certain.

第 **20** 章

間　投　詞

　文の他の要素と文法的な関係を持たないで，それだけで独立して用いられる語を**間投詞**（Interjection）と呼ぶ。驚き・喜び・悲しみなど種々の感情を表わす語が大きな部分を占め，**感嘆詞**（Exclamation）とも呼ばれるが，その他，呼びかけの語や挨拶の表現なども含まれる。本来の間投詞のほか，他の品詞の語が間投詞として用いられるものがある。〔⇨ p. 5, 610, 619〕

〔**A**〕　本来の間投詞

(1)　驚き：　**Oh**［ou］（おお，ああ，あら），**Wow**（わあ，すごい）

　　＊　**Oh** は「驚き」のほかいろいろな感情を表わす。
　　　　Ah［ɑː］（ああ）は「悲しみ・驚き・喜び・苦痛」その他を表わす。

(2)　呼びかけ：　**Hello**（やあ），**Hey**（おい，よう），**Hi**［hai］（やあ，こんにちわ）〔Hello よりくだけた語〕

(3)　その他：　**Ouch**［autʃ］（痛いっ），**Alas**（ああ）〔悲しみを表わし，文語的〕，**Oops**［wups］（おっと［っと］）

〔**B**〕　他の品詞からの転用

(1)　動詞：　**Hush**（しっ），**Say**（ねえ；おい），**Damn** *（ちくしょう）

(2)　名詞：　**Nonsense**（ばかな），**Cheers**（乾杯），**Shit** *（くそっ）

(3)　形容詞：　**Dear**（おやまあ），**Cool**（かっこいい）

(4)　副詞：　**Well**（そう；まあ；ええっと），**Really**（ほんと；へえ）

(5)　代名詞：　**My**（おや；あら）*cf.* Dear *me*!（おやまあ）

(6)　疑問詞：　**Why**（おや；あら；まあ）

(7)　句の形式：　**Well done**（でかした），**Good heavens**（いやはや）
　　　　　　　　　My goodness（おやまあ），**No way**（とんでもない）

　＊　*印を付した語（Damn, Shit, その他 **Hell** など）は下品な語で，俗語的。

　⎧ **Why**, didn't you go there?（へえ，行かなかったの）　　　　　〔間投詞〕
　⎩ **Why** didn't you go there?（なぜ行かなかったの）　　　　　　　〔疑問詞〕

第 21 章

一　致

文中の関連する語どうしが，たがいに照応し合う一定の形態をとることを **一致**（Agreement）という。一致のうち，数・人称・性・格などに関するものを **呼応**（Concord）とも呼び，時制に関するものを **時制の一致**（照応）（Sequence of Tenses）と呼ぶことが多い。

§221. 主語と動詞の一致

単数主語には単数動詞で，複数主語には複数動詞で応じる。

> ┌ This *answer* **is** correct.（この答は正しい）
> └ These *answers* **are** correct.（これらの答は正しい）

次のような場合に注意する。

1 集合名詞 —— ふつう，単数動詞で受けるが，集合体の構成員を表わす場合は複数動詞を用いることもある。〔⇨ p. 82〕

> ┌ The *crew* **consists** of 20 persons.（乗組員は20人から成る）
> └ The *crew* **were** all saved.（乗組員は皆救助された）
> ┌ A large *crowd* **was** assembled.（大勢の群衆が集まった）
> └ The *crowd* **were** deeply moved.（群衆は深く感動した）

> ＊ police は常に複数動詞をとる。〔⇨ p. 85〕

2 複数形主語を単数動詞で受ける場合

(a) 学科名・病名など —— 学科名・病名など，意味上は単数であるが常に複数形で用いられるものは，ふつう単数扱いを受ける。〔⇨ p. 110〕

> *Mathematics* **is** a compulsory subject.（数学は必修科目です）
> *Measles* **is** a children's disease.（はしかは子供の病気です）

(b) 距離・時間・金額など ——「数詞＋複数名詞」の形をとっても，まとまった一つの数値を表わす場合は単数動詞で受ける。

> Ten *dollars* **is** a reasonable price.（10ドルというのは手頃な値段だ）

Sixty *miles* **is** quite a distance. （60マイルはかなりの距離だ）

 Three *years* **is** a long time to wait. （3年は待つには長い時間だ）

 Three *years* **have** passed since then. （その時以来3年経過した）

 * ひとまとめの年数は単数。1年1年と経過する年数は複数で意識される。

（c）国家名・団体名など

The United States **is** a democratic country. （米国は民主国家だ）

The United Nations **plays** an important role in maintaining world peace. （国連は世界平和の維持に重要な役割を演じる）

（d）書名・雑誌名など

The Ambassadors by Henry James **was** published in 1903.

   （ヘンリー・ジェイムズの「大使たち」は1903年に発行された）

The Times **is** a respectable paper. （「タイムズ」は品位の高い新聞だ）

❸ 部分詞・数量詞のついた名詞 —— most of, some of, half of, a lot of, plenty of などは，不可算名詞について用いられた場合は単数動詞，可算名詞の場合は複数動詞で受ける。

 A lot of *money* **was** spent. （多くの金が使われた）

 A lot of *books* **were** bought. （多くの本が買われた）

 Three-fourths of the *earth* **is** water. （地球の4分の3は水です）

 Three-fourths of the *pupils* **are** boys.（生徒の4分の3は男子です）

◈ 次のような場合を区別する。

 Half of the *apple* **is** rotten. （そのりんごの半分は腐っている）

 Half of the *apples* **are** rotten. （それらのりんごの半分は腐っている）

 The rest of the *book* **is** boring. （その本の残りの部分は退屈だ）

 The rest of the *books* **are** boring. （残りの本は退屈だ）

◈ **a number of ～**（多くの～）と **the number of ～**（～の数）を区別する。

 A number of students **are** present. （多くの学生が出席している）

 The number of applicants **is** small. （志願者の数は少ない）

 上の文の主語は students，下の文の主語は number である。

❹ 複合主語の場合 —— 主語が and で結ばれた二つ（以上）の名詞である場合，（a）ふつうは複数動詞で受けるが，（b）二つの名詞が同一人物を表わしたり，一つのまとまった内容・観念などを表わす場合は，単数動詞で受ける。

(**a**)　*A watch* and *a jewel* **were** stolen.（時計と宝石が盗まれた）

　　　cf. A watch and chain **is** lying on the table.（鎖付きの時計）

　He and I **are** good friends.（彼と私は仲がよい）

　　＊　ただし名詞が every, each で修飾されている場合は単数で受ける。

　　　　⎰A boy and a girl **are** missing.（二人の姿が見えない）
　　　　⎱**Every** boy and girl in this class **is** diligent.（だれも皆勤勉）

(**b**)　*Bread and butter* **was** given to the travellers.

　　　　（バター付きのパンが旅人たちに与えられた）

　A needle and thread **was** found on the floor.

　　　　（糸を通した針が床の上に落ちていた）

　The treasurer and manager **was** dismissed.

　　　　（会計係兼支配人が解雇された）

　　　cf. The treasurer and *the manager* **were** dismissed.

　　　　　（会計係と支配人が…）

　Trial and error **is** the source of our knowledge.

　　　　（試行錯誤は人間の知識の源である）

　Early to bed and early to rise **makes** a man healthy, wealthy,
　　and wise.（早寝早起きは人を健康に，金持ちに，賢明にする）

　　＊　次のように単数・複数いずれでも受けるものもある。

　　　　Two and three **is** (*are, makes, make*) five.（2 たす 3 は 5）

5　**There is ～**, **There are ～** の場合 ── 後にくる真主語の数と一致
する。

　There **is** plenty of *food* (*time*).（食物［時間］はたっぷりある）

　There **are** plenty of *eggs* (*seats*).（卵［座席］は十分ある）

　　＊　真主語が金額・距離などを表わす複数名詞の場合は単数動詞。

　　　　There **is** only another *two miles* to go.（あとわずか 2 マイルだ）

　◈　真主語が and で結ばれた二つ［以上］の名詞である場合，原則的には
　複数動詞を用いるが，最初の名詞が単数であるとき，それに引かれて
　（特に口語においては）動詞は単数になる傾向がある。また，全体とし
　てまとまったものを表わしたり，個別的に述べる場合も動詞は単数。

　There **are** (*or* **is**) *a table* and *some chairs* in the room.

　　　　（部屋の中にはテーブルが一つと椅子が幾つかある）

　There **is** my wife and family to consider.

　　　　（私の妻と家族のことを考えなければならない）

  * **There is** は口語ではふつう **There's** の形で用い，単・複の区別の意識が薄れ
    て，直後に複数名詞を伴うことも多い。

> **There are** *two patients* waiting in the room.
> **There's** *two patients* waiting in the room.
>   （部屋には二人の患者が待っている）

◉ 動詞が seem, appear などの場合，不定詞の後にくる名詞と一致する。

  There **seems** to be no *doubt* about it.

>   （そのことに疑いはなさそうだ）

>   〔= It seems that there **is** no doubt about it.〕

  There **appear** to be some *mistakes* in this.

>   （このことにはいくつか間違いがあるようだ）

>   〔= It appears that there **are** some mistakes in this.〕

6 **both** A **and** B の場合は動詞は常に複数になる。**not only** A **but also**
B, **either** A **or** B, **neither** A **nor** B では，動詞は B の名詞の数に一致す
る。A **as well as** B では（原則として）A の名詞の数に一致する。

  Both you **and** I **are** wrong.（君も僕も間違っている）

  Not only you **but also** I **am** wrong.

>   （君だけでなく僕も間違っている）

  Either you **or** I **am** wrong.

>   （君か僕かどちらか間違っている）

  Neither you **nor** I **am** wrong.（君も僕も間違っていない）

  You[,] **as well as** I[,] **are** wrong.

>   （僕と同じく君も間違っている）

◉ A **as well as** B では A に意味上の重点が置かれ（B ばかりでなく A
  も），not only ～ but also ～ の場合と逆になることに注意する。

  ● **as well as** の場合，上の例のように，I と are が隣接してぎこちなく
    感じられる場合は，その不自然さを避けて，次の語順をとることも多い。

    You are wrong **as well as** I am.

    * either ～ or ～ も同様の語順をとることがある。
        Either you are wrong **or** I am.

  ● A **as well as** B で，原則通りに動詞が A に一致しないこともある。

> (a) The **captain**, *as well as* the other **players**, **was** tired.
> (b) The **captain** *as well as* the other **players** **was**（**were**）tired.
>   （他の選手と同じく，キャプテンも疲れていた）

(a) では，as well as B がコンマで区切られているので，単数主語（The captain）と単数動詞（was）の照応は正しく意識されやすい。

(b) でも，原則的には was が正しいが，were が用いられることもある。これは，⑦動詞の一致は**近接語**（ここでは the other players という複数語）に**引かれやすい**ということと，㋑ A **as well as** B（および次の A **with** B など）がおおまかに〔**both**〕A **and** B と同義的に意識されることがある，という傾向を示す。

❋ **neither** A **nor** B, **either** A **or** B は，口語などでは，A と B が単数でも動詞は複数で受けることが多い。

Neither my father *nor* my mother **was** (*or* **were**) at home.
　　　　（父も母も家にいなかった）

❋ A **with** B の形をとる場合，動詞は B と関係なく A と一致する。

The mother with her children **was** taken to hospital.
　　　　（母親は子供もいっしょに病院に運ばれた）

7　**不定代名詞の場合** ── **every, each, either, neither** を受ける動詞は単数，**both** は複数，**all** は可算内容の場合は複数，不可算内容の場合は単数〔⇨ p. 176〕，**none** は可算内容の場合は多くは複数であるが，単数のこともあり，不可算内容の場合は単数である。〔⇨ p. 180〕〔some, any については ⇨ p. 173〕

⎰ **All are** present.（全員が出席している）　　　　　　　　　〔可算〕
⎱ **All is** quiet outside.（外はすべてが静まりかえっている）　　〔不可算〕

⎰ **Both** of them **were** given a present.
⎜　　　（彼らは二人とも贈り物をもらった）
⎜ **Each** of them **was** given a present.
⎱　　　（彼らはそれぞれ贈り物をもらった）

　　＊ They were **each** given a present. では each は副詞。〔⇨ p. 178〕

⎰ **None** of the money **is** left.（その金は少しも残っていない）〔不可算〕
⎜ **None** of the books **are** (*or* **is**) interesting.
⎱　　　（どの本も面白くない）　　　　　　　　　　　　　　　　〔可算〕

　　＊ **None** を受ける動詞は，複数のほうが口語的・慣用的で，単数のほうは堅く，また not one の意味を強く意識する場合などに用いられる。

There are two witnesses, but **neither** is reliable.
　　　　（証人が二人いるが，どちらも信頼できない）

◈ **neither, either** は単数扱いであるが,「neither (either) of＋複数
[代]名詞」の形の場合, 口語などでは動詞が複数になることもある。

Neither of *my sisters* **is** (*or* **are**) married.

（私の姉［妹, 姉と妹］はどちらも結婚していない）

Is (*or* **Are**) **either** of them at home?

（彼らのうちどちらかは家にいますか）

8 **関係詞節の動詞** ── 先行詞の数と一致する。〔⇨ p. 211〕

He spoke to each of the *boys* who **were** present.

（彼はそこにいる少年の一人一人に話しかけた）

- (a) He is one of my *friends* who really **understand** me.
- (b) He is the only *one* of my friends who really **understands** me.

　(a) は「私を理解してくれる友人のなかの一人」で先行詞は friends。

　(b) は「私の友人のなかで私を理解してくれるただ一人の人」で先行
詞は one である。〔ただしこの場合も, 近接語 (my friends) に引かれ
て, 動詞を複数 (understand) にしてしまう傾向がある〕

　* It is ～ that (who) ... の強調構文では, 強調される語と一致する。〔⇨ p. 621〕

　　It is *I* who **am** in the wrong. （間違っているのは私だ）

　　It is not he but *you* who **are** to blame. （悪いのは彼でなく君だ）

9 **many a ～** は単数動詞で受ける。〔⇨ p. 252〕

Many a true word **is** spoken in jest.

（多くの真実の言葉が冗談に話される）

- *Many* soldiers **were** killed in the battle. （多くの兵士が戦死した）
- *Many a* soldier **was** killed in the battle.

10「**more than one** (＋単数名詞)」は単数動詞で,「**more** (＋複数名詞
＋) **than one**」は複数動詞で受ける。

- *More than one* person **knows** the secret.
- *More* persons *than one* **know** the secret.

　（その秘密を知っているのは一人にとどまらない）

There **is** *more than one* answer to this question.

（この問には答が二つ以上ある）

　* **one or two ～** も複数動詞をとる。

　　There **are** *one or two* things I want to talk over with you.

　　（君と話し合いたいことが一つ二つある）

§ 222. 代名詞の一致

　代名詞はその先行詞と人称・数・性において一致するが, 次のような点に注意する。

《1》 everything, everyone, someone, anyone, nobody, no one, each, either, neither などは単数代名詞で受けるのが原則である。

　　Everything has **its** time. (どんなものにも盛んなときはある)

　　Each of the girls brought **her** boy friend.
　　　　　　(女の子はめいめい男友達を連れてきた)

　　No one sees **his** own faults. (だれにも自分の欠点はわからない)

◉　一般の人を表わす one 〔⇨ p.140, 168〕は one (one's) で受けるのが原則的であるが, おもに《米》で he (his, him) で受けることも多い。

　　⌈**Everyone** must do **his** best. (だれでも最善を尽くさねばならない)
　　⌊**One** must do **one's** (*or* **his**) best. (人は最善を尽くさねばならない)

　　　　* 一般的に人を言うときに **one** を用いるのは堅い言い方なので, 口語的には **You** must do **your** best. などと表わす。

　　cf. **One** of them brought **his** wife.
　　　　　(彼らのうちの一人は奥さんを連れてきた)
　　　　〔one は一般の「人」でなく「一人」の意の場合〕

◉　everybody, anyone など男女両方を含む語の場合, それを受ける代名詞は, (a) 男女を対等に扱う正式な形は (所有格で示せば) **his or her** であるが, (b) わずらわしさを避けて (従来通りに) **his** で代表させることもあり〔ただし構成員が女性ばかりの文脈では **her**〕, (c) 口語などでは **their** を多く用いる。〔⇨ p.178 †〕

　　(a) As it began to rain, *everybody* rushed for **his or her** car.
　　(b) As it began to rain, *everybody* rushed for **his** (*or* **her**) car.
　　(c) As it began to rain, *everybody* rushed for **their** car.

　　Nobody has taken 〔(a) **his or her** 〔(b) **his** (**her**), (c) **their**〕 seat.
　　　　(だれもまだ着席していない)

　　If **anyone** calls, tell 〔(a) **him or her** 〔(b) **him** (**her**), (c) **them**〕
　　　　to ring back later. (だれか電話をかけてきたら, あとでかけ直すように言っておいてください)

　　Has **anybody** brought **their** camera? (だれかカメラ持ってきた?)

　　Nobody was watching me, were **they**?〔付加疑問の場合 ⇨ p. 182 †〕
　　　　（だれも僕を見ていなかったよね）

《2》　**集合名詞を受ける場合** —— 集合名詞は (a) まとまった集合体として
考えられる場合は it で，(b) その構成員を考える場合は they で受ける。

　　(a)　The **committee** announced **its** aims.（委員会は方針を発表した）

　　(b)　The **committee** exchanged **their** opinions.（委員は意見を交換した）

《3》　**複合主語の場合** —— and で結ばれた複合主語は**複数**代名詞で受ける
が，**人称**は (a) 一人称が含まれていれば一人称で，(b) 二人称と三人称
であれば二人称で，(c) 三人称だけであれば三人称で受ける。

　　(a)　*Henry and I*（*You and I*）have finished **our** work.

　　(b)　*Henry and you* have finished **your** work.

　　(c)　*Henry and Mary* have finished **their** work.

§223.　主語と補語・目的語との数の一致

〔**A**〕　主語と補語との数の一致

　ふつう，(a) 主語が単数であれば補語も単数，(b) 主語が複数であれば補
語も複数であるが，(c) 主語が複数で補語が単数になることもある。

　　(a)　The **tiger** is **a** fierce **animal**.（虎は猛獣だ）　　　　〔⇨ p. 229〕

　　(b)　**Tigers** are fierce **animals**.（　　〃　　）

　　(c)　The **dogs** next door are **a** real **nuisance**.
　　　　　　　（隣の犬は実にうるさい）

　　　　Drunken **drivers** are **a** serious **threat** to other road users.
　　　　　　　（酒酔い運転者は他の道路使用者にとって重大な脅威だ）

　◈　(c) の場合，補語になる語は，ふつう，主語の特徴を示す名詞（した
　　がって，形容詞の意味に通じる名詞）である。

　　　　Women are sure **a mystery**.（女ってほんとになぞだなあ）

　　　　Visitors are **a rarity** around here.（この辺では訪問者はまれだ）

　　　＊　それぞれ意味上，mysterious（なぞのような），rare（まれな）に通じる。

〔**B**〕　主語と目的語との数の一致

　　主語が（それぞれ）一つ所有するものを表わす目的語は，主語が単数で
あれば単数，複数であれば複数になるのがふつうである。

　　　⌈The **passenger** lost *his* **life**.（その乗客は命を失った）
　　　⌊All the **passengers** lost *their* **lives**.（乗客はみな命を失った）

They shook *their* **heads**.（彼らは首を横に振った）

We made up *our* **minds** to go.（私たちは行こうと決心した）

◈ ただし，複数の主語でも，所有するものの数が一つであることを明示するときは，目的語を単数にする。

⌠**They** both have **a bicycle**. 〔それぞれ自転車を1台ずつ所有〕
⌡**They** both have **bicycles**. 〔1台ずつ所有とは限らない〕

⌠**We** have **a nose**.（私たちには鼻が一つある）
⎨Tell the **children** to blow *their* **noses**.
⌡　（子供たちに鼻をかむように言いなさい）

　* the children は to blow の意味上の主語。〔⇨ p. 423〕

§224. 時制の一致

主節の動詞の時制によって，従節の動詞がそれに応じた時制をとることを，**時制の一致**（または**時制の照応**）（Sequence of Tenses）という。

従節は (1) 名詞節，(2) 形容詞節，(3) 副詞節があるが，その典型的な例：

(1)㋑⌠I **know** 〔that〕he **is** honest.
　　⌡I **knew** 〔that〕he **was** honest.
　　　（彼が正直であることを私は知っている〔知っていた〕）†

　㋺⌠He **said**, "I **have** never **seen** her." 〔直接話法〕
　　⌡He **said** 〔that〕he **had** never **seen** her. 〔間接話法〕
　　　（彼は「彼女に会ったことはない」と言った）

(2)⌠There **are** a lot of children who **are** poor and hungry.
　⌡There **were** a lot of children who **were** poor and hungry.
　　（貧しくてひもじい子供たちがたくさんいる〔いた〕）

(3)⌠He **is** so busy that he **has** no time for reading.
　⌡He **was** so busy that he **had** no time for reading.
　　（彼はとても忙しいので読書する時間がない〔なかった〕）

⌠We **stay** at home if it **rains**. 〔「条件文」の時制の照応
⌡We **stayed** at home if it **rained**. については ⇨ p. 461〕
　（雨が降れば家にいる〔いた〕）

---

† 下の文を和訳するときに，英語の "he was honest" という過去時制に引かれて，日本語でもそのまま過去時制を用いて「彼が正直で<u>あった</u>ことを私は知っていた」とする誤りを犯さないように。

$$\begin{cases} \text{I } \textbf{would} \text{ buy it if I } \textbf{were} \text{ rich.} \\ \text{I } \textbf{would have bought} \text{ it if I } \textbf{had been} \text{ rich.} \end{cases}$$

　　　　（私が金持だったらそれを買うだろう〔買っただろう〕）

　これらのうち、「時制の一致」というときに主に対象になるのは (1)（特に㊁の「**話法の転換**」〔⇨ p. 561〕）の場合であるが、次に〔A〕時制の一致の原則と、〔B〕その原則に従わない場合を示す。

〔A〕　「時制の一致」の原則

■ 主節の動詞（伝達動詞）が現在・現在完了・未来の場合

　この場合は、従節（被伝達文）の動詞の時制は影響を受けず、時制は自由である。

$$\begin{cases} \text{She } \textit{says,} \text{ "I } \textbf{am} \text{ ill."} \qquad\qquad \text{〔直接話法〕} \\ \text{She } \textit{says} \text{ that she } \textbf{is} \text{ ill.} \qquad \text{〔間接話法〕} \end{cases}$$

　次の例において、主節のいずれもが、従節のいずれもと結びつくことができ得る。

$$\left.\begin{array}{l} \text{He } \textit{says} \\ \text{He } \textit{has said} \\ \text{He } \textit{will say} \end{array}\right\} \text{[that]} \left\{\begin{array}{l} \text{he } \textbf{is} \text{ busy.} \\ \text{he } \textbf{was} \text{ busy.} \\ \text{he } \textbf{has} \text{ been busy.} \\ \text{he } \textbf{will} \text{ be busy.} \end{array}\right.$$

■ 主節の時制が過去・過去完了の場合

　従節の動詞は現在であれば過去に、過去・現在完了なら過去完了に、助動詞はそれぞれの過去形に変わる。〔過去完了はそのまま過去完了〕

$$\begin{cases} \text{She } \textit{said,} \text{ "I } \textbf{am} \text{ ill."} \qquad\qquad\qquad\qquad \text{〔直接話法〕} \\ \text{She } \textit{said} \text{ that she } \textbf{was} \text{ ill.} \qquad\qquad \text{〔間接話法〕†} \end{cases}$$

$$\begin{cases} \text{She } \textit{said,} \text{ "I } \textbf{was} \text{ (}\textit{or} \textbf{ have been}\text{) ill."} \quad \text{〔直接話法〕} \\ \text{She } \textit{said} \text{ that she } \textbf{had been} \text{ ill.} \qquad \text{〔間接話法〕} \end{cases}$$

$$\begin{cases} \text{She } \textit{said,} \text{ "I } \textbf{had} \text{ not } \textbf{seen} \text{ him before that day."} \\ \text{She } \textit{said} \text{ that she } \textbf{had} \text{ not } \textbf{seen} \text{ him before that day.} \end{cases}$$

　　　　（その日よりも前に彼に会ったことはないと彼女は言った）

---

†　ただし、彼女が「具合が悪い」と言った過去の時点が（たとえば「昨年」ではなく「たった今」であるというふうに）伝達時点と隔たりが少ないような場合には、その状態が現在も続いているという意識が働いて She said〔that〕she is ill. と現在時制が用いられることもある。〔⇨〔B〕■〕被伝達文の時制はこういった心理作用に左右されることもよくある。

⎰ I *think* it **will** rain.
⎱ I *thought* it **would** rain.

⎰ I *know* that he **will** consent.
⎱ I *knew* (or *had known*) that he **would** consent.

◈　助動詞のうち, **dare, need, must, had better, ought to** などは, 他に形がないので, 主節の時制によって特に変化しない。〔must は ⇨ p. 562〕

⎰ I *think* that he **needn't** go. (彼は行くに及ばないと思う)
⎱ I *thought* that he **needn't** go. (彼は行くに及ばないと思った)

◈　**仮定法過去**に続く従属節 (名詞節・形容詞節・副詞節) でも, それに引かれてふつう過去時制が用いられる。

What **would** you say if I *told* you I **was** *going to resign*?
　　(僕が辞職するって言ったら, 君はなんと言うだろうね)

If I **were** rich, I **would** give money to anyone *who* **asked** *for it.*
　　(私が金持ちだったら, 求める人たちにはだれにも金をあげるんだが)

Would you follow me *wherever I* **went**?
　　(どこでも私が行くところについて来ますか)

＊　次の文の loved も, 事実と反対の願望を表わす wish のあとの仮定法過去 (realized) に引かれた過去時制なので「彼を愛していたこと」は誤訳。

I *wish* he **realized** that she **loved** him.
　　(彼女が彼を愛していることを彼が悟ればいいんだが)

この文を, wish の代わりに hope を用いた文と比較してみる。

I *hope* he **realizes** that she **loves** him. 〔⇨ p. 669〕
　　(彼女が彼を愛していることを彼に悟ってほしい)

〔B〕　**「時制の一致」の原則に従わない場合**

■　**「不変の真理」を述べる場合**

普遍的な事実や, 古今を通じて変らない真理を述べる場合は, **現在時制**がよく用いられる。

He *said* that light **travels** faster than sound.
　　(光は音より速く伝わると彼は言った)

He *believed* that honesty **is** the best policy. 〔「ことわざ」の場合〕
　　(正直は最善の策であると彼は信じていた)

＊　過去時制も用いられるが, 現在時制のほうが「不変性」が強められる。

⎰ People in those days *didn't know* that the earth **is** round.
⎱ People in those days still *believed* that the earth **was** flat.

　　上の文は「地球は丸い」という不変の事実を述べるので，伝達動詞が過去時制であっても，現在時制で表わすのがふつうであるが，下の文は「地球は平らだ」という当時の人々の考えを述べているので過去形を用いる。

2　「**現在も続いている習慣や事実**」を述べる場合

　　過去のある時点で述べられていることが，現在でも変らずに習慣や事実として続いている場合には，**現在時制**を用いることがよくある。

He *said* he **takes** a walk every morning.

　　　　　　（彼は毎朝散歩をすると言った）

He *told* me that the first train **leaves** at five.

　　　　　　（彼は一番列車は 5 時に発車すると言った）

┌ He *told* us that he **lived** in London.
└ He *told* us that he **lives** in London.

　　　　　　（彼はロンドンに住んでいると言った）

　　上の文では，彼は現在ロンドンに住んでいるかどうかわからないが，下の文では，彼は今でもロンドンに住んでいることを表わす。日本語の訳文ではこの違いを区別することはできない。

　　＊　同様に「彼は彼女を愛していることを認めた」の意を表わす文の場合：

　　　　┌ He *admitted* that he **loved** her.〔今も愛しているかはわからない〕
　　　　└ He *admitted* that he **loves** her.〔今も愛していることがわかる〕

3　「**歴史上の事実**」を述べる場合

　　歴史上の事実を述べる場合は，主節が過去でも従属節の動詞は過去完了にならず**過去時制**を用いる。

We *were taught* that William **conquered** England in 1066.

　　　　　　（ウィリアム王が英国を 1066 年に征服したことを教わった）

He *didn't know* that the French Revolution **began** in 1789.

　　　　　　（フランス革命が 1789 年に始まったことを彼は知らなかった）

┌ He *told* us that Columbus **discovered** America in 1492.
└ He *told* us that he **had discovered** a mistake in the book.

　　上の文は「コロンブスは 1492 年にアメリカを発見した」ということを歴史上の事実として述べているので過去完了ではなく過去時制で表わし，下は「彼がその本の間違いを発見した」というふつうの行為で，「時制の一致」に従い過去完了。

4 「仮定法」の動詞の場合

　仮定法の動詞の時制は，主節の動詞の時制に影響されない。

{ I *suggest* that he **go**.（彼が行くことを提案する）

{ I *suggested* that he **go**.（彼が行くことを提案した）

　　＊　go は仮定法現在であるから，went とはならない。〔⇨ p. 462〕

{ She *said*, "I **would** try it if I **were** young."

{ She *said* that she **would** try it if she **were** young.

　　＊　下の間接話法を ... **would have tried** it if she **had been** young. とはしない。もしそうしたならば「若かったならばやってみただろう」となり，もとの直接話法の表わす意味「若ければやるのだが」と異なった意味を表わすことになる。

{ He *said*, "I **wish** I **knew**."（「知っていればなあ」と言った）

{ He *said* that he wished he **knew**.

　　＊　間接話法が He said that he wished he **had known**. とはならない。これは He said, "I **wish** I **had known**."（「［前に］知っていたならばなあ」と言った）の間接話法である。

◈　もちろん，**直説法**の条件文〔⇨ p. 460〕は「時制の一致」を受ける。

{ She *said*, "I **will** stay if it **rains**."

{ She *said* that she **would** stay if it **rained**.

重 要 問 題　　　　　　　（解答 p. 706）

142.　空所に **be** 動詞の現在形の適当なものを入れよ。

(1)　Neither you nor he（　　）to blame.

(2)　Not only he but also you（　　）to be punished.

(3)　Both you and I（　　）interested in music.

(4)　The teacher, as well as the students,（　　）responsible.

(5)　It is you, and not I, who（　　）mistaken.

(6)　Either you or I（　　）in the wrong.

(7)　Neither of the statements（　　）true.

(8)　Every one of the rooms（　　）occupied.

143.　かっこ内の正しいものを選べ。

(1)　Three months（is, are）too long to wait.

(2)　The great poet and novelist（was, were）present there.

(3)　The audience（was, were）rather small.

(4)　Ham and eggs (is, are) my favorite dish.

(5)　To love and to be loved (is, are) the greatest happiness on earth.

(6)　The United Nations (meets, meet) in New York City.

(7)　The rich (is, are) not always happy.

(8)　The police (was, were) called.

144.　かっこ内の正しいものを選べ。

(1)　One or two cars (has, have) already been sold.

(2)　The man with the little boy (is, are) coming into the room.

(3)　Half of the students (is, are) absent today.

(4)　Half of my salary (is, are) spent for rent.

(5)　There (is, are) lots of work to do.

(6)　There (is, are) lots of people who do not think so.

(7)　There (appears, appear) to have been some misunderstanding between you.

(8)　She wished she (were, had been) rich and could buy it.

145.　かっこ内の正しいものを選べ。

(1)　a)　The desk and the chair (does, do) not belong to him.

　　　b)　A horse and cart (was, were) seen in the distance.

(2)　a)　A number of people (was, were) present there.

　　　b)　The number of people present there (was, were) five hundred.

(3)　a)　Two-thirds of the houses (was, were) destroyed by fire.

　　　b)　Two-thirds of the house (was, were) destroyed by fire.

146.　各文の誤りを訂正せよ。

(1)　Bread and butter are their usual breakfast.

(2)　Physics are a difficult subject.

(3)　The French is said to be an artistic people.

(4)　It is one of the best plays that has ever been written.

(5)　I knew that you would do it as soon as you can.

(6)　He said that his father returned the day before.

(7)　He said that the step I have taken is a dangerous one.

(8)　We learned today that the Civil War had broken out in 1861.

第 **22** 章

話　　法

　人の言ったことを伝える方法を**話法**（Narration）という。話法には，言った言葉をそのまま引用符（" "／' '）〔⇨ p. 610〕を用いて伝える**直接話法**（Direct Narration）と，伝達者の言葉に直して伝える**間接話法**（Indirect Narration）とがある。†

　　<u>She **said** to me</u>, <u>"I am happy."</u>　　　　　　　　　　〔直接話法〕
　　　　（彼女は「私は幸せです」と言った）

　　<u>She **told** me</u> [that] <u>she was happy</u>.　　　　　　　〔間接話法〕
　　　　（彼女は自分は幸せだと私に言った）

　上の例において，発言内容を伝える部分（下線＿＿の部分）を**伝達部**，伝えられる内容の部分（下線〜〜の部分）を**被伝達部**と呼び，伝達部の動詞（said, told）を**伝達動詞**（Reporting Verb）と呼ぶ。††

◉　**伝達部**は〔A〕直接話法では**被伝達部**の　①前，②中，③後に置かれることがあり，〔B〕間接話法では前にだけ置かれる。

〔A〕① He **said**〔**Tom said**〕, "My father isn't at home."

　　② "My father," $\left\{\begin{array}{l}\text{he said,}\\ \text{Tom said, / said Tom,}\end{array}\right\}$ "isn't at home."

---

† ●「話法」には，人が「言ったこと」だけではなく「思ったこと（など）」を伝える場合〔その場合の伝達動詞は think（など）〕も含まれる。
　●「話法」は，典型的な直接話法・間接話法と異なるいろいろな形をとることもあるが，その主な場合に「描出話法」がある。〔⇨ p. 573〕
　●「話法」を表わす英語としては，日本では "Narration" が一般的であるが，英米の主要な文法書では "Speech" を用いて **"Direct Speech"**（直接話法），**"Indirect Speech"**（間接話法）というのがふつうである。
†† 英語では，「伝達部」は "Reporting Clause"（伝達節），「被伝達部」は "Reported Clause"（被伝達節）がふつうである。「被伝達部（節）」は，日本語ではまた「被伝達文」と慣用的に呼ぶことも多い。

③ "My father isn't at home," $\left\{\begin{array}{l}\text{he said.} \\ \text{Tom said. / said Tom.}\end{array}\right.$

〔**B**〕　**He said** 〔**Tom said**〕〔**that**〕 his father wasn't at home.
　　　　（彼〔トム〕は「父は家にいません」と言った）

- 〔A〕②，③で，伝達節の主語が代名詞の場合は，倒置形（said he）は用いない。
- 直接話法で伝達部が被伝達部の後に置かれている場合，間接話法では伝達部が前に出る形をとる。

$\left\{\begin{array}{l}\text{"It doesn't matter," \textbf{she said to me.}} \\ \text{\textbf{She told me} 〔that〕 it didn't matter.}\end{array}\right.$ （「どうでもいいことよ」　と彼女は私に言った）

- 被伝達部を導く **that** は say や tell などの後では**省略される**ことが多い。〔⇨ p. 527, 564〕

§225. 話法の転換

　話法を転換する場合には，被伝達文の種類（平叙文・疑問文・命令文・感嘆文，単文・重文・複文，など）によってそれぞれほぼ定まった形式があるが，一般的に次のような点に注意する。

《**1**》　**伝達動詞**

　伝達動詞は，直接話法では **say** が，間接話法では **tell** が基本であるが，その他，被伝達文の種類などに応じて，いろいろな動詞が用いられる。〔各項参照〕

　say：tell　say は「～と言う」の意で直接話法・間接話法のいずれにも用い，tell は「(人)に言う(伝える)」の意でおもに間接話法で**間接目的語**（～に）**のある場合**に用いる。〔⇨ p. 344〕

〔直接話法〕① He **said** 〔**to me**〕, "I am busy."　　　　〔正〕
　　　　　② He **told**, "I am busy."　　　　　　　　　〔誤〕
　　　　　＊ He *told me*, "I am busy." / "I am busy," he *told me*. のように，tell を直接話法で用いることもある。
〔間接話法〕① He **said** that he was busy.　　　　　　〔正〕
　　　　　② He **told** that he was busy.　　　　　　〔誤〕
　　　　　③ He **said** me that he was busy.　　　　　〔誤〕
　　　　　④ He **told** me that he was busy.　　　　　〔正〕
　　　　　⑤ He **said to me** that he was busy.　〔まれ。④がふつう〕

《2》　**代名詞の一致**

　間接話法では，**伝達者の立場**から正しい関係を表わす代名詞を用いなければならない。

$\begin{cases} He \text{ said to } her, \text{ "I love you."} \\ He \text{ told } her \text{ that } he \text{ loved } her. \end{cases}$ （直接話法のⅠとyouは，伝達者の立場からはheとherになる）

$\begin{cases} He \text{ said to } me, \text{ "I love you."} \\ He \text{ told } me \text{ that } he \text{ loved me.} \end{cases}$ （直接話法のyouは伝達者を指すので，間接話法ではmeになる）

　　　（彼は彼女〔私〕に「私はあなたを愛している」と言った）

$\begin{cases} She \text{ said to } me, \text{ "You don't like my father."} \\ She \text{ told } me \text{ that I didn't like her father.} \end{cases}$ 〔直接話法〕 〔間接話法〕

　　＊　間接話法形式の文をそのまま直訳して，たとえば
　　　　「彼女は私に，私は彼女のお父さんが好きじゃなかった，と言った」
　　　に類した悪い訳文が作られることがよくあるが，この訳文は，㋑日本語として代名詞の訳が不適切で，㋺時制関係が正しくない。〔➪ p. 553 †〕
　　　このような間接話法の文は，次のように，直接話法の内容を踏まえて，直接話法に準じた形で訳すのがふつうである。
　　　　「彼女は私に，あなたは私の父が好きじゃないのね，と言った」

$\begin{cases} He \text{ said to } me, \text{ "I am sorry you are angry with me."} \\ He \text{ told } me \text{ he was sorry I was angry with him.} \end{cases}$

　　　（彼は私に「君が僕に腹を立てていることを残念に思う」と言った）

　◈　代名詞ばかりでなく，名詞を代名詞に変える場合もある。

$\begin{cases} He \text{ said to } my \text{ wife, "I want to see your husband."} \\ He \text{ told } my \text{ wife that he wanted to see me.} \end{cases}$

　　　（彼は私の妻に，「あなたの御主人にお会いしたい」と言った）

　　　直接話法の your husband は伝達者を表わすので，her husband としないで me とするのがふつうである。

《3》　**時制の一致**　〔➪ p. 553〕

　間接話法の被伝達文の時制は「時制の一致」の項に述べた原則に従う。

$\begin{cases} He \ said, \text{ "I have no idea."} \text{ （彼は「わからない」と言った）} \\ He \ said \text{ that he had no idea.} \end{cases}$

$\begin{cases} \text{"The rain has stopped," she } said. \\ She \ said \text{ that the rain had stopped.} \end{cases}$

　　　（「雨がやんだわ」と彼女が言った）

⎰ He *said*, "I **don't** know when she **left**."
⎱ He *said* that he **didn't** know when she **had left**.
　　（彼は「彼女がいつ出かけたのか僕は知らない」と言った）

《4》　助動詞

　「時制の一致」により，will → would, shall → should, can → could, may → might などとなるが，dare, need, must, had better, ought to などはそのままで変化しない。〔⇨ p. 555〕

⎰ He said, "She **will** arrive soon."
⎱ He said that she **would** arrive soon.
　　（「彼女はまもなく到着するだろう」と彼は言った）

⎰ She said to me, "**Shall** I open the window?"　　　　　〔⇨ p. 365〕
⎱ She asked me if she **should** open the window.
　　（彼女は私に「窓を開けましょうか」と言った）

⎰ He said to her, "You **had better** stay here."
⎱ He told her that she **had better** stay here.
　　（彼は彼女に「ここにいたほうがいいよ」と言った）

◈　**must** 〔⇨ p. 401〕が「時制の一致」で過去を表わす場合，(a)「義務」（〜ねばならない）の意では ① 一般的義務の場合は must は多くそのまま用いるが，② 一時的な必要を表わす場合には had to を用いることもあり，(b)「推量」（〜にちがいない）の意では must をそのまま用いる。

(**a**) ①　⎰ He said, "Children **must** obey their parents."
　　　　　⎱ He said that children **must** obey their parents.
　　　　　　　（彼は「子は親に従わなければならない」と言った）

　　 ②　⎰ He said to me, "You **must** go."
　　　　　⎱ He told me that I **must** (*or* **had to**) go.

(**b**)　　⎰ He said, "She **must** be ill."
　　　　　⎱ He said that she **must** be ill.

◈　**will**, **shall** は主語になる代名詞によって変わることがある。

⎰ He says, "*I* **shall** be late."　　　　⎰ He said, "*I* **shall** be late."
⎱ He says that *he* **will** be late.　　　⎱ He said that *he* **would** be late.
　　（彼は「私は遅刻するだろう」と言っている［言った］）

　直接話法の I **shall** は「未来」を表わすが〔⇨ p. 364〕，これを間接話法でそのまま he **shall** とすると「彼に〜させる」という「話者の意

志」を表わすことになり〔⇨ p. 365〕，he **should** はふつう「彼は〜すべきだ」という意味を表わすことになる〔⇨ p. 391〕ので，それぞれ **will**, **would** に変える。

　直接話法で二人称・三人称の主語と用いて「話者の意志」を表わす shall〔⇨ p. 365〕は，間接話法でもそのまま過去形にした should を用いる。

{ He said to her, "*You* **shall** have my answer tomorrow."
{ He told her that *she* **should** have his answer the next day.
　　　（彼は彼女に「返事は明日あげよう」と言った）

◆　**過去形の助動詞**。　① could, might, should, would が仮定法過去として用いられる場合〔⇨ p. 467〕，および ② should が「義務」，would が「過去の習慣的行為」〔⇨ p. 389〕を表わす場合などは，そのまま用いる。

①{ He said to me, "**Could** I use your phone?"　　　〔⇨ p. 396〕
　{ He asked me if he **could** use my phone.
　　　（彼は「お電話を拝借できますか」と私に言った）

②{ I said to him, "You **should** be more careful."　　　〔⇨ p. 391〕
　{ I told him that he **should** be more careful.
　　　（私は彼に「もっと気をつけなければいけない」と言った）

《5》　**指示詞・副詞**

指示詞や，時や場所を表わす副詞などは，原則的に次のように変わる。

〔直接話法〕	〔間接話法〕
this; these	that; those
here; now; 〔a week〕 ago	there; then; 〔a week〕 before
today	that day
yesterday	the day before, the previous day
tomorrow	the next day, the following day
last night	the night before, the previous night
last week (year, *etc.*)	the week before, the previous week
next week (year, *etc.*)	the next week, the following week
the day before yesterday	two days before

{ He said, "I bought **this** book **last week**."
{ He said that he had bought **that** book **the week before**.
　　　（彼は「この本を先週買った」と言った）

$\begin{cases} \text{She said, "I'm staying \textbf{here now}."} \\ \text{She said that she was staying \textbf{there then}.} \end{cases}$

　　　　　　（彼女は「私は今ここに滞在しています」と言った）

$\begin{cases} \text{She said, "My father died three years \textbf{ago}."} \\ \text{She said that her father had died three years \textbf{before}.} \end{cases}$

　　　　　　（彼女は「父は3年前に死にました」と言った）

◉　ただし，伝達する時や場所が示されている場合には，それによって必ずしも上の原則通りにはならない。

(a) $\begin{cases} \text{He said to me, "I will be \textbf{here} again \textbf{tomorrow}."} \\ \text{He told me that he would be \textbf{there} again \textbf{the next day}.} \end{cases}$

(b) $\begin{cases} \text{When I met him \textit{here yesterday}, he said to me, "I will be \textbf{here}} \\ \quad \text{again \textbf{tomorrow}."} \\ \text{When I met him \textit{here yesterday}, he told me that he would be} \\ \quad \textbf{here} \text{ again \textbf{today}.} \end{cases}$

　(a) は一般的な場合で「here, tomorrow」は原則的に「there, the next day」に変わるが，(b) では，彼は「明日また来る」と「きのう」言ったのであるから，「きのう」という時点に立つ「明日」は，現在の伝達時点からいえば「今日」となる。また (b) では，被伝達文の here と伝達場所が一致しているので here のままでよい。

§226. 平叙文の伝達

　平叙文〔⇨ p. 54〕の間接話法の伝達動詞は，間接目的語のない場合は **say**，ある場合は **tell** を用いるのがふつうである。間接話法の被伝達文を導く接続詞 that は，省略されることがしばしばある。〔⇨ p. 527〕

$\begin{cases} \text{He \textbf{said}, "I am hungry."} \\ \text{He \textbf{said} [that] he was hungry.} \end{cases}$

$\begin{cases} \text{He \textbf{said to her}, "I am hungry."} \\ \text{He \textbf{told her} that he was hungry.} \end{cases}$

say と tell のほか，次のような語が伝達動詞としてよく用いられる。

admit（認める）	**complain**（不平を言う）	**confess**（告白する）
explain（説明する）	**inform**（伝える）	**mention**（述べる）
remark（述べる）	**repeat**（繰返す）	**report**（報告する）
state（述べる）		

　これらのうち，① tell と同じように間接目的語をとるのは inform だけで，②他はすべて say と同じ形で用いられる。

　　① She **told**（**informed**）**him** that she would attend the party.

　　　　　（彼女は彼に「パーティには出席します」と話した［伝えた］）

　　② She **said**（**mentioned**）［**to him**］ that she had been ill.

　　　　　（彼女は［彼に］「私は病気だったのです」と言った［話した］）

◈　発言内容を伝えるのに，(a) ふつうの間接話法の形を用いるほか，(b) 伝達動詞を変えて他の文型で伝える場合もある。

　　⎰ He **said** to me, "You **had better** give up smoking."

　　⎰　(a) He **told** me that I **had better** give up smoking.

　　⎱　(b) He **advised** me to give up smoking.

　　　　（彼は私に「たばこをやめたほうがいい」と言った）

　　⎰ He **said** to her, "**I'm sorry** I'm late."

　　⎰　(a) He **told** her that **he was sorry** he was late.

　　⎱　(b) He **apologized** to her for being late.

　　　　（彼は彼女に「遅れてごめん」と謝った）

§ 227.　疑問文の伝達

　疑問文〔⇨ p. 55〕の間接話法の伝達動詞には **ask** を用いる。ask は間接目的語を伴うことも，伴わないこともある。被伝達文は，特殊疑問文〔⇨ p. 57〕の場合は用いられている疑問詞をそのまま用い，一般疑問文では if（*or* whether）で導き，語順は「S＋V」になる。〔⇨ p. 63〕

　　⎰ He **said**［**to her**］, "Where is your father?"　　　　〔特殊疑問文〕
　　⎱ He **asked**［**her**］ where her father was.

　　　　（彼は彼女に「お父さんはどこにいるの」と尋ねた）

　　⎰ He **said**［**to me**］, "Are you all rigth?"　　　　　　〔一般疑問文〕
　　⎱ He **asked**［**me**］ **if**（*or* **whether**）I was all right.

　　　　（彼は私に「大丈夫かい」と言った）

　　　この**間接疑問文**は He **inquired of** me if I was all right. としたり，He **wanted to know** if I was all right. などの形をとることもある。

◈　**if, whether** はどちらでもよいが，if のほうが口語的でふつうに用いられ，or を用いて選択的な内容が述べられている場合は whether を多く用いる。

$\begin{cases} \text{She said to the boy, "Will you go } or \text{ stay here?"} \\ \text{She asked the boy } \textbf{whether} \text{ he would go } \textbf{or} \text{ stay there.} \end{cases}$
　　　　（彼女は男の子に「行くの，それともここにいるの」と尋ねた）

◈　返事の伝達動詞は say のほか **answer**, **reply** なども用いる。
　　She **answered**〔him〕that she didn't know.
　　I **replied**〔to him〕that I would stay.

◈　直接話法で問いかける相手の名前が示されている場合は，間接話法ではそれを伝達動詞の間接目的語にすればよい。
$\begin{cases} \text{He said, "What do you want, } \textbf{Mary}\text{?"} \\ \text{He asked } \textbf{Mary} \text{ what she wanted.} \end{cases}$

◈　**Will you ～ ?** は (a) ふつうの疑問を表わす場合と，(b) 依頼・勧誘などを表わす場合とがあるが，(b) では不定詞を用いた形式も用いる。

(a) $\begin{cases} \text{He said to her, "}\textbf{Will you}\text{ be there tomorrow?"} \qquad 〔疑問〕 \\ \text{He asked her } \textbf{if she would} \text{ be there the next day.} \end{cases}$
　　　　（彼は彼女に「明日そこへ行きますか」と尋ねた）

(b) $\begin{cases} \text{He said to her, "}\textbf{Will you}\text{ mail the letter for me?"} \qquad 〔依頼〕 \\ → \text{He asked her } \textbf{if she would} \text{ mail the letter for him.} \\ → \text{He asked her } \textbf{to} \text{ mail the letter for him.} \end{cases}$
　　　　（彼は彼女に「手紙を出しておいてくれませんか」と頼んだ）

◈　**Shall I ～ ?** は (a) 単純未来を表わす場合と，(b) 意志未来を表わし「～しましょうか」と相手の意向を尋ねたり指示を求めたりする場合とがあり，(a) の間接話法では時制に合わせて will または would を用いる〔⇨ p. 562〕が，(b) の間接話法では常に should を用いる。

(a) $\begin{cases} \text{She said, "When } \textbf{shall I} \text{ know the result?"} \\ \text{She asked when } \textbf{she would} \text{ know the result.} \end{cases}$
　　　　（彼女は「結果はいつわかるでしょうか」と言った）

(b) $\begin{cases} \text{She said to him, "Where } \textbf{shall I} \text{ put this?"} \\ \text{She asked him where } \textbf{she should} \text{ put that.} \\ \text{(She asked him where } \textbf{she was to} \text{ put that. としてもよい)} \end{cases}$
　　　　（彼女は彼に「これをどこに置きましょうか」と言った）

shall I ～? が自問的に用いられる場合には伝達動詞に **wonder** を用いる。
$\begin{cases} \text{She said 〔to herself〕, "Where } shall \ I \text{ be next year?"} \\ \text{She } \textbf{wondered} \text{ where } she \ would \text{ be the next year.} \end{cases}$

　　　　（彼女は「来年は私はどこにいるかしら」と思った）

🔊 **Yes, No** は，間接話法でそのまま用いることはできないので，次のようにする。

　(a)　疑問文に応じた省略形で答える。

　　　　⎰ He said, "Are you satisfied?" and I said, "*Yes, I am.*"
　　　　⎱ He asked me if I was satisfied, and I answered that *I was*.

　　　　⎰ She said to me, "Will you go?" and I said, "*No, I won't.*"
　　　　⎱ She asked me if I would go, and I replied that *I wouldn't*.

　(b)　answer (*or* reply) **in the affirmative** (**negative**)（肯定的［否定的］に答える）の形にする。これは堅い言い方である。

　　　　⎰ He said, "*Yes.*"（彼は「はい」と答えた）
　　　　⎱ He answered *in the affirmative*.（彼はそうだと答えた［肯定した］）

　　　　疑問文の内容によっては，肯定の場合 He *agreed*. / He *consented*.
　　　のような「同意する」の意の動詞を用いることもできる。

　　　* くだけた形で，He **said** (**answered**) yes. のように言うこともある。

§228. 命令文の伝達

　命令文〔⇨ p. 64〕の間接話法の伝達動詞は **tell** が基本語で，その他，主なものを示せば次の通りである。

　　〈命令〉**order, command**　　　　　〈要求〉**demand**
　　〈依頼〉**ask, request**　　　　　　　〈懇願〉**beg, entreat**
　　〈助言〉**advise**　　　　　　　　　　〈勧め〉**recommend**
　　〈提案〉**propose, suggest**　　　　　〈促し〉**urge**

　間接話法では**不定詞**を用いた構文にするか，**that** 節を用いた形にする。
〔that 節では仮定法現在か should を用いる。⇨ p. 392, 462〕

　ただし demand, propose, suggest は不定詞構文を用いない。〔⇨ p. 664〕

　⎰ He said to me, "Go at once."　　　　　　　　　　　〔直接話法〕
　｜ He **told** (*or* **ordered**) me **to** go at once.　　　　〔間接話法〕†
　⎱ He **ordered that** I ［should］ go at once.　　　　　　〔　〃　〕
　　　　（彼は私に「ただちに行け」と言った）

───────────────────────
† 　くだけた口語文では，He **said to** go at once. の形もよく用いる。
　　He **said not to** buy anything.（彼は何も買うなと言った）
　　　〔ふつうの間接話法では He **told** me **not to** buy anything.〕

＊　tell の場合は，that 節を伴う形は「平叙文」を伝達する。

> He **told** me *that I must go.*
> ＜ He said to me, "*You must go.*"
> （彼は私に「君は行かなければならない」と言った）

＊　that 節を伴う形で，He ordered <u>me</u> that ～ のように不要の間接目的語を置かないように注意する。

> He **asked**（**begged, recommended, suggested**）that I ［should］stay.
> （彼は私に留まるように頼んだ［請うた，勧めた，提案した］）

> He said, "*Don't* leave the room, boys." 　　　〔否定の命令文（禁止）〕
> He **told** the boys *not to* leave the room.

（彼は少年たちに「みんな，部屋を出るんじゃないぞ」と言った）

＊　He *forbade* the boys *to* leave the room. （彼は少年たちに部屋を出ることを禁じた）のような形ででも表わせる。

> She said to him, "*Don't* drink so much." 　　　　　〔助言的な命令〕
> She **told**（*or* **advised**）him *not to* drink so much.

（彼女は彼に「そんなに飲んじゃだめよ」と言った）

◉　直接話法に **please** が用いてある場合は，間接話法の伝達動詞は ask, request, beg などを用いる。

> She said to me, "*Please* stay with me."
> She **asked**（*or* **requested, begged**）me to stay with her.

（彼女は私に「お願いだからいっしょにいて」と言った）

＊　She asked me to **please** stay with her. のように間接話法で please を用いることもある。

◉　**Will you ～?, Would you ～?** などによる疑問文が依頼を表わす場合も，命令文扱いにして伝達動詞に ask, beg などを用いることが多い。

> He said, "*Will* you *kindly* shut the door?"
> He **asked**（*or* **requested, begged**）me to shut the door.

（彼は私に「ドアを閉めてもらえませんか」と言った）

この文のように kindly が含まれる場合は次の形式も多く用いる。

> He asked me to be *so kind as to* shut the door.
> He asked me to be *kind enough to* shut the door.

◉　**Let us ～（Let's ～）の間接話法。**　提案を表わす Let's ～ の間接話法には，伝達動詞は suggest, propose を用いる。〔⇨ p. 463, 664〕

被伝達文の主語は，話者が含まれれば we，話者が含まれなければ they とする。

$\begin{cases} \text{He said to } me \text{ (}or\text{ to }us\text{), "Let's play tennis."} \\ \text{He } \textbf{proposed} \text{ that } \textbf{we} \text{ [}should\text{] } play \text{ tennis.} \end{cases}$

(彼は私 [私たち] に「テニスをしよう」と言った)

$\begin{cases} \text{He said to } her \text{ (}or\text{ to }them\text{), "Let's go for a walk."} \\ \text{He } \textbf{suggested} \text{ that } \textbf{they} \text{ [should] go for a walk.} \end{cases}$

(彼は彼女 [彼ら] に「散歩に行こう」と言った)

　＊　suggest は不定詞構文を用いず，間接目的語をとらない。

He **suggested** $\left\{ \begin{array}{l} \times \text{them to go} \ / \ \times them \text{ that they go} \\ \bigcirc \text{ [}to them\text{] that they go} \ / \ \bigcirc \text{ going} \end{array} \right\}$ for a walk.

◉　命令文に if 節などが先行する場合は，間接話法ではその節を後に回す。

$\begin{cases} \text{He said to me, "}If you feel cold\text{, shut the windows."} \\ \text{He told me to shut the windows } if I felt cold\text{.} \end{cases}$

(彼は私に「寒ければ窓を閉めなさい」と言った)

§229. 感嘆文の伝達

　感嘆文〔⇨ p. 65〕は，その表わす感情の種類（喜び・悲しみ・賞賛・後悔，など）も多様で，間投詞（Oh, Ah, *etc.*）〔⇨ p. 544〕を含むものも含まないものもあり，特に固定した形はないが，次のようなものがその典型的な形式である。

❶　伝達動詞には say のほか，「叫ぶ，叫び声をあげる」の意を表わす exclaim, cry [out], shout などを用いる。

❷　感嘆の種類に応じて，bitterly（悲しげに，苦しそうに），with delight（喜んで），in surprise（驚いて），regretfully, with regret（残念そうに），with a sigh（ため息をついて）などの副詞 [句] を添えることもある。

❸　what, how はそのまま用いてもよいし，very, indeed などでその意味を表わしてもよい。

❹　Oh などの間投詞がある場合には，その間投詞の表わす気持ちに応じて give a cry（*or* an exclamation）of delight（surprise, admiration, regret, sorrow, horror, *etc.*）and say that ...（喜び [驚き，賞賛，後悔，悲しみ，恐怖，など] の声をあげて…と言う）などとして表わすことができる。

〔**A**〕　間投詞のない場合：

　She said, "*How* happy I am!"

　　　→ $\left\{\begin{array}{l}\text{She said \textbf{how} happy she was.}\\ \text{She said (\textit{or} exclaimed) that she was \textbf{very} happy.}\end{array}\right.$

　He said, "*What* a pity it is!"（「何と残念なことだろう」と言った）

　　　→ $\left\{\begin{array}{l}\text{He said \textbf{what} a pity it was.}\\ \text{He said that it was a \textbf{great} pity.}\end{array}\right.$

〔**B**〕　間投詞のある場合：

　She said, "**Oh**, what a lovely garden you have!"

　　　→ $\left\{\begin{array}{l}\text{She \textit{exclaimed with admiration} what a lovely garden we had.}\\ \text{She \textit{gave a cry of admiration and said} we had a very lovely}\\ \text{\quad garden.（「まあ，何と美しい庭をお持ちでしょう」と言った）}\end{array}\right.$

　He said, "**Alas!** I have failed."

　　　→ $\left\{\begin{array}{l}\text{He \textit{sighed} (or \textit{gave a sigh}) \textit{and said} that he had failed.}\\ \text{He \textit{cried out with a sigh} (or \textit{with regret}) that he had failed.}\end{array}\right.$

　　　　　　（「ああ，失敗してしまった」と彼は言った）

　They said, "**Hurrah!** We've won!"

　　　$\left\{\begin{array}{l}\text{They \textit{exclaimed with delight} that they had won.}\\ \text{They \textit{gave an exclamation of joy and said} that they had won.}\end{array}\right.$

　　　　　　（「万歳! 勝ったぞ」と彼らは叫んだ）

§230. 祈願文の伝達

祈願文〔⇨ p. 67〕は伝達動詞に pray を用いる。

$\left\{\begin{array}{l}\text{He said to me, "[\textit{May}] God \textit{bless} you!"}\\ \text{He \textbf{prayed} that God \textbf{might} bless me.}\end{array}\right.$

　　　　　（「あなたに神の恵みがありますように」と彼は言った）

$\left\{\begin{array}{l}\text{He said to her, "\textit{May} you succeed!"}\\ \text{He \textbf{prayed} that she \textbf{might} (\textit{or} \textbf{would}) succeed.}\end{array}\right.$

　　　　　（「あなたの御成功をお祈りします」と彼は言った）

◈　wish を用いた願望は次のような形で伝えることができる。

$\left\{\begin{array}{l}\text{He said to her, "I \textbf{wish} you \textbf{would} succeed."}\\ \text{He \textbf{expressed his wish} that she \textbf{would} succeed.}\end{array}\right.$

　　＊　仮定法の would はそのまま。〔⇨ p. 563〕　that 〜 は同格節。〔⇨ p. 528〕

§231. 省略文の伝達

省略的な表現はそれぞれ適当な形で内容を伝える。

He said, "Thank you." (「ありがとう」と彼は言った)
He **thanked** me. (彼は私に感謝した)

He said, "Merry Christmas!" (「クリスマスおめでとう」と言った)
He **wished** me a merry Christmas.

　　＊　**Merry Christmas!, Happy New Year!, Happy birthday!** などは，直接話法ではaが付かないが，間接話法の形では He wished me **a** 〜 とaが付くことに注意。〔⇨ p. 214〕

She said, "Goodbye, John." (「さよなら，ジョン」と言った)
She **said** goodbye to John. 〔good morning なども同じ〕

　　＊　She **bade** him farewell. (彼に別れを告げた) は文語的な言い方。

He said, "Liar!" (「嘘つき」と彼は言った)
He **called** me a liar. (彼は私をうそつき呼ばわりした)

He said to her, "**Hello!**" (「こんにちは」と彼は彼女に言った)
He **greeted** her. (彼は彼女にあいさつした)

He said, "Congratulations!" (「おめでとう」と彼は言った)
He **congratulated** me.

§232. 重文の伝達

間接話法において接続詞 that を and, but の後に置く。

He said, "I am hungry, **and** I want something to eat."
He said [that] he was hungry **and that** he wanted something to eat.

　　　　(「腹がへっているので何か食べ物が欲しい」と言った)

He said, "I am tired, **but** I must work."
He said [that] he was tired **but that** he must work.

　　　　(「僕は疲れているが働かねばならない」と彼は言った)

◈　間接話法において，最初の that は省略できるが，後の that は原則として省略しない。that がなければ，それ以下は伝達内容ではなく，独立した文になる。次の文において，that がある場合とない場合の被伝達部分を，区別しなければならない。

(a)　He said [that] he was tired **and** he could not walk.
　　＜ He said, "**I am tired**," and he could not walk.
(b)　He said [that] he was tired **and that** he could not walk.
　　＜ He said, "**I am tired and I cannot walk**."

◈　「命令文＋**and** / **or**」の場合は，次のようにすることができる。

He said to me, "Start at once, **and** you will be in time."

　　→ He told me that **if** I started at once I would be in time.

He said to me, "Work hard, **or** you will fail."

　　→ He told me that **if** I did**n't** work hard I would fail.

　　→ He told me to work hard, and said (*or* added) that **otherwise**
　　　　I would fail.

　　→ He told me to work hard, adding that I would fail **if I did**n't.

ただし，and, or をそのまま用いる形も行われる。

　　He told me to start once, **and** I would be in time.

　　He told me to work hard, **or** I would fail.

§233. 二つの文の伝達

被伝達文が二つ［以上］の文から成る場合，その文の種類が異なれば，そ
れぞれ適当な伝達動詞と，それに伴う形式を用いる。

〔平叙文＋疑問文〕

He said to me, "It is very cold this morning. Are you going out?"

　　→ He **told** me that it was very cold that morning and **asked** [me]
　　　　if I was going out.

〔命令文＋平叙文〕

She said to him, "Please stay here with me. I feel so lonely."

　　→ She **asked** him to stay there with her and **said** (*or* **told** him)
　　　　that she felt very lonely.

　　　　＊　and said that ... の代わりに **adding** that ... (…とつけ加えた) なども可。

〔感嘆文＋命令文〕

She said to me, "How impatient you are! Wait till he comes."

She **said** how impatient I was and **told** me to wait till he came.

　　　　（「あなたは何とせっかちなんでしょう。彼が来るまで待ちなさ
　　　　い」と彼女は言った）

〔命令文＋疑問文〕

She said, "Come in, John. What do you want?"

→ She **told** John to come in and **asked** [him] what he wanted.

§234. 混合話法・描出話法

　標準的な直接話法と間接話法に対して，この二つが混ざり合ったような形をとる話法があり，これはふつう**混合話法**（Mixed Narration）と呼ばれる。形式はさまざまであるが，概して，人称・時制は間接話法に，語順は直接話法に一致する場合が多く，引用符は用いない。

〔混合話法〕　Sally wondered, what did he mean?

　　　　　　　　　（あの人はどういうつもりかしら，とサリーは思った）

〔直接話法〕　Sally said to herself, "What does he mean?"

〔間接話法〕　Sally wondered what he meant.

　このような，伝達部（この例では Sally wondered）を備えた混合話法に対して，**伝達部のない形をとるものを描出話法**（Represented Speech）と呼ぶ。描出話法では，ある文脈の中で人が話したことや考えたことが，伝達部を表わさないで直接に述べられ，心理描写などで効果的に用いられることが多い。

〔描出話法〕　Clarissa carried the green dress to the window. She had torn it. Some one had trod on the skirt. <u>She would mend it. She would wear it tonight</u>.

　　　　　　　（クラリッサは緑のドレスを窓ぎわに持って行った。それは破れていた。だれかにすそを踏まれたのだった。<u>自分でつくろいましょう。今夜はこれを着るんだわ</u>）

〔直接話法〕… She said to herself, "I'll mend this. I'll wear it tonight."

〔間接話法〕… She thought that she would mend it and that she would wear it that night.

◉　次に，描出話法の典型的な例 ⑦，㋺ と，それに対応する (a) 直接話法と (b) 間接話法を示す。

　⑦ She found herself in the deserted park. <u>What am I doing here?</u>

　　　　　　（気がついてみると彼女は人気のない公園にいた。<u>私はこんなところで何をしているのかしら</u>）

　(a)　She said to herself, "What am I doing here?"

(b)　She wondered what she was doing there.

㋺ He was furious with her. <u>Where had she been all night?</u>

　　　　（彼は彼女に対してかんかんに怒った。<u>一晩中どこにいたんだ</u>）

(a)　He said to her, "Where have you been all night?"

(b)　He asked her where she had been all night.

* 　㋑では描出話法は直接話法の被伝達文と同形であり，㋺では間接話法の被伝達文と（語順を除き）人称と時制が一致する。

* 　「描出話法」はいろいろな呼び方があり，「**自由話法**」（Free Speech）もその代表的な一つで，㋑は「自由直接話法」，㋺は「自由間接話法」と呼ばれる。

重要問題　　　　　　　　　　（解答 p. 706）

147. 各組の二文が同じ意味を表わすように，空所に適当な話を入れよ。

(1) { He said to me, "You are very kind to me."
{ He （　　） me that （　　）（　　） very kind to （　　）.

(2) { He said to me, "Are you all right?"
{ He （　　） me （　　）（　　）（　　） all right.

(3) { She said to him, "Where did you buy this watch?"
{ She （　　） him where （　　）（　　） bought （　　） watch.

(4) { Mother said to me, "Don't eat too much."
{ Mother （　　） me （　　）（　　） eat too much.

(5) { He said to me, "You had better take a rest."
{ He （　　） me （　　） take a rest.

(6) { She said to me, "（　　） a rude man you are!"
{ She exclaimed that I was a （　　） rude man.

(7) { He said to me, "Must I stay here tomorrow?"
{ He （　　） me （　　）（　　）（　　） stay （　　） the （　　） day.

(8) { He said to me here yesterday, "I'll meet you here tomorrow."
{ He told me here yesterday that he （　　） meet （　　）（　　）
{ 　（　　）.

148. 各組の二文が同じ意味を表わすように，空所に適当な語を入れよ。

(1) { Mother asked us why we had done that.
{ Mother said to us, "Why （　　）（　　）（　　）（　　）?"

(2) $\begin{cases} \text{He advised me not to eat to excess.} \\ \text{He said to me, "(　) (　) (　) (　) eat to excess."} \end{cases}$

(3) $\begin{cases} \text{He suggested that we play tennis the next day.} \\ \text{He said, "(　) play tennis (　)."} \end{cases}$

(4) $\begin{cases} \text{He answered in the negative.} \\ \text{He said, "(　)."} \end{cases}$

(5) $\begin{cases} \text{She begged me to lend her some money.} \\ \text{She said to me, "(　) lend (　) some money."} \end{cases}$

(6) $\begin{cases} \text{My sister said that she wished she were a boy.} \\ \text{My sister said, "(　) (　) (　) (　) a boy."} \end{cases}$

149. 各文を間接話法に書き換えよ。（平叙文）

(1) He said, "I saw this man long ago."

(2) She said to him, "I've been very busy until now."

(3) My father said to me, "Necessity is the mother of invention."

(4) He said to me, "You had better stay here tonight."

(5) She said, "My uncle arrived here yesterday."

(6) This morning he said to me, "I came back from New York yesterday."

150. 各文を間接話法に書き換えよ。（疑問文）

(1) He said to her, "Why didn't you attend the party last night?"

(2) He said, "Shall I live to be eighty?"

(3) He said to her, "Shall I open the window?"

(4) He said to me, "Will you post this letter on your way home?"

(5) "Where will you go when you leave this place, Mary?" he said.

151. 各文を間接話法に書き換えよ。（命令文）

(1) He said to them, "Don't smoke here."

(2) She said to him, "Please shut the door."

(3) She said to him, "Would you kindly show me the way?"

(4) She said to us, "Let's go shopping this afternoon."

152. 各文を間接話法に書き換えよ。（感嘆文・願望文）

(1) Aunt said, "How big you have grown, Mary!"

(2) He said, "What a lovely dress it is!"

(3) He said, "Alas, how foolish I have been!"

(4) She said, "May God forgive me!"

153. 各文を間接話法に書き換えよ。(重文・複文)

(1) He said, "I'm afraid I can't go just now, but I will probably be able to go tomorrow."

(2) She said, "My father died a few years ago, and I am now living with my brother."

(3) He said to me, "I would accept the invitation if I were in your place."

154. 各文を間接話法に書き換えよ。(異種の二文)

(1) He said to me, "I have no money with me now. Please lend me some until tomorrow."

(2) He said to me, "You should really have seen it. What a pity that you have missed the opportunity!"

155. 各文を直接話法に書き換えよ。

(1) My uncle said that he would return there the next day.

(2) She told me that she had seen him a few years before.

(3) She said that she had been ill the day before.

(4) He begged me not to tell his teacher.

(5) He advised me to consult the doctor at once.

(6) She told him not to drive so fast.

(7) He suggested that we should play tennis the next day.

(8) He exclaimed with delight that those flowers were beautiful.

156. 各文を直接話法に書き換えよ。

(1) He said that he had met her the week before but that he had not seen her since.

(2) She said that she would welcome him if he came home again.

(3) She said that she would admit the fact if she were in my place.

(4) She said that she would have done the same thing if she had been in my place.

(5) He said that he had read that book before and asked if I had something else he could read.

第 **23** 章

否　　定

　否定（Negation）の意味は**否定詞**によって表わされるのがふつうで，否定詞を用いた文を**否定文**（Negative Sentence）という。〔⇨ p. 52〕

　ただし，否定の内容は，否定詞を用いない文で表わされることもある。

$\begin{cases} \text{(a)} & \text{He } \textbf{never} \text{ tells a lie.（彼は決して嘘をつかない）} \\ \text{(b)} & \text{He is } \textbf{the last} \text{ man } \textbf{to} \text{ tell a lie.} \end{cases}$

$\begin{cases} \text{(a)} & \text{There is } \textbf{hardly} \text{ any hope of his recovery.} \\ & \qquad \text{（彼が回復する見込みはほとんどない）} \\ \text{(b)} & \text{There is } \textbf{small} \text{ hope of his recovery.} \end{cases}$

　それぞれ内容的には否定の意味を含むが，形式的には（a）は否定詞を含む否定文，（b）は否定詞を含まないので肯定文である。

§235. 否 定 詞

　否定詞（Negative Word）の代表的なものは副詞 not であるが，その他，次のようなものがある。〔⇨ p. 53〕

	副　　　　詞	形容詞	代名詞	接続詞
(a)「〜ない」〔ふつうの否定〕	not neither nowhere	no neither	none nothing nobody neither	nor
(b)「ほとんど（めったに）〜ない」〔弱い否定〕	hardly, scarcely seldom, rarely little	little few	little few	
(c)「決して（まったく）〜ない」〔強い否定〕	never no, none little〔⇨ p. 294〕	no	「句」の形式のもの	
			not at all, not in the least, by no means, in no way, *etc.*	

　　＊　(b) のグループの否定詞は「**準否定詞**」と呼ばれることもある。

(a) ┌ He is **not** coming.（彼は来ない）   〔正式〕
    ┤ He is**n't** coming.   〔否定詞が縮約形〕 ┐
    └ He's **not** coming.   〔動詞が縮約形〕 ┘ 〔口語的〕

    ┌ There's **no** food left.（食べ物は何も残っていない）
    └ There is**n't** **any** food left.

    ┌ He said **nothing**.（彼は何も言わなかった）
    └ He did**n't** say **anything**.   〔⇨ p. 182〕

    ┌ I like **none** of them.（彼らのだれも［それらのどれも］好まない）
    └ I do**n't** like **any** of them   〔⇨ p. 180〕

    ┌ I know **neither** of them.（彼ら［それら］のどちらも知らない）
    └ I do**n't** know **either** of them.   〔⇨ p. 178〕

(b) **Little** is known of him.（彼についてはほとんど知られていない）

    He has **few**, if any, faults.   〔⇨ p. 252〕
                  （彼には欠点が，かりにあっても，ほとんどない）

    He **seldom**, in fact **hardly** ever, writes to his parents.† 〔⇨ p. 299〕
                  （彼はめったに，いやほとんど決して，両親に手紙を書かない）

(c) She **never** tells a lie.（彼女は決してうそはつかない）

    ＊ never の意をさらに強めて never ever を用いることもよくある。
      I'll **never** **ever** forgive him.（彼のことは絶対に許さないぞ）

    I'm **not** **at** **all**（*or* **not** **a** **bit**, **not** **in** **the** **least**）surprised.
                  （僕はちっとも驚いちゃいない）

    I have **no** interest what[**so**]ever in his love affair.
                  （彼の情事なんか全然関心ないね）

◉ **注意すべき否定の形**

    ① not の縮約形 **n't** の規則的な形と不規則的な形（will not → **won't**,
      am not → **aren't**, **ain't**, など）については ⇨ p. 54。

    ②否定疑問文の形（**Is** **he** **not** ～ ? / **Isn't** **he** ～ ?）は ⇨ p. 56。

◉ **注意すべき否定の意味関係**

    ① **not** ～ **because** ... の場合，たとえば She did *not* marry him *be-*

---

† ┌ **hardly**（**scarcely**）**ever** = **almost** **never**（ほとんど決して～ない）
  └ **hardly**（**scarcely**）**any** ～ = **almost** **no** ～（ほとんど全く～ない）
  I ate **hardly** **anything**. = I ate **almost** **nothing**.（ほとんど何も食べなかった）

cause he was rich. を「彼女は，彼が金持ちなので彼と結婚しなかった」と訳すことの適否については ⇨ p. 532。

②**not 〜 and ...** の形をとる場合，たとえば You can*not* eat your cake *and* have it. の否定関係については ⇨ p. 523。

§236. | not の注意すべき用法

① **not の位置**　　次のような文で，not は (a) 主節と (b) 従節のいずれで用いられるかを区別しなければならない。

$\begin{cases} \text{(a)} ○ \text{I do}\textbf{n't think} \text{ it will rain.} & \text{（雨が降るとは思わ}\underline{\text{ない}}\text{）} \\ \text{(b)} △ \text{I think it will }\textbf{not} \text{ rain.} & \text{（雨は}\underline{\text{降らない}}\text{と思う）†} \end{cases}$

not は (a) では**主節**，(b) では**従節**の動詞を打消しており，日本語では (b) に対する訳文が一般的であるが，英語では (a) の形がふつうである。「思う」に類した意味を表わす **suppose, believe, expect, imagine** などの場合も同様である。ただし **hope** は (b) の形だけで用いる。

$\begin{cases} \text{(a)} × \text{I do}\textbf{n't hope} \text{ it will rain.} \\ \text{(b)} ○ \text{I }\textbf{hope} \text{ it will }\textbf{not} \text{ rain.} & \text{（雨が降らなければいいんだが）} \end{cases}$

② **節を代表する not**　　従節の否定内容を，次の例の (b) のように not 1語が代表することがある。〔⇨ p. 592〕

〔同じ用法の so については ⇨ p. 154〕

Is he coming? — $\begin{cases} \text{(a) I do}\textbf{n't think} \text{ so.〔so = [that] he is coming〕} \\ \text{(b) I }\textbf{think not.} \text{〔not = [that] he is }\textit{not} \text{ coming〕} \end{cases}$

　　（彼は来るだろうか — 来ないだろう）〔(a) のほうがふつう〕

suppose, believe なども同様であるが，**hope** は (a) の形は用いない。

Is he coming? — $\begin{cases} \text{(a)} × \text{I do}\textbf{n't hope} \text{ so.} \\ \text{(b)} ○ \text{I }\textbf{hope not.} \text{ / I'm }\textbf{afraid not.} \end{cases}$

　　（彼は来るかな — 来ないといいんだが / 来ないんじゃないかな）

* **I hope** は「望ましいこと」，**I'm afraid** は「懸念されること」として述べる。I'm **not** afraid. はふつうの否定文で「私は怖くない」の意。

---

† ふつうの (a) の形と，強意的な (b) の形が対照的に用いられた例。
　A：I do**n't** think I'll go to school today.（今日は学校に行かないよ）
　B：*I* think you will.（行かなきゃだめでしょ）
　A：*I* think I wo**n't**.（行かないったら行かないよ）
　　　〔A は学校に行きたがらない男の子，B はその母親〕

③　**seem, appear**（～のようだ）は，二通りの否定の形が用いられる。

$$
\begin{cases}
\text{(a) It does}\textbf{n't } seem \text{ that she likes you.} \\
\quad 〔= \text{She does}\textbf{n't } seem \text{ to like you.}〕 \quad （彼女は君のことが好き \\
\text{(b) It } seems \text{ that she does}\textbf{n't } \text{like you.} \qquad\qquad でないみたいだね） \\
\quad 〔= \text{She } seems \textbf{ not } \text{to like you.}〕
\end{cases}
$$

§237. 強意の否定

　否定の意味を強めるには，(1) 強意的な否定語句（not at all, *etc*.）を用いる場合〔⇨ p. 581〕と，(2) 否定語句を文頭に出した倒置の形式（*Never has she been so angry*. 彼女がこんなに立腹したためしはない）を用いる場合〔⇨ p. 588〕があるが，(3) not と no も強意的に用いられる場合がある。

not と no の強意的用法

　次のような場合，(a) ふつうの否定と (b) 強意的な否定が区別される。

①
$$
\begin{cases}
\text{(a) He is}\textbf{n't} \text{ a doctor.} \quad 〔\text{not が縮約されて動詞を打消す文否定}〕 \\
\text{(b) He's } \textbf{not} \text{ a doctor.} \quad 〔\text{動詞が縮約され，not は名詞を打消す語否定}〕
\end{cases}
$$
　訳文では区別しにくいが，(a) は「彼は医者だ」という肯定文を打消しただけの「彼は医者じゃない」の意を表わし，n't に強勢はなく，(b) では not に強勢が置かれて「医者で<u>は</u>ない」の意味が強められる。

> ＊　一般に n't よりも not のほうが否定の意味がはっきり伝わり，強く感じられる。対照的に否定を明示する **not A but B**（A ではなく B）の例：
> $$\begin{cases} \text{He's } \textbf{not} \text{ a doctor } \textbf{but} \text{ a nurse.} （彼は医者ではなく看護師だ） \\ \text{He's a nurse, } \textbf{not} \text{ a doctor.} （彼は看護師で，医者ではない） \end{cases}$$

②
$$
\begin{cases}
\text{(a) He is } \textbf{not} \text{ a scholar.} \quad （彼は学者ではない） \\
\text{(b) He is } \textbf{no} \text{ scholar.} \quad （彼は決して学者ではない）
\end{cases}
$$

> ＊　(b) は「学者であるどころか学識などない」といった意味を含み，no が表わす強い否定の意味は，**not at all, far from, anything but**（決して～でない）〔⇨ p. 183〕などに通じる。

> ＊　not がふつうの否定，no が強意の否定を表わす場合として「**not (no) ＋比較級**」が重要である。〔⇨ p. 321 ④〕

③
$$
\begin{cases}
\text{(a) } \textbf{No} \text{ sound was heard.} （物音は何も聞こえなかった） \\
\text{(b) } \textbf{Not a} \text{ sound was heard.} （物音一つ聞こえなかった）
\end{cases}
$$

> ＊　no ～ は単に「～ない」の意を表わすのに対し，**not a ～** は「たった一つも～ない」の意で，**not a single ～** と表わすこともある。類例：
> $$\begin{cases} \text{(a) There's } \textbf{nothing} \text{ wrong with you.} （あなたはどこも悪くない） \\ \text{(b) There's } \textbf{not a thing} \text{ wrong with you.} （悪いところは一つもない） \end{cases}$$

§ 238. 文否定と語否定

　否定の関係には，(a) 文の述語動詞を打消し，文全体の内容（主語と動詞の関係）を否定する**文否定**（Sentence Negation）と，(b) 文中の特定の語を否定する**語否定**（Word Negation）とがある。

> (a) She is **not** tired.（彼女は疲れていない）　　　　　　　〔文否定〕
> 　　 She is **not** *a bit* tired.（彼女は少しも疲れていない）
> (b) She is **not** *a little* tired.（彼女は少なからず疲れている）〔語否定〕

　(a) の not は動詞を打消すことによって She is tired. という全文の内容を否定する。**not a bit** は **not at all** などと同じく「少しも〜でない」と否定を強める表現。(b) の **not a little** は「少なからず〜だ」の意で，not は a little（少し）という副詞を打消している。〔⇨ p. 294〕

＊　ただし not と用いない a little と a bit〔口語的〕はほぼ同意である。
　　　I'm **a little**〔*or* **a bit**〕tired.（少し〔ちょっと〕疲れた）

> (a) He does**n't** have any money.（彼は金を持っていない）　〔文否定〕
> 　　 He has **no** money.（彼は金を持っていない）
> (b) He has **no** small money.（少なからぬ金を持っている）〔語否定〕

　(a) の not は動詞を打消す否定。no は形容詞で名詞 money を修飾しているので，形式的には語否定であるが，内容的には上の文と同じく（no = not any）He has money. の関係を打消す文否定である。(b) の no は副詞で「決して〜でない」の意を表わし small を否定している。

> (a) **Many** people did **not** come.（多くの人が来なかった）
> (b) **Not many** people came.（多くはない数の人々が来た）
> 　〔別訳〕(a) 来ない人が多かった。(b) 来た人は多くなかった。

> (a) **Few** people agreed.（少数の人しか賛成しなかった）〔⇨ p. 252〕
> (b) **Not a few** people agreed.（少なからぬ数の人々が賛成した）
> 　〔別訳〕(a) 賛成者はほとんどいなかった。
> 　　　　　(b) 賛成者は少なからずいた。

§ 239. 全体否定と部分否定

　「全部（両方，全然）〜でない」の意を表わす否定を**全体否定**（Total Negation）といい，「全部が全部（両方とも，まったく）〜であるわけではない」の意を表わす否定を**部分否定**（Partial Negation）という。〔⇨ p. 179〕

	〔全体否定〕	〔部分否定〕
{ 三者以上 { 不可算	not any; no; none	not all; not every
二 者	not either; neither	not both
副 詞	not at all; never; not in the least	not always (*or* altogether, wholly, necessarily, entirely, exactly, quite)

次の例において，各組とも上の文が全体否定，下が部分否定である。

{ I don't want **any** of them.（どれも欲しくない）
{ I don't want **all** of them.（全部が欲しいわけではない）†

　　*　any は **not** ～ **any** の語順で用いられ，**any** ～ **not** の語順は不可。〔⇨ p. 180〕

{ I didn't buy **either**.（どちらも買わなかった）
{ I didn't buy **both**.（両方買ったわけではない）

　　*　このように **not** ～ **both** の語順で部分否定を表わす場合に対して，**both** ～ **not** の語順をとる場合（たとえば *Both* are *not* happy.）は全体否定に解されることもある。〔⇨ p. 625〕

{ It is **not at all** finished.（全然終っていない）
{ It is **not quite** finished.（すっかり終ってはいない）

◈　**Not all**（**every**）～ の形のほうが，**All**（**Every**）～ **not** よりも，部分否定を表わすのにふつうに用いられる形である。both は **Not both** ～ の形では用いない。

{ **Not all** of them are present.（全員出席しているわけではない）
{ **All** of them are **not** present.　　　　　　　　　　〔⇨ p. 625〕

{ **Not everybody** can be a poet.　　（だれでも詩人になれる
{ **Everybody** can**not** be a poet.　　　　　　　　わけではない）

§240.　二重否定

　一つの文の中で，否定詞を二つ用いることを，**二重否定**（Double Negation）という。この場合，二つの否定詞のうち一方は，いわゆる否定詞ではなく否定の要素〔接頭辞・接尾辞など〕を含む語（**im**possible, **un**kind, use**less**, with**out**, *etc.*）である場合もある。二重否定は「**否定＋否定→肯**

---

†　次のような場合は all ... not は部分否定ではない。
　　All the money in the world won't make her happy.
　　（世界のすべての富をもってしても彼女を幸福にすることはできないだろう）

定」の意味関係を表わすのがふつうである。

There is **no rule without** some exceptions. (例外のない規則はない)

〔= *Every* rule *has* some exceptions.〕

There are **few** people who do**n't** know this.

　　　(このことを知らない者はほとんどいない)

〔= *Most* people *know* this.〕

Nothing is **im**possible to a willing mind.

　　　(意志あれば不可能なことなし)

〔= *Anything* is *possible* to a willing mind.〕

This kind of mistake is **not uncommon**.

　　　(この種の間違いはまれではない)

〔= This kind of mistake is *quite common*.〕

It is **not without** reason that he complains.

　　　(彼がぐちをこぼすのも理由のないことではない)

〔= It is *with some* reason that he complains.〕

Nobody is **without** his faults. (欠点のない者はいない)

　〔= *Everybody* has his faults.〕

He is **not without** his faults. (彼には欠点がないわけではない)

　〔= He has some faults. / He is not faultless.〕

◈　二重否定は「～でなくはない」という遠回しの表現を用いることによって「肯定」の意味がかえって強められることが多い。

　　She is **not unhappy** in her job. (彼女は仕事が楽しくなくはない [→ かなり気に入っている / けっこう楽しんでいる])

　　I left **no** means **untried**. (どんな手段も試みないではおかなかった [→ 可能な限りの手段を尽くした])

　　It is**n't** quite **hopeless**. (全く絶望的であるわけではない [→ 希望の余地はまだかなりある])〔部分否定 (not quite) を含む例〕

◈　次は, 不要な否定詞を重ねて用いた, **正しくない二重否定**の例である。

　　I do**n't** know **nothing** about it. 〔誤〕〔nothing → anything〕

　　She **hardly never** comes late. 〔誤〕〔never → ever〕

　　He **cannot hardly** walk. 〔誤〕〔cannot → can〕

　　He escaped **without scarcely** a scratch.〔誤〕〔without → with〕

　　　(彼はほとんどかすり傷一つ負わずに逃れた)

§241. 否定詞を用いない否定表現

否定詞を用いない肯定文の形式で，否定の内容が表わされることがある。

He is **anything but** a genius.（彼は決して天才ではない）
= He is *no* genius.

He is **far from**［being］clever.（彼は決して頭が良くない）
= He is *not at all* clever. / He is *by no means* clever.

I have **only** ten dollars.（たった10ドルしかない）
= I have *no more than* ten dollars.〔⇨ p. 323 ⑦〕

Who knows?（だれが知ろうか → だれも知らない）
= *Nobody* knows.

　cf. *Who* does*n't* know? = Everybody knows.〔⇨ p. 61〕

This problem is **beyond** me.（この問題は僕には解けない）
= I can*not* solve this problem.

He is **above** doing such a mean thing.（こんな卑劣なことはしない）
= He does*n't* do such a mean thing.

Such an insult is **more than** I can bear.
　　（こんな侮辱には耐えられない）
= I can*not* bear such an insult.

He **knows better than to** believe it.
　　（それを信じるような馬鹿ではない）
= He is *not* so foolish as to believe it.〔⇨ p. 323 ⑨〕

The story is **too** good **to** be true.
　　（その話はうますぎて信じられない）
= The story is so good that it can*not* be true.〔⇨ p. 419〕

He **failed to** come on time.（彼は時間通りに来なかった）
= He did *not* come on time.

He tried to solve the problem **in vain**.
He **vainly** tried to solve the problem.
He tried to solve the problem **only to fail**.
He tried to solve the problem **without success**.
= He tried to solve the problem but could *not*.
　　　　（彼はその問題を解こうと努めたが，だめだった）

$\begin{cases} \text{The problem } \textbf{remains} \text{ to be solved.（問題はまだ解決されていない）} \\ \text{The problem } \textbf{is yet} \text{ to be solved. / We } \textbf{have yet to} \text{ solve it.} \\ \quad = \text{The problem is } \textit{not} \text{ solved yet.} \end{cases}$

§242. 否定詞を含む肯定文

「否定詞を含まない否定文」に対して，文中に否定詞が含まれていても，文自体は否定文にならない場合もある。No news is good news.（便りがないのは良い便り）などが代表的な例である。〔⇨ p. 53 †〕

$\begin{cases} \text{(a)} \quad \textbf{No} \text{ food was found in the house.} \\ \text{(b)} \quad \textbf{No} \text{ food is better than unwholesome food.} \end{cases}$

　　(a)　家の中に食べ物は見つからなかった。
　　(b)　健康に悪い食べ物より何も食べないほうがよい。

(a) は They did**n't** find **any** food in the house. とも表わせる否定文。

(b) の No food は Eating no food（食べ物を何も食べないこと）の意で，主部が否定内容を含むが，文は否定されず，肯定文である。

否定詞を含む重要表現

❶ $\begin{cases} \text{It belongs } \textbf{not} \text{ to me, } \textbf{but} \text{ to my wife.} \\ \text{It belongs to my wife, } [\textbf{and}] \textbf{ not} \text{ to me.} \end{cases}$ （それは妻のもので，私のものではない）

❷ I've eaten **nothing but** bread and cheese since Sunday. 〔= only〕
　　（日曜日からパンとチーズしか食べていない）　　　　　〔⇨ p. 183 ①〕

❸ $\begin{cases} \text{He doesn't live here } \textbf{any longer} \text{ (} or \textbf{ any more}\text{).} \\ \text{He } \textbf{no longer} \text{ lives here.（彼はもうここには住んでいない）} \end{cases}$

❹ It's〔= It **has** or It **is**〕**nothing** [**little**] to do with her.
　　（それは彼女とは何の［ほとんど］関係がない）　　　　〔⇨ p. 183 ⑤〕

❺ **There's no** knowing (or saying, telling) what he'll do next.
　　（彼がつぎに何をするかわかったものではない）　　　　〔⇨ p. 454 ①〕

❻ They're **not so much** friends **as** lovers.
　　（彼らは友達というよりもむしろ恋人だ）　　　　　　　〔⇨ p. 315 ⑦〕

❼ **No more than** five people applied for the job. 〔= Only〕
　　（たった 5 人しかその仕事に応募しなかった）　　　　　〔⇨ p. 323 ⑦〕

❽ $\begin{cases} \text{He's } \textbf{no more} \text{ a genius } \textbf{than} \text{ I am.（彼は私と同じく天才ではない）} \\ \text{He's } \textbf{not} \text{ a genius } \textbf{any more} \text{ than I am.} \end{cases}$ 〔⇨ p. 322 ⑤〕

❾ He **never** passed people **without** greet**ing** them.

　　（彼は人とすれ違えば必ず挨拶した）　　　　　　　　　〔⇨ p. 456 ⑭〕

❿ **No sooner** had he sat down **than** the phone rang.

　　（彼が腰をおろすかおろさないうちに電話が鳴った）　　　〔⇨ p. 530〕

重　要　問　題　　　　　　　　（解答 p. 708）

157.　各組の文が同じ意味を表わすよう，かっこ内の適当な語を選べ。

(1) { Neither of his parents is alive.
　　 { (Both, Either, Neither) of his parents are dead.

(2) { I distrust both of them.
　　 { I don't trust (either, neither, none) of them.

(3) { His English is not at all correct.
　　 { His English is (all, anything, nothing) but correct.

(4) { He was not a little worried.
　　 { He was (not a bit, not at all, very) worried.

(5) { Only 30% of people trust the government.
　　 { (No less, No more) than 30% of people trust the government.

(6) { Some of them were against the plan.
　　 { (Not all, None, Many) of them were in favor of the plan.

158.　各組の文が同じ意味を表わすよう，空所に入る適当な語を記せ。

(1) { It was only a joke.　　　　(2) { That is all I have to say.
　　 { It was (　　) but a joke.　　　{ I have (　　) more to say.

(3) { Who would believe such a story?
　　 { (　　) would believe such a story.

(4) { I always think of him when I see this.
　　 { I (　　) see this (　　) thinking of him.

(5) { He is the man I least want to see.
　　 { He is the (　　) man I want to see.

(6) { He was almost speechless.
　　 { He could (　　) speak.

(7) { Be sure to come in time tomorrow.
　　 { (　　) fail to come in time tomorrow.

第 **24** 章

倒　　置

　文は主語で始まるのがふつうであるが，場合によっては，ある要素が主語の前に出て，ふつうとは異なった語順をとることがある。これを**倒置**（Inversion）と呼ぶ。

　倒置は一般に，疑問文〔⇨ p. 55〕や祈願文〔⇨ p. 67〕などにおいて行なわれるが，そのほか，〔A〕**慣用的に**，特定の語句・表現において行なわれるものと，〔B〕**強調のため**，ある要素が文頭に出る形式とがある。

〔A〕 慣用的に行われる倒置

《1》 as, though を用いた譲歩構文〔⇨ p. 535〕

Young *as* he is, he is prudent.（彼は若いけれど分別がある）

《2》 there, here を用いる文〔⇨ p. 8〕

There are two sides to every question.
(すべての問題には二つの面がある［楯の両面を見よ］)

《3》 if を省略した仮定表現において〔⇨ p. 469〕

Should he learn this, what would he do?〔If he should learn … 〕
(万一彼がこのことを知ったら彼はどうするだろう)

《4》 neither, nor, so が「〜もまた」の意を表わす場合〔⇨ p. 163〕

I can't do it, *nor* **can** anbody else.
(僕はそれができないし，ほかのだれにもできない)

He isn't young, and *neither* **am** I.
(彼は若くないし，僕も若くない)

John sleeps well. *So* **does** Mary.
(ジョンはよく眠る。メアリーも同様だ)

《5》 直接話法の伝達動詞

　伝達動詞が被伝達文の後に置かれる場合，(a) 主語が名詞であれば，しばしば倒置され，(b) 主語が代名詞であれば，倒置されないのがふつう。

(a)　"Sit down," **said** the teacher. (「座りなさい」と先生は言った)

(b)　"Sit down," he **said**.　　　　　　　　　　　〔⇨ p. 571〕

《6》　進行形の現在分詞と，受身形の過去分詞が文頭に出る形。

この形は文語的で，文尾に回された主語に重点が置かれる。

Sitting *on the bench was* a cute little girl.

　　　　　(ベンチに座っていたのはかわいい幼い女の子だった)

Hidden *behind the tall trees was* an old thatched hut.

　　　　　(高い木立のうしろには古いわらぶき屋根の小屋が隠れていた)

＊　ふつうの語順は A cute little girl *was sitting* on the bench. / An old thatched hut *was hidden* hehind the tall trees. である。

〔B〕　**強調のための倒置**

倒置されて文頭に出る要素は，目的語・補語・副詞のいずれの場合もある。また，形式としては次の三通りがある。〔v は助動詞〕

①　□＋S＋V　　②　□＋V＋S　　③　□＋v＋S＋V

《1》　**否定語句が文頭に出た場合**は〈□＋v＋S＋V〉の語順になる。

Never *shall* I forget your kindness. (御親切は決して忘れません)

Little *did* I think that he would fail.

　　　　　(まさか彼が失敗しようなどとは，夢にも思ってなかった)

Hardly *had* the game begun when it started raining. 〔⇨ p. 530〕

　　　　　(試合が始まるか始まらないうちに雨が降り出した)

On no account *must* this switch be touched.

　　　　　(このスイッチには絶対に触れてはならない)

＊　否定詞が文中にはいれば，I shall *never* forget ... / I *little* thought ... / The game had *hardly* begun ... / This switch must *not* be touched on *any* account. のようになる。

《2》　**ふつう文頭に置かれない副詞が，強調的に文頭に出た場合**は〈□＋v＋S＋V〉の語順になる。　　　　　　　　　　　　　〔⇨ p. 292〕

Well *do* I remember him. (私は彼をよく覚えている)

Bitterly *did* he repent it. (彼はそれをひどく後悔した)

Only through sickness *do* we appreciate good health.

　　　　　(病気になってはじめて健康のありがたさがわかる)

Not only *does* she dislike him but she despises him.

　　　　　(彼女は彼を嫌っているばかりでなく，彼をさげすんでいる)

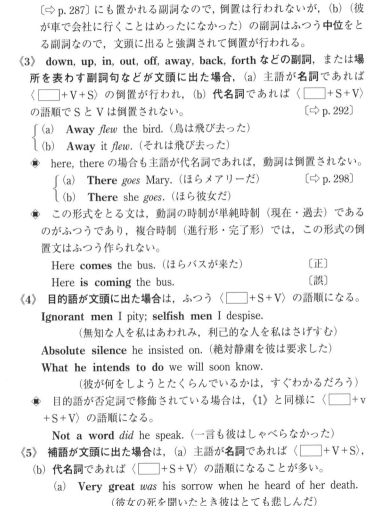

◈ {
(a) **Sometimes**（**Usually**）he *went* to his office by car.
(b) **Seldom**（**Rarely**）*did* he *go* to his office by car.
}

　(a)（彼はときどき［ふつう］車で会社に行った）の副詞はふつう**前位**〔⇨ p. 287〕にも置かれる副詞なので，倒置は行われないが，(b)（彼が車で会社に行くことはめったになかった）の副詞はふつう**中位**をとる副詞なので，文頭に出ると強調されて倒置が行われる。

《3》 down, up, in, out, off, away, back, forth などの副詞，または場所を表わす副詞句などが文頭に出た場合，(a) **主語が名詞であれば**〈□＋V＋S〉**の倒置が行われ，**(b) **代名詞であれば**〈□＋S＋V〉の語順でSとVは倒置されない。　　　　　〔⇨ p. 292〕

{
(a) **Away** *flew* the bird.（鳥は飛び去った）
(b) **Away** it *flew*.（それは飛び去った）
}

◈ here, there の場合も主語が代名詞であれば，動詞は倒置されない。

{
(a) **There** *goes* Mary.（ほらメアリーだ）　　　〔⇨ p. 298〕
(b) **There** she *goes*.（ほら彼女だ）
}

◈ この形式をとる文は，動詞の時制が単純時制（現在・過去）であるのがふつうであり，複合時制（進行形・完了形）では，この形式の倒置文はふつう作られない。

Here **comes** the bus.（ほらバスが来た）　　　　〔正〕

Here **is coming** the bus.　　　　　　　　　〔誤〕

《4》 目的語が文頭に出た場合は，ふつう〈□＋S＋V〉**の語順になる。**

Ignorant men I pity; **selfish men** I despise.

　　　（無知な人を私はあわれみ，利己的な人を私はさげすむ）

Absolute silence he insisted on.（絶対静粛を彼は要求した）

What he intends to do we will soon know.

　　　（彼が何をしようとたくらんでいるかは，すぐわかるだろう）

◈ 目的語が否定詞で修飾されている場合は，《1》と同様に〈□＋v＋S＋V〉の語順になる。

Not a word *did* he speak.（一言も彼はしゃべらなかった）

《5》 補語が文頭に出た場合は，(a) **主語が名詞であれば**〈□＋V＋S〉，(b) **代名詞であれば**〈□＋S＋V〉の語順になることが多い。

　(a) **Very great** *was* his sorrow when he heard of her death.

　　　（彼女の死を聞いたとき彼はとても悲しんだ）

Blessed *are* the poor in spirit.（心の貧しき者は幸いなり）

(b)　**Very grateful** they *were* for my offer.

（彼らは私の申し出に対して非常に感謝した）

《6》　**so, such** が文頭に出た強調形式で〈□＋V＋S〉の語順になる。

> **So astonished** *was* he that he could hardly speak.　　〔⇨ p. 164〕
> **Such** *was* his astonishment that he could hardly speak.

（彼は非常に驚いたので，ほとんど口もきけなかった）

《7》　感嘆疑問文で。〔⇨ p. 56†, 618〕

Am I sleepy!（なんて眠いんだ）

Did she hate it!（彼女はなんとそれを嫌ったことか）

重 要 問 題　　　　　　　　　（解答 **p. 708**）

159.　下線を施した語句を文頭に置いて書き換えよ。

(1)　The ceiling came <u>down</u>.　　　(2)　It came <u>down</u>.

(3)　The balloon went <u>up</u> in the sky.

(4)　It went <u>up</u> in the sky.

(5)　He spoke <u>not a single word</u> about it.

(6)　She has <u>never</u> been so miserable.

(7)　He had <u>scarcely</u> quit his job before he regretted it.

(8)　He was <u>so</u> angry that he could not sit still.

160.　下線を施した部分を，かっこ内の指示に従って書き換えよ。

(1)　He is not rich. <u>I am not rich, either.</u>

（Nor または Neither で始めて）

(2)　"I am hungry." — "<u>I am hungry, too.</u>"（So で始めて）

(3)　"Are you tired?" — "<u>Yes, I am tired.</u>"（So で始めて）

(4)　<u>Though he is a great scholar</u>, he doesn't know everything.

（as を用いて）

(5)　<u>If I were in your place</u>, I would not submit to his order.

（if を用いないで）

(6)　<u>He not only scolded the boy</u> but he hit him in the face.

（Not only で始めて）

(7)　<u>He was so anxious</u> that he could not sleep a wink.

（So および Such で始めて）

第 **25** 章

省　　略

　文の要素の一部が省かれることを**省略**（Ellipsis）という。言葉は簡潔を好むので，いろいろな種類の文において，意味が自明である場合には省略的な表現が用いられ，特に口語などでは省略体が多用される。

　省略は，大別すれば〔A〕**語句の繰返しを避けて**行われる場合と，〔B〕**慣用的**に省略される場合とがある。

〔A〕　語句の反復を避ける省略

《1》　並列的構文における共通語句

> He is rich but［*he is*］stingy.（彼は金持ちだがけちだ）
>
> Bill was reading a poem and Jill［*was reading*］a novel.
>
> 　　（ビルは詩を［読み］，ジルは小説を読んでいた）
>
> Some of them learn English,［*and*］others［*learn*］French.
>
> 　　（彼らの中には英語を学んでいるものもフランス語を学んでいるものもいる）
>
> It is one thing to know, and［*it is*］quite another［*thing*］to teach.（知っていることと教えることとは別問題だ）
>
> To err is human, to forgive［*is*］divine.
>
> 　　（過ちは人の常，許すは神の心）

◈　省略は，(a) 先行する語句を繰り返さないで省くのがふつうであるが，(b) 逆に，省略が先行し，後にくる主節の中でその省略要素が示される場合もある。〔次の例で，［　］が省略個所，下線部が省略要素〕

> ｛(a) If you want me to <u>invite Tom as well</u>, I will［　］.
>
> ｛(b) If you want me to［　］, I will <u>invite Tom as well</u>.
>
> 　　　（トムも招待してほしいのなら，そうするよ）

　＊　これは，代名詞が（ふつうは先行する語句を指すが）後にくる主節の語句を指す場合に類似する。〔⇨ p. 138〕

《2》　**比較構文における省略**〔⇨ p. 318〕

It snows less here than [*it does* (= *snows*)] in Hokkaido.
　　　（当地では北海道よりも雪が少ない）

She plays the piano better than I [*do* (= *play the piano*)].
　　　（彼女は私よりピアノを上手にひく）

《3》　**代不定詞**

既出の動詞を省略し，不定詞の to だけを用いる。〔⇨ p. 427〕

I don't want to go, but I have **to** [*go*].
　　　（行きたくないが，行かなければならない）

You may buy it if you want **to** [*buy it*].
　　　（それを買いたければ買ってよろしい）

◐　You may buy it *if you* **like** (*if you* **wish** / *if you* **please**).
　　このような「～したい」の意を表わす動詞では to を表わさない
　　のがふつうで，want も to を省略することがある。

《4》　**助動詞のあとの動詞**

He said he'd write, but he **hasn't** [*written*].
　　　（彼は手紙を書くと言ったが，まだ書いていない）

I cannot see you today, but I **can** [*see you*] tomorrow.
　　　（今日はお会いできませんが，明日ならできます）

＊　助動詞が二つ用いられる次のような文で，省略の形を誤りやすい。
　　〔誤〕　He always **has** and always **will** be diligent.
　　〔正〕　He always **has** *been* and always **will** be diligent.
　　　　　（彼は今まで常に勤勉であり，今後も常にそうだろう）

《5》　**対話の応答文で**

"I'm tired." — "I am [*tired*] too."
　　　（「疲れた」 — 「私も」）

"Have you finished?" — "Yes, I have [*finished*]."
　　　（「終ったかい」 — 「うん，終った」）

《6》　**I think not, I hope not** などにおける省略〔⇨ p. 163, 579〕

"Will he come?" — "I think [*that he will*] **not** [*come*]."
　　　（「彼は来るだろうか」 — 「来ないと思う」）

＊　ただし「～しないと思う」を表わす一般的な否定形式は，ふつう I think he
　　will **not** come. ではなく，I **don't** think he will come. である。〔⇨ p. 579〕

◈ 「そう思う」「そう思わない」の表現で，(a) ふつうの推量・予想には think, suppose, guess, expect, imagine, believe（きっと～だと思う）などを，(b) 望ましい気持を含む場合は hope を，(c) 懸念の気持を含む場合は be afraid, fear を用いる。

"Will he succeed?" ─ ⎰ "I hope **so**."（するだろう）
（成功するかしら）　　⎱ "I'm afraid **not**."（しないと思う）

"Is he ill?" ─ ⎰ "I'm afraid **so**."（そうかもしれない）
（病気かしら）　⎱ "I hope **not**."（そうじゃないだろう）

〔B〕 慣用的な省略

《1》 名詞の省略

I met him at the barber's ［**shop**］.（彼と床屋で会った）〔⇨ p. 124〕
He breathed his last ［**breath**］.（彼は最後の息を引き取った）

《2》 冠詞の省略〔⇨ p. 235〕

a knife and **fork**（［一組の］ナイフとフォーク）　　　　　〔⇨ p. 244〕
Girl as she was, she was not afraid.（少女だったが恐れなかった）
　　cf. Though she was *a* girl, she was not afraid.　〔⇨ p. 240〕
He turned **Christian**.（彼はクリスチャンになった）　　　〔⇨ p. 238〕

《3》 関係詞・先行詞の省略

The boy ［**whom**］ you met there is his son.　　　　〔⇨ p. 200〕
　　（君がそこで会ったのは彼の息子です）
This is ［**the reason**］ why he was dismissed.　　　〔⇨ p. 219〕
　　（これが彼が解雇された理由です）

《4》 前置詞の省略　〔⇨ p. 116〕

He waited ［**for**］ a long time.（彼は長いあいだ待った）
They are ［**of**］ the same age.（彼らは年が同じだ）
He arrived ［**on**］ the next day.（彼はその翌日着いた）

《5》 接続詞の省略

I believe ［**that**］ you are right.（君は正しいと信じる）　〔⇨ p. 527〕
He is so weak ［**that**］ he cannot work.　　　　　　〔⇨ p. 538〕
　　（彼はとても体が弱くて働けない）

《6》 不定詞の to の省略〔⇨ p. 414, 415, 429〕

All you need to do to get the job is ［**to**］ pass the test.
　　（その仕事を得るのに必要なのはただ試験に合格することだ）

《7》　分詞の省略〔⇨ p. 442〕

　　This ［**being** *or* **having been**］ done, he left.

　　　　（これが終って彼は出かけた）

　　［**Being**］ unable to win, he was discouraged.

　　　　（彼は優勝できず失望した）

《8》　新聞の見出しで。　冠詞や be 動詞がよく省略される。

　　［**The**］ World ［**is**］ heading for energy crisis

　　　　（世界，エネルギー危機に向かう）

《9》　「主語＋be 動詞」の省略

　（a）　副詞節において

　　When ［**he was**］ young, he used to read a lot.

　　　　（彼は若い頃は読書家だった）

　　While ［**she was**］ traveling in Canada, Linda met and married him.

　　　　（カナダを旅行しているときに，リンダは彼と出会い結婚した）

　　Though ［**she was**］ tired, she went on with her work.

　　　　（疲れていたが，彼女は仕事を続けた）

　　Examinations are necessary, however unpleasant ［**they are**］.

　　　　（どんなにいやなものであっても，試験は必要だ）

　　その他：　if ［*it is*］ possible（できれば），if ［*it is*］ necessary（必要
　　　　　　なら），as if ［*he were*］ drunk（酔っているかのように）

　（b）　感嘆文において

　　What a pretty girl ［**she is**］!（なんてかわいい子だろう）

　　How wonderful ［**it is**］!（なんてすばらしいことだろう）

《10》　その他の省略的構文

　　Why argue with him?

　　　　（なぜ彼と議論するのか［してもむだだ］）

　　Why not ask him?（彼に頼めばいいじゃないか）〔⇨ p. 194 ⑩〕

　　＊　**Why don't you** ask him? とほぼ同意だが，Why don't you 〜? のほう
　　　　は，しばしば「なぜしないのか」といういらだちや非難の気持ちを表わす。

　　"I sold it this morning." —— "**Who** ［*did you sell it*］ to?

　　　　（「それは今朝売っちゃったよ」 —— 「だれに？」）

　　What ［*would happen or should I do*］ **if** I should fail again?

　　　　（また失敗したらどうしよう）

What [*does it matter*] **if** I fail again?

　　（また失敗<u>しても</u>それがどうだというのだ）

"We need a bigger car." ― "**What** [*do we need it*] **for**?

　　（「もっと大きい車が必要だ」―「なんのために / なぜ」）

He has as many books as you, **if** [*he has*] **not** more.

　　（彼は，君より多くは<u>なくとも</u>，君と同じくらい本を持っている）

Whose fault is it, **if** [*it is*] **not** yours?

　　（君の罪で<u>なければ</u>だれの罪なんだ）

He grieved more deeply **than** [*he would have grieved*] **if** his own son had died.（彼は自分の息子が死んだとした場合よりも深く悲しんだ）

《11》 日常会話表現において

　省略されるのはふつう文頭の要素で，①主語，②主語と〔助〕動詞，③疑問文の助動詞と主語，などの場合がある。

① [*I*] Thank you. （ありがとう）

　[*I*] Beg your pardon? （もう一度おっしゃっていただけますか）

　[*I*] Hope to see you again. （またお会いしたいものです）

　[*It*] Looks like rain. （雨になりそうだ）

　[*That*] Sounds interesting. （それはおもしろそうだね）

② [*I'm*] Sorry I'm late. （遅れてすみません）

　[*It's*] Nice to meet you. （はじめまして）

　[*It was / It's been*] Nice meeting you. （お会いできてよかった）

　[*I'll*] See you again. （またお会いしましょう）

　[*You are*] Welcome! （ようこそ）

　[*I wish you a*] Merry Christmas! （クリスマスおめでとう）

　[*You have done a*] Good job! （よくやった）〔⇨ p. 236〕

　[*That's a*] Good idea! （それはいい考えだ）

　[*I've*] Never been better.

　　（［これ以上よかったことはない→］調子は最高です）

③ [*Do you*] Understand? （わかったかね）

　[*Do you*] Mind if I smoke? （たばこを吸ってもいいですか）

　[*Have you*] Got a minute? （ちょっと時間ある？）

　[*May I have*] Your name, please? （お名前は？）

《12》 ①ことわざ, ②掲示, ③標語などにおいて

　この種の表現では, 文の一部の要素が省かれる一般的な省略形ではな
く, 独特の省略的な形をとるものがある。

　　① Easier said than done. (言うは易く行うは難し)
　　　More haste, less speed. (急ぐほど遅くなる [急がば回れ])
　　　Waste not, want not. (浪費しなければ不自由しない)
　　② No Smoking. (禁煙)　　　　　No Parking. (駐車禁止)
　　　No Pets Allowed. (ペットの連れ込みお断わり)
　　　Closed Today. (本日休業)　　Admission Free. (入場無料)
　　③ No Nukes! (核はいらない, 核兵器反対)
　　　No More Hiroshimas (Nagasakis).
　　　　　(広島 [長崎] を2度と繰り返してはならない)

重要問題   (解答 p. 709)

161. 各文の省略できる部分を [　　] で囲め。

(1) We're staying here for another three months.
(2) When you are angry, count ten before you speak.
(3) I want to read a book which is written in easy English.
(4) You don't have to go unless you want to go.
(5) He will be twenty years old next year.
(6) There was no objection on the part of those who were present.
(7) "Are we late?" —— "I hope we are not late."
(8) "Will we be in time?" —— "I'm afraid we will not be in time."

162. 各文の省略された語句を補え。

(1) Glad you could come.
(2) He is a little worse today than yesterday.
(3) You must not speak unless spoken to.
(4) I'll try to finish the work by noon, if posslble.
(5) He is staggering as if drunk.
(6) Correct errors, if any.
(7) "She's engaged." —— "Who to?"
(8) He understood me better than anyone else.

関連重要事項要説

　ここでは，本文の内容と関連する次のような事項について，要点を解説してある。（○数字は項目番号）

1　本文ではそれぞれの項目で個別に記されている共通事項を，全体的に一覧，理解できるようにまとめたもの

　　①〈文章体〉：〈口語体〉　　　　　②アメリカ英語とイギリス英語
　　④「書き換え」の主な形式

2　『言葉遣い』について　①丁寧な言葉遣い　③差別的でない表現・婉曲表現

3　『文法用語』について　⑧「句」の種類・区別　⑩「同格」

4　『造語法』について　㉒〈名詞＋名詞〉型（cash card, climate change, *etc.*）

5　英語と日本語の表現の比較　⑨無生物主語

6　用法や問題点を重点的に，より詳しく説明した事項

　　⑥ There is ～　　　　　　　　　⑭ It is ～ that（強調構文）
　　⑱連鎖関係詞節　　　　　　　　　㉛ It is ～（形容詞）that ...［should］
　　as の用法〔⑲関係代名詞　㉕比較　㊺接続詞・前置詞〕
　　比較表現〔㉕原級　㉖比較級　㉗最上級〕　㉓副詞と［助］動詞の語順
　　㉞不定詞を伴う動詞の主な型　　　㊱前置詞で終る不定詞句
　　㊳形容詞の用法の主な型　　　　　㊵仮定法　　㊶能動態と受動態

7　注意すべき語句・構文・類似表現

　　⑦「～になる」の意の動詞　　　　⑫ to one's surprise
　　⑪疑問文の語順をとる感嘆文（Am I happy!）
　　⑮ so : such　　　　　⑯ such の用法　　　　⑰部分否定と全体否定
　　⑳ The reason is that / because　　㉑ British : English
　　㉔ neither : nor　　　　　　　　　㉘使役動詞（have : get : make）
　　㉙ come to（do）, get to（do）　　㉚ It is（It has been）～ since
　　㉜ could : was able to　　　　　　㉝ used to : would
　　㉟〈名詞＋to do / of doing〉　　　㊲ go to（do）, go and（do）
　　㊴ go shopping（×to ○at）the store
　　㊷ agree to / with　　　　　　　　㊸ unless : if ～ not
　　㊹ in case : in case of　　　　　　㊻ so［that］... / so ～［that］...

8　「表」などで一覧式に区別しやすくまとめた事項

　　⑤句読法・句読点　　　　　　　　⑬動物の性（雄・雌）を表わす語
　　㉛ It is ～（形容詞）that ...　　　㉝ used to : would
　　㉞不定詞を伴う動詞の主な型　　　㊳形容詞の用法の主な型

1 〈文章体〉：〈口語体〉：〈丁寧な言葉遣い〉

　言葉は，それが用いられるそれぞれの場面に応じて，たとえば〈丁寧な〉，〈改まった〉，〈ふつうの〉，〈くだけた〉といった区別ができる幾つかの「言葉遣い」や「言い回し」や「文体」が使い分けられる。

　これらの区別は，英語の運用においても大切な要素であり，たいていの文法書や辞書では，次の二つの基本的な区別を示している。

〈**Formal**〉	〈堅い〉〈改まった〉〈正式の〉〈文章体の〉。書き言葉に限られないが，その典型的な形。《堅》，《正式》などと略記される。
〈**Informal**〉	〈くだけた〉〈形式ばらない〉〈非正式の〉。話し言葉で多く用いられ **Colloquial**〈口語的〉と重なる。《口》，《略式》などと表示。

(a)　He left early **so that** he wouldn't be late.　　　　　　〈ふつう〉

(b)　He left early **in order that** he might not be late.　　　〈堅　い〉

(c)　He left early **so** he wouldn't be late.　　　　　　　　〈口語的〉

　　　（彼は遅刻しないように早く出かけた）　　　　　　　〔⇨ p. 536〕

(a)　「目的」を表わす副詞節を導く接続詞は so that が一般的。

(b)　in order that は形式ばった形で，might も would より堅い。

(c)　so だけを用いるのはくだけた（会話調の）言い方である。

● He left early **lest** he should be late.　〈文語的。まれ〉
　lest は文語的で（ときに古めかしく），この文では不自然。　〔⇨ p. 462〕

〈**Formal ： Informal**〉の重要表現

〔次の例で，上が〈正式〉または〈ふつう〉，下が〈口語的〉〕

❶　縮約形（Contractions）〔⇨ p. 54, 384〕

　⎰It **is not** mine.（それは私のものではありません）
　⎱(a)　It **isn't** mine.　　(b)　It**'s not** mine.（僕のじゃないよ）

　⎰She **has not** arrived yet.（彼女はまだ着いていない）
　⎱(a)　She **hasn't** arrived yet.　　(b)　She**'s not** arrived yet.

　　● 二つの縮約形のうち，(a)のほうがふつうに用いられる。

❷　代名詞の格　文法的には主格であるところに《口》では目的格を用いる。

　⎰It is **I**.（私です）　　　　　　　　　　　　　　　　〔⇨ p. 137〕
　⎱It's **me**.（私です／僕（おれ）だよ／あたしよ）

　⎰To **whom** am I speaking?（［電話で］どちら様ですか）　〔⇨ p. 187〕
　⎱**Who** am I speaking to?

❸ **代名詞** 一般的に「人」を表わす場合，one は《堅》。 〔⇨ p. 140〕

{ **One** must do **one's** duty. （人は己れの義務を果さねばならない）

{ **We** must do **our** duty. （私たちは自分の義務を果さなければならない）

❹ **関係代名詞** 目的格の whom は《堅》で，《口》は who であるが，ふつうは省略される。

{ This is not the boy **whom** I met there. （これは私がそこで会った少

{ This isn't the boy ［**who**］ I met there. 年ではない） 〔⇨ p. 203〕

❺ **数量詞** many, much はふつう《堅》で，《口》では a lot of, lots of などを用いる。

{ **Many** people think so. （多くの人々がそう考える） 〔⇨ p. 251〕

{ **A lot of** people think so. （そう思う人はたくさんいる）

❻ **動詞 ∥ 比較表現**

{ She **has fewer** friends than I ［**do**］. （彼女は私より友達が少ない）

{ She**'s got less** friends than **me**.

● **have : have got** 〔⇨ p. 385〕∥ **fewer : less** 〔⇨ p. 311〕, **than I : than me** 〔⇨ p. 317〕

❼ **助動詞** 「許可」表わすのに，may は《堅》で，《口》では can を用いる。

{ **May** I smoke? （たばこを吸ってもいいですか） 〔⇨ p. 398〕

{ **Can** I smoke?

❽ **動詞：動詞句 ∥ 能動態：受動態**

{ The wedding **was postponed**. （結婚式は延期された）

{ They**'ve put off** the wedding.

● 基本語を用いた動詞句のほうが口語的 (tolerate : put up with 「～を我慢する」など ⇨ p. 350)。

● ふつう受動態のほうが能動態より《堅》

❾ **副詞** 正確に表わさないで，ぼかして言う場合に《口》で **kind of, sort of** を非常によく用いる。

{ This music is **rather** boring. （この音楽はちょっと退屈だな）

{ This music's **kind of** (*or* **sort of**) boring. 〔⇨ p. 277〕

● **kind of, sort of** 「いくぶん，ちょっと，まあ，一応」

❿ **接続詞** 本来は前置詞の like を《口》では接続詞としてよく用いる。

{ Nobody loves you **as** I do. （僕のように君を愛する人はだれもいない）

{ Nobody loves you **like** I do. 〔⇨ p. 539〕

❶ **仮定法**　be の仮定法過去 were の代わりに，《口》では was も用いる。

$\begin{cases} \text{I wish she \textbf{were} with me.（彼女がいっしょにいてくれたらなあ）} \\ \text{I wish she \textbf{was} with me.} \hspace{3cm} 〔⇨ p. 668〕 \end{cases}$

❷ **受動態** ∥ **単語**

$\begin{cases} \text{He \textbf{was injured} in the accident.（彼はその事故でけがをした）} \\ \text{He \textbf{got hurt} in the accident.} \end{cases}$

- **be** より **get** のほうが《口》〔⇨ p. 486〕 同様に **become** angry より **get** angry（立腹する）のほうが《口》∥ **injure** より **hurt**（傷つける）のほうが《口》。
- 同様に次の**類義語**では後のほうが《口》：　**aid** — **help**（助ける），**conceal** — **hide**（隠す），**repair** — **fix**（修理する）
- また **簡略語** も《口》：　**advertisement** — **ad**（広告），**refrigerator** — **fridge**（冷蔵庫），**cellular phone** — **cellphone**（携帯電話）

❸ **話法**　「～するようにと言う」という「命令文」の間接話法の形。

$\begin{cases} \text{Mom \textbf{tells} [\textbf{told}] me to stay home.} \hspace{1.5cm} 〔⇨ p. 567〕 \\ \text{Mom \textbf{says} [\textbf{said}] to stay home.} \end{cases}$
　　　　（母さんは僕に家にいるようにって言ってる［言った］んだ）

❹ **省略形** 〔⇨ p. 591〕 口語は簡略を好み，省略形を多く用いる。

$\begin{cases} \text{I know \textbf{that} I am wrong.} \\ \text{I know I'm wrong.} \hspace{4.5cm} 〔⇨ p. 527〕 \end{cases}$
　　　　（自分が間違っていることはわかっている）

$\begin{cases} \text{This is the watch \textbf{which} he gave me.} \\ \text{This is the watch he gave me.} \hspace{2.5cm} 〔⇨ p. 200〕 \end{cases}$
　　　　（これが彼がくれた時計です）

$\begin{cases} \text{Go \textbf{and} get it.（それを取りに行きなさい）} \\ \text{Go get it.} \hspace{4.8cm} 〔⇨ p. 666〕 \end{cases}$

$\begin{cases} \text{I'm \textbf{so} tired \textbf{that} I can't walk.（もうへとへとで歩けない）} \\ \text{I'm \textbf{so} tired I can't walk.} \hspace{2.3cm} 〔⇨ p. 679〕 \end{cases}$

- ［**on**］**Monday** などの前置詞も《口》でよく省略される。〔⇨ p. 496〕

《丁寧な表現（Polite Expressions）》

❶ "**please**" を用いる。（「命令」を和らげる）

$\begin{cases} \text{Close the door.（ドアを閉めなさい / ドアを閉めて / 戸を閉めろ）} \\ \textbf{Please} \text{ close the door.（ドアを閉めてください）} \end{cases}$

❷　**疑問文**を用いる。（「依頼」を表わし，「命令文＋please」より丁寧）

⎰ Open the window, please.（窓を開けてください）
⎱ **Will** you **open** the window?（窓を開けてくれませんか）

　　　　〔「助言」を表わす表現（had better, *etc.*）については ⇨ p. 407〕

❸　**助動詞の過去形**を用いる。

⎰ **Can** I see you tomorrow?（あした会える？）
⎱ **Could** I see you tomorrow?（あすお会いできますか）

⎰ I want some beer.（ビールをください）
⎱ **I'd**（＝ I would）like some beer.（ビールをいただきたいんだけど）

- これは仮定法過去で，「できれば，差支えなければ」といった控え目な気持ちを表わす。**would**〔⇨ p. 389〕，**should**〔⇨ p. 393〕，**could**〔⇨ p. 396〕，**might**〔⇨ p. 398〕に，それぞれこの用法がある。

❹　**動詞の過去形**を用いる。〔⇨ p. 362〕

⎰ I **wonder** if you **are** free this evening.（今夜おひまかしら）
⎱ I **wondered** if you **were** free this evening.（今夜おひまでしたかしら）

⎰ How much **do** you want to spend?（ご予算はいくらぐらいですか）
⎱ How much **did** you want to spend?（ご予算はいかほどでしたか）

- 現在形を用いてストレートに述べる代わりに，過去形を用いることによって，現在から距離を置いた形で間接的に（遠回しに，控え目に）表わした丁寧な表現になる。
- 日本語で「山田さんですね」に対して「山田さんでしたね」，「山田さんでいらっしゃいましたね」などの過去形を用いることにも通じる。

❺　"**possibly**"（「もしかして」）を添えて〈控え目な気持ち〉を強める。

⎰ Could you speak more slowly?（もっとゆっくり話してもらえますか）
⎱ Could you **possibly** speak more slowly?

　　　　（［もしできれば］もっとゆっくり話していただけませんか）

■ **丁寧さの度合い**

　　たとえば「依頼」を述べる次のような典型的な表現において，〈丁寧さ〉は，ほぼ並べた順に（上から下へ）度合いを増す。

(1)　**Will**（*or* **Can**）you come?（来てくれる？；来られる？）

(2)　**Would**（*or* **Could**）you come?（来てもらえますか）

(3)　**I wonder if** you **could** come.（来ていただけるかしら）

(4)　**Would** you **mind** coming?（来ていただけますか）

(5)　**Would** you be **so** kind **as to** come?（おいでいただけましょうか）

(6) I **would** be grateful if you **could** come.
　　　（おいでいただければ嬉しく思います）

(7) I'd（= I **would**）appreciate it if you **would**（*or* **could**）come.
　　　（お越しいただければありがたく存じます）

- ● (4) で **Would** の代わりに **Do** を用いると丁寧さは減る。
- ● (3) と (4) を合わせて **I wonder if you would mind** 〜 ? とすると丁寧
　　さはいっそう増す。

2 アメリカ英語：イギリス英語

　アメリカ英語（American English）〔《米》と略記〕と**イギリス英語**
（British English）〔《英》と略記〕との文法的な違いは，発音や語彙(ú)の違
いにくらべて，ごくわずかである。その主な例を示す。

　以下の例で〔上が《米》，下が《英》〕

❶ 《米》**仮定法現在**：《英》**should**　「命令・要求・提案」などを表わす語
　句の後の that 節の中で。　　　　　　　　　　　　　〔⇨ p. 392, 462〕

　　{ They *demand* that he **resign**.〔resign*s* ではない〕
　　{ They *demand* that he **should** resign.
　　　（彼が辞職することを要求している）

❷ **名詞**　〔名詞については後の「語彙」の項で主なものを示す〕

　　{ He's on **vacation** this week.
　　{ He's on **holiday** this week.
　　　（彼は今週休暇をとっている）

❸ **形容詞**

　　{ The child is **sick**.（その子は病気です）　　　　　〔⇨ p. 258 †〕
　　{ The child is **ill**.〔ただし限定用法では a **sick** child〕

❹ **冠詞**　hospital, university には《米》ではふつう the が付く。〔⇨ p. 238〕

　　{ be in **the hospital**
　　{ be in **hospital**（入院して）

　　{ be at **the university**
　　{ be at **university**（在学して）

❺ **助動詞**（I will : I shall）《英》では shall を用いることもある。

　　{ I **will** be late this evening.（今夜は遅くなるだろう）　〔⇨ p. 364〕
　　{ I **will**（*or* **shall**）be late this evening.

❻ **動詞の活用形** get の過去分詞は《米》では（got も用いるが）gotten を多用し，《英》では got のみ。　　　　　　　　〔⇨ p. 336〕

⎰ She's **gotten** tired of the game.（彼女はゲームに飽きた）
⎱ She's **got** tired of the game.

❼ **動詞**

⎰ **take** a bath（a rest, a walk）（入浴［休憩，散歩］する）
⎱ **have** a bath（a rest, a walk）

❽ **動詞句**

⎰ Will you **fill out** the form?（用紙に記入してもらえませんか）
⎱ Will you **fill in** the form?〔fill out も用いる〕

❾ **前置詞**

⎰ be **different from**（*or* **than**）〜（〜と異なる）　　〔⇨ p. 513〕
⎱ be **different from**（*or* **to**）〜

⎰ sit **around** the table（テーブルの回りに座る）
⎱ sit **round**（*or* **around**）the table

⎰ Will you be here **on** the weekend?（週末にはここにいますか）
⎱ Will you be here **at** the weekend?

⎰ She works from Monday **to**（*or* **through**）Friday.
⎱ She works from Monday **to** Friday.（月曜から金曜まで働く）

● **through** を用いるときは **from** はよく省略される。〔⇨ p. 505〕

⎰ It's ten［minutes］**after**（*or* **past**）five.（5 時 10 分過ぎです）
⎱ It's ten［minutes］**past** five.　　　　　　　　〔⇨ p. 271〕

⎰ It's ten［minutes］**to**（*or* **of**, **before**）five.（5 時 10 分前です）
⎱ It's ten［minutes］**to** five.

⎰ I haven't seen him **in** ages.（彼とは久しく会っていない）
⎱ I haven't seen him **for** ages.　　　　　　　　〔⇨ p. 508〕

❿ **日付** 数字で記す形では，《米》〈**月・日・年**〉，《英》〈**日・月・年**〉

6/3/09 ⎰ June 3, 2009（2009 年 6 月 3 日）
　　　 ⎱ 6 March 2009（2009 年 3 月 6 日）　　　　〔⇨ p. 271〕

■**語彙**（Vocaburary）（上が《米》，下が《英》）

⎰ **elevator**（昇降機）　⎰ **fall**（秋）　　　⎰ **flashlight**（懐中電灯）
⎱ **lift**　　　　　　　　⎱ **autumn**　　　　⎱ **torch**

{ **french fries**（フライドポテト）／**chips**

{ （**potato**）**chips**（ポテトチップ）／**crisps**

{ **first**（**second; third**）**floor**（1［2；3］階）／**ground**（**first; second**）**floor**

● 「地階」は《米》《英》とも **first**（**second**）**basement**（地下1［2］階）

{ **garbage, trash**（ごみ）／**rubbish**

{ **gas**（**oline**）（ガソリン）／**petrol**

{ **parking lot**（駐車場）／**car park**

{ **store, shop**（店）／**shop**

{ **subway**（地下鉄）／**underground, tube**

■ **綴り**（Spelling）

{ ana**lyze**（分析する）／ana**lyse**

{ cen**ter**（中心）／cen**tre**

{ **check**（小切手）／che**cque**

{ col**or**（色）／col**our**

{ defen**se**（防御）／defen**ce**

{ **fulfill**（成就する）／**fulfil**

{ **pa**jamas（パジャマ）／**py**jamas

{ program（計画）／program**me**

{ **skillful**（巧みな）／**skilful**

{ trave**ler**（旅人）／trave**ller**

{ **tire**（タイヤ）／**tyre**

3 差別的でない表現・婉曲表現

性・人種・障害などに関する「差別的でない」表現は〔たとえば grammatically correct（文法的に正しい）などに対して〕"**Politically Correct**"（政治的に正しい）〔《略》**PC**〕と呼ばれるが，その典型的な例を示す。

PC 表現は「差別」にかかわる**婉**(ぇ)**曲表現**（**Euphemism**）でもある。

❶ **性**（Gender）に関するもの

(a) **名詞** -man や -woman, -ess などの付く語を用いない。〔⇨ p. 131 †〕

{ fireman（消防士）／fire fighter

{ mailman（郵便配達人）／mail carrier

［各組とも 下が PC 語］

(b) **代名詞** 従来の "he"（男性）本位を改める。 〔⇨ p. 551〕

{ Each student is worried about **his** grades.／Each student is worried about **his or her**（*or* **their**）grades.

（学生はそれぞれ自分の成績を気にしている）

❷ **障害**に関するもの

{ blind（盲目の）
{ visually impaired (challenged)（視覚障害のある）

● 「知的［身体］障害者」は the mentally［physically］handicapped (disabled, challenged) などであるが，**handicapped** は今日では不快語として扱われ，**disabled** がふつう。**challenged** は「［困難に］挑まれた」といったポジティブな語感が好まれることもあるが，PC 度過剰と評する人もいる。

❸ **人種・職業・老齢・身体・貧困・後進性**

{ Negro（黒人）
{ African American（アフリカ系アメリカ人）

{ garbage man（ごみ収集人）　　{ undertaker（葬儀屋）
{ sanitary worker（清掃作業員）　{ funeral director

{ old people（老人）　　　　　　{ old woman（おばあさん）
{ senior citizens（高齢者）　　　{ elderly lady（年配の婦人）

{ fat（太った）〔「でぶ」に似た語感を伴い，特に女性には避ける〕
{ overweight（太り過ぎの）　　*cf.* obese［oubíːs］（《医》肥満した）

{ poor（貧しい）
{ economically disadvantaged（経済的に恵まれない）

{ undeveloped (underdeveloped) country（未［低］開発国）
{ developing country（発展途上国）

❹ **一般的な「婉曲表現」の例**

{ die（死ぬ）　　　　　　{ kill（殺す）
{ pass away（亡くなる）　{ put to sleep（眠らせる）

4 文の「書き換え」の主な形式

　文の書き換えは，英文の基本的な理解や正しい運用にとって重要な事項を含むものが多い。本文の各項目（およびその『重要問題』）で，活用度と頻出度の高い例を示してあるが，ここでは全体的に要点が一覧できるように典型例と参照ページを示す。

❶ 〈句↔節〉〔= 〈（句を含む）単文 ↔（節を含む）複文・重文〉〕

　(1) 〈名詞句↔名詞節〉〔⇨ p. 46, 72〕

{ This proved his innocence.（これが彼の無実を証明した）　　〔単文〕
{ This proved that he was innocent.　　　　　　　　　　　　〔複文〕

(2)　〈形容詞句↔形容詞節〉〔⇨ p. 46, 72〕

$\begin{cases}\text{I have no friends } \underline{\text{to rely on}}. \text{（私には頼れる友人がいない）}\\ \text{I have no friends } [\underline{\text{who(m)}}] \text{ I can } \underline{\text{rely on}}.\end{cases}$

(3)　〈副詞句↔副詞節〉〔⇨ p. 47, 72〕

$\begin{cases}\text{I met him } \underline{\text{during my stay in Paris}}. \text{（パリ滞在中に彼と会った）}\\ \text{I met him } \underline{\text{while I was staying in Paris}}.\end{cases}$

❷　〈**文の転換**〉〔⇨ p. 69〕

(1)　〈肯定文↔否定文〉〔⇨ p. 69〕

$\begin{cases}\text{Everyone desires peace. （だれでも平和を望む）}\\ \text{There's } \textbf{no} \text{ one who does}\textbf{n't} \text{ want peace. （平和を望まない人はいない）}\end{cases}$

(2)　〈意味上の種類の転換〉〔平叙文・疑問文・命令文・祈願文〕〔⇨ p. 70〕

$\begin{cases}\text{Nobody cares. （だれも気にしない）}\hfill 〔否定文〕\\ \text{Who cares? （だれが気にするものか）}\hfill 〔[修辞]疑問文〕\end{cases}$

(3)　〈構造上の種類の転換〉〔単文・重文・複文〕〔⇨ p. 71〕

$\begin{cases}\text{I went out } \textbf{in spite of} \text{ the rain.}\hfill 〔単文〕\\ \text{It was raining } \textbf{but} \text{ I went out.}\hfill 〔重文〕\\ \text{I went out } \textbf{though} \text{ it was raining.}\hfill 〔複文〕\end{cases}$
　　　　　　（雨にもかかわらず私は出かけた）

❸　〈**無生物主語を用いて**〉〔⇨ p. 71†, 614〕

$\begin{cases}\textbf{She} \text{ could not go out because of the rain.}\\ \textbf{The rain} \text{ prevented her from going out.}\end{cases}$
　　　　　　（雨のため彼女は外出できなかった）

❹　〈**形式主語を用いた文**〉〔⇨ p. 144, 652〕

$\begin{cases}\textbf{It} \text{ is natural } \textbf{that} \text{ he should be angry. （彼が立腹するのも当然だ）}\\ \textbf{It} \text{ is natural } \textbf{for} \text{ him } \textbf{to} \text{ be angry.}\end{cases}$

❺　〈**強調構文**〉〔⇨ p. 146, 621〕

$\begin{cases}\text{You are to blame. （君が悪いのだ）}\\ \textbf{It is} \text{ you } \textbf{who} \text{ are to blame. （悪いのは君だ）}\end{cases}$

❻　〈**全体否定・部分否定**〉〔⇨ p. 179〕

(1)　$\begin{cases}\textbf{None} \text{ of them are present. （彼らはだれも出席していない）〔全体否定〕}\\ \textbf{All} \text{ of them are absent. （彼らは全員欠席している）}\end{cases}$

(2)　$\begin{cases}\textbf{Not all} \text{ of them are present. （全員出席しているわけではない）〔部分否定〕}\\ \textbf{Some} \text{ of them are absent. （幾人かは欠席している）}\end{cases}$

❼ 〈関係詞節〉〔⇨ p. 201〕

{
I know the man **to whom** she is engaged. 《堅》
I know the man [**who**] she is engaged **to**. 《口》
}
  　　　　（彼女の婚約者を知っている）

❽ 〈複合関係詞節〉〔⇨ p. 223〕

{
__Whatever__ happens, I'll marry her. 　　　（どんなことがあろうと
__No matter__ what happens, I'll marry her. 　　彼女と結婚する）
}

❾ 〈比較表現〉

(1) {
He is **not so much** a teacher **as** a scholar. （彼は教師というより
He is a scholar **rather than** a teacher. 　　学者だ）〔⇨ p. 315〕
}

(2) {
This is **more difficult** than that. 　　　（これはあれよりむず
That is **easier** (*or* **less difficult**) than this. かしい）〔⇨ p. 316〕
}

(3) {
No more than five people were present. （出席者はたった5人
Only five people were present. 　　だった）〔⇨ p. 323〕
}

❿ 〈不定詞〉

(1) {
He is difficult **to understand**. （あの人は理解しにくい）
It is difficult **to understand** him. 　　　　〔⇨ p. 148〕
}

(2) {
I'm looking for a place **to live in**. （住む所を探している）
I'm looking for a place **in which to live**. 　　〔⇨ p. 416〕
}

(3) {
She is **too** young to marry. （彼女は結婚するには若すぎる）
She isn't old **enough to** marry. 　　　　〔⇨ p. 419〕
}

(4) {
We expect **him to win**. 　　〔単文〕 　（彼は優勝すると思う）
We expect **that he will win**. 〔複文〕 　　〔⇨ p. 424, 663〕
}

(5) {
He seems **to be angry**. 　　〔単文〕 （彼は怒っているようだ）
It seems **that he is angry**. 〔複文〕 　　〔⇨ p. 426〕
}

⓫ 〈分詞構文〉〔⇨ p. 393〕

{
Feeling tired, he took a nap. （疲れを感じたので一眠りした）
As he felt tired, he took a nap.
}

⓬ 〈動名詞〉〔「意味上の主語」の区別に注意〕〔⇨ p. 448〕

(1) {
He insisted on **paying**. （彼は[自分が]支払うと言い張った）
He insisted that **he** would pay.
}

(2) {
He insisted on **my paying**. （彼は私が支払うべきだと言い張った）
He insisted that **I** [should] pay.
}

(3) ⎰ Would you mind **opening** the window?　　（窓を開けていただけ
　　⎱ Would you open the window?　　　　　　　　　　ますか）

(4) ⎰ Would you mind **my opening** the window?　（窓を開けてもよろ
　　⎱ Would you mind if **I** open the window?　　　　しいでしょうか）

❸ 〈**法**〉（仮定法 ↔ 直説法）〔▷ p. 464, 468〕

(1) ⎰ If I **were** not ill, I **would** go.（病気でなければ行くのだが）
　　⎱ As I **am** ill, I **will** not go.（病気なので行かない）

(2) ⎰ If he **had** not **been** ill, he **would have come.**（元気なら来ただろうに）
　　⎱ As he **was** ill, he **did** not **come.**（病気なので来なかった）

(3) ⎰ **If it had not been for** his advice, I would have failed.〔慣用表現〕
　　⎱ **But for**(*or* **Without**) his advice, I would have failed. 〔▷ p. 472〕
　　　　（彼の助言がなければ，私は失敗していただろう）

❹ 〈**命令文** + **and**〔**or**〕↔ **if**〔**if** ～ **not** (*or* **unless**)〕〔▷ p. 473〕

　　⎰ **Hurry up**, **and** you will be in time.
　　⎱ **If you hurry up**, you will be in time.
　　　　（急げば間に合うだろう）

❺ 〈**態**〉（能動態 ↔ 受動態）〔▷ p. 476〕

(1) ⎰ He **wrote** the book.
　　⎱ The book **was written** by him.

(2) ⎰ He gave **her the book**.〔二重目的語の場合〕　　　〔▷ p. 477〕
　　⎱ **She** was given **the book** by him. / **The book** was given 〔**to**〕
　　　　her by him.

(3) ⎰ Everybody **looked up to** her.〔動詞句の場合〕　　　〔▷ p. 481〕
　　⎱ She **was looked up to** by everybody.（彼女は皆に尊敬された）

❻ 〈**前置詞句**〉〔▷ p. 35, 36〕

(1) ⎰ He is a man **of** (great) **courage**.〔前置詞句が「形容詞句」の場合〕
　　⎱ He is a (very) **courageous** man.（彼は非常に勇気のある人です）

(2) ⎰ She solved it **with ease**.〔前置詞句が「副詞句」の場合〕
　　⎱ She solved it **easily**.（彼女は容易にそれを解いた）

❼ 〈**接続詞**〉〔副詞節を導く従位接続詞〕〔▷ p. 528〕

(1) ⎰ **Hardly** *had* he *sat* down **when** the phone rang.　　　　〔時〕
　　⎱ **As soon as** he *sat* down, the phone rang.
　　　　（腰をおろしたかと思ったら，電話が鳴った）　　　〔▷ p. 530〕

(2) $\begin{cases} \textbf{Unless} \text{ I'm invited, I'll stay home.} & 〔条件〕 \\ \textbf{If} \text{ I'm not invited, I'll stay home.} & 〔⇨ p. 533〕 \end{cases}$
  （招待されなければ家にいる）

(3) $\begin{cases} \textbf{Though} \text{ he is poor, he is happy.} \text{（貧しいけれど幸せだ）〔譲歩〕} \\ \text{Poor } \textbf{as} \text{ he is, he is happy.} & 〔⇨ p. 535〕 \end{cases}$

(4) $\begin{cases} \text{I'm saving money } \textbf{so } [\textbf{that}] \text{ I can buy a car.} & 〔目的〕 \\ \text{I'm saving money } [\textbf{so as}] \textbf{ to} \text{ buy a car.} & 〔⇨ p. 536〕 \end{cases}$
  （車を買うために貯金している）

(5) $\begin{cases} \text{I hurried } \textbf{so that} \text{ I wouldn't be late.〔[否定]目的〕} & 〔⇨ p. 537〕 \\ \text{I hurried } \textbf{so as not to} \text{ be late.（遅刻しないように急いだ）} \end{cases}$

⓲ 〈**話法**〉（直接話法 ↔ 間接話法）〔⇨ p. 559〕

(1) $\begin{cases} \text{She } \textbf{said to} \text{ him, "} \textbf{I} \text{ don't like } \textbf{you}." \text{（「私はあなたが好きじゃない」）} \\ \text{She } \textbf{told} \text{ him } \textbf{that she did}\text{n't like } \textbf{him}. \end{cases}$
  〔「平叙文」の伝達〕 〔⇨ p. 564〕

(2) $\begin{cases} \text{He } \textbf{said to} \text{ me, "} \textbf{Are you} \text{ all right?"（「だいじょうぶかい」）} \\ \text{He } \textbf{asked} \text{ me } \textbf{if I was} \text{ all right.} \end{cases}$
  〔「疑問文」の伝達〕 〔⇨ p. 565〕

(3) $\begin{cases} \text{I } \textbf{said to} \text{ him, "Stay } \textbf{here}."（「ここにいなさい」） \\ \text{I } \textbf{told} \text{ him } \textbf{to} \text{ stay } \textbf{there}.\text{〔「命令文」の伝達〕} \end{cases}$ 〔⇨ p. 567〕

⓳ **否定** 〔⇨ p. 577〕

(1) $\begin{cases} \text{I } \textbf{hardly ever} \text{ see her.（彼女に会うことはほとんど全くない）} \\ \text{I } \textbf{almost never} \text{ see her.} & 〔⇨ p. 578 †〕 \end{cases}$

(2) $\begin{cases} \text{IIe ate } \textbf{hardly anything}.（彼はほとんどなにも食べなかった） \\ \text{He ate } \textbf{almost nothing}. & 〔⇨ p. 578 †〕 \end{cases}$

(3) $\begin{cases} \text{This kind of mistake is } \textbf{not un}\text{common.〔二重否定〕} \\ \text{This kind of mistake is } \textbf{quite} \text{ common.} & 〔⇨ p. 583〕 \end{cases}$
  （[この種の間違いは] まれではない ↔ けっこうよくある）

(4) $\begin{cases} \text{I'm } \textbf{not at all} \text{ happy.（私は全然幸せではない）〔強意否定〕} \\ \text{I'm } \textbf{far from} \text{ (} or \textbf{ by no means, anything but}) \text{ happy.〔⇨ p. 580〕} \end{cases}$

⓴ **倒置** 〔⇨ p. 587〕

(1) $\begin{cases} \text{The bird flew away.（鳥は飛び去った）} \\ \textbf{Away flew} \text{ the bird.〔⇨ p. 589〕} \end{cases}$

● 主語が代名詞の場合は Away **flew** it. ではなく Away **it** flew. が正しい。

5 句読法・句読点

話し言葉では，区切り（Pause）や抑揚（Intonation）や強勢（Stress）などが文の意味を正しく伝えるのに役立つが，書き言葉では句読点を用いること（Punctuation）がこれと同じ働きをする。

句読点（Punctuation Mark）の種類と用法

名　　称	符号	用　　法	用　　例
Period 《米》 **Full Stop** 《英》 （終止符）	.	文末に置き，文と文を区切る。略語にも。	Love is blind. / Sorry.〔平叙文〕 Try again. / Don't cry.〔命令文〕 a.m. / B.C. / Co.（＝Company）
Question Mark （疑問符）	?	疑問文の文末に置く。	What time is it ? Really ?（ほんと？）
Exclamation Mark （感嘆符）	!	感嘆文の文末に。感嘆詞のあとに。また，強意にも。	What a cute baby〔she is〕! Oh, my! / Good luck! You don't say!（まさか！）
Comma （コンマ）	,	文中の語・句・節や挿入要素を区切る。	a soft, warm bed He is, I think, a teacher.
Semicolon （セミコロン）	;	コンマより大きく，ピリオドより小さな区切りを示す。	He took great care ; even so, he made a few errors.（注意した，がそれでもいくつか間違えた）
Colon （コロン）	:	例を示したり，具体的に列記する場合に。「すなわち…」	There were three reasons for his failure : laziness, ill health, and lack of training.
Dash （ダッシュ）	—	語句を付け加えたり，挿入したりするときに。	He is late — he always is. His wife — I don't know why — refused to go.
Parentheses （丸かっこ）	( )	挿入的な要素をかこむ。	Citrus fruits (oranges, lemons, limes) are rich in Vitamin C.
Quotation Mark （引用符）	" " ' '	引用される文や語句の前後に置く。	He said, "I'm going now." "I'm going now," he said.
Apostrophe （アポストロフィ）	'	所有格をつくる。省略符として。文字・数字などの複数形に。	the boy's father // It's hot. / in '96（＝1996）// the three R's （読み書き算数）/ in 1990's （1990年代に）
Hyphen （ハイフン）	-	合成語をつくる。語を音節に区切る。	mother-in-law（義母）， family-oriented（家庭本位の）， co-op-er-a-tion（協力）

〔⇨ p. 8, 297〕

6 | There is (seems) ～

〔1〕 **この構文で用いる（be 動詞以外の）主な動詞**

《(a)》 seem [to be], appear [to be]（～のように見える）

There **seems** (*or* **appears**) to be a lack of communication.

　　（意思の疎通が欠けているように思われる）

　　〔= It seems (*or* appears) that there is a lack of communication.〕

《(b)》「存在」「出現」「生起」などを表わす動詞：

　　　　appear（現われる）, arise（生じる）, arrive（着く）

　　　　begin（始まる）, come（来る）, enter（入る）

　　　　exist（存在する）, follow（続いて起こる）, grow（生じる）

　　　　happen（起こる）, lie（横たわる）, live（住む）

　　　　occur（起こる）, remain（残っている）, stand（立っている）

There **appeared** a tall man in the doorway.

　　（戸口に背の高い男が現われた）

There still **remain** a few problems to be solved.

　　（解決すべき問題がまだ幾つか残っている）

Behind him there **stood** a bodyguard.

　　（彼の後ろに衛兵が立っていた）

■これらの場合，There を用いないで主語が文頭に出る形も用いられる：

　　⎰ There *happened* **a terrible accident** here last night.
　　⎱ **A terrible accident** *happened* here last night.

　　　　（昨夜ここで恐ろしい事故が起こった）

〔2〕 (a) **There is a book on the desk.**

　　　 (b) **A book is on the desk.**

　　There ～ は，基本的な『存在』の意味から『生起』などにわたる意味を表わすが，この (a) の形に対する (b) の形は，文意により ⑦まれ，回不適（ふつう言わない），⑧非文（文として成り立たない），などの場合がある。

⑦⎰ **There is a man** at the door.（戸口に男の人がいる）
　⎱ **A man is** at the door.　　〔上の A book is on the desk. も同じ〕

回⎰ **There's a hole** in my jacket.（僕のジャケットに穴があいている）
　⎱ **A hole is** in my jacket.

$$\text{④} \begin{cases} \textbf{There was an accident } last\ night.（昨夜事故が起こった）\\ \textbf{An accident was } last\ night. \end{cases}$$

〔3〕　(a)　**There is a ～**：(b)　**There is the ～**

　　There is ～ の構文は，新しい情報として伝えるのに用いるものであり，文脈の中で特定されている（the などの付く）名詞を導く場合は，ふつう，用いない。

　　〔誤〕　There is the book（his watch）on the table.

　　〔正〕　The book（His watch）is on the table.
　　　　　　　　　（その本［彼の時計］はテーブルの上にある）

●ただし，相手にとって新しい情報（または，相手に改めて思い出させる情報など）として特定のもの（すなわち，the の付いた名詞や，固有名詞など）を導くことがある。

　　(a)　ふつうの，不特定の名詞の場合：

　　There is **a new book** on the desk.（新しい本が机の上にある）

　　(b)　特定のものを表わす名詞の場合：

　　〔What can I get Mary for her birthday? ― 〕There's **the new book** on dieting we're talking about yesterday.

　　　　　（［メアリーに誕生日のお祝いに何をあげればいいかしら ― 〕
　　　　　　きのう話し合ったダイエットの新しい本があるじゃない）

　　〔Who was at the party last night? ― 〕There was **Mary, Fred and Sam**.

　　　　　（［昨夜の会にはだれがいたの ― 〕メアリーとフレッドとサムだよ）

〔4〕　**there が準動詞の意味上の主語になる場合**

　　There が形式的な主語として文頭に置かれるのと同じように，不定詞・分詞・動名詞の「意味上の主語」として to be, being の前に置いて用いることがある。

❶　**不定詞**　〔⇨ p. 424, 662〕

　　I don't want **there to be** any more trouble.

　　　　　（これ以上トラブルが起こらないでほしい）

❷　**分詞**（分詞構文で）〔⇨ p. 439〕

　　There being no doctor around, they took him to the hospital.

　　　　　（近くに医者がいなかったので，彼は病院に運ばれた）

❸　動名詞

He was disappointed at **there being** so little to do.

  （仕事があんまり少ないので彼はがっかりした）

I don't mind **there** not **being** breakfast. （朝食がなくてもかまわない）

He insisted on **there being** no one around.

  〔= He insisted that **there** 〔should〕 **be** no one around.〕

  （彼はそばに誰も居合わせないようにしてもらいたいと言った）

I'm sure of **there being** some hope of his success.

  〔= I'm sure that **there is** some hope of his success.〕

  （彼が成功する見込みはいくらかきっとあると思う）

7 「〜になる」の意の動詞の用法　〔⇨ p. 16, 647〕

become は「〜になる」の意を表わす動詞の代表語で，名詞と形容詞（分詞）を補語とする。**get** は become, grow よりもくだけた口語的な語で，名詞が補語になることはなく，急な変化を表わすことが多く，しばしば進行形で用いる。**grow** は徐々にある状態になっていくことも表わす。

  become (*or* **get, grow**) angry （立腹する）

  become (*or* **get**, 《やや堅》**fall**) ill （病気になる）〔= be taken ill〕

  become famous (beautiful) （有名になる［美しくなる］）

  get wet (excited) （濡れる［興奮する］）

  grow tall (thin) （丈が高くなる［だんだんやせる］）

  He **became** wiser as he **grew** older. （年をとるにつれ賢くなった）

● **come** は主に慣用的な表現で用いる。**go** は好ましくない状態になる場合に多く用いる。**turn** は色が変わる場合によく用い，また目立った変化や好ましくない［急な］変化に用いる。

  come true (right, loose) （実現する［うまくいく，ゆるむ］）

  go blind (bald, wrong) （失明する［はげる，おかしくなる］）

  turn red (pale, violent) （赤くなる［青ざめる，暴力化する］）

●「人が〜になる」という場合に，become と be の用法に注意：

  She wants to **become** (*or* to **be**) a teacher. （彼女は先生になりたがっている）

  What do you want to **be** when you grow up? （大きくなったら何になりたいの）〔これは固定表現でふつう be だけ〕

8 「句」の種類・区別 〔⇨ p. 35〕

「句」とは「いくつかの語が集って，まとまった意味を表わすもの」であるが，ほぼ次のように分類できる。〔具体的な例は ⇨ p. 34〜39〕

〔A〕 まとまった語群が，特定の品詞の働きをする。

(1) **名詞句・形容詞句・副詞句** ── これらはそれぞれの品詞の働きをする句であるが，(2)のように限られた固定表現ではなく，<u>任意の語が集まってまとまった意味を表わすもの</u>。

(2) **動詞句・句前置詞**〔〔B〕の「前置詞句」と区別）**・接続詞句・間投詞句** ── これらは，(1)と違って，<u>慣用的に固定した，限られた数の句</u>である。名称としては，「語群の形をした〜」の意で，**群動詞・群前置詞・群接続詞・群間投詞**のように呼ぶことが一般的になっている。

〔B〕 **前置詞句** ── これは前置詞が導く句（前置詞＋目的語）であって，(2)の前置詞の働きをする「句(群)前置詞」と混同しないこと。〔⇨ p. 35 †〕

〈句前置詞〉He went **out of** the room. (彼は部屋<u>から</u>出て行った)
〈前置詞句〉He stayed **in the room**. (彼は<u>部屋の中</u>にいた)

〔C〕 **不定詞句・分詞句・動名詞句** ── それぞれ「不定詞（分詞・動名詞）を用いたまとまった語群」をいう。

◈ 分類基準が，〔A〕「〜の働きをする句」，〔B〕「〜が導く句」，〔C〕「〜を用いた句」のように異なるので，たとえば次のように，種類と用法が説明される。

(a) He went ㋑ **to the airport** ㋺ **to see her off.**
  (彼は㋑<u>空港に</u> ㋺<u>彼女を見送り</u>に行った)
  ㋑の「**前置詞句**」は「（場所を表わす）**副詞句**」で，㋺の「**不定詞句**」も「（目的を表わす）**副詞句**」で，両方とも動詞 went を修飾する。

(b) ㋑ **Watching television** can be a waste ㋺ **of time.**
  (㋑<u>テレビを見ること</u>は ㋺<u>時間の浪費</u>になることもある)
  ㋑の「**動名詞句**」は「（主語になる）**名詞句**」で，㋺の「**前置詞句**」は「（waste を修飾する）**形容詞句**」である。

9 無生物主語 〔⇨ p. 71 †〕

一般に『無生物主語』構文と呼ばれるのは，たとえば，次の（同じ "street" という無生物語を主語とする）(a)，(b) のうち，(b) のような文

である。

- (a)　This **street** is always crowded with shoppers.（この通りはいつも
買物客で混んでいる）
- (b)　This **street** will **lead** you to the park.
　　　　（この通りはあなたを公園に導くだろう　→　この通りを行けば
　　　　公園に着くでしょう）

　すなわち，無生物語（＝「人」ではなく，物事・動作・状態・性質などを
表わす語）が主語になり，ふつう人を表わす語を目的語にとり，<u>その目的語</u>
<u>になにかをさせる</u>といった意味関係を表わす**他動詞**を用いた文について，<u>無</u>
<u>生物主語構文</u>という言葉を用いる。この種の文は，動詞の目的語になってい
る「人」を主語にした形の英文に書き換えられるものも多く，また，訳文
も，直訳よりも「人」を主語にした形でまとめるほうが日本語としては自然
な文になる場合が多い。

〔A〕　無生物主語構文と文型

　次のような文型をとるが，**典型的な動詞**を用いた例を示す。

● **SVO**

Business **took** him to Paris.（<u>仕事が</u>彼をパリに連れて行った）

　〔↔ He went to Paris on business. 彼は仕事でパリへ行った〕

Nothing **surprised** him.（<u>何事も</u>彼を驚かせなかった）

　〔↔ He was surprised at nothing. 彼は何事にも驚かなかった〕

What **brought** you here?（<u>何が</u>あなたをここへ連れてきたのか）

　〔↔ Why did you come here? なぜあなたはここへ来たのか〕

● **SVOO**

Being with him **gave** her a kind of depression.（<u>彼と一緒にいることは</u>
　彼女に一種の気うつを与えた　→　彼と一緒にいると彼女はなんとなく
　気が滅入った）

One look at his face **told** me that he was lying.

　（彼の顔をひと目見ただけで彼がうそをついていることがわかった）

● **SVOC**

Anxiety **kept** her awake all night.（<u>心配が</u>彼女を一晩中目ざめさせてお
　いた　→　心配のため彼女は一晩中眠れなかった）

The bomb blast **left** 30 people dead.（<u>爆破が</u>30 人の人々を死なせた　→
　爆破によって 30 人の人々が死んだ）

● **SVO＋不定詞**

That dress **makes** you *look* younger.（そのドレスはあなたを若く見せる
　→ そのドレスを着るとあなたは若く見える）

Darkness **compelled** them *to turn* back.（暗さが彼らに引き返すことを
　強要した → 暗くなったので彼らはやむなく引き返した）

The loan **enabled** him *to buy* the house.（ローンは彼が家を買うことを
　可能にした → ローンによって彼は家を買うことができた）

Her pride did not **allow** her *to do* such a mean thing.（彼女の自尊心
　は彼女がそんな卑劣なことをするのを許さなかった → 彼女は自尊心
　が強かったのでそんな卑劣なことはしなかった）

〔**B**〕　**主な〈訳し方〉と英語の〈書き換え〉の型**

　　以上の例にも見られるように，無生物主語の文は，目的語になっている
人を表わす語を主語にして訳すことが多いが，次のように，(1)「理由」,
(2)「条件」, (3)「時」, (4)「譲歩」などの意味を表わすような形の訳文
にするのが典型的な場合である。また，英語も「複文」との書き換えが行
われる場合が多い。その主な例：

(1)　┌　The *rain* **prevented** *him* from going.
　　 │　　（雨が彼が行くのを妨げた）
　　 │　He could not go because of the rain.
　　 └　　（雨のため彼は行けなかった）

(2)　┌　This *medicine* will **make** *you* feel better.
　　 │　　（この薬はあなたの気分をよくならせるだろう）
　　 │　If *you* take this medicine, *you* will feel better.
　　 └　　（この薬を飲めば，あなたは気分がよくなるでしょう）

(3)　┌　The *sight* of a red car always **reminds** *me* of my sister.
　　 │　　（赤い車を見ることはいつも私に妹のことを思い出させる）
　　 │　Whenever *I* see a red car, *I* remember my sister.
　　 └　　（赤い車を見れば，いつも私は妹のことを思い出す）

(4)　┌　No amount of *persuasion* will **make** *her* change her mind.
　　 │　　（どんなたくさんの説得も彼女に考えを変えさせないだろう）
　　 │　No matter how hard you try to persuade her, *she* will not change
　　 └　　her mind.（どんなに説得しても彼女は考えを変えないだろう）

10 「同格」の種類 〔⇨ p. 44, 115, 237, 415, 444, 528〕

二つの要素が並んで置かれて，一方の要素(A)を他方の要素(B)が説明する関係にある場合，AとBは「**同格**」(Apposition)の関係にあり，BはAの「同格語句」になる。訳は，典型的には，「〜(B)という…(A)」，「〜(B)である…(A)」のような形になる。

〔1〕 名詞語句が並ぶ形

(1) collecting stamps(A), **his chief hobby**(B)（切手収集，[これは]彼の主な趣味[であるが] → 彼の主な趣味<u>である</u>切手収集）

his chief hobby(A), **collecting stamps**(B)（彼の主な趣味，[それは]切手収集[であるが] → 切手収集<u>という</u>彼の主な趣味）

(2) the word "**democracy**"（「民主主義」<u>という</u>言葉）

(3) She married Henry Smith, **a lawyer**.
（彼女は弁護士<u>である</u>ヘンリー・スミスと結婚した）

She married a lawyer, **Henry Smith**.
（彼女はヘンリー・スミス<u>という</u>弁護士と結婚した）

(4)㋑ Helen Bell, **a poet**（詩人であるヘレン・ベル）　　　　　　 〕
㋺ Helen Bell, **the poet**（かの詩人，ヘレン・ベル）　　　　　　 〕〔非制限的〕

㋩ Helen Bell **the poet**（詩人のヘレン・ベル）　　　　〔制限的〕

㋑の不定冠詞の場合は，ヘレン・ベルが詩人であることを示すだけなのに対し，㋺の定冠詞の場合は，ヘレン・ベルが世間的に特定できる著名人であることが想定されている。

㋑と㋺はコンマで区切られていて，(「非制限的な関係詞節」〔⇨ p. 197〕と同じように)付加的に説明するだけの「非制限的な」(Non-restrictive)同格句であるのに対し，㋩のようにコンマで区切らない場合は「他のヘレン・ベルではなく詩人のヘレン・ベル」のように他と区別する「制限的な」(Restrictive)同格句である。

〔2〕 代名詞などを用いる同格

㋑ They **both** have faults.（彼らは二人とも欠点がある）

㋺ I hate them **all**.（私は彼らすべてを憎む）

㋩ These books — **all of them** — are mine.

These books are mine, **all of them**.
（これらの本は — どれもみんな — 僕の本だ）

④では both は主語と同格，⑪では all は目的語と同格，⑧は挿入されて
も文尾に置かれても，主語と同格である。

〔3〕　**不定詞を用いる同格句**　〔⇨ p. 415〕

He lost the will **to live**.（彼は生きる意欲を失った）

You have the right **to remain silent**.

　　　（あなたには黙秘［するという］権［利］があります）

〔4〕　**of ～ の形をとる同格句**

　④ the city **of** *Rome*（ローマという都市 → ローマ市）

　⑪ the virtue **of** *charity*（慈善という美徳，慈善の美徳）

　⑧ the thought **of** *getting married*（結婚するという考え）

〔5〕　**that ... の形をとる同格節**　〔⇨ p. 528〕

　④ They firmly hold the belief **that** *the pen is mightier than the
　　sword*.（彼らは，ペンは剣よりも強いという信念を確固として抱
　　いている）

　⑪ I can hardly believe the fact **that** *he betrayed me*.

　　　（私は，彼が私を裏切ったという事実をとても信じられない）

　　●〔4〕（⑧）と〔5〕は相互に言い換えができる場合もある。

　　They were delighted at the news $\begin{cases} \textbf{of } \textit{the team's victory.} \\ \textbf{that } \textit{the team had won.} \end{cases}$

　　　（彼らはそのチームが勝ったという知らせに大喜びした）

　◈　次のような例において，同格句に不定詞と動名詞のいずれを用いるか
　　が区別されなければならない。〔⇨ p. 664〕

　　$\begin{cases} \text{I have no } \textbf{wish to win}. （勝ちたいとは思わない）\\ \text{I have no } \textbf{hope of winning}. （勝つ見込みはない）\end{cases}$

11　疑問文の語順をとる感嘆文　〔⇨ p. 56†, 590〕

　語順は一般疑問文〔⇨ p. 55〕と同じでありながら，感嘆や強意を表わし，
文尾に感嘆符を置く形の文が，口語でよく用いられる。**感嘆疑問**（Exclamatory Question）と呼ばれることがあるが，音調は，感嘆文と同じく，下降
調である。

　Am I hungry!（おなかがぺこぺこだ）〔= How hungry I am!〕

　Has she grown! / **Hasn't she** grown!〔= How she has grown!〕

　　　（彼女は大きくなったなあ）

Did he look annoyed!〔= How annoyed he looked!〕

（彼はひどくいらいらした様子をしていたよ）

- 疑問文の Did he look annoyed?（↗）（いらいらしていたかい）と区別。

◈ この感嘆疑問文は，くだけた口語表現であり，Wow, Boy, Man など
の間投詞〔⇨ p. 544〕が先行することが多い。

Boy, was that funny!（まったくおかしかったな）

Man, have we made progress!（やあ，ずいぶんはかどったぜ）

- なお，対応する女性語の **girl, woman** には間投詞の用法はない。

12 | to one's surprise 〔⇨ p. 501《5》〕

to his surprise（**joy, sorrow, disappointment, relief**, *etc.*）はふつう
「彼が驚いた（喜んだ，悲しんだ，がっかりした，ほっとした）ことに［は］」
と訳され，to は「結果」を表わす。

To my relief, she got there safely.（私がほっとしたことに，彼女は無
事そこに着いた［↔ 彼女が無事そこに着いて私は安心した］）

その気持ちを強めるには，次の ① と ② のような二通りの形が用いられる。

$\begin{cases} ① \text{To my great surprise,} \\ ② \textbf{Much} \text{ to my surprise,} \end{cases}$ he agreed to all my demands.

（とても意外だったことに，彼は私のすべての要求に同意した）

①の形容詞 great などを用いた形に対し，②では副詞 much が副詞句 to
my relief を修飾している。

◈ 「人」を表わすのが，(a) 上のように代名詞である場合に対して，(b)
名詞の場合には of ～ の句にして後に置くのがふつうである。

(a) to *his* great joy（彼がとても嬉しかったことに）

(b) to the immense joy *of his parents*

（彼の両親がこの上なく喜んだことに）

(b) が to *his parents'* immense joy の形をとることもある。

◈ これらの副詞句はふつう文頭で用いられるが，他の位置にも置かれる。

I learned **to my sorrow** that ...

（悲しいことに…だとわかった / …だと知って悲しい思いをした）

I missed the party, **much to my regret**.

（とても残念なことに，パーティには出られなかった）

- **disappointment** を用いた「書き換え」の例は ⇨ p. 74。

13 動物の性（雄・雌）を表わす語 〔⇨ p. 132〕

　主な動物について，その「性」（Gender）〔⇨ p. 128〕を区別する形を示す。動物により「通性語」（雄・雌共通語）があるものとないものがある。

	〔通性語〕	〔雄〕	〔雌〕
「犬」	•dog	dog	bitch
「馬」	horse	stallion	mare
「牛」	•(cattle)	ox, bull	cow
「鶏」		《米》rooster, 《英》cock	hen
「豚」	pig	boar	sow〔sau〕
「羊」	sheep	ram	ewe
「鹿」	deer	buck, stag	doe, hind〔haind〕
「あひる」		drake	duck [4]
「がちょう」		gander	goose [4]
「ライオン」		lion [4]	lioness
「虎（とら）」		tiger [4]	tigress
「狐（きつ）」		fox [4]	vixen
「くじゃく」		peacock	peahen

● **dog** には「犬」と「雄犬」を表わす両方の用法がある。
● **cattle** は雄雌を合わせ「牛」を総称する集合名詞〔複数扱い〕。

(1) **cat**, **elephant**（象），**goat**（やぎ），**monkey** などは性を区別する形のない雌雄共通語である。

(2) 一般に，雄・雌の区別は **male**（男性［雄］の），**female**（女性［雌］の）を用いて示すことができる：a *male* monkey, a *female* cat, *etc*.

(3) 性別を表わす別の語を付けて雄・雌を示すものもある。

　　⎰ **he**-cat, **tom**cat（雄猫）　　　⎰ **he**-goat, **billy** goat（雄やぎ）
　　⎱ **she**-cat, **tabby** cat（雌猫）　⎱ **she**-goat, **nanny** goat（雌やぎ）

(4) **duck**, **goose**, **lion**, **tiger**, **fox** などは，それぞれそれに対する女性語または男性語があるが，一般には特に性を区別しない通性語として，その動物の男性・女性の両方に共通して用いることが多い。

14 強調構文 (It is ～ that ...)　〔⇨ p. 146〕

(1)　強調されるのが代名詞である場合，規範文法では，代名詞が that (who) ... の節の中で，(a) 主語の要素であれば主格を，(b) 目的語であれば目的格を用いるのを原則とする。

(a)　It was **she** who did it. (それをしたのは彼女だ)

(b)　It was **her** that I wanted to see. (私が会いたかったのは彼女だ)

　　(a) では she を受ける who は did の主語，(b) では her を受ける that は see の目的語。(b) では that の代わりに who[m] を用いるのはまれである。

(2)　しかし，主語の場合，上の (a) の場合でも，口語では目的格を用いるのがふつうである。

> It was **she** who came.　　　　　　〔堅い形〕
> It was **her** who came.　　　　　　〔くだけた形〕

(3)　who よりも that を用いるほうが口語的である。

> It was **I who** told the police.　　　〔堅い形〕
> It was **me that** told the police.　〔くだけた形〕

● 堅苦しさや，くだけ過ぎた感じを避けるために，次のような形式を用いることもある。

　　I was the one who told the police.
　　(警察に通報したのは私です)

(4)　口語では that が省略されることも多い。

　　It was me [*that*] Henry wanted.

　　(ヘンリーが望んだのは僕だ)

　　It's my mother [*that*] I'm worried about.

　　(僕が心配しているのは母のことなんだ)

(5)　that (who) のあとの動詞は，原則的には，強調された先行詞に一致する〔⇨ p. 550 **8**〕が，口語ではこの原則に従わないことも多い。

> It is I who **am** to blame. (悪いのは私です)　　　　　　　〔堅い形〕
> It's me who's (*or* that's) to blame. (悪いのは僕だ)　〔くだけた形〕

(6)　間接目的語が強調されるときは次の三つの形が可能である。

　① It was *John* [that] he gave the book.

　② It was *John* [that] he gave the book *to*.

③ It was *to John* [that] he gave the book.

● ①よりも②③のほうがふつうの形とされることが多い。

(7) 疑問文や感嘆文もこの強調構文の形をとることがある。

Who **was it who** interviewed you?（君を面接したのはだれか）

What **is it that** you want to know?（君が知りたいのは何ですか）

What a terrible mistake **it was** you made!〔you made の前に that が省略〕

　　　　（君はまたなんてひどい間違いをしでかしたんだ）

(8) 次のような文では二通りの解釈が成り立つ。

It was the dog [that] I gave the water to.

　　(a) 私が水を与えたのはその犬だ。〔It is ～ that の強調構文〕

　　(b) それは私が水を与えた犬だ。　〔It が前出の語を指す場合〕

(9) 次のような It is ～ で始まる文において，構文が区別されなければならない。

　⎰(a) **It was** a little before noon **that** I arrived there.
　⎱(b) **It was** almost noon **when** I awoke.

　　(a) 僕がそこに着いたのはお昼少し前だった。

　　(b) 僕が目をさましたのはもうお昼近くだった。

　　　(a) は強調構文。(b) では It は「時」を表わす用法で，上と同じように強調構文的に「…のは」と訳してもよいが，直訳は「僕が目をさましたときもう昼近くになっていた」〔when ～ は副詞節なので，前に出して **When** I awoke, it was almost noon. の形も可〕

15 | so : such 〔⇨ p. 161《2》, 164〕

「非常に～」という強意を表わす場合，such は単数・複数いずれの名詞にも用いられるが，so は（*so many* ～ の場合を除いて）複数名詞を伴うことはない。

He is **such a** brave *man* that everyone admires him. 〔正〕

He is **so** brave **a** *man* that everyone admires him. 〔正〕

They are **such** brave *men* that everyone admires them. 〔正〕

They are **so** brave *men* that everyone admires them. 〔誤〕

　　　（彼[ら]はとても勇気があるので皆に賞賛されている）

● such a ～ よりも so … a ～ のほうが堅い言い方である。

16 **such の用法**　〔⇨ p. 160〕

〔1〕 **such が修飾する名詞**

such は可算名詞（単・複とも）とも不可算名詞とも用いる。

$\begin{cases} \text{\textbf{such} a funny } story \text{（とてもおかしな話）} \\ \text{\textbf{such} funny } stories \end{cases}$ 〔可算名詞〕

$\begin{cases} \text{\textbf{such} awful } weather \text{（とてもひどい天気）} \\ \text{\textbf{such} great } courage \text{（とてもすばらしい勇気）} \end{cases}$ 〔不可算名詞〕

〔2〕 **such といっしょに用いる修飾語**

(a)　定冠詞・指示形容詞・所有格は such とともに用いない。

such （○ *a*　× *the*　× *this*　× *his*） big house

(b)　all, any, no, few, many, three （などの数詞）, other, another など
は such とともに用い，**such** の前に置かれる。

There is *no* **such** thing. （そんなものは存在しない）

There are *many* **such** shops. （そのような店はたくさんある）

◈　次のような場合，語順により意味が区別される。

$\begin{cases} \text{There are } a \text{ } lot \text{ } of \text{ \textbf{such} people. （そのような人は大勢いる）} \\ \text{There were \textbf{such} } a \text{ } lot \text{ } of \text{ people. （とても大勢の人々がいた）} \end{cases}$

◈　another は形容詞では such の前に置かれるが，代名詞では後に置か
れる。other （形） と others （代） も同様である。

$\begin{cases} another \text{ \textbf{such} example （もう一つそのような例）} \\ \text{\textbf{such} } another \text{（そのようなもう一つのもの）} \end{cases}$

〔3〕 **such ～ as, such as ～**

例をあげて「～のような」という場合，二通りの語順が用いられる。

$\begin{cases} \text{on \textbf{such} an occasion \textbf{as} this （このような場合に）} \\ \text{on an occasion \textbf{such as} this 〔= on an occasion \textbf{like} this〕} \end{cases}$ 〔単数〕

$\begin{cases} \text{\textbf{such} people \textbf{as} him （\textit{or} he）（彼のような人々）} \\ \text{people \textbf{such as} him （\textit{or} he）〔= people \textbf{like} him〕} \end{cases}$ 〔複数〕

〔4〕 **二通りの such**

such は，形から言えば (a) 形容詞とともに用いて名詞を修飾する場合
と (b) 直接に名詞を修飾する場合に，意味から言えば ①「種類」を表わ
す場合と ②強意的に「程度」を表わす場合とがある。

(a)　①　**Such** *important* problems must be handled carefully.

　　　　　　（このような重要な問題は慎重に扱わなければならない）

- ● この文は強意（「これほど〜」）にも解せる。ただし These are **such** *important* problems. では「これらはとても重要な問題だ」で，強意。
- ② I have never met **such** a *strange* person.
　　　　　　（これほど変った人間に会うのははじめてだ）
- (b) ① I don't trust anyone who is very clever; **such** *people* can be very dangerous. （あまり頭のいい人間は信用しないことにしている。こういった人たちは非常に危険なこともある）
- ② We had **such** *fun*. （とても楽しかった）　　　〔不可算名詞〕
　　I've got **such** a *headache*. （ひどい頭痛がする）　〔可算名詞〕

◈ 「such a＋名詞」は (a) ②，(b) ②の例に見られるように「強意」を表わすことが多く，感嘆文に通じる。

⎰ She cooked **such a** good dinner.
⎱ → **What a** good dinner she cooked!

　「とてもおいしいごちそう」と「なんとおいしいごちそう」で，強意の意味が共通する。

◈ したがって「such a＋名詞」と「such＋複数名詞」で次のような区別が認められることがある。

⎰ I don't read **such a** *book* as this.
⎱ I don't read **such** books as this.

　上は「こんな本をだれが読むものか」といった「強意」の気持ちを，下は「このような本は読まない」という「種類」を表わすことが多い。

◈ また，「強意」ではなく単に「種類」を表わす場合には，such を用いないで，次のように表わすことが多い。

⎰ Would you like to have **such** a car?
⎱ → Would you like to have a car **like** this?
　　　（このような車を欲しいと思いますか）

⎰ I don't like **such** music.
⎱ → I don't like **this sort of** music.
　　　（この種の音楽は好まない）

　それぞれ such を用いれば，純粋に「種類」ではなく，その対象に対する否定的な気持ちなどを強めた表現になることが多い。

17 部分否定と全体否定 〔⇨ p. 179, 581〕

all 〜 not は，部分否定と全体否定の両方に解せる場合がある。

$\Big\{$ (a) **All** of them are **not** happy. 　　　　〔あいまい〕
$\phantom{\Big\{}$ (b) **Not all** of them are happy.

  (a) ㋑ 彼らが皆幸せであるわけではない。〔部分否定〕
  　　　　〔 = Some of them are unhappy.〕
  　　㋺ 彼らは皆幸せではない。　　　　〔全体否定〕
  　　　　〔 = None of them are happy. / All of them are unhappy.〕
  (b) 彼らは皆幸せであるわけではない。　〔部分否定〕

◈ 次のような形の文も，(a) と同じように両方の解釈が可能であるが，読むときは，イントネーションによって区別される。

  ㋑ I don't want **all** of them. (∧↗) 《下降上昇調》〔部分否定〕
  ㋺ I don't want **all** of them. (↘) 《下降調》　〔全体否定〕

  ㋑ 全部欲しいわけではない。
  ㋺ 全部欲しくない。〔 = I want none of them.〕

  ● **both** 〜 **not**, **every** 〜 **not** なども，部分否定では㋑のような下降上昇調になる。

18 連鎖関係詞節 〔⇨ p. 205〕

  関係詞節の中にもう一つの節 (I think, we believe, I know, *etc.*) が挿入されることがあり，この形をとった関係詞節を『連鎖関係詞節』と呼ぶことがある。

  (a) You must have the courage to do **what** is right.
  (b) You must have the courage to do **what** *you believe* is right.

  (a) 「正しいことをする勇気を持たなければならない」
  (b) 「正しいと自分が信じることをする勇気を持たなければならない」
  　　　(a) はふつうの関係詞節。(b) は連鎖関係詞節。

Why do you say things **that** *you know* must pain me? （私を苦しめるにちがいないとわかっていることをなぜ言うのですか）

  ● この構文において関係代名詞が省略されることもある。
  The essay [**which**] *you thought* was written by him was in fact mine.
  　　（彼が書いたと君が思ったエッセイは実は僕が書いたものなんだ）

I put her on a new diet ［**that**］ *I believe* will work.
　　　（効果が<u>きっと</u>あると思われる新しいダイエットを彼女に始めさせた）

❖　このような挿入の形は疑問代名詞の場合と似ている。〔⇨ p. 193〕

　　　{ **Who** is she?
　　　{ **Who** *do you think* she is?（彼女はだれだと思いますか）
　　　{ **What** is your name?
　　　{ **What** *did you say* your name was?
　　　　　（お名前，何とおっしゃいました？）

19 │ as の用法（関係代名詞・非制限）　〔⇨ p. 213〕

　非制限的用法の as は，①主節の内容を先行詞とし，②これが導く節は文頭・文中・文尾のいずれの位置にも置かれ，③軽く付加的あるいは挿入的に付言するような感じで用いられ，④日本語では「…のように，…だが」のような訳し方をすることが多い。このような特徴から，この *as* 節は "**Comment Clause**"（付言節＝コメントを付け加える節）と呼ばれることがある。

As was to be expected, the library was closed.
　　　（予想されたように，図書館は閉まっていた）
The library, **as** was to be expected, was closed.
　　　（図書館は，予想どおり，閉まっていた）
The library was closed, **as** was to be expected.
　　　（図書館は閉まっていた，当然予想されたことだが）

❖　which は主節の後に置かれる。
　　　The library was closed, **which** was to be expected.
　　　（図書館は閉まっていたが，これは予想されたことだった）

❖　上の例に見られるような，非制限的用法の as が「主語」として用いられる場合の動詞は，be 動詞や happen, seem などに限られる。
　　　as *is* often the case（よくあることだが）
　　　as sometimes *happens*（ときどきあることだが）

《主節に not が含まれる場合 —— 訳し方にも注意》
　上に類した文では，非制限用法の as 節は「…のように」と訳されることが多いが，主節に not がある場合には「…のように」と訳しては意味があいまいになるか，日本語として反対の意味を表わすことがあるので注意する。

She did **not** appear, **as** we had hoped.

〔A〕 われわれが望んでいた<u>ように</u>，彼女は姿を見せなかった。

→〔B〕 われわれの望みに<u>反して</u>，彼女は姿を見せなかった。

◈ 〔A〕では「われわれは彼女が姿を見せることを望んでいたのに，彼女は来なかった」の意味は正しく伝わらない。

◉ これは as が接続詞として用いられた（次のような）場合も同様に注意すべきことである。

as が not とともに用いられる場合，not が，①主節に含まれる場合と，②as 節の中に含まれる場合がある。

① This practice is **not** usual here, **as** it is in Japan.

〔A〕 この習慣は，日本の場合と<u>同じように</u>，ここではふつうでない。　　　　　　　　　　　　　　　　　　　　〔誤〕

→〔B〕 この習慣は，日本<u>とはちがって</u>（日本ではふつうだが），ここではふつうではない。　　　　　　　　　　　〔正〕

② He is sure now, **as** he was **not** ten years ago.

〔A〕 彼は，10 年前にそうでなかった<u>ように</u>，今は確信している。　　　　　　　　　　　　　　　　　　　〔意味不明〕

→〔B〕 彼は，10 年前<u>と異なり</u>（10 年前にはそうでなかった<u>が</u>），今は確信をいだいている。　　　　　　　〔正〕

◉ as と同じく「〜のように」と訳される like や the way の前に not がある場合も，同様に注意しなければならない。

Man does **not** live, **like** the beasts of the field, in a world of merely physical things.（人間は，野の動物<u>とは異なり</u>，単なる物質的な世界に住んではいない）

The boy was **not** belittled by him, **the way** (= as) he was at home by his father.（少年は，家では父親に軽んじられたが，彼からは軽く扱われることはなかった）

20 The reason 〜 is that / because ...　〔⇨ p. 219〕

「〜の理由は…だ，〜であるのは…だからだ」の意味を表わすこの構文で，補語の名詞節を導くのは that が正式であるが，くだけた表現では because も多く用いられる。

(1)　because は本来，次のように副詞節を導くのが典型的な用法。

He failed the exam **because** he didn't work hard.
　　（彼は一生懸命やらなかったので試験に失敗した）

(2)　これを「失敗した理由は努力が足りなかったからだ」の形で表わすと，

①　The *reason* **for** which he failed
②　The *reason* **why** he failed
③　The *reason* **that** he failed
④　The *reason* he failed

is

⑦ **that** he didn't work hard.
⑭ **because** he didn't work hard.

● ①は文語的な堅い表現で，ほとんど用いられない。以下，②＋⑦がふつうの正式な形，③が一般に多く用いられる形で，④＋⑭が最もくだけた言い方。
● ③の that は関係副詞の用法〔⇨ p. 210〕，④は関係副詞が省略された形。

(3)　reason のあとの形容詞節を形容詞句にし，補語の名詞節を名詞句にして全体を「単文」で表わせば次のような形をとる。

The *reason* **for** his failure in the exam is his lack of efforts.
　　（彼が試験で失敗した理由は努力不足だ）

(4)　理由と結果を，二つの文で表わせば次のような形をとる。

He failed in the exam. This is **because** he didn't work hard.
　　（彼は試験に失敗した。これは一生懸命やらなかったからだ）

He didn't work hard. That's ［the *reason*］ **why** he failed in the exam.（彼は一生懸命やらなかった。試験に失敗したのはそのためだ）

21 「英国［の］」（Britain : England / British : English）

「英国［人］［の］」を表わす二通りの系列の語については，次のような区別を認めなければならない。〔⇨ p. 248〕

◈ **Britain : England** ― **England**（イングランド）は，**Scotland**（スコットランド）や **Wales**（ウェールズ）と同じく，**Britain**（ブリテン，英国）の一部であり，三つを合わせた「英国」を表わすのは **Britain** であり，「英国の」を表わす形容詞には **British** を用いる。

British people（英国人），the *British* Government（英国政府）

◈ **the British : the English** ― 国民を総称する表現であるが，**the British** は，**the English**（= the people of England）（イングランド人）と **the Scots**（スコットランド人）と **the Wales**（ウェールズ人）

を合わせた「英国人」を表わす。〔ただし the English が the British と同じように「英国人」の意で用いられることもある〕

　historical reasons for **the Scots** to hate **the English**

　　（スコットランド人が<u>イングランド人</u>を憎む歴史的な理由）

　The British (*or* **The English**) are proud of their sense of humor.

　　（英国人はユーモアのセンスを誇りにしている）

◈　単数の「英国人」を表わす語：

(a)　**Englishman** (< England) は，厳密には ①「イングランド人」の意を表わすが，②「英国人，イギリス人」の意でも用いられる。

(b)　**Briton** (< Britain) は，①「（昔の）ブリテン人」と ②「英国人」を指す場合があるが，②の「英国人」の意味ではあまり用いられず，おもに，短い語を必要とする（新聞の）見出しなどで利用される。したがって，（イングランド人・スコットランド人・ウェールズ人を含めた）「英国」の人であることを述べるには，ふつう，"She's **a Briton.**" よりも，形容詞を用いて "She's **British.**"（彼女は英国人だ）のように言うことが多い。

◈　「英語」に関する区別すべき表現

　$\begin{cases} \text{English　　　（英語）} \\ \text{= the English language} \end{cases}$　$\begin{cases} \text{British English　　（イギリス英語）} \\ \text{American English（アメリカ英語）} \end{cases}$

　$\begin{cases} \text{Standard English（標準英語）} \\ \text{General American（一般アメリカ語）} \end{cases}$　$\begin{bmatrix} \text{英米それぞれの} \\ \text{標準的な英語} \end{bmatrix}$

◈　固有形容詞と国語名が同じなので，二通りに解せる場合もある。

　$\begin{cases} \text{Ènglish stúdents（英国人の学生）　　〔⇨ p. 631 ❷〕} \\ \text{Énglish stùdents（英語を学ぶ人，英語の研究者）} \end{cases}$

22　名詞の形容詞的用法，複合名詞　〔⇨ p. 249《(d)》〕

　ふつう，名詞を修飾するのは形容詞であるが，名詞が名詞を修飾することもある。

　$\begin{cases} \text{〈形容詞＋名詞〉 **healthy** food（健康によい食物）} \\ \text{〈名　詞＋名詞〉 **health** food（健康食品，自然食品）} \end{cases}$

●　$\begin{cases} \text{a **safe** place（安全な場所）} \\ \text{**safety** measures（安全対策）} \end{cases}$　$\begin{cases} \text{a **criminal** act（犯罪[的な]行為）} \\ \text{a **crime** novel（犯罪[を扱った]小説）} \end{cases}$

$\begin{cases} \text{a } \textbf{beautiful} \text{ queen （美しい女王）} \\ \text{a } \textbf{beauty} \text{ queen （美[人]の女王,美人コンテストの優勝者）} \end{cases}$

◈ この〈名詞＋名詞〉の形は，科学・社会など諸分野の新しい用語を作り出す造語形式としてますます多く用いられるようになっている。

a **space**ship（宇宙船）	**information** technology（情報工学）
satellite TV（衛星テレビ）	a **cash** card（キャッシュカード）
a **sushi** bar（寿司屋）	**organ** transplant（臓器移植）
climate change（気候変動）	**gene** therapy（遺伝子治療）

● 名詞を形容詞として用いたものを「形容詞相当名詞」（Adjectival Noun）と呼ぶことがあるが，(A)〈ふつうの形容詞〉の場合と異なり，(B)〈形容詞相当名詞〉は ㋑限定用法〔⇨ p. 251〕はあるが，㋺叙述用法はなく，㋩比較級・最上級の用法もない。

(A) $\begin{cases} \bigcirc \text{ a } \textbf{young} \text{ boy} \\ \bigcirc \text{ The boy is } \textbf{young}. \\ \bigcirc \text{ the } \textbf{youngest} \text{ boy} \end{cases}$ (B) $\begin{cases} \bigcirc \text{ a } \textbf{milk} \text{ bottle（牛乳びん）} \\ \times \text{ The bottle is } \textbf{milk}. \\ \times \text{ the } \textbf{milkest} \text{ bottle} \end{cases}$

❶ 〈名詞＋名詞〉の表記形式

二つの名詞を並べるのに，次の三通りの形が用いられる。

(a) 二つの名詞が切り離されて並ぶもの。

a **car** accident（車の事故）　　**breast** cancer（乳がん）

● 次のような表現の区別に注意。

$\begin{cases} \text{a } \textbf{horse} \text{ race（競馬）} \\ \text{a race } \textbf{horse}（競走馬） \end{cases}$ $\begin{cases} \text{a } \textbf{police} \text{ state（警察国家）} \\ \text{state } \textbf{police}（《米》州警察） \end{cases}$

(b) 二つの名詞が結合して一語になったもの。短い語の結び付きに多い。

a **school**boy（男子生徒）　　**sea**side（海辺）

● このように結合した語を（ときに(a)と(c)も含めて）**複合名詞**（Compound Noun）と呼ぶことがある。

(c) (a)と(b)の中間的な形で，二つの名詞がハイフンで結ばれるもの。

a **bottle**-opener（栓抜き）　　an **eye**-witness（目撃者）

● ハイフン（Hyphen〈-〉）は，いろいろな要素を結び付けるのに用いられるが，この〈名詞＋名詞〉の形では，二語の結び付きが固定して一般化すると〈-〉を省いた(b)の結合形が用いられるようになることが多い。
たとえば **week-end**（週末）は 1960 年台ごろまでに **weekend** の形がふつうになっている。

● したがって，同じ二つの名詞が，この(a)，(b)，(c)のうちの二通り，あるいは三通りの形で並ぶこともあり，辞書の扱いが一定しないものも多い。

$\begin{cases} \textbf{child care} ― \textbf{childcare}（育児, 保育）\\ \textbf{baby-sitter} ― \textbf{babysitter}（ベビーシッター）\\ \textbf{letter box} ― \textbf{letter-box} ― \textbf{letterbox}（郵便受け）\end{cases}$

概して,〈名詞＋名詞〉では, **ハイフンを用いる形はまれになってきている。**

❷　〈名詞＋名詞〉の強勢の置き方

〈**形容詞＋名詞**〉では名詞のほうが主要語で強く発音されるのに対して,〈**名詞＋名詞**〉では, ふつう, 前の名詞のほうが強く発音される。

$\begin{cases} \text{a } \textbf{big dóg}（大きい犬）\\ \text{a } \textbf{políce} \text{ dog}（警察犬）\end{cases}$　$\begin{cases} \text{a } \textbf{bold} \text{ attáck}（大胆な攻撃）\\ \text{a } \textbf{héart} \text{ attack}（心臓発作）\end{cases}$

◉　次のような場合の区別に注意。

(1) $\begin{cases} ⑦ \quad \text{a } \textbf{Frénch} \text{ teacher}\\ ⑩ \quad \text{a } \textbf{French} \text{ téacher}\end{cases}$　(2) $\begin{cases} ⑪ \quad \text{a } \textbf{wáter} \text{ bottle}\\ ⊖ \quad \text{a } \textbf{glass} \text{ bóttle}\end{cases}$

(1)　⑦「フランス語の先生」　French は「フランス語」の意の**名詞**。具体的には「フランス語を教える先生」という「目的語関係」〔⇨次の ③〔A〕項〕を表わす。⑩ の French は「フランス人の」の意の**形容詞**なので, teacher のほうが強くなる。

(2)　⑪「水差し」　⊖「ガラスびん」　watar も glass も物質名詞であるが ⑪は「水を入れておくびん」で ⑦と同じく「目的語関係」を表わすのに対し, ⊖は「ガラスでできたびん」で「材料」を表わし, 材料を表わす物質名詞は形容詞性が強く〔⇨ p. 249〕,（**gold médal** などのように）名詞のほうが強く発音されるのがふつうである。

❸　〈名詞＋名詞〉の意味関係

この形ではさまざまな名詞が結び付くので, 全体的に分類することはできないが, 認めておくべき意味関係には次のようなものがある。

〔**A**〕　①**主語関係**。前の名詞が, 後の名詞が表わす動詞的意味の主語になる。

sunrise（日の出〈太陽が昇る〉）　**rain**fall（降雨）

population growth（人口の増加）　**student** suicides（学生の自殺）

②**目的語関係**。前の名詞が, 後の名詞の動詞的意味の目的語になる。

tax cut（減税〈税を減らす〉）　　**taxi** driver（タクシー運転手）

birth control（産児制限）　　**stock** holder（株主）

〔**B**〕　その他の主な修飾関係。前置詞句などで書き換えられるものも多い。

(1)　種類 ―― a **grammar** book（文法書）〈a book *on grammar*〉

(2)　目的・用途 ―― a **pencil** case（鉛筆入れ）〈a case *for pencils*〉

(3)　材料・成分 —— a **silk** dress（絹の服）〈a dress *made of silk*〉

(4)　時・期間 —— **life** imprisonment（終身刑）〈imprisonment *for life* 〉

(5)　場所 —— **village** life（村の生活）〈life *in a village*〉

(6)　所属・部分 —— **family** members（家族）〈members *of a family*〉

(7)　道具・手段 —— a **bus** trip（バス旅行）〈a trip *by bus*〉

● 前置詞句を用いた形について，次のような区別に注意。

$\begin{cases} \text{a **metal** sheet（金属の薄板）} \\ \text{= a sheet **of metal**} \end{cases}$　　$\begin{cases} \text{an **iron** rod（鉄の棒）} \\ \text{= a rod **of iron**} \end{cases}$

$\begin{cases} \text{a **wine** glass（ワイングラス）} \\ \text{≠ a glass **of wine**（ワイン1杯）} \end{cases}$　$\begin{cases} \text{a matchbox（マッチ箱）} \\ \text{≠ a box **of matches**（マッチ1箱）} \end{cases}$

❹　〈名詞＋名詞〉の「数」（単数か複数か）

〔**A**〕　前の名詞は，内容的に複数を表わしても単数形がふつうである。

　　　an **address** book（住所録）〈a book for **addresses**〉

　　　a **ticket** office（切符売場）〈an office that sells **tickets**〉

　　　a **tooth** brush（歯ブラシ）〈a brush for **teeth**〉

〔**B**〕　前の名詞が㋑ふつう単数形で用いない名詞〔⇨ p. 109〕，㋺複数形が単数形と異なる意味を表わす名詞〔⇨ p. 108〕，である場合には複数形を用いる。

　　㋑　a **clothes** brush（洋服ブラシ），**physics** homework（物理の宿題）

　　㋺　an **arms** race（軍備拡張競争），a **sales** tax（売上げ税）

　◈　次のような区別に注意：

$\begin{cases} \text{a **glass** case（[陳列用の]ガラスケース）} \\ \text{a **glasses** case（めがねのケース）} \end{cases}$

● ふつう複数形で用いる語でも単数形を用いることがある。
　　　a **trouser** leg（ズボンの脚），a **scissor** blade（はさみの刃）

● ふつう単数形で用いる語でも（特に《英》で）複数形を用いることがある。
　　　a **careers** officer（職業指導官），the **jobs** market（求人市場）

〔**C**〕　数詞のついた名詞は単数形になる。〔⇨ p. 111〕

　　　a ten-**dollar** bill（10ドル紙幣）

　　　〔= a bill worth ten **dollars**〕

　　　a five-**story** pagoda（五重の塔）

〔D〕　**man**, **woman** が複数名詞を修飾する場合は men, women に。

　　　　　men drivers（男の運転者），**women** pilots（女性パイロット）

● これらは主語関係を表わす場合であるが，目的語関係を表わす次のような場合
は単数形を用いる。

　　　　　man-eaters（人を食う動物），**woman** haters（女嫌い）

23　副詞と[助]動詞の語順　〔⇨ p. 286〕

(1)　ふつう動詞の前に置かれる副詞でも，be 動詞の場合には，その後に置か
れる。

　　　　He **often** *comes* late.

　　　　He *is* **often** late.

　　　　He *is* **never** late.

(2)　助動詞がある場合には，助動詞の後に置かれる。

　　　　He *has* **often** come late.

　　　　This *will* **never** be finished.〔× This *will* be **never** finished.〕

◈　副詞が助動詞の前・後いずれにも置かれることがある。

　　　　⎧You *must* **often** be bored.（退屈することがきっと
　　　　⎩You **often** *must* be bored.　　　　　　よくあることでしょうね）

◈　強意的に副詞が助動詞の前に置かれることがある。この場合，その助
動詞に強い強勢が置かれる。

　　　　I **certainly** dó like you.（本当に君が好きなんだよ）

　　　　"You should always be polite." ― "I **always** ám polite."

　　　　　　　（「いつも礼儀正しくするんだよ」　「いつもちゃんと礼儀
　　　　　　　　正しくしていますよ」）

(3)　否定文では，副詞は助動詞の前にも後にも置かれる。

　　　　I **probably** *will not* be there.

　　　　I *will* **probably** *not* be there.

　　　　I **probably** *won't* be there.〔not が縮約形の場合〕

◈　ただし，助動詞が do (does, did) の場合，副詞はその前にだけ置か
れる。

　　　　⎧She **probably** *does not* (or *doesn't*) know.　〔正〕
　　　　⎩She *does* **probably** *not* know.　　　　　　〔誤〕

◈　副詞の位置によって意味関係が異なる場合がある。

(a) I *don't* **really** love her.

(b) I **really** *don't* love her.

 (a) 彼女を本当には愛していない。(ある程度は愛している)

 (b) 本当に彼女を愛してはいない。(愛していないことは本当)

24 | neither : nor   〔⇨ p. 299〕

否定の文を受けて,「～もまた…でない」の意を表わす場合, (a) 切離された文では neither も nor も同様に用いられ, (b) 等位節を接続する場合は neither は副詞として and に続き, nor は接続詞として単独に用いるのがふつうである。

(a) She is not afraid. — **Neither** (**Nor**) am I.〔= I'm **not**, **either**.〕

  (彼女はこわがってなんかいない。— 僕だってそうだ)

(b) He didn't go and **neither** did she.

  〔= He didn't go and she did**n't** 〔go〕 **either**.〕

  (彼は行かなかったし彼女も行かなかった)

They are not insane, **nor** are they fools.

  (彼らは気が狂ってはいないし, またばかでもない)

◈ ただし (b) でも, neither と nor が同じように用いられることもある。

I haven't finished │ *and* **neither** have you.

      │ *and* **nor** have you.

      〔= *and* you have**n't**, **either**.〕

 (僕はまだ終えていないし, 君もそうだ)

He did not like the way we spoke, **nor** (**neither**) did he approve of the way we dressed. (彼は私たちの話し方を好まなかったし, また私たちの身なりも気に入らなかった)

25 | 「原級」比較 (as ～ as) の注意すべき用法   〔⇨ p. 312〕

〔1〕 二通りの as ～ as

as ～ as は, (a) ふつうに「同等」の意味を表わす場合と, (b) 比喩表現として強意的に用いられる場合があり, 発音も区別される。

(a) He is **as** [ǽz] wise **as** [əz] you.

(b) He is **as** [əz] wise **as** [əz] Solomon.

 (a) では「彼とあなたの賢明さが同程度」であることを述べている

のに対し, (b) では賢明さで名高いイスラエルの王ソロモンにたとえて「彼が非常に賢明である」ことを述べている。

〔2〕 **前の as の省略**

　上の (b) のように, as ～ as が強意的な比喩表現として用いられる場合, 前の as が省略されることがある。

　It's〔**as**〕white **as** snow. (雪のように真っ白だ)

〔3〕 **あとにつづく as 以下の省略**

　比較対象が文脈から明らかな場合は, あとの as 以下がよく省略される。

　I have never been **so** happy〔**as** I am now〕.〔▷ p. 318《6》〕

　　(今までこんなに幸せであったことはない)

　◈　これは I have never been happy. (今までに幸せであったことはない) と区別されなければならない。

〔4〕 **対照的な性質の強調**

　as ～ as は異なる人・物の対照的な性質を強調的に述べることがある。

　She is **as** brisk **as** her husband is gentle.

　　　　(夫が穏やかであるのにひきかえ彼女はとても活発だ)

〔5〕 **マイナスの性質の強調**

　as ～ as ... は「同等」を表わすが, 比較対象が, 比較される性質を低い程度にしか持たない場合は, マイナスの性質を強調し, 「…と同じく ～でない」の意になる。

　He was **as** receptive to nudges **as** an elephant.

　　　　(彼は小突かれることに対してゾウと同じくらいの感受性を示した → 彼は小突かれることに対してゾウと同じように鈍感だった → 彼は小突かれてもまるでゾウのようになんの反応も示さなかった)

　He knows **as** much about sport **as** I know about nuclear physics.

　　　　(私が核物理学について知らないのと同じくらい彼はスポーツについて無知である)

〔6〕 **as ～ as ～ can be**

　この形は「これ以上はないというくらい → この上なく」の意を表わす。

　He is **as** rich **as** rich can be. (彼はこの上ない大金持ちだ)

　◈　これは次の形をとることもある。

　　He is **as** rich **as** can be. ∥ He is rich **as** rich can be.

〔7〕　**as early (late, *etc*.) as ～**

　　この「～という早い(遅い, など)時期に」に類する表現では，あとに続く「時」を表わす語句には前置詞を付けないのがふつうである。

　　　　It was discovered **as early (late) as** 1930.〔**in** 1930 ではない〕
　　　　　　(それは早くも 1930 年 [やっと 1930 年になって] 発見された)

〔8〕　**as much as ～**

　　この表現が，「同等」の意味から転じて「事実上～も同然」(= practically) の意味を表わすことがある。

　　　　Barkley **as much as** admits the truth of the charge. (バークレイはその嫌疑が真実であることを事実上認めている)

〔9〕　**否定の意味に通じる as ～ as**

　　as ～ as はまた「できるかぎりの程度」を表わし，そのことから「それ以上はできない」という否定の意味に通じる。

　　　　That's **as far as** we can go. ([それがわれわれが行ける限度 →]われわれはそこまでしか [それ以上は] 進めない)

　　　　This is **as** much **as** I can handle. (これ以上は手に負えない)

　　　　It was **as near as** she could get to the truth.
　　　　　　(彼女は真実になんとかやっとそこまでしか近づけなかった)

　◈　これは次のような最上級の用法に似ている。

　　　　This is **the most** I can do. ([私にできるのはこれが精一杯だ →]これ以上は私にはできない)

26　「比較級」比較の注意すべき用法　〔⇨ p. 316〕

〔1〕　**比較対象の区別**　〔⇨ p. 317《5》〕

　　比較表現では than のあとが省略的な形をとることが多いが，たとえば次のような場合の正誤が区別されなければならない。

　　(a)　Her smile is a lot more friendly than *Jane*.　　　　　〔誤〕
　　　　　　(彼女の笑顔はジェーンよりもずっと愛くるしい)

　　(b)　The weather this year is much milder than *last year*.〔正〕
　　　　　　(今年の天気は昨年よりもずっと温和だ)

　　　(a) は ... than *Jane's* smile is [friendly] の省略であるから Jane を Jane's にする。

　　　(b) のほうは ... than *last year's* weather was [mild] の省略ではな

〈 ... than it was *last year* の略であるから，このままで正しい。

〔2〕 **that of ～, those of ～** 〔⇨ p. 317《5》〕

比較される名詞が単数の場合は，... than **that of** ～ であるが，複数名詞の場合は，... than **those of** ～ になり〔⇨ p. 169〕，文脈に応じ of 以外の前置詞も用いる。

The houses of the rich are larger than **those of** the poor.
　　　　（金持ちの家は貧しい人々の家より大きい）

The houses around here are larger than **those in** my town.
　　　　（このあたりの家は私の町の家よりも大きい）

I prefer these paintings to **those by** great masters.
　　　　（私は大家の絵よりもこういった絵のほうが好きだ）

The students from China speak English better than **those from** Japan.（中国から来た学生のほうが日本から来た学生よりも英語をじょうずに話す）

〔3〕 **more ～ than ...** 〔⇨ p. 318《7》〕

同一人(物)の異なる性質をくらべる場合は -er ではなく more の形を用いるが，than のあとの「主語＋be 動詞」を省略しない場合は -er の形も使われる。（ただし(a)のほうがよく用いられる）

　　{ (a) He is **more wise** than clever.
　　{ (b) He is **wiser** than *he is* clever.
　　　　　〔= He is wise rather than clever.〕
　　　　　（彼は頭がいいというより賢いのだ）

◈ ただし，ふつう -er の形の比較級を使わない形容詞は，もちろん (a)の形でしか用いられない。

　　They pulled him out of the water **more dead** than alive.
　　　　（彼が水から引き上げられたとき生きているというより死んだような状態にあった［まるで死人同様の状態にあった］）

〔4〕 **more than ～, less than ～**

more than ～ はふつう「～以上」の意であるが，転じて (a)「非常に～」(very ～)，(b)「～できない」の意を表わすことがある。

(a) She is **more than** happy.（［幸せという言葉で表わせないほど幸せ→］彼女はとても幸せだ）

　　I'm **more than** satisfied.（僕は大満足だ）

　　　動詞を修飾することもある。

　　　　He has **more than** satisfied the requirements.
　　　　　　（彼は必要条件を十二分に満たしている）

　◈　less than ～ も「～以下」の意から，「決して～でない」の意を表わす。

　　　　It is **less than** fair.（［公平以下 → とうてい公平とは言えな
　　　　　　い →］それはとても不公平だ）

(b)　It was **more than** he could stand.（［それは彼が耐えられる以上
　　　のこと →］それは彼にはとても耐えられなかった）

　◈　more ～ than ... も同様の関係を表わすことがある。

　　　　He has **more** money **than** he can spend.（［使うことができる
　　　　　　以上の金 →］彼は使い切れないほどの金を持っている）

〔5〕　**more of a ～, less of a ～**

　「more of a ＋名詞」の形は，(a) ふつうに二つの異なるものを比較す
る場合と，(b) 同一人(物)の異なる性質をくらべる場合と，両方に用いら
れる。

(a)　He's **more of a** sportsman **than** his brother.
　　　　　　（彼は弟よりもスポーツマンだ＜ 彼は弟よりもスポーツマンの
　　　　　　性質を多くもっている）

(b)　He's **more of a** politician **than** a statesman.
　　　　　　（彼は政治家というよりもむしろ政治屋だ）

　◈　less of a ～ も同じように用いられる。

　　　You're **less of a fool than** I thought［you were］.
　　　　（君は僕が思っていたほどばかじゃないな）

　◈　of を用いない「more a＋名詞」の形も用いられる。したがって，
　　たとえば「彼は教師というよりも学者だ」は，次のような形で表わ
　　すことができる。

　　　⎧ He is **more**［**of**］a scholar **than** a teacher.
　　　⎜ He is **less**［**of**］a teacher **than** a scholar.
　　　⎨ He is **not so much** a teacher **as** a scholar.
　　　⎜（＝ He is **not** a teacher **so much as** a scholar.）
　　　⎩ He is a scholar **rather than** a teacher.

　◈　「of a＋名詞」の形は，比較級表現だけに用いられるわけではない。

　　　He's *enough* **of a** man to tell the truth.

（彼は真実を述べることができる男らしい人だ）

He's too *much* **of** a coward to tell the truth.

（彼は臆病者なので真実を述べることができない）

〔*cf*. not much of a ～ ⇨ p. 252 / something of a ～ ⇨ p. 183〕

〔6〕　**比較級を強める場合**　〔⇨ p. 318〕

比較級は very ではなく，**much, far, a lot**《口》, **way**《口》, **very much, by far** などによって強められ，**a little**, **a bit**《口》, **rather**, **no**, **any** などによっても修飾される。副詞の場合も同じである。

much（*or* **very much**）happier（ずっと幸せな）

a bit（**a lot**, **way**）heavier（ちょっとだけ［ずっと，うんと］重い）

a little less expensive（少し安い）

rather more quickly（いくらか速く）

Is he **any** better?（彼は少しでもよくなりましたか）

◈ 「**more**（**less**）+ **名詞**」を強める場合，名詞が不可算名詞では much を，（可算）複数名詞では many を用いる。

She has **much**（*or* **far**, **a lot**）*more money* than I.	〔正〕
⎰ She has **much** *more books* than I.	〔誤〕
⎱ She has **many**（*or* **far**, **a lot**）*more books* than I.	〔正〕

◈ less は much で強められるが，**fewer** には much は用いない。

⎰ I have **much**（*or* **far**, **a lot**）*less* money than she.	〔正〕
⎱ I have **much**（*or* **far**, **a lot**）*less* books than she.	〔正〕
⎰ He made **much** *fewer* mistakes than before.	〔誤〕
⎱ IIe made **far**（*or* **a lot**）*fewer* mistakes than before.	〔正〕

● 複数名詞の前に用いられる fewer〔正式〕と less〔口語的〕の用法については ⇨ p. 311。

〔7〕　<u>**rather ～ than ...,　～ rather than ...**</u>　〔⇨ p. 319〕

(a)　I'd **rather** walk **than** *take* a bus.（バスに乗るより歩きたい）

(b)　I'll walk **rather than** *take* a bus.（バスに乗るよりも歩こう）

(c)　**Rather than** *take* a bus, I'll walk.（　　　〃　　　）

(a), (b), (c) いずれの形でも than のあとは原形不定詞が用いられるが，(b) の形では（前の動詞と離れているような場合などに）動名詞が用いられることもある。

She *stands* firm on issues of principle rather than **bend**（*or* **bend-**

ing）to the will of the group.（彼女は主義にかかわる問題では集団
の意志に服従するよりも頑として自分の考えを貫く）

〔8〕　**preferable, superior**　〔⇨ p. 311, 319〕

　これらはその語自体が比較の意味をもつので，(a) さらに more をつけ
ることはなく，(b) 強めるときは very ではなく much を用いる。

$\begin{cases} \text{(a)} & \text{This is **more** preferable **than** that.} \quad 〔誤〕 \\ \text{(b)} & \text{This is **very** preferable **to** that.} \quad 〔誤〕 \end{cases}$

　　　→ This is **much** preferable **to** that.　　〔正〕
　　　　　（これはあれよりもずっと望ましい）

◈　ただし superior が（上と同じように叙述用法で「〜よりも優れてい
　る」の形で用いるのではなく）限定用法で，比較対象を示さずにただ
　「優れた，上等な」の意で用いられる場合は very で修飾される。

　　This design is **very** superior to that.　　　　　〔誤〕
　　This design is **much**（*or* **far**）superior to that.　〔正〕
　　This is a **very** superior design.　　　　　　　　〔正〕
　　　　（これはとても優れたデザインだ）

〔9〕　**much less 〜, much more 〜**　〔⇨ p. 323〕

　否定を受ける much（*or* still）less 〜（まして〜でない）はよく用いら
れるが，肯定文に続く much（*or* still）more 〜（〜はなおさらだ）のほ
うはまれである。let alone 〜（〜はもとより）も否定文のあとがふつう。

　　It is difficult to understand his books, **much**（*or* **still**）**more** his
　　lectures.（彼の本は理解しにくいが，講義はなおさらだ）

◈　この文は，次のように言い換えれば，否定を受けることになるので
　much（*or* still）less になる。

　　　I can *hardly* understand his books, **still**（*or* **much**）**less** his
　　　lectures.（彼の本はほとんど理解できないし，講義となるとな
　　　おさらだ）

〔10〕　**couldn't 〜 more（less）**　〔⇨ p. 324〕

　「これ以上〜する（しない）ことはないだろう」（could は仮定法過去）の
意から「最大限に〜する（最小限にしか 〜しない）」の意を表わす。

　　I **couldn't** be **more** pleased.（こんなに嬉しいことはない）
　　I **couldn't** agree〔with you〕**more**.（まったく〔あなたの〕おっしゃ
　　　るとおりです）〔= I quite agree〔with you〕.〕

I **couldn't** care less who wins.（だれが勝とうが僕の知ったことではない）〔＝I don't care at all who wins.〕

27 「最上級」比較の注意すべき用法 〔⇨ p. 324〕

〔1〕 最上級が二つのものの比較に用いられる場合

最上級は三者以上のものを比較するのが原則であるが，口語など，くだけた文では二つのものについて用いられることもある。

〈バスと列車を比較して「列車のほうが速い」というとき〉

- The train is **quickest**.〔くだけた口語的な文で〕
- The train is **quicker**.〔ふつうの正式な言い方〕

They think the doctor knows **the best**.（彼らは［患者よりも］医者のほうがよく知っていると思っている）

We traveled to Paris and Rome. I liked Paris **the best**.
（パリとローマへ行ったが，パリのほうがよかったね）

Between Arthur and Halley, who do you think is **the best** candidate?（アーサーとハリーじゃ，どっち［の候補者］のほうがいいと思うかね）

- 古い慣用表現にも，二本しかない足について put one's **best** foot forward（できるだけ速く歩く）と最上級を用いたものがある。
- oldest, youngest の例は ⇨ p. 309。

〔2〕 最上級の修飾語句

比較級の場合も同じであるが，最上級も比較対象があって「〜のなかで一番…」と表わされるのがふつうである。そのような比較の"わく"を示す表現にはいろいろな語・句・節が用いられるが，その主な形：

《語》　**my** best friend（私の友人のなかで）

the greatest **living** composer（現存しているなかで）

the most interesting **ever** / **yet**（今までで）

《句》　the greatest scientist **in the world** / **under the sun** / **so far** / **in memory** / **of all time**（世界で / 太陽の下で（この世で）/ 今まで / 記憶にあるなかで / 古今を通じて）

《節》　the best ［that］**I've ever seen** / **I ever knew** / **there is** / **we have**（今まで見たなかで / 知っているなかで / 存在しているなかで / われわれが持っているなかで）

◈ 最上級を修飾する表現は，(a) 具体的な比較対象を示す場合(「クラスのなかで」「この三つのうち」など)と，(b) 強意的な意味を添えるものとがあり，(b) では直訳 (「太陽の下で」など) しないことも多い。

◈ 最上級を強めて possible, imaginable などを用いることがあるが，これらは名詞の前にも後にも置かれることがある。

> the *most* beautiful song **imaginable** (この上なく美しい音楽)
>
> in the *pleasantest* manner **possible** (この上なく愛想よく)

■この種の強意表現についてよく見られる直訳的な誤訳の例：

> the *worst* **possible** kind of education
>> 〔誤〕「最悪の可能な種類の教育」
>> 〔正〕「およそ考えうる最悪の教育」
>
> the *worst* boss **anyone can have**
>> 〔誤〕「だれでも持てる最悪のボス」
>> 〔正〕「この世で最悪のボス」(〔だれかが持ちうる最悪のボス
>>　　　→〕だれもこれ以上悪いボスは持てない)
>>> 〔= the worst boss *possible* / the worst boss *in the*
>>> *world* / the worst boss [*that*] *you ever knew, etc.*〕

〔3〕 **最上級と定冠詞** 〔⇨ p. 325〕

（A）**形容詞の最上級と the**

定冠詞をつけるのが原則であるが，くだけた文では省略されることもある。ただし限定語句を伴う場合は the は省略されない。

> Amanda was *youngest*. 〔くだけた形で用いられることもある〕
>
> Amanda was **the** *youngest*. 〔正〕
>
> Amanda was *youngest* of the group. 〔誤〕
>
> Amanda was **the** *youngest* of the group. 〔正〕

◈ ただし，次のような場合は the の有無により most の意味が異なる。

> She is **most** intelligent. 〔most は very の意 ⇨ p. 326〕
>> (彼女は<u>とても</u>聡明だ)
>
> She is **the most** intelligent [of them]. 〔most は最上級〕
>> (彼女は [皆のなかで] 最も聡明だ)

◈ 固有名詞が先行する場合には the は付かない。

> ⎰ Britain's *oldest* city (イギリス最古の都市)
> ⎱ = **the** *oldest* city in Britain

序数詞が付く場合：

$\begin{cases} \text{Japan's } \textit{third highest} \text{ mountain}（日本で三番目に高い山）\\ = \textbf{the } \textit{third highest} \text{ mountain in Japan} \end{cases}$

（B）　most が名詞を修飾する場合

最上級の most が直接目的語を修飾する場合，the が付くのがふつうであるが，省略されることもある。

Which of you has〔**the**〕**most** money?
　　　（君たちのうち一番たくさん金を持っているのはだれかね）

Who do you think will get〔**the**〕most votes?
　　　（だれが最高得票者になると思いますか）

（C）　副詞の最上級と the

副詞の最上級には the を付けることも付けないこともあるが，概して①《米》のほうが the を付けることが多い。また，②「～のなかで」といった限定表現を伴う場合は the を付けることが多く，③文中における位置や語調などによって the を付けたり付けなかったりすることもある。

Which do you like〔**the**〕**best**?
　　　（どれが一番好きですか）

He is the one who works〔**the**〕**least**.
　　　（あの男が一番仕事をしない）

He worked〔**the**〕**hardest** in the family.
　　　（家族のなかで彼が一番よく働いた）

Of the three boys, he behaves **the most** politely.
　　　（その３人の少年のなかでは彼が一番礼儀正しく振舞う）

● この形では，比較級の副詞にも the が付くことが多い。

$\begin{cases} \textbf{Of} \text{ the two boys, he behaves } \textbf{the more} \text{ politely.}\\ 《比較》\text{He behaves } \textbf{more} \text{ politely } \textbf{than} \text{ the other boy.} \end{cases}$

◈ 次のように副詞の位置によって the が付かないこともある。

She gave him what he **most** needed.
　　　（彼女は彼にとって一番必要なものを彼に与えた）

《比較》What you need〔**the**〕**most** is a good rest.
　　　（君に一番必要なのは十分な休息だ）

He came when I **least** expected him.
　　　（彼は私がまったく予想していなかった時に来た）

❀　他と比べるのではなく，同一人(物)の状態・動作などを比較すると
　きは，ふつう the が付かない。

　　　　He gets up **earliest** in July.（彼は 7 月に一番早起きする）
　　　　《比較》He gets up［**the**］**earliest** of them.
　　　　　　　　　　　（彼らのなかで彼が一番早起きだ）

　●　これは次の形容詞の場合と同じである。〔⇨ p. 325〕
　　　⎰He is **richest** in December.（12 月に一番懐が暖かい）
　　　⎱《比較》He is **the richest** in the village.（村一番の金持ちだ）

（D）　the most（least）I can do

　「～にできる最大(小)限のこと」の意から，それぞれ「せいぜい」（at
most），「せめて」（at least）の意味に通じる。

　　　　This is **the most** I can do for her.（［これが私の彼女のためにで
　　　　きる精一杯のこと →］私が彼女にしてあげられるのはせいぜ
　　　　いこれだけです）

　　　　This is **the least** I can do for her.（［これが彼女のためにできる
　　　　最低限のこと →］彼女にせめてこれだけはしてあげられる）

28 | 使役動詞（have : get : make）　　〔⇨ p. 341, 343〕

〔1〕「have＋O＋原型」

　この形は，(a)「使役」（～させる，～してもらう）の意を表わす場合
と，(b)「経験」の意を表わす場合がある。(b) の場合，訳では「～され
る」となることが多いが，内容的には ① 不利を被る場合も，② ただ経験
を表わすだけの場合もある。（ただし，いつも①，②にはっきり区別される
わけではない）

(a)　He **had** everybody *fill* out a form.（彼は皆に用紙に記入させた）
　　　What would you **have** me *do*?（私に何をしてもらいたいの）

(b)　①　He's **had** three wives *run* out on him.（［3 人の奥さんが彼を
　　　　　見捨てた →］彼は今までに 3 人の奥さんに逃げられた）

　　　②　It's nice to **have** people *smile* at you in the street.
　　　　　（通りで人々に微笑みかけられるのはうれしいことだ）

　●　(b) のよく引用された古典的な例に，
　　　He **had** his wife *die* a few years ago.（数年前奥さんに死なれた）
　　があるが，これは文法的には間違っていなくても，ふつうこのような内容
　　は，He *lost* his wife（*or* His wife *died*）a few years ago. などのように表

わされ，この形が実際に用いられることはまれである。have ～ die の実例。

> We **have** three children **die** every day ...（[戦乱地のこの病院では] 私たちは [なすすべもなく] 毎日 3 人の子供を死なせている)

〔2〕「**get＋O＋to 不定詞**」

have と同じくこの get も使役動詞であるが，不定詞には to が付く。**have** は「（頼んだり，命じたりして）～させる」ことを含意するが，get は「～するほうにもっていく」の原意から「（説得して）～させる」ことを含意することが多い。

> You'll never **get** me *to agree*.
>
> 　　（僕を同意させることは絶対にできないだろう)

> I **got** the neighbor *to cut* the tree that deprived us of the sunlight.
>
> 　　（隣の人に，うちの日照をさえぎっている木を切ってもらった)

> I can't **get** the engine *to start*.
>
> 　　（エンジンを始動させることができない)

〔3〕「**have（get）＋O＋過去分詞**」

原形を用いる場合と過去分詞を用いる場合の意味関係は p.342 に記した通りであるが，この形は，(a) 主語の意志で「～させる，～してもらう」の意を表わす場合と，(b) 主語の意志によらず「～される」の意を表わす場合がある。口語や米語では get のほうがよく用いられる。(a) では have（get）に，(b) では過去分詞に強勢が置かれる。

(a)　You ought to **have**（*or* **get**）the work *finished* by nine.

> 　　（[9 時までに仕事が終えられるようにする →] 君はその仕事を
> 　　9 時までに終えなければならない)

(b)　We **had**（*or* **got**）our roof *blown* off in yesterday's storm.

> 　　（昨日の強風で屋根を吹き飛ばされてしまった)

❖　(b) の場合，次のような区別がなされる。

> ①　She **had**（*or* **got**）her right leg broken.
>
> 　　（彼女は右足を折ってしまった)

> ②　He **had** his wallet *stolen*.
>
> 　　（彼は財布を盗まれた)

①のように，主語の意志が働くことがない場合は get も have と同じように用いられるが，②のような場合に get を用いると，主語の意志によって「（人を使って）盗ませる」といった意味も成り立つこと

にもなり，これに類した文では get ではなく，have を用いるのがふ
つうである。

〔4〕 「**have (get)**＋O＋**現在分詞**」

この形は基本的に「(目的語が) 〜している状態を持つ，〜している状
態にする」という意味を表わし，(a) 意志や努力によって「〜するように
する」場合〔＝使役〕もあれば，(b) 意志によらずに「〜するのを経験す
る」場合〔＝経験〕もある。

(a) I **had** them all **laughing** at my jokes. (〔皆が私の冗談に笑ってい
る状態にした→〕私は冗談を言って皆を笑わせた)

Don't **get** him **talking** about his illnesses. (〔彼が自分の病気につ
いてしゃべるようにするな→〕あの男に持病のことをしゃべら
せ[るようにしむけたりし]ないでくれ)

(b) My mother **had** (*or* **got**) the same thing **happening** to her.
(〔母は同じことが自分の身に起こっているという状態を持った
→〕母の身に同じことが起こった)

◈ 「have＋O＋原形」と「have＋O＋現在分詞」の違いは，①原形の場
合は，その行為が「行なわれる」ようにすることであるのに対し，②
現在分詞の場合は，その行為が「行なわれている」ようにすること
で，ちょうど動詞の「単純形」(do) と「進行形」(be doing) の違い
のようなものである。(ただし日本語の訳でその違いが直訳的に表わ
されるわけではない)

① He'll **have** you **walk** all the way.
② He'll soon **have** you **walking** again.
① 「彼は君たちに全行程を歩かせるだろう」
② 「彼はすぐまたあなたが歩けるようにしてくれますよ」

cf. { ① You will **walk** all the way.
       ② You will **be walking** again.

◈ have, get のほかにも同じように用いられる動詞がある。

He was desperately trying to **get** (*or* **start**, **set**) his car **going**.
(彼は必死になって車を始動させようとしていた)

◈ make は「make＋O＋**原形**」と「make＋O＋**過去分詞**」の形では用い
られる〔⇨ p. 343〕が，「make＋O＋**現在分詞**」の形で用いられるこ
とはない。

$\left\{\begin{array}{l}\bigcirc \text{It } \textbf{made} \text{ him } \textbf{fear}. \text{（それは彼を恐れさせた[=彼が恐怖を抱く]）}\\ \bigcirc \text{It } \textbf{made} \text{ him } \textbf{feared}. \text{（そのために彼は[人々から]恐れられた）}\\ \times \text{It } \textbf{made} \text{ him } \textbf{fearing}.\end{array}\right.$

◈ 「**I won't have**＋O＋原形（**現在分詞・過去分詞**）」　この形は「（目的語が）〜する（〜している・〜される）のを**許容しない**」ことを述べる。

> *I won't* **have** people **talk** to me like that.
>> （私に対してそんな口の利き方をさせはしないぞ）

> *I won't* **have** boys **arriving** late.
>> （生徒に遅刻をさせてはおかないぞ）

> *I won't* **have** such a lie **told** of my wife.
>> （家内のことでこんな嘘がつかれるのは許さない）

◈ 「have＋O＋現在分詞/過去分詞」の主な用法は以上説明した通りであるが，文脈もさまざまなので，その用法や訳し方を決定しにくい場合もある。（基本的に大切なことは，現在分詞（＝能動）と過去分詞（＝受動）の意味関係の区別である）

◎ I **have** a man **waiting** for me.
この文の基本的な意味関係は「人が私を待っている状態を持つ」であるが，主語の意志で「待たせている」のかどうか断定はできないし，waiting を（補語でなく）a man を修飾していると解することもできるので，「私は人を待たせてある」「私にはある人が待っている」「私を待っている人がいる」などが可能である。

◎ I **have** the paper already **signed**.
この文の基本的な意味は「書類がすでに署名された状態を持つ」であり，「完了」の意味に近いが，「だれによって署名されたか」は文脈がなければ特定できないので（「私」ならば，実質的には I have already signed the paper. という現在完了に近くなる），訳としては「書類にはもう署名してある（署名してもらってある，署名させてある）」などが可能である。

---

29 | come to (do), get to (do), become ~ 〔⇨ p. 348〕

come to ~, **get to** ~ は主に，思考・知覚・感情などを示す状態動詞がつづき，「〜するようになる」の意を表わす。**become** ~ は「（形容詞・名

詞で示された状態・ものに）なる」の意。come to ～ よりも get to ～ の
ほうが口語的であり，両者のニュアンスの違いは become と get（たとえば
become angry と *get* angry）の場合に似ている。

She **came** (*or* **got**) **to** *like* (*hate* / *dislike*) him.

（彼女は彼が好きに［彼を憎むように / 彼が嫌いに］なった）

How did you **come** (*or* **get**) **to** *know* her?

（彼女とどのようにして知り合いになったんですか）

When we **come to** *think* of it, ...（そのことを考えてみると，…）

He soon **got to** *be* my best friend.〔= ～ **became** my best friend.〕

How did you **come to** *hear* of it?

（どのようにしてそのことをお聞き及びになりましたか）

She'll be furious if she **gets to** *hear* of it.

（彼女がそのことを聞いたらかんかんに怒るぜ）

I **came to** *understand* him better.

（彼をもっと理解するようになった）

- ● その他： **come to realize** (*believe* / *discover* / *see*) that ...（…という
  ことを悟る［信じる / 発見する / わかる］ようになる），**come to play** an
  important role（重要な役割を演じるようになる）

◉ 受動態は次のようになる。

⎰ All of us **came** (*or* **got**) **to** *like* him.
⎱ → He **came** (*or* **got**) **to** *be liked* by all of us.

（彼は私たちみんなに好かれるようになった）

⎰ We **came to** *realize* the importance of the problem.
⎱ → The importance of the problem **came to** *be realized* by us.

（その問題の重要性がわれわれによって認識されるようになった）

◉ **get to** ～ は「～することができる」（= manage to ～, succeed in
～ing, have the chance to ～）の意味でも用いられる。

How can I **get to** *see* him?（どうしたら彼に会えるだろうか）

When do I **get to** *go* to a movie?

（いつ映画を見に行くことができるんだろうね）

- ● I couldn't **get to** sleep.（なかなか寝つけなかった）の sleep はふつう名詞と
  考えられるが，get to (do) の意味とつながる。

◉ 次のような文の意味関係が正しく区別されなければならない。

$\begin{cases} \text{(a)} & \text{He **came** to } \textit{see} \text{ her.（彼女に会いに来た）〔see は動作動詞〕} \\ \text{(b)} & \text{He **came** to } \textit{see} \text{ that …（…ということを悟るようになった）} \\ & \qquad\qquad\qquad\qquad\qquad \text{〔see は understand の意味で状態動詞〕} \\ \text{(c)} & \text{He didn't **get** to } \textit{see} \text{ her.（彼女と会うことができなかった）} \end{cases}$

(a) の to see は副詞用法の「目的」を表わす不定詞。(b) の see は「知る，わかる，認める」の意。(c) の get to ～ は「～できる」

$\begin{cases} \text{(a)} & \text{I didn't **get** to } \textit{finish} \text{ the work.（仕事を終えられなかった）} \\ \text{(b)} & \text{I've **got** to } \textit{finish} \text{ the work.（仕事を終えなければならない）} \end{cases}$

(a) get to ～ は「～できる」の用法。(b) have got to ～《口》 = have to ～「～しなければならない」

◉ become to do ～ とは言わない。次のような場合の正・誤を区別：「私たちは知り合い（友達）になった」

$\begin{cases} ○\text{ We **came** (\textit{or} **got**) to know each other.} \\ ○\text{ We **became** (\textit{or} **got**) acquainted with each other.} \\ ×\text{ We **became** to know each other.} \\ ○\text{ We **got** to be friends.} \end{cases}$

30 It is (It has been) ～ since 〔⇨ p. 371〕

この構文では，It is ～ が正式な形であるが，《口》では **It's**（< It \textit{is}）～，《米・口》では **It's**（< It \textit{has}）**been** ～ の形が多く用いられる。

It **is** five years **since** the war ended.（戦争が終って 5 年になる）

〔= Five years \textit{have passed} since ～.〕

How long **is** it **since** we visited him?

（彼を訪れてからどれくらいたつだろう）

It'**s** a long time **since** I heard from her.

〔= I haven't heard from her for a long time.〕

（彼女からもうずいぶん長いあいだ便りがない）

It'**s been** quite a while **since** we met.（久しぶりだね）

It'**s been** ages (years) **since** I felt (\textit{or} I've felt) so happy.

（こんなに幸せなのはずいぶん久しぶりだ）

● since のあとは過去時制を原則とするが，最後の例のようにくだけた会話などで現在完了を用いることもある。

31 | It is ～（形容詞）that ...（should）　〔⇨ p. 391, 463〕

形容詞の種類により，that 節の動詞の形は，次のように分類できる。

> **A** 仮定法現在または **should** を用いる。
> 　　It is **necessary** that all **be**（*or* all **should** be）present.
> 　　（全員出席することが必要だ）
> **B** ① 直説法または **should** を用いる：
> 　　It is **natural** that she **is**（*or* she **should** be）angry.
> 　　（彼女が怒るのも当然だ）
> 　　② 直説法を用いる：
> 　　It is **certain** that he **is** dead.
> 　　（彼が死んでいるということは確かだ）

■　**A** では that 節の内容は「**なされるべきこと**」などであり，（人称・時制などにかかわりなく常に原形の形になる）**仮定法現在**を用いるのは主に《米》，**should** は主に《英》である。

■　**B** では that 節の内容は「**実際にそうであること**」などを表わし，動詞は（人称・時制などに応じた）直説法の形をとり，① では should も用いる。

A　仮定法現在または **should** を用いる場合：

　この形を伴うのは，「必要・重要・正当」などの意味を表わす形容詞であり，次のようなものがその主な例である。

> **necessary, important, essential**（肝要な），**right, proper**（適当な），**desirable**（望ましい），**preferable**（好ましい），**vital**（重要な）

　It is *important*（*essential, vital*）that we **be**（*or* we **should** be）kept informed of all developments.（われわれが状況をすべて知らされていることが重要［肝要］だ）

●　ただし，次のように ① 直説法の動詞が用いられることもあり，また，② 形のうえからは仮定法現在と直説法現在の区別がつかない場合もある。
　　① It's **important** that they **are** given the best training.
　　　　（彼らには最高の訓練が施されることが大切だ）
　　② It's **vital** that you **understand** the danger.
　　　　（あなたが危険を理解することが絶対に必要なのです）

◈　これらは「必要だ，重要だ → こうあるべきだ」という「必要・正当
性」を述べるので，内容的に「要求・命令・提案」に通じ，それらを
表わす動詞（demand, order, suggest, *etc.*）のあとの that 節で
should または仮定法の現在を用いるのと同じことになる。〔⇨ p. 463〕

It is **desirable**⎫
I **demand**　　⎭ that ⎰the matter **should** not be discussed here.
　　　　　　　　　　⎱the matter not **be** discussed here.

（ここではその問題を論じないことが望ましい［論じないことを
要求する］）

B １　直説法または should を用いる場合

主節に「驚き・当然・奇妙・困惑」などの感情を表わす次のような形容
詞（および名詞表現）のある場合。〔この should は「～だとは」「～だな
んて」といった感情的色彩を強め，「**感情の should**」〈Emotional
"should"〉とも呼ばれる〕

> **strange, odd, curious**（奇妙な），**natural, logical**（筋の通った），
> **sad, fortunate**（運のよい），**deplorable**（嘆かわしい）；**surprising,
> amazing**（驚くべき），**disappointing**（がっかりさせる）；《名詞》**a
> pity, a shame**（残念なこと），**no wonder**（不思議ではない）

⎰It's *strange* that he **refuses** to help me.
⎱It's *strange* that he **should** refuse to help me.

（彼が私を援助することを拒否するなんてふしぎなことだ）

◈　分詞のうち，「人がある気持ちをいだいている」ことを表わす過去分
詞と，「人にある気持ちをいだかせる」ことを表わす現在分詞とは，
前者は「人」を主語にして，後者は "It" を主語にして，同じ意味を
表わす文をつくることができる。

I'm **surprised**⎫
It's **surprising**⎭ that ⎰she has failed.
　　　　　　　　　　⎱she should have failed.

（彼女がしくじったとは驚いた）

２　直説法を用いる場合

that … で述べられたことが「確か（明らか，可能）だ」といったこと
を表わす，次のような形容詞の場合には，that 節の中で should を用いな
い。

> true, certain（確かな），certain（不確かな），clear, plain（明らかな），evident, obvious（明白な），possible（あり得る），impossible, probable（ありそうな），improbable, likely（たぶん〜しそうな），unlikely, well-known（よく知られた）

It is **true** that he has resigned.（彼が辞職したというのは本当だ）

It is **evident** that she will be elected.（彼女が選ばれるのは明らかだ）

◈ もしこの that 節で should が用いられると，should 自体が「〜すべき」といった意味を表わすことになり，文意は異なる。

　(a)　It is **clear** that he is behaving well.

　(b)　It is **clear** that he **should** be behaving well.

　　(a)　彼が行儀よく振舞っているということは明らかだ。

　　(b)　彼は行儀よく振舞う<u>べき</u>だということは明らかだ。

◈ これらの that 節を用いた「複文」の多くは，用いられた形容詞を副詞にした「単文」に書き換えることができる。この場合の副詞は「文修飾副詞」〔⇨ p. 283〕である。

　$\begin{cases} \text{It's \textbf{probable} that she will not come tonight.} \\ \textbf{Probably} \text{ she will not (}or\text{ She will \textbf{probably} not) come tonight.} \end{cases}$
　　　　　（たぶん彼女は今夜来ないだろう）

◈ **1** で示した形容詞を用いた文の多くは for 〜 to の形に言い換えられるが，**2** で示した形容詞の場合は for 〜 to の形に言い換えられない。〔possible については後の項参照〕

　(1)　$\begin{cases} \text{It is \textbf{natural} (\textbf{necessary}) that you should think so.} \\ \text{It is \textbf{natural} (\textbf{necessary}) }for\text{ you }to\text{ think so.} \qquad \text{〔正〕} \end{cases}$

　(2)　$\begin{cases} \text{It is \textbf{true} (\textbf{clear}, \textbf{probable}) that he loves the girl.} \\ \text{It is \textbf{true} (\textbf{clear}, \textbf{probable}) }for\text{ him }to\text{ love the girl. 〔誤〕} \end{cases}$

◈ これらの形容詞のあるものは，次のような不定詞を用いた形に書き換えられる。

　$\begin{cases} It\ is\ \textbf{likely}\ that\ \text{he will arrive late.} \\ \text{He }is\ \textbf{likely}\ to\ \text{arrive late.} \end{cases}$
　　　　（彼はたぶん遅刻するかもしれない）

◈ **certain** と **sure** は用法が共通する場合もあるが，that 節を伴う場合，certain はことがらの「確かさ」と人の「確信」の両方を表わせるが，sure は人の「確信」のみを表わす。

「彼はきっと同意するだろう」

$\begin{cases} \text{\textbf{He} is \textbf{certain} to agree.〔正〕} \\ \text{\textbf{He} is \textbf{sure} to agree.　〔正〕} \end{cases}$ $\begin{cases} \text{\textbf{He} will \textbf{certainly} agree.〔正〕} \\ \text{\textbf{He} will \textbf{surely} agree.　〔正〕} \end{cases}$

$\begin{cases} \text{\textbf{It} is \textbf{certain} that he will agree.〔正〕} \\ \text{\textbf{It} is \textbf{sure} that he will agree.　〔誤〕} \end{cases}$

$\begin{cases} \text{\textbf{I} am \textbf{certain} that he will agree.〔正〕} \\ \text{\textbf{I} am \textbf{sure} that he will agree.　〔正〕} \end{cases}$

❖ **possible**（[ひょっとしたら]ありうる）よりも **probable**（[たぶん]ありそうな）のほうが，起こる可能性は大きい。　　　〔⇨ p. 278〕

The shop is **probably** closed by now, but it's **possible** that it's still open. (店はもう<u>たぶん</u>閉まっている<u>だろう</u>が，<u>ひょっとしたらまだ開いているかもしれない</u>)

❖ **possible** は (a)「ありうる」の意では（この項の他の形容詞と同じく）that 節を伴うが，(b)「できる」の意では for ～ to の形で用いられる。

　〔ただし for ～ to の形が「ありうる」の意を表わすこともある〕

(a)　It is **possible** *that* he is still alive.

　　　〔= **Possibly** he is still alive.〕

　　　　（生きていることはありうる / ひょっとしたら生きている）

(b)　It is **possible** *for* him *to* swim across the river.

　　　〔= He **can**（*or* He **is able to**）swim across the river.〕

　　　　（彼はその川を泳ぎ渡ることができる）

❖ **impossible**, **certain** についても次のような関係が成り立つ。（四つの文は同じ内容を述べることになる）

(a)　It is **impossible** that his father is still alive.

　　　〔= His father **can't** still be alive.〕　　〔⇨ p. 396〕

(b)　It is **certain** that his father is dead.

　　　〔= His father **must** be dead.〕　　〔⇨ p. 402〕

　(a)　彼の父がまだ生きているということは<u>ありえない</u>。

　　　　〔彼の父がまだ生きているはずはない〕

　(b)　彼の父が死んでいるということは<u>確かだ</u>。

　　　　〔彼の父は死んでいるに<u>ちがいない</u>〕

● **impossible** は過去のことについて「～したなんてことはありえない」の意

を述べる場合に，that 節中に should を用いることもある。

　　It is **impossible** that he **should**（*or* **could**）have had an accident.
　　（彼が事故にあったなんてとてもありえないことだ）

32 could ： was（were）able to 〔⇨ p. 395〕

ふつう日本語で「〜できた」という場合，

　(a)「〜する能力があった，（能力的に）〜することが可能であった」

　(b)「ある時に一回の行為を実現した」

の区別を意識しないことが多いが，could は，ふつう，(a) の場合にだけ用い，(b) の場合には was（*or* were）able to 〜, managed to 〜（なんとか ［やっと］ 〜できた），succeeded in 〜ing（首尾よく ［うまく］ 〜できた），was（*or* were）allowed to 〜（［許されて］〜できた）などを用いる。

　⎰(a)　○ He **could** speak five languages.（5 か国語を話せた）
　⎱(b)　× He **could** solve the problem.（その問題が解けた）

　　(b)→ He **was able to** solve（**managed to** solve / **succeeded in** solving）the problem.

　　(b) は could のままだと「（努力すれば，その気になれば）その問題を解くことができるだろう」といった，現在（未来）のことを述べる，（直説法の過去ではなく）仮定法過去の用法になる。

　⎰(a)　○ Whenever I ran fast, I **could** catch the bus.
　⎱(b)　× He ran fast and **could** catch the bus.

　　(a) は「いつでも速く走ればバスに間に合うことができた」の意であるから，繰返して実現することができる能力を表わすので could を用いることができる。

　　(b) は「速く走ってバスに間に合うことができた」の意で，一回の行為が実現されたことを述べるので，could を用いないで，単に

　　　　He ran fast and **caught** the bus.

　　とするか，意味によって上の be able to, manage to, succeed in 〜ing などの過去形のうちのいずれかを用いる。

　◈　同様に，次のような場合も could を用いない。

　⎰× I was so lucky that I **could** get the prize.
　⎱→ I was so lucky that I **was able to** get the prize.
　　（とても運がよかったので受賞することができた）

$\left\{\begin{array}{l} \times \text{ I } \textbf{could} \text{ make friends with everyone.} \\ \rightarrow \text{ I } \textbf{made} \text{ (} \textbf{was able to} \text{ make } / \textbf{succeeded in} \text{ making) friends ...} \end{array}\right.$

（みんなと仲良くなることができた）

● could のままだと「僕はみんなだれとでも仲良くなることができるだろう」といった意味を表わすことになる。

◈ したがって，動詞によっては「能力」と「一回の行為の実現」の両方を表わしうる場合もある。

He **could** *sing* [*cook*] very well.

イ 「彼は［そうしようと思えば］上手に歌う（料理する）ことができるだろう」

ロ 「彼はとても上手に歌う（料理する）ことができた（＝～する能力があった）」

どちらの意味を表わすかを特定するためには，それを明らかにする文脈か，あるいは，たとえばロならば ... when he was young といった過去を表わす表現が必要である。

◈ 次の例では (b)の場合（一回の行為を表わす場合）でも could が用いられる。

(1) 否定文の場合（否定詞が hardly などの場合も含む）

I ran fast but **couldn't** catch the bus.

（速く走ったがバスに間に合わなかった）

I **could hardly** make out what she said.

（彼女の言うことをほとんど理解できなかった）

I could **only** wait.

（ただ待つことしかできなかった）

● **only**（～しか［ない]）は実質上の**否定詞**である。〔⇨ p. 584〕

(2) 知覚動詞（see, hear, smell, *etc.*）や，understand, remember, guess などの場合

I **could hear** him well.

（彼の声がよく聞こえた）

I **could understand** the reason for his decision.

（彼がそう決心した理由を理解することができた）

■ 次のように，同じ動詞でも，意味により could 使用の可否が区別されなければならない場合もある。

$\begin{cases} ⑦ & ○I\ \textbf{could}\ \textbf{see}\ \text{the moon.}（月が見えた） \\ ⑪ & ×I\ \textbf{could}\ \textbf{see}\ \text{her.}（彼女に会えた） \end{cases}$

　　see は⑦では「見る」という知覚動詞の意味，⑪では「会う」の意。⑪では I **was able to**（**was allowed to**）see her. のような形で表わさなければならない。

(3)　ある種の従属節で

　　I'm so glad that you **could** come.

　　　　（来ていただけてとても嬉しく思います）

◈　be able to は受動態では用いない。

$\begin{cases} ×\ \text{The dog}\ \textbf{was}\ \text{not}\ \textbf{able to}\ be\ saved. \\ ○\ \text{The dog}\ \textbf{could}\ \text{not}\ be\ saved. \end{cases}$

　　　　（犬は救えなかった）

◈　could と was（were）able to は，次のような区別が認められることもある。

$\begin{cases} ⑦ & \text{He}\ \textbf{was}\ \text{not}\ \textbf{able to}\ \text{kill the dog.} \\ ⑪ & \text{He}\ \textbf{could}\ \text{not kill the dog.} \end{cases}$

　　⑦　（［たとえば，犬が素早くて，道具がなくて，犬が強くて，といった外的原因をも含めて］犬を殺せなかった）

　　⑪　（［彼自身の能力や性質など内的原因のために］犬を殺すことができなかった）

33 | used to : would　〔⇨ p. 406〕

主な点を比較すれば次のようになる。

	used to	would
(1)	過去の習慣的な行為・状態。「以前は〜した」「昔は〜だった」	過去の反復的な行為を表わす。「その頃はよく〜した」「当時は〜したものだ」
(2)	動作・状態の両方について用いられる。	動作を表わす動詞とだけ用いられる。
(3)	ふつう「現在との対比」（現在はもうそうではない）の意が含まれる。	「現在との対比」の含みは特にない。

(4)	used to はそれだけで過去を表わす。（逆に言えば used to は過去だけを表わす）	would にはいろいろな用法があり，それだけではあいまい。過去を表わす文脈や語句が必要。
(5)	より口語的。付加疑問の形も用いる。	思い出話や物語文などで典型的に用いられる。付加疑問はつくらない。
(6)	肯定文・否定文・疑問文のいずれにも用いられる。	否定文・疑問文では用いない。

◈ 次の (a) のような常習的な過去の「行為」を述べる場合には，used to と would の両方を，ほぼ同じような意味で用いることができる。しかし (b) のように「状態」を表わす動詞の場合は used to だけが用いられる。

(a) When we were children, we **used to** (*or* **would**) go skating every winter. (子供の頃には，毎冬スケートに行ったものだ)

(b) She's not as gentle as she **used to** (× **would**) be.
（彼女はもう以前のように優しくはない）

I **used to** (× **would**) have an old Rolls-Royce.
（以前は古いロールス・ロイスを持っていた）

◈ (a) often, always などの副詞を伴うことはあるが，(b) 具体的な回数や期間を表わす語句とは用いられない。

(a) I *always* **used** (*or* **used** *always*) **to** be afraid of dogs.
（昔はいつも犬がこわかった）

I'd (— I would) ring up home *every day*.
（毎日のように家に電話を掛けたものだった）

(b) I **went** (× **used to go** × **would go**) to Africa **three** *times* when I was a child. (子供の頃 3 度アフリカへ行った)

I **lived** (× **used to live** × **would live**) in London *for* **ten** *years*. (ロンドンには 10 年間住んでいた)

◈ used to はそれだけで過去の常習的行為を表わすことができるが，would はできない。

(a) I **used to** work all night. (昔は徹夜して仕事をしたものだ)

(b) I **would** work all night.

(c) I **would often** work all night.

(d) I **would** *not* **often** work all night.

 (b) のように would だけでは「徹夜で仕事をするっもりだ」という意味を表わすことになる。(c) のように often を伴ってはじめて「当時はよく徹夜して仕事をしたものだ」の意を表わす。この意味の would は否定文では用いないので，(d) は「しばしば徹夜をして働くのはいやだ」といった拒否などの意を表わすことになる。

◉ 過去の文脈がまだ設定されない話や物語の始めの文に，（それ自体は過去を表わすことができない）would をいきなり用いることはできない。used to はそのような場合にも用いられるので，両方を用いる場合は used to が先行し，その後に would を用いることになる。

 We **used to** work in the same office and we **would** *often* have coffee together.
 　（私たちは以前は同じオフィスで働き，よくいっしょにコーヒーを飲んだ）

◉ 付加疑問をつくるのは used to だけであるが，この場合も did を用いる形のほうが，ふつうに用いられるくだけた言い方である。

 There **used to** be a cinema here, **didn't** there (*or* **use**[**d**]**n't** there)?　（以前はここに映画館があったよね）

 He **didn't** **use to** like wine, **did** he?
 　（彼は昔はワインが好きじゃなかったね）

34 不定詞を伴う動詞の主な型　〔この項の内容は p. 660〜p. 661 に「表」にしてまとめてある〕

〔1〕　〈**S + V + O + 不定詞**〉**の文型**　〔⇨ p. 29〕

　文型の分類については，いろいろな学説があるが，日本の学校文法では「五文型」の分類がほぼ固定している。そのなかで，この〈S + V + O + 不定詞〉の形の文は（不定詞が原形不定詞である知覚動詞や使役動詞の場合を含めて）一般に〈第 5 文型〉に含められることが多い〔⇨ p. 26〕が，「五文型」の分類に入れず，別格に扱われることもある。

　「五文型」に含める場合，概して，(**a**) 661 ページの表の⑦（不定詞が be 動詞）の場合は〈第 5 文型〉(S + V + O + C) とすることに異説はないが，(**b**) ⑤,⑥の場合は，次のような意味関係の違いを認めて〈第 4 文型〉(S + V + O + O) として扱われることもある。

(a)　I **considered** him **to be** a genius.

(b)　I **allowed** him to **go** alone.

　(a)　私は彼が天才であると考えた。

　(b)　私は彼にひとりで行くことを許した。

(a) の文は I considered that he was a genius. と言い換えた場合に genius は that 節の中で「主格補語」(he = genius) になるので、この文でも「目的格補語」(him = genius) として認めることができる。

(b) では、ふつうの〈S+V+O+O〉の文と同じく、「〜に…を」という訳が成り立ち、不定詞を「直接目的語」(行くことを許す) とみなすことができる。

〔2〕〈S+V+O+不定詞 (= be 動詞)〉の型の文

この種の文で不定詞を用いる形は、いくぶん形式ばった、あるいは文語的な言い方で、受動態の場合以外はあまり一般的ではなく、that 節を用いた形のほうがふつうに用いられる。

I **think** her *to be* a nice girl.　　〔堅い言い方〕
I **think** 〔*that*〕she's a nice girl.〔ふつうの言い方〕
She**'s** thought *to be* a nice girl.

● 二番目の文における that の省略については ⇨ p. 527。

〔3〕〈S+V+O+不定詞〉で V が promise の場合

この型の文では、(a) 一般に「O が〜する」という意味関係 (すなわち O が不定詞の「意味上の主語」になる) が成り立つが、(b) promise の場合は異なる。

(a)　She **asked** (**advised**, **compelled**) him to come.

(b)　She **promised** him to come.

　(a)　彼女は彼に来るように頼んだ (忠告した、強要した)。

　(b)　彼女は彼に来ることを約束した。

すなわち (a) では「O (彼) が来る」のであるが、(b) ではそうではなく「S (彼女) が来る (ことを彼に約束する)」という意味関係になり、不定詞の「意味上の主語」は S になる。

〔4〕〈S+V+O+不定詞〉の受動態

661 ページの表の ⑤,⑥ の動詞のうち、(**a**) 多くは受動態でも用いられるが、(**b**) 受動態にならないものもある。(**c**) ⑦の動詞は受動態になる。

〔この説明は p. 662 に続く〕

不定詞を伴う動詞の主な型 [⇨ p.29, 412]

(表中、④のみ自動詞で、他はすべて他動詞)

〈型〉	《例》	[主な動詞]
① 〈S＋V＋不定詞〉 (that節は用いられない)	He **wanted** *to go.* (行きたがった) × He **wanted** *that* he would go. He **tried** *to smile.* (微笑もうとした) He **refused** *to go.* (行くことを拒んだ)	care (～したがる), decline (断わる), fail (～しない), manage (なんとか～する), mean (～するつもりだ), offer (申し出る), plan (～するつもりだ)
② 〈S＋V＋不定詞〉 (that節も用いられる)	He **decided** *to go.* (行くことに決めた) He **decided** *that* he would go. We **agreed** *to go.* (行くことに同意した) We **agreed** *that* we should go. He **pretended** *to be* asleep. (眠っているふりをした) He **pretended** *that* he was asleep.	hope, wish, consent (同意する), demand (要求する), desire (願う), expect (～するだろうと思う), learn (～できるようになる), promise (約束する)
③ 〈S＋V＋不定詞・動名詞〉 (a) 不定詞でも動名詞でもほぼ同意 (b) 不定詞と動名詞で意味が異なる	(a) {He **started** *to cry.* (泣き始めた) {He **started** *crying.* (〃) (b) {I must **remember** *to see* her. （彼女に会うことを覚えていないければならない） {I **remember** *seeing* her. （彼女に会ったのを覚えている）	(a) begin, continue, like, love, hate, prefer, attempt (b) stop, forget, regret, try, want, need [⇨ p. 452]

型	例	動詞
④〈S＋V＋不定詞〉 (that 節に言い換えると It が主語になる)	He seems *to be* ill. (病気のように見える) *It* seems *that* he is ill. I happened *to be* out. (たまたま外出していた) *It* happened *that* I was out.	appear (〜のように見える), chance (たまたま〜する), turn out (〜であることがわかる) * prove (〜であることがわかる) は that 節に言い換えられない。
⑤〈S＋V＋O＋不定詞〉 (不定詞を that 節に言い換えられる) (a)「S＋V＋O＋that 節」の形で (b)「S＋V＋that 節」の形で	(a) I told him *to go.* (彼に行くように言った) I told him *that* he should go. (b) I ordered him *to go.* (彼に行くように命じた) I ordered *that* he [should] go. I desire him *to go.* (彼が行くことを望む) I desire *that* he [should] go.	(a) advise (忠告する), persuade (説得する), remind (思い出させる), teach (教える) (b) ask, beg, wish, command (命じる), direct (指示する), expect (予想する), recommend (薦める), require, request (要請する) * promise は O がある形もない形も用いられる。
⑥〈S＋V＋O＋不定詞〉 (不定詞を that 節に言い換えられない)	I want him *to go.* (彼に行ってほしい) × I want *that* he will go. We'd love you *to come.* (ぜひ来てほしい) She permitted him *to go.* (彼が行くことを許した)	like, hate; allow (許す); cause, get (〜させる); compel, force, oblige (〜せざるをえなくさせる); enable (〜できるようにさせる)　　　　[⇨p.29]
⑦〈S＋V＋O＋不定詞 (＝ be 動詞)〉 (不定詞を that 節に言い換えられる)	I think him [*to be*] honest. (彼を正直だと思う) I think *that* he is honest. He declared me [*to be*] guilty. (私が有罪である と宣告した) He declared *that* I was guilty.	consider, believe, suppose, guess (〜と思う), find, feel, prove (証明する), imagine (想像する) * know は to be を省略しない。

(a) $\begin{cases} \text{They } \textbf{told}\ (\textbf{ordered, allowed})\ \text{him to go.} \\ \text{He } \textbf{was told}\ (\textbf{ordered, allowed})\ \text{to go.} \end{cases}$

(b) $\begin{cases} \text{They } \textbf{wish}\ (\textbf{like, hate})\ \text{him to stay.} \\ \times\ \text{He } \textbf{is wished}\ (\textbf{liked, hated})\ \text{to stay.} \end{cases}$

(c) $\begin{cases} \text{They } \textbf{think}\ (\textbf{believe, consider})\ \text{him to be reliable.} \\ \text{He } \textbf{is thought}\ (\textbf{believed, considered})\ \text{to be reliable.} \end{cases}$

❁　say は受動態では用いられるが，能動態では用いられない。

$\begin{cases} \times\ \text{They } \textbf{say}\ \text{him to be dishonest.} \\ \bigcirc\ \text{He } \textbf{is said}\ \text{to be dishonest.} \end{cases}$

❁　能動態では不定詞の動詞が be に限られるのに，受動態では be 以外
の動詞でも成り立つ例：

$\begin{cases} \bigcirc\ \text{They } \textbf{know}\ \text{him } to\ \textbf{be}\ \text{conservative.} （彼が保守的である \\ \bigcirc\ \text{He is } \textbf{known}\ to\ \textbf{be}\ \text{conservative.} 　　ことを知っている） \end{cases}$

$\begin{cases} \times\ \text{They } \textbf{know}\ \text{him } to\ \textbf{hold}\ \text{moderate views.} \\ \bigcirc\ \text{He } \textbf{is known}\ to\ \textbf{hold}\ \text{moderate views.} \end{cases}$

　　　　　　（彼は穏健な考えの持主であることが知られている）

〔5〕　〈S＋動詞句＋O＋不定詞〉の型

「V＋前置詞」の形の動詞句が〈O＋不定詞〉を伴うこともある。

They **called on** (**appealed to**, **looked to**) him **to** solve the prob-
lem.（彼に問題を解決することを求めた［頼んだ，当てにした］）

〔6〕　〈S＋V＋for＋O＋不定詞〉の型

hope, wish, long（切望する），wait, prepare（準備する），arrange（取
り決める）などの動詞は，この形で用いられることがある。

She **waited** (**longed**) **for** her father **to** return.

　　　　　　（父が戻ってくるのを待った［切望した］）

❁　〈**would like**＋O＋不定詞〉は《米・口》でこの形も用いる。

I'd **like** [**for**] you **to** come with me.

　　　　　　（いっしょに来てもらいたいんだけど）

〔7〕　〈S＋V＋there＋不定詞〉の型

目的語が that 節の場合に … that there is 〜 の形で表わされる意味関係
は，不定詞を用いて表わせばこの形になる。

$\begin{cases} \text{(a)}\ \ \text{I } \textbf{expect}\ \textit{that}\ \textbf{there}\ \textit{will}\ \textit{be}\ \text{no misunderstanding.} \\ \text{(b)}\ \ \text{I } \textbf{expect}\ \textbf{there}\ to\ \textbf{be}\ \text{no misunderstanding.} \end{cases}$

（誤解は生じないものと思う）

◈　that 節を伴えない動詞では，(b) の形だけが用いられる。

　　Nobody **would like there** *to be* another war.
　　　　（また戦争が起こることを望むものはだれもいない）

　　I **want there** *to be* no doubt about it.
　　　　（疑いの余地が全く残らないことを望む）

〔**8**〕〈**S + V + [O +] 疑問詞 + 不定詞**〉**の型**　　　　　〔⇨ p. 192, 413〕

動詞の目的語になる不定詞が疑問詞に導かれることがある。

I don't **know**
She **told** him
He **asked** her
I **wonder**
I **forgot**
　⎱
⎰　**what** to do.
　　where to go.
　　when to start.
　　how to do it.

〔**9**〕　**不定詞構文と that 節構文とで意味が異なる場合**

⎰(a)　I **wish** you *to* come.（あなたに来てほしい）
⎱(b)　I **wish** [*that*] you *would* come.（あなたが来てくれたらなあ）

　(a) は want に近く（wish のほうがていねい），「～してほしい」という要望や要求を表わすが，(b) のほうは実現できないことや現実とは反対のことについての願望を表わし，that 節（ふつう that は省略される）の中では仮定法を用いる。

⎰(a)　We **expect** him *to* resign.（辞職すると思う; 辞職を期待する）
⎱(b)　We **expect** [*that*] he'll resign.（辞職すると思う）

　(b) は We *think* he'll resign. に近く expect は軽く予想を表わし「～すると思う，～するだろう」の意。(a) は (b) と同意の場合のほか，期待や当然の要求を表わし，「～することを期待する，～してもらいたい」の意にもなる。

●　(b) の **expect** のように，ほぼ **think** に近い「思う」の意で用いられる語は，**believe, hope, suppose, imagine, fancy, reckon** など。

〔**10**〕　**混同しやすい〈S + V [+ O] + 不定詞〉**

①　hope, want, wish については ⇨ p. 345。
②⎰○ He **asked**（**requested**）her to go.（頼む）
　⎱× He **demanded** her to go.（要求する）

$\left\{\begin{array}{l} \bigcirc \text{ He } \textbf{asked} \text{ (} \textbf{requested} \text{) that she [should] go.} \\ \bigcirc \text{ He } \textbf{demanded} \text{ that she [should] go.} \end{array}\right.$

③ $\left\{\begin{array}{l} \bigcirc \text{ He } \textbf{advised} \text{ her to go. (忠告する)} \\ \bigcirc \text{ He } \textbf{recommended} \text{ her to go. (勧める)} \\ \times \text{ He } \textbf{suggested} \text{ (} \textbf{proposed} \text{) her to go. (提案する)} \end{array}\right.$

● 〈recommend＋O＋to do〉《おもに英》より，〈recommend＋～ing（動名詞）〉（～することを勧める）のほうがふつうである。〔⇨ p. 450〕

$\left\{\begin{array}{l} \bigcirc \text{ He } \textbf{advised} \text{ her that she [should] go.} \\ \bigcirc \text{ He } \textbf{recommended} \text{ that she [should] go.} \\ \bigcirc \text{ He } \textbf{suggested} \text{ (} \textbf{proposed} \text{) [} \textbf{to her} \text{] that she [should] go.} \end{array}\right.$

④ $\left\{\begin{array}{l} \bigcirc \text{ He } \textbf{offered} \text{ to help. (申し出る)} \\ \bigcirc \text{ He } \textbf{promised} \text{ to help. (約束する)} \end{array}\right.$

$\left\{\begin{array}{l} \times \text{ He } \textbf{offered} \text{ her to help.} \\ \bigcirc \text{ He } \textbf{promised} \text{ her to help.} \\ \bigcirc \text{ He } \textbf{promised} \text{ [} \textbf{her} \text{] that he would help her.} \end{array}\right.$

35 〈名詞 ＋ to do〉と〈名詞 ＋ of doing〉

次のように，名詞により不定詞で修飾されるものと, of ～ing（前置詞は of 以外のこともある）の形の動名詞で修飾されるものがある。

$\left\{\begin{array}{l} ① \text{ I have no } \textbf{opportunity} \textit{ to travel.} \text{ (旅行する機会がない)} \\ ② \text{ There is no } \textbf{possibility} \textit{ of his winning.} \text{ (彼が勝つ見込みはない)} \end{array}\right.$

◈ あとに不定詞を伴う(a) 動詞，及び (b) 形容詞から派生した名詞は，多く不定詞で修飾される。

(a) $\left\{\begin{array}{l} \textbf{fail} \text{ to come （来ない）} \\ \text{his } \textbf{failure} \text{ to come （彼が来ないこと）} \end{array}\right.$

(b) $\left\{\begin{array}{l} \text{be } \textbf{able} \text{ (} \textbf{unable} \text{) to read （読める [読めない]）} \\ \text{his } \textbf{ability} \text{ (} \textbf{inability} \text{) to read （彼が読める [読めない] こと）} \end{array}\right.$

この種の名詞の主な例：

(a) attempt（～しようと試みること），wish, desire（～したいと思うこと），refusal（～するのを拒むこと）

(b) readiness, willingness（進んで～しようとすること），reluctance（～するのをいやがること），anxiety（～したいと切望すること）

◈　ただし intention は不定詞を用いない。

I have no **intention** $\left\{\begin{array}{l} ○ \textit{ of marrying} \\ × \textit{ to marry} \end{array}\right\}$ her.　（彼女と結婚する
つもりはない）

〔= I don't **intend** *to marry* her.〕

●　ただし one's が付く場合は，不定詞もよく用いる。

He announced **his** intention $\left\{\begin{array}{l} ○ \textit{to retire.} \\ ○ \textit{of retiring.} \end{array}\right.$　（彼は引退の意向
を表明した）

◈　wish は不定詞を，hope は動名詞を伴う。

$\left\{\begin{array}{l} \text{I have no \textbf{wish} } \textit{to see} \text{ him. （彼に会いたいとは思わない）} \\ \text{I have no \textbf{hope} } \textit{of passing} \text{ the exam. （合格する望みはない）} \end{array}\right.$

◈　chance は「機会」（= opportunity）の意味では不定詞を，「見込み，可能性」（= possibility）の意味では動名詞を伴う。

$\left\{\begin{array}{l} \text{Give me a \textbf{chance} } \textit{to explain}. \text{ （説明する機会）} \\ \text{He had no \textbf{chance} } \textit{of winning}. \text{ （勝つ見込み）} \end{array}\right.$

◈　need, necessity は意味により両方用いられるが，不定詞は次のような形で典型的に用いられる。

There is no **need**（**necessity**）for you *to hurry*.

（君は急ぐ必要はない）

36　前置詞で終る不定詞句　〔⇨ p. 416〕

理屈から言えば必要なはずの前置詞が，省略される場合がある。

$\left\{\begin{array}{l} \text{(a)　She has no room \textbf{to work in}. （仕事をする部屋がない）} \\ \text{(b)　She has no place \textbf{to live}〔\textbf{in}〕. （住む所がない）} \end{array}\right.$

(a) = She has no room **in which** she can (*or* should) work.

(b) = She has no place **in which** she can (*or* should) live.

　関係代名詞を用いて表わすとすればそれぞれ in を必要とするが，それに対応する不定詞表現において，ふつう，(a) では in が必要で，(b) では多く省略される。不定詞ではなく節を用いる場合の類例として：

The hotel I'm **staying**〔**at**〕is ～.（僕が泊まっているホテルは～）

cf. The hotel **at which**（= **where**）I'm **staying** is ～.

$\left\{\begin{array}{l} \text{(a)　He has no pen \textbf{to write} it \textbf{with}. （それを書くペンがない）} \\ \text{(b)　He has no money \textbf{to buy} it〔\textbf{with}〕. （それを買う金がない）} \end{array}\right.$

(a) = He has no pen **with which** he can (*or* should) **write** it.

(b) = He has no money **with which** he can (*or* should) **buy** it.

この場合も，(a) では with を省くことはできないが，(b) では省略されることが多い。

◈ 関係副詞（when, where, how, why）の先行詞として代表的な語は time, place, way, reason であるが，これらが不定詞句で修飾される場合は，関係代名詞節で表わせば前置詞が用いられるような意味関係を表わすときも，ふつう前置詞は用いられないという点で共通している。

She has no **place** to sleep (go). （眠る［行く］所がない）

〔= She has no place **in which** she can sleep (**to which** she can go).〕

He has no **time** to play. （遊ぶ時間がない）

I have no **reason** to stay. （留まる理由がない）

This is the best **way** to learn English. （英語を学ぶ最良の方法）

〔= This is the best way **in which** you can learn English.〕

37 | go to (do), go and (do) 〔⇨ p. 418〕

口語では，目的を表わす不定詞の代わりに and を用いることが多い。

① **Go and** *see* him tomorrow. （明日彼に会いに行きなさい）

〔= **Go to** *see* him tomorrow.〕

Stay and *have* dinner with us. （食事をいっしょにしていきなさい）

その他： **come and** ～ （～しに来る），**run and** ～ （急いで行って～する），**hurry up and** ～ （急いで～する），など。

● これらの動詞では過去形などでもこの形が用いられる。

I **went and** *had* a drink with him. （彼と一杯やりに行った）

● 《米・口》では go のあとの and が省略されることがよくある。

Go *tell* him to shut up. （彼にだまるように言ってこい）

Why don't you **come** *visit* my place this weekend?
（この週末にうちに来ませんか）

② **Try and** *come* early. （早く来るようにしてくれよ）

〔= **Try to** *come* early.〕

● これは try が原形で用いられる場合だけ可能で，tries (tried, trying) and ～ のような形では用いない。

○ Let's **try and** get ～. × He **tried and** got ～.

（→ He **tried to** get ～.）

③ Let's **wait and** *see*. (成行きを見守ろうじゃないか)

● これは固定した表現なので，不定詞を用いたり，過去形などで用いたりはしない。
　　　× Let's **wait to** see.　　× We **waited and** saw.

38 形容詞の用法の主な型 〔⇨ p. 424〕

人を主語とする形容詞	① "It" で書き換えられない	② "It" で書き換えられる
	I am **glad** to see you. I am **glad** [that] you came. 　× *It* is **glad** [that] you came. 〈その他〉 angry, happy, proud, 　　　　sorry, thankful, *etc.*	⎧You are **kind** to say so. ⎩*It* is **kind** of you to say so. 　× It is kind *for* you to say so. 　× You are kind *that* you say so. 〈その他〉 clever, foolish, wise, care- 　　　　less, *etc.* 〔⇨ p. 425〕

Itを主語とする形容詞	③It is ~ [for ...] 　 to do の形だけ	④It is ~ that ... 　 の形だけ	⑤It is [for ~] to do ⎫の 　It is ~ that ... (should) ⎭両方
	It is **easy** [for me] 　to do so. × I am *easy* to do 　so. × It is easy *that* I 　do so. 〈その他〉 difficult, 　hard, useless, 　*etc.* 　　〔⇨ p. 147, 263〕	It is **clear** that he 　did so. × It is clear *for* 　him *to* do so. 〈その他〉 true, 　certain (確かな), 　evident (明白な), 　*etc.* 　　　〔⇨ p. 650〕	(a)　should または仮定法現在 ⎧It is **necessary** for him to go. ⎨It is **necessary** that he *should* ⎩　go (*or* he *go*). (b)　should または直説法 ⎧It is **natural** for him to go. ⎨It is **natural** that he *should* ⎩　go (*or* he *goes*). 〈その他〉 (a)　important, *etc.* 　　　　(b)　strange, *etc.* 　　　　〔⇨ p. 391, 650〕

◆ 表中の ① で用いられるのは，喜び・怒り・恐れ・悲しみ・感謝など
人の「気持ち・感情」を表わす形容詞。この種の形容詞の多くは that
節を伴うとき，その **that 節を目的語とする**ような意味関係を表わす。
次はそのような「be＋形容詞＋that 節」↔「be＋形容詞＋前置詞」↔
「他動詞＋that 節」の関係を表わす例。

⎧I *am sorry* [*that*] I made a mistake.
⎨I *am sorry about* my mistake.
⎩I *regret that* I made a mistake.

　　　（間違いを犯したことを残念に思って（後悔して）いる）

$\left\{\begin{array}{l} \text{I } was\ afraid\ [that]\ \text{I might hurt her pride.} \\ \text{I } was\ afraid\ of\ \text{hurting her pride.} \\ \text{I } feared\ that\ \text{I might hurt her pride.} \end{array}\right.$

　　　　（彼女の誇りを傷つけることを［傷つけはしないかと］恐れた）

◈　it is ～（of / for）... to do は，区切り方が次のように区別される。

　　It is foolish **of** you ｜ to behave like that.

　　　　（そんな振舞いをするなんて｜君は愚かだ）

　　It is foolish ｜ **for** you to behave like that.

　　　　（君がそんな振舞いをするのは｜愚かなことだ）

●　wise, foolish などは表中の ② の用法がふつうだが，for ～ to の場合もある。

39 go shopping（×to ○at）the store 〔⇨ p. 433〕

「**go ～ing**」はよく用いられる表現であるが，前置詞その他について誤りやすいので，次のような点を確認しておかなければならない。

〔誤〕① go shopping **to** the store / go to the store **for shopping**

　　　② go skating **to** the lake / go to the lake **for skating**

　　　③ go **to walk** to the beach（to the park）

〔正〕① go shopping **at** the store / go to the store **to shop**

　　　　go to the store **to do some shopping**

　　　② go skating **on** the lake / go **to** the lake **to** skate

　　　③ go **for a walk on** the beach（**in** the park）

①「店に買い物に行く」，②「湖にスケートをしに行く」，③「浜辺（公園）に散歩に行く」，という日本語の「～に，～へ」から to を用いやすいが，「店で買い物をする」「湖でスケートをする」「浜辺（公園）で散歩する」という意味で用いる前置詞を正しく区別しなければならない。

◈　「～をしに」の意を表わすのに **for ～ing** を用いないように。（**go**）**for a walk**（散歩に），**for a swim**（ひと泳ぎしに），**for a drive**（ドライブに），**for a ride**（［馬・自転車・車などに］乗りに［出かける］）などは正しい。

40 仮　定　法 〔⇨ p. 459〕

〔1〕　**仮定法過去の were と was**

　　be の仮定法過去は正式には were であるが，くだけた文体では was も

用いられる。

> I wish I **were** (*or* **was**) more optimistic.
> 　　　　（もっと楽観的になれればいいのになあ）
>
> If I **were** you, I *would* send in an application.
> 　　　　（もし私があなたなら申し込むでしょう）
>
> If it **was** me, I'*d* send in an application.
> 　　　　（僕だったら申し込むんだがな）
>
> If he **was** my child, I'd spank him.
> 　　　　（私の子供だったら，ひっぱたいちゃうんだけど）

〔2〕　**wish の仮定法と hope の直説法**

　　wish のあとの名詞節では仮定法を用いるが，hope のあとでは直説法を用いる。〔⇨ p. 466〕

> ⎰ (a)　I **wish** you **were** happy.（あなたが幸せであればいいのに）
> ⎱ (b)　I **hope** you **are** happy.（お幸せのことと思います）
>
> 　(a) は現在の事実と反対の願望。〔↔ It's a pity [that] you *are not* happy.〕
>
> 　(b) は単なる希望。望ましくないことを述べる **I'm afraid** に対し，**I hope** は望ましいことを述べる。
>
> ⎰ (a)　I **wish** he **had returned** safely.（無事に戻ればよかったのに）
> ⎱ (b)　I **hope** he **returned** safely.（無事戻られたことと思います）
>
> 　(a) は過去の事実と反対の願望。〔↔ It's a pity [that] he *didn't* return safely.〕
>
> 　(b) は過去のことについての希望。

◈　hope のあとに続く節中では，未来のことについて述べる場合でも，現在時制を用いることがよくある。

> 　(a)　I **hope** he **will** arrive (*or* **arrives**) on time.
> 　(b)　I **wish** he **would** arrive on time.
> 　(c)　I **think** (**guess**) he **will** arrive on time.
>
> 　(a)「彼に時間どおりに着いてほしい」という未来のことについての希望であるが，未来，現在の両方の時制が用いられる。
>
> 　(b) は実現の可能性が少ないことについての願望。（彼が時間ぴったりに着いてくれればいいんだがなあ）
>
> 　(c) think に類した suppose などでも未来時制を用いる。

〔3〕　<u>仮定法過去と直説法過去の区別</u>

$\left\{\begin{array}{l}\text{(a)}\quad\text{If they \textbf{dismissed} him, they \textit{were} unwise.}\\[4pt]\text{(b)}\quad\text{If they \textbf{dismissed} him, they \textit{would be} unwise.}\end{array}\right.$

(a)　（彼らが彼を雇用したかどうかわからないが，事実がどちらであれ）解雇したのなら賢明ではなかった。

(b)　（彼らが彼を解雇することはまずありえないが）もしも解雇すれば彼らは賢明ではないだろう。

　　　(a) の If ～ は「開放条件」〔⇨ p. 460〕を表わし，dismissed は過去のことを述べる「直説法過去」

　　　(b) の If ～ は「仮定条件」を表わし，dismissed は未来のことを述べる「仮定法過去」

〔4〕　**仮定法にひかれて過去形を用いる場合**

　　仮定法に続く動詞が，過去のことを述べるわけではないのに，先行する仮定法にひかれて過去時制になることがある。

(a)　He'll do anything his wife **tells** him to.

(b)　He'd do anything his wife **told** him to.

　(a), (b) ともに「彼は奥さんに言われることをなんでもするだろう」と訳せるが，(b) の **told** は過去において「言った」ことを表わしているのではなく，主節の仮定法過去相当語 **would**（He'd = He would）にひかれて（「奥さんが頼む<u>なら</u>どんなことでもする<u>だろう</u>」の気持ちが働き）tells が過去形になったものである。

I **wish** I **lived** where there **was** a good bookstore.

　　（ちゃんとした本屋があるところに住みたいもんだ）

　●　この was も「本屋が<u>あった</u>」という過去のことを述べているのではなく，wish に伴う仮定法過去の lived にひかれて過去形になったもの。

Anyone **would** think that today **was** a holiday.

　　（だれだって今日は休みだと思うだろう）

　●　この was は「休み<u>だった</u>」という過去を表わすのではなく，仮定法過去の would にひかれて was になったもの。上の例も同じであるが，このような場合，be 動詞は were ではなく was である。

It **would** never do if we **had** everything as we **wished**.

　　（何でも自分の思いどおりになったとすれば，それは決してよいことではないだろう）

● この wished も過去において「望んだ」のではなく，先行する仮定法過去に
ひかれて過去形になったもの。

41 能動態と受動態 〔⇨ p. 476〕

〔1〕 動作主の意志によって左右することのできないような出来事・状態や
自然の過程などについては，受動態はふつう作られない。

The hurricane has **reduced** its speed.
　　　　（ハリケーンは速度を落とした）

A misfortune **befell** him.（不幸が彼の身に振りかかった）

He **caught** a cold.（彼は風邪を引いた）

● いずれも受動態にならない。

〔2〕 受動態を作らない動詞の代表的なものに，have や resemble（似てい
る〔⇨ p. 487〕）のような，状態や関係を表わす動詞があるが，その主要
な例としては次のようなものがある。

He **lacks** courage.（彼には勇気が欠けている）

This dress doesn't **become** her.
　　　　（このドレスは彼女に似合わない）

These shoes don't **fit** me.（この靴は私の足にぴったり合わない）

The hall **holds** 500 people.（ホールは 500 人収容できる）

● ただし，hold は，ほかの意味では受動態が作られる。
The meeting **was held** in this room.（会はこの部屋で開かれた）

〔3〕 同じ文でも動詞の意味により，受動態が作れないものもある。

She **met** him at the station.

　(a) 「彼を駅で出迎えた」→ He **was met** by her at the station.
　　　　　　　　　　　（彼は駅で彼女に出迎えられた）
　(b) 「彼に駅で出会った」 〔受動態は作れない〕

〔4〕 二重目的語をとる文の受動態において，to A by B の要素は，ふつう
この順に置かれるが，動作主（B）よりも，動作を受ける側（A）のほう
が重要な要素である場合には by B to A の語順をとることもある。

　(a) The book was given **to** Paul **by** Mary.〔ふつうの語順〕
　(b) The book was given **by** Mary **to** Paul. 〔Paul に重点〕
　(c) The book was given **by** Mary **to** her father, who appreciated
　　　　it very much.

(a), (b) とも文尾に置かれる要素（(a) = Mary, (b) = Paul）のほう
が，その前の要素よりも強く読まれる。(c) のように A の要素が長かっ
たり，修飾語を伴ったりする場合には，やはり文尾に置かれる。

〔5〕〈**自動詞＋前置詞**〉の形をとるもののなかには，動詞句としてまとまっ
た意味を表わすものや，一つの他動詞の働きをするようなものもあり〔⇨
p. 20〕，受動態を作るものが多い。〔⇨ p. 482〕

⎰ Nobody **listens to** her.（誰も彼女の言葉に耳を借さない）
⎱ She **is** not **listened to** by anybody. / She **is** never **listened to**.

⎰ The police **are looking into** the case.〔= are investigating〕
⎱ The case **is being looked into** by the police.
　　（警察がその事件を調査している）

The doctor must **be sent for**.（医者を呼びにやらなければならない）

He **was** almost **run over** by a car.（彼は車にひかれかけた）

The bank **was broken into** by robbers.（銀行は強盗に押し入られた）

Your meal has **been paid for**.（お食事代はいただいております）

Have you **been waited on**?（店の者がご用を伺っておりましょうか）

- **speak well of** 〜 は受身では二通りの語順が可能である。
  　She **is well spoken of** (*or* **is spoken well of**) by her students.
  　　（彼女は学生のあいだで評判がよい）

◉ この形の受動態で，文尾の前置詞を落さないように。　〔⇨ p. 495〕

I don't like to **be shouted** (**at**).（人にどなられるのはご免だ）

He can always **be relied** (**on**).（彼はいつでも信頼できる）

His recovery cannot **be hoped** (**for**).（彼の回復は望めない）

◉ 〈自動詞＋前置詞＋名詞〉の意味関係は次の二つに大別できる。

　① 《〈自動詞＋前置詞〉＋名詞》 ―〈他動詞＋目的語〉に近い。

　② 〈自動詞＋《前置詞＋名詞》〉―〈自動詞＋副詞句〉の意が強い。

　　① の場合は（上に示した例のように）受動態を作るものが多い。

　　② の場合は（次の例のように）ふつう受動態を作らない。

⎰ He **lives in** a small town.（彼は小さな町に住んでいる）
⎱ × A small town **is lived in** by him.

⎰ They **went into** the church.（彼らは教会に入って行った）
⎱ × The church **was gone into** by them.

- この ② に類する表現で，受動態が用いられる代表的な例：

⎰ Nobody **slept in** this bed last night.
⎱ This bed **was** not **slept in** last night.
　　　（昨夜は誰もこのベッドで眠らなかった）

◈ 　この②に類する表現でも，意味により受動態が作られることがある。たとえば come to ～, arrive at ～ は，ふつうの，「（ある場所）に着く」の意では受動態にならないが，抽象的に「～に達する」の意では受動態が作れる。

⎰ They **came to**（**arrived at**）the station.
⎱ × The station was **come to**（**arrived at**）by them.

⎰ They **came to**（**arrived at**）no conclusion.
⎱ → No conclusion **was come to**（**arrived at**）[by them].
　　　（なんの結論にも達しなかった）

● 　前頁の **go into** ～ も「調査する」（= look into）の意では受動態になる。
　　The problem has not yet **been gone into**.
　　（この問題はまだ調査されていない）

〔6〕　**be interested** はふつう「興味をいだいている」の意で in を伴うが，「興味をいだかせられる，興味をひかれる」といった受動の意を表わす場合には by を伴う。

　　(a)　He *is interested* **in** jazz.（彼はジャズに興味がある）

　　(b)　I *was interested* **by** what he told me.
　　　　　（彼の話に興味をひかれた）

　　(a) では interested は形容詞化している場合の用法なので **very** によって修飾されるが (b) では動詞の受動態として用いられているので，ふつう [**very**] **much** などを用いる。

〔7〕　次のような文では能動態と受動態で意味が異なる。

　⎰ (a)　Few people **read** many books.
　⎱ (b)　Many books **are read** by few people.

　　(a)　本をたくさん読む人はわずかしかいない。
　　(b)　わずかな人にしか読まれない本がたくさんある。

42 agree to / with　〔⇨ p. 509〕

(1)　**agree to** ～ は「～に同意（賛成）する」の意で，**suggestion** を代表とする「提案」などを表わす名詞・動名詞を伴う。

　　They **agreed to** my suggestion.（彼らは私の提案に同意した）

They **agreed to** her marrying Tom.
　　　（彼らは彼女がトムと結婚することに同意した）

◉ その他　agree to 〜 のあとにくる名詞の主な例：

proposal（提案）, plan（案）, request（依頼）, offer（申し出）,
price（値段）

(2)　**agree with** 〜 は「〜と同じ考えだ，〜と同意見だ，〜に賛成だ」の
意で，「人」を表わす語，および **opinion** を代表とする「考え，意見」を
表わす名詞あるいは名詞節の前で用いられる。

> I **agree with** *you*.（同感です／おっしゃるとおりです）
> I **agree with** *your opinion*.（あなたの意見に賛成です）
> I **agree with** *what you say*.（おっしゃるとおりです）

◉ opinion に類した意味を表わす（with のあとに用いられる）名詞の例
としては次のようなものがある：

view（考え，見解）, advice（忠告）, idea（考え）, argument（論
旨）, explanation（説明）, analysis（分析）, conclusion（結論）

◆　両者は「同意・賛成」などの**訳**が共通するが，**意味**の区別は次のよう
に考えればよい。

> **agree to** 〜：　相手の「〜してはどうか，〜してもらえないか，
> 〜しましょうか」といった提案・依頼・申し出などに対して応
> 諾する（yes と言う）。
> **agree with** 〜：　相手の「〜だと思う」といった考え・意見など
> に対して，自分も「同意見である」ことを示す。

43　unless : if 〜 not　〔⇨ p. 533〕

unless と if 〜 not は相互に言い換えられる場合が多いが，そうでない場
合もある。if 〜 **not** は文字通り「〜でなければ」の意で用いられるが，**un-
less** は正確には「〜である場合を除いて，〜することがないかぎり」（=
except if 〜, except when 〜, except on condition that 〜）の意を表わ
す。（訳としては「〜でないかぎり，〜しないかぎり」ぐらいでよい）

> A **if 〜 not** B「B でなければ A だ」（= if not B, then A）
> 　　　（↔ B であれば A でない）
> A **unless** B「B である場合以外は A だ」（= A, except if B）
> 　　　（↔ B である場合にかぎって A ではない）

〔1〕　**if 〜 not と unless が言い換えられる場合**（＝たいていの場合）

- (a)　I'll not go to the party **if** I'm **not** invited.
- (b)　I'll not go to the party **unless** I'm invited.
  - (a)　招待されなければパーティに行かない。(↔ 招待されれば行く)
  - (b)　招待されないかぎりパーティには行かない。(↔ 招待された場合にかぎって行く)
- ●　もちろん，ふつうは (b) も (a) と同じように訳してよい。

〔2〕　**if 〜 not を unless で言い換えられない場合**

❶　上に説明したような unless の意味が成り立たない次のような場合は，if 〜 not だけしか用いられない。

- (a)　I'll be surprised **if** he does**n't** have an accident.　〔正〕
- (b)　I'll be surprised **unless** he has an accident.　　　　〔誤〕
  - (a)　彼が事故を起こさなければ私は驚くだろう。
  - (b)　彼が事故を起こす場合意外は私は驚くだろう。

◈　つまり，(a) の文は「彼はひどく乱暴な運転をしている，事故を起こして当然だ，起こさなければ不思議なくらいだ」といった内容を

「彼が事故を起こさなければ驚きだ」

と表わしたものであって，このような場合，すなわち「当然予想されることが起こらなければ」といった内容を述べる場合は unless は用いない。

　　I'll be angry〔I'll be quite glad / I'll be quite relieved〕**if** she does**n't** come.（彼女が来なければ私は腹を立てる〔嬉しく思う / ほっとする〕だろう）

　　このような文も，**unless** she comes とすれば「彼女が来る場合以外は私は腹を立てるだろう ↔ 彼女が来る場合に限って私は腹を立てないだろう」などといった意の文になってしまい，発言者が伝えようとする意を表わすことはできない。

❷　unless は「〜である場合を除いて」の意で，現実に起こり得る状態を除外するので，「事実と反対の仮定」の場合〔⇨ p. 460「仮定条件」〕には用いない。

　　If I **weren't** so tired, I'd give you a hand.

　　　　（こんなに疲れていなければ，お手伝いするんだけれどなあ）

　　　　〔× **Unless** I **were** 〜〕

If I **hadn't had** an alarm clock, I would have missed the train,
（目覚ましがなければ乗り遅れていただろう）

〔× **Unless** I **had had** ～〕

〔3〕 **unless がよく用いられる場合**

考えを付け足して、「［ただし］～でなければのことだが」の意を表わす。

So we'll meet this evening at 7:00 — **unless** my train's late.
（じゃあ今夜 7 時に会おう — 列車が遅れなければ［だが］ね）

〔4〕 **if ～ not ... any : unless ... some**

If ～ not は「～しなければ」という「否定」陳述であるのに対して、unless は「～する場合を除いて」の意で、「肯定」的に表わされる状態を除外する、という意味関係にあるので、**if ～ not では any を，unless ～では some** を用いる。

(a) I'll have to go **if** I can't find **anyone** to go in my place.

(b) I'll have to go **unless** I can find **someone** to go in my place.

(a) 代わりに行ってくれる人が<u>だれも</u>見つから<u>ない</u>なら（見つからなければ）私が行かねばならないだろう。

(b) 代わりに行ってくれる人が<u>だれか</u>見つかる場合を除いて（→見つからないかぎり，見つからなければ）私が行かねばならないだろう。

〔5〕 **unless だけが用いられる場合**

We can walk to the park **unless** it's raining, in which case we'll get a taxi.（降ってなければ公園まで歩こう。降ってればタクシーにしよう）

関係形容詞 which を用いて継続的に表わした「その場合には」というのは（**unless**）it's raining という肯定文的に表わされた部分であるので、これを（**if**）it's **not** raining とすることはできない。

44 in case : in case of 〔⇨ p. 533, 537〕

in case ～ は (a) ふつう「～するといけないので，～しないように」（= for fear that ～, so that ... not ～）の意味で用いられ、(b)「もし～ならば」（= if）の意味で用いるのは主として《米》であり、《英》では，正用として認められないこともある。

(a) I'll get a bottle of wine **in case** she *comes* (or *should come*).
（彼女が来る［場合に備えて→］かもしれないのでワインを買っておこう）

I wrote down her address **in case** I *forgot*（or *should forget*）it.
　　（忘れるといけないので彼女の住所を書き留めておいた）

◉このように未来・過去いずれのことについても用いられるが，未来の場合でも will を用いることはない。ふつう直説法の動詞をそのまま用いるが，should を用いるのはより正式な形で，また，「ひょっとして」といった意味が強められることもある。

◉はじめの文は《米》では「もし彼女が来たらワインを買おう」の意味も成り立つ。

(b)　**In case** I *forget*, please remind me of it.
　　（もし私が忘れたら，思い出させてね）

　　What would you do **in case** a fire *broke* out at home?
　　（もし家で火が出たらどうしますか）

◉「もし～ならば」の意の in case は，はじめの文のように文頭に出る例が多い。後の例は in case が「仮定条件」〔⇨ p. 460〕で用いられた文。

◈　**in case ～** と **in case of ～** の次のような区別にも注意。

　　㋑　**In case of** fire, ring the alarm bell.

　　㋺　You should insure your house **in case** there's a fire.

　　㋑　火事の場合は非常ベルを鳴らしなさい。

　　㋺　火事［が起こった場合］に備えて家に保険をかけておきなさい。

　したがって **if** there is a fire に言い換えられるのは ㋑ だけであり，㋺ のほうを言い換えれば **for fear**［**that**］there *should*（or *might*）be a fire となる。

45 | as の用法（接続詞・前置詞）　〔⇨ p. 535, 538〕

〔1〕　「譲歩」を表わす as

　名詞・形容詞・副詞・動詞などが as（および though）の前に置かれる形は，強意的な譲歩表現であり，文語的で，しばしば高い調子を感じさせる形式である。〔名詞・形容詞が前に出る例は ⇨ p. 535〕

Much **as** I like you, I cannot marry you.
　　〔= Even though I like you very much, … 〕
　　（あなたがとても好きだが，結婚することはできない）

Bravely **though** they fought, they had no chance of winning.
　　（彼らは勇敢に戦ったが，勝つ見込みはなかった）

Try **as** he may (*or* will, might, does), he will never make it.
>　　　（どんなに頑張っても，うまく行くことはないだろう）

◈　主に《米》で，この構文が as 〜 as ... の形をとることがよくある。

As *popular* **as** he is, he will not be elected.
>　　　（彼は非常に人気があるが，当選はしないだろう）

As *hard* **as** he tries, he will never be top of his class.
>　　　（どんなに頑張っても，クラスで一番にはなれないだろう）

〔2〕　**as a child**

　前置詞の as は，ふつう「〜として」の意を表わす（He works **as** a waiter. 彼はウエイター<u>として</u>働いている）が，as a child (boy, girl, *etc.*) に類した表現では「子供 (少年, 少女, など) のころは」といった訳で表わされる。

I used to eat a lot **as a child**, but **as an adult** I eat little.（子供
>　　　のころはよく食べたが，大人になってからはあまり食べない）

〔3〕　**as 〔it is〕 seen**

　「様態」を表わす as の後の「主語＋be 動詞」が省略された形が用いられることがよくある。

a picture of Mt. Fuji **as** 〔*it is*〕 *seen* from the lakeside
>　　　（湖畔から見た富士山の写真）

language **as** *defined* above（上のように定義した場合の "言語"）

Literature reflects human activity **as** *carried* on by the best minds.
>　　　（文学は最も優れた人々によって営まれた人間の活動を反映する）

◈　次のような as の用法が区別されなければならない。

>　　(a)　Pollution **as** *we know it* did not exist then.
>　　(b)　Pollution **as** 〔*it is*〕 *known to us* did not exist then.

>　　(c)　Pollution, **as** *we know well*, is threatening us.
>　　(d)　Pollution, **as** *is well known,* is threatening us.

>　　(a), (b)「われわれが知っているような汚染は当時存在しなかった」
>　　(c), (d)「汚染は，よく知られていることだが，われわれを脅かし
>　　　　つつある」

　as は (a), (b) では「様態」を表わす接続詞，(c), (d) では非制限的用法の関係代名詞〔⇨ p. 213, 626〕で，それぞれ能動・受動の二通りの形をとったものである。

◈　次のような,「as＋過去分詞」による修飾関係を比較。

(a)　a story [*which was*] **written** by an American

(b)　the English language as [*it is*] **spoken** in America

　　　(a)「アメリカ人によって書かれた物語」

　　　(b)「アメリカで話される英語」

　　日本語の訳文は同じようなものにならざるをえず,訳からは区別は
つかないが,(b) のように as を用いた形のほうは「他の国や地域で
話される英語に比して」といった「対比・区別」の意味が含まれる。
(そのような対比の対象をはっきり表わすのが次項の言い方である)

〔4〕　**A, as opposed to B / A, as compared with B**

　　これは A という言葉（表現）を用いるときに,「これは B という言葉
（表現）と対照的に用いているのだが」というふうに,A の対照語・対比
物を示すことによって,その文脈における A の意味をはっきりさせる言
い方である。

　　the radio set, **as contrasted with** the television set

　　　　　　（テレビに対して［＜と対比して］ラジオ）

　　a newspaper, **as distinguished from** other periodicals

　　　　　　（他の定期刊行物に対して［＜と区別して］新聞）

　　He tried to explain the nature of culture, **as opposed to** civili-
　　zation.（彼は［文明に対する文化の本質を→］文明に対して文化と
　　は何であるかを説明しようとした）

●　過去分詞の代わりに他の語が同様に「〜に対して」の意でよく用いられるのは,
as distinct from 〜 , **as against** 〜 などである。

46　so [that] ... / so 〜 [that] ...　〔⇨ p. 535, 598〕

　(**a**)「〜するように」という「目的」を表わす so that ... の that が口語な
どでよく省略されるが,(**b**)「とても〜なので…する」という「結果」を表
わす so 〜 that ... の that も省略されることがよくある。

(a)　I gave him a map **so** ∧ he wouldn't get lost.

　　　（彼が道に迷わないように地図を渡した）

(b)　I was **so** scared ∧ I could't think straight.

　　　（私はひどくおびえて,ちゃんと考えることができなかった）

MASTERY POINTS 解答

〔**1**〕 (1) get（2，3日でよくなるだろう）〔get well = recover（回復する）〕 (2) went〔彼は年老いて耳が聞こえなくなった〕 (3) become（会社が倒産したらわれわれはどうなるだろう）〔become of 〜（〜は〔どう〕なる〔か〕）〔⇨ p. 194〕，go bankrupt（倒産する）の go も 〜 の go deaf などと同じ用法として注意〕 (4) proved（彼の忠告は〔結局〕私の役に立たなかった）〔of no use（= useless）という形容詞句〔⇨ p. 35〕が補語になった例。この文は次のように言い換えられる：His advice *turned out*〔to be〕useless to me.〕 (5) turn（木の葉は秋に紅葉する） (6) became（*or* got，fell）（試験の前夜に病気になった）〔「病気になる」は be taken ill とも言う〕〔⇨ p. 613〕 (7) came（彼女はパリに滞在しているあいだに彼を知るようになった）〔⇨ p. 348, 648〕

〔**2**〕 (1) quiet（音を立てないで。静かにしていなさい） (2) good（この料理はおいしそうなにおいがする）〔well の形容詞の意味は「健康な」⇨ p. 279〕 (3) proud（彼女は試合に勝ったことを誇らしく思った） (4) bitter（良い薬は苦い〔味がする〕，良薬は口に苦し） (5) uneasy（一瞬不安そうにみえた） (6) uneasily（不安そうに先生を見た）

〔**3**〕 (1) to（彼女は友達に自分の宝石を全部見せた） (2) for (3) to (4) to（彼女に自分の席を譲った） (5) to（少年に本を手渡した） (6) for（君にもっといい職を見つけてあげよう） (7) of ; to (8) to（この薬は君には効かないだろう） (9) to（彼にばく大な財産を残した） (10) for（子どもたちにケーキをいくらかとっておいたほうがいいだろう）

〔**4**〕 (1) 動詞句，proved；形容詞句，useless（彼の努力は結局なんの役にも立たなかった） (2) 形容詞句，〔a〕learned〔man〕（学識のある人）〔このような意味で形容詞として用いられた learned は〔lə́ːrnid〕と発音する〕 (3) 形容詞句，〔a〕virtuous〔man〕（徳の高い人） (4) 副詞句，diligently（勤勉に） (5) 副詞句，comfortably〔kʌ́mfərtəbli〕（安楽に） (6) 副詞句，alone〔⇨ p. 153〕 (7) 副詞句，suddenly〔out of 〜 は「句（群）前置詞」で，これが導く「前置詞句」である out of the room は「副詞句」〕（突然，少年は部屋からとび出して行った） (8) 動詞句，visited

〔**5**〕 (1) mustn't we (2) won't he (3) weren't they (4) will there（私たちが入る〔座る，占める〕場所はないでしょうね）〔**room** は不可算名詞として「場所，余地」の意 ⇨ p. 77〕 (5) aren't I (6) wouldn't you (7) doesn't she（*or* hasn't she） (8) doesn't he (9) have you（あなたはロンドンへ行ったことはありませんね） (10) has it（この夏はほとんどまったく雨が降らなかったですね）〔It's = It has〕 (11) shall we (12) will you

〔**6**〕 1 poverty（貧乏） 2 wisdom（英知） 3 height（高さ） 4 heat（暑さ，熱） 5 youth（若さ） 6 length 7 warmth 8 width〔widθ〕 9 strength（強さ，力） 10 honesty 11 safety 12 equálity（平等） 13 fame（名声） 14 patience（忍耐） 15 variety（多様性）

〔**7**〕 1 sight（視力） 2 choice（選択） 3 trial（試み） 4 belief（信念） 5 service（奉仕） 6 loss（損失） 7 hatred（憎しみ） 8 omission（省略） 9 arrival 10 destruction（破壊） 11 solution（解決） 12 existence（存在） 13 realization（悟ること；実現） 14 admiration（賞賛） 15 grief（悲しみ） 16 defense（防御） 17 suspicion（嫌疑） 18 excess（超過） 19 error（誤り） 20 appearance（出現）

　〔注〕13　形容詞 real の名詞形は reality（現実）　16　《英》では defence。offense (-ce)（違反；立腹；攻撃）, pretense (-ce)（見せかけ）なども同じ。

〔**8**〕 1 boyhood（少年時代） 2 infancy（幼年時代） 3 presidency（大統領［総裁・社長］の職［任期］） 4 scholarship（学識） 5 neighborhood（近所）

〔**9**〕 (1) for（自分で考えて決めなさい） (2) to（一つのテーブルを独占する） (3) by（一人旅をしていた） (4) in（楽しみそれ自体は善でも悪でもない） (5) beside（怒りで逆上していた） (6) by（重すぎてひとりでは持ち上げられない） (7) to（秘密を胸にしまっておいた）

〔**10**〕 (1) others（子供は他人と仲よくやっていくことを教えられなければならない） (2) One ; the other（二人のおじのうち、一方はニューヨーク、もう一方はボストンにいる） (3) the others（残り［の二つのスーツケース］を運んでもらえますか） (4) Some ; others（りんごが好きな人もいれば、オレンジが好きな人もいる） (5) other（1週間おきに） (6) another（もう5分したら着くだろう） (7) ones（まず小さなことをすれば、大きなことは［自分で自分の世話をする→］おのずとうまく運ぶようになるだろう） (8) the one（あなたが見せてくれたのは気に入らない）

〔**11**〕 1 peaceful（平和な） 2 patient（忍耐強い） 3 ambitious（野心的な） 4 esséntial（本質的な） 5 accidéntal（偶然の） 6 reasonable（理にかなった） 7 affectionate（愛情のこもった） 8 fashionable（流行の） 9 energétic（精力的な） 10 instínctive（本能的な） 11 sympathétic（同情的な） 12 miserable（みじめな） 13 systemátic（体系的な） 14 courágeous（勇敢な） 15 talented（才能ある） 16 bodily（肉体的な） 17 mental（精神的な） 18 matérial（物質的な） 19 mechánical（機械的な） 20 quarrelsome（けんか早い）

〔**12**〕 1 obedient（従順な） 2 destructive（破壊的な） 3 changeable（変わりやすい） 4 ópposite（反対の） 5 préferable（［～より］好ましい） 6 agréeable（感じのよい） 7 various（さまざまな）［or variable（変わりやすい）］ 8 ádmirable（賞賛すべき） 9 decisive（決定的な） 10 satisfáctory（満足すべき）

〔**13**〕 1 unfortunate（不幸な） 2 dishonest（不正直な） 3 independent（独立した） 4 illogical（非論理的な） 5 immortal（不滅の） 6 irregular（不規則な） 7 abnormal（異常な） 8 nonprofessional（素人の）または unprofessional（専門家らしくない） 9 extraordinary（並みはずれた） 10 ignoble（不名誉な）

〔**14**〕 (1) laid (2) lies (3) lay (4) lain (5) laying（メイドはテーブルにクロスを掛けているところだった） (6) lying（彼は本を読みながらソファーに横になっていた） (7) lying（ソファーに横になりたい）〔feel like ～ing ⇨ p. 455〕 (8) lay ; laid（本は、テーブルの上の、前夜私が置いたところに置いてあった）

〔**15**〕 (1) pulled (2) visit（多くの友人がときどき訪ねてきてくれた） (3) killed (4) heard（騒音のため［自分の言うことが人に聞かれるようにする→］自分の声を聞こえさせることができなかった） (5) fear（彼の勇気のため敵は彼を恐れた） (6) feared（彼の勇気のため彼は敵に恐れられた） (7) makes（いつも子供を［強制的に］従わせる） (8) lets（ふつう子供をしたいようにさせる） (9) got（友達をその計画に同意させた）

〔**16**〕 (1) say (2) tell (3) talk（授業中はおしゃべりをするな） (4) speak ; spoken（話しかけられるまで話してはいけない） (5) tell ; said (6) talks (7) speak (8) speak (9) say (10) say

〔**17**〕 (1) ○ (2) × (3) ○ (4) ○ (5) × (6) × (7) × (8) ○ (9) ○ (10) ×

〔**18**〕 (1) wears (2) put on (3) wearing (4) putting on (5) had

〔**19**〕 (1) pleased (2) excited（聴衆はますます興奮した） (3) tiring（［疲れさせる→］骨の折れる仕事） (4) drowning（溺れ［かかってい］る者はわらをも［つかもうとする→］つかむ） (5) exhausted（くたくたに疲れさせた） (6) refreshing（［元気を回復させる→］清涼飲料） (7) refreshed（これを飲めばさっぱりするでしょう） (8) puzzling（［困らせる→］不可解な問題） (9) puzzled（［困惑させられた→］困惑した表情でそれを見つめた） (10) absorbed（［夢中にさせられて→］読書に没頭していた）

〔**20**〕 (1) Being → It being〔文法的にはこのように訂正するが，この文は，ふつうは **As** it was very warm, he ... または（さらに口語的な形として）It was very warm, **so** he ... のように言う。次の (2) も同様である。〕 (2) Being → There being（バスが通っていなかったので）〔⇨ p. 612〕 (3) considering → considered（［すべての事が考慮されたら→］事情をすべて考慮すれば）〔= When (*or* If) all things are considered〕 (4) it was thrown aside → I (*or* he, *etc*.) threw it aside（本を読み終えて［しまったので］わきに置いた） (5) Seeing → Seen（少し離れたところから見［られ］たならば，それは人間の顔のように見えた）〔< When it was seen ...〕 (6) having finished → having been finished（仕事が［終えられた→］終わったので，散歩に出かけた）〔< As the work had been finished, ...〕（または Having finished the work〔< As he had finished the work〕としてもよい） (7) → ..., I (*or* he, *etc*.) found the door wide open（夜遅く帰宅したら，ドアが開けっぱなしになっていた） (8) Living as I am → Living as I do（なにしろこんなに町から遠く離れたところに住んでいるので，訪れてくる人もめったにいない）

〔**21**〕 (1) talking（お話できて楽しかったです） (2) to lend（私に本を貸すことを拒んだ） (3) doing (4) sharpening（この鉛筆は削る必要がある） (5) to give ; smoking（たばこをやめることを決心した） (6) having ; to help（私を助けてくれると約束したことを否定した） (7) being ; to avoid ; meeting（彼女は彼といっしょにいるのがいやだったので，彼に会うのを避けようとした） (8) to hearing（お便りを楽しみに待っています） (9) to walking（長距離を歩くことに慣れている） (10) to talk（急いでいたので，立止まって彼女と話をすることはしなかった） (11) to post（明日この手紙を投函するのを覚えていなけ

ればならない）　(12) to ring（電話はまだ鳴らない。彼は電話をかけるのを忘れてしまったにちがいない）

〔**22**〕　(1) Instead of（彼は勉強するかわりに［勉強しないで］時間を空費している）　(2) Thanks to（彼が手伝ってくれたおかげで，仕事を間に合わせることができた）　(3) except for（パトロール中の警官のほかは通りには人影はなかった）〔⇨ p. 500〕　(4) in spite of（努力したにもかかわらず失敗した）　(5) for want of（資金不足のために事業に失敗した）　(6) by way of（シベリア経由でヨーロッパへ行った）　(7) due to（事故は彼の不注意な運転のために起った）　(8) in honor of（客員教授のために晩餐会を催した）　(9) in terms of（彼はすべてのことを金銭という見地で［金に換算して］見る；彼はなんでも金本位に考える）　(10) by means of（思想は言葉によって表現される）

重 要 問 題 解 答

1. (1) a) (2) c) (3) a)

〔注〕 (1) a)「彼は病気になった」〔SVC〕 b)「彼は一生懸命働いた」〔SV〕 c)「彼は速く走った」〔SV〕 (2) a)「彼女は嬉しそうに微笑んだ」〔SV〕 b)「彼女は素早く向きを変えた」〔SV〕 c)「彼女はかわいらしく見えた」〔SVC〕〔-ly はふつう副詞をつくる接尾辞であるが, lovely は形容詞。⇨ p. 282〕 (3) a)「彼らは彼におもちゃを買ってやった」〔SVOO〕 b)「彼らは彼を天才だと思った」〔SVOC〕 c)「彼らは彼をうそつき呼ばわりした」〔SVOC〕

2. (1) — ⟨c⟩ 〔SVOC〕 (2) — ⟨e⟩ 〔SV〕 (3) — ⟨b⟩ 〔SVC〕 (4) — ⟨d⟩ 〔SVOO〕 (5) — ⟨a⟩ 〔SVO〕

〔注〕 (1)「捕虜を釈放した」 (2)「われわれは生きるために食べる」 (3)「一生涯貧乏のままだった」 (4)「少女に人形を作ってやった」 (5)「子供は外の暗やみに出ていくことをこわがる」 ⟨a⟩「彼が言ったことを理解した」 ⟨b⟩「その企ては結局失敗した」 ⟨c⟩「突然足もとの地面が激しく揺れるのを感じた」 ⟨d⟩「君たちめいめいになにかいい物を買ってあげよう」 ⟨e⟩「彼はしばらく待った」〔a moment は副詞用法（= *for* a moment）〕

3. (1) — ⟨d⟩ 〔S V O O〕 (2) — ⟨e⟩ 〔S V O〕 (3) — ⟨a⟩ 〔S V O C〕 (4) — ⟨b⟩ 〔SVC〕 (5) — ⟨c⟩ 〔SV〕

〔注〕 (1)「母親にパンを一切れか二切れ切ってあげた」 (2)「彼がそれによって何を意味したのかは, 誰にもわからなかった」〔倒置文。⇨ p. 589 《4》〕What he meant by that は倒置された目的節。 (3)「だれでも自分の荷物〔負担〕がいちばん重いと考える」 (4)「私たちの夢は遠からず実現するだろう」 **before long** = soon (5)「岸から遠くないところに, 人が二人乗ったボートが浮かんでいた」〔a boat が S で, was が V〕 ⟨a⟩「たがいに相手を感じのいい人だと思った」 ⟨b⟩「彼は非のうちどころのない紳士であるようにみえる」 **every inch**「どこからみても；全く」 ⟨c⟩「強盗は手に金を持って逃げ去った」〔倒置文。⇨ p. 589 《3》〕 ⟨d⟩「私のリストに記された品物を速達で送ってください」 **by express**「急行〔速達〕で」 ⟨e⟩「自然を愛する人々を自然はお返しに愛する」 **in return**「お返しに, 返礼として」〔倒置文。⇨ p. 589 《4》〕

4. (1) (a)「彼は早く現われた（やってきた）」〔SV〕 (b)「彼は金持ちのようにみえた」〔SVC〕 (2) (a)「その本はよく売れる」〔SV〕 (b)「その赤ん坊はよくなった」〔SVC〕 (3) (a)「彼女は盗まれた財布を見つけた」〔SVO〕 (b)「彼女は財布が盗まれたことに気が付いた」〔SVOC〕 (4) (a)「彼は彼女が貸してくれた本をとてもおもしろいと思った」〔SVOC〕 (b)「彼は彼女が貸してくれた本を机の上に見つけた」〔SVO〕 (5) (a)「彼女はその子供に呼びかけた」〔SV〕 (b)「彼女はその子供を呼び入れた」〔SVO〕〔(a) の called は自動詞で, to は前詞置。したがって目的語が代名詞でも She called *to* him. の語順は変わらない。(b) の called は他

動詞で, in は副詞。目的語が代名詞ならば語順は She called him *in*. になる。⇨ p. 21〕　(6)　(a)「私は毎晩彼が歌うのを聞く」〔SVOC〕　(b)「彼は毎晩歌うとのことです」〔SVO〕〔(b) I hear *that* he sings ... の that はよく省略されるが, hear の目的語は that が導く名詞節 (... ということ) である〕　(7)　(a)「彼女は自分のためにお茶を入れた」〔SVOO〕　(b)「彼女は自分でお茶を入れた」〔SVO〕〔(a) herself は再帰目的語〔⇨ p. 151〕で, この文は She made some tea *for herself*. と言い換えられる。(b) の herself は強調用法〔⇨ p. 154〕で, She *herself* made some tea. の語順をとることもある〕　(8)　(a)「彼女は幸福だった」〔SVOC〕　(b)「さいわい私は彼女を見つけた」〔SVO〕

5.　(1)「花を愛する人は幸せである」〔SVC〕〔倒置文〕〔⇨ p. 589〕で, S = man, V = is, C = happy〕　(2)「嵐のあとに凪(なぎ)が来る〔雨降って地固まる〕」〔SV〕〔これも A calm (S) comes (V) after a storm. の倒置文。after a storm は副詞句〕　(3)「だれでも手の届く書物の中に, 世界のすべての英知がある」〔SV〕〔S = wisdom, V = is, In books は副詞句。within reach of everyone は「書物の中, すなわちすべての人の手の届くところに」のように, In books と同格的に置かれた副詞句〕　(4)「成功とは熱意を失わないで失敗を重ねることである」〔SVC〕〔これは be ～ing の進行形ではなく, going は動名詞で補語。⇨ p. 444〕　(5)「楽しみながら学ぶことは決して忘れない」〔SVO〕〔関係代名詞 what が導く名詞節を forget の目的語で, 強意的に前に置かれた形〕　(6)「自分にされることを, 子供は社会にするだろう」〔SVO〕〔do の目的語である what 節が前に出た形〕　(7)「一人ひとりの人間が他の人々と仲よく暮らすことができるようになるかどうかにこそ, 人類と世界の未来はかかっている」〔SV〕〔S = future, V = depends。これも the future ... depends on the ability ... が倒置された形。depend on ～ (～に依存する) の depend は自動詞で, on ～ は副詞句。the ability ... to learn to ～ (～することを学ぶ〔各個人の〕能力) learn to ～「～することを学ぶ, ～することができるようになる」〕

6.　(1)⑴ to these questions (形容詞句)〔answers を修飾〕　⑵ at the end (副詞句)〔find を修飾〕　⑶ of this book (形容詞句)〔end を修飾〕(これらの問の答えは, この本の末尾にある)　(2)⑴ for young people (副詞句)〔was founded を修飾〕　⑵ with a passion (形容詞句)〔people を修飾〕　⑶ for learning (形容詞句)〔passion を修飾〕(この学校は学問に対する情熱をもった若者たちのために創立された)　(3)⑴ to town (副詞句)　⑵ with a friend (副詞句)　⑶ of hers (形容詞句)　⑷ at a department store (副詞句)〔do (some shopping) を修飾〕　⑸ in the center (形容詞句)〔a department store を修飾〕　⑹ of the city (形容詞句)〔center を修飾〕(昨日の午後僕の姉さんは, 市の中央にあるデパートで買い物をするために, 友達と街に出かけた)

7.　(1)　形容詞句 (talented)〔→ a talented man (才能ある人)〕〔*cf.* a man of ability = an able man (有能な人)〕　(2)　形容詞句 (wealthy)〔→ a very wealthy man (大金持ち, 大富豪)〕　(3)　副詞句 (easily) (やすやすと)　(4)　副詞句 (unsuccessfully) (うまくいかないで) (彼女を説得しようとしたが成功しなかった)　(5)　副詞句 (accurately) (正確に)

8.　(1)　(a) 形容詞句 (京都行きの〔列車〕)　(b) 副詞句 (京都に向かって〔出発し

た]）　(2) (a) 名詞句（次の日曜日 [は]）(b) 副詞句（次の日曜日 [に]）　(3)
(a)（両方とも）形容詞句（手の中の [1 羽の鳥は] やぶの中の [2 羽に値する]；
明日の百より今日の五十）(b)（両方とも）副詞句（揺りかごの中で [覚えたこと
は] 墓場まで [身についている]；雀百まで踊り忘れず）　(4) (a) 副詞句（コート
を着ないで [出かけた]）(b) 形容詞句（コートを着ていない [あの人はだれです
か]）　(5) (a) 名詞句（[この本に] 3 年を [費した]）(b) 副詞句（= for three
years）（[この大学で] 3 年間 [学んだ]）　(6) (a) 副詞句（= for ten miles）
（[北へ] 10 マイル [歩いた]）[walk は自動詞] (b) 名詞句（[1 日に] 10 マイル
[進んだ]）[cover は他動詞（[ある距離] を行く）]　(7) (a) 副詞句（いなかに住
んでいるので [町へはめったに出ない]）〔分詞構文 ⇨ p. 435〕(b) 名詞句（[町に
住むことよりも] いなかに住むこと [を好む]）(c) 形容詞句（いなかに住む
[人々はときどき町へ出る]）　(8) (a) 形容詞句（いい加減に読まれた [本はすぐ
に忘れ去られる]）（= *which are* read carelessly）〔⇨ p. 430〕(b) 副詞句（[ある
本は] いい加減に読まれたならば [益よりも害を多く及ぼす]）（= if they are
read carelessly）〔過去分詞を用いた分詞構文〕

9. (1) (a) 名詞節（彼が明日来るかどうかわからない）〔if = whether ⇨ p. 527〕(b)
副詞節（彼が明日来れば僕は外出しない）　(2) (a) 形容詞節；名詞節（彼が欠席
した理由は病気だ）〔why は関係副詞 ⇨ p. 218；that は「補語」の名詞節を導く接
続詞 ⇨ p. 526〕(b) 名詞節（なぜ彼が昨日欠席したか知っていますか）〔why は疑
問詞で, know の目的語になる名詞節を導く〕　(3) (a) 名詞節（彼が同意するかど
うかはまだ疑わしい）〔⇨ p. 526〕(b) 副詞節（彼が同意しようがしまいが, 私は自
分の計画を実行する）〔⇨ p. 534〕　(4) (a) 副詞節（彼は何をしようとも, 成功す
る）(b) 名詞節（彼は, 彼がするいかなることにおいても成功する）〔whatever は
前置詞 in の目的語になる名詞節を導く〕〔⇨ p. 224〕　(5) (a) 形容詞節（彼が来る
正確な時間を知らない）〔when は関係副詞〕〔⇨ p. 219〕(b) 名詞節（彼が正確
にいっていつ来るのか僕は知らない）〔when は間接疑問で用いられた疑問副詞〕〔⇨
p. 62, 190〕(c) 副詞節（彼が来たとき具体的に何をすればいいのか僕は知らない）
〔when は接続詞〕〔⇨ p. 528〕〔(b), (c) で exactly が動詞を修飾する関係（正確
には知らない）も成り立ちうる〕　(6) (a) 形容詞節（それはだれもが知っている
事実だ）〔that は関係代名詞〕(b) 名詞節（だれもがそれを知っているということ
は事実だ）〔that は形式主語 It の内容を表わす名詞節を導く接続詞〕〔⇨ p. 144〕
(c) 名詞節（君はだれもがそれを知っているという事実を認めなければならない）
〔that は「同格」の名詞節を導く接続詞〕〔⇨ p. 526〕

10. (1) 名詞節（It is natural *for him to get angry*.）〔that は接続詞で, 形式主語
It の内容を表わす名詞節を導く〕〔⇨ p. 144〕　(2) 形容詞節（He has no house
to live in.）〔that は関係代名詞〕〔⇨ p. 208〕　(3) 名詞節（I wished *him to go
instead of me*.）〔that は接続詞で, 他動詞の目的語になる名詞節を導く〕〔⇨ p.
526〕（私は彼が私の代わりに行ってくれることを願った）　(4) 名詞節（Is there
any possibility *of his winning*?）〔that は接続詞で「同格」の名詞節を導く〕〔⇨
p. 528〕（彼が勝つ可能性はありますか）　(5) 副詞節（He left so early *as to be
in time for the first train*.）〔that は「結果」を表わす副詞節を導く接続詞〕〔⇨ p.
537〕（彼は非常に早く出かけたので始発列車に間に合った）　(6) 副詞節（He left

early *so as to be in time for the first train*.）〔so that は「目的」を表わす副詞節を導く群接続詞〕〔⇨ p. 536〕（始発列車に間に合うように早く出かけた）　(7) 名詞節 (He insisted *on my accepting the offer*.）（彼は，私がその申し出を受け入れるようにと，あくまで言い張った）〔⇨ p. 393〕　(8) 名詞節 (He was proud *of his son having passed the examination*.）〔that の用法については ⇨ p. 43†。動名詞を用いた書き換えについては ⇨ p. 448〕　(9) 名詞節 (The news *of the safe return of the astronauts* delighted everyone.）〔that は「同格」の名詞節を導く接続詞〕（宇宙飛行士たちが無事に帰還したというニュースは皆を喜ばせた）　(10) 形容詞節 (The story *told by him the other day* was very amusing.）〔that は関係代名詞〕（彼が先日した話はとてもおもしろかった）

11.　(1) 名詞句 (I promise *that I will not do it again*.）　(2) 副詞句 (He worked hard *so that he could win the prize*.）　(3) 名詞句 (I doubt *that* (or *if*) *this report is true*.）（私はこの報告の真実性を疑う）〔that か if かについては ⇨ p. 349〕　(4) 名詞句 (Do you know *who wrote this book*?）　(5) 副詞句 (*Though she is* [*very*] *beautiful*, she is not a good actress.）（彼女は〔とても〕美しいが，いい女優ではない）〔with all 〜 = in spite of 〜 ⇨ p. 535〕　(6) 副詞句 (*Though he* [*has*] *failed recently*, he is still hopeful.）　(7) 副詞句 (The mother wept *when she saw her long-lost child*.）〔at the sight of 〜「〜を見て」，long-lost「長いあいだ行方不明だった」〕　(8) 副詞句 (*As he was in poor health*, he could not work hard.）（健康がすぐれなかったので，根を詰めて働くことができなかった）〔owing to 〜 = because of 〜 ⇨ p. 498〕　(9) 副詞句 (He is afraid to speak *for fear that he should make errors*.）（彼は間違いを犯しはしないかと，話すのがこわかった）〔⇨ p. 537〕　(10) 副詞句 (*If it were not for water* (or *If there were no water*), no living thing could exist.（水がなかったならば，いかなる生物も存在することはできないだろう）〔but for 〜 = without 〜 ⇨ p. 470〕

12.　(1) (a)「彼が成功しますように」（願望文）(b)「彼は成功するかもしれない」（平叙文）　(2) (a)「彼はどんな人ですか」(b)「彼はなんと親切な人だろう」　(3) (a)「君の家から駅まではどれくらい距離がありますか」(b)「君の家から駅まではなんと遠いのでしょう」　(4) (a)「どうしたのですか」〔= What's wrong with you?〕(b)「どうかしたのですか」〔= Is anything wrong with you?〕　(5) (a)「映画を見に行こう」(b)「映画を見に行かせてください」〔(b) は (a) と同じ意味ででも用いられる〕

13.　(1) — (ロ)〔⇨ p. 59〕　(2) — (チ)〔⇨ p. 163〕　(3) — (ニ)（ここに座ってもいいですか — ええ，どうぞ）〔⇨ p. 56〕　(4) — (ハ)（紅茶をもう一杯お入れしましょうか — ええ，お願いします）〔**help 〜 to ...**「〜（人）に …（料理・飲み物などを）とって（よそって，ついで）あげる」**certainly**「（返事に用いて）もちろんです；いいですとも；かしこまりました」〕　(5) — (リ)〔⇨ p. 163〕　(6) — (ヌ)〔⇨ p. 163〕　(7) — (イ)　(8) — (ト)　(9) — (ヘ)〔**come to an end**「終わる」**I hope so** ⇨ p. 593〕　(10) — (ホ)〔'd は had, would, should の縮約形。**would like to** (do) ⇨ p. 390〕

14.　(1) How many students were present at the meeting?（会には何人の学生

が出席していましたか）　(2) How long have you been waiting here?　(3) How far is it from here to the station?　(4) What time did you go to bed last night?　(5) How many times have you been to Paris? （パリには何度行ったことがありますか）〔⇨ p. 371〕　(6) How soon will the train leave?〔⇨ p. 191〕　(7) Which do you like better, tea or coffee?〔⇨ p. 189〕　(8) Why were you absent from school?　(9) Does Mr. Smith give you lessons in English?　(10) Is London the capital of France (Germany, *etc.*)?　(11) Who is he?　(12) What is he?〔⇨ p. 188〕　(13) Where do you think he was born?〔⇨ p. 63〕　(14) Who did you talk with? (*or* With whom did you talk?)

15. (1) *Do you know* when he will come?〔⇨ p. 62〕　(2) Where *do you think* she wanted to go?　(3) *Can you tell me* who the boy is?　(4) *I don't know* what is the matter with him.　(5) *Did he say* which he liked better? （彼はどちらのほうが好きなのか言いましたか）/ Which *did he say* he liked better? （どちらのほうが好きだと彼は言いましたか）　(6) *No one knows* whether he is alive or dead.〔⇨ p. 565〕

16. (1) Everybody desires peace and happiness. （平和と幸福を望まない者がいようか→だれでも平和と幸福を望む）　(2) Nobody cares.〔⇨ p. 61〕　(3) What would I not do to help you? / Is there anything that I would not do to help you? （君を助けるためにはなんでもする→君を助けるためにしないことがあろうか）　(4) How glad she will be to see you again!　(5) Hurry up, and you will catch the train.〔**make haste** (急ぐ) は文語的または古風。口語的には **hurry** 〔**up**〕がふつう〕

17. (1) 〔単文〕In spite of (*or* For all, With all) his wealth, he is unhappy.〔複文〕Though he is wealthy, he is unhappy.〔⇨ p. 535〕　(2) 〔単文〕Because of (*or* On account of, Owing to) 〔his〕 illness, he could not go out.〔⇨ p. 48〕Illness prevented him from going out.〔⇨ p. 71〕/ Being ill, he could not go out.〔⇨ p. 437〕〔重文〕He was ill, and (*or* so, and so) he could not go out.　(3) The problem was too difficult for him to solve.〔⇨ p. 419〕　(4) This story is short enough for us to read in a day.〔⇨ p. 538〕　(5) Start at once, or you will miss the train.〔⇨ p. 74〕　(6) I expect that he will come tonight.〔⇨ p. 663〕　(7) I am sure that he will accomplish the task by tomorrow.〔⇨ p. 72 †〕　(8) It is (*or* It's been) five years since she died. / Five years have passed since she died.〔⇨ p. 371〕　(9) She is said to have been beautiful in her youth.　(10) That he died at so young an age is greatly to be regretted. / It is greatly to be regretted that he 〔should have〕 died so young. （そんなに若くして彼が死んだことはまことに残念だ）

18. (1) stone　(2) good weather　(3) bags　(4) fun　(5) fruit　(6) Coal is　(7) room （彼の仕事には改善の余地がある）　(8) is （彼の家は大家族です）　(9) the Edison 〔「日本のエジソン」は唯一の人間を表わす〕　(10) a Newton 〔「天文学におけるニュートンのようなすぐれた学者」は一人に限定されない〕

19. (1) 集合名詞（景色）→ There *is* a lot of beautiful *scenery* in Japan.〔肯定文なので much ではなく a lot of がふつう。⇨ p. 251〕　(2) 抽象名詞。an advice

→ a *piece of* advice　(3) pencil 普通名詞，chalk 物質名詞，hand 普通名詞。a chalk → a *piece of* chalk　(4) bread 物質名詞，baker 普通名詞。two breads → two *loaves of* bread〔loaf は「ひと塊(ﾂﾌﾞﾔ)，1個」⇨ p. 94〕　(5) Shakespeare 固有名詞，number 普通名詞，poetry 集合名詞（詩）。poetry → poems　(6) team 集合名詞，player 普通名詞。are → is（そのチームは10人の選手から成る）　(7) information 抽象名詞，matter 普通名詞。a useful information → a useful *piece of*（*or* a piece of useful）information　(8) work 抽象名詞，afternoon 普通名詞。several works → several *pieces of* work〔⇨ p. 100〕　(9) wine 物質名詞，dinner 普通名詞。a wine → 〔a *glass of*〕wine　(10) English 固有名詞，people 集合名詞。→ *The* English are said to be *a* practical people.（イギリス人は実際的な国民であると言われている）〔総称的な the English については ⇨ p. 232〕

20. (1) pride ; allow（彼女は自尊心が強いので助けを求めはしなかった）　(2) survival（問題はいかにして生き残るかというものだった）　(3) behavio[u]r ; good（その子はとても行儀よく振舞った）　(4) some ; improvement（君の英語はいくらか進歩した）　(5) anxiety : awake（その結果が心配で彼は眠れなかった）

21. (1) monkeys　(2) enemies（敵）　(3) oxen（雄牛）　(4) axes（おの）　(5) arches（アーチ）　(6) stomachs（胃）　(7) proofs（証拠）　(8) leaves（葉）　(9) heroes（英雄）　(10) pianos　(11) mice（ねずみ）　(12) crises（危機）　(13) phenomena（現象）　(14) Japanese　(15) passers-by（通行人）

22. [-z] ── (2) (4) (5) (8) (12) (13)
　　　 [-s] ── (1) (10) (11) (14) (15)
　　　 [-iz] ── (3) (6) (7) (9)
(2) bomb [bɑm]（爆弾）　(8) clothes（着物）と cloths（布）の区別に注意。〔⇨ p. 109〕　(10) epoch（時代）の -ch [k] を間違えないように。〔⇨ p. 104 †〕　(11) months と (12) mouths の -ths の発音の区別は正しくできなければならない。〔⇨ p. 103〕

23. (1) has（あらゆる手段が試みられた）　(2) have〔every は単数，all は複数〕　(3) is　(4) are　(5) is　(6) is　(7) pence（この本はたった6ペンスだった）〔cost-cost-cost で，ここは costs になっていないので過去形〕　(8) pennies

24. (1) deers → deer, sheeps → sheep　(2) hundreds → hundred　(3) trouser is → trousers are（彼のズボンはすりきれている）　(4) five shoes → five pair[s] of shoes　(5) teen → teens（まだ十代）　(6) hand → hands（握手して別れた）　(7) term → terms（彼女と仲が悪い）　(8) friend → friends（仲直りする）

25. (1) (a)「彼は返事を書くべき手紙がたくさんある」 b)「彼には多くの文人の知合いがいる」　(2) a)「彼はぶどう酒を5杯飲んだ」 b)「彼はめがねをかけていなかった」　(3) (a)「彼は背中がひどく痛んだ」 b)「彼は大いに骨を折ってその仕事をした」　(4) a)「彼はいつも元気旺盛だ」 b)「彼は高潔な精神の持主だ」

26. (1) (a)「母親ねこ」 (b)「そのお母さんのねこ」　(2) (a)「ある婦人の自転車」 (b)「婦人用自転車」　(3) (a)「男友達」 (b)「その少年の友達」 (c)「その少年たちの友人たち」　(4) (a)「ジャックとヘンリーの〔共有する一台の〕ラジオ」 (b)「ジャックのラジオとヘンリーのラジオ」 (c)「ジャックとヘンリーの〔共有

する複数台数の〕ラジオ」　(5)　(a)「難民問題」　(b)「その難民の〔かかえている〕問題」　(6)　(a)「カールについての公正な批判」　(b)「カールによる公正な批判」　(7)　(a)「この犬は僕のお母さんより大きい」　(b)「この犬はお母さんの犬より大きい」

27. (1) 主語関係を表わす。(友人の成功を喜んだ ― 友人が成功したこと)　(2) 目的語関係を表わす。(急いで友人の救助に行った ― 友人を救う)　(3) 主語関係を表わす。(先生の生徒に対する処罰は軽かった ― 先生が生徒を罰する)　(4) 目的語関係を表わす。(教育委員会によるその先生の処罰は軽かった ― 教育委員会が先生を罰する)　(5) 主語関係を表わす。(子供たちの安全を心配した ― 子供たちが安全であるかどうか)　(6) 所有関係を表わす。(子供たちの玩具を片づけた ― 子供たちの所有する玩具)　(7) 作者関係を表わす。(子供たちの絵に失望した ― 子供たちがかいた絵)　(8) 目的・用途を示す。(図書館には児童図書がたくさんある ― 子供たちのための本)　(9) 目的語関係を表わす。(図書館には子供の教育に関する本がたくさんある ― 子供を教育する)

28. (1) the tree's top → the top of the tree (その木の頂きに鳥が1羽とまっている)　(2) the house of Paula → Paula's house　(3) year's → years' (10年ぶりに)　(4) girl's school → girls' school (女学校)　(5) Lady's → Ladies' (婦人用日がさ)　(6) Tom → Tom's〔Tom and Mary's shoes は「トムとメアリーの〔共有する〕靴」の意〕　(7) barber → barber's (床屋で)　(8) This my father's overcoat → This overcoat of my father's　(9) my fathers → my father's　(10) uncle → uncle's (おじさんの家に)

29. (1) daughter　(2) aunt　(3) heroine〔heroin は「ヘロイン (麻薬)」〕　(4) cow　(5) bridegroom (花むこ)　(6) widower (男やもめ)　(7) niece　(8) mistress　(9) lady　(10) monk [mʌŋk] (修道士, 僧)

30. (2), (4), (6), (7)〔(2) heiress (女子相続人) の発音は [éərəs]。h を発音しないように〕

31. (1) mine　(2) him　(3) him　(4) me (彼女が会いたがっているのは私ではない)〔⇨ p. 621〕　(5) his　(6) I ; ourselves (その部屋を二人で占有した)　(7) me　(8) myself ; him (私は彼よりもむしろ自分を責める)　(9) me ; hers (ここだけの話だが, 彼女のあのおじさんは好きじゃない)　(10) itself (ひとりぼっちにされて, 赤ん坊は泣き出した)〔leave ～ to oneself = leave ～ alone〕

32. (1) they　(2) ourselves　(3) it (とても楽しく過ごした)　(4) hers　(5) itself (富それ自体を尊い目的と考えがちだ)　(6) my　(7) itself (彼女は親切そのものだ)　(8) themselves　(9) itself (その意味は, ほとんど自明であるほどに明らかだ)　(10) his〔... he gave her *his* (= his present) の省略文〕(彼女は彼に, 彼は彼女に, 贈り物をおくった)

33. (1) I → me　(2) This his garden → This garden of his　(3) me → mine　(4) you → yours　(5) me → mine, absented → absented himself　(6) you → yourself　(7) seated → seated himself (または seated → sat)

34. (1) It is very kind of you to say so.　(2) It seems that he is rich.　(3) It was believed that he was honest.　(4) It is (*or* It's been) five years since they married.　(5) It will not be long before he arrives here.　(6) It happened that there was no one in the room.（たまたま部屋にはだれもいなかった）　(7) It would be better (*or* advisable) for you not to let him know the truth.　(8) It was very diffcult for them (*or* They found it very diffcult) to solve the problem.

35. (1) (a)「すべての人が彼を助けた」 (b)「すべての人が自分でやった（自分で取って食べた，勝手に振舞った，など）」 (2) (a)「彼女は自分のためにドレスを作った」 (b)「彼女は自分でドレスを作った」

36. (1) these（そのうちに，近いうちに） (2) that（彼は間違いをする，それもしょっちゅうだ） (3) those（出席者に深い感銘を与えた） (4) This（こちらは太郎です）〔電話のきまり文句で，this は，この表現では自分を指すが，相手を指すこともある： Who is **this** (*or*《英》**that**)? （どちら様ですか）〕 (5) this（私が言いたいのはこのことです ― 彼は常にあなたの誠実な友でした）

37. (1) that (2) those (3) same（今朝の彼の状態は，昨夜とほぼ同じだ） (4) Such（こういった本は益よりも害を多く及ぼす）〔**Such** books **as** these = Books **such as** these〕 (5) this ; that（仕事と遊びはともに健康にとって必要である。遊びはわれわれに安息を与え，仕事は活力を与える） (6) such（彼の振舞いはとてもひどいものだったので皆に嫌われた） (7) those（天は自ら助くるものを助く） (8) such（私は学生なので，学生として扱われることを期待する） (9) So (10) Neither

38. (1) than a man → than *that of* a man (*or* than a man's) (2) that of a devil → *those* of a devil（彼女は見かけは天使のようだが，その行為は悪魔のものだ） (3) like him → as he〔such がなければ like him のままで正しい〕 (4) Neither was I. → Neither *did* I.

39. (1) (a)「君は行かなければならない」―「君もだ」 (b)「君は行かなければならない」―「その通りです」 (2) (a)「僕は遅刻してしまったらしい」―「僕もだ」 (b)「僕は遅刻してしまったらしい」―「その通りだよ」

40. (1) his (2) his (3) any other (4) both（道路は両側に観衆が並んでいた） (5) None（ばか以外はだれもそれを信じないだろう） (6) anything（彼女にどこか具合が悪いのか尋ねた） (7) anything（決して快適ではなかった） (8) they

41. (1) one（車が欲しいが，買うだけの余裕がない） (2) it (3) another（もう1台買いたい） (4) another（金があるということと幸福であるということは別問題） (5) any (6) some ; any (7) other (8) another（あと2週間すれば）

42. (1) anything (2) none (3) any (4) nothing (5) none (6) another (7) All

43. (1) it → one (2) any → either（どちらでもかまいません） (3) either → any (4) Your both hands → Both your hands (5) too → either (6) → Neither of the statements is true.（その陳述はどちらも真実ではない） (7) → Nobody knew the truth. (8) anybody → everybody（すべての人に気に入られることはできない〔部分否定〕）

44. (1) nothing（彼は臆病者にすぎない） (2) anything（決して臆病者ではない） (3) all (4) none (5) Some (6) Neither ; was

45. (1) (a)「これらのうちいくつか取ってよろしい」 (b)「これらのうちどれでも

取ってよろしい」　(2)　(a)「少年は家である鳥を飼っている」(b)「少年は家で幾羽か鳥を飼っている」　(3)　(a)「どんなことも彼女をこわがらせはしなかった」(b)「なんでもないことでも彼女をこわがらせた」(c)「どんなことでも彼女をこわがらせた」　(4)　(a)「彼らのどちらも死んでいなかった」(b)「彼らのどちらかは死んでいた」(c)「彼らのどちらも死んでいた」

46. (1) What　(2) How（この語はどう綴りますか）　(3) What　(4) Who（スミスさんてだれ？　君の先生？）　(5) What（スミスさんてなにしてる人？　弁護士？）　(6) Whose〔⇨ p. 187〕　(7) What　(8) What（なぜ町へ行きたいのかね）

47. (1) how　(2) what（彼はそれを何で開けるのか知らない）　(3) where　(4) how　(5) which（メアリーがどっちのほうへ行ったかわかりますか）　(6) why　(7) how（あとどれくらいでそれを終えることができるかね）　(8) what〔⇨ p. 145〕

48. (1)「何を運び込んだのか」　(2)「その中に何を入れて運んでいたのか」　(3)「それを何に入れて運んでいたのか」　(4)「何のためにそれを運び込んだのか」〔それぞれ疑問詞 what は，次のような応答文における下線語に相当する要素になっている。(1) I carried in a chair. (2) I carried some books in it. (3) I carried it in a bag. (4) I carried it in for the party.〕

49. (1) who　(2) whom〔cf. I believe *him* to be honest. ⇨ p. 205〕　(3) whoever〔= anyone who〕　(4) that〔⇨ p. 204〕　(5) what（この学校はもはや以前のようなものではない）〔⇨ p. 211〕　(6) which〔⇨ p. 218 †〕

50. (1) that（戦で死んだ人馬は数知れなかった）　(2) What（彼は自分がかせぐ〔わずかな〕金をすべて酒に使う）　(3) but〔= who does not love …〕　(4) what（いわゆるりっぱな紳士）　(5) as　(6) what（彼はその学校を今日のようなものにした）　(7) that（生きている人で幸せを求めない人がいるだろうか）〔⇨ p. 61〕　(8) what（彼は持ち合わせのわずかな金をすべて彼女に与えた）　(9) as〔such ～ as〕　(10) that　(11) that　(12) what（これこそまさに私が長いあいだ求めていたものだ）

51. (1) when〔= the time when 自明の先行詞が省略された形〕（今こそ戦いを止める時だ）　(2) why〔= the reason why〕　(3) where〔= the point where〕（それが君の間違っている点だ）　(4) how〔= the way in which〕（そのようにして彼はその問題を解いたのです）

52. (1) which（私は列車で旅をしなければならなかったが，それ〔= to travel by train〕は私の大嫌いなことだった）　(2) as（彼のなまりでわかったが，彼はスコットランド人だった）　(3) which〔= and I followed *this* advice〕（そこへは徒歩で行くようにと言われたが，私はこの忠告に従った）　(4) what（そしてなお悪いことに）　(5) which〔= and she carried *this* letter in her hand〕　(6) whose〔= and *its* calm surface …〕（彼女は池をじっと見ていたが，その静かな水面が彼女の顔を鏡のように映していた）

53. (1) whom → as〔or that〕　(2) which → where〔or This is the house *in which* I lived in my early days. / This is the house〔*which* または *that*〕I lived *in* in my early days.〕　(3) all what → all〔that〕〔that はふつう省略する〕　(4) whom → who（旅に出かけて不在だと君が言った人を見かけたよ）　(5)

has → have〔that の先行詞は one ではなく events〕〔⇨ p. 211〕　　(6) that → which

54. (1) in which（芸術作品を分析する仕方はたくさんある / 芸術作品はいろいろなふうに解釈できる）　(2) in which（彼女が着ているのを彼がまだ見たことのないドレスを, 彼女は着ている）　(3) with which〔⇨ p. 207〕　(4) of which〔= ... a word *whose* meaning you are not sure about〕（意味をよく知らない単語に出合ったら, その都度辞書を引くようにしなさい）

55. (1) The building *whose* pointed roof you can see over there is our church.（向こうにそのとがった屋根が見える建物は私たちの教会です）　(2) She spoke in German, *which* language I could not understand well.　(3) They were all astonished at the rapidity *with which* he learned to speak Japanese.（〔彼が日本語を話すことを学んだ早さに→〕彼がとても早く日本語が話せるようになったことに, われわれはみな驚嘆した）〔＜he learned to speak Japanese *with rapidity* (= *rapidly*)〕　(4) Bring me the magazines *that*（または *which*）I have left in the room *where*（または *in which*）we have been talking.（私たちが話をしていた部屋に置いてきた雑誌をとってきてください）〔関係代名詞を省略した形もよく用いられる：　Bring me the magazines [*that*] I've left in the room [*that*] we've been talking in.〕

56. (1) (a)「運悪るく, 高価なカメラが盗まれた」(b)「運悪るく, そのカメラ—これは高価だったのですが—が盗まれた」　(2) (a)「彼には医者になった息子が3人いる」(b)「彼には息子が3人いたが, 彼らは医者になった」　(3) (a)「私は彼女を怒らせるようなことは何も言わなかった」(b)「私は何も言わなかったが, そのことが彼女を怒らせた」(4) (a)「彼が言うどんなことも彼女は無視する」〔Whatever は ignores の目的語になる名詞節を導く（= Anything that）〕(b)「彼が何を言おうとも, 彼女は彼を無視する」〔Whatever は副詞節を導く（= No matter what）〕

57. 1) — b)〔「同じ」の意。b)「これらの箱はだいたい同じ大きさだ」〕2) — e)〔「ある」の意。2)「しばらく」e)「〔ある距離をへだてた→〕少し離れたところに」〕3) — f)〔「一つ」の意〕4) — a)〔不特定の単数名詞を表わす〕5) — c)〔「〜につき」の意。c)「ぶどうは1ポンド〔につき〕2ドルです」（＄2 = two dollars）〕6) — d)〔総称用法。d)「トラは猛獣だ」〕

58. (1) an（遭難信号を発信した）　(2) the（私の袖をつかんだ）　(3) ×〔⇨ p. 237〕　(4) a（1年に2万ポンド近くかせぐ）〔£20,000 = twenty thousand pounds〕　(5) The ; the（ジョーンズ家では週給で召使いに給料を支払う）　(6) × ; ×　(7) an ; the〔⇨ p. 93, 94〕　(8) ×　(9) the（塩をとってもらえませんか）〔卓上にある, 特定の塩〕　(10) a ; ×〔⇨ p. 239〕

59. (1) The ; × ; ×　(2) The ; the（信濃川は日本海に注ぐ）　(3) the ; ×　(4) × ; × ; the　(5) an　(6) the

60. (1) *the* radio　(2) *a* pencil〔「鉛筆で」*with* **a** pencil, *in* pencil,「ペンで」*with* **a** pen,「インクで」*in* ink〕　(3) What is *the* name of *the* director of *the* film we saw last week?（先週私たちが見た映画の監督の名前はなんといいますか）　(4) All *the* students, *a* picnic　(5) He is too honest *a* boy to do such *a* dishonest thing. (彼はとても正直なのでそんな不正直なことはしない)〔⇨ p. 419〕 (6) so dreadful *a* crime (何が彼にこんな恐ろしい犯罪を犯させたのか) (7) too beautiful *a* sight (言葉で表わせない美しい景色)

61. (1) an European university → *a* European university (2) by a bus → by bus (3) The meat → Meat, by a pound → by *the* pound (4) the dinner → dinner (夕食は7時にとることにしています) (5) is → are (金持ちが幸せであるとはかぎらない)〔⇨ p. 233〕

62. (1) a)「時間とは何ですか」b)「何時ですか」 (2) a)「彼らは船で着いた」b)「彼らは海辺に住んでいた」 (3) a)「彼は就寝した」b)「彼はそのベッドのところへ行った」 (4) a)「彼はほんの子供にすぎない」b)「彼はひとりっ子だ」

63. (1) little (議論している時間はあまりなさそうだ) (2) a little (彼はあまりよくなっていないが、回復の見込みはいくらかある) (3) a few (席はいくらか残っていた) (4) quite a few (かなり大勢の客で混んでいた) (5) few (このあたりには友達がほとんどいないのでさびしい)

64. (1) small (2) high〔*cf.* The television set is too *expensive.*〕 (3) pleased (4) regretful (残念に思う) (5) imaginative (想像力に富んだ作家) (6) economical (経済的な) (7) desirous ; envious (彼は成功を望み、彼女の成功をとてもうらやんでいる)

65. (1)（a small black leather）handbag (小さな黒い革のハンドバッグ) (2)（both his pretty young）daughters (3)（that young Japanese nuclear）physicist (あの若い日本人の核物理学者) (4)（all these clever young English women）students (これらすべての頭のいい若い英国人の女子学生)

66. (1) satisfactory (遅刻に対する満足すべき理由を述べる) (2) mysterious (謎のような伝言) (3) monthly (4) influential (有力な人物) (5) industrial (工業国)

67. (1) a litte → little (時間は少ししか残っていない) (2) more → a larger ; any → any other (3) thirst → thirsty ; cold something → something cold (4) well → good (この料理はとてもおいしい)〔⇨ p. 17〕 (5) hundreds → hundred〔⇨ p. 266〕〔take part in ～（～に参加する）〕 (6) → He is three inches taller than me. (*or* He is taller than me by three inches.)〔正式には than I であるが、me も口語でよく用いるので、訂正の対象にはならない。→ ⇨ p. 317〕 (7) red large → large red ; ill man → sick man〔⇨ p. 258 †〕 (8) Many audiences → A large audience (大勢の聴衆がその会に出席した) (9) → He has five times as many books as I do. (彼は私の5倍もの数の本をもっている) (10) you are convenient → it is convenient for you (いつでも都合のいいときにおいでください)〔⇨ p. 148〕 (11) Many a brave soldiers were → Many a brave soldier was (*or* Many brave soldiers were)〔⇨ p. 252〕 (12) fewer → smaller (賢明な人間の数は〔予想されるかもしれない以上に→〕案外少ないものだ) (13) → ... made it impossible for him to buy it (損をし〔て金を失い〕たためにそれが買えなくなってしまった)〔⇨ p. 400〕

68. (1) forty-eight thousand, six hundred and fourteen (2) twelve million, five hundred sixty-three thousand, four hundred and fifty-two (3) one third (*or* a third)　(4) three fifths　(5) three thirty (*or* half past three)　(6) four forty-five (*or* a quarter to five)　(7) thirty degrees Centigrade　(8) two thousand〔and〕eight　(9) seven O eight one　(10) Henry the Fourth（ヘンリー4世）　(11) World War Two (*or* the Second World War)　(12) Three and four are (*or* is) seven. (*or* Three plus four equals seven.)

69. (1) a)「競馬」b)「競走馬」　(2) a)「講義に出席した学生はほんの少ししかいなかった」b)「講義に出席した学生はかなり大勢いた」　(3) a)「かなり多くの小説が出版された」b)「多くのすぐれた小説が出版された」　(4) a)「その本は少年にとってあまりためにならなかった」b)「その本は少年にとって少なからずためになった」

70. (1) much　(2) very　(3) much　(4) before　(5) hard ; hard ; hardly（彼女は彼に精いっぱい努力するよう懸命に説得しようとしたが，彼はほとんど耳を傾けなかった）　(6) still　(7) No〔No, *there wasn't* 〔*anyone there*〕. I was alone. と補って考える〕　(8) earlier　(9) late ; lately（遅刻する学生の数が最近増加している）　(10) rather（いささか退屈だった）　(11) fairly（なかなか上手に話す）　(12) Most ; highly（ほとんどの批評家がその小説を高く評価した）　(13) mostly（棚の本はほとんどが小説だった）　(14) ever（彼女が教会に行くことはまずめったにない）　(15) otherwise（すぐに出かけなさい。でないと社会科の授業に遅れるよ）

71. (1) too（なるほど年はとっていても，学べないほど年老いているはずはない）　(2) either（詩人でもなければ，哲学者でもない）　(3) so（先生も最善を尽くした）　(4) nor (*or* neither)　(5) much（彼がとても失望したことには）　(6) soon（あとどれくらいすればショーが始まりますか）　(7) long　(8) often

72. (1) no → any（または scarcely → almost）　(2) too → either　(3) couldn't → could　(4) very → much　(5) never → ever（彼女が生涯に直面したなかで最も深刻な危機だった）　(6) → Never have I felt ...　(7) → Here comes your bus.　(8) took off it → took it off

73. (1) well　(2) Probably　(3) accidentally（誤って）　(4) soon　(5) still（a) まだ明るくなっていない b) まだ暗い）　(6) seldom (*or* rarely)　(7) a) so b) enough（彼はそんな間違いを犯すほど愚かだった）　(8) ever　(9) yet（その問題はまだ未解決だ）〔⇨ p. 585〕　(10) too（彼は自尊心が強いのでそんな質問をしたりはしない）〔⇨ p. 584〕

74. (1) He is (a very kind) boy.　(2) He is (such a kind) boy.　(3) He is (too honest a) boy to tell a lie.　(4) He is (as brave a) man as ever lived.〔⇨ p. 314〕　(5) You can't imagine (how kind a) boy he is.　(6) He went skating (on the river every day last week).　(7) Please come (to my office at Kanda at nine tomorrow morning).　(8) He slept (soundly in bed nearly two hours this afternoon).

75. (1) a)「彼はいっしょうけんめいにその問題を解こうとした」b)「彼はほとんどその問題を解こうとしなかった」　(2) a)「ベルはもう鳴りましたか」〔ふつうの疑問〕b)「ベルはもう鳴ったんですか」〔驚き・意外〕　(3) a)「彼は少なからず疲れている」b)「彼は少しも疲れていない」　(4) a)「ほとんどすべての者が気絶した」

b)「すべての者がほとんど気絶しそうになった」　(5) a)「彼は子供にすぎない（ほんの子供だ）」b)「彼は一人っ子だ」c)「彼はただ一人の子供だ（子供は彼だけだ）」　(6) a)「彼女を好きなのは私だけだ」b)「私は彼女が好きなだけだ」c)「私は彼女だけが好きだ」　(7) a)「彼は飾り気なく感謝の言葉を述べた」b)「彼は，当然のことながら，感謝の言葉を述べた」　(8) a)「彼女はやさしく私に話しかけてくれた」〔kindly = in a kind way〕b)「彼女は親切にも私に話しかけてくれた」〔= It was kind of her to speak to me.〕

76. (1) more clever（彼女は聡(そう)明というより利口なのだ）〔⇨ p. 318〕　(2) the happiest　(3) happiest〔⇨ p. 325〕　(4) deepest（この湖はどこが一番深いのか）　(5) the deepest　(6) any　(7) any other　(8) latest ; last（これは彼の最新作だが，これが最後の作品とならないことを願う）

77. (1) to（彼は学識において私よりずっと優れている）　(2) by　(3) worse（二人とも不良だが，二人のうち彼のほうが程度がひどい）　(4) less（彼がうそつきだとは思わない，まして泥棒だなどとは思わない）〔⇨ p. 640〕

78. (1) earlier ; else　(2) senior ; by　(3) more（たった50人）　(4) fewer（*or* less）〔⇨ p. 311〕　(5) last（まさかここで君に会うとは思っていなかった）

79. (1) → He is two years *older* than ~（*or* He is *older* than my brother *by* two years.）　(2) cannot → can　(3) prettier → the prettier　(4) than he → to him　(5) → His salary is *higher* than a prime *minister's*（*or* than *that of* a prime minister.）　(6) later → latter, much → very　(7) than any other subjects → to any other subject

80. (1)〔原級〕No other mountain in the world is as (*or* so) high as Mt. Everest.〔比較級〕Mt. Everest is higher than any other mountain in the world. / No other mountain in the world is higher than Mt. Everest.　(2)〔原級〕No other girl in the class is as (*or* so) pretty as she [is].〔最上級〕She is the prettiest girl in the class. / She is the prettiest of all the girls in the class.　(3) Nothing is as (*or* so) dangerous as ignorance.（無知ほど危険なものはない）　(4) This is the most amusing picture that I have ever seen.　(5)〔原級〕No other boy (*or* No one) in my class speaks English as (*or* so) well as he [does]. / He is as good a speaker of English as any in my class.〔比較級〕He speaks English better than any other boy (*or* anyone else) in my class.　(6) This is twice as large as that. / That is half as large as this.　(7) The population of New York is eight times as large as that of this city.　(8) Happiness lies not so much in riches as in contentment.（幸せは富よりもむしろ満足にある）

81. (1) a)「彼女は私［が君が好きである］以上に君が好きだ」b)「彼女は僕より君のほうが好きだ」　(2) a)「僕は先生［が知っているの］と同じくらいにその学生をよく知っている」b)「僕は先生［を知っているの］と同じくらいにその学生をよく知っている」　(3) a)「僕は君より若くない」b)「僕は君より決して若くない」c)「僕は君［が若くないの］と同じく若くない」d)「僕は君に劣らず若い」　(4) a)「僕はこの町の最高の学者を知っている」b)「僕はこの町のたいていの学者を知っている」c)「彼らはとても学問のある人々だ」〔most = very〕d)「彼らは大

部分が学者だ」

82. (1) began-begun　(2) broke-broken　(3) cost-cost　(4) drew-drawn　(5) drove-driven　(6) kept-kept　(7) paid-paid　(8) sat-sat　(9) wore-worn　(10) won-won

83. (1) blew-blown　(2) flowed-flowed　(3) became-become　(4) welcomed-welcomed　(5) fell-fallen　(6) felled-felled（切り倒す）　(7) found-found　(8) founded-founded（創設する）　(9) wound-wound［waund］（巻く）　(10) wounded-wounded［wúːndid］（傷つける）

84. (1) died-dying　(2) dyed-dyeing　(3) stayed-staying　(4) studied-studying　(5) argued-arguing　(6) planned-planning　(7) skied-skiing　(8) picnicked-picnicking

85. (1), (7), (8)〔重ねないのはアクセントが前に置かれる語〕〔refér（言及する）, confér（相談する）, incúr（［危険，損害などを］招く）〕

86. (2), (5)〔omít（省く）, límit（制限する）, prófit（利益を得る）〕

87. (2)［-id］, (4)［-d］, (9)［-t］, (10)［-t］〔(5) náked［-id］（裸の）, (7) judged, ［-d］, (8) increase の -se は［s］, excuse の -se は［(名詞) -s,（動詞）-z］〕

88. (3)［e］, (5)［ɔː］, (8)［uː］〔(1)（上）［e］-（下）［ei］, (2)［ai］-［i］, (4)［ou］-［ɔː］ (6)［uː］-［ou］ (7)［au］-［uː］ (9)［ʌ］-［ɑ］ (10)［ɔ́ːr］-［-ər］

89. (1) left for　(2) wounded（致命傷を受けた）　(3) hope　(4) remembering　(5) take ; bring　(6) told us　(7) seated　(8) thinking about　(9) raise（政府が決定したのは増税だった）　(10) believe in〔⇨ p. 349〕

90. (1) drew（黒板に円を画いた）　(2) tell　(3) costs ; takes　(4) advised〔refrain from ～ing（～するのを控える）〕　(5) accepting（先約のため御招待をお受けできません）　(6) marvel[l]ed　(7) consists（水は水素と酸素から成る）　(8) rent　(9) approve　(10) forgive（もっと早くお便りしなかったことを許してください）

91. (1) → *Were* you *surprised* to hear *of* his failure?　(2) became → came　(3) → He had his hat blown off by the wind.　(4) → ... explained everything to me.　(5) enjoyed → enjoyed *myself*　(6) discussed on → discussed　(7) obey to → obey　(8) Take → Bring（来るなら昼食を持ってきなさい）〔「行くなら昼食を持って行きなさい」と解して coming → going の訂正も可〕　(9) said to → told, mention about → mention　(10) entered into → entered

92. (1) pass　(2) took　(3) keep　(4) do（嵐は作物に大きな被害を与えましたか）　(5) set〔get（set）+ O + ～ing については ⇨ p. 646〕　(6) become　(7) come　(8) make　(9) help　(10) fell

93. (1) put（今日できることを明日に延ばしてはならない）　(2) brought（育てられる）　(3) make　(4) look（調査する）　(5) do（塩なしですませる）　(6) turned（事業は結局失敗した）　(7) give　(8) get（風邪が直るのに1週間かかった）　(9) turned（来ると約束したが，まだ来ていない）　(10) look　(11) do（廃止する）　(12) put（我慢する）　(13) came　(14) look（軽べつする）

94. (1) will return　(2) returns　(3) died　(4) has been dead　(5) have passed　(6) have finished　(7) comes ; will have finished　(8) see　(9) meet　(10) gets

95. (1) will rain ; rains　(2) have (you) been doing (今までずっと何をしていたのか)　(3) lent ; had bought　(4) get ; will (*or* shall) have finished　(5) came ; had finished　(6) will have been (今度の 11 月で，彼は［10 年間死んでいたことになる→］死んで 10 年になる)　(7) will (*or* shall) have read (その小説をもう一度読めば，3 度読んだことになる)　(8) had not gone ; had left (あまり遠くまで行かないうちに財布を家に忘れてきたことを知った)

96. (1) have → did　(2) have once climbed → once climbed　(3) often saw → had often seen　(4) will have done → have done (この本，読み終えたら貸してあげるよ)〔副詞節の中では未来完了の代わりに現在完了〕　(5) since two weeks → for two weeks〔since two weeks ago とも言えるが，この言い方はふつう避けたほうがよいとされる〕　(6) will be → is　(7) Hardly I spoke → Hardly had I spoken ; than → when (*or* before) (彼に声をかけるかかけないうちに，彼は行ってしまった)　(8) hearing → listening to　(9) seeing → looking at　(10) are belonging → belong

97. 1 (has come → came)，5 (has arrived → arrived)

98. ① a)「彼は君を待っているだろうか」b)「彼にあなたを待たせましょうか」　② a)「彼は彼女を見送りに駅へ行ってきたところだ」b)「彼は彼女を見送りに駅へ行ってしまった」　③ a)「彼はどこの出身ですか」b)「彼はどこから来たのですか」　④ a)「私たちは彼が早く回復することを望んだ」b)「私たちは彼が早く回復するように望んでいたのだったが〔しなかった〕」　⑤ a)「彼女は現在までに宿題を終えてしまったでしょう」〔推量の will ＋現在完了〕b)「彼女は 6 時までに宿題を終えてしまっているでしょう」〔未来完了〕　⑥ a) b)「この冬は雪が多かった」〔a) は冬が過ぎてしまった時点において，b) はまだ冬が終わらない時点において述べられる形〕

99. (1) need (マッチはつけなくていいよ。よく見えるから)　(2) must (マッチをつけてはいけない。部屋にガスが充満しているから)　(3) can (お母さんにはどんなに感謝してもし足りない)〔⇨ p. 397〕　(4) being (そんなふうに話しかけられることには慣れていない)　(5) may have read (読んだかもしれないが，読んだ記憶はほとんどない)　(6) mustn't (そこへ入ってはいけない。「立入り禁止」という掲示がある)　(7) had to take (彼が病気になったので，病院へ連れていかなければならなかった)

100. (1) should (君がそれを知っているなんて不思議だね)　(2) may〔may を用いないで he works ともよく言う〕　(3) would (とても頑固で道理を聞き分けようとしなかった)　(4) would〔when a boy = when *he was* a boy ⇨ p. 594〕(子供のころよく川に泳ぎに行ったものだ)　(5) should (彼は私にぜひそこで泊るように言ってきかなかった)　(6) ought (こんな失礼な言い方をしてはいけない)　(7) used (私が子供の頃にはここに池があった)　(8) would (恥辱に甘んじるよりむしろ死を選ぶ)〔⇨ p. 472〕　(9) should (だれが入ってきたかと思ったらまさに話題にしていた当人だった)　(10) need (急がなくったっていいんだよ。時間はたっぷり残っているんだから)　(11) might (彼を説得しようとするなんて，柱に向

かって話しかけるようなものだ）〔⇨ p. 400〕　(12) did（来ると言ったが，ほんとに来た）〔「強意」の do〕　(13) need（あなたが代金を払う必要はなかったのに。お父様が一昨日払われてたんだから）　(14) must（夜中に雨が降ったにちがいない。道路がぬれているから〔道路がぬれているところをみると〕）

101. (1) neglect → to neglect（勉強をおろそかにしてはいけない）　(2) had not better → had better not（今彼女に話しかけないほうがいい）　(3) will → should（彼らは会が延期されるよう提案した）　(4) → No, you *need* not（いや，すぐに行かなくていいんだよ。好きなときに行けばいいんだ）　(5) → Little did I expect（まさか君にここで会うとは思っていなかったね）〔「強意」の倒置文〔⇨ p. 588〕であるがふつうの文は I *little* expected to see you. である〕　(6) → and so *did* I（彼は列車に乗り遅れたが，僕もそうだ）〔⇨ p. 163〕　(7) → Yes, it *does*（雨が降りそうですね―ええ，そうですね）〔does は it *looks like rain* の代わりに用いた代動詞〕

102. (1) should ; natural〔It is no wonder ~（~は不思議ではない），It is only natural ~（~はごく当然のことだ）〕　(2) must ; cannot（私を欺そうとするなんて彼は気でも狂っているにちがいない〔正気ではありえない〕）　(3) may（たぶん彼とは前にどこかで会ったかもしれない）〔It is possible that ~ = Possibly ~（たぶん~だ）〔⇨ p. 399 †〕　(4) should ; cannot（彼がこんな犯罪を犯すなんてありえないことだ〔犯したはずがない〕）　(5) must（途中で事故に会ったことは確実だ〔会ったにちがいない〕）　(6) needn't（行く必要はなかったのに行った〔行かなくてもよかったのに〕）

103. ① a)「彼らは何ができるか」b)「いったい彼らは何をしているのだろう」〔can は a) では「能力」（~できる），b) は「可能〔性〕」（~でありうる）を表わす。「可能」は直訳できないことが多いが，疑問文のもう一つの例：How can you be so cruel?（どうしてそんなに残酷でありうるのか→よくもそんなに残酷になれるね）　② a)「彼はその本を読まなければならない」b)「彼はその本を読んでいるにちがいない」　③ a)「彼は長生きするかもしれない」b)「彼が長生きしますように」　④ a)「私は以前は一生懸命勉強（仕事）したものだった」b)「私ははげしい仕事（刻苦精励）に慣れていた」　⑤ a)「彼はそう言うかもしれない（言うだろう）」b)「彼がそう言うのはもっともだ」〔= He has good reason to say so.〕c)「彼はそう言ってもいいだろう（言ったほうがいいだろう）」　⑥ a)「彼は心配する必要などなかったのに」b)「彼は心配する必要がなかった」

104. (1) 1（医者は私に酒をやめるように言った）　(2) 2（少女たちが部屋で大きな声で話しているのが聞こえた）　(3) 2（その歯は抜いてもらったほうがいいよ）　(4) 2（この辞書を貸していただけませんか）　(5) 1（その光景を見て笑わないではおれなかった）〔⇨ p. 397〕　(6) 2（彼は毎晩遅くまで仕事をすることに慣れている）　(7) 2（長いあいだお待たせしてすみません）　(8) 2（彼は車を盗まれた）　(9) 2（長ったらしい演説に退屈してリンダは会議中に眠ってしまった）　(10) 3（姉は私に，その問題は自分で解かなきゃだめよ，と強く言った）

105. (1) mending ; mended（僕の靴は修理が必要だ。修理してもらわなければならない）　(2) reading　(3) made　(4) folded（腕組みしてそこに座っていた）　(5) said（時は金なりと言われるのをよく耳にする）　(6) trying ; understood（英語

で話を通じさせようとするのをあきらめた）　(7) to avoid ; being ; waiting（遅刻しないようにしなさい。彼は待たされるのが大嫌いなんだから）　(8) being surprised（彼女のフランス語が流ちょうなのに驚かないではいられなかった）

106. (1)（There is）no denying the fact.（事実は否定できない）　(2)（It）is crazy of you to want to marry him.（彼と結婚したいと思うなんてあなたは頭がどうかしてるわね）　(3)（Would you mind）opening the window?〔⇨ p. 448〕　(4)（Would you mind）my opening the window?　(5)（I never hear）this song without remembering (*or* without being reminded of)my hometown.（この歌を聞くといつも故郷の町を思い出す）

107. (1) a)「泳いでいる少女」〔分詞〕 b)「水泳プール」〔動名詞〕　(2) a)「競走」〔動名詞〕 b)「流れる水」〔分詞〕　(3) a)「移動図書館」〔分詞〕 b)「旅行かばん」〔動名詞〕　(4) a)「縫い物をしている女」〔分詞〕 b)「ミシン」〔動名詞〕

108. (1) ⑤（その音はだんだん大きくなって，ビル中に響きわたった）　(2) ⑦（彼の言ったことを信じるなんて君はなんてばかなんだ）　(3) ⑩（あなたのためならなんでも喜んでしますよ）　(4) ⑨（もっとゆっくり話した［らそれの］ほうがいいだろう）　(5) ②（英語をものにする最善の方法を教えてください）　(6) ③（最善の方法はまだ見いだされていない［＜まだこれから見つけられるべきだ］）　(7) ①（最善の方法は急がず着実にやることだ）　(8) ④（家族を養うために一生懸命に働いた）　(9) ⑪（そもそも彼は若すぎる）　(10) ⑥（あなたにお会いして嬉しい）　(11) ⑧（彼は賢いからこれが理解できる［＜理解できるほど十分に賢い]）

109. (1) He seems not to think about it seriously.（彼はそのことを真剣に考えていないようだ）　(2) He seems not to have been there at the time.（彼はその時そこにいなかったようだ）　(3) His father seemed to be a millionaire.（彼の父は百万長者のようだった）　(4) He seemed not to have heard the news.（彼はそのニュースをまだ聞いていないようだった）　(5) He is believed to have been a diligent student.（彼は勤勉な学生であったと信じられている）　(6) The news was too good to be true.（その知らせは本当ではありえないほど良いものだった）　(7) This book is too difficult for me to read.（この本はとてもむずかしくて私には読めない）　(8) I hurried to the station so as (*or* in order) not to be late for the train.（電車に乗り遅れないように駅へ急いだ）

110. (1) There being no taxis, we had to walk home.（タクシーがなかったので，家まで歩かなければならなかった）　(2) The sun having set, they hurried home.（すでに日が暮れていたので家路を急いだ）　(3) Not knowing what to say, he remained silent.（何と言っていいのかわからないので，彼は黙っていた）　(4) Having never (*or* Never having) seen him before, I didn't recognize him.（前に会ったことがなかったので，彼がだれだかわからなかった）　(5) Having been deceived so often, I cannot believe him.（今まで何度もだまされたことがあるので，彼を信じることはできない）　(6) Judging from his accent, he must be a Londoner.（彼のなまりから判断すれば，彼はきっとロンドンっ子だ）

111. (1) He insisted on buying it.（彼はそれを買うといってきかなかった）　(2) He insisted on my paying the bill.（彼は私が勘定を払うべきだと言い張った）　(3) He is not ashamed of being very poor.（彼は自分が非常に貧しいことをは

ずかしく思っていない）　(4) He is not ashamed of his father not being rich. （彼は父親が金持ちでないことをはずかしく思っていない）　(5) He's sure of passing the examination.（彼は試験に合格することを確信している）　(6) I'm sure of his passing the examination.（彼はきっと試験に合格する）　(7) I never meet him without thinking of his brother.（彼に会えば必ず彼の兄さんのことを思い出す）　(8) On leaving school, he went into business.（卒業するとすぐに彼は商売［事業］を始めた）

112. (1) a)「私は以前はいなかに住んでいた」b)「私はいなか住まいに慣れていた」　(2) a)「私は食べ物がない」b)「私は食べる道具［はし・フォーク，など］がない」　(3) a)「彼には愛する人がいない」b)「彼には愛してくれる人がいない」　(4) a)「このことが彼を恐れさせた」（このことによって彼は恐怖をいだいた）b)「このことが彼を人に恐れられるようにした」（このことのために彼は人から恐れられるようになった）　(5) a)「私はここに住んでもいい」b)「私は彼がここに住んでもかまわない」　(6)「彼らはそこで果物を買うのをやめた［買わないようになった］」b)「彼らは立ち止まってそこで果物を買った」

113. (1) 1（そんなにたばこを吸わなければいいのに）〔現在の事実と反対の願望。do は強意用法 ⇨ p. 387〕　(2) 2（昨夜終えておけばよかった）　(3) 2（もっと浜辺にいることができればよかったのに）　(4) 2（私がもし応諾したら，あなたはどうしますか）　(5) 2　(6) 3（僕が先生だったら，こんなに宿題を出さないんだがな）　(7) 3〔call up「電話する」〕

114. (1) 2（もう彼が自分の誤りを悟って当然なんだが）　(2) 1（彼は映画に行かないかと言った）　(3) 1（チームの監督は，各選手がもっと闘志を示すように要求した）　(4) 2（彼女はまるでそのことについてなんでも知っているような口を利く）　(5) 3（もし万一助けが必要なときは教えてくれよね）〔⇨ p. 470〕　(6) 3（君が病気だと知っていたら，お見舞いに行ったんだが）〔Had I known = If I had known ⇨ p. 469〕　(7) 2（彼の助言がなかったならば，僕は修士論文が完成できなかっただろう）〔MA = Master of Arts「文学修士［号］」, thesis [θíːsis]「論文」〕　(8) 2（鉄道会社は，乗客が乗車中に携帯電話で話さないように強く求めている）〔**request**「要請する」... that passengers **not talk** –《主に英》... that passengers **should not talk**〕

115. (1) were（彼女がここにいなくて残念だ↔彼女がここにいればなあ）〔**If only** ～「～でさえあればなあ」口語的には was も用いるが，were を正式または標準的とする。⇨ p. 668〕　(2) were, not〔→この本がこんなに高価でなければいいのになあ）〔**It's a pity**〔that〕～「～なのは残念だ」〕　(3) had, told（→本当のことを話していればよかった）〔**regret**「後悔する，残念に思う」〕　(4) I, stay（彼女は，私がそこで一晩泊るようにと言ってきかなかった）　(5) Were ; could, not（あなたの助けがなければ，私はこれをすることができないだろう）〔**Without your help** = **But for** your help = **If it were not for** your help〕　(6) had, followed ; would, not, have（→あなたの助言に従っていれば，私は失敗しなかっただろうに）

116. (1) If it had not been for your help（or If you had not helped me）　(2) If you had a little more capital（もう少し資本があったならば）　(3) If you heard him talk 〔⇨ p. 421〕 (4) if I knew him personally 〔さもなければ＝もし彼を個人的に知っていたら〕

117. (1) go → went　(2) had → had had 〔= As I didn't have enough money then, I didn't buy it.〕　(3) will have said → would have said　(4) had been → were（まるで英国人［であるか］のように話した）〔had been のままだと「彼は［それ以前に］英国人であったかのように話した」という不自然な意味になる。⇨ p. 465〕　(5) was → had been, would have been → would be〔= As I was not diligent when I was young, I am not happier now.〕

118. (1) ⑥（新しいドレスが気に入っている）　(2) ①（彼女の美しさに驚いた）　(3) ⑤（その事実はだれでも知っている）　(4) ③（着る物にしか興味がない）　(5) ②（ワインはぶどうから作られる）　(6) ④（［自分を恥ずかしく思うべきだ→］少しは恥を知りなさい）　(7) ⑥（彼らは受けたサービスに満足し［てい］た）　(8) ③（彼はコンピューターゲームに夢中になっていた）　(9) ③（途中でにわか雨にあった）　(10) ④（彼の無実を確信している）

119. (1) 2〔cf. The game was so *exciting*.〕〔⇨ p. 432〕　(2) 2（先週の土曜は一日中働かされた）　(3) 1（この自転車は修理しなければならない）〔⇨ p. 447〕　(4) 2（同僚の一人と結婚することになっている）〔cf. ○ He *married* her. / ○ He *was* (*got*) *married to* her. / ×He 〔*was*〕 *married with* her.〕〔⇨ p. 339〕　(5) 2（議長の発言に腹を立てて、彼は会議室を後にした）〔これは As he *was annoyed* ... に言い換えられる分詞構文〕〔⇨ p. 436〕

120. (1) was, given, to〔to はなくてもよい。　(2) の for を用いる場合と区別〕〔⇨ p. 477〕　(2) was, made, for　(3) were, being, carried　(4) been, heard, to, speak（彼が人の悪口を言うのをだれも聞いたことがない）　(5) taken, no, notice, of（彼の警告はだれにも注意されなかった）〔= His warning *was ignored* by everybody.〕

121. (1) He was elected captain of the team by the boys.　(2) We were being told an amusing story by her.（僕たちは彼女におもしろい話をしてもらっていた）/ An amusing story was being told 〔to〕 us by her.　(3) He used to be seen to play with children.（［以前は］彼が子供たちと遊ぶ姿がよく見かけられた）　(4) What language is spoken in Mexico?　(5) By whom was this book written? / Who was this book written by?　(6) The boy was run over by a car.（車にひかれた）　(7) Such a state of things cannot be put up with.（こんな状態にはがまんできない）　(8) None of us were (*or* was) pleased with the new house.（われわれの中で新しい家が気に入ったものはだれもいなかった）　(9) I have never been spoken to like that before by anybody.（私は今までにだれにもそんな口のきき方をされたことはない）　(10) Let this work be finished at once.

122. (1) Do they speak English in Australia?　(2) We eat rice in Japan.　(3) How do you spell the word?　(4) My father made me do the work.　(5) We (*or* They, I) saw a girl coming into the hall.　(6) We very often heard him talk such nonsense.（彼がこんなたわごとを口にするのをしょっちゅう耳にした）　(7) What do you (*or* they) call that bird in English?　(8) No one has slept in the bed for years.（もう何年もだれもそのベッドで寝ていない）　(9) You shall not call me a fool.（君に僕をばか呼ばわりはさせないぞ）〔**I won't** ～ は一人称の主語の意志を表わすが，will をそのまま能動態で用いて **You won't** とするとふつう単純未来を表わすので **You shall not** として話し手の意志を表わす形にする。⇨ p. 365〕　(10) Can we（*or* you）put up with such a state of things?（こんな状態にがまんできようか）

123. (1) laughed → laughed *at*　(2) spoken → spoken *to*（外人に話しかけられた）　(3) looked down → looked down [*up*]*on*（皆に軽べつされた）　(4) relied → relied [*up*]*on*（あの若者は全く信頼できない）　(5) → He is well known *to* the people *for* his noble acts.（彼はそのりっぱな行為のために人々によく知られている）　(6) dealt → dealt *with*（この問題は詳しく扱われなければならない）　(7) lost sight → lost sight *of*（この発言の重要性が見失われてはならない）　(8) → I had my left arm broken in the accident.　(9) → I had my hat blown off by the wind.　(10) → Don't be discouraged if ...（息子さんがその試みに失敗しても落胆しないでください）

124. (1) at　(2) by（土曜日までにこの本を図書館に返してください）　(3) in（[2, 3 分で→] すぐに戻ります）　(4) for　(5) during（そこに滞在しているあいだに彼に 2 度会った）〔**during** my stay = **while** I stayed〕　(6) within（あなた宛の郵便物は 1 週間以内に着くことになっている）　(7) in（久し振りに京都を訪れた）　(8) on

125. (1) in　(2) for（東京を立って大阪に向かいます）　(3) below（太陽が水平線の下に沈んでいく）　(4) above（洗面台の上に鏡がある）　(5) in（中国はアジアの東部にある）〔**in the east of** ～ は「～の東部に」，[**to the**] **east of** ～ は「～の東方に」： Japan is *to the east of* China.（日本は中国の東にある）〕　(6) beside（少年は父親のそばに立っていた）〔**besides** his father なら「父親のほかに」〕　(7) on（帰宅の途中でアンに会った）〔*cf.* You are **in the**（*or* **my**）**way**.（君はじゃまだ）〕　(8) in（車は郵便局の方向へ走って行った）

126. (1) by　(2) in　(3) on〔*cf. by* phone〕　(4) for（このカメラを 100 ドルで買った）　(5) by（警官は犯人の腕をつかんだ）〔hit ‥ *on* the head, slap ‥ *in* the face などについては ⇨ p. 234〕　(6) by（家賃は月ぎめで払わなければならない）〔⇨ p. 234〕　(7) in（彼はそれを違ったやり方でやった）〔in a different manner（*or* way, fashion) = differently〕〔⇨ p. 277 (3)〕　(8) in（新しいドレスを着て美しく見えた）　(9) in（大きな声で話しなさい）　(10) for（"flower" に対する日本語は何ですか）　(11) by（彼は君より三つ年上だ）〔⇨ p. 319〕　(12) of（その問題は非常に重要だ）〔of great importance = very important〕〔⇨ p. 100〕

127. (1) in　(2) on（クリスマスの日にはどこにいますか）〔day がなければ *at* Christmas である）　(3) on ; of　(4) till（*or* until）（5 時半まで君を待った）　(5) by ; at（遅くとも 5 時までにこの仕事を終えなければならない）　(6) in（5 時間でこの仕事を終えなければならない）　(7) for（彼女と 1 週間会っていない）　(8) since（彼女とその時から会っていない）

128. (1) from　(2) against（その提案に賛成ですか，反対ですか）　(3) in（競馬に興味はない）〔「be + 過去分詞」のあとにくる前置詞については ⇨ p. 480〕　(4) to

（彼女は歯科医と結婚している）　(5) to ; for（彼は卓越した学識で知られている）
(6) for（そこは景勝の地として有名だ）　(7) with（彼は聖書はあまり詳しくない）
(8) of（彼にそんな大金を貸すなんて君は軽率だったね）〔⇨ p. 424〕　(9) to（今
日の若者の多くは政治に無関心だ）　(10) to ; for（同情していただき感謝してい
ます）

129. (1) of（その少女はどうなるだろうか）　(2) to（［その少女の身に何が起こった
のか→］その少女はどうしましたか）　(3) for（仕事を探している）　(4) into（警
察はその殺人事件を調査している）〔⇨ p. 352〕　(5) with（その問題とはなんのか
かわりもない）　(6) against（壁によりかかっていた）　(7)〔up〕on ; for（彼はお
じさんに扶養してもらっている）　(8) with（あの女優がなかなか優れた才能の持
ち主であるという点では君と同感だ）　(9) in ; with（彼はその問題に有効に対処
することができた）　(10) of（聴衆は主にティーンエイジャーだった）

130. (1) from（あの書店に本を 1 冊注文した）　(2) of ; by（彼は結果を手紙で私に
知らせてきた）　(3) to（人々はよく死を眠りにたとえる）　(4) from（君は目で見
て綿と絹が区別できるかい）　(5) on（ご成功おめでとう）　(6) for（彼を泥棒と
間違えてしまった）　(7) for（このシャツを小さいサイズのと取り替えてもらえま
すか）　(8) of（この法律はわれわれの最も基本的な権利をわれわれから奪うことに
なるだろう）

131. (1) with（この鉛筆は書きにくい）〔*cf.* It is hard to write *with* this pencil.〕
(2) in（われわれはどちらの方向に進んでいるのか）　(3) for（いくらでこの本を
買ったの）　(4) for（両親は彼女が求めるものをなんでも断らない［で与える］）
(5) to（彼は話しかけられないかぎりは決して話さない）〔unless spoken to =
unless *he is* spoken to「主語＋be 動詞」の省略については ⇨ p. 594〕　(6) of
（彼はだれも聞いたことのない作家だ）　(7) for（生きがいになる理想を持たなけれ
ばならない）　(8) with（あなたの人生を共に分かち合ってくれる人がいることは
すばらしいことです）

132. (1) till → by（彼は 6 時までにきっと来る）　(2) *to* the river → *in* the riv-
er : *on* next Sunday → next Sunday（今度の日曜日に川へ釣りに行きませんか）
(3) Consult with → Consult（その単語の綴りを辞書で調べなさい）　(4) by →
in　(5) → *with* a pistol *on* his way *to* his office（彼は会社へ行く途中ピストル
で撃たれた）　(6) of → to　(7) By → In ; than → to（私の考えでは，不正よ
り貧乏のほうがよい）〔⇨ p. 319, 640〕　(8) to → on（あなたの先生はあなたに大
きな影響を及ぼしたと思いますか）

133. (1) from → into　(2) To（皆が驚いたことに，彼らは結婚した）　(3) of ; for
（これは無料です）〔for nothing（ただで）〕　(4) with ; to（彼にシャンペンを 1
本贈った）　(5) in（その男は黒い帽子をかぶっていた）　(6) in ; for（10 名が動
議に賛成投票した）

134. (1) until　(2) since（この家に引っ越してきて 2 年になる）　(3) unless（そ
んなにがんばるのをやめなければ，からだをこわすよ）　(4) nor（私は彼が好き
じゃないが，私の夫もそうなのです［＝彼が好きじゃない］）〔⇨ p. 522〕　(5) as
（彼は天才というよりむしろ勤勉家なのだ）〔⇨ p. 315〕　(6) that（彼が自殺したと
いう知らせは事実ではありえない）〔同格の名詞節を導く that〕　(7) Once（彼が

いったん決心したら，もう止めようがない)〔There is no ～ing は ⇨ p. 454〕
(8) That (彼女がそれを好まないということは明らかだった)　(9) when (いつ
行ってもあの店は満員だ)　(10) However (どんなに注意しても事故は起こるもの
だ)

135. (1) if　(2) and　(3) although　(4) that (皆に聞こえるように彼は声をはり
上げた)　(5) or (あまり近づかないで。でないと僕の風邪がうつっちゃうよ)
(6) since (彼女は日本に来てからずっと元気です)　(7) as (彼は賢明だが，間違
いを犯さないわけではない)　(8) because (有名な著者が書いた本だからといって
良書であるとはかぎらない)　(9) till (ルールをおぼえるまでは試合を見ても楽し
めないだろう)〔⇨ p. 531〕　(10) before (ほどなく彼は危険に気づいた)〔⇨ p.
529〕

136. (1) such ; that　(2) if (*or* though) (なにごともなかったかのように振舞っ
た)　(3) if (*or* whether)　(4) Whether (好もうと好むまいと，あなたはやはり
それをしなければならない)　(5) but (私はその詩を読んだだけでなく，書き写し
もした)〔Not only を強意的に前に出した倒置文。ふつうの語順では I *not only*
read the book *but* [*also*] copied it.〕　(6) otherwise (*or* else)〔文頭の
Do は強意〕　(7) unless (音量を上げなければ CD の音楽がなにも聞こえないよ)
(8) when (どこへ行けばいいのかわからなくて困っていたら，ガイドさんが着い
て，私たちをホテルに案内してくれた)〔when は継続的用法で「するとその時～」〕

137. (1) unless → if　(2) as → like〔as は接続詞なので *as* a fish *does* となる〕
(3) during → while　(4) → No sooner *had* he left home than it began ...
〔when を生かすなら Hardly (*or* Scarcely) had he left when ... ⇨ p. 530〕
(5) → However *foolish* she may be, ...

138. (1) Even though (たとえ疲れていても，あなたの仕事を終えなければならな
い)　(2) As (So) far as (金銭に関する限りは，僕は彼に何も借りていない)
(3) Seeing that (彼はまだ具合が悪いようだから，家にいたほうがいい)　(4)
Now that (彼はもうよくなったので，皆といっしょにピクニックに行ってもよい)
(5) in case (道に迷うといけないので地図を持ってきなさい)　(6) as (so) long
as (静かにしている限りここにいてよろしい)

139. (1) If ; or　(2) before　(3) had　(4) as (南のほうへ行けば行くほど〔南の
ほうへ行くにつれて〕暖かくなる)　(5) As (*or* So), far, as (私の知る限りでは，
彼はなにも間違ったことはしていない)

140. (1) It is (*or* It's been) five years (*or* Five years have passed) since he
died.〔since を前置詞として用いるならば ... since his death.〕　(2) The problem
was so difficult that no one could solve it.　(3) Don't do it, or you will get
into trouble.　(4) Labor is a pleasure as well as a necessity. (労働は必要物
であるとともに喜びでもある)　(5) He labored day and night so that he
would (*or* could, might) become rich. (彼は豊かになるために日夜せっせと働い
た)〔⇨ p. 498 (with a view to)〕　(6) Though he is very poor, he is con-
tent. (彼はとても貧しいが満足している)　(7) As he was in poor health, he
could not work hard.　(8) Hardly had he (*or* He had hardly) finished it
when (*or* before) he went out.

141. (1) a)「彼は奴隷として働いた」b)「彼は奴隷のように働いた」　(2) a)「彼は
やさしい英語で話したので，私は彼の言うことが理解できた」b)「私が彼の言うこ
とを理解できるように，彼はやさしい英語で話した」　(3) a)「夫が生きている あい
だ彼女は幸福だった」b)「彼女はけちだったが，夫のほうは気前がよかった」
(4) a)「彼が貧しかったので彼女は彼と結婚しなかった」b)「彼女は，彼が金持ち
だから彼と結婚したのではない」　(5) a)「彼が来ようと来まいと，私は行かねば
ならない」b)「彼が来るかどうかは確かではない」

142. (1) is（君も彼も悪くない）　(2) are（彼だけでなく君も罰せられるべきだ）
(3) are　(4) is（学生だけでなく教師にも責任がある）　(5) are（間違っているの
は僕でなく君だ）　(6) am（君か僕かどちらかが間違っている）〔= *Either* you
are wrong *or* I am.〕　(7) is（《口》では are も用いる）（その陳述はどちらも正
しくない）　(8) is（部屋はどれもふさがっている）

143. (1) is（3 か月は待つには長過ぎる）　(2) was（偉大な詩人でありまた小説家で
もある人がそこに出席していた）〔⇨ p. 243〕　(3) was（聴衆はかなり少なかった）
〔⇨ p. 84〕　(4) is（ハムエッグは私の好きな料理だ）〔whisky and soda も別々の
二つではなく「ウィスキーをソーダで割った飲料」で，単数動詞で受ける〕　(5) is
（「愛し愛されること」でまとまった 1 つの内容）　(6) meets（国連はニューヨーク
で会を開く）〔国家が集まった一つの組織〕　(7) are（金持ちが幸せであるとは限
らない）〔⇨ p. 233, 260〕　(8) were（警察が呼ばれた）〔⇨ p. 85〕

144. (1) have（1, 2 台の車がすでに売れた）　(2) is（小さな少年を連れた男の人が
部屋に入ってくる）　(3) are〔「学生たちの半数」は可算〕　(4) is（私の給料の半
分は家賃に使われる）　(5) is〔work（仕事）は不可算。lots of = much〕　(6)
are〔lots of = many〕　(7) appears（君たちのあいだになにか誤解があったよう
だ）〔= It appears that there *was*〔or *has been*〕some misunderstanding ...〕
(8) were（彼女は自分が金持ちでそれが買えればいいのにと思った）〔⇨ p. 466〕

145. (1) a) do（その机といすは彼のものではない）〔別々の二つの物〕b) was（一
台の荷馬車が遠方に見えた）　(2) a) were（多くの人がそこに居合わせた）b)
was（そこに居合わせた人の数は 500 人だった）〔⇨ p. 546〕　(3) a) were（家々
の 3 分の 2 が全焼した）b) was（その家の 3 分の 2 が焼失した）

146. (1) are → is（バターを塗ったパンが彼らのふだんの朝食だ）　(2) are → is
（物理学はむずかしい学科だ）　(3) is → are（フランス人は芸術的な国民だと言わ
れている）〔⇨ p. 233〕　(4) has → have（今まで書かれた劇のなかで最もすぐれ
たものの一つだ）　(5) can → could　(6) returned → had returned〔この間接
話法を直接話法にすれば：He said, "My father *returned* yesterday."〕　(7)
have taken → had taken ; is → was（彼は私がとった手段は危険なものだと
言った）　(8) had broken → broke（南北戦争は 1861 年に始まったということを
私たちは学んだ）〔歴史上の事実なので過去時制〕

147. (1) told, I, was, him　(2) asked, if, I, was（彼は私に「だいじょうぶです
か」と言った）　(3) asked, he, had, that　(4) told（*or* advised), not, to　(5)
advised, to（彼は私に「ひと休みしたほうがいいよ」と言った）　(6) What ;
very（彼女は私に「なんて失礼な人なの」と言った）　(7) asked, if, he, must,
there, next（*or* following）　(8) would, me, here, today〔「明日ここでお会いし

ましょう」と彼は「ここで」言ったので，here は there にならず，「昨日」からみた「明日」は「今日」なので，tomorrow は（(7) のように）the next day とはならない〕

148. (1) did, you, do, this　(2) You, had, better, not（彼は私に食べ過ぎないようにと助言した）〔to excess「過度に」〕　(3) Let's, tomorrow　(4) No（彼は否定的に答えた）　(5) Please, me　(6) I, wish, I, were（妹は「私が男の子だったらいいのになあ」と言った）

149. (1) He said that he had seen that man long before.　(2) She told him that she had been very busy until then.　(3) My father told me that necessity is the mother of invention.〔「必要は発明の母」は諺なので現在時制のまま〕　(4) He told me that I had better stay (or He advised me to stay) there that night.　(5) She said that her uncle had arrived there the day before.　(6) This morning he told me that he came back from New York yesterday.〔「今朝」からみた「昨日」なので yesterday はそのまま。それに引かれて came も（「時制の一致」による had come よりも）そのままのほうが自然〕

150. (1) He asked her why she hadn't attended the party the night before (or the previous night).　(2) He wondered if he would live to be eighty.（「私は80まで生きるだろうか」）〔Shall I ～ は「単純未来」を表わす〕　(3) He asked her if he should open the window.（「窓を開けましょうか」）〔Shall I ～ は「相手の意志」を尋ねる〕　(4) He asked me if I would post (or He asked me to post) that letter on my way home.　(5) He asked Mary where she would go when she left that place.（「ここを離れたらどこへ行くのですか」）

151. (1) He told them not to smoke there. (or He forbade them to smoke there.)　(2) She asked (or requested, begged) him to shut the door.　(3) She asked him if he would kindly show (or She asked him to be so kind as to show / She asked him to be kind enough to show) her the way.（「道を教えていただけませんか」）　(4) She proposed (or suggested) [to us] that we [should] go shopping that afternoon.

152. (1) Aunt told Mary how big she had grown.　(2) He said what a lovely dress it was. (or He exclaimed that it was a very lovely dress.)　(3) He gave a sigh (or cry) of regret (or sorrow) and said [that] he had been very foolish. / He cried out (or exclaimed) with a sigh (or with regret) that ...（「ああ，私はなんて愚かだったのだろう」と彼は言った）　(4) She prayed that God might forgive her.（「神が私を許してくださいますように」と彼女は言った）

153. (1) He said [that] he was afraid he couldn't go just then, but that he would probably be able to go the next day.（「今はちょっと行けないが，明日にはたぶん行けるだろう」と彼は言った）　(2) She said [that] her father had died a few years before, and that she was then living with her brother.　(3) He told me that he would accept the invitation if he were in my place.（「僕が君の立場なら，招待に応じるだろう」と彼は言った）

154. (1) He told me that he had no money with him then, and asked me to lend him some until the next day. (2) He told me that I should really have seen it, and said it was a great pity that I had missed the opportunity. (「君はその映画をぜひ見るべきだったのに。せっかくの機会を君がのがしてしまって，とても残念だ」と彼は私に言った)

155. (1) My uncle said, "I will return here tomorrow." (2) She said to me, "I saw him a few years ago." (3) She said, "I was ill yesterday." (4) He said to me, "Please don't tell my teacher."(「お願いだから先生には言わないで」) (5) He said to me, "You had better consult the doctor at once."(「すぐにお医者さんにみてもらったほうがいいよ」) (6) She said to him, "Don't drive so fast."(「そんなにスピードを出さないで」) (7) He said, "Let's play tennis tomorrow." (8) He said, "Oh, how beautiful these flowers are!"

156. (1) He said, "I met her last week, but I have not seen her since." (2) She said, "I will welcome him if he comes home again."(「あの人がまたもどってきたら歓迎します」と彼女は言った)〔この間接話法の文は直接話法でも "I *would* welcome him if he *came* home again."(かりに彼がもどってくることがあれば歓迎するでしょう) という仮定法過去になる文であると解することもできる〕 (3) She said, "I would admit the fact if I were in your place."(「私があなた〔の立場〕であれば事実を認めるでしょう」と彼女は言った) (4) She said, "I would have done the same thing if I had been in your place." (5) He said, "I have read this book before. Do you have something else I can read?"

157. (1) Both〔どちらも生きていない↔両方とも亡くなっている〕 (2) either（彼らを両方とも信用していない） (3) anything but（彼の英語は決して正しくない）〔⇨ p. 584〕**all but** correct（ほとんど正しい）〔⇨ p. 168〕**nothing but** correct（ただ正しいだけ）〔⇨ p. 183, 585〕 (4) very（彼は少なからず〔↔かなり，とても〕心配していた）**not a bit**（少しも〜でない）〔= not at all〕〔⇨ p. 581〕 (5) No more（たった 30 パーセントの人々しか政府を信用していない）〔⇨ p. 323〕 (6) Not all〔反対者がいくらかいた↔全員が賛成したわけではない〕**in favor of** 〜（〜に賛成して）〔⇨ p. 503〕

158. (1) nothing（ほんの冗談だった） (2) nothing〔言いたいのはそれだけ↔これ以上言いたいことはない〕 (3) Nobody（*or* None）〔誰が信じるだろうか↔だれも信じないだろう〕〔⇨ p. 61〕 (4) never；without（これを見ればいつでも彼のことを思う）〔⇨ p. 456〕 (5) last（彼は私がいちばん会いたくない人だ）〔⇨ p. 327〕 (6) hardly（彼はほとんど口がきけないほどだった） (7) Don't（明日かならず遅れないで来てくださいね）〔⇨ p. 584。この文は Come in time tomorrow **without fail**. と言い換えることもできる。この文のように一回の行為ではなく「いつもかならず〜する」の意では **never fail to** 〜 を用いる： He *never fails to* come on time.（彼は〔時間通りに来ないことは決してない→〕いつもかならず時間通りに来る）〕

159. (1) *Down* came the ceiling.（天井が落ちてきた） (2) *Down* it came. (3) *Up* in the sky went the balloon.（風船〔気球〕が空に上がっていった） (4) *Up* in the sky it went. (5) *Not a single word* did he speak about it. (6) *Never* has she been so miserable.（彼女がこれほどみじめであったことはかつて

ない）　(7) *Scarcely* had he quit his job before he regretted it.（仕事をやめた
とたんに，やめたことを後悔した）　(8) *So* angry was he that he could not sit
still.（彼はひどく腹が立って，じっと座っていることができなかった）〔もし Such
を文頭に置くとすれば *Such* was his *anger* that he could not sit still. となる〕

160. (1) *Nor* (or *Neither*) am I.　(2) *So* am I.（私も［空腹］です）　(3) *So* I
am.（ええそうなんです［疲れています］）〔⇨ p. 163〕　(4) Great scholar *as* he
is（彼は大学者だが，なんでも知っているわけではない）〔*A geat scholar* と A を
付けないこと。⇨ p. 535〕　(5) Were I in your place（僕が君の立場だったら，
彼の命令には服さないだろう）　(6) *Not only* did he scold the boy（彼は少年を
叱りつけただけでなく，顔をなぐりもした）　(7) *So* anxious was he / *Such* was
his anxiety（彼はとても心配で一睡もできなかった）

161. (1)［for］another three months（あと 3 か月ここに滞在します）　(2) When
［you are］angry（立腹しているときは，話す前に 10 数えよ）　(3) a book
［which is］written　(4) unless you want to［go］（行きたくなければ行かなく
てよい）　(5) twenty［years old］　(6) those［who were］present（出席者の側
には反対はなかった）　(7) "I hope［we are］not［late］."（「僕たち遅刻かな」―
「そうじゃなければいいんだが」）　(8) "I'm afraid［we will］not［be in time］."
（「間に合うかな」―「間に合いそうにないな」）

162. (1) *I'm* glad *that* you could come.（来てくれてうれしい）　(2) than *he was*
yesterday（彼はきのうより少し悪いようだ）　(3) unless *you are* spoken to（話
しかけられない限り話してはいけない）　(4) if *it is* possible　(5) as if *he were*
drunk（彼はまるで酔っぱらっているみたいに，よろよろしている）　(6) if *there
are* any［*errors*］（誤りを，もしあれば，訂正せよ）　(7) "Who *is she engaged*
to?"（彼女はだれと婚約しているのですか）　(8) これは次の二通りの解釈が可能で
ある。〔(a) のほうが一般的〕

$\begin{cases} \text{(a) He understood me better than anyone else } \textit{did}. \\ \text{(b) He understood me better than } \textit{he did} \text{ anyone else.} \end{cases}$

(a) 彼はほかのだれ［が私を理解する］よりも私をよく理解した。
(b) 彼はほかのだれ［を理解する］よりも私をよく理解した。

〔(a) *did* = understood me　(b) *did* = understood〕

索　　引

★数字はページ数を示す。イタリック体は，その語句が「重要問題」または "MASTERY POINTS" の中にあることを示す。大文字で始まる英字見出しは文法用語。↔の印は「書き換え」を表わす。

＊＝基礎必修　　◎＝重要理解事項　　†＝誤りやすい語　　太字＝入試・各種テスト頻出

||||||||||||| **Q** |||||||||||||

本書は，聖文新社より 2008 年に発行された『新マスター
英文法』〔全面改訂版〕（初版『マスター英文法』1973 年，
吾妻書房発行）の復刊であり，同書第 5 刷（2019 年 6 月
発行）を底本としています。

中原　道喜（なかはら・みちよし）

元開成高校教諭。

　主な著作に「マスター英文解釈」「新英文読解法」「誤訳の構造」「誤訳の典型」「誤訳の常識」（以上聖文新社刊），「基礎英文問題精講」「基礎英文法問題精講」「基礎英語長文問題精講」「英語長文問題精講」（以上旺文社刊）など。

新マスター英文法

2021 年 1 月 30 日　初版第 1 刷発行　　　　［検印省略］

　　著　者　　　　中原道喜
　　発行者　　　　金子紀子
　　発行所　株式会社　金子書房

〒112-0012　東京都文京区大塚 3-3-7
電話 03-3941-0111（代表）　FAX 03-3941-0163
振替 00180-9-103376
URL　https://www.kanekoshobo.co.jp
印刷・製本　株式会社渋谷文泉閣

中原道喜 著　英語参考書・関連図書